DE PALACE PAPERS

TINA BROWN

DE PALACE PAPERS

Het onthullende verhaal
van de Windsors
Van Camilla tot Meghan

Uit het Engels vertaald door
Arjanne van Luipen, Nannie de Nijs Bik-Plasman,
Anne-Marie Vervelde, Annemie de Vries,
Alexander van Kesteren en Koos Mebius

Nieuw Amsterdam

Oorspronkelijke titel *The Palace Papers. Inside the House of Windsor – the Truth and the Turmoil.*
Uitgeverij Crown, imprint van Random House,
a division of Penguin Random House LLC, New York

Omslagontwerp bij Barbara
Foto's omslag: *Camilla* © Max Mumby/Indigo/Getty Images / *Elizabeth* © Peter Summers/Getty Images / *Kate* © Max Mumby/Indigo/Getty Images / *Meghan* © Chris Jackson/Getty Images
Foto's omslag achterplat: *Links* © Shutterstock / *Midden* © Canadian Press/ Shutterstock / *Rechts* © Max Mumby/Indigo/Getty Images
NUR 698
ISBN 978 90 468 2986 8
www.nieuwamsterdam.nl

MIX
Papier van verantwoorde herkomst
FSC® C004472

Voor mijn Harry,
Altijd

INHOUD

PROLOOG

EXPLOSIEF

In maart 2021 sprak Oprah Winfrey met Harry en Meghan, hertog en hertogin van Sussex; het was een van de meestbesproken interviews in de televisiegeschiedenis. Het werd een jaar na hun royal exit opgenomen in de palmentuin van hun toevluchtsoord, een hoog boven de Stille Oceaan gelegen en niet bij naam genoemde villa in Montecito, Californië. Oprahs verbazing over de explosieve onthullingen van het echtpaar over het Britse koningshuis werd door haar enorme bril nog uitvergroot.

'Besloten jullie te zwijgen of werd jullie het zwijgen opgelegd?' drong het tv-orakel in de trailer van de twee uur durende reportage aan, met op de achtergrond de onheilspellende soundtrack.[1] De camera draaide naar Meghans gezicht en de opname werd afgebroken voordat we haar reactie konden horen. Negenenveertig miljoen mensen over de hele wereld keken vervolgens naar het interview om het antwoord te horen. De hertogin had haar ogen zwaar aangezet voor een dramatische oogopslag, op de manier die prinses Diana had geïntroduceerd in haar beruchte interview met Martin Bashir, en het in een lage knot opgestoken haar moest haar een plechtige uitstraling geven. Onder haar fans was veel te doen over de witte lotus (wederopstanding) die op haar lange zwarte jurk van Giorgio Armani vanaf haar zwangere buik omhoog slingerde.

Mensen die zich bezighouden met het ontcijferen van de koninklijke geheimtaal merkten op dat Meghan de diamanten tennisarmband van Cartier van haar overleden schoonmoeder om haar linkerpols droeg, wat aangaf dat zij nu de mantel der onrechtvaardig behandelde koninklijke vrouwen droeg. Harry werd echter op Twitter bekritiseerd vanwege zijn troosteloos afgezakte sokken en zijn smakeloze pak van J. Crew. Harry's belangrijkste klacht was dat zijn vader, de prins van Wales, zijn uitspraak dat hij financieel onafhankelijk wilde zijn volkomen verkeerd had begrepen en zijn toelage had stopgezet.

Het echtpaar kwam met een vernietigende aanklacht: institutionele veronachtzaming van Meghans psychische gezondheid, de passiviteit van het paleis nadat de pers karaktermoord op haar had gepleegd, jaloezie binnen de familie en, het ergste van alles, de spraakmakende beschuldiging van racisme tegen een niet nader genoemd lid van de koninklijke familie die bezorgdheid had geuit over de huidskleur van de ongeboren Archie.

Het was explosief.

Prins William antwoordde enkele dagen later tegen de pers die hem tijdens een werkbezoek volgde kort en bondig: 'Onze familie is absoluut niet racistisch.' Maar hoe kon hij dat weten? Meghan Markle is de eerste persoon van kleur die met een Mountbatten-Windsor getrouwd is en slechts 8,5 procent van de werknemers van Buckingham Palace heeft een diverse achtergrond.[2]

Uit de maalstroom op de sociale media kwam onmiddellijk een verhitte trans-Atlantische kloof naar voren. De Amerikanen, die de Windsors nooit hebben vergeven voor hun afwijzing van Diana, prezen Harry en Meghan voor het uit de school klappen over het afbrokkelende sprookje van de monarchie. Tegen de achtergrond van de Black Lives Matter-beweging bevestigde de beschuldiging van racisme dat de koninklijke dinosauriërs niet langer over de aarde konden regeren. Zelfs president Bidens persvoorlichter Jen Psaki deed een duit in het zakje en prees Meghans moed voor het uiten van haar angsten en depressies.

De reactie van de Britten was voornamelijk tegengesteld: verontwaardiging over het gebrek aan respect voor de monarchie en boosheid over de vele betwistbare uitspraken die het paar ongehinderd kon doen. Er bestond wijdverbreid scepsis over de bewering van Meghan dat ze nergens anders met haar zelfmoordgedachten terechtkon dan bij de hr-afdeling van Buckingham Palace, een surrealistisch klinkende naam waar maar weinig mensen ooit van gehoord hadden en die bovendien klonk als de titel van een door Ricky Gervais geschreven BBC-sitcom. Was Harry, die zelf jarenlang therapie heeft gehad, niet juist samen met prins William en Kate een van de oprichters van Heads Together, een initiatief dat bedoeld is om het stigma rond psychische aandoeningen te doorbreken? Welke aanpassingsproblemen Meghan ook had, ze waren kennelijk te pijnlijk voor Harry. Aan beide kanten van de grote vijver sloot de jongere generatie zich vurig aan bij Team Meghan omdat zij haar lieve, sexy echtgenoot had gered van zijn maffe, verknipte familie.

Er werd minder gesproken over Meghans raadselachtige – en voor mij fascinerende – opmerkingen over het gebrek aan voorbereiding op haar leven als lid van de koninklijke familie. 'Ik wist helemaal niet wat dat inhield,' zei ze tegen Oprah:

> Wat betekent het om een koninklijke functie te hebben? Wat doe je dan?... En helemaal als Amerikaanse, wat je over koninklijke families weet is wat je in sprookjes leest... Ik ben in Los Angeles opgegroeid, je ziet overal beroemdheden. Dat is niet hetzelfde, maar je denkt al snel, zeker als Amerikaanse: het zijn gewoon beroemde mensen. Maar dit is een heel ander verhaal.[3]

Eh... ja. Het idee dat de in het buitenleven gewortelde, door plicht geobsedeerde, aan traditie gebonden voornaamste leden van de Britse koninklijke familie ook maar enige gelijkenis met Hollywood-beroemdheden vertonen is volslagen belachelijk. Beroemdheden komen en gaan. De monarchie is bestendig. De belangstelling van het publiek voor jou persoonlijk blijft bestaan zolang duidelijk is dat jij het belang van het publiek dient. Zoals koningin Mary, de grootmoeder van de koningin, eens zei: 'Je bent een lid van de Britse koninklijke familie.[4] We zijn nooit moe en we zijn allemaal dol op ziekenhuizen.

De schittering van royalty die Meghan verblindde is een optische illusie. Ze kon maar moeilijk begrijpen dat de desserts van biologische citroen en vlierbloesem die bij haar sprookjesachtige bruiloft op Windsor Castle werden geserveerd de evenknie van de 'eet mij'-taartjes van Alice in Wonderland waren. Zelfs toen haar ster op het wereldtoneel steeds verder steeg, moest ze zichzelf tegelijkertijd meer en meer wegcijferen om in het stemloze keurslijf van haar dienende rol voor de Kroon te passen.

Meghans merkwaardige gebrek aan voorbereiding op een roeping die min of meer gelijkstond aan intrede in een klooster kwam als een verrassing voor veel van haar voormalige collega's bij USA Network met wie ze zeven jaar lang in de televisieserie *Suits* speelde. Volgens een collega had

Meghan er als actrice altijd om bekendgestaan dat ze haar huiswerk grondig deed en bij iedereen om aantekeningen bedelde.

Het is verbijsterend dat ze dat niet voor de grootste rol van haar leven deed. De belangrijkste reden dat de grote liefde van Diana, hartchirurg Hasnat Khan, met wie ze na haar scheiding van Charles een relatie kreeg, niet met haar wilde trouwen, was dat hij niet elke dag op de voorpagina van de roddelbladen wilde staan. En hij besefte dat zij ondanks haar romantische fantasieën niet met zijn hele familie in één huis in een traditioneel Pakistaanse gemeenschap zou willen wonen en met zijn vrouwelijke familieleden gezellig thee zou willen drinken; net zomin als hij dat met haar familie wilde. Een voormalig lid van de koninklijke hofhouding vertelde me:

> Ik had van het begin af aan het gevoel dat Meghan geen flauw idee van het instituut had. En het instituut in het paleis had geen flauw idee van Meghan. Het waren twee botsende werelden, die geen ervaring met elkaar hadden.

De Britse monarchie is een instituut van meer dan duizend jaar oud met aan het hoofd een zesennegentigjarige met een zeventigjarige opvolger. Je kunt niet verwachten dat het wendbaar is. Het bouwt zijn sociale kapitaal op met stabiele, voortdurende en weinig opwindende uitingen van plichtsbesef. Om de zoveel tijd beweegt de ijsberg, meestal na een hevige schok van het systeem. Eerst was daar de troonsafstand van Edward VIII om met de gescheiden Amerikaanse Wallis Simpson te kunnen trouwen, waardoor de gelederen zich sloten om toekomstige indringers af te weren. Daarna was er het drama van Diana's dood en de daaropvolgende massahysterie, waardoor het systeem opnieuw onder de loep werd genomen en langzaam wat toegankelijker werd. Vervolgens kwam 'Megxit', waarbij de hertog en hertogin van Sussex een keus maakten tussen het Gemenebest en Netflix en het geld achternagingen. Het zal nog jaren duren voor we weten hoe serieus de monarchie heeft afgerekend met haar onvermogen om de diversiteit te weerspiegelen van het land dat ze symboliseert en waarvan ze in dienst staat.

Maar veranderen zal ze. In 1955 mocht prinses Margaret niet trouwen met de man van wie ze hield omdat hij gescheiden was. Zesentwintig jaar later moest prins Charles trouwen met de qua afkomst geschikte, maagdelijke, twintigjarige Diana. En in 2018 werd er een mijlpaal bereikt, toen een gescheiden Amerikaanse van gemengd bloed de zegen van de koningin kreeg om met haar kleinzoon te trouwen. Dit alles herinnert ons aan het belangrijkste doel van de monarchie: overleven.

'Ik heb me er niet in verdiept,' gaf Meghan aan Oprah toe.[5]

Ik wel. Ruim twee jaar lang heb ik met meer dan honderdtwintig mensen gesproken, zowel persoonlijk als via Zoom tijdens de coronapandemie. Veel van hen waren tijdens de turbulente jaren na de dood van Diana nauw bij de koninklijke familie en hun hofhouding betrokken.

In richt ik me in dit boek op de vijfentwintig jaren die op haar dood volgden. Maar de fascinatie voor de monarchie komt voort uit het feit dat haar immer feilbare en sterfelijke hoofdrolspelers door de jaren heen steeds met dezelfde thema's en problemen worden geconfronteerd. Om het Huis van Windsor van vandaag te begrijpen, moet je de menselijke en historische krachten begrijpen die het vorm hebben gegeven. Ik heb dit boek verdeeld in hoofdstukken over de belangrijkste figuren die de recente geschiedenis van de monarchie hebben geschreven: Diana, Camilla, Charles, Philip, Margaret, Andrew, en – nog recenter – William, Harry, Kate, Meghan en hun gezinnen. We gaan terug in de tijd, van de Tweede Wereldoorlog tot de grimmige jaren negentig, van het moderniseren van het Groot-Brittannië van voor het millennium tot het hoogtepunt van de Olympische Spelen in Londen, van de boze verdeeldheid rondom brexit tot de gedeelde pijn van een mondiale pandemie. We komen premiers tegen, invloedrijke hovelingen, machtige spindoctors, eenvoudige volgelingen, geliefden, rivalen en zelfs regelrechte vijanden. We zullen de verschillende lagen van de aristocratie analyseren, evenals de complexe relatie tussen de koninklijke familie, de media en het publiek.

Boven alles hoop ik dat we meer begrip krijgen voor een vrouw die er het meest toe doet: de koningin.

Ik zou willen dat Meghan dit boek had kunnen lezen voordat ze haar huis in Toronto verliet en op het vliegtuig naar Engeland stapte om haar huwelijk met de jongste zoon van de Britse troonopvolger voor te bereiden. Dan had ze geweten dat niemand groter is dan *The Firm*.

DEEL 1

1

DIT NOOIT MEER

De koninklijke familie treedt de wereld na Diana tegemoet

In de eerste jaren van de eenentwintigste eeuw hing er een zware melancholie over het Britse koningshuis die zich uitstrekte over hun vrienden, bedienden en aanhangers. Het onderzoek voor de biografie van prinses Diana in 2006, bijna tien jaar na haar dood, bracht me naar de verveloze flatgebouwen in de buitenwijken van Londen waar haar voormalige hovelingen en bedienden woonden. De geur van het tapijt in de trappenhuizen van de liftloze gebouwen vervulde me met somberheid, een zweem van neergang en zinloze stille opoffering. Het tijdgeschakelde licht ging altijd uit als ik op de overloop van de derde verdieping was. Het eenkamerappartement achter de deur was altijd klein en stond vol boeken en smaakvolle snuisterijen, overblijfselen van een werkzaam leven in het paleis. Wat hadden deze mensen nu helemaal overgehouden aan hun loyaliteit en discretie jegens het instituut? De 'beste wensen' van de koningin, een aquarel van Seago, wat bedankbrieven van het hof met een zwierige vorstelijke handtekening eronder.

Nergens waren irrelevantie en verval zo duidelijk als bij de herdenkingsdienst voor societyfotograaf Patrick Anson, graaf van Lichfield en achterneef van de koningin, in de Guards Chapel van de Wellington Barracks in Westminster in maart 2006. Ik was aanwezig omdat ik begin jaren tachtig als redacteur van *Tatler* vaak met de uiterst charmante graaf had samengewerkt. Ik had zelfs tijdens de verslaglegging van de Grand Prix van Monaco een losbandig weekend met hem en twee andere legendarische fotografen, Helmut Newton en David Bailey, doorgebracht.

De Guards Chapel was die regenachtige dag gevuld met mensen die regelmatig in de paleisberichten voorkwamen, onder wie de vijfenvijftigjarige dochter van de koningin, prinses Anne, ook bekend als de *Princess Royal*, en Camilla Parker Bowles, sinds haar huwelijk met prins Charles het jaar daarvoor verheven tot hertogin van Cornwall. Het ex-koningspaar van Griekenland schuifelde voorbij naar hun bankje achter Camilla's in jacquet gestoken en ooit zo zwierige ex-man, voormalig legerofficier Andrew Parker Bowles. Camilla en Andrew blijven zich onlosmakelijk in dezelfde kringen bewegen. Tot verbazing van buitenstaanders had hij bijvoorbeeld na de huwelijksinzegening van Charles en Camilla in St. George's Chapel in een van de kleinere ruimtes in Windsor Castle samen met de koningin naar de paardenrennen gekeken.

'Niemand staat meer op voor de Grieken. Is het niet verschrikkelijk?' siste de voormalige hofmeester van de koningin-moeder, William 'Backstairs Billy' Tallon. Hij was ook heel verbaasd dat de koningin er zelf niet was: 'Hij was tenslotte haar achterneef.'

'Ja, maar hij was eerder vanuit zijn gezichtspunt haar achterneef dan vanuit het hare,' zei een man die rechts van Billy zat, de biograaf van het koningshuis, Hugo Vickers, wat een kernachtige schets van de relatie van de royals ten opzichte van alle anderen was. De nors kijkende prinses Anne, die bij de Grieken zat, zag er onelegant uit. Andrew Parker Bowles leek wel een wandelende pink gin. Een afgetobde en slechtgehumeurde Lord Snowdon, de ex-man van prinses Margaret, de zus van de koningin, werd door zijn zoon naar een bankje gesleept. Camilla's doosvormige hoed completeerde een streng stewardessentenue. Dit waren mensen die zich de duurste tandarts in Harley Street konden veroorloven, maar je zou truffels kunnen zoeken in hun slechte gebitten.

Wat een deprimerende club die daar de kapel uit kwam. Zelfs de jongere generatie zag er bleek en ontevreden uit. Elke keer dat iemand opstond om iets te zeggen begon Tallon tegen me te mompelen over drugsproblemen. Je verlangde naar de lange blonde elegantie van prinses Diana, schitterend in de gloed van een horde paparazzi. Een van de gasten zei naderhand dat hij Parker Bowles na afloop van de uitvaart in zijn jacquet in de metro in een van de lussen had zien hangen. Marie Christine, prinses Michael van Kent, de Oostenrijks-Boheemse indringer en voormalige interieurontwerper, was de enige die een vleugje glamour aan het gezelschap toevoegde. De eind jaren zeventig met de neef van de koningin, Zijne Koninklijke Hoogheid prins Michael van Kent, getrouwde Marie Christine werd door prinses Diana bekend als 'the Führer' nadat *The Mirror* had onthuld dat haar vader lid van de SS was geweest. Ze schreed door het gangpad en was met haar lange haar los vallend onder een elegante zwarte hoed met voile en haar gulle glimlach nog altijd een verblindende schoonheid. Omdat de weinige prestaties van haar man eruit bestonden een baard te laten staan die zijn gelijkenis met tsaar Nicolaas II vergrootte en van de zevende tot de tweeënvijftigste plaats in de lijn van troonopvolgers te zakken, had zij misschien wat meer moeite gedaan om de schijn op te houden.

Het was die dag duidelijk dat het saaiheid troef was in de koninklijke familie, een saaiheid waar ze in tegenstelling tot de roddelbladen uitermate dankbaar voor waren. Ze hadden erg hun best gedaan voor dit gebrek aan sensatie.

Sinds de dood van Diana in 1997 had de koningin al haar adviseurs duidelijk gemaakt dat dit nooit meer mocht gebeuren; 'dit' te verstaan als Diana's explosieve roem waardoor de Britse monarchie in de schaduw kwam te staan, overstemd door een gevaarlijk populair familielid anders dan de koningin of haar troonopvolger. Het meest herhaalde refrein in het torentje van het paleis was 'We willen geen nieuwe Diana'. Het moest de pers, het publiek en de jongere generatie van de familie aan het verstand gebracht worden dat de Kroon geen podium is, en dat de koninklijke familie niet de monarchie is. De vorst is de monarchie en de troonopvolgers in eerste lijn zijn de enigen die tellen. Zij en alle anderen die op de verjaardag van de koningin vanaf het balkon van Buckingham Palace de toestellen van de Royal Air Force zien overvliegen, moeten niet zichzelf, maar de Kroon dienen, steunen en promoten. Het zijn adellijke pilasters.

De wereldomvattende roem van Diana, zo ongepland toen ze door de koningin-moeder werd aangewezen als de ideale Engelse roos die Charles mocht plukken, trof Buckingham Palace als een meteoor. De hitte verzengde de tiara van de koningin. En voor de eerste keer begonnen alle leden van de koninklijke familie aan hun eigen prestaties en relevantie te twijfelen.

Aanvankelijk leek ze een verlosser. Engeland verkeerde eind jaren zeventig na een Labour-tijdperk vol arbeidsconflicten in somberheid. De monarchie werd steeds gezien als een anachronisme, in 1977 bespot door The Sex Pistols met een venijnig punknummer: 'God Save the Queen'. Tijdens de zogenoemde *Winter of Discontent* van '78-'79 staakten ambulancebestuurders, vuilnisophalers en doodgravers. Voor de koninklijke familie was de jonge Lady Diana Spencer zowel een tonicum als een vrolijke afleiding voor de natie. Ze was een wondermiddel, maar ze hadden geen idee van de bijwerkingen.

Tót Diana stond de hiërarchie van de publieke aandacht en aanbidding vast: de koningin voerde de populariteitslijst aan, samen met de koninginmoeder (bij mijn laatste Google-zoekopdracht werd zij meer dan negen miljoen keer omschreven als 'stralend'). Prinses Margaret, met nog immer het rebelse stempel uit haar jeugd, werd terwijl ze al in de zestig was nog steeds als glamoureus beschouwd. Vervolgens kwam prins Charles, wiens rare auto's werden gecompenseerd door zijn excellente kleermakers en uitmuntende polospel. Dan zijn jongere zus, de koppige prinses Anne, die bij een gala kon schitteren en mooie benen had, hoewel vaak in rijbroek gestoken. Daarna prins Andrew, het lievelingetje van de koningin, die er dankzij een kortdurend moment van roem als marineofficier in de Falklandoorlog (en nog niet bezoedeld vanwege zijn connectie met een Amerikaanse pedofiel) knap uitzag in zijn uniform. De jonge prins Edward was misschien een beetje een doetje, zoals prins Philip het zei – laten we zijn immer viriele aanwezigheid niet vergeten –, maar van Eddie werd niet veel gevraagd; hij maakte zich later nuttig voor Buitenlandse Zaken door op de luchthaven bezoekende hoogwaardigheidsbekleders te verwelkomen. En zo verder tot aan de Kents en de Gloucesters; de verre familie die ook wel bekendstaat als 'lagere royals', die gratis door de Kroon werden gehuisvest.

Toen, *boem*! Diana verscheen op het wereldtoneel, en niemand had nog belangstelling voor hen. Wie kon het iets schelen dat prinses Anne meer dan vierhonderdvijftig liefdadigheidsbezoeken per jaar aflegde? Het interesseerde niemand. Charles merkte voor het eerst in zijn leven hoe het voelt als iemand tijdens een gesprek met jou meer belangstelling toont voor iemand die ergens achter je staat. Andere royals haalden nauwelijks nog de krant als ze op een regenachtige dag een ziekenhuis in Grimsby openden, laat staan de voorpagina. Ze werden er niet alleen chagrijnig door, maar ook angstig.

De monarchie had eerder op haar grondvesten geschud door de gevaren van schijnwerpers en genotzucht. Prins Edward VIII was in de jaren twintig een ster geweest – hij kwam progressief, communicatief en empathisch over – tot zijn obsessie voor de gescheiden Amerikaanse Wallis Simpson ertoe leidde dat hij afstand van de troon deed om met haar te trouwen. Deze opperste daad van zelfzucht of romantische daad van zelfopoffering, het is maar hoe je het bekijkt, dwong zijn jongere broer 'Bertie', de pijnlijk verlegen vader van Elizabeth, als George VI op de troon.

De Windsors geloofden dat zowel de massale bewieroking als het zwakke karakter van Edward VIII hem ertoe hadden gebracht zijn plicht te verzaken. Hij was volkomen ongeschikt voor de troon; hij was roekeloos, niet loyaal en sympathiseerde met de nazi's. Winston Churchill noemde hem eens een 'eendagsbloem', een bloem waarvan de kortstondige gloed vóór de middag vervaagt.[1] De hertog en hertogin van Windsor woonden in ballingschap in Frankrijk, zwierven heen en weer tussen de Verenigde Staten en de kastelen van Europa, leidden een extravagant nepkoninklijk leven en deden gênante uitspraken. Ze bleken buiten het Verenigd Koninkrijk een even groot probleem te vormen als wanneer ze gebleven waren. De hertog bleef aandringen op een 'echte baan', maar de koninklijke familie en de Britse regering konden niet besluiten wat onwenselijker was: dat de voormalige koning zou slagen en een concurrerend machtsblok zou vormen, of dat hij zou mislukken en de monarchie te schande zou maken. Dus Edward en Wallis bleven in het ongewisse.

Tijdens het bewind van George V werd de monarchie, ontdaan van haar uitvoerende macht, heruitgevonden als beschermer van de nationale moraal en bewaker van de Britse manier van leven. Het persoonlijke was het institutionele geworden. Gedurende de donkere dagen van de Tweede Wereldoorlog vertegenwoordigden de plaatjes van het vrolijke gezin van zijn zoon, George VI, de overwinning van het goede.

Het beschermen van de belangen van 'ons vieren', zoals de koning zijn gezin en hun directe nakomelingen liefkozend pleegde te noemen, was het (vaak meedogenloze) levenswerk van de koningin-moeder.

De koning en koningin waren van mening dat de overvloedige aandacht van het publiek had bijgedragen aan Edwards eigenwaan en zijn toegeven aan gevaarlijke emotionele behoeften. Nog geschokter waren ze toen Edward het Britse publiek in zijn abdicatierede op de radio deelgenoot maakte van zijn gevoelens voor Wallis. De van nature gereserveerde koningin Elizabeth II had geleerd om ondoordringbare barrières rond haar persoonlijke gedachten en gevoelens op te werpen. In de zeventig jaar van haar bewind heeft ze nooit een interview gegeven, wat haar mystiek nog heeft vergroot. 'Een ander soort monarch met een extraverter karakter zou dat bijzondere mysterie van terughoudendheid verliezen,' zei Lady Elizabeth Pakenham, gravin van Longford.[2] Elizabeths voormalige gouvernante Marion Crawford, binnen de familie 'Crawfie' genoemd, verklapte dat de twintigjarige prinses het verfoeide als de menigte riep: 'Waar is Philip?' in de periode dat het gerucht over hun romance voor het eerst de ronde deed. Het beangstigde haar en gaf haar het gevoel dat ze handelswaar was.[3]

Crawfie heeft duur betaald voor die indiscretie in haar bestseller *The Little Princesses*, die in 1950 werd gepubliceerd en voor het eerst een openhartig inkijkje in het koninklijke reilen en zeilen gaf. De koningin-moeder was woest over de details die haar suikerzoete, maar van dichtbij meegemaakte verhaal bevatte over de beruchte driftbuien van de koning, de koele gevoelens van zijn vrouw jegens de Windsors en het feit dat de koning noch de koningin erg geïnteresseerd was in de hogere opleiding van hun dochters.

Crawfie heeft lang te boek gestaan als een verraderlijke slang, maar in een in 2000 uitgezonden documentaire van Hamish Mykura wordt gesuggereerd dat de artikelen in *Ladies' Home Journal*, waarop haar boek was gebaseerd, waren voortgekomen uit een onhandige poging van het paleis en de regering om het imago van de familie in Amerika op te poetsen. De onfortuinlijke Crawfie had gedacht haar bazin een plezier te doen en ze had geenszins de bedoeling gehad uit de school te klappen. Ze is waarschijnlijk gemanipuleerd door gewetenloze redacteurs van *Ladies' Home Journal*, die haar verhaal zonder haar toestemming hebben bewerkt en aangedikt en haar het idee hebben gegeven dat haar band met de koninklijke familie meer speelruimte bood dan in werkelijkheid het geval was.

Toen de koningin het manuscript onder ogen kreeg veranderde ze van gedachten, zoals velen die onderwerp van een biografie worden. Het idee anderen een inkijkje in de koninklijke magie te geven stond haar tegen. 'Onze voormalige gouvernante heeft ons vertrouwen beschaamd,' schreef ze aan Lady Astor.[4] Crawfie werd zonder pardon Nottingham Cottage uit gezet, het huis op het terrein van Kensington Palace waar ze levenslang gratis had mogen wonen, en niemand van de familie heeft ooit nog een woord met haar gesproken.

Ook prins Philip kreeg spijt nadat hij een cameraploeg van de BBC toegang tot het heilige der heiligen had gegeven voor een documentaire over de koninklijke familie die in juni 1969 werd uitgezonden. Hoewel de film even keurig en zouteloos was als de schrijfsels van Crawfie was de boodschap ervan dat de media voortaan welkom waren. Heel uitgekookt behield de Kroon de auteursrechten, en sindsdien is het anderhalf uur durende tijdsdocument, waarin Philip te zien is terwijl hij op Balmoral Castle de barbecue bemant en de rest van de gezinsleden om hem heen gemoedelijk met hun deftige accent voortbabbelen, zelden te zien geweest, tot het in 2021 op YouTube opdook.

Ondanks zijn ogenschijnlijk openhartige houding was Philip net zo op zijn hoede als zijn vrouw. Door zijn moeilijke jeugd had hij alleen al om te overleven vestingwerken van emotionele afscherming aangelegd. Zijn oom, koning Constantijn, was in 1922 tijdens een militaire coup gedwongen om de Griekse troon aan zijn oudste zoon af te staan. Zijn vader, prins Andreas, was tijdens de revolutie in 1922 gearresteerd en door de krijgsraad naar Parijs verbannen. Philip had als kind nooit een vaste woonplaats gehad, en werd heen en weer gezeuld tussen Engeland, Frankrijk en Duitsland. Toen de koningin-moeder moest beoordelen of hij een geschikte huwelijkskandidaat voor haar dochter was, was ze er niet van gecharmeerd dat de bloedlijn van de Deense heersende familie van Griekenland werd gedomineerd door een foute Duitse tak. Philips vier oudere zussen waren allemaal getrouwd met Duitse aristocraten van hoge komaf die met de nazi's sympathiseerden, wat voor ongemakkelijke situaties zorgde. Toen Philip acht jaar was werd er bij zijn moeder, prinses Alice van Battenberg, de achterkleindochter van koningin Victoria, paranoïde schizofrenie vastgesteld. Na een reeks gruwelijke medisch-psychiatrische onderzoeken die niet onderdeden voor de barbaarse bloedzuigerbehandelingen van koning George III werd ze in een inrichting opgenomen. Hij zag zijn moeder niet meer vanaf zijn tiende tot zijn zestiende, toen zijn lievelingszus Cécile, haar man en hun twee zoontjes omkwamen bij een vliegtuigongeluk en moeder en zoon bij de begrafenis in Darmstadt werden herenigd. Uiteindelijk stichtte prinses Alice een religieuze orde en reisde, gekleed als non, de wereld rond.

Philips vader, de verbannen prins Andreas, bracht de rest van zijn leven samen met zijn minnares in Monte Carlo door en zag zijn zoon maar af en toe. Na zijn achttiende, toen de oorlog tussenbeide kwam, zag Philip zijn vader nooit meer. In zijn middelbareschooltijd op Gordonstoun, een spartaanse kostschool in Schotland, wist hij nooit bij welk familielid hij de volgende vakantie zou doorbrengen.

Schrijver en radio- en tv-persoonlijkheid Gyles Brandreth vertelde me dat hij steeds vergeefs had geprobeerd de verbitterde Philip te verleiden eens terug te kijken op zijn ontwortelde en door tragedie geteisterde jeugd:

> BRANDRETH: 'Vond Zijne Koninklijke Hoogheid het niet, eh... excentriek dat zijn moeder altijd als non gekleed ging?'
> PHILIP: 'Wat bedoelt u? Ze was helemaal niet excentriek. Het was gewoon een kostuum. In plaats van haar geld te verspillen aan jurken en dure kappers kleedde ze zich als non.'[5]

Philips ontwortelde verleden versterkte zijn overtuiging dat de monarchie alleen op basis van plichtsbesef kan overleven. Hij had dan ook weinig begrip voor de onhandige liefdesaffaire van Margaret met de gescheiden en veel oudere kapitein Peter Townsend. Betoverend als ze was, was de verveelde Margaret een sexy attractie voor de pers. Ze rookte elegante Russische sigaretten door een lange sigarettenpijp en dartelde met haar chique vrienden door populaire Londense nachtclubs. Dat maakte van haar de onweerstaanbare tegenpool van de deugdzame jonge vorstin; bij het verschijnen van Peter Morgans Netflix-serie *The Crown* sloot een nieuwe generatie Margaret opnieuw in het hart. Net als in haar latere leven voelde de koningin zich soms bekneld tussen de irritante populariteit van haar moeder en de romantische capriolen van haar veel spannender zus.

Door Margarets relatie zag de koningin zich geplaatst tussen de liefde voor haar zus en het verlangen om haar gelukkig te zien, en haar vertrouwde adviseurs en de wens om de constitutionele zuiverheid te behouden. Ze was lange tijd als verlamd, maar uiteindelijk pakte ze de gevoelige kwestie met Townsend op een uiterst geraffineerde manier aan. Volgens de wet op koninklijke huwelijken van 1772 moest de koningin haar goedkeuring verlenen voor een huwelijk van Margaret zolang zij nog geen vijfentwintig jaar oud was, en als hoofd van de fel tegen dit huwelijk gekante Church of England kon ze die goedkeuring niet verlenen. Er werd een list verzonnen waarvan Margaret altijd de adviseurs de schuld heeft gegeven, maar die in werkelijkheid de volledige instemming van haar zus had. Margaret werd te verstaan gegeven dat ze twee jaar met het huwelijk moest wachten, totdat ze geen toestemming van de koningin meer nodig had. Het uitstel werkte. Het stel werd uit elkaar gedreven. Na de gedwongen scheiding kwamen de twee gezamenlijk tot het pragmatische besluit om het huwelijk niet door te zetten. Toen ze werd geconfronteerd met het idee dat ze haar koninklijke titel zou verliezen, besefte Margaret wat dat inhield: als mevrouw Townsend ergens in een bescheiden huisje wonen met een vijftien jaar oudere man en twee stiefzonen, en rondkomen van een kapiteinssalaris.[6] Niks rondtoeren op een motor, niks door dienstmeisjes gevulde baden of cruises op HMY de *Britannia* (waar gescheiden mensen niet welkom waren). Alle koninklijke privileges, alles wat het leven bijzonder maakte… verdween.

Doordat ze de juiste weg koos – wat haar motief ook was – werd ze een tijdlang als romantische heldin gezien. Maar roem is vergankelijk. Na het mislukken van haar huwelijk met jetsetfotograaf Lord Snowdon gaf de pers haar de rol van verwende paleisdiva die te veel dronk en kwetsende opmerkingen maakte. Ze werd een terugkerende hoofdrolspeler in het verkeerde verhaal met haar openlijke escapades op het Caraïbische eiland Mustique met Snowdons jongere dubbelganger Roddy Llewellyn, die door de pers als toyboy werd afgeschilderd, terwijl Margaret bij de warme en charmante tuinarchitect in werkelijkheid de liefde vond waarnaar ze zo verlangde.

Ondanks haar misdragingen heeft Margaret de soevereiniteit van haar zus altijd gerespecteerd. Haar rebellie heeft nooit het onaantastbare gezag van de Kroon ondermijnd. Alleen al door afstand te doen van haar eerste liefde had ze het Britse publiek laten zien dat ze begreep dat de plichten die haar afstamming met zich meebrachten boven persoonlijke gevoelens gingen. Ze was oprecht woedend als iemand iets slechts over de koningin zei. Haar liefdesleven bracht de monarchie in verlegenheid, maar haar misstappen waren door het hart ingegeven in een tijd waarin de gangbare zeden buiten de beperkingen van het paleis snel aan het veranderen waren. Hoe choquerend de berichtgeving ook was, ze zou haar onvrede nooit naar buiten hebben gebracht, zoals Diana later deed. De mystiek van royalty kon bewaard blijven met het devies *never complain, never explain* (nooit klagen, nooit uitleggen).

II

Het probleem van de koninklijke familie was dat Diana de veranderende media veel beter begreep dan Margaret, en dat ze wist hoe ze er vernietigend gebruik van kon maken. Van de terughoudendheid die bij de berichtgeving over Margarets roekeloze gedrag nog enigszins bestond, was ten tijde van Diana geen sprake meer. Die was in rook opgegaan in het vuur van de marktwerking.

De mediaoptredens van Diana voorspelden altijd de tijdgeest. Haar explosieve interview met Martin Bashir voor de BBC in november 1995 was een Oprah-openbaring zonder Oprah. Naderhand bleek dat Bashir haar paranoia heeft misbruikt: hij liet haar broer, graaf Spencer, vervalste documenten zien die 'bewezen' dat haar naaste adviseurs haar aan het paleis hadden verraden. Daardoor werd haar drang om voor zichzelf op te komen aangewakkerd, en Bashir loog zich zo een weg naar de grootste tv-primeur van de twintigste eeuw.

Maar Diana was zelf ook bedreven in bedrog. Met een buitengewone geslepenheid regelde ze dat de cameraploeg haar in Kensington Palace op zondag kwam filmen, wanneer al het personeel vrij was. Ze liet de eerder afgeleverde apparatuur als een nieuwe stereo-installatie vermommen, en bracht zelf haar make-up aan, waarbij ze haar gezicht spookachtig bleek maakte en haar ogen dik aanzette. Vervolgens verbijsterde ze de koningin met een regelrechte uitdaging: 'Ik wil een hartenkoningin zijn' (schaamteloos) 'Ik was de gescheiden vrouw van de prins van Wales' (sneer) 'Ik was een probleem, punt.[7] Nooit eerder gebeurd, wat moeten we met haar... Ze zal niet zonder misbaar vertrekken' (bedreiging) en de quote die iedereen altijd zal bijblijven: 'We waren met z'n drieën in dit huwelijk' (Hij Heeft Me Bedrogen).

Er is vaak gezegd dat Diana het interview met Bashir later als een grote vergissing zag. Ze zou er zeker niet aan meegewerkt hebben als ze had geweten dat hij haar manipuleerde. Maar ze maakte ook duidelijk dat ze precies had gezegd wat ze had willen zeggen. Gulu Lalvani, de welgestelde Britse ondernemer van Pakistaanse afkomst met wie Diana in het laatste jaar van haar leven kort omging, vertelde me dat ze in juli 1997 had gezegd dat 'ze er blij mee was, dat ze niets negatiefs over Martin Bashir te melden had en dat ze besefte dat het haar doel had gediend'.[8] Ze had gelijk. Het was haar 'doel' geweest zichzelf voorafgaand aan de steeds onvermijdelijker wordende scheiding van Charles bij het Britse publiek neer te zetten als de bedrogen echtgenote. Uit opiniepeilingen in de nasleep van het interview bleek dat 92 procent van de ondervraagden achter haar stond. Ze had het volk aan haar kant.

Na de scheiding stond Charles' campagne om zijn impopulaire imago op te vijzelen boven aan zijn agenda. Om dit te bespoedigen nam hij in 1996 de dertigjarige pr-topper Mark Bolland in dienst, die hard aan een goede relatie met de roddelbladen had gewerkt in zijn vorige baan bij de Press Complaints Commission (PCC), de Britse Raad voor de Journalistiek. Bolland, sluw en behendig met een verfijnd laagje over een meritocratische achtergrond, was een bondgenoot van Camilla. Hij was door haar echtscheidingsadvocaat aan Charles voorgedragen. William en Harry noemden hem 'Blackadder' vanwege zijn talent verhalen naar buiten te brengen óf de kop in te drukken met maar één begunstigde voor ogen: de prins van Wales. Het was duidelijk dat iedereen die voor de prins werkte en Camilla niet mocht snel werd weggewerkt.

Charles was geobsedeerd door de twee centrale problemen in zijn leven die onlosmakelijk met elkaar verbonden waren: hoe moest hij de sympathie terugwinnen van de Britten, die hem de schuld gaven van Diana's ellende, en hoe moest hij voor elkaar krijgen dat ze zijn grote liefde Camilla zouden accepteren? Hij wilde zijn minnares wanhopig graag uit de schaduw halen, maar het publiek bleef haar door de ogen van Diana zien: als de rottweiler, wiens greep op Charles de naïeve twintigjarige bruid aan zichzelf had laten twijfelen totdat de pijnlijke waarheid tot haar was doorgedrongen.

Je zou kunnen denken dat Charles punten zou scoren door zijn hart niet te schenken aan een veel jongere schone. Camilla had alle rimpelgladtrekkerijen en botoxbehandelingen aan zich voorbij laten gaan. Ze was echt, met haar natuurlijke teint en de lachrimpels rond haar ogen. Haar kapsel zorgde nooit voor onaangename verrassingen. Het bleef de blonde jarenzeventigbos met de luchtig opzij gekrulde lokken. Haar misdaad was wellicht dat ze niet voldeed aan het in tijdschriften geschetste seksistische beeld van een minnares. De roddelbladen wierpen een eindeloze reeks van creatieve beledigingen in haar richting: oud wijf, serpent, oude taart, pruim, oude heks, paardenbek, bolle, spicht, dorre tak, draak, vampier, slons; zoals op memorabele wijze beschreven door Allison Pearson in *The New Yorker* in 1997. Het beste dat haar overkwam was een naar haar vernoemd voorgerecht in Green's Restaurant and Oyster Bar in St. James': Gerookte schelvis Parker Bowles. Camilla liet het gelaten over zich heen komen, maar Charles niet. Hij wilde een eerbare echtgenote van haar maken.

De belangrijkste klus voor Bolland was het bewerken van de *Daily Mail*, dat onder leiding van de brutale redacteur David English het machtigste roddelblad van Groot-Brittannië was geworden. English zei tegen Bolland: 'Je moet de prins van Wales bijbrengen dat we nooit tégen hem zijn geweest, we waren alleen vóór Diana. Het was een commercieel besluit.[9] Diana verkoopt. Charles niet. Als hij iets doet wat verkoopt, zullen we hem steunen.' Charles, altijd al enigszins somber van karakter, vond deze uitspraak bijzonder deprimerend. Hij had het gevoel dat hij zichzelf elke keer opnieuw aan de pers moest verkopen, steeds de ronde langs de redacteuren moest doen om bij hen in het gevlij te komen. Hij zei tegen Bolland: 'Dat heb ik allemaal gedaan toen ik jong was, maar wat heeft het voor zin? Ze geloven toch al die afschuwelijke dingen die Diana over me zegt.'

Toch was Bolland effectief. In samenwerking met Charles' privésecretaris, Stephen Lamport, herschiep hij Camilla geleidelijk voor het publiek door haar in de context van liefdadigheidsevenementen te plaatsen en persmomenten te creëren waarbij ze in respectvolle nabijheid van de koningin te zien was. Een zorgvuldig door Bolland uitgevente mythe was dat de jongens Camilla in het hart hadden gesloten. Maar ze tolereerden haar hoogstens. Toen Harry al in de dertig was beklaagde hij zich tegenover vrienden nog steeds over het feit dat Camilla zijn oude slaapkamer op Highgrove, het landgoed van de prins van Wales in Gloucestershire, had ingepikt om er voor zichzelf een kleedkamer van te maken.

Toch ging het Charles in de zomer van 1997 allemaal niet snel genoeg. Hij moest en zou het publiek ervan overtuigen dat zijn keuze voor Camilla de juiste was. Op 5 augustus gaf de aartsbisschop van Canterbury in Sydney een persconferentie ter gelegenheid van de honderdvijftigtigste verjaardag van de oprichting van de Anglicaanse Kerk in Australië. Hij zei daar dat een nieuw huwelijk van de gescheiden erfgenaam van de Britse troon de Anglicaanse Kerk in een crisis zou storten. Hij wees er ook op dat de prins van Wales na zijn scheiding van Diana geen enkele aanwijzing had gegeven dat hij zou willen hertrouwen, en dat het dus geen onderwerp van gesprek was. Dat was slecht nieuws voor Camilla. Twee jaar na haar scheiding van Andrew Parker Bowles en een jaar na de scheiding van Charles en Diana moest ze zich nog steeds tevredenstellen met wekelijkse stiekeme ontmoetingen vanuit haar huis in Wiltshire. Ze mocht hem van de koningin niet vergezellen naar Balmoral, het toevluchtsoord van de familie in de Schotse Hooglanden, of naar Sandringham, hun 8000 hectare omvattende landgoed aan de kust van Norfolk, tenzij Hare Majesteit daar niet aanwezig was. Het stel verlangde ernaar samen naar het theater te gaan of een lang weekend door te brengen op Birkhall, het zomerhuis van de koninginmoeder op Balmoral. Maar Elizabeth was onvermurwbaar. Als haar gevraagd werd wanneer ze mevrouw Parker Bowles zou ontvangen, vroeg ze: 'Waarom?'[10] In haar ogen had haar zoon twee opties: de troon bestijgen en Camilla opgeven of met haar trouwen en de weg van de hertog van Windsor inslaan.

Peter Mandelson, spindoctor van premier Tony Blair, vertelt in zijn autobiografie dat hij drie weken voor de dood van Diana in augustus 1997 door Bolland werd ontboden voor een privélunch met Charles en Camilla op Highgrove. Charles leidde hem door een lichte motregen rond in zijn geliefde tuin en gaf lucht aan zijn bezorgdheid over de mediadruk die hij ondervond. Hij ontkende haast te hebben om met Camilla te trouwen en zei dat 'ze alleen een normaler leven wilden leiden'.[11] Hij vroeg Mandelson hoe hij door de Britten werd gezien. Mandelson zei tegen Charles dat hij vanwege zijn inzet voor zo veel goede doelen meer bewonderd werd dan hij misschien dacht, maar: 'De mensen hebben de indruk dat u medelijden met uzelf hebt en nogal somber bent.[12] Dat heeft een negatieve invloed op hoe men naar u kijkt'. De mensen willen geen prins Iejoor.

Openhartigheid is een zeldzaam verschijnsel voor de leden van de koninklijke familie. Charles leek even uit het lood geslagen en Camilla keek bezorgd. Maar na afloop bedankte de prins Mandelson voor zijn eerlijkheid en later stuurde hij hem nog een bedankbriefje. Het zette Mandelson tot nadenken over de eigenaardigheid van de koninklijke spagaat. 'Wij politici hebben tenminste een duidelijke scheidslijn te verdedigen,' schreef hij.[13] 'Voor Charles en de koningin is hun leven letterlijk hun werk. Elke stap die ze zetten, elke glimlach of opgetrokken wenkbrauw, elke relatie die ze aangaan of verbreken wordt als bepalend onderdeel van hun functie gezien, die bestaat uit gewoon de koninklijke familie zijn.'

III

Voor de koningin was de dood van de zesendertigjarige Diana op 31 augustus 1997 een traumatische vermenging van haar openbare en privéleven. Diana was de ex-vrouw van haar zoon, en een rampzalig auto-ongeluk had een wreed einde aan haar leven gemaakt. Ze was ook de moeder van de toekomstige koning en de aanbeden icoon van de natie.

Er kwamen zesduizend mensen per uur Londen binnenstromen om te rouwen om de prinses van Wales, die ze nooit hadden ontmoet. Zowel de omvang als de diversiteit van de menigte was verrassend: jong en oud, zwart en wit, Zuid-Aziatisch en Oost-Aziatisch, korte broek en sari, krijtstreep en hidjab, in rolstoel en op krukken, met kinderen op de schouder of in de kinderwagen. Terwijl de bloemenzee buiten Kensington Palace aanzwol en de dood van Moeder Teresa op 5 september bijna onopgemerkt bleef, was de gekwelde en turbulente prinses van Wales op weg heilig verklaard te worden; niet alleen in Groot-Brittannië, maar in elke uithoek van de wereld. Nog nooit had een Britse royal zo tot de verbeelding gesproken, een feit dat premier Blair niet voorbij liet gaan toen hij haar na haar dood uitriep tot 'people's princess'.

In de tsunami van het grote verdriet was de symbolische rol van de monarchie die al zo lang had standgehouden opeens niet genoeg meer. Het gewoonlijk feilloze gevoel van de koningin om te doen wat goed was – er gewoon zijn, zoals Peter Mandelson het uitdrukte – liet haar in de steek omdat er behoefte was aan een nieuw soort emotionele respons die paste bij dit moment van crisis. Haar diepste wens was om op Balmoral te blijven om haar kleinkinderen te troosten, en de massahysterie die haar zei iets anders te doen stond haar tegen. 'Ze begreep de enormiteit van wat er was gebeurd, maar ze ging er op haar eigen manier mee om,' schreef Tony Blair in zijn autobiografie, *Memoires*.[14] 'Ze liet niet met zich sollen. Wat dat betreft kon ze heel koninklijk zijn… In de vreemde symbiose tussen heerser en onderdanen stonden de Britten erop dat de koningin erkende dat ze regeerde bij hun gratie en zich moest schikken naar hun wil.'

Het volk zegevierde. Na vijf dagen rumoer keerde Hare Majesteit met frisse tegenzin terug naar Londen om een wandeling te maken langs de joelende menigte en de bloemenhuldes buiten Buckingham Palace. Ze sprak haar volk toe op televisie, iets wat ze zelden deed, en toonde een empathie die ze vrijwel zeker niet voelde; het was de regering die erop had aangedrongen dat ze naar zichzelf verwees met het woord 'grootmoeder'. Uiteindelijk capituleerde ze ook voor de eis van de menigte en de roddelpers om de vlag bij Buckingham Palace halfstok te laten hijsen. Ik heb gehoord dat prins Philip het als een vernedering zag.

IV

Het afschuwelijkste wat Charles ooit heeft moeten doen was om 7.15 uur op Balmoral zijn zoons van twaalf en vijftien jaar wekken om hun het nieuws over de dood van hun moeder te vertellen. In een documentaire ter gelegenheid van Diana's twintigste sterfdag uitte Harry een gevoel dat in zijn recentere interviews vergeten lijkt te zijn: 'Een van de moeilijkste dingen voor een ouder is je kinderen moeten vertellen dat de andere ouder dood is…[15] Maar hij was er voor ons. Hij was de enige van de twee die nog over was en hij deed zijn best, en hij probeerde ons zo goed mogelijk te beschermen en voor ons te zorgen.'

Prins William vertelde: 'De schok is het ergst en die voel ik nog steeds…[16] Mensen zeggen dat die schok niet zo lang kan duren, maar dat is wel zo. Het trauma van die dag drukt al twintig jaar als een gewicht op me.'[17]

De strijd om de begrafenis binnen een week te regelen was beladen. Toen de aartsbisschop van Canterbury, George Carey, zijn voorstel voor de gebeden die hij tijdens de dienst wilde lezen naar de deken van Westminster stuurde werd hem te verstaan gegeven dat de familie Spencer niet wilde dat de koninklijke familie genoemd zou worden. Uit wraak stond Buckingham Palace erop dat er een apart gebed voor de koninklijke familie zou komen, en dat de benaming 'people's princess' geschrapt zou worden.

De onenigheid over wie achter de koets met Diana's kist zou lopen woedde vier dagen lang, en werd telefonisch uitgevochten via privésecretaris van de koningin Robert Fellowes in Londen en zijn waarnemer Robin Janvrin op Balmoral. Af en toe was de stem van prins Philip te horen als hij zich via de luidspreker met het gesprek bemoeide.

Iemand van de planningscommissie vertelde me: 'De Spencers hadden gezegd wat de rol van de kinderen moest zijn. Opeens schreeuwde Philip: "Stop met ons te vertellen wat we met die jongens moeten. Ze hebben hun moeder verloren!" Hij klonk emotioneel, het was echt de stem van een grootvader.' Het was ook de stem van een man die op zijn tiende in feite zelf zijn moeder had verloren.

Alastair Campbell, de perschef van Tony Blair schreef op 4 september 1997 in zijn dagboek dat prins William, verteerd door een enorme haat jegens de media vanwege de fataal afgelopen jacht op zijn moeder, weigerde achter de koets te lopen en dat Harry en hij voet bij stuk hielden.[18] Prins Charles zou met Charles Spencer naar de Westminster Abbey gaan, maar de graaf had zo'n hekel aan de prins dat hij niet met hem in dezelfde auto wilde zitten. Uiteindelijk haalde Philip, de eeuwige knopendoorhakker, de jongens vriendelijk over met: 'Als ik met jullie meeloop, lopen jullie dan met mij mee?' Hij wees hen erop dat de beelden over de hele wereld te zien zouden zijn. Hoewel Harry nog steeds praat over de kwelling die dit voor hem was, had Philip vanuit het oogpunt van de Kroon gelijk. Het onvergetelijke beeld van die drie generaties plechtig achter Diana's kist vormde het krachtige dynastieke statement dat de monarchie nodig had.

In de abdij heerste een zware stilte, slechts onderbroken door ingehouden gesnik. Geordie Greig, redacteur bij de *Daily Mail*, wiens zus ooit huisgenoot en hofdame van Diana was, vertelde me dat 'de somberheid zo diepgaand was dat je het gevoel had dat je je in het hart van de rouwende wereld bevond'.[19]

Niets had Elizabeth en Philip tijdens hun hele leven in dienst van het volk zo kunnen schokken als de beschuldigende oratie van Diana's broer. Zijn toespraak vanaf de kansel was verpletterend en was gericht op ieder zittend lid van het Huis van Windsor. De drieëndertigjarige graaf Spencer, die zijn flair met woorden sindsdien in talloze zeer leesbare verhalen meer dan eens heeft bewezen, toonde in zijn lofrede op 'Diana de Opgejaagde' dezelfde durf om risicovolle uitspraken te doen als zijn beroemde zus. Na zijn belofte aan Diana: 'We zullen niet toestaan dat zij [de jonge prinsen] moeten lijden onder dezelfde angst die jou regelmatig tot tranen van wanhoop dreef,' vervolgde hij met: 'Wij, je bloedverwanten, zullen alles in het werk stellen om de fantasierijke en liefdevolle manier waarop je deze twee uitzonderlijke jongemannen begeleidde voort te zetten, zodat hun ziel niet louter van plicht en traditie wordt doordrongen, maar openlijk kan zingen zoals jij dat voorstond.'[20]

Bloedverwanten! Spencer had de verstijfde koninklijke familie openlijk een klap in het gezicht gegeven. In andere tijden zou de heethoofdige graaf in de Tower of London geëxecuteerd zijn. Vooral het salvo waarin hij suggereerde dat Diana groter was dan Hare Majesteit was buitengewoon beledigend: 'Ze heeft bewezen dat ze geen koninklijke titel nodig had om haar bijzondere magie te blijven aanwenden.'[21] Een golf van applaus barstte buiten de abdij los, waar de dienst op schermen te volgen was, en spoelde via de grote westelijke deur door het schip, totdat voor het eerst in de geschiedenis van deze grote kerk de hele gemeente – op de koninklijke familie na – applaudisseerde. Diana's astroloog Debbie Frank, gezeten naast de snikkende televisiepresentator Michael Barrymore, weet nog dat ze dacht dat het onweerde.[22] Aartsbisschop Carey was ontzet over de rede van graaf Spencer, die hij 'wraakzuchtig en hatelijk' vond.[23] Prins Philip was zo woedend dat hij na afloop door graaf Mountbattens schoonzoon Lord Brabourne gekalmeerd moest worden. 'Schaamteloos' was alles wat de koningin-moeder tussen opeengeklemde lippen zou hebben gezegd.[24] Zelfs de koningin kwam dit maar moeilijk te boven. Bijna zeven jaar later, bij de opening van de Prinses Dianaherdenkingsfontein in Hyde Park, sneerde ze naar graaf Spencer: 'Ik hoop dat u tevreden bent.'[25]

V

Op de maandag na de begrafenis nam Tiggy Legge-Bourke, de zorgzame kinderjuf die Charles nadat Diana en hij uit elkaar waren gegaan had aangesteld en die als een grote zus voor de jongens was, hen ter afleiding mee voor een wandeltocht over het spoor van de Beaufort Hunt. Ze werden met alle gevoel voor hun gemoedstoestand ontvangen door een goede vriend van de familie, jachtmeester onder de hertog van Beaufort kapitein Ian Farquhar. 'Fijn u te zien, jongeheren,' zei hij tegen de ontredderde jonge prinsen.[26] 'We vinden het allemaal heel verschrikkelijk van uw moeder. We leven heel erg mee en we waren heel trots op u afgelopen zaterdag. Dat is alles wat ik erover ga zeggen, en nu gaan we door.'

'Dank u wel. Ja, u hebt gelijk,' zei William ernstig, een teken dat de stoïcijnse genen van de koningin zich volledig in haar kleinzoon lieten gelden. 'We moeten allemaal door.'

Harry, altijd al kwetsbaarder, worstelde enorm met het verlies van zijn moeder. Enkele weken na haar dood nam Charles zijn jongste zoon in de herfstvakantie mee op een vijfdaagse trip naar Zuid-Afrika, Swaziland en Lesotho, in een poging hem op te vrolijken. Daarna stuurde hij hem op safari in Botswana met een groep onder leiding van zijn joviale voormalige adjudant en voormalig officier van de Welsh Guards Mark Dyer, die hij later als Harry's mentor rekruteerde. Dyer maakte de jongen in Johannesburg dolblij door een backstage bezoekje aan de Spice Girls voor hem te regelen. Schrijver Anthony Holden, die het koninklijke persgezelschap vergezelde, vertelt in zijn autobiografie dat hij zich afvroeg of Harry in T-shirt en jeans bij het concert zou verschijnen, zoals hij met zijn moeder zou hebben gedaan, of in een pak met stropdas, wat zou betekenen dat de Windsors hadden gezegevierd. Harry 'verscheen naar behoren in pak met stropdas, wat erop wees dat het uitwissen van Diana's nagedachtenis al was begonnen', schrijft Holden.[27]

Op zijn gekwelde en stijve manier deed Charles zijn best om een attente vader te zijn. Hij las de jongens voor het slapengaan verhalen van Rudyard Kipling voor. Hij nam ze mee naar Stratford-upon-Avon om stukken van de Royal Shakespeare Company te zien en backstage met de cast te praten. Acteur en schrijver Stephen Fry, die hen naar *De storm* vergezelde, vertelde me dat hij geroerd was omdat de jongens hun vader steeds aan het plagen waren, wat hij 'een heel goed teken vond'.[28] Bij het inspecteren van het ontbijtbuffet op Highgrove pakte Fry een schaaltje waarin een hoopje van Charles' geliefde lijnzaad lag. William zei: 'O nee, niet aan de voederplank komen, Stephen, die is alleen voor pa.'

Ondanks de gelofte van graaf Spencer dat Diana's jongens begeleid zouden worden door hun 'bloedverwanten' werden William en Harry niet als Spencers opgevoed, maar als Windsors. Geen door paparazzi gevolgde vakanties naar Europese vakantieoorden en Caraïbische privé-eilanden meer. Ze brachten hun vakanties nagenoeg alleen door op Balmoral en Sandringham, waar prins Philip hen vermaakte met verhalen uit de militaire geschiedenis en hen leerde schieten. Hun vrienden waren de kinderen van de vrienden van hun vader. Het was Diana's zus, de nuchtere en niet dwarsliggende Jane, die een vaste plaats in het leven van de jongens innam en hen tijdens schoolvakanties meenam voor weekendjes in Norfolk met hun neefjes en nichtjes. Vanwege haar huwelijk met Robert Fellowes, die zijn hele leven trouw aan de koningin bleef, ook na zijn pensionering als haar privésecretaris, was ze bijna door osmose een Windsor.

Maar het was vooral Tiggy Legge-Bourke, die Harry had vergezeld op zijn reis naar Zuid-Afrika, die voor moederlijke warmte en structuur zorgde. Het levenslustige blonde hockeymeisje van lagere adel was een Charles-loyalist in hart en nieren en geloofde dat 'frisse lucht, een geweer en een paard' de jongens goed zou doen.[29] Ze werd op haar vingers getikt door de pers – en Charles – nadat ze de jongens in Wales zonder veiligheidslijn en helm had laten abseilen van een vijftig meter hoge dam. En naar verluidt was Charles not amused toen hij in de krant een foto zag van Tiggy achter het stuur van een auto met een sigaret tussen haar lippen, terwijl Harry door het geopende raam op konijnen zat te schieten. In 2006 nodigde Harry haar uit voor de parade ter gelegenheid van de afronding van zijn officiersopleiding aan Sandhurst en in 2019 werd ze peetmoeder van de kleine Archie. (Een van de gemeenste streken van Bashir was dat hij tegen Diana het lasterlijke verhaal had opgehangen dat Tiggy een affaire met Charles had en een abortus had laten plegen. In 2021 zou Tiggy, inmiddels mevrouw Charles Pettifer, een aanzienlijke schadevergoeding van de BBC aangeboden hebben gekregen.)

Na de dood van Diana vond er in de Britse media een morele herschikking plaats, en een draconische overeenkomst met de PCC zorgde ervoor dat fotografen en koningshuisverslaggevers nog maar zelden het privéleven van de jonge William en Harry binnendrongen. Opgeschrikt door de furie van het publiek nadat Diana achtervolgd door paparazzi de dood had gevonden, waren sommige redacteuren bijna dankbaar voor de heldere gedragscode van de commissie, die hen behoedde voor redactionele beslissingen die het ongenoegen van het publiek zouden kunnen opwekken. Volgens Lord Black, destijds voorzitter van de commissie, kregen kranten continu verhalen over de prinsen aangeboden door schoolgenoten. Ze waren blij dat ze deze verhalen onder het mom van de gedragsregels konden weigeren. Ook de prinselijke vakanties waren verboden terrein, tenzij een sessie werd geregisseerd door het paleis.

Men vergeet nu gemakkelijk dat de vrolijke uitjes van de jongens met hun moeder naar de bioscoop en McDonald's alleen zo beroemd werden doordat de pers er altijd bij was, flitsend en jagend tot Diana in tranen was. Het contrast droeg bij aan de mythe dat het leven bij de Windsors beperkt en saai was. Maar in werkelijkheid hadden de jongens meer vrijheid in de koninklijke cocon dan erbuiten: op Balmoral door de modder crossen in de beslotenheid van 20.000 hectare ruig terrein en boerenland, op Sandringham fazanten uit de Norfolkse lucht schieten tijdens de kerstdagen, op Highgrove deelnemen aan opwindende vossenjachten tijdens weekenden. 's Avonds op Balmoral maakten alle familieleden en hun gasten plezier met spelletjes hints.

Diana vertrouwde me in juni 1997 toe – ze was voor de veiling van haar jurken bij Christie's in Manhattan – dat ze het moeilijk vond om te concurreren met hetgeen Charles de jongens op al die landgoederen te bieden had. In juli, een maand voor haar dood, nam ze hen mee voor wat ze hoopte dat een leuke vakantie zou worden in het vakantieverblijf van Harrods-eigenaar Mohamed al-Fayed in Saint-Tropez, met zeiltochtjes op zijn vijftien miljoen pond kostende jacht de *Jonikal*, maar de jonge prinsen vonden er niet veel aan. De poenerige weelde van Al-Fayeds gastvrijheid – de onder overdaad kreunende buffetten en vorstelijke badkamers – bracht vooral William in verlegenheid. Op zee bleef hij de meeste tijd benedendeks om aan de telelenzen van de paparazzi te ontkomen. De aanwezige pers verpestte ook een uitje met Diana naar een kermis in de buurt. Harry had intussen een aanvaring met Al-Fayeds jongste zoon Omar, die weigerde de kamer af te staan waarin Harry wilde slapen. In de jaren na Diana konden de jongens zich in de bossen en velden van de koninklijke landgoederen verschuilen voor het mediarumoer. Het gebeurde zelfs een keer dat William liever op Sandringham wilde blijven om met zijn grootvader fazanten te schieten dan met Charles te gaan skiën in Klosters, waar de pers hen op de piste zou kunnen achtervolgen.

De wereld van de Windsors slokte de jongens geleidelijk op. Graaf Spencer kwam al snel terug op zijn donderende gelofte vanaf de kansel over het belang van het 'bloedverwantschap' met de familie van Diana. Hij werd in beslag genomen door twee bittere echtscheidingen en hij nam geen centrale plaats in het leven van zijn neefjes meer in. Toen William wilde dat hij Harry zou overhalen wat minder haast te maken met zijn huwelijk met Meghan, nam Harry dat zijn broer niet in dank af.[30] De nagedachtenis van zijn zus werd een toeristische attractie op zijn landgoed Althorp, waar een ietwat spookachtige, schemerig verlichte verzameling artefacten, zoals haar sprookjesachtige trouwjurk, jeugdfoto's en ontroerend gewone brieven van een kostschoolmeisje, te zien was voor iedereen die een kaartje kocht. De opbrengst daarvan ging naar het inmiddels opgeheven Diana, Princess of Wales Memorial Fund.

William en Harry hebben zich grotendeels uit de kringen van hun moeder teruggetrokken. Afgezien van Diana's goede en uitermate discrete schoolvriendin, rouwbegeleider Julia Samuel, tot wie Harry zich vaak voor steun heeft gewend, werd het contact met hun moeders beste vriendinnen verbroken. Rosa Monckton, met wie Diana haar laatste meidenvakantie in Griekenland doorbracht, werd als lekgevaar beschouwd omdat ze haar herinneringen aan Diana aan de pers had vrijgegeven. Ze was voorzitter van het comité ter oprichting van de Prinses Diana-herdenkingsfontein in Hyde Park en haar verstandelijk beperkte dochter was het petekind van Diana, maar de brieven die ze de prinsen ter gelegenheid van hun verjaardagen schreef, bleven onbeantwoord. Lucia Flecha de Lima, de vrouw van de Braziliaanse ambassadeur en een van Diana's vertrouwelingen, werd in 2011 niet voor de bruiloft van William en Kate uitgenodigd en moest het met de televisiebeelden doen. Richard Kay van de *Daily Mail*, Diana's favoriete royaltyverslaggever, die altijd een lijntje met haar had en op de laatste dag van haar leven nog een telefoongesprek met haar had gevoerd, kreeg ook geen contact met haar zoons.[31]

Tegen de eeuwwisseling leek het water zich eindelijk te sluiten over de verschroeide aarde die in de Diana-jaren was veroorzaakt.

De royals geloofden dat ze de pijnlijke institutionele crisis konden doorstaan, en dat was ook zo. Maar de mediawereld die het Diana-fenomeen had geschapen en uitvergroot stond slechts aan het begin van zijn transformatie. Haar vroegtijdige dood was de eerste gebeurtenis die over de hele wereld alle media had gedomineerd en je moet er niet aan denken wat dat vandaag de dag zou betekenen. Het interview van Martin Bashir met Diana zou, net als dat van Oprah met Meghan en Harry, in eindeloos verwoestende loops worden afgespeeld op YouTube. De verboden foto's en filmbeelden van de stervende prinses in die verkreukelde auto in de tunnel bij de Pont de l'Alma in Parijs zouden overal te zien zijn, verspreid via wat men met veelal onbewuste ironie 'sociale media' noemt. De talloze complottheorieën die in de maanden na het ongeluk begonnen rond te zingen, zouden onmiddellijk zijn losgebarsten en een dodelijke geloofwaardigheid hebben ontwikkeld onder een horde gelovigen over de hele wereld. Als de woedende menigte die zich op de Mall voor Buckingham Palace had verzameld op Twitter had gelezen dat de prinses in opdracht van prins Philip door de Britse geheime dienst van de weg was gereden, zou het geroep om de vlag halfstok te hijsen dan in gebrul om de val van de monarchie zijn overgegaan? Never complain, never explain, het devies dat zo lang voor de royals heeft gewerkt, voelt nu als een noodsignaal van een schip dat ergens ver weg ten onder dreigt te gaan.

Maar zover was het nog niet. Voorlopig ging de woede over de mediaschuld en de afkeuring van het publiek weer liggen. De koningin bleef geschokt over wat haar adviseurs 'de revolutie' noemden. Ze zou niet vergeten dat de Britten zich tegen haar hadden gekeerd. Of waartoe zij zich verplicht had gevoeld toen de kist van Diana het paleis passeerde en wat ze voor de eerste en enige keer in haar leven voor iemand anders dan een staatshoofd had gedaan: ze had haar opgewacht… en het hoofd gebogen.

2

SEKS EN SENSIBILITEIT

Waarom Charles gek is op Camilla

Het is belangrijk om te onthouden dat Camilla nooit heeft gezegd dat ze met Charles wilde trouwen. En nu is ze zijn vrouw. Ze heeft altijd gezegd dat ze geen publieke rol wilde hebben. En nu legt ze meer dan tweehonderd werkbezoeken per jaar af. Ze heeft ook gezegd (of Clarence House heeft dat gezegd) dat ze na de kroning van Charles prinses-gemalin genoemd wil worden. Voorspeld wordt dat ook dat ingetogen plan stilletjes zal worden verworpen en dat er een 'koningin Camilla' voor de Britten in het verschiet ligt.

Hoewel ze alle recht heeft om als prinses van Wales door het leven te gaan, heeft ze gekozen voor de titel Hare Koninklijke Hoogheid de hertogin van Cornwall. Ze was slim genoeg om te beseffen dat het geen goed idee is om een titel aan te nemen die voor altijd met de zo geliefde Diana geassocieerd wordt. Ze is, laten we dat niet vergeten, inmiddels langer met Charles getrouwd dan Diana.

Camilla is altijd seksueel en emotioneel troostvoer voor Charles geweest. Ze was vierentwintig toen ze elkaar in 1972 voor het eerst ontmoetten, en met haar ongedwongen charme lukte het haar het strakke harnas van zijn prinselijke opvoeding wat minder knellend te maken. Het gen van koninklijke minnares zat in haar bloed: haar overgrootmoeder Alice Keppel was twaalf jaar lang de favoriet van koning Edward VII, tot aan zijn dood. Alice, sociaal vaardig, geestig en charmant, was de laatste belangrijke minnares van de koning nadat hij zijn hele leven had gejongleerd met een schier eindeloze schare aristocratische scharrels en Europese prostituees. Op het moment dat Alice opdook in het leven van Bertie, zoals hij genoemd werd – zij was negenentwintig en hij zevenenvijftig –, was hij een amechtige, onwelriekende figuur, aan sigaren verslaafd en zo zwaarlijvig dat hij soms moest worden ondersteund om zijn seksuele daad te kunnen verrichten.[1] Alice was een verpletterende schoonheid. Haar dochter Violet Trefusis, later vooral bekend vanwege haar onstuimige lesbische liefdesaffaire met schrijver en tuinarchitect Vita Sackville-West, zei dat ze iets 'schitterends, godinachtigs' had en roemde haar moeders 'rijpe welvingen, albasten huid, blauwe ogen, kastanjebruine haar, wulpse borsten, vriendelijkheid en charme'.[2] Alice' stevige verankering in Berties leven kan evenzeer worden toegeschreven aan haar intelligentie als aan haar schoonheid. Consuelo Vanderbilt, hertogin van Marlborough, vertelt: 'Ze was altijd op de hoogte van de smakelijkste schandalen, de aandelenkoersen of de nieuwste politieke ontwikkelingen; niemand kon de prins tijdens de saaie, eeuwigdurende diners die de etiquette voorschreef beter vermaken.'[3] Alice wist ook hoe ze het spel netjes moest spelen, vooral met het oog op koningin Alexandra. Ze hielp Bertie met het uitzoeken van de fraaiste diersculpturen die hij zijn vrouw kon schenken voor haar Fabergé-collectie. Een gesigneerde foto van de koningin prijkte ostentatief op de schouw in haar salon. Ze was handig met geld en klopte aan bij de financieel adviseur van de koning om diens schenkingen om te zetten in lucratieve beleggingen. In de avonduren was ze 'luisterrijk met haar prachtige tiara', herinnerde haar dochter Violet zich.[4] Twee dienstmeisjes zorgden ervoor dat ze zich vier keer per dag kon omkleden in een van haar vele zijden Worth-japonnen, behangen met lange strengen parels en schitterende diamanten colliers.

Edwardiaans overspel in aristocratische kringen was een ingenieuze *La Ronde*, opgevoerd na een huwelijk met iemand van gelijke stand, en ging meestal gepaard met behendige kamerwissels tijdens heimelijke weekendjes buiten de stad. De meeste minnaressen van Bertie hadden meegaande echtgenoten die zich, net als George Keppel, verheugden over de status die de koninklijke liaison van hun vrouw met zich meebracht. Een van Berties favoriete minnaressen, Daisy Brooke, gravin van Warwick – ook bekend als 'Babbelaar Brooke' –, bleek een risico toen ze probeerde de brieven van de koning na zijn dood te verkopen aan de *Daily Express*, waar de Kroon een stokje voor stak.

Het geroddel in de dienstbodevertrekken van de Keppels wilde dat de verwijfde George, die het aan testosteron ontbrak, het bed van Alice al vroeg in het huwelijk had verlaten. In 1898, toen ze de prins van Wales in haar ban kreeg, had ze een trouwe kring van minnaars opgebouwd die haar in de middag bezochten terwijl haar onverschillige man in zijn club in Piccadilly aan de punten van zijn in de pommade gezette snor zat te draaien. Ze mocht dan wel de ster van de hogere kringen zijn, maar een voormalig dienstmeisje noemde haar 'een hitsige tante'.[5] Dat beviel de wellustige Bertie, die een groot aantal buitenechtelijke nazaten had, naast zijn zes kinderen bij de lankmoedige koningin Alexandra. Er gingen hardnekkige geruchten dat Sonia, de jongste dochter van Alice en de grootmoeder van Camilla, de dochter van de koning was, waarmee Camilla wel eens een bloedverwant van Charles zou kunnen zijn.

Een eeuw later zien we veel overeenkomsten tussen de situatie van Alice en Bertie enerzijds en die van Camilla en Charles anderzijds. Charles wacht al, net als Bertie destijds, tientallen jaren op de troon. Koningin Victoria verliet uiteindelijk het toneel na een regeerperiode van drieënzestig jaar, en ze vond haar zoon zo'n hopeloos geval dat zij hem onverbiddelijk buiten staatsaangelegenheden hield. Hoewel Charles anders dan Bertie nooit openlijk rancune heeft getoond, leidde zijn aandringen op een grotere rol in het verleden wel tot spanningen tussen zijn hofhouding en Buckingham Palace. Het is bekend dat de koningin zich tegenover adviseurs weleens liet ontvallen dat ze 'er gek van werd' en pas de laatste tien jaar, sinds ze wat meer op hem is gaan leunen, ziet ze hem als meer dan een recalcitrant kind.

Tegen de tijd dat Bertie op zijn negenenvijftigste koning Edward VII werd was het te laat. 'Ik vind het niet erg om tot de eeuwige vader te bidden, maar ik vind het wel erg dat ik de enige man in het land ben die met een eeuwige moeder opgescheept zit,' mopperde hij tijdens een kerkdienst ter gelegenheid van het diamanten jubileum van koningin Victoria.[6] Ook Charles raakte gefrustreerd en soms wanhopig over zijn doorkruiste leven in de coulissen. Hij is nu de langst dienende troonopvolger in de geschiedenis, de langst dienende hertog van Cornwall en de langst dienende hertog van Rothesay, zijn titel in Schotland. Hij uitte zijn teleurstelling in 1992 na de begrafenis van Diana's vader graaf Spencer, tijdens een gesprek met diens achtentwintigjarige zoon en erfgenaam. 'Hij leek niet te begrijpen hoe ik me voelde, zo kort na mijn verlies,' zei de jonge graaf Spencer tegen familieleden.[7] 'We hadden zojuist mijn vader begraven en hij bleef maar doorzagen over het geluk dat ik had dat ik zo jong al erfde.'

Net als Bertie voelde Charles zich beschadigd door zijn jeugd en ellendige schooltijd, onbegrepen door zijn dominante vader en verstoken van een emotionele band met zijn moeder. De sterkste band had hij met zijn ultra-traditionele voormalige kinderjuf Mabel Anderson, op wie Camilla naar verluidt sprekend lijkt. Net als Bertie is hij een estheet van nature, onderhevig aan sentimentele en opvliegende uitbarstingen, met een behoefte getroost en vermaakt te worden door een vrouw die op een moederlijke, maar ook subtiele manier de touwtjes in handen kan houden. Ook voor Camilla geldt, net als voor Alice, dat haar talent om te amuseren altijd haar troef is geweest. Een plaats naast haar aan tafel is geliefd bij de gasten van Highgrove, die haar beschaafd en werelds en direct vinden en haar ondeugende humor waarderen. Een van de regelmatig aanwezige heren vertelde dat ze je het gevoel weet te geven dat je de belangrijkste gast in de kamer bent. '"Ik stond erop dat je naast me geplaatst werd," zegt ze dan op vertrouwelijke toon. Ze heeft een uitzonderlijk vermogen om je op je gemak te stellen. Zij en ik waren heel lang de enigen die rookten en daar maakte ze dan een soort vrolijke geheime exercitie van.' Net als Alice heeft Camilla nooit de status quo in twijfel getrokken. Ze is in het aristocratische leven geworteld en heeft geen lessen in etiquette nodig. Evenals Alice had Camilla in Andrew Parker Bowles een *homme complaisant*, die zich ogenschijnlijk niets aantrok van de grap die de ronde deed dat hij de man was 'die zijn vrouw had gegeven voor zijn land'. Net als Edward VII en Alice kon Charles niet zonder Camilla leven.

II

Het was Charles' oude vlam van Cambridge, Lucia Santa Cruz, dochter van de Chileense ambassadeur, die Camilla en hem in de zomer van 1971 aan elkaar voorstelde. Hij was toen tweeëntwintig en Camilla was net vierentwintig geworden. Roy Strong, de directeur van de National Portrait Gallery, die Charles rond die tijd leerde kennen, beschrijft hem als 'een prettige jongeman, serieus, attent, vriendelijk en verlegen, maar ook schelms, met een jongensachtige grijns en gevoel voor humor, liefst schuin.[8] Hij kleedt zich heel ouwelijk met smalle revers, kragen en stropdassen.' Toen hij als student begon op Cambridge, waar hij Lucia leerde kennen, verscheen hij de eerste collegedag in een onberispelijk maatpak met stropdas. Het was oktober 1967, het jaar van de *Summer of Love*. Het was niet zo verrassend dat hij met zijn verheven achtergrond moeite had met het aangaan van romantische relaties.

Lucia en Camilla woonden in hetzelfde appartementengebouw in Cundy Street, in de Londense wijk Belgravia, een pand van Grosvenor Estate en een plek voor trustfondsdochters en debutantes. De slordige Camilla bewoonde samen met de dochter van de conservatieve minister Carrington, Virginia, een appartement op de eerste verdieping. Lucia vertelde: 'De prins kwam wat drinken of me ophalen, en ik zei: "Mag Camilla ook komen?"'[9] Ze wist dat hij zich eenzaam voelde. Ze zei tegen hem dat Camilla 'precies het juiste meisje voor hem was' en 'heel sympathiek, warm en echt' was.[10] Charles voelde zich meteen tot haar aangetrokken. Toen Lucia hen aan elkaar voorstelde, grapte ze: 'Wel heel voorzichtig zijn.[11] Jullie hebben gezamenlijke voorouders. Voorzichtig, voorzichtig!' Een speelse introductie die veel waarschijnlijker lijkt dan de vaak geciteerde ranzige aanmoediging die Camilla zou hebben gebezigd: 'Mijn overgrootmoeder was de minnares van jouw betovergrootvader, dus... zullen we?'[12]

Camilla hoefde niet met haar voorouders te koketteren. De familie Shand was een charismatische familie, wier diepe worteling in het aristocratische leven werd verstrekt door de grote charme van haar individuele leden.

Camilla's vader was de knappe oorlogsheld majoor Bruce Shand, haar moeder, Rosalind Cubitt, de dochter van de derde baron Ashcombe. Shand, die jachtmeester bij de Southdown Hunt in East Sussex was, werd niet alleen bewonderd vanwege zijn knappe verschijning, maar ook vanwege zijn indrukwekkende staat van dienst in de Tweede Wereldoorlog. Hij was drie jaar door de Duitsers krijgsgevangen gehouden en ontving twee militaire kruizen voor zijn vermetele vindingrijkheid en sangfroid onder vuur. 'Als een van de ergste dingen van zijn krijgsgevangenschap noemde hij niet een slechte behandeling door de nazi's, maar het feit dat hij op Schloss Spangenberg, een gevangenis voor officieren, het gevoel had dat hij weer op kostschool zat,' zei schrijver James Fox, wiens familie in Sussex in dezelfde kringen verkeerde.[13]

Fox herinnert zich de vlotte majoor Shand als 'het tegenovergestelde van het tabloidbeeld van Cluedo's kolonel Mustard'. Shand sprak uitstekend Frans vanwege zijn vroege opleiding in de wijnhandel in Bordeaux en hij werd na de oorlog partner bij de chique wijnkoper Block Grey & Block in Mayfair. Als hij ergens zijn afkeuring over liet blijken deed hij dat eerder met een laconieke blik dan met een bulderend verwijt. Wat betreft het gecompliceerde leven van Camilla nam hij een leven-en-laten-levenhouding aan.

Rosalind Shand was een gevierde societyschoonheid die in 1939 tot Debutante van het jaar was uitgeroepen. Ze was de achterachterachterkleindochter van de negentiende-eeuwse bouwmeester Thomas Cubitt, wiens erfgoed het meest begeerde onroerend goed van Londen is: de grote, op bruidstaart gelijkende herenhuizen in Belgravia, de witgepleisterde terrasvormige huizen in Pimlico nabij het Lagerhuis en de oostgevel en het verlengde balkon van Buckingham Palace. George VI en zijn echtgenote Elizabeth waren aanwezig op Rosalinds debutantenbal in het majestueuze Holland House in Kensington, het laatste glorieuze evenement voordat het gebouw in de blitz werd verwoest. Ze rookte vaak sigaartjes en was genereus, levendig en geestig. Camilla herinnert zich haar als 'nogal fel' op goede manieren.[14]

Rosalind was buitengewoon maatschappelijk ingesteld. Twee of drie dagen per week werkte ze als vrijwilliger met softenonkinderen op Chailey Heritage, een school voor kinderen met een beperking in de buurt van hun huis in Plumpton, East Sussex. Ze nodigde de kinderen vaak uit om in het privézwembad te komen zwemmen en bij de bruiloften van haar beide dochters was een aantal van hen aanwezig.

Camilla en haar zus Annabel, die een succesvol decorateur werd, en ook het jongste kind Mark stonden in de Londense society bekend als de 'sexy Shands'. Mark was de knapste van de drie. In de jaren zeventig was hij een van de meest begeerde vrijgezellen in Londen, een gespierde blonde god die aan één stuk door met topmodellen en it-girls werd gespot. Evenals zijn vriend Peter Beard, hoewel minder mesjogge, was hij een avonturier uit de school van de negentiende-eeuwse Sir Richard Burton, die over de wereld rondzwierf met behulp van extravagante connecties en een aanzienlijk trustfonds. In zijn autobiografische bestseller *Travels on My Elephant* beschrijft hij zijn beroemde, meer dan duizend kilometer lange tocht op een olifant van Konarak aan de Golf van Bengalen naar Sonepur aan de Ganges. Tot zijn groep van losbandige adellijke vrienden behoorden de zoon van de graaf van Westmorland, Harry Fane, met wie hij een huis op Bali deelde en een antiekhandel begon, fotojournalist Don McCullin en de aantrekkelijke cricketheld Imran Khan, die later premier van Pakistan werd. Een van Shands vele kleurrijke capriolen bestond uit talloze tatoeages, 'een slang op mijn onderarm, die ik heb laten zetten toen ik in de pakkamer van Sotheby's werkte, de krab op mijn schouder in Texas en de tijger had ik opeens toen ik op een ochtend wakker werd in het gezelschap van een stel Algerijnse militairen.[15] Op mijn voet heb ik afbeeldingen die door Dajaks op Borneo zijn gezet toen ik nogal beneveld was van alles wat maar voorhanden was,' vertelde hij schrijver Camilla Long. Een bewonderaarster noemde hem 'de echte Indiana Jones'.[16] In 2014, na een fondsenwerving voor zijn olifantenstichting bij Sotheby's, overleed hij, slechts tweeënzestig jaar oud, door een val uit het raam van de Rose Bar van het Gramercy Park Hotel in New York. Camilla was kapot van zijn plotselinge dood. Ze zei tegen vrienden: 'Als ik hem aan de telefoon hoorde zeggen: "Camillsy", wist ik meteen dat hij iets van me wilde.[17] Maar God, wat mis ik hem.'

Camilla en haar broer en zus zijn opgegroeid in die sfeer van veiligheid en genegenheid die zelfvertrouwen kweekt. Het huis waarin ze woonden, de Laines, was een gerieflijke voormalige pastorie. Het was ingericht met een bonte mix van Ashcombe-erfstukken en een gezellige overvloed aan eclectische voorwerpen, handgeweven Marokkaanse tapijten en grote banken waarop hondenhaar geen probleem vormde. Het huis bood een prachtig uitzicht op de South Downs. Een van de charmes van het huis was een reeks verborgen tuinen, trapsgewijs aangelegd door Rosalind, wier groene vingers duidelijk tot uiting kwamen in haar zelfgekweekte groenten en speelse bloemenarrangementen. Ook nam Rosalind geen kinderjuffrouw in dienst, wat in die tijd ongebruikelijk was voor iemand van haar stand. Ze haalde de meisjes elke middag zelf op van hun school, Dumbrells in Ditchling, en in de zomer bracht ze hen vervolgens naar het strand van Hove. Ze liet Camilla en Annabel paardrijden en kamperen in de Downs en 's nachts buiten in hun slaapzakken slapen. Bruce schonk de kinderen bij het avondeten een glas wijn aangelengd met water in, zoals de Fransen doen, en ze mochten laat opblijven en Rosalind gezelschap houden terwijl ze aan haar glas crème de menthe nipte. Vrienden waren jaloers op hun relaxte, toegankelijke ouders.

Via Rosalind stonden de neven en nichten en andere familieleden van de kinderen allemaal in de boeken van Burke's Peerage, een uitgever van adellijke genealogieën, en vormden zij een kluwen van met elkaar verweven connecties die hen via feestjes, jagersbals, jachtweekenden en dinertjes naar de belangrijkste adellijke huizen van Engeland voerden. Hun stamboom was zeker minder verheven dan die van Diana, die via vaderskant het graafschap Spencer en via moederskant de baronie Fermoy in haar donkerblauwe bloedlijn had. De familie bezat geen statig landgoed als Althorp. Maar de familie van Diana was zo verscheurd en vijandig dat ze nooit diep in het aristocratische buitenleven is geworteld. Camilla, veertien jaar ouder dan Diana, was veel meer thuis in de koninklijke kringen. Ze was zowel vanwege haar leeftijd als vanwege haar sociale omgeving veel meer verbonden met de wereld van Charles.

Het zelfvertrouwen dat ze uitstraalde maakte indruk op de andere sekse. Met haar lage, hese stemgeluid, blauwe ogen, goede figuur en open glimlach oefende ze een grote aantrekkingskracht uit. In het jaar dat ze elkaar ontmoetten stond Charles aan het begin van zijn carrière bij de strijdkrachten, in opleiding tot straaljagerpiloot, gevolgd door een opleiding aan het Britannia Royal Naval College in Dartmouth. De koningin noch prins Philip verscheen bij de parade ter gelegenheid van de afronding van zijn opleiding in 1971. Lord Louis Mountbatten, de voormalige onderkoning van India en bevelhebber van de Britse marine, en – belangrijker – Charles' vertrouweling en 'eregrootvader', zoals Charles hem liefkozend noemde, vloog per helikopter vanaf zijn huis in Hampshire, zodat er iemand van de familie bij deze mijlpaal aanwezig was.

De volgende halte voor Charles was de geleide-torpedojager HMS *Norfolk* in Gibraltar, de eerste opdracht in zijn loopbaan bij de Britse marine in navolging van zijn vader, grootvader en beide overgrootvaders. 'Arme Charles,' zei de koningin in die tijd tegen een gast bij haar aan tafel.[18] 'Hopeloos in wiskunde en dan maken ze hem navigatieofficier!' De vijf daaropvolgende jaren moest Charles zich ondanks zijn status opwerken van waarnemend onderluitenant tot onderluitenant tot luitenant; een voordeel van de koninklijke status is dat je ook zonder actieve dienst de rangen doorloopt. Slecht in wiskunde of niet, hij is nu admiraal.

Bevrijd van de pers en het wakend oog van zijn ouders deed hij zijn best om erbij te horen. Hij deelde niet graag een toch al kleine hut met twee andere officiers, maar omarmde de gemeenschapszin aan boord voldoende om korte tijd een George V-baard te laten staan. 'Ik zou op dezelfde manier behandeld worden als iedere andere onderluitenant, maar er wordt wel degelijk verschil gemaakt.[19] Niemand kon van tevoren inschatten hoe ik me zou opstellen en of ik arrogant zou zijn,' schreef hij in zijn dagboek. Een 'verschil' dat hem niet beviel was dat gevechtsvliegtuigen en -helikopters voor de troonopvolger te gevaarlijk werden gevonden. In 1976 kreeg hij het commando over zijn eigen schip, de mijnenveger HMS *Bronington*. Helaas raakte hij betrokken bij een door Anthony Holden beschreven incident dat inspecteur Clouseau had kunnen overkomen. Toen hij opdracht gaf het anker te lichten, had hij op zijn kaart niet gezien dat er op de zeebodem een telecommunicatiekabel tussen Groot-Brittannië en Ierland lag. De kabel bleef achter een ankerhaak hangen en de twee duikers die naar beneden moesten om de kabel los te maken verdronken bijna. 'Ik heb het GPO (General Post Office, later National Telecommunications Agency) de rest van mijn leven nog nodig. Wat als ik dat verdomde ding breek?' zou hij gejammerd hebben. Na een etmaal moest hij de vernedering ondergaan het anker te laten slippen, wat hem een 'strenge berisping' van de hoge heren van het ministerie van Defensie opleverde.[20] Duidelijk opgelucht verliet hij in december 1976 de Royal Navy, en hij gebruikte zijn ontslagvergoeding van 7400 pond om zijn eerste liefdadigheidsinstelling op te richten: The Prince's Trust.

De marineloopbaan van Charles mag dan niet zo roemrucht zijn geweest als die van zijn vader en Mountbatten, maar in de pers deed hij het goed. In de eerste helft van de jaren zeventig was hij door glamour omgeven. Hij was de meest begeerde vrijgezel van Groot-Brittannië, mannelijk, knap en erfgenaam van het ongeveer 53.000 hectare metende hertogdom Cornwall, wat hem een inkomen van 80.000 pond opleverde (door indrukwekkend gewiekst financieel beheer is de opbrengst van zijn portfolio aan land, gebouwen en beleggingen gestegen tot ongeveer 22 miljoen pond per jaar). Op persfoto's was hij altijd in beweging; parachutespringend uit een helikopter, windsurfend of galopperend over het poloveld met de lichtgebruinde teint van het rijkeluisleven. Kort voordat hij Camilla had leren kennen had hij nog een huzarenstukje uitgehaald nadat hij bij een sprong uit een RAF-vliegtuig boven zee met zijn voeten in de lijnen van zijn parachute verward raakte. Hij dook ondersteboven 600 meter omlaag richting het water, maar kreeg het voor elkaar uiteindelijk rechtop vlak voor de kust van Dorset neer te komen.

De belangstelling voor hem was zo groot dat zijn inhuldiging in 1969 als prins van Wales op Caernarfon Castle door een publiek van vijfhonderd miljoen mensen over de hele wereld op televisie werd gevolgd; een van die kijkers was de achtjarige Diana Spencer, die gefascineerd was door de romantiek van het schouwspel en de man die de hoofdrol daarin speelde. Vóór hem waren er twintig Engelse prinsen van Wales gekroond, voor het eerst in 1301, toen koning Edward I de titel na de wrede onderwerping van Wales aan zijn troonopvolger prins Edward gaf. Volgens Lord Snowdon, die het decor van het evenement ontwierp, 'deed Charles het in zijn broek'.[21] Toch zag hij er ongelooflijk koninklijk uit met zijn handgeweven paarsfluwelen mantel met gouden gespen en de speciaal vervaardigde met diamanten ingelegde gouden kroon met daarop een gouden bol die op een gepolijste golfbal leek (en in werkelijkheid een vergulde pingpongbal was). Als je nu naar de foto kijkt lijkt het wel vijfhonderd jaar geleden in plaats van vijftig: de koningin laat de kroon op het hoofd van haar twintigjarige zoon zakken en hij heeft een devote uitdrukking op het gezicht met de smalle Plantagenet-neus. Plichtsgetrouw, zoals altijd, had hij de negen weken voorafgaand aan de ceremonie met behulp van een docent van Aberystwyth University op de taal gestudeerd, zodat hij zijn aanvaardingstoespraak in het Welsh kon uitspreken. Hofdichter Sir John Betjeman roemde de gebeurtenis met de woorden: 'You knelt a boy you rose a man / And thus your lonelier life began.' ('Je knielde als een jongen, je stond op als een man / En zo begon je eenzamer leven.')[22]

III

Meteen nadat Charles kennis had gemaakt met Camilla ging hij achter haar aan. Er bloeide een romance op, die duurde tot hij in december 1972 aan boord van het fregat HMS *Minerva* ging. Tijdens die romance werden er laat op de avond vurige telefoongesprekken gevoerd, er werd wellustig gedanst in nachtclub Annabel's in de Londense wijk Mayfair en gesoupeerd à deux na de opera in Covent Garden. Charles vermaakte Camilla graag met zijn imitaties van de karakters van Peter Sellers en Spike Milligan in de BBC-radiocomedy *The Goon Show*, en ze was zo beleefd ze hilarisch te vinden. In de blauwe Aston Martin die hij voor zijn eenentwintigste verjaardag van zijn ouders had gekregen reed hij met haar naar de historische marktstad Romsey in Hampshire, waar ze lange weekenden doorbrachten op Broadlands, het landhuis van graaf Mountbatten. Een columnist zag ze in Annabel's, op stap met prinses Anne en haar metgezel Gerald Ward.

Soms zagen ze elkaar stiekem in het huis van haar grootmoeder Sonia Cubitt in Hampshire, op korte afstand van zijn aanleghaven Portsmouth. Het ontvangen van de prins en Camilla moet Sonia pikant hebben gevonden, die jeugdherinneringen koesterde aan haar moeder Alice Keppel en de corpulente bebaarde man die zij alleen als Kingy kende. Sonia's butler vertelde dat Camilla een keer een hele middag had rondgelopen in een spijkerbroek die met een veiligheidsspeld werd dichtgehouden. Mevrouw Cubitt wilde weten of ze nog van plan was zich om te kleden in iets wat geschikter was voor een bezoekje van de prins. 'Ik kan je ondergoed zelfs zien, Camilla,' schijnt ze uitgeroepen te hebben, waarop Camilla zou hebben geantwoord: 'O, dat vindt Charles vast niet erg.'[23] Na aankomst van de prins om zes uur 'verdwenen ze met z'n tweeën in het niets'. Hij was duidelijk gecharmeerd van haar seksuele levensvreugde. 'Doe maar alsof ik een hobbelpaard ben,' zou ze hem hebben aangespoord om hem over zijn schroom in bed heen te helpen.[24] Charles liet zijn waardering voor de discrete gastvrijheid van Sonia blijken door haar een zilveren snuisterijendoosje te schenken, gegraveerd met de veren van de prins van Wales.

De vroegste foto's van Charles en Camilla samen zijn gemaakt bij een polowedstrijd op Smith's Lawn in Windsor Great Park, gesnapt tijdens een intiem onderonsje op een parkeerplaats of onder een boom, terwijl ze elkaar met een alleszeggende blik aankijken; zij met een rood T-shirt en spijkerbroek aan en hij gebruind en nog nat van het zweet in zijn gestreepte teamshirt en rijbroek. Camilla was al vanaf haar vijfde paardengek en ze was onder haar vaders begeleiding een fervent ruiter geworden. Ze was gek op de doldrieste Southdown Hunt, de wilde vossenjacht door het open heuvelland van East Sussex, en de stevige maaltijden achteraf in de huizen van gelijkgestemde vrienden. De prins hield van haar zorgeloosheid en haar warsheid van vleierij. En hij was gecharmeerd van haar familie, die met haar ongecompliceerde warmte zo anders was dan de zijne. Supermodel Marie Helvin, enkele jaren de vriendin van broer Mark, vertelde me dat Camilla tijdens familieweekenden 'binnenkwam met lompe, bemodderde laarzen, een wilde wirwar van haar en haar gezonde gladde huid.[25] Ze zag er op de een of andere manier altijd geweldig uit en ze maalde niet om het vuil onder haar nagels. Dat was aantrekkelijk voor iemand die zo stijf was opgevoed als Charles.' Als Camilla met de jacht meeging, gold de etiquette van haar vader, de jachtmeester. Dan was ze om door een ringetje te halen met haar strakke rijbroek, kraakwitte plastron en door een zwart haarnet beteugelde lokken.

Het gemak waarmee de familie Shand door de verschillende stijlen heen en weer bewoog was voor nieuwkomers soms verbazingwekkend. Mark kon bij een lunch met gasten doodleuk in een sleetse korte broek verschijnen. Marie Helvin weet nog dat ze zich hoogst opgelaten voelde toen ze een keer met kerst was uitgenodigd bij de familie Shand. Ze kwam 's morgens de trap af voor het kerstontbijt in een wit satijnen negligé met bijpassende peignoir van Dior en ontdekte dat de hele familie eieren met spek zat te eten, gekleed in gekreukelde pyjama's met een oud jachtvest eroverheen. Het schijnt dat de zonen van Camilla en Annabel de aanblik van de verschrikte Marie nooit zijn vergeten.

Het pretentieloze huis van het gezin Shand kon zomaar opeens opgepoetst worden voor een groots diner. Het gemakkelijke karakter van het gezin werd geschraagd door sociale nijver. Camilla maakte deel uit van de laatste generatie Britse vrouwen die werden geschoold in de 'noodzakelijke' vaardigheid te kunnen amuseren. In 2017 vertelde ze Geordie Greig dat haar moeder haar en haar broer en zus soms naar beneden sleepte om mee aan tafel te komen zitten terwijl ze saaie buren te gast hadden:

> We hadden daar geen zin in en vroegen dan: 'Mogen we niet gewoon hier tv blijven kijken en vissticks eten?' Maar we moesten aan tafel komen zitten en zodra er een stilte viel, zei ze: 'Zeg wat! Het maakt niet uit wat, vertel iets over je parkiet of over je paard, maar houd het gesprek gaande.' Dus ik kan gewoon niet níét praten. Het zit in mijn systeem om geen stiltes te laten vallen.[26]

Voor Camilla's generatie meisjes uit de hogere klassen was studeren onbelangrijk. Toen ze een tiener was, volgde Camilla middelbaar onderwijs aan de elitaire Londense school Queen's Gate in de buurt van het huis in South Kensington, waar het gezin vertoefde als het in de stad verbleef. Het was een perfecte uitvalsbasis voor haar debutantenseizoen. Volgens romanschrijver Penelope Fitzgerald, die aan Queen's Gate Frans doceerde, was het vooral een plek 'waar meisjes leerden cheques te schrijven, bridge te spelen en een goed gedekte tafel te herkennen'.[27] Toen Camilla van school ging had ze één vak op eindexamenniveau afgemaakt, bezat ze een goedgevuld adresboekje en had ze leren schermen. Haar opleiding – of liever het gebrek daaraan – werd daarna aangevuld op een Zwitserse etiquetteschool aan het Meer van Genève, waar ze werd onderwezen in Franse conversatie, wijnproeven, bloemschikken en het voeren van een aan haar stand verplichte huishouding. Vervolgens werd nog wat extra glans toegevoegd door een verblijf in Frankrijk van een half jaar om Frans en Franse literatuur te studeren aan het University of London Institute in Parijs.

1965, het jaar waarin Camilla debuteerde, bevond zich op de scheiding tussen twee werelden. Het oude ritueel van 'het seizoen doen' waarin vers klaargestoomde 'veulens', zoals haar vader hen noemde, aan het hof werden gepresenteerd voordat ze in een wervelwind van cocktailparty's, paardenrennen en klaterende landhuisgala's werden gelanceerd, was sinds het einde van de jaren vijftig op zijn retour. De laatste presentatie aan het hof, altijd op Buckingham Palace, vond plaats in 1958. Prins Philip heeft blijkbaar lang tegen het ritueel gestreden, omdat hij het 'stupide' vond, een mening die gelijk opging met de verzuring van het Britse publiek ten aanzien van de heersende klasse en met de opkomst van satire en maatschappijkritisch toneel. Ook prinses Margaret was geen liefhebber. 'We moesten er een eind aan maken.[28] Iedere Londense del werd aan het hof gepresenteerd,' zei ze. Het bal van koningin Charlotte, waarmee het seizoen altijd werd geopend, overleefde in de oude vorm tot 1976; tegenwoordig worden de debutantes voorgesteld aan gasten die voor een goed doel in de buidel tasten en buigen ze voor de taart in plaats van voor de vorst. Een select clubje kreeg daarin les van Lucie Clayton, grande dame van de charmeschool, die bekendstond als 'de dragonder van Bond Street'.

Tegen de tijd dat Camilla aan de beurt was, trilden de vibraties van de tegencultuur door de deur van de balzaal. Meisjes waren in twee groepen onder te verdelen: degenen die volgepropte joints draaiden en met hun Twiggy-kapsels, Mary Quant-minirokjes en knielaarzen rondhuppelden, en hun conservatievere leeftijdgenoten zoals Camilla, die zich beperkten tot cocktails, parelsnoeren en feestjes op de Guards Polo Club.

Het was een topjaar voor chique aristocratische jongedames; van de artistiekerige Lady Caroline Percy, dochter van de hertog van Northumberland, tot Lady Mary-Gaye Curzon, dochter van Edward Curzon, de zesde graaf Howe, en later de moeder van de ex-vriendin van prins Harry, Cressida Bonas. Lady Mary-Gaye werd zo vaak in de roddelrubrieken genoemd dat er in de bar van hotel Claridge's een cocktail naar haar is vernoemd: de blauwgekleurde Curzon (vanwege haar blauwe bloed). Ze was een blonde schone met geweldige benen die de gedurfde tijdgeest belichaamde door voor het fotoboek *Birds of Britain* te poseren met een met motorolie ingesmeerd gezicht (als eerbetoon aan haar grootvader, die autocoureur was) en heel veel blote huid.

Na een paar uur winkelen trof een stel van die debutantes, onder wie Camilla, elkaar aan het begin van de middag bij de groene fauteuils in het bankfiliaal in Harrods, om vervolgens de straat over te steken voor een uitgebreide lunch bij restaurant de Brief Encounter.

Camilla lijkt haar gevlinder niet te betreuren. Ze heeft nooit een carrière geambieerd. Ze heeft even een nepbaantje bij interieurontwerpers Colefax and Fowler gehad, maar daar werd ze al snel ontslagen omdat ze na een avondje dansen te laat op haar werk kwam.[29] Nou en? Er lag immers een erfenis van 500.000 pond in het verschiet die ze na de dood van haar grootmoeder Sonia Cubitt zou krijgen.

Sommige van Camilla's leeftijdgenoten storen zich aan het feit dat meisjes van hun generatie geen goede opleiding kregen, en dat ze naar kostscholen werden gestuurd in de cultureel onderontwikkelde wereld van debutantes zoals Heathfield in Berkshire, dat door een van de oud-leerlingen uit die tijd 'een mislukte Jane Eyre-instelling' werd genoemd. Camilla, nu een fervent lezer met grote belangstelling voor cultuur en actuele zaken, ziet wel waarde in wat zij heeft geleerd in het systeem dat nu niet meer bestaat. 'Ik ben blij met alles wat ik van mijn ouders heb geleerd, waaronder goede manieren,' zei ze tegen Geordie Greig:

> Het klinkt nu, vooral in deze tijd, misschien een beetje snobistisch, maar we kwamen met zestien jaar van school. Niemand ging naar de universiteit, tenzij je een echte bolleboos was. We gingen naar Parijs en Florence en daar leerde je over het leven en over cultuur en hoe je je moet gedragen en hoe je moet converseren. Dat zat ingebakken in mijn opvoeding en als dat niet zo was geweest, zou ik het leven in koninklijke kringen veel moeilijker hebben gevonden.[30]

Camilla was in tegenstelling tot de totaal onvoorbereide Diana inderdaad zo perfect opgeleid voor een leven met de troonopvolger dat het haast niet te geloven is dat ze ooit als ongeschikt werd bestempeld. Zonder belangrijke titel en kuise reputatie, en met namen als die van prinses Marie Astrid van Luxembourg rondzingend als mogelijke bruid voor Charles, was de kans dat hij haar ten huwelijk zou vragen gering. Iedereen kende in die tijd de stelregel, zoals de biograaf Christopher Wilson hem formuleerde: 'Als nette meisjes het niet doen, doet Camilla het wel.'[31] Ze had een jaar lang een verhouding met Kevin Burke, de rijke negentienjarige zoon van een luchtvaartmagnaat, die door de stad scheurde in een gele Jaguar E-type die ze 'het ei' noemde, en ook nog een scharrel met de gesoigneerde bankierszoon Rupert Hambro.

Maar het steeds terugkerende thema in haar leven was Andrew Parker Bowles, telg uit een rijke familie uit de wereld van de paardenrennen en de meest begeerde tafelgenoot in het sociale circuit. Geen van haar vriendjes kon op tegen de seksuele bravoure van de zeven jaar oudere Andrew, een knappe officier van de Royal Horse Guards, een prestigieus regiment van de Household Cavalry. Hij blies Camilla van haar sokken toen zijn jongere broer Simon hen in 1966 aan elkaar voorstelde. Tijdens een dansfeest in Schotland in de zomer van dat jaar kregen ze iets met elkaar en al snel bleef ze bij hem slapen in zijn appartement aan Portobello Road, waar vaak nog sporen van de vorige vrouwelijke bezoeker zichtbaar waren.

Camilla besefte dat het ouderwetse vereiste van maagdelijkheid, waaraan een koninklijke bruid moest voldoen, een toekomst met Charles onmogelijk maakte. Het zou ook dodelijk blijken te zijn voor zijn toekomstige geluk. Misschien dacht de koningin-moeder dat het geen probleem was om een ongeschonden vrouw van achter in de twintig te vinden, maar met de vrijgevochten seksuele moraal van de Londense society in de jaren zeventig was het net zo onwaarschijnlijk als een waarneming van het monster van Loch Ness. Geen wonder dat hij uiteindelijk met de twintigjarige onbedorven Lady Diana Spencer trouwde.

Het valt overigens te betwijfelen of Camilla destijds op een aanzoek van Charles zou zijn ingegaan. Ze zat al zeven jaar achter de sexy en veel spannender Parker Bowles aan. Andrew maakte haar gek door haar naar believen te laten opdraven en weer te laten vallen; begin jaren zeventig had hij ook een vurige affaire met de jonge prinses Anne gehad. Ze zijn goede vrienden gebleven en hij vergezelt haar nog steeds regelmatig naar de paardenrennen. In maart 2020 werd de tachtigjarige Andrew, met een versleten gleufhoed op, samen met Anne gezien op het Cheltenham Festival, waar hij en ook enkele andere aanwezigen corona opliepen. Camilla verblijdde Rupert Hambro vaak met kostelijke verhalen over het dubbelspel (soms zelfs driedubbelspel) van Andrew. Maar ze hield niemand voor de gek; ze was volkomen in de ban van Parker Bowles.

Het lijkt er dan ook op dat haar flirt met Charles bedoeld was om Andrew jaloers te maken. Camilla's romance met de prins speelde in het half jaar dat Andrew gestationeerd was in Noord-Ierland en Cyprus, waar de geruchten over haar nieuwe bewonderaar hem zeker tot een aanzoek zouden aanzetten.

Om er zeker van te zijn dat Andrew een ring om Camilla's vinger zou schuiven, spande haar vader samen met Andrews vader, Derek Parker Bowles. Ze lieten op 15 maart 1973 een bericht over een verloving in *The Times* plaatsen, nog voordat Andrew haar daadwerkelijk gevraagd had, met vermelding van een huwelijksdatum vier maanden later. Het was een riskante zet, die zijn vruchten afwierp. Prins Charles was onthutst toen hij het nieuws over de verloving aan boord van de HMS *Fox* in West-Indië hoorde. 'Het lot heeft bepaald dat deze verrukkelijke relatie die ons beiden met geluk vervulde slechts een half jaar heeft mogen duren,' treurde hij in een brief die biograaf Jonathan Dimbleby heeft gelezen.[32] De rooms-katholieke dienst op 4 juli 1973 (Andrew was katholiek, Camilla bekeerde zich niet) was een echt societyhuwelijk. De kerk was zo vol dat honderd van de achthonderd gasten in de Guards Chapel van de Wellington Barracks moesten blijven staan. De koningin-moeder en prinses Anne waren aanwezig en prinses Margaret kwam naar de receptie in St. James's Palace. Anne, nog steeds verliefd op Andrew, schijnt 'kapot' te zijn geweest van het huwelijk en verloofde zich korte tijd later met kapitein Mark Phillips, een minder viriele en minder intellectuele versie van Andrew, door Charles denigrerend 'watje' genoemd.[33] De prins kon door een gelukkig toeval niet aanwezig zijn, omdat hij op weg was naar Nassau, waar hij de koningin moest vertegenwoordigen bij een onafhankelijkheidsceremonie; het kan zijn humeur geen goed gedaan hebben dat er bij het overhandigen van de grondwettelijke documenten aan de nieuwe bestuurders van de Bahama's een luifel boven op het gezelschap neerstortte.

Maar de aanblik van de oogverblindende Camilla, getooid in lagen tule en diamanten in haar haar, die aan de arm van haar vader naar de knappe militair bij het altaar werd gebracht, bleef hem tenminste bespaard. Bij het verlaten van de kerk liepen bruid en bruidegom trots onder de gekruiste zwaarden van de officieren van zijn cavalerieregiment door. De koninginmoeder was de belangrijkste getuige bij het huwelijk.

IV

Nu we op de geschiedenis terugkijken heeft Andrew Parker Bowles wel iets van het Jane Austen-personage George Wickham, de knappe legerofficier in *Trots en vooroordeel*, die later een onbetrouwbare losbol blijkt te zijn, ware het niet dat Camilla Shand, in tegenstelling tot Elizabeth Bennet, altijd heeft geweten dat Andrew een zwak voor andere vrouwen had. 'Hij had een ongelooflijke macht over hen,' zei een ex-geliefde.[34]

> Vrouwen geloofden alles wat hij zei. Hij bracht vrouwen het hoofd op hol en liet ze dan soms zo snel weer vallen dat ze het niet eens doorhadden. Hij kon in dat opzicht volkomen meedogenloos zijn.

Een vrouw die hij nooit voor zich wist te winnen, is Rosalind Shand. Zij vond hem veel te veel bezig met zijn sociale contacten en geloofde niet dat hij ooit met zijn geflirt zou stoppen.

Ze heeft gelijk gekregen. Andrew Parker Bowles was tijdens bijna tweeëntwintig jaar huwelijk net zo ontrouw als tijdens de zeven jaar die eraan voorafgingen. 'Als ik tijdens een feestje bij Andrew stond, kwam Camilla vragen wat ik met haar vriendje moest,' vertelde Lady Caroline Percy.[35] 'Dat deed ze bij iedereen. Maar ik had er een keer genoeg van en zei toen: "Je kunt hem terugkrijgen als ik met hem klaar ben."' Ze moet een ongelooflijke optimist zijn geweest, of zo in zijn ban dat zijn gedrag haar er niet van weerhield met hem te trouwen.

Ze voldeden volledig aan het beeld van de graaf en gravin op hun landgoed buiten de stad. Toen Camilla in 1974 in verwachting was van hun eerste zoon Tom woonden ze op Bolehyde Manor, een groot zeventiendeeeuws landhuis in Allington bij Chippenham in Wiltshire. Hun vriendenkring bestond uit een hechte groep gezellige landhuiseigenaren, de graven van Pembroke, Shelburne en Suffolk. Marie Helvin vertelde dat Camilla en Andrew als stel heel hecht waren, extravert en hartelijk, en aan tafel vaak geanimeerd met elkaar praatten.[36]

Paarden, dat was wat hen verbond. Andrew speelde fanatiek polo en was diep geworteld in de wereld van de paardenrennen. In 1969 had hij als amateurjockey met zijn paard The Fossa deelgenomen aan de Grand National Steeplechase, terwijl hij een stalen plaat in zijn rug had, overgehouden aan een val twee jaar eerder op Ascot. Voor zowel Andrew als Camilla was een groot pluspunt van Bolehyde Manor dat het landgoed binnen het gebied van de Beaufort Hunt viel, een van de oudste, langste en meest prestigieuze vossenjachten van Engeland. Een andere liefhebber van de jacht beschreef Camilla als een uitmuntend ruiter. 'Als we een omheining naderen, hoor je haar vaak schreeuwen: "Ga verdomme uit de weg!"'[37]

Onder al deze bravoure zat een ongemakkelijke waarheid waar ze liever niet over sprak. Zelfs na de geboorte van Tom en Laura wist Camilla doordeweeks nooit waar haar man was of met wie. Als hij niet in het buitenland gestationeerd was, zette hij in Londen de bloemetjes buiten, in een appartement dat hij deelde met zijn zwager Nicolas Paravicini. De Griekse playboy en schrijver Taki Theodoracopulos herinnert zich begin jaren tachtig eens een aanvaring met Andrew te hebben gehad omdat hij in een nachtclub achter het meisje aan ging met wie Taki daar was:

> Ik zei: 'Volgende keer beter, Andrew,' en hij zei: 'Je bent een derderangs hufter.' Waarop het enige antwoord was: 'En jij kan het weten, als zesderangs hufter.'[38]

Andrew en Paravicini bedachten een code met melkflessen die ze bij de deur zetten als seintje voor de een als de ander vrouwelijk gezelschap in de slaapkamer had.[39] Lord Lichfield, die in de jaren negentig, toen niemand nog van #MeToo had gehoord, een vrijgezellenflat met Andrew deelde, vatte het samen als 'ze lieten zich naaien en vergaven hem'.[40]

Vrouwen – en paardrijden – vormden de basis voor Andrews niet voor de hand liggende vriendschap met Lucian Freud. Begin jaren tachtig wendde de tegendraadse kunstenaar zich tot Andrew in zijn functie van commandant van het garderegiment omdat hij paarden zocht om op te rijden en om te schilderen. Freud was in de ban van de spanning van de renbaan en het gezelschap van jockeys, gokkers en bookmakers, van wie hij er velen geschilderd heeft. Naar schatting van Geordie Greig in *Break-*

fast with Lucian heeft de kunstenaar tussen de drie en vier miljoen pond aan weddenschappen verloren.

Parker Bowles en Freud galoppeerden regelmatig samen door Hyde Park, reisden voor Freuds exposities naar Parijs en naar Freuds bookmaker in Ierland. Ze deelden een voorliefde voor mooie vrouwen en voor lekker eten. Freud schilderde Andrew van 2003 tot 2004 voor zijn prachtige, ironische eerbetoon aan James Jacques Tissots beroemde portret uit 1870 van de charmante officier van de Royal Horse Guard, Burnaby Frederick, half liggend op een sofa met glanzend gepoetste zwarte lakleren laarzen. Het meer dan twee meter hoge schilderij dat Freud van Andrew maakte, toont een afgetakelde man, zijn uitdijende omvang zichtbaar onder het openhangende jasje en een vlekkerig gezicht met een uitdrukking van liederlijke onverschilligheid. Andrew zei tegen *Tatler* dat hij geen drie of miljoen dollar te besteden had en: '...ten tweede is een schilderij van twee meter hoog van mezelf met een rood gezicht en een dikke buik nou niet echt mijn idee van leuke wanddecoratie' (in 2015 werd *The Brigadier* bij Christie's in New York voor 34,9 miljoen dollar verkocht).[41]

Ondertussen ging Charles verder met zijn leven. Halverwege de jaren zeventig begon hij een verwoede zoektocht naar De Ware die hij niet echt wilde, zich een weg zoekend door de crème de la crème van de blonde societydames. De dochters van graven, hertogen, admiraals en ambassadeurs wedijverden om zijn gunst. Er waren vluchtige affaires met filmsterren, it-girls en een reeks aan reprises met de echtgenotes van welwillende vrienden. De meeste romances strandden door toedoen van de opdringerige pers of doordat vrouwen zich ergerden aan zijn prinselijk gedrag. Hij was niet langer een schuchter groentje en hij kende de aantrekkingskracht van zijn macht en beschouwde die al snel als vanzelfsprekend. 'Het lijdt geen twijfel dat je je heel speciaal voelt als vriendinnetje van prins Charles,' vertelde Sabrina Guinness, die een van hen was, in 2005. 'Opeens is iedereen in je geïnteresseerd en word je door je eigen kring als bijzonder en glamourvol gezien.' Sarah, de oudste zus van Diana, die een keer door hem was meegevraagd naar een bal buiten de stad, kon het niet waarderen dat ze op de terugweg naar Londen achter in zijn Aston Martin coupé werd geschoven, terwijl de Colombiaanse schoonheid die hij net had ontmoet vorstelijk naast hem voorin zat. Anderen klaagden dat ze niet tegen de pers in bescherming werden genomen. Er zat een zeker egoïsme in de veronachtzaming van de inbreuk op hun privacy. Meisjes werden op geen enkele manier beschermd tegen het gegluur en gejaag, maar werden als een hete aardappel gedumpt als ze te vaak in de roddelrubrieken terechtkwamen.

Camilla verweefde Charles behendig in haar leven als getrouwde vrouw. Het idee ontstond dat ook zij een zorgvuldig dubbelspel speelde, door de seksuele escapades met Charles in een machtsspel met haar man te gebruiken. Het was een manier om haar zelfrespect te behouden. Net als Alice Keppel voor Bertie bleef ze de beste toehoorder voor de prins, een altijd empathisch klankbord voor zijn romantische avontuurtjes en zijn groeiende frustratie over de beperkingen van zijn verheven metier. In zekere zin nam zij de rol over die tot dan toe was weggelegd voor de koninginmoeder, de vrouw die hem tot middelpunt van haar leven had gemaakt, de beboterde scone tegenover de gestoomde broccoli van zijn moeder. Op de beruchte Camillagate-tapes, die in 1989 door een radioamateur wereldkundig zijn gemaakt, is de hartelijke toon te horen van een telefoongesprek tussen Charles en Camilla, die op dat moment in het huis van haarzelf en haar man in Wiltshire was:

CAMILLA: Ik ben zo trots op je.
CHARLES: Je grote verdienste is dat je van me houdt.
CAMILLA: O, schat, dat is nog makkelijker dan van een stoel vallen.[42]

Je reinste toneelstuk van Noël Coward. Een bezoeker van Bolehyde meldde dat hij de prins had gezien 'als een klein, kleumend kind dat geduldig wachtte in de keuken, terwijl Camilla haar gasten na een etentje uitzwaaide'. Het was ongetwijfeld pikant dat zij als hij zijn hart over zijn ouders luchtte de inside roddels over de koningin en prins Philip te horen kreeg, maar naarmate de jaren verstreken werd de aandacht van Charles meer dan een boost voor haar zelfvertrouwen. Zijn onwankelbare toewijding aan haar was een grote troost, hun band een emotionele steun die beschermd moest worden. Omdat ze voortdurend werd afgeleid door Andrew, besefte ze misschien niet hoeveel ze van Charles hield.

In 1981, een paar maanden voor het huwelijk van Charles en Diana, zocht ik het echtpaar Parker Bowles op in Bolehyde. Ik was daar samen met fotograaf Derry Moore om voor *Tatler* een fotoreportage over de prachtige huizen van Wiltshire te maken, en ik was gefascineerd door de dynamiek van het stel, een soort elektrisch geladen nonchalance. Andrew, destijds 41, had een rusteloos, autocratisch, knap uiterlijk en een bondige, militaire manier van praten. 'Jaagt u?' vroeg hij me. 'Nee.' 'Vist u?' 'Nee.' 'Intellectueel zeker?' zei hij met licht aristocratische spot. Camilla, vriendelijker van aard, maar afstandelijk uit zelfbescherming, babbelde luchtig en ontwapenend en vertelde verhalen over het spook van een 'wellustige monnik'.[43] Haar charme had alles te maken met haar lage stemgeluid en gulle glimlach. Ze beschreef haar buurvrouw mevrouw Rupert Loewenstein als een 'vanavond niet, schat'-type, iets wat op haar zelden van toepassing was.

Tegen die tijd waren Charles en Camilla weer minnaars; of liever, het was bekend dat ze dat weer waren. Waarschijnlijk is dat nooit anders geweest. Dat wordt bevestigd door wijlen Sir Martin Charteris, die destijds privésecretaris van de koningin was en beweerde dat in 1973, het jaar waarin Camilla met Andrew trouwde, hij tegen de koningin had gezegd dat 'prins Charles het bed deelde met Camilla Parker Bowles, de vrouw van een collega-officier van de Brigade of Guards, en dat de Brigade of Guards daar niet blij mee was'. De koningin had volgens Charteris niet gereageerd. Aan haar gezicht was niets te zien, maar haar hovelingen kregen te verstaan dat mevrouw Parker Bowles voortaan niet meer op de gastenlijst van formele aangelegenheden mocht voorkomen.[44]

Evenals George Keppel voelde Andrew zich gevleid dat de prins nog steeds zo duidelijk van zijn vrouw gecharmeerd was. Toen Charles ermee instemde peetvader van Tom Parker Bowles te worden was dat een statussymbool dat Andrew leek te waarderen. Charles was meestal van de partij als het stel op Birkhall verbleef met de koningin-moeder, die al jaren goed met Andrew bevriend was. De affaire varieerde in intensiteit, die steeds werd opgevoerd zodra Camilla een rivaal in het vizier kreeg.

V

Iemand die ze nauwlettend in de gaten hield was Dale Harper, ook wel 'Kanga' genoemd, een platinablonde Australische met volle lippen. Kanga was de dochter van een rijke uitgever uit Melbourne en de vrouw van Charles' sportvriend Lord Tryon. Camilla gaf blijk van haar jaloezie toen ze een artikel over Dale aanhaalde dat een paar maanden voor mijn bezoek in *Tatler* was verschenen. 'Al dat gedoe over Lady Tryon die zo'n goede vriendin van prinses Diana zou zijn,' zei ze met gefronste wenkbrauwen. 'Ze heeft Diana Spencer nog nooit ontmoet.' Waar ze nog aan toevoegde: 'Wel grappig dat ze van Dale zeggen dat ze zo van het buitenleven houdt.'

Charles had de sprankelende en charmante Dale ontmoet bij een dansfeestje op de Timbertop-campus van de Geelong Grammar School in Victoria, waar hij op zijn zeventiende een half jaar had doorgebracht. Dale werd na naar verhuizing naar Londen en na haar huwelijk met Lord Tryon een vertrouwelinge van Charles. Haar directheid, hartelijkheid en talent om mensen te entertainen waren precies de eigenschappen die hij in Camilla bewonderde. Ze kon haar greep op Charles vergroten toen Camilla tijdens haar zwangerschappen buiten gevecht was gesteld. Camilla was er niet blij mee dat Dale overal rondbazuinde dat Charles gezegd zou hebben dat Dale 'de enige vrouw is die me ooit begrepen heeft', een compliment dat meestal aan de koningin-moeder en haar surrogaat, Camilla Parker Bowles, was voorbehouden.

Halverwege de jaren zeventig waren beide vrouwen op oproep beschikbaar voor Charles, en hun echtgenoten keken de andere kant op; een lid van de koninklijke hofhouding vertelde off the record dat ze hem soms ook samen entertainden. Mijn Australische kennis Lyndall Hobbs beschreef Lord Tryon als 'vreselijk chic, kil en saai', maar iedereen was dol op de uitbundige Dale.[45] Ze lanceerde een modecollectie van frivole japonnen die ze de Kanga-lijn noemde. Prinses Diana droeg een van haar speelse polyester jurkjes in 1985 naar het Live Aid-concert in Wembley, alleen maar om Camilla gek te maken. Het echtpaar Tryon werd op Balmoral uitgenodigd, waar Dale ging paardrijden met de koningin, die haar onbesuisdheid blijkbaar amusant vond. Charles was ook peetvader van hun middelste zoon die ze, eh… Charles genoemd hadden. De prins logeerde vaak in de zomervissershut van het echtpaar in IJsland, wat een perfecte manier was om tijd samen met Dale door te brengen. Hij was op 27 augustus 1979, bij haar toen hij het nieuws hoorde dat zijn geliefde oudoom Lord Mountbatten op diens landgoed in Ierland door de IRA was vermoord, waarna Dale hem de troost bood die hij gewoonlijk bij Camilla vond.

Diana is nooit zo bang voor Dale geweest als voor Camilla, en terecht, want Dale was geen partij voor mevrouw Parker Bowles. Het vergt talloze lagen van aristocratische vorming om te leren hoe je de rol van koninklijke minnares moet uitspelen. Je hoeft slechts te wachten tot de nieuweling fouten maakt. Dale was te duidelijk in de ban van Charles, praatte te veel over hem, bazuinde rond dat ze zijn favoriet was. Hij liet haar vallen, of beter gezegd 'creëerde afstand', zoals de royals dat als geen ander kunnen.

Dale bleef geloven dat de prins na een openlijke mislukking van zijn huwelijk bij haar zou terugkomen. In plaats daarvan groeide hij naar Camilla toe. Dale stortte in. Na verschillende periodes waarin ze problemen met haar gezondheid had, waarbij ze onder andere aan kanker leed, raakte ze verslaafd aan pijnstillers. Tijdens een verblijf in een ontwenningskliniek in Surrey viel ze om onverklaarbare redenen ruim zeven meter vanuit een raam; haar omgeving was geschokt. Door de val raakte ze verlamd vanaf haar middel en kwam ze in een rolstoel terecht. Het werd nog luguberder toen ze volhield dat ze geduwd was. Haar man vroeg eerst de echtscheiding aan en vervolgens liet hij haar in een instelling opsluiten. Ze kwam buiten de maatschappij te staan. In juli 1997 dook ze op bij een polowedstrijd op Tidworth, waar ze Charles in haar rolstoel verwoed achtervolgde. Nadat dat bizarre verhaal was uitgelekt, meldde de prins in een kille verklaring dat ze niet langer bevriend waren.

Dale overleed drie maanden na Diana in 1997 op negenenveertigjarige leeftijd aan een bloedvergiftiging; het mysterie werd nooit opgelost. In 2011 onthulde haar dochter in een heftig interview met de *Daily Mail* de emotionele waarheid over haar jeugd als kind van ouders die een zogenaamd beschaafde seksuele 'regeling' met elkaar hebben. 'De pijn daarvan was voor ons als gezin niet over omdat mama was overleden en Charles met Camilla Parker Bowles was getrouwd,' zei Lady Victoria Tryon.[46] 'Het lijkt misschien een allang vergeten schandaal, maar wij leven nog steeds met de naweeën ervan.'

VI

Toen Charles de druk van zijn ouders om een geschikte vrouw te zoeken niet langer meer kon negeren, kwam zijn relatie met Camilla in een stroomversnelling terecht en bereikte zelfs een enigszins wanhopig stadium. Het leek wel of ze betrapt wílden worden. Veel van zijn vrienden denken dat de schokkende moord op Mountbatten hem uit zijn evenwicht had gebracht en de seksuele snelkookpan weer op het vuur had gezet, maar Camilla had ook haar redenen om de inzet te verhogen. Na zes jaar huwelijk en twee kinderen was Andrew weer op vrijersvoeten. In 1979 werd hij gestationeerd in Rhodesië als verbindingsofficier van Lord Soames, die gouverneur van het toenmalige Zuid-Rhodesië was ten tijde van de transitie naar de onafhankelijke republiek Zimbabwe. Het was zijn taak om samen te werken met de terugkerende legers van Mugabe en Nkomo en te helpen de vrede te bewaren tot de verkiezingen. Hij schijnt dat zeer kundig te hebben gedaan. Hij kreeg een eervolle vermelding voor 'buitengewone moed' nadat hij het hoofd had geboden aan een vierhonderd man sterke troepenmacht van het Zimbabwaanse Afrikaanse Nationale Bevrijdingsleger en erin was geslaagd hen zonder dat er slachtoffers vielen in het gebied van de Assemblee te brengen.

Voor Camilla was echter relevanter dat hij ook de tijd vond om een openlijke flirt te beginnen met de beeldschone dochter van de gouverneur, Charlotte Soames.

Camilla deinsde niet terug voor huwelijkse intriges. Ze vloog als officiele escorte van de prins van Wales met hem mee naar Rhodesië, nu Zimbabwe, voor de overdrachtsceremonie. Volgens biograaf Christopher Wilson was het Britse ministerie van Buitenlandse Zaken woedend over deze onbeschaamdheid. 'Het neerhalen van de Britse vlag was al vernederend genoeg zonder dat iedereen wist dat de afgezant van het koningshuis zijn liefje had meegebracht,' klaagde een rood aangelopen ambtenaar van Buitenlandse Zaken.[47] Het gevrij van het stel in de privévertrekken van Charles werd door alle leden van het gezelschap met ontzetting gadegeslagen. Dat gold ook voor zijn gedrag tijdens het diner in het gouvernementshuis op 16 april 1980, waar ook Andrew Parker Bowles en de familie Soames, met inbegrip van Charlotte, aanwezig waren. 'Christopher Soames was zo onverstandig geweest om Charles naast Camilla te plaatsen, waarschijnlijk op verzoek van Charles,' vertelde Michael Shea, de voormalige perschef van de koningin.[48] 'Hun schandalige gedrag was gewoon weerzinwekkend.' Lady Soames, de dochter van Winston Churchill, besefte dat dit diner een ramp zou worden, sloeg haar ogen ten hemel en verzuchtte droog: 'Laat ons dan maar bidden dat de wijn goed is.'[49]

Charles' roekeloosheid werd ongetwijfeld door paniek aangewakkerd. Het werd steeds duidelijker dat hij een vrouw moest zoeken. Hij was ooit zo dom geweest om te zeggen dat dertig de beste leeftijd was om te trouwen. Nu was hij eenendertig en intelligent genoeg om te begrijpen hoe nutteloos zijn bestaan op dat moment was. Hij werd de hele wereld rond gestuurd om het strijken van de vlag in de buitenposten van het Britse Rijk bij te wonen, terwijl zijn enige belangrijke taak eruit bestond een erfgenaam voort te brengen, zodat de dynastieke irrelevantie kon voortduren. In augustus 1980 gebruikte hij de fondsen van het hertogdom Cornwall om Highgrove House te kopen. Het landgoed van 140 hectare nabij het marktstadje Tetbury in Gloucestershire was en is de romantische droom van een achttiende-eeuws landhuis. Hij was vooral gecharmeerd van de wijd uitlopende takken van de prachtige ceder aan de westkant van het ongeveer 750.000 pond kostende huis.

De pers zag dit als een teken dat hij zich ging settelen. Zijn zus Anne, met wie hij goed kon opschieten, woonde tien kilometer verderop op Gatcombe Park. Charles wende al snel aan het leven als rijke vrijgezel, in de watten gelegd door zijn personeel. Zijn paard werd 's morgens voor hem opgezadeld, zijn visgerei was altijd in orde, zijn tweedjasje en corduroybroek werden 's avonds voor hem klaargelegd en zijn minnares woonde een half uur rijden bij hem vandaan. Intimi wisten dat de nabijheid van Camilla de grootste attractie van Highgrove was; Andrew en zij verhuisden in 1985, toen hun kinderen eenmaal op kostschool zaten, naar Middlewick House in Corsham, nog steeds dicht bij Highgrove.

Charles stevende duidelijk op een emotionele chaos af. Terwijl het paleis steeds nadrukkelijker de naam van de negentienjarige Lady Diana Spencer naar voren schoof en prins Philip erop stond dat Charles – in hemelsnaam – eens ophield met dat getreuzel, werd hij opeens met iemand anders in verband gebracht. Tijdens een verblijf op het landgoed van de hertog van Rutland nam hij deel aan de Belvoir Hunt en tijdens die vossenjacht ontmoette hij de aantrekkelijke, hooghartige blonde Anna 'Whiplash' Wallace, de vijfentwintigjarige dochter van een rijke Schotse landeigenaar. Vossenjacht? Dat detail van Anna's verhaal vond Camilla maar niks. Vrouwen die de snelheid en het gevaar van de jacht aandurven zijn vaak ook avontuurlijk in bed. Net op het moment dat alle vrienden van Camilla wisten dat Andrew verliefd was op Charlotte Soames, begon ze – inmiddels drieëndertig – zich steeds meer bedreigd te voelen door de aantrekkingskracht van jongere rivalen op Charles.

Tijdens een reeks zomerbals in 1980 rekende ze op een warme avond in juni met Anna af. Het gerucht ging dat Charles al een huwelijksaanzoek had gedaan. Anna was die avond met Charles aanwezig bij een belangrijk evenement van de koninklijke familie, het bal ter ere van de tachtigste verjaardag van de koningin-moeder op Windsor Castle. Camilla lokte Charles naar de dansvloer en hield hem daar de hele avond bezig. Anna stak haar ergernis niet onder stoelen of banken: 'Waag het niet me ooit nog op deze manier te negeren,' siste ze.[50] 'Zo laat ik me door niemand behandelen, zelfs niet door jou.' Maar hij was de prins van Wales en hij deed het wel: een week later toen ze weer met hem uit was. Ze waren bij een bal van de poloclub op Stowell Park, georganiseerd door Lord Vestey, erfgenaam van een vleesimperium. Het seksuele vuurwerk duurde voort. Camilla en Andrew zaten aan de tafel van de prins. Het gedrag van Camilla en Charles op de dansvloer was openlijk demonstratief. 'Ze bleven elkaar kussen, tongzoenen, dans na dans...[51] Het ging alle perken te buiten,' zei Jane Ward, een ex-vlam van Charles. Zelfs de ouders van Camilla voelden zich opgelaten door deze schaamteloze vertoning onder de neus van haar man. Daar hadden ze zich niet druk over hoeven te maken. Hij reageerde zoals George Keppel in 1898 had kunnen reageren en zei tegen een andere gast: 'Zijne Koninklijke Hoogheid is erg op mijn vrouw gesteld.[52] En dat is zo te zien wederzijds.' Anna bleef deze keer niet hangen om haar woede lucht te geven. Ze vorderde de BMW van Lady Vestey en scheurde de poort van Stowell Park en Charles' leven uit.

Camilla was geschrokken van het gedoe met Anna Wallace en ze stippelde een nieuwe strategie uit. Ze werd net zo'n voorvechter van een huwelijk van Charles als de koningin en prins Philip; met een meegaande jonge vrouw, en met een beetje geluk eeuwig zwanger. De macht van Alice Keppel als vaste minnares van Edward werd tenslotte versterkt door de bescheiden elegantie van koningin Alexandra aan zijn zijde. Haar aanwezigheid hield de gevaarlijke ambities van jonge pretendenten op afstand.

Terwijl de prins maar niet kon besluiten, werd de blozende Lady Diana Spencer door Camilla doorgelicht. Charles voelde zich ongemakkelijk, omdat ze in zijn ogen op haar negentiende nog een kind was, 'heel knap, het perfecte poppetje... maar het is nog een kind'.[53] En Diana jaagde niet, wist Camilla, dat was dus helemaal een pluspunt, want dat bood haar en Charles genoeg gelegenheid om elkaar te zien.

Vanuit het oogpunt van het paleis waren alle hokjes afgevinkt. Afstamming? Check. Jong? Check. Maagd? Diana liet er geen misverstand over bestaan dat ze altijd al had geweten dat 'ik mezelf moest bewaren' voor een toekomstige echtgenoot.[54] De banden van de familie Spencer met de koninklijke familie gingen ver terug. Diana's grootmoeder Lady Fermoy was een van de favoriete hofdames van de koningin-moeder. Haar vader, graaf Spencer, was adjudant van zowel koning George VI als koningin Elizabeth II geweest. Diana was van jongs af aan bekend met de levenswijze van de Windsors. Dat betekende dat ze wist hoe het werkte en niet zou klagen. De koningin had wel bedenkingen. 'Ze heeft nooit iets afgemaakt,' merkte ze over het dunne cv van Diana op,[55] maar toen het nieuws van de verloving bekend werd, verzuchtte prinses Margaret namens de hele familie tegen een vriendin: 'We zijn enorm opgelucht, maar ze [Camilla] is echt niet van plan hem op te geven.'[56] Als om de status quo te bekrachtigen werd Andrew Parker Bowles door de prins van Wales aangesteld als hoofd van de beveiliging bij het huwelijk.

Wat jammer dat de koningin, die zo goed was in het lezen van bloedlijnen van paarden, de geschiktheid van de Spencers om zich bij het koninklijk geslacht te voegen zo volledig verkeerd heeft ingeschat. Ja, hun afstamming was smetteloos. Generaties Spencers hadden als hovelingen en dienaren van de Kroon gediend. Maar hun macht en onafhankelijkheid waren zo groot dat ze dachten zelf te kunnen bepalen welke vorst ze dienden. De Spencers waren koningsmakers en intriganten. De mannen waren kwaadaardig en opvliegend en van de vrouwen werd gezegd dat ze 'onhandelbaar' waren, zoals dat in lijn met de in de hogere klasse heersende vrouwenhaat genoemd werd. Een bekende van de Spencers formuleerde het als volgt:

> De Spencers zijn moeilijk... Ze houden van drama. Er is altijd wel wat, nooit een moment dat iedereen samen door één deur kan. Spencers zijn niet zoals anderen. Ze zijn niet rechtdoorzee.[57]

In 1993 hield Diana een toespraak ter gelegenheid van de Europese Drugspreventieweek en ze sprak over de 'bedreven overlevenden' van disfunctionele gezinnen. Het werd opgevat als een gecodeerde boodschap over de kille en formele manier waarop haar man was opgevoed, verstoken van fysieke genegenheid, maar voor hetzelfde geld had ze het over zichzelf. De vijandige scheiding van haar ouders was doorspekt met verraad geweest.

Toen haar moeder, de rijke en aristocratische Frances Roche, op haar achttiende met de dertigjarige John Spencer, erfgenaam van Althorp, trouwde was ze een van de jongste bruiden die ooit voor het altaar van Westminster hadden gestaan. Helaas bleek Johnnie achter zijn onberispelijke manieren en minzame voorkomen een tirannieke, patriarchale persoonlijkheid te verbergen, die na een paar drankjes gewelddadig werd. Om koste wat het kost een erfgenaam te produceren liet hij Frances in negen jaar tijd zes zwangerschappen doormaken, waarvan ze er slechts vier heeft kunnen voldragen. Bovendien gunde hij haar geen onafhankelijk leven.

De vijfjarige Diana luisterde achter een deur naar het geruzie van haar ouders, dat vaak zo hoog opliep dat haar zus Sarah de grammofoon harder moest zetten om het lawaai te overstemmen. Een van de dieptepunten in het leven van Frances was het moment dat haar man haar verbood hun vlak na zijn geboorte overleden zoontje te zien. Ze worstelde zich het bed uit en bonsde wanhopig op de deur van de kinderkamer waar de baby lag. 'Mijn kindje was me afgepakt en ik heb zelfs zijn gezichtje nooit gezien.[58] Niet levend. Niet dood. Niemand heeft er ooit een woord over gezegd,' vertelde ze later. Pas jaren later heeft ze de overlijdensakte van het kindje onder ogen gekregen, waarop 'ernstige misvorming' stond vermeld.[59]

Voor Frances was haar huwelijk ondraaglijk geworden. Toen ze de rijke erfgenaam Peter Shand Kydd leerde kennen, werd ze stapelverliefd op hem. Ze had nooit gedacht dat Johnnie na hun scheiding in 1968 de voogdij over hun kinderen zou krijgen. Haar moeder legde een verraderlijke verklaring tegen haar af, die een beslissende factor bleek te zijn. Lady Ruth Fermoy, die haar positie aan het hof bij de koningin-moeder boven alles stelde, wilde een belangrijk man als Johnnie Spencer niet tegen de haren strijken en koos ervoor haar dochter als overspelige echtgenote af te schilderen. In 1971 probeerde Frances opnieuw de voogdij te krijgen, maar weer verloor ze de strijd. 'De verklaring van haar moeder had een diepe wond geslagen. Het gebeurde heeft een breuk tussen hen veroorzaakt die nooit meer is geheeld. Ik zal nooit begrijpen wat Ruth bezielde,' vertelde Barbara Gilmour, de vrouw van een van Diana's peetvaders.[60]

De pijn die Lady Fermoy haar dochter had bezorgd, was de definitieve steek in Diana's al gekwetste hart en liet een blijvend litteken achter. De kinderen kregen de waarheid over de reden van het vertrek van Frances nooit te horen. Diana heeft zich haar hele verdere leven door haar moeder in de steek gelaten gevoeld. Toen Frances maanden later naar Park House terugkeerde in een nieuwe poging om Diana en haar jongere broer op te halen, werd de deur in haar gezicht dichtgeslagen. 'Het huis was zo groot dat de kinderen me niet hoorden roepen,' herinnerde Frances zich.[61]

Om aan de gemene roddels van de Norfolkse adel te ontsnappen verhuisde ze met Peter Shand Kydd naar het afgelegen Schotse eiland Seil. Hierdoor kwam de klap bij de kinderen nog harder aan, en de sombere leegte die haar levenslustige moeder achterliet veroorzaakte bij Diana een onzekerheid en verlatingsangst waar ze haar leven lang last van hield. Onder haar damesachtige uiterlijk sluimerde een woede die in explosieve scènes tot uiting kwam als ze zich afgewezen voelde.

Toen Diana vijftien jaar oud was hertrouwde haar vader met de verwaande grande dame Raine Legge, de ex-vrouw van de negende graaf van Dartmouth. De kinderen vernamen het nieuws over het voorgenomen huwelijk uit de krant en Diana was ontzet. Er werd een groots huwelijksbal op Althorp georganiseerd, waarvoor geen van de kinderen werd uitgenodigd. Uitgerekend de blozende Diana werd door haar broer en zussen aangewezen om een gepaste vergeldingsactie uit te voeren. Als de lieveling van haar vader voelde zij zich het meest ontheemd. Toen ze van kostschool thuiskwam op Althorp nam ze wraak. Ze liep op haar vader af en hij verwachtte een warme omhelzing, maar toen ze bij hem was gaf ze hem een klinkende klap in zijn gezicht. 'Dat is voor de pijn die je ons allemaal hebt aangedaan,' wierp ze hem met vuurrode wangen voor de voeten.[62]

Dat was niet alles. Aan de vooravond van het huwelijk van haar broer Charles met model Victoria Aitken in 1989 werd Diana zo boos over de minachtende manier waarop Raine haar moeder Frances behandelde, dat ze haar van de trap duwde en toekeek hoe ze op de overloop neerstortte. 'Het gaf me een enorme voldoening,' vertelde ze twee jaar later aan haar speechcoach Peter Settelen.[63] 'Ik was zo boos. Ik kon haar wel wurgen. Ze zei: "Ach, Diana, je bent gewoon jaloers op mijn relatie met je vader omdat je zelf een ongelukkig huwelijk hebt."' Daarop had Diana geantwoord: 'We hebben altijd een hekel aan je gehad.'

Wauw. Er was geen gevaarlijker kandidaat denkbaar om zich zonder het te beseffen in een liefdeloos huwelijk te storten dan Diana. Het onvermogen van Charles om Camilla op te geven raakte aan de verschrikkingen uit haar jeugd. Haar paniek zou later tot uiting komen in zelfverminking. De hertog van Marlborough vertelde de dochter van de invloedrijke politicus Woodrow Wyatt, Petronella, dat Diana een keer alle stropdassen van Charles kapot had geknipt en zichzelf daarna met een schaar had verwond.

Maar geen van deze verontrustende onderstromen waren te bespeuren in de grote blauwe ogen van de negentienjarige Diana. De Britten waren verliefd op het frisse meisje vanaf het moment dat ze de in de buurt van de Young England Kindergarten gemaakte foto in *The Sun* zagen. Op die foto staat een meisje met twee peuters, dat zich er niet van bewust is dat haar lange slanke benen door de lichtval doorschemeren onder haar gebloemde zomerrok. De foto werd even iconisch als die van Marilyn Monroe tientallen jaren eerder, hoewel die van Diana een kuisere uitstraling had.

Twee jaar later vroeg de gewoonlijk zo scherpzinnige Camilla zich af hoe ze zich in hemelsnaam zo in 'het perfecte poppetje' had kunnen vergissen.

3

UIT DE GRATIE

Camilla geeft niet op

De ellende van het prinselijke huwelijk en de rol van Camilla daarin viel nog te ontkennen totdat er twee bommen afgingen. De een werd door Diana tot ontploffing gebracht en de ander door de Camillagate-tapes, de illegale opname van het zes minuten durende obscene telefoongesprek dat Charles op die ongelukkige avond in december 1989 met zijn minnares voerde en dat vier jaar later uitlekte.

Andrew Mortons in juni 1992 uitgekomen onthullende boek *Diana, haar eigen verhaal* was in wezen haar eigen wraakschrift. Patrick Jephson, haar voormalige privésecretaris, beschreef de spanning in het paleis in de aanloop naar de publicatie: ‘Het was kijken naar een zich langzaam verspreidende plas bloed die onder een gesloten deur door kwam sijpelen.’[1]

Morton rukte het gordijn van discrete samenzwering open, waarachter het overspel zich jarenlang had kunnen afspelen en ontmaskerde Camilla als de minnares. In zijn boek werd ze te kijk gezet als de kwade genius achter het mislukken van het sprookjeshuwelijk van Charles en zijn aanbeden prinses. Camilla had geen hofmachinerie achter zich om haar te beschermen. Ze werd bedolven onder de hatemail. Zij en haar man moesten noodgedwongen een ander telefoonnummer nemen. De pers vatte post voor hun deur. ‘Die lui achtervolgden ons met grote snelheid op motoren en in auto’s. Sommigen zijn gewoon monsters en ze maken je woest,’ zei haar zoon Tom.[2]

De dag dat het eerste deel van Mortons verhaal uitkwam was het echtpaar Parker Bowles met Tom te gast in de vipruimte van de koninklijke familie bij de Alfred Dunhill Queen's Cup polowedstrijd op Windsor Great Park. 'Ik ga mezelf niet begraven omdat de kranten iets over ons schrijven,' zei Camilla opstandig tegen journalisten.[3] 'Absoluut niet. Waarom zou ik?' Dat vertoon van eenheid was zowel voor hun kinderen als voor henzelf van belang. Andrew, onlangs gepromoveerd van luitenant-kolonel met bevel over de Household Cavalry en de functie met de ongerijmde naam 'Silver Stick-in-Waiting van koningin Elizabeth II' tot de rang van brigadegeneraal, was niet zo blij met de heimelijke hilariteit over zijn 'silver stick' die zo vaak op zijn vrouw had moeten 'wachten'. Enkele dagen later werd hij bij Royal Ascot door de joviale grappenmaker Charles Spencer-Churchill spottend 'Ernest Simpson' genoemd, naar de bedrogen echtgenoot van Wallis.[4]

De openbaringen van Morton kwamen als een grote schok voor de zeventienjarige Tom, die nog op Eton College zat, en de veertienjarige Laura, die nog op kostschool zat. Ze hadden minder van de huwelijksperikelen van hun ouders meegekregen dan William en Harry. Camilla had te maken met twee gevoelige tieners die geschrokken en gekwetst waren. De vertrouwde band tussen de prins van Wales en hun ouders was van een bron van trots in een pijnlijke vernedering veranderd. Laura wilde vooral haar vader beschermen. Ze gaf het niet aan haar moeder door als de prins voor haar gebeld had. Men zegt dat als haar moeder en de prins met elkaar belden, ze een tweede toestel opnam en schreeuwde: 'Hou op mijn moeder te bellen en laat ons met rust.'[5] De enige oplossing was doodzwijgen of zeggen dat het allemaal gelogen was. Andrew reageerde stoïcijns: 'Het zijn verzinsels, verzinsels. Ik heb niets te zeggen.'[6]

Een van de ergste beschuldigingen was dat de relatie tussen Camilla en de prins nooit was gestopt. Een van de vele aanwijzingen daarvoor haalde Diana uit het feit dat hij zich soms stiekem met een van die enorme eerstegeneratie-bakbeesten van mobiele telefoons (je ziet het zo voor je) naar de badkamer begaf om met Camilla te praten.

Het was voor zijn gevleide minnares eenvoudig om de vlam brandend te houden. Ze hoefde alleen dezelfde vaardigheden in te zetten die ze in het begin van haar relatie met Andrew had gebruikt: Charles' interesses delen en hem altijd een gewillig luisterend oor bieden. Michael Shea vertelde me dat prinses Anne had gezegd dat zij en haar andere twee broers na de geboorte van Harry overwogen Charles een brief te schrijven waarin ze hem op zijn gedrag wilden aanspreken. 'De koningin en prins Philip dachten er hetzelfde over.[7] Maar als ze al geschreven hebben, heeft het geen effect gehad. Charles was seksueel verslaafd aan Camilla,' zei Shea. Wat Diana's vermoedens ook waren, waarschijnlijk dook Charles pas weer na de geboorte van prins Harry, in september 1984, met Camilla in bed. Dat was twee jaar eerder dan hij heeft toegegeven, maar later dan Diana dacht. Alles wijst erop dat hij zijn overspel, in navolging van de traditie in de hogere kringen, tijdens de periode van voortplanting heeft gepauzeerd. Zodra hij zijn plicht had vervuld door een troonopvolger en een reservetroonopvolger voort te brengen, ging het licht uit. 'Er gebeurde iets in zijn hoofd,' vertelde Diana aan Lady Colin Campbell.[8] 'O God, het is een jongen en hij heeft ook nog rood haar!' had hij uitgeroepen toen hij de kleine Harry voor het eerst zag.[9] Hij wilde en verwachtte een meisje.

Prinses Margaret zag het zo: 'Op een dag was het genoeg.[10] Zo simpel was het. Op een dag – noch door haar [Diana] noch door iemand anders aanwijsbaar – duwde ze hem over die onzichtbare grens. Hij besefte het op dat moment niet, maar ze had de emmer doen overlopen. Daarna trok hij zich terug in zichzelf.' Zijn hele leven lang waren zijn behoeften door anderen vervuld. De behoeften van Diana waren niet te stillen en hij had het vermogen noch de wil om het te proberen. In de ogen van zijn goede vrienden had Diana hem in een nerveus wrak veranderd. Hij trok zich terug in zijn tuin op Highgrove, maar Diana achtervolgde hem en voer tegen hem uit over zijn harteloze gedrag. Waren het echt zijn gevoelens voor Camilla die van zijn vrouw zo'n onhandelbare feeks hadden gemaakt? vroegen zijn vrienden zich af. Of was Diana altijd al onevenwichtig geweest?

Voormalige personeelsleden zeggen dat Diana niet het snikkende slachtoffer uit Mortons verhaal was, maar een verwende prinses die in een tijd van grote werkeloosheid voor zichzelf achteloos een rode Mercedes leaste, waarmee ze voor zover we weten het enige lid van de koninklijke familie werd dat in een auto van buitenlandse makelij reed. Of de moeder die de jongens uit rancune bij haar man weghield als ze van kostschool terugkwamen, en eiste dat het eten op een dienblad boven werd gebracht terwijl Charles in zijn eentje aan de eettafel op hen zat te wachten. De prinses was zo wispelturig dat personeelsleden niet meer wisten hoe ze het haar naar de zin moesten maken.

Ronnie Driver, een polovriend van Charles, herinnerde zich een weekend waarin de prins aan de Beaufort Hunt deelnam, met in zijn kielzog Camilla in haar strakke sneeuwwitte rijbroek en meesteressenlaarzen. 'Diana zag Charles wegglippen nadat hij had beloofd de dag met haar door te brengen.[11] William en zij begonnen te schreeuwen, maakten hem uit voor egoïst, rotzak en een paar drieletterwoorden.' De mensen om de prins heen waren van mening dat Diana er verstandig aan zou hebben gedaan zelf ook te gaan jagen. Of te tuinieren. Of zijn vrienden te omarmen, in plaats van af te stoten, maar dergelijke tactieken zijn gemakkelijker als je erkent dat je huwelijk gearrangeerd is en niet in de naïeve veronderstelling leeft dat liefde een rol speelt. Sluwheid is ver te zoeken als het hartzeer ondraaglijk wordt.

Camilla was ervan overtuigd dat Diana emotioneel beschadigd was. Toen Diana's oom Lord Fermoy zichzelf in 1984 in een depressieve periode had doodgeschoten, was de gefluisterde conclusie in de kringen rond Gloucestershire: 'het zit in het bloed'.[12] Lady Kennard, een verwante van de koningin, gaf in een officiële BBC-documentaire toe: 'De koningin noch iemand anders heeft ooit begrepen wat er met Diana aan de hand was en het is heel moeilijk om daarachter te komen.[13] Ze was in haar jeugd ernstig beschadigd.' De wrede grap die de ronde deed was dat de prinses, net als een groot deel van het vee op de Britse eilanden, aan gekkekoeienziekte leed. Camilla maakte zich zorgen over de reputatie van Charles, die door Diana's manipulatie van de pers ernstig beschadigd was, en ze had het gevoel dat ze de enige was die het voor hem opnam. Andrew had haar niet nodig, maar Charles wel. Het redden van de gekwelde prins werd haar missie. Ze was eindelijk over Andrew heen en was volledig toegewijd aan Charles. Als dat niet het geval was geweest had ze de voortdurende stroom aan vernederingen die ze halverwege de jaren negentig over zich heen kreeg, toen het leek alsof ze door de hele natie werd veracht, nooit kunnen verdragen. Haar standvastigheid in die tijd heeft haar bij al zijn vrienden veel sympathie opgeleverd. 'Camilla bleef pal achter hem staan en gaf geen krimp. Ze heeft nooit geprobeerd zich te verdedigen en ze is nooit aan de verleiding bezweken om haar kant van het verhaal te vertellen,' zei haar oude buurman William Shawcross.[14] 'Ik denk dat dat een van haar sterke punten is geweest en met dat waardige gedrag heeft ze veel stille lof verdiend. Mensen zeiden: "Mijn God, ze heeft veel doorstaan," en dat was ook zo.' Terwijl haar eigen huwelijk wankelde, klampten Charles en zij zich steeds meer aan elkaar vast.

II

In januari 1993, zeven maanden na de publicatie van Andrew Mortons boek, werden de twee geliefden door de Camillagate-opname van hun laatste dekmantel beroofd. Voor het eerst in zijn leven kon de troonopvolger nergens schuilen. Het onweerlegbare bewijs maakte elke poging tot verdoezeling, elke waardige ontkenning onmogelijk. 'Game, set en match,' riep Diana met de *Mirror* in haar hand triomfantelijk tegen haar persoonsbeveiliger Ken Wharfe uit.[15] Voor Camilla was dit een tienvoudige vernedering. De wrede ontmaskering maakte een einde aan de mystiek over de status van 'koninklijke minnares' en maakte er iets heimelijks en smerigs van, iets wat de hoon van de wereld verdiende:

> CAMILLA: Je bent er zo goed in je weg te zoeken.
> CHARLES: O, stop! Ik wil mijn weg in jou zoeken, over je heen en op en neer en in je en uit je.
> CAMILLA: O!
> CHARLES: Vooral in je en uit je.
> CAMILLA: O, dat is precies wat ik op dit moment nodig heb.
> CHARLES: Kon ik maar in je broek wonen. Dat zou veel gemakkelijker zijn.
> CAMILLA: Wat word je dan, mijn slipje?
> CHARLES: Of, God verhoede, je tampon. Als dat eens zou kunnen…

Iedere cabaretier maakte tampongrappen. Charles werd op spotprenten afgebeeld, hitsig pratend tegen zijn planten. In Italië noemden ze hem prins Tampacchino. Camilla Parker Bowles was nu een begrip en ze werd door de pers opgejaagd. Ze trok zich terug op Middlewick House en haalde de ophaalbrug omhoog. Ze had zich nog nooit zo geïsoleerd gevoeld. Ze werden nu zo in de gaten gehouden dat het onmogelijk was met Charles af te spreken en ze durfde hem niet te bellen omdat ze bang was afgeluisterd te worden.

Zonder over de reden voor haar jaar in afzondering te spreken, zei ze vierentwintig jaar later, in 2017, tegen Geordie Greig:

> Ik kon nergens heen. Maar de kinderen kwamen en gingen zoals altijd – ze gingen gewoon verder met hun leven – en mijn beste vrienden ook. Ik las veel. Ik dacht: als ik hier toch vastzit kan ik beter iets positiefs doen, zoals alle boeken lezen die ik wil lezen en proberen te leren schilderen – hoewel dat geen succes was – en na een tijdje ging het leven min of meer verder.[16]

Het leven ging ook verder, maar het duurde enkele jaren voordat Camilla haar zo kenmerkende vastberadenheid terug had. Haar vrienden maakten zich zorgen over de gevolgen van de druk voor haar gezondheid. 'Ik maak me echt ongerust over haar,' zei een van hen tegen Christopher Wilson.[17] 'De vonk is verdwenen en ze ziet er opgejaagd uit.' In tegenstelling tot Charles, die poortwachters en beveiligers had om hem te beschermen, had Camilla alleen haar voordeur in Wiltshire. 'Ze wil helemaal niet beroemd of populair zijn,' zei Mark Bolland in 2004.[18]

> Die periode waarin ze in de kranten gedemoniseerd en belasterd werd was heel zwaar voor haar, en ook voor Charles; hij voelde zich er verantwoordelijk voor.

Een grote steun was haar vader, majoor Shand. In het jaar dat ze zeventig werd vertelde ze aan de *Mail*: 'Ik herinner me nog dat hij een keer een week bij me logeerde in Middlewick en de pers buiten stond.[19] Om de paar minuten klopten ze op de deur, bonsden op het raam, riepen door de brievenbus… Na een tijdje ging mijn vader rustig naar de voordeur en riep hen bij zich. Ze dromden om hem heen in de verwachting dat er een belangrijke mededeling zou volgen, en hij zei: "Heren, in deze familie houden we onze mond dicht, dank u wel," en toen kwam hij weer naar binnen. Hij deed glimlachend de deur dicht en dat was dat. Ik denk dat die journalisten hun oren niet geloofden, maar zo zijn we nu eenmaal opgevoed: never complain, never explain.'

Hoe terneergeslagen ze zich voelde is te zien op een veelzeggende foto die in maart 1993 in de *Mirror* verscheen, genomen terwijl ze naar Middlewick House rijdt met een kleurloze sjaal om haar hoofd en een moedeloze blik in haar ogen: geen beveiliging, aan haar lot overgelaten. De mensen die hen eerder geholpen hadden bij hun overspelige avonturen boden nu weinig troost. De opname van hun telefoongesprek legde een cynische huwelijksmoraal bloot die pijnlijk was voor de mensen in hun omgeving, die er vaak een soortgelijke gedragscode op na hielden. Camilla en Charles hadden niet alleen zichzelf te schande gemaakt, maar een hele klasse.

Koninklijke minnaressen werden in het verleden geaccepteerd en zelfs als heel normaal gezien, maar dat was in een tijd dat privacy nog gerespecteerd werd. Tijdens een etentje in Londen bracht prinses Alexandra van Kent, achternicht van de koningin, het onderwerp ter sprake bij Woodrow Wyatt. Wyatt schreef op 16 februari 1993 in zijn dagboek dat Alexandra 'nogal zenuwachtig aan me vroeg of ik dacht dat de monarchie zou overleven.[20] Ze zijn duidelijk allemaal heel erg van slag.'

Charles maakte zich zorgen over het antwoord op die vraag – en over het feit dat de vraag zelfs maar gesteld werd. Als je kon sterven van schaamte had hij dat gedaan. Hij was zich er terdege van bewust dat hij de monarchie in diskrediet had gebracht en dat de voortdurende hoon zijn belangrijke werk voor de vele goede doelen waarvoor hij zich inzette in gevaar bracht. Zijn populariteitscijfer was gedaald tot een dieptepunt van vier procent. Toen hij een laagdrempelig bezoekje wilde brengen aan een opvanghuis voor mensen met psychische aandoeningen in het oosten van Londen werd hij uitgejouwd: 'Schaam je je niet?'[21] De koningin, die haar afkeer van Camilla nooit publiekelijk had geuit, was van walging vervuld. Prins Philip herkauwde dat Charles niet uit het juiste hout was gesneden voor de rol van koning.[22] Het Britse volk was het met Philip eens: tweeënveertig procent van de Britten vond nu dat Charles nooit koning kon worden en eenentachtig procent vond dat hij de eerstkomende jaren geen koning kon worden. Dit was zeer verontrustend voor zijn ouders. Het was ze niet ontgaan dat vijf Europese koningen en koninginnen die nog bij de uitvaart van Lord Mountbatten aanwezig waren geweest nu in ballingschap leefden. Hoewel Diana net zelf was betrapt in weer een gelekt en even smakeloos telefoongesprek – met haar bewonderaar James Gilbey, die haar liefdevol 'Squidgy' noemde – bleef ze het populairste lid van de koninklijke familie. Verslaggevers merkten bij een herdenkingsdienst voor de graaf van Westmorland in november 1993 onvriendelijk op dat terwijl Diana er stralend uitzag, Camilla oud genoeg leek om haar moeder te zijn.

Negen maanden nadat de Camillagate-tape naar buiten was gekomen, schreef architectuurhistoricus en schrijver James Lees-Milne, bekend om zijn vele uitgebreide dagboeken, op 4 september 1993 een fragment over het gezin Parker Bowles. Hij was samen met Andrew en Camilla en hun kinderen te gast bij twee van de beste vrienden van Charles, de hertog en hertogin van Devonshire, op Chatsworth. Hij schreef: 'Camilla is niet mooi, en ze is haar opgewektheid en sprankeling kwijt.[23] Ongetwijfeld afgemat door de beproevingen die ze heeft doorstaan. Vrouwen bespugen haar in de supermarkt, camera's loeren overal op haar. Ze loopt met gebogen hoofd en haar haar voor haar gezicht.' De vrienden van de gekwelde Charles werden nog vaker laat in de avond door hem gebeld. Hij hield zich obsessief bezig met de zelfmoord van kroonprins Rudolph, troonopvolger van Oostenrijk-Hongarije. Rudolph was in 1889 samen met zijn geliefde dood aangetroffen in zijn jachtslot Mayerling, ten zuidwesten van Wenen. Hij had eerst zijn minnares en daarna zichzelf doodgeschoten. 'Zou het voor de media niet om te smullen zijn als ik er ook op die manier uit stapte?' vroeg hij zich zwartgallig af.[24]

Er gingen geruchten dat hij een landgoed in Toscane op het oog had, een onheilspellend teken gezien de reputatie van die streek als 'paradijs voor ballingen'.[25] De koningin-moeder was zo ontdaan dat ze Charles uitnodigde op Clarence House en hem, zonder over Toscane te praten, herinnerde aan zijn bezoek aan de trieste, verbannen hertog van Windsor in het Bois de Boulogne aan het eind van zijn leven. Het was haar subtiele manier om hem te wijzen op de consequenties van plichtsverzuim en op de leegte van Edwards leven na zijn abdicatie.

III

Er lag nog een debacle in het verschiet: een rampzalig optreden van Charles op 29 juni 1994 in een tv-documentaire van zijn vriend Jonathan Dimbleby, waarin hij zijn overspel bevestigde. De documentaire, getiteld *Charles: The Private Man. The Public Role*, ging vooraf aan de gerenommeerde officiële biografie van de hand van Dimbleby. De timing was zowel voor de schrijver als voor de prins abominabel. Een veelgeprezen boekwerk van 620 pagina's waarvoor gedegen onderzoek was gedaan was voor altijd verbonden aan een explosieve uitspraak in een documentaire.

Charles had in roekeloze mate met de charmante telg van de BBC-omroepfamilie meegewerkt door tienduizend persoonlijke brieven en dagboeken ter beschikking te stellen en lange beschouwende gesprekken met hem te voeren. De koningin en prins Philip waren verbijsterd over zo veel naïviteit en beledigd door de inhoud. Naar verluidt had de koningin gezucht, haar lippen opeengeklemd en gemompeld: 'Zover is het dus gekomen.'[26] De ouders van Charles hadden geen tijd voor jammerklachten over de wreedheden die hij op Gordonstoun had ondergaan. Memorabel was het verhaal over de jongens in zijn slaapzaal die hem de hele nacht met kussens op zijn hoofd sloegen omdat hij snurkte. Zijn jongere broers hadden tenslotte op dezelfde school gezeten zonder al te veel emotionele littekens op te lopen. Het stond de koningin vooral tegen dat zij werd neergezet als afwezige, gevoelloze ouder. Philip stelde het niet op prijs om te worden afgeschilderd als een ongevoelige tiran en hij had heel andere herinneringen aan de jeugd van Charles: de gezellige picknicks op Balmoral, *Het lied van Hiawatha* voor het slapengaan (door Dimbleby opgeschreven, maar door de pers genegeerd) en de zomervakanties op het twaalf meter lange jacht *The Bloodhound* met zus Anne.

Voor Camilla was die allesoverheersende uitspraak die na ongeveer drie kwartier op de met chintz beklede sofa op Highgrove uit de mond van Charles kwam het ergst. Dimbleby vroeg Charles of hij na zijn huwelijk in 1981 met Lady Diana Spencer had geprobeerd 'zijn vrouw trouw te zijn'.[27] 'Jazeker,' antwoordde Charles, en hij voegde er het dodelijke voorbehoud aan toe: 'Totdat het onherstelbaar stukliep, nadat we het beiden geprobeerd hadden.' Bingo, Overspel. Voor de roddelpers was het een orgie van krantenkoppen. Piers Morgans *News of the World* bracht een late editie uit die schetterde: CHARLES: IK HEB NOOIT VAN DIANA GEHOUDEN.

James Lees-Milne was een van de vele leden van de Britse landadel die het interview vol ongeloof bekeken. De universele veroordeling van Charles' bekentenis was een voorspellende factor voor de minachting die prins Andrew zou oproepen met zijn rampzalige gesprek met BBC-journalist Emily Maitlis in 2019, waarin hij probeerde zijn vriendschap met de Amerikaanse miljonair en pedofiel Jeffrey Epstein te bagatelliseren en te ontkennen dat hij de zeventienjarige Virginia Roberts kende. Lees-Milne schreef in een dagboekfragment van 28 juni:

> Ik heb maar een paar minuten van het interview met prins Charles gezien, maar het was genoeg om me het hele gebeuren te laten betreuren. Deze idealistische man van middelbare leeftijd die fronsend en grimassend worstelde om de woorden uit zijn mond te krijgen en ineenkromp onder zijn intellectuele tekortkomingen. Het was een grote fout om zijn ontrouw toe te geven. Hij had moeten weigeren zulke zaken te bespreken, hoe groot de druk ook was.[28]

Dickie Arbiter, de voormalige perschef van de koningin, was het daarmee eens. 'Het was een blamage, een schot in eigen doel, het tastte niet alleen de relatie tussen de prins en de prinses aan, maar ook die tussen St. James's Palace [waar het hoofdkantoor van de prins was gevestigd] en Buckingham Palace,' zei hij.[29] Het was extra pech dat Diana op de avond van het interview naar een feestje in de Serpentine Gallery ging in de nauwsluitende zwarte cocktailjurk van Christina Stambolian, die al snel haar 'wraakjurk' werd genoemd.

Terwijl Camilla zich moest verweren tegen hernieuwde verwijten in de pers, veroorzaakt door Charles' bevestiging van hun overspel, maakte ze zich ook grote zorgen over de gezondheid van haar moeder Rosalind. Net als Sonia Cubitt leed Rosalind aan ernstige osteoporose. Ze was twintig centimeter gekrompen en zo kromgegroeid dat ze geen voedsel meer kon verteren. 'Het was vreselijk, omdat we er niets over wisten,' zei Camilla in een BBC-documentaire in 2021.[30] 'Soms, als ze bewoog of als je haar aanraakte, schreeuwde ze het letterlijk uit. Ik weet nog dat ze een keer een rib brak alleen doordat een vriendin haar omhelsde.' Ze overleed in juli 1994 op tweeënzeventigjarige leeftijd. Camilla sprak in haar rol van voorzitter van de Osteoporosis Society, haar eerste bestuursfunctie bij een filantropische instelling die ze zeven jaar na de dood van Rosalind op zich had genomen, over de 'pijn en ontluistering van de aandoening…[31] Ik denk dat de kwaliteit van haar leven zo slecht werd, en haar lijden zo ondraaglijk, dat ze de strijd opgaf en de wil om te leven verloor.'

Het verdriet om haar moeders dood werd nog verergerd door Andrews wens om te scheiden.

Veel van de vrienden van Camilla en Andrew denken dat ze hun huwelijk nooit beëindigd zouden hebben als Dimbleby er niet geweest was. Dat ze om redenen van gewenning, uiterlijke schijn en geld bij elkaar gebleven zouden zijn, zelfs al had Andrew al sinds 1986 een langdurige affaire met de ex-vrouw van een goede vriend uit het leger. Maar de bekentenis van Charles op televisie zal voor Andrew de druppel zijn geweest. Je kunt je afvragen waarom het zo lang duurde voordat zijn grens was bereikt. Was het boek van Morton niet voldoende? Het tampongesprek? Kennelijk is volgens de overspelcode in de hogere klassen de waarheid vertellen het enige wat je niet moet doen. Binnen drie maanden schakelde Andrew een echtscheidingsadvocaat in en in december werd de procedure gestart. In sneltreinvaart werd de scheiding in januari 1995 behandeld en in maart van dat jaar uitgesproken. Dat was maar goed ook. Diana nam wraak op Dimbleby met haar dodelijke interview met Martin Bashir voor *Panorama* op 20 november 1995. Dat wierp een nog scherper licht op de redenen waarom haar huwelijk met Charles was mislukt.

En Andrew en Camilla kregen samen ook nog een schandaal over zich heen. Hun huishoudster op Middlewick, Margaret Giles, die in een huisje aan het eind van de oprit woonde, klapte uit de school. Andrew was haar persoonlijk gaan vertellen dat er een scheiding ophanden was, zodat ze erop voorbereid was dat ze waarschijnlijk door de pers zou worden lastiggevallen. Als dank stal ze een aantal familiefoto's uit het privéfotoalbum van haar werkgever en verkocht ze aan *The Sun*. Het echtpaar spande een rechtszaak aan en na een schikking betaalde de krant een bedrag van bijna 25.000 pond, dat naar een goed doel ging.

Hun kinderen Laura en Tom konden niet goed met de opeenvolgende vernederingen omgaan. Laura gaf Charles de schuld van het stuklopen van het huwelijk en kreeg daarover ruzie met prins William. *The Sunday Press* schreef dat een vriend van het gezin had gezegd: 'William gaf Camilla de schuld van al het verdriet dat zijn moeder was aangedaan, wat Laura weer woedend maakte.[32] Laura wilde daar niets van horen. Ze stelde zich hard op en kaatste de bal terug naar William. "Jouw vader heeft mijn leven verwoest."' In april 1995 werd Tom, die inmiddels aan Oxford studeerde, bij het verlaten van een nachtclub in het zuiden van Londen gefouilleerd en vervolgens aangehouden vanwege bezit van ecstasypillen en wiet. 'Ik maakte het er voor mezelf niet beter op door steeds in de problemen te komen.[33] Niets ernstigs, ik rotzooide gewoon wat aan, rommelde met spul en was zo dom om ermee betrapt te worden,' zei Tom, die inmiddels een succesvol kookboekenschrijver en culinair recensent is, in 2015 tegen een Australische tv-zender. Tom werd niet van Oxford weggestuurd, maar hij kreeg wel een waarschuwing van de politie.

In februari 1996 trouwde Andrew voor de burgerlijke stand in Chelsea met zijn minnares, de zeer welgestelde en goedgehumeurde Rosemary Pitman; hun beider kinderen waren aanwezig. Misschien wilde hij gewoon een streep trekken onder de beschamende vertoning rond de puinhoop van zijn huwelijk met Camilla waar de pers jarenlang van had gesmuld. Camilla bleef kwetsbaar en onbeschermd achter en zag zich in Wiltshire geconfronteerd met een leeg nest en slechts het gezelschap van haar twee jack russells.

IV

Voor het eerst had Camilla het gevoel dat ze haar leven niet meer onder controle had. Als Charles haar nu zou laten vallen, zou haar status en zelfs haar bestaanszekerheid ernstig in gevaar komen. Ze had al geldzorgen. Tijdens de scheiding was Middlewick House snel van de hand gedaan; het werd gekocht door Nick Mason, de drummer van Pink Floyd. De opbrengst werd gedeeld en Camilla stak haar deel in Ray Mill House, dat ze in mei 1995 voor 850.000 pond kocht. Het halverwege de negentiende eeuw gebouwde huis lag afgelegen aan het einde van een lange oprijlaan op een terrein van zeven hectare. Ze richtte het gezellig in met familiestukken en het levensgrote portret van Alice Keppel, dat een prominente plek in de woonkamer kreeg. Het huis bood voldoende privacy en het was perfect gelegen bij Chippenham in Wiltshire, dicht bij Highgrove, maar door alle uitgaven zat ze krap bij kas. Ze had volgens zeggen al snel een schuld van bijna 130.000 pond bij de deftige Coutts-bank. Ray Mill was slecht onderhouden, maar een renovatie kon ze zich niet veroorloven. Ze wilde haar vader in een omgebouwde schuur op het landgoed laten wonen, zodat ze gezelschap aan elkaar zouden hebben, maar ze kreeg geen bouwvergunning en hij ging bij Annabel wonen. Haar enige andere tastbare bezit was een stuk grond van de familie in Lincolnshire, waarvan haar broer en zus mede-eigenaar waren. Haar aandeel daarin leverde haar een inkomen van 15.000 pond per jaar op.

Haar financiële problemen werden nog vergroot door de verliezen die ze halverwege de jaren negentig leed als belegger, ofwel *name*, in Lloyd's of London, de belangrijkste verzekeringsmarkt ter wereld. Names, zoals ze genoemd worden, investeren in verzekeringsmaatschappijen en delen in de winst. Het leverde prestige op, net als bankieren bij Coutts. Maar toen het slecht ging moesten de verzekeraars over de brug komen, en wel zoals *The Guardian* het uitdrukte: 'tot op hun laatste oortje'. Veel van de names waren goedgelovige aristocraten die gewend waren cheques te innen zonder de kleine lettertjes te lezen. Zij werden aansprakelijk gesteld voor enorme claims toen Lloyd's tussen 1988 en 1992 bijna acht miljard pond verlies leed, voornamelijk door schade-uitkeringen ten gevolge van asbest- en milieuverontreiniging in de Verenigde Staten en hevige stormen in Noord-Europa. Onder de gedupeerden bevonden zich prins Michael van Kent, die voor 1 miljoen pond het schip inging, de moeder van prinses Diana, Frances Shand Kydd, voor 1,3 miljoen pond, de vader van de hertogin van York, Ronald Ferguson, voor 1 miljoen pond, en de gewezen premier Edward Heath voor 1,4 miljoen pond. Camilla verloor 400.000 pond die ze van haar grootmoeder had geërfd door twee maatschappijen die failliet gingen. Ray Mill werd in een trustfonds ondergebracht zodat Lloyd's er geen beslag op kon leggen.

Camilla's geldgebrek was voor een deel een strategische zet. De gedachte was dat de ongelukkige uitlatingen die Charles in het gesprek met Dimbleby had gedaan de scheiding hadden getriggerd. En Camilla had een groot huis nodig om als minnares van de prins van Wales in stijl te kunnen blijven wonen. Hij had de plicht om voor haar te zorgen. Zij zou zonder geld komen te zitten en de prins zou daarvoor moeten opdraaien. 'Camilla is een slimme pokeraar,' zei een van haar vrienden die deze theorie onderschrijft.

Camilla begon extraatjes van de prins te ontvangen om haar leven na de scheiding te veraangenamen. Als ze een etentje op Ray Mill gaf, werd de chef van Highgrove gestuurd om te koken. Bernie Flannery, de butler van Highgrove, deed boodschappen voor haar bij Sainsbury's en liet ze op de rekening van de prins zetten. Ze stalde haar paard Molly op Highgrove, waardoor de jacht haar minder geld kostte. In een paardentrailer werden planten, struiken en bomen van het landgoed van de prins overgebracht om haar buitenterrein te verfraaien. Er werden twee tuinlieden en twee huishoudsters aan haar toegewezen. De prins verving haar gehavende auto door een glimmende nieuwe Ford Mondeo Estate en toen de weg naar haar huis overstroomde gaf hij haar een Range Rover. Gezien de kritische kijk van de pers op haar verschijning, kreeg ze een kledingtoelage uit de oorlogskas van de prins van Wales. Het lijken misschien futiliteiten gezien de enorme rijkdom van Charles, maar de royals zijn zich over het algemeen nooit zo bewust van de financiële problemen van anderen.

Camilla legde steeds meer beslag op de agenda van Charles. In 1996 trad een van haar oudste vriendinnen, Virginia Carrington, toe tot de staf van de prins om zijn persoonlijke agenda te beheren. Camilla nam vaak deel aan belangrijke planningsbesprekingen in St. James's Palace. Een vaak voorkomende zinsnede in de achtergrondinformatie die Bolland aan de pers verstrekte was 'hoewel de prins er alles aan gelegen is zijn publieke imago te verbeteren, is het onderwerp mevrouw Parker Bowles niet bespreekbaar'.[34] Ook een andere vaak herhaalde uitspraak, waarmee hij Camilla beschreef als 'de vrouw die wachtte', werd door de leden van zijn team vermakelijk gevonden. Een voormalige collega van hem zei dat 'Bolland dat verzinsel bedacht heeft. Het was nogal een agressieve campagne.'

Op een avond in juni 1997 was Camilla in haar auto op weg naar Charles op Highgrove, waar ze samen zouden dineren, toen ze een akelig ongeval kreeg, dat haar nog een upgrade opleverde. Op een smalle landweg in de buurt van Malmesbury in Wiltshire botste Camilla frontaal op de Volvo-stationwagen van de drieënvijftigjarige Carolyn Melville-Smith. De Volvo vloog over de kop in een greppel en zelf verloor ze een van haar voorwielen. Carolyn Melville-Smith, die verwondingen aan haar borstkas opliep, zei dat 'mevrouw Parker Bowles als een raket over de weg vloog'.[35] Hoewel Camilla een beetje van de kaart was en een verstuikte pols had, lukte het haar toch de politie en een ambulance te bellen en daarna Charles op Highgrove. Ze was voor een beter telefoonbereik naar een wat hoger gelegen gedeelte gelopen, een eindje verwijderd van de plek des onheils. Dat was niet zo'n handige zet, want Melville-Smith hing nog steeds ondersteboven in haar auto omdat haar rok tussen de deur vastzat.

Charles stuurde er onmiddellijk zijn eigen politiebeveiliger naartoe, samen met twee van zijn bedienden en nog twee andere personeelsleden. Toen de plaatselijke politie arriveerde, beweerde de ontredderde Melville-Smith dat

Camilla de plek van het ongeluk had verlaten. De ongeloofwaardige eerste verklaring die werd gegeven was dat ze bij een antiterrorismetraining had geleerd om als ze bij een ongeluk betrokken raakte onmiddellijk weg te gaan. 'Ik denk dat je van de schrik gekke dingen doet.[36] Ik vind het echt vervelend voor haar. Het is niet erg aardig dat ze me niet kwam helpen,' zei Carolyn Melville-Smith tegen de Associated Press. Een maand later besloot het Openbaar Ministerie dat er onvoldoende bewijs was voor een aanklacht. Carolyn Melville-Smith zag ervan af een formele klacht in te dienen, misschien omdat ze dacht dat het Openbaar Ministerie toch niets tegen de 'Kroon' zou ondernemen. 'Ik wil niet dat Camilla vervolgd wordt, want daar schiet ik niets mee op,' zei ze tegen de *Independent* en daarna besloot ze met een licht dreigende ondertoon:

> Zolang ik niet zonder geld kom te zitten, laat ik de zaak graag rusten. Het zou gemeen zijn om er wel iets mee te doen, want Camilla heeft het al moeilijk genoeg en het zou haar alleen maar meer slechte pers opleveren.[37]

Stel nou dat er een slachtoffer was gevallen? Dan was de kans om ooit de sympathie van de Britten terug te winnen verkeken geweest, en daarmee ook de kans voor Charles om Camilla formeel in zijn leven te brengen. Ze moest bescherming krijgen. Charles regelde een chauffeursechtpaar dat dag en nacht voor Camilla klaar moest staan en in de buurt van haar landgoed gehuisvest werd.

Om het momentum vast te houden was een openlijker blijk van Charles' toewijding nodig. De vijftigste verjaardag van Camilla op 18 juli 1997 was daar de geschikte gelegenheid voor. Dat feestje zou worden voorafgegaan door een tv-documentaire van Channel 5, waarin Camilla van haar beste kant werd getoond. Ondanks een poging van Robert Fellowes om de koningin een veto te laten uitspreken, gaf Charles zijn naaste medewerker en meester van de mise-en-scène Michael Fawcett opdracht om alles uit de kast te halen voor een feestelijk vijfgangendiner voor mevrouw Parker Bowles op Highgrove. In vervolg daarop zou Camilla in september in een belangrijke filantropische rol stappen door samen met haar zus Annabel het voorzitterschap van de National Osteoporosis Society op zich te nemen. Het zou een 'betoverende avond' worden, waarop Camilla haar menselijke aard zou tonen door op ontroerende wijze over de lange lijdensweg van haar moeder te vertellen. Er waren al vijftienhonderd uitnodigingen naar vips en belangrijke mediafiguren verstuurd; de kaartjes kostten 100 pond. De timing was voor Charles ook niet ongunstig. Het aureool van zijn ex-vrouw begon te vervagen. Diana kwam steeds vaker minder positief in de pers met haar capriolen in Zuid-Frankrijk op het jacht van Mohamed al-Fayed.

Bolland liet als tegenwicht bezadigde berichten plaatsen over Charles en Camilla, die in september samen op vakantie zouden gaan naar Birkhall (hint: doedelzakken).

Het verjaardagsfeestje kwam dichterbij en Robert Fellowes en zijn bondgenoten in het paleis waren niet meer de enigen die hun twijfels hadden. Ook majoor Shand maakte duidelijk dat hij het 'volkomen verkeerd' vond, vertelde een vriend van Camilla.[38]

Maar niemand zou haar haar moment van triomf, dat uitdagend werd gesteund door de prins van Wales, afpakken. Op deze avond hoefde ze niet door een zijdeur binnen te sluipen. Zorgvuldig gestuurd door Bolland kreeg de pers bij wijze van uitzondering toegang. Toen de door een chauffeur bestuurde auto van het feestvarken de oprit van Highgrove opreed vingen de cameralenzen haar vriendelijk glimlachend op de achterbank, gekleed in een verleidelijke donkerblauwe zijden japon met een prachtig collier met diamanten en parels waarmee ze volgens moderedacteuren een statement maakte. Het collier was het verjaardagscadeau van de prins. Het zou ooit aan Alice Keppel hebben toebehoord en door Charles in een privécollectie zijn teruggevonden.

In de tuin van Highgrove brachten harpisten een serenade aan de tachtig gasten die champagne dronken onder een tent in het thema van *Duizend-en-een-nacht*. De obers droegen witte dishdasha's en scharlakenrode tulbanden, wat een staaltje van culturele toe-eigening was in een tijd dat Instagram nog niet bestond. Er waren geen andere leden van de koninklijke familie aanwezig, ook de zonen van Charles niet, maar alle goede vrienden van het stel en de familie van Camilla waren er wel. Charles en Camilla dansten de hele avond met de ontspannen intimiteit van een echtpaar.

V

Zes weken later was de wereld in rouw gedompeld.

Het was Bolland die in de vroege ochtend van 31 augustus 1997 als eerste contact met Camilla opnam om haar te vertellen dat Diana overleden was. Tot op dat moment had ze gedacht dat Diana slechts gewond was geraakt. Haar eerste reactie was die van een moeder. 'Die arme jongens,' reageerde ze bedroefd. Haar volgende zorg gold Charles. Zou hij instorten?

Dat kon niet, in het belang van de jongens. Ze kende hem goed genoeg om te weten dat hij zichzelf de schuld van deze tragedie zou geven.

Er was geen sprake meer van een gezamenlijke vakantie op Birkhall. En ook niet van die volgende 'betoverende avond' die haar als vrouw van de filantropie zou laten herleven. Nu Diana door het publiek heilig was verklaard, was de Andere Vrouw die haar zo veel leed had berokkend radioactief. Camilla verschanste zich in haar huis in Wiltshire. Van het bureau van Charles werden twee politiemannen gestuurd om buiten in een auto de wacht te houden voor het geval de een of andere gek, opgezweept door het verdriet om Diana, zou proberen binnen te komen. Zelfs voor de minnares die als geen ander wist hoe ze het spel moest spelen, stond het er nu slecht voor.

Terwijl de wereld om Diana rouwde had Camilla alle tijd om na te denken over de impact die de dood van de prinses op haar toekomst zou hebben. Charles bleef haar constant bellen, wanhopig en in paniek. Zoals gewoonlijk zocht hij troost bij zijn minnares. Mij werd verteld dat hij gekweld werd door een giftige combinatie van verdriet, verijdelde hoop en zelfmedelijden. Eenzame wandelingen op de hei van Balmoral konden zijn schuldgevoel niet verzachten. Toen er nog hoop was dat de artsen in Parijs Diana konden redden, werd Charles geplaagd door de gedachte aan de mogelijkheid dat de moeder van zijn kinderen misschien met een hersenbeschadiging of verlamd naar Londen zou terugkeren. En zijn verdriet werd nog vergroot door lang begraven gevoelens van tederheid uit de tijd toen ze net samen waren. Ze was zo jong toen hij met haar trouwde. 'Ik heb altijd gedacht dat Diana bij me terug zou komen, dat ze me nodig zou hebben,' zei hij peinzend tegen Mark Bolland op een moment dat hij kennelijk alle jaren vol woede en beschuldigingen even vergeten was.

Welke hoop was er nu nog op een succesvolle afronding van wat Mark Bolland operatie PB (operatie Parker Bowles) noemde? Als hij Diana niet had afgewezen zou ze niet met Dodi al-Fayed in Parijs zijn geweest. Het publiek was van mening dat dit niet gebeurd zou zijn als hij niet zo geobsedeerd was geweest door zijn minnares, 'paardenbek' Camilla. Hij was bang dat ze het hem nu nooit meer zouden vergeven. Wat zou dit voor gevolgen hebben voor zijn aanzien als toekomstige koning? Hij was achtenveertig jaar en nog steeds wanhopig op zoek naar de goedkeuring van zijn volk, overschaduwd door de rechtschapenheid van zijn moeder. En nu deze ramp. Hij zou in de uiterste duisternis geduwd worden. Zou hij eindigen als de hertog van Windsor, verbannen vanwege zijn hardnekkige liefde voor een getrouwde vrouw?

Camilla, afgezonderd in haar huis in Wiltshire, volgde de begrafenis van de prinses op televisie, net als tweeënhalf miljard andere kijkers. De media waren naarstig op zoek naar iemand anders dan zichzelf om de schuld in de schoenen te schuiven. Het was onduidelijk hoelang dat zou duren, en hoelang ze dus beter onzichtbaar kon blijven. Camilla was nu publieke vijand nummer één, de grootste vloek. Dat zou kunnen veranderen. Als ze omzichtig handelde zou het overlijden van Diana misschien uiteindelijk blijken te zijn wat alleen de koningin-moeder sotto voce zou durven noemen 'de Voorzienigheid' voor de toekomst van de monarchie; en voor haar.

Acht maanden later stond de Camilla-campagne weer op de rails. In 1998 kende Charles een jaarlijkse toelage van 120.000 pond met alle daarbij behorende extraatjes aan Camilla toe, per kwartaal uitbetaald van zijn privérekening. Zijn adviseurs waren het erover eens dat het alleen maar meer slechte pers voor de prins zou opleveren als de bank beslag zou leggen op Ray Mill House, dat iedereen kende als het huis van zijn partner Camilla. Misschien werd daarom besloten haar roodstand bij de bank te vereffenen. Dankzij de inspanningen van Mark Bolland werd de prins van Wales al snel gezien als een sympathieke alleenstaande vader, aanbeden door zijn twee zoons. Eind 1998 won Charles van Tony Blair in de Man van het Jaar-verkiezing van BBC Radio 4.

4

MOEDER VAN DE NATIE

De hoofdpijnpunten van de koningin in de 21e eeuw

Het prille begin van het derde millennium was een spannende tijd voor koningin Elizabeth II. Normaal zou ze zoals elk jaar te midden van vrienden en familie in Norfolk zijn geweest om op Sandringham House oud en nieuw te vieren. In plaats daarvan was ze in de nacht van 31 december 1999 duidelijk ontstemd naar bed gegaan op Windsor Castle. Zij en prins Philip waren verplicht geweest premier Tony Blair en diens vrouw Cherie te vergezellen op het rampzalige oudejaarsfeest voor de grootse opening van de Millennium Dome. Dat was een enorm bouwwerk van wit fiberglas op 20 hectare braakliggend land in Greenwich. Het moest een vergeten deel van Londen nieuw leven inblazen en als onderkomen dienen voor een tentoonstelling à la Festival of Britain, een tentoonstelling die op de drempel van de eenentwintigste eeuw moest aanzetten tot nationaal optimisme.

Hoewel de door de gevierde architect Sir Richard Rogers ontworpen Dome was geïnitieerd door Blairs Tory-voorganger John Major, was het bouwwerk een prestigeproject van premier Blair en het Cool Britannia-ethos van New Labour geworden. Blair prees het niet al te slim aan als 'een overwinning van vertrouwen op cynisme, van durf op nietszeggendheid, uitmuntendheid op middelmatigheid' en daardoor werd het – wellicht onvermijdelijk – een dankbaar onderwerp van spot voor de Britse pers. Over de bekritiseerde, veel te duur geworden bouw ervan ontstond een verhitte discussie tussen strijdende culturele belanghebbenden, aanmatigende sponsoren en interreligieuze activisten. Blair-haters, die nu met velen waren, zagen het algauw niet meer als een metafoor voor het coole Groot-Brittannië, maar voor de lege beloftes en halfbakken moderniteit van New Labour. Toen Robert Fellowes samen met ambtenaren, Downing Street-adviseurs en andere hotemetoten een blaaskakerige vergadering bijwoonde over de millenniumbug, de achteraf gezien sterk overdreven angst dat overal ter wereld computers zouden crashen als 1999 zou overgaan in 2000, kreeg hij de vraag welke plannen de koningin had voor oudejaarsavond. 'Nou, ik denk dat ze wel naar de kerk zal willen,' zei de manhaftige Fellowes. De hele tafel viel stil toen iedereen zich realiseerde dat het nieuwe millennium ook betekende dat het tweeduizend jaar geleden was dat Christus geboren werd.

Geheel in stijl was de grootse opening van de Dome op oudejaarsavond 1999 een van de monumentaalste mislukkingen in de geschiedenis van de public relations. Er was een bommelding in de zuidelijke buis van de Blackwall Tunnel (onder de Dome) en het hele evenement werd bijna afgeblazen. Mediakopstukken en vips zouden met de metro naar de Dome vervoerd worden, maar bij de ticketuitgifte op station Stratford liep het spaak, waardoor de topmanagers van de televisie en de kranten van Engeland urenlang in de bittere kou vastzaten. In zijn memoires bekent Tony Blair dat hij in het Cabinet Office tegen Lord Falconer, zijn minister van Binnenlandse Zaken (die toen hij de leiding kreeg over het vervloekte project van de pers de bijnaam 'Dome-minister' kreeg), had geschreeuwd: 'Ga me nou niet vertellen dat het niet uitmaakt als ze hier niet voor middernacht zijn, Charlie, anders knuppel ik je ter plekke dood.'[1] Het met veel tamtam aangeprezen vuurwerkspektakel op de Theems, River of Fire, was geklungel, 'een natte dweil, amper zichtbaar', noteerde Tony Blairs mediagoeroe Alastair Campbell.[2] Het was een vernedering dat de viering in Londen duidelijk in het niet viel bij die in Parijs, dat had gekozen voor de eenvoudige schoonheid van de met twintigduizend stroboscooplampjes verlichte Eiffeltoren en een vuurwerkshow waarvan het team van Blair nog het een en ander had kunnen leren.

Na een toch al vermoeiende avond kwamen de koningin en prins Philip per boot aan in Greenwich. Voordat ze op de Bankside Pier aan boord waren gegaan van de *Millennium of Peace*, de rondvaartboot die hen naar Greenwich zou brengen, hadden ze in Southwark een crisisopvang moeten bezichtigen, met daarna een dienst in Southwark Cathedral. Alle leden van de koninklijke familie waren die avond ingezet om uit te waaieren naar belangrijke buitenposten van de Britse Eilanden. Prins Charles werd uitgezonden naar Schotland om de Royal Infirmary of Edinburgh en een hostel van het Leger des Heils te bezoeken, en een kerkdienst in de St. Giles Cathedral in Edinburgh bij te wonen. Prins Andrew kreeg nautische taken en moest naar het National Maritime Museum in Greenwich en naar een diner met de museumbestuurders. Prinses Anne werd ingezet bij een evenement voor daklozen in Westminster. Prins Edward, sinds zijn huwelijk met pr-directeur Sophie Rhys-Jones graaf van Wessex, scoorde een fantastische rondleiding door het hoofdbureau van de politie van Surrey en de brandweerkazerne van Guildford, waarna hij het millenniumvuurbaken boven op de toren van Guildford Cathedral mocht ontsteken.

Tegen de tijd dat de koningin en prins Philip gewoonlijk al in bed lagen, gingen ze vergezeld door prinses Anne en haar tweede echtgenoot commandeur Timothy Laurence aan de Elizabeth II Pier van boord. In de Dome werden ze begroet door vele rijen lege stoelen. Alastair Campbell noteerde in zijn dagboek *Power and Responsibility* dat de koninklijke afvaardiging 'er duidelijk van baalde om daar te zijn'.

> TB (Blair) deed ontzettend zijn best [...], maar Anne was als graniet. Cherie [de vrouw van Blair] maakte zelfs een reverence voor de koningin, voor het eerst vermoed ik, maar het leek niet veel te helpen. [Ze] probeerden de royals een beetje enthousiast te krijgen toen 'Auld Lang Syne' klonk, maar het was vrij duidelijk dat ze liever op Balmoral onder hun plaid hadden gezeten. Bij het 'Auld Lang Syne' gaf de koningin Philip wel een kus en pakte ze zijn en TB's hand vast [met zichtbare, ijzige weerzin, merkte de pers op], maar ze leken niet op hun gemak met het hele gebeuren. TB beweerde dat Philip tegen hem had gezegd dat het 'fantastisch' was, maar zijn lichaamstaal wees niet in die richting.[3]

Blair zelf zegt dat hij er aldoor van overtuigd was dat een show met door de lucht vliegende acrobaten zonder veiligheidsgordel ermee zou eindigen dat een van hen op het hoofd van de koningin zou belanden.

Het koninklijk paar was ook in betere tijden geen fan van Blair (hoewel de koningin volgens Blairs vrouw wel enige sympathie voor de premier voelde nadat hij negen keer in augustus een weekend op bezoek was geweest op Balmoral). In de periode na de dood van Diana, toen hij nog maar net in functie was, vond de koningin de veelbesproken pogingen van haar vierenveertigjarige premier om haar reactie meer in overeenstemming te brengen met de gevoelens van de bevolking veel te overdreven. Robert Lacey vermeldt dat de aanwezigen in de persruimte van Downing Street in 2001 de premier in het openbaar tegen de koningin hoorden praten over 'het' *Golden Jubilee*, waarop hij zacht terechtgewezen werd. 'Míjn Golden Jubilee,' zei de koningin.[4]

In 1997 had Blairs relatie met de royals geen goede start gehad: de regering besloot om het 43 jaar oude koninklijke jacht *Britannia* met zijn bemanning van twintig officieren en 220 matrozen niet te vervangen. Dit politiek hete hangijzer had hij van de regering van John Major geërfd. Blair had het gevoel dat hij er wel mee moest doorgaan om de linkerflank van zijn eigen partij tevreden te stellen. Philip had zich openlijk beklaagd over het besluit. Toen het schip in 1997 uit de vaart werd genomen, plengde de koningin tijdens de plechtigheid een zeldzame traan. De *Britannia* stond niet alleen voor herinneringen aan grootse, chique staatsbezoeken, maar ook voor een aantal van haar gelukkigste momenten met haar gezin. Zij en Philip waren vanaf het begin betrokken geweest bij het ontwerp, het enige thuis dat ze feitelijk naar eigen zin hadden ontworpen. Alleen zo kon ze in privékring vakantie vieren. Elke zomer begon de eerste etappe van hun jaarlijkse reis naar Balmoral met een vaartocht langs de kust van de westelijke eilanden naar Aberdeen. Ze gingen voor anker in Caithness om voor een picknick bij de koningin-moeder langs te gaan op Castle of Mey. Een gast herinnert zich de tekst van een scheepsbericht van de koningin-moeder aan de *Britannia* te hebben gezien: 'Liefste Lilibet [zoals Elizabeth binnen het gezin werd genoemd], neem citroenen mee, zijn op.'[5]

Wat hen ook irriteerde aan New Labour was de beëindiging in 1999 van het overerfbare lidmaatschap van het Hogerhuis, voor iedereen, op 92 adellijke leden na. 658 leden van de oude aristocratische garde moesten het veld ruimen, waarmee in één klap een einde kwam aan acht eeuwen parlementaire geschiedenis. Wat nog in het verschiet lag: Labours woest makende verbod op de vossenjacht en een ontactische oproep van een van Blairs favoriete ministers, dr. Mo Mowlam, aan de koninklijke familie om van Buckingham Palace te verhuizen naar een modern gebouw dat meer van deze tijd was. Toen prins Philip in het begin van de jaren nul gevraagd werd of hij een vernieuwer was, antwoordde hij (niet minder ontactisch dan Mowlam): 'Nee, nee, niet omwille van de vernieuwing zelf, niet om maar wat aan te klooien op een soort blairitiaanse manier.'[6]

De Millennium Dome stond voor alles waar de koningin niet van hield: hype, kostenpost (hij was gefinancierd met honderden miljoenen van de Nationale Loterij) en valse vaderlandslievende emotie. Haar ongemak over de toon die ze moest aanslaan bij haar aanstaande gouden jubileum in 2002 groeide. Voor het eerst in haar koningschap voelde ze zich onzeker. De nasleep van de dood van prinses Diana – toen ze zich overduidelijk had verkeken op de stemming onder de bevolking – had haar gewoonlijk rotsvaste zelfvertrouwen aangetast. Ze had ook deuken opgelopen van het zoals zij het noemde '*annus horribilis*', 1992, toen de huwelijken van drie van haar vier kinderen op de klippen liepen, het geliefde thuis van haar jeugd Windsor Castle in vlammen opging en de Britse bevolking, misnoegd over zo veel familieschandalen, haar verontwaardiging over de financiering van de herstelwerkzaamheden luid liet horen. 'Geen enkel instituut – stad, monarchie of wat dan ook – mag verwachten gevrijwaard te zijn van de kritische blik van degenen die het hun loyaliteit en steun geven,' zei ze op 24 november 1992 nederig in haar toespraak ter gelegenheid van de veertigste verjaardag van haar troonsbestijging. Haar verzoenende toon droeg bij aan de hernieuwde waardering in het land, wat ook gold voor het vrijwillige aanbod van de monarchie om voor het eerst inkomstenbelasting te gaan betalen en het openstellen van Buckingham Palace voor het publiek om het herstel van Windsor te bekostigen.

Alle schandalen van de jaren negentig waren koren op de molen van de republikeinse beweging in Australië, wat haar nog onzekerder maakte, met als climax een referendum in november 1999 onder voorzitterschap van advocaat en zakenbankier Malcolm Turnbull over de afschaffing van de monarchie *Down Under*. (De Australische titel van de koningin luidt: Elizabeth de Tweede, bij de gratie Gods koningin van Australië en haar overige domeinen en gebieden, hoofd van het Gemenebest.) In 1999 vond een toenemend aantal Australiërs dit hele idee een ergerlijk anachronisme, vooral als ze bedachten dat ze eerdaags zouden moeten buigen voor Zijne Majesteit koning Charles III (die door veel aussies werd gezien als een excentrieke sukkel). Alle Australische peilingen wezen erop dat de monarchie het referendum zou verliezen, en de koningin bereidde zich voor op een serene reactie als ze aan de kant werd gezet. Ze wilde zelfs liever dat dit tijdens haar eigen koningschap zou gebeuren dan tijdens dat van haar zoon. Een nieuwe Australische republiek kon een domino-effect teweegbrengen in Canada en de rest van het Gemenebest, wat een vernederend begin van Charles' koningschap zou zijn.

Tot ieders verrassing stemden de Australiërs met 55 tegen 45 procent tegen een republiek. De binnenlandse politiek had de referendumprocedure ingewikkelder gemaakt en de Kroon een overwinning bezorgd. In maart 2000 bracht de koningin een bezoek aan Australië om te laten zien dat ze geen wrok koesterde. Haar toespraak in het Royal Opera House in Sydney had precies de juiste bescheidenheid, een toon die voor haar in die tijd nauw luisterde. Ze bracht in herinnering dat haar formele toewijding aan Australië 'zich uitstrekte over vrijwel exact de helft van de leeftijd van dit land als federale natie', maar dat 'de toekomst van de monarchie in Australië een zaak is voor u, het Australische volk, en voor u alleen om met democratische en constitutionele middelen over te beslissen'.[7] Vijftien jaar later werd Turnbull, de republikeinse leider, premier. Het is een eerbetoon aan de diplomatieke vaardigheden van de koningin dat hij het republicanisme afzwoor zolang zij vorstin was. Ontwapend door de elegante manier waarop de koningin was omgegaan met het Australische referendum, noemde Turnbull zich zelfs 'Elizabethaan'.[8]

Een toenemende zorg in het paleis was het glansloze imago van de monarchie in eigen land. De koningin vreesde dat het naderende gouden jubileum net als de Dome een faliekante mislukking zou worden. Er werd een planningscommissie ingesteld en in september kwam daar de slimme voormalige communicatiemanager van British Airways Simon Walker bij met een team. Onder leiding van Robin Janvrin, die Robert Fellowes had opgevolgd als privésecretaris van de koningin, hielpen zij mee met plannen maken voor het jubileum. Na de koningin tweeëntwintig jaar te hebben gediend had Fellowes ten slotte zijn functie neergelegd na erin geluisd te zijn door de *Mail on Sunday*. De krant beschuldigde hem ervan 'een van de belangrijkste instrumenten in de vernietiging van de publieke waardering voor de monarchie' te zijn, wat zeker niet terecht was.[9] Hij hield Bolland verantwoordelijk voor het artikel. Bolland deelde de overtuiging van de prins van Wales dat Fellowes op Buckingham Palace de belangrijkste blokkade vormde voor de acceptatie van Camilla. De koningin toonde haar dankbaarheid aan haar trouwe privésecretaris door te verzekeren dat hij op de lijst van ridderorden van 1999 kwam te staan en in de adelstand werd verheven als baron Fellowes of Shotesham in de *county* Norfolk.

In werkelijkheid had ze behoefte aan een frisse wind. Robin Janvrin was veel prettiger in de omgang dan zijn stijve voorganger en het was hem wel toevertrouwd de verhoudingen met het hof van de prins van Wales te verbeteren. Het paleis heeft vele tekortkomingen, maar wat het wel goed kan, is plannen. Opgepept door Janvrin omarmden alle adviseurs van de koningin het idee dat het jubileum meer de sfeer van een groot nationaal feest moest hebben dan van een plechtige viering. Een voormalige naaste medewerker van de royals verwoordde het zo: 'Het gouden jubileum was het eindpunt van meerdere jaren denkwerk: wat was ervoor nodig om de jaren negentig af te sluiten?'[10]

Voor het centrale weekend werd de maand juni gekozen. Er werd enthousiast voor gelobbyd dat Hare Majesteit een ritje zou maken in de nieuwe London Eye, het door Tony Blair voor de millenniumvieringen geopende reuzenrad op de zuidoever van de Theems. Haar reactie: 'Ik ben geen toerist.'

Het voorstel om een groot popconcert te organiseren in de tuinen van Buckingham Palace, de zogeheten Party at the Palace, had meer succes. De enige zorg van de koningin was de eventuele schade aan de gazons van Buckingham Palace. Op de met enige vrees gestelde vraag of ze akkoord zou gaan met een optreden van Ozzy Osbourne, de buitenissige rocker die vroeger leadzanger van heavymetalband Black Sabbath was geweest, antwoordde ze: 'O, dat is prima zolang hij niet de kop van een vleermuis afbijt.' Het verbaasde het jubileumteam dat Hare Majesteit bekend was met dit juweeltje uit de geschiedenis van de popcultuur. Osbourne had in 1982 bij een concert in Des Moines de kop van een vleermuis afgebeten. Toen men besefte dat de vleermuis, die door een fan op het podium was gegooid, niet van rubber was, werd hij met spoed naar een ziekenhuis gebracht voor een spuit tegen hondsdolheid. In 2019 herdacht Osbourne het voorval van zevenendertig jaar daarvoor met een tweet: 'Vandaag is het 37 jaar geleden dat ik de kop van een f*cking vleermuis heb afgebeten! Vier dit met deze herdenkings[vleermuis]knuffel met afneembare kop.'[11]

Meestal stuurde de koningin prins Philip om met de jubileumgroep over de plannen te vergaderen. Het was voor haar een beproefde methode om dingen die haar niet echt interesseerden, zoals de bijzonderheden van openbare optredens, door te schuiven naar haar meer op detail gerichte echtgenoot. Zijn reactie op slordig denkwerk, waar hij slecht tegen kon, was zoals gewoonlijk bars. Dan zei hij dat hij de koningin in het weekend moest raadplegen en bleek ze het met al zijn suggesties eens te zijn.

Het lijkt haar eigen beslissing te zijn geweest om voor Lucian Freud te poseren voor een portret dat vlak voor het jubileum onthuld zou worden. Robert Fellowes, die zelf voor Freud model had gezeten, had bemiddeld. Hoewel dit vanwege Freuds vooraanstaande positie in de Britse kunstwereld geen gewaagde keuze was, zagen sommigen het als een risico om in zee te gaan met een kunstenaar die vooral befaamd was om zijn vlezige, uitgezakte naakten. Freud brak met zijn levenslange regel dat zijn onderwerpen naar zijn atelier moesten komen en toog zelf naar de Picture Conservation Studio in Friary Court in St. James's Palace, waar de koningin van mei 2000 tot december 2001 vijftien keer model heeft gezeten. Naar verluidt hebben ze 'zich reuze vermaakt' en aan één stuk door over paarden en paardenrennen gepraat.[12]

Het uiteindelijke portret was zo meedogenloos als je van Freud kon verwachten: grimmig, met grove trekken en imposant. De soevereine kaak heeft een ferme vastberadenheid en op haar hoofd is een zware kroon geplant. Een recensent betoogde dat de koningin Freud had moeten laten opsluiten voor zo'n lelijke beeltenis. De hoofdredacteur van *British Art Journal* zou hebben gezegd: 'Zo ziet ze eruit als een van de koninklijke corgi's die een beroerte heeft gehad.'[13] Maar in tegenstelling tot Winston Churchill, die in 1954 in woede ontstak toen hij Graham Sutherlands onflatteuze portret voor zijn tachtigste verjaardag zag, toonde de koningin bij de onthulling van het portret door Freud haar gebruikelijke afwezigheid van ijdelheid. 'Heel interessant,' merkte ze ambigu op.[14] Misschien scheelde het dat het klein was (15 bij 23 centimeter). In 2017 gaf ze toestemming het portret in de Queen's Gallery in Buckingham Palace op te hangen, waarmee ze het belang ervan in het oeuvre van de kunstenaar erkende. (Gyles Brandreth merkt op dat de koningin enkele jaren nadat ze voor Freud had geposeerd, op een kunsttentoonstelling handig wegdook voor een fotograaf die haar er bijna op had betrapt dat ze naar het assertieve scrotum van een wijdbeens naakt van Freud stond te staren. Haar gastheer informeerde: 'U bent toch ook door Lucian Freud geschilderd, mevrouw?'[15] Ze glimlachte en zei zacht: 'Ja, maar niet zo.')

Terwijl de planning voor het jubileum vorderde, werd Hare Majesteit afgeleid door meer zorgwekkende zaken. Haar relatie met de troonopvolger bevond zich op een dieptepunt. Ze spraken elkaar zelden, alleen via tussenpersonen. De uitnodiging voor Charles' vijftigste verjaardag op Highgrove – twee jaar na die van Camilla – kwam niet van hem, maar via zijn vriend en buurman, de graaf van Shelburne.[16] Toen de koningin hoorde dat Camilla aanwezig zou zijn, ging ze niet op zijn uitnodiging in (evenals zijn twee broers en zijn zus). Zij noch de koningin-moeder had er de afgelopen jaren ook maar over gepeinsd in dezelfde ruimte als mevrouw Parker Bowles aanwezig te zijn. Camilla kwam niet op de lijst voor de officiële vijftigste verjaardag van Charles op Buckingham Palace te staan. De koningin had de kwestie vele malen besproken met Robert Fellowes en was tot de conclusie gekomen dat als ze Camilla zou ontvangen, dat zou betekenen dat zij deel uitmaakte van de koninklijke familie en dat de mediastorm die daarvan het gevolg zou zijn uit de hand zou lopen.

Desalniettemin was het duidelijk dat Mark Bolland er langzaam maar zeker in slaagde Camilla weer ten tonele te voeren: hij zorgde ervoor dat ze bij de weekendfeestjes van de prins van Wales op Sandringham kon zijn en dat ze met Charles mee kon op een cruise van een week over de Egeïsche Zee. Vlak voor de zestiende verjaardag van William in juni 1998 vond er een 'toevallige ontmoeting' tussen Camilla en hem plaats (die tot woede van William werd gelekt). Camilla logeerde in St. James's Palace toen William uit school langskwam en zoals gewoonlijk meteen doorliep naar zijn appartement op de bovenste verdieping van het naastgelegen York House. De prins van Wales waagde het erop en ging samen met Camilla naar boven voor een ontmoeting van een half uur met zijn zoon, de eerste van enkele voorzichtige lunches en theevisites. Williams verzet zou toen minder heftig zijn geworden. Bij prins Harry zou het langer duren om het ijs te breken. Een lid van de hofhouding vertelde me dat Harry, toen hij uiteindelijk was overgehaald om ergens aanwezig te zijn waar mevrouw Parker Bowles ook was, haar nerveus maakte met lange stiltes en beklemmende, wrokkige blikken.

Nu de koningin onbuigzaam bleef in de kwestie-Camilla, was Charles het met Bolland eens dat hij het best de media kon inzetten. Ze besloten gebruik te maken van het vijftigste verjaardagsfeest van Camilla's zus Annabel in het Ritz Hotel voor een beslissend moment in de comingoutcampagne van Camilla. De pers zou door St. James's Palace worden getipt dat ze de prins en mevrouw Parker Bowles op beeld konden vastleggen wanneer zij kort na middernacht in het openbaar zouden vertrekken. Twee dagen van tevoren verschenen de eerste trapladders bij het Ritz voor het beste zicht. Toen het paar het feest verliet en Charles Camilla naar de auto loodste, werden ze verblind door ruim tweehonderd fotografen met flitslichten. 'Hun relatie is niet geheim meer, absoluut onmogelijk,' zei een BBC-nieuwslezer op gedragen toon. 'De foto waarop men zo lang heeft gewacht; het beeld dat men al zo lang wilde zien.'[17] Er volgde een stroom andere waarnemingen van het 'paar': theaterbezoeken, een werkbezoek in Schotland om de mensen die een goed doel gesteund hadden te bedanken en een fondsenwervingsdiner waar Camilla een krachtig symbool droeg voor hun intimiteit: een broche met veren uit het blazoen van de prins van Wales.

II

De koningin wist dat ze onder druk werd gezet en dat beviel haar helemaal niet. Haar moeilijkheden met Charles betroffen meer dan Camilla en waren fundamenteler. Het boek van Dimbleby, waarin naar buiten gebracht werd dat haar zoon haar een emotioneel gereserveerde moeder vond, hakte erin, vermoedelijk omdat ze wist dat er enige waarheid in school.

Ja, toen zij in 1952 op vijfentwintigjarige leeftijd de troon besteeg, kreeg ze als jonge moeder te maken met staatszaken, maar ook als ze wel in de gelegenheid was om bij haar zoontje te zijn koos ze er vaak voor dat niet te doen. In de gelukkige maanden die ze als vrouw van een marineman samen met prins Philip op Malta had doorgebracht voordat ze koningin werd, besloot ze de twaalf maanden oude Charles tijdens twee reizen van elk zes weken (in een daarvan vielen de kerstdagen) achter te laten bij zijn kindermeisje en de koningin-moeder. Aan het einde van het eerste verblijf op Malta (toen prinses Anne werd verwekt) haastte ze zich niet meteen naar Sandringham om Charles te zien, zoals je zou verwachten, maar bleef ze nog een paar dagen in Londen hangen om de administratie bij te werken op Clarence House en een bezoek af te leggen aan de paardenrennen in Hurst Park, waar ze een paard had dat meeliep. Ze ontbrak op zijn tweede en derde kerstfeest en op zijn derde verjaardag. Tegen zijn biograaf Anthony Holden zei Charles dat zijn vroegste herinneringen gingen over zijn eerste kinderwagen 'van reusachtige afmetingen waarin hij lag in de schaduw van de hoge zijkanten', een uitstekende metafoor voor mistroostige koninklijke grandeur.[18] Als kind was hij vaak weken op Holkham Hall, het buitenverblijf van de graaf van Leicester, de vader van de latere Lady Anne Glenconner. Als hij een kinderziekte had opgelopen, de waterpokken bijvoorbeeld, ging hij daar altijd logeren omdat de koningin, die niet naar school was gegaan, daar nooit aan blootgesteld was.

Voor een jonge moeder in de jaren vijftig die ook nog eens vorstin was, was de balans tussen werk en privéleven geen kwestie waaraan veel woorden werden vuilgemaakt. Daar komt bij dat de koningin staatszaken vaak gebruikte om zich te onttrekken aan onderwerpen die ze liever negeerde. 'Struisvogelgedrag' noemde de familie haar gewoonte om confrontaties uit de weg te gaan, meestal door zich terug te trekken om de alle aandacht opeisende rode koffertjes door te nemen – de scharlakenrode leren aktetassen waarin elke dag met uitzondering van eerste kerstdag en eerste paasdag berichten en vertrouwelijke documenten van de regering aan de monarch werden overgedragen. Een van de vroegere privésecretarissen van prins Charles merkte tegen Graham Turner van *The Telegraph* op:

> Als ze minder tijd had besteed aan het lezen van die idiote rode koffertjes – wat heeft het opgeleverd, vraag je je af – en het vrouw en moeder zijn iets serieuzer had genomen, was dat veel beter geweest. Ja, met premiers kan ze uitstekend overweg, maar kan ze met haar oudste zoon omgaan? En wat is belangrijker?[19]

Er zit een vleugje korzelige vrouwenhaat in deze oordelen, die naar alle waarschijnlijkheid over een man niet zouden worden geveld. Hoewel Hare Majesteit politiek neutraal is, heeft de monarch het recht te worden geraadpleegd en haar premiers te 'adviseren en waarschuwen', iets waarop ze grondig voorbereid wil zijn voor het geval dat. Als ze dit doet, verbiedt de discretie hun daarover te praten. Het mag haar niet worden verweten dat ze haar werk serieus neemt.

In een anekdote die Gyles Brandreth in zijn biografie *Philip and Elizabeth* vertelt, zit iets heel schrijnends wat voor iedere werkende moeder herkenbaar zal zijn. Als kleine jongen ging Charles naar de werkkamer van de koningin en vroeg of ze wilde spelen. Ze had de deur zachtjes gesloten met de woorden: 'Kon ik dat maar.'

De koningin hield van haar werk en was er goed in. Dat is ze nog steeds. Met haar scherpe verstand heeft ze veel plezier in bestuurlijke details. Een buitenlandse premier die in juli 2017 bij de koningin op audiëntie ging, vertelde me dat ze een forensisch inzicht bezat in elk detail van de tragedie met de Grenfell Towers die zich een maand daarvoor had afgespeeld. Bij een rampzalige brand in een flatgebouw van vierentwintig verdiepingen in North Kensington waren tweeënzeventig mensen omgekomen, waarmee een hevig nationaal debat ontstond over de ongelijkheid in de volkshuisvesting. 'Als ze kabinetsmedewerker was geweest, zou je haar buitengewoon goed geïnformeerd hebben gevonden,' zei de bezoekende premier.

Omdat de koningin in beslag werd genomen door haar werkzaamheden en van nature niet met haar gevoelens te koop liep, stond haar betrokkenheid als moeder al sinds Charles' geboorte op een laag pitje. Een voormalig hoger lid van de koninklijke hofhouding herinnerde zich dat de prins in 1976 zijn ouders belde toen zij in Balmoral aan het diner zaten. Prins Philip nam op en de koningin vroeg wat haar zoon te melden had. 'Hij gaat volgende week weg bij de marine,' antwoordde Philip.[20]

'O,' zei de koningin, 'ik dacht dat dat pas volgend voorjaar was.'

Deze afwezigheid was deels typisch voor haar klasse en hoorde ongetwijfeld bij de vooroorlogse generatie. De oorlog had ertoe geleid dat er niet veel ruimte was voor gevoelens in de opvoeding, maar vanuit hedendaags perspectief is het altijd verbluffend om te horen hoe luchtigjes onachtzaam sommige aristocratische moeders uit de tijd van de koningin hoorden te zijn. Lady Pamela Hicks, de geduchte dochter van Lord Mountbatten en bijna even oud als de koningin, vertelde vrolijk dat in juli 1935, toen Mussolini voorbereidingen trof om Abessinië binnen te vallen, werd besloten dat alle marinegezinnen het Middellandse Zeegebied moesten verlaten. Na een vluchtige kus gaf haar moeder, Lady Edwina Mountbatten, de zesjarige Pamela en haar elfjarige zusje Patricia ter bewaring af bij hun kindermeisje en gouvernante in een klein hotel in de bergen twee uur ten oosten van Boedapest midden in de dennenbossen, waarna ze met haar minnaar luitenant-kolonel Harold 'Bunny' Phillips met haar Hispano Suiza op autovakantie ging. Helaas raakte Lady Mountbatten het papiertje met de naam van het hotel erop kwijt en kwam ze pas vier maanden later terug. Toen ik Lady Pamela vroeg hoe ze zich toen voelde, antwoordde ze: 'Nou ja, toen het kouder werd, hadden we een beetje weinig kleren omdat ons geld op was. Heel grappig eigenlijk.'[21]

In haar memoires uit 2020, *Lady in Waiting*, trakteert Lady Anne Glenconner ons op nog zo'n vrolijk gruwelverhaal. Bij het uitbreken van de oorlog in 1939, toen zij zeven jaar was, vertrok haar moeder, Lady Elizabeth Coke, naar haar vader, die bij de Schotse Garde in Egypte was. Pas drie jaar later keerde ze terug. Ze liet Anne en haar zusje van vijf, Carey, in Schotland achter bij hun neefjes en nichtjes van de familie Ogilvy en een hardhandige gouvernante, juffrouw Bonner, die Anne de hele nacht vastgebonden op bed liet liggen. Uiteindelijk ontsloeg haar tante juffrouw Bonner, niet wegens haar wreedheid, maar omdat ze rooms-katholiek was en Anne meenam naar de mis. Geen wonder dat deze dames gehard waren of er op zijn minst aan gewend waren dat er niet werd gevraagd of het 'wel goed' met hen ging, wat Meghan Markle zoals alom bekend van mensen verwachtte nadat ze met prins Harry getrouwd was.

De koningin-moeder daarentegen was een lieve en aandachtige ouder voor de jonge Elizabeth en Margaret, maar wel een onverbiddelijke handhaver van koninklijke onfeilbaarheid. Societyfotograaf Cecil Beaton omschreef haar met de gedenkwaardige woorden als 'een met een lasapparaat gemaakte marshmallow'.[22]

In haar verzet tegen het huwelijk van Margaret met piloot-officier Peter Townsend wist ze van geen wijken. Op de hartverscheurende avond dat

Margaret de liefde van haar leven afwees, ging de koningin-moeder weg voor een werkbezoek, zegt Hugo Vickers, 'ze maakte zich geen zorgen over of was zich niet bewust van het feit dat haar dochter die avond alleen at met een dienblad voor zich'.[23] Zelfs haar bijzondere relatie met Charles en haar lange vriendschap met de familie Parker Bowles deed niets af aan haar toewijding aan vorm boven gevoel. Toen eenmaal publiekelijk bekend was dat Camilla de minnares van de prins van Wales was, weigerde ze haar te ontvangen, met of zonder hem.

Desondanks aanbad Charles zijn grootmoeder en soms werkte zijn zichtbare verknochtheid de koningin op de zenuwen. Een hofdame herinnerde zich dat Charles toen hij op Balmoral aankwam voor een picknick tegen de koningin-moeder zei:

> 'Uwe Majesteit, ik ben zeer vereerd u te zien!' en dan antwoordde ze [je kunt de zalvende, flirtende toon bijna horen]: 'Zou Uwe Koninklijke Hoogheid iets te drinken believen?' Dan kuste hij haar arm van onder tot boven![24]

Als Charles en zijn grootmoeder in Londen verbleven, ging er nauwelijks een dag voorbij dat de prins niet bij haar langsging, 's ochtends of voor een drankje. De koningin had het gevoel dat de oude deugniet de spanningen tussen Philip en Charles vergrootte en dat het voorbeeld dat ze gaf met haar luxe levensstijl hem aanmoedigde in zijn financiële uitspattingen.

De koningin is altijd wars geweest van extravagantie. Zij en prins Philip hadden in de oorlog geleerd zuinig aan te doen. Een vroegere vriendin van Charles vertelde me dat toen ze in 1979 met Charles omging en op Windsor Castle op de thee ging, de 'koningin opgewonden was omdat ze de facturen van de stookkosten van het kasteel had doorgenomen en beweerde dat haar te veel in rekening was gebracht'. Het is bekend dat ze 's avonds door de gangen van Buckingham Palace loopt om de lampen uit te doen en dat ze wil dat een niet aangeraakt schijfje citroen naar de keuken terug wordt gebracht om verspilling te voorkomen. Toen Cherie Blair op Balmoral logeerde, viel haar op dat de suite van de premier werd verwarmd met een elektrisch kacheltje dat vrijwel hetzelfde was als dat van haar oma in Liverpool, die uit de arbeidersklasse kwam.

Prins Philips werkkamer in zijn privégedeelte van Wood Farm, het huis op het landgoed Sandringham waar hij vaak vertoefde in de jaren na zijn pensionering, was zo minimalistisch en opgeruimd als de boardroom van een schip. Met slechts twee privésecretarissen, één stalmeester en één bibliothecaris voor de honderden werkbezoeken per jaar maakte hij het minst gebruik van de paleismachine. Ondanks zijn dwingende manier van doen was hij veruit het populairste lid van de familie om voor te werken: 'zeer pretentieloos en hij weet dat om iets vragen vaak makkelijker is dan iets doen', zoals een huisbediende het formuleerde. In 2008 gaf hij zijn kleermaker op Savile Row (John Kent van Norton & Sons) een eenenvijftig jaar oude broek om te vermaken.

De prins van Wales koos er helaas voor zijn verkwistende grootmoeder naar de kroon te steken, die erop stond in edwardiaanse grandeur te leven en er vijf volledig bemande huishoudens op nahield. Oudere hovelingen hadden het gevoel dat Charles qua elegantie van de oude wereld 'groter wilde worden dan zijn grootje'. Als hij bij vrienden op het platteland ging logeren, arriveerde er een dag van te voren een vrachtwagen met zijn bed, meubels en zelfs foto's. Zijn veel te zorgzame naaste medewerker Michael Fawcett zorgde ervoor dat die in de hem toebedeelde slaapkamer werden opgehangen in plaats van de spullen van zijn gastheer. Anders dan de koningin, die altijd at wat ze voorgeschoteld kreeg, gaf de prins zijn menuvoorkeuren van tevoren door en verscheen hij soms voor het diner met zijn beveiliger, die een voorgemixte martini bij zich had om aan de butler te overhandigen. Die moest dan in zijn eigen glas geserveerd worden. In St. James's Palace en Highgrove had hij in totaal negentig mensen in dienst (inclusief tien tuinlieden op het landgoed). 'Hij moet weer zo nodig acht kamers hebben!' schijnt de koningin verbijsterd uitgeroepen te hebben toen hij met Diana op bezoek kwam op Sandringham.[25] Hare Majesteit klaagde er ook over dat hij van zijn hogere medewerkers eiste dat ze drie uur van Londen naar Highgrove reden voor een vergadering en daar dan een halve dag moesten rondhangen.

De trieste waarheid was dat Charles met zijn materiële aard simpelweg niet iemand was voor wie de koningin bewondering had. 'Charles hunkert echt naar de goedkeuring van zijn moeder en weet dat hij die nooit zal krijgen,' zei een regelmatige bezoeker van Highgrove.[26] 'Voor haar is hij niet het juiste type mens: te behoeftig, te kwetsbaar, te emotioneel, te gecompliceerd, te egocentrisch, het soort mens dat ze niet kan uitstaan. Kunst, goede doelen waar geen rigide plichtsgevoel bij komt kijken... het is haar allemaal een gruwel.'

De grootste ergernis was de aanhoudende obsessie van haar zoon met Camilla. Ze ging ermee om zoals met de meeste emotionele problemen: ze negeerde het. Drie opeenvolgende privésecretarissen wilden dat ze er bij de prins van Wales voor en tijdens zijn huwelijk met Diana op zou aandringen dat hij Camilla niet meer zou zien. De koningin genoot zoveel dynastiek gezag bij haar zoon dat hij daarin had moeten toestemmen als ze dat geëist had. Toch aarzelde ze, misschien uit een soort oerbesef dat het niet verstandig was om tussen een man en zijn hartstochten te gaan staan. Of uit een diepere bezorgdheid: dat hij, gesteld voor een keuze zoals zijn oudoom Edward VIII, de vrouw zou hebben gekozen van wie hij hield.

Philip had een hekel aan moeilijkheden, van welke aard dan ook, en na Diana's dood wilde hij dat Charles schoon schip maakte. Zijn bezwaar gold niet de minnares, maar het te emotionele gedoe. Charles' 'natte' romantiek versus zijn eigen strikt pragmatische benadering van het privéleven was altijd al een bron van onenigheid geweest. Maar in 2000 zag de nieuwe privésecretaris van de koningin, Sir Robin Janvrin, wel in dat Camilla nooit van het toneel zou verdwijnen. De koningin moest haar relatie met de troonopvolger herstellen. Zelfs de aartsbisschop van Canterbury was milder geworden over de al lang durende affaire, een belangrijke factor voor de koningin. Om de pers te ontlopen had de aartsbisschop Camilla in het geheim ontmoet bij zijn zoon thuis in East Peckham voor enkele onderdanige kennismakingssessies. Camilla had zich daar verschrikkelijk over verkneukeld.

Om een en ander soepeler te laten verlopen zorgde Janvrin ervoor dat de koningin aanwezig was bij een informele lunch die Charles op zaterdag 3 juni 2000 had georganiseerd voor de zestigste verjaardag van Constantijn van Griekenland. Tino, zoals Charles de voormalige koning noemde, een beminnelijke kerel die in 1967 bij een staatsgreep door een wraakzuchtige militaire junta verbannen was en uiteindelijk in 1973 werd afgezet, is een neef van prins Philip en de peetvader van prins William. Hij heeft tal van Europese koninklijke verwanten, waardoor hij binnen de familie altijd handig ingezet kan worden bij verzoeningspogingen. Als knappe jongeman won hij de eerste olympische gouden medaille voor Griekenland sinds 1912 – voor zeilen. Na zijn verbanning heeft hij zesenveertig jaar met zijn vrouw, prinses Anne-Marie van Denemarken, in een herenhuis in de riante Londense buitenwijk Hampstead Garden gewoond tot hij in 2013 eindelijk als burger weer terug mocht komen van de Griekse regering. In de jaren negentig zette Diana haar jongens vaak bij hen af om met hun vijf kinderen te spelen. Iedereen in de Britse koninklijke familie hield van Tino, dus was er een betere gelegenheid om Camilla op te nemen in de familie dan zijn zestigste verjaardag?

Het geeft wel aan hoe ijzig de relatie tussen Charles en zijn moeder was dat hij niet van de koningin zelf hoorde dat ze naar het feest wilde komen, maar van Tino. Charles stak zijn verbijstering niet onder stoelen of banken. 'Weet je het zeker?' vroeg hij.

Als verzoeningspoging was het echter maar gedeeltelijk geslaagd. De koningin weigerde beleefd om officieel te worden voorgesteld aan mevrouw Parker Bowles, zich terdege bewust van het signaal dat ze daarmee zou geven. Ze hield het bij een knikje ter herkenning en liet weten dat ze ver van elkaar af geplaatst moesten worden (een soort rituele dans aangezien ze Camilla al tientallen jaren kende als de vrouw van Andrew Parker Bowles). Bolland maakte een goede beurt bij de pers met de vermeende koninklijke perestrojka, maar enkele weken later maakte de koningin een einde aan alle hooggespannen verwachtingen van de media. Op 21 juni 2001 was ze gastvrouw van de Dance of the Decades op Windsor Castle, het grootste feest van de koninklijke familie sinds het bal voor het gouden jubileum van haar huwelijk met prins Philip. Er waren achthonderd gasten uitgenodigd voor een galadiner dansant ter ere van de honderdste verjaardag van de koningin-moeder, de veertigste van prins Andrew, de zeventigste van prinses Margaret en de vijftigste van prinses Anne.

Langs het kasteel lag een tien meter lange bloemenzee met de lievelingsbloemen van de koningin-moeder. De prins van Wales kwam in volledige polo-uitrusting in zijn open Aston Martin aanrijden. (Er werd een dronk uitgebracht op de afwezige prins William, die die dag achttien werd en zich op Eton voorbereidde op een belangrijk examen.) De koningin danste er lustig op los. Graham Dalby, die met zijn swingband The Grahamphones op het feest speelde, zei:

> Ik heb de koningin nog nooit zo opgewekt gezien, ze had een heel lieve glimlach op haar gezicht, droeg een prachtige poederblauwe jurk en zag er absoluut fantastisch uit. Ze pakte mensen gewoon beet en trok ze de dansvloer op. Mij had ze ook bijna te pakken en ik dacht: mij niet pakken, ik kan niet dansen en toen pakte ze de man naast mij (die ook niet kon dansen).[27]

Onder de gasten van prins Andrew bevonden zich zijn oude vriendin en dochter van een kranteneigenaar Ghislaine Maxwell en haar introducé, de Amerikaanse financier Jeffrey Epstein, twee relaties waar later nog veel last mee zou krijgen.

Een andere onverwachte gast was de uit de gratie geraakte hertogin van York, die na een verbanning van drie jaar weer welkom was. Sinds er in 1992 tabloidfoto's boven water waren gekomen waarop te zien was dat de

Texaanse zakenman John Bryan, haar 'financieel adviseur', aan haar tenen zoog terwijl ze topless lag te zonnen in Zuid-Frankrijk, mocht de vroegere Sarah Ferguson op aandringen van prins Philip niet meer op feesten en partijen van de koninklijke familie komen. Het was een zware belediging voor Camilla om buiten de deur gehouden te worden, maar het lijkt erop dat het voor de koningin, en ongetwijfeld ook voor de koningin-moeder, een brug te ver was om twéé afgekeurde partners van haar zoons tegelijk verwelkomen.

Camilla werd in plaats daarvan verbannen naar een tweederangs officiele gelegenheid. De avond ervoor was ze met de prins van Wales aanwezig bij een saai diner in Shoreditch, voor de oprichting van zijn stichting, waar ze een diamanten slangencollier droeg dat mogelijk haar stemming weergaf. Tijdens het evenement op Windsor Castle zelf moest ze in haar suite in St. James's Palace tandenknarsend op Charles wachten terwijl meerdere gekroonde hoofden en al haar aristocratische vrienden in de pracht van de staatsiezalen in het kasteel met elkaar genoten van een middernachtelijk champagneontbijt met eieren, worst, bacon, black pudding en kedgeree en op de muziek van drie bands en een disco dansten. De koningin-moeder gaf aan dat ze 'alleen bij de jongeren' wilde zitten, wat maar goed was ook omdat de meeste van haar eigen vrienden al waren overleden. Als eeuwige nachtbraker hield ze het langer vol dan de kwakkelende prinses Margaret, ook al was ze de hele dag bij de Ascot-races geweest, glimlachjes uitdelend vanonder de opgeslagen rand van haar roze wagenwielhoed. De band bracht een serenade voor haar honderdste verjaardag en speelde haar favoriete oorlogshit: 'A Nightingale Sang in Berkeley Square'.

Charles bracht nog een dronk uit op zijn grootmoeder, maar vertrok vroeg om naar de buitengesloten Camilla terug te gaan. Toen alles achter de rug was, nam hij haar mee op een cruise bij Zuid-Frankrijk aan boord van het jacht van een Irakese donor, wat nog meer consternatie veroorzaakte bij zijn ouders. Philip, die de koninklijke kringen graag gesloten hield, verafschuwde het ongepaste financiële geflikflooi van zijn zoon met 'buitenlandse hielenlikkers', ongeacht of het voor een goed doel was. De koningin vond het vooral ergerlijk dat Charles bij zijn zoektocht naar nieuwe donoren zo vaak naar Arabische landen reisde, terwijl hij weinig interesse toonde in haar geliefde Gemenebestlanden. De voormalige Nieuw-Zeelandse vicepremier Don McKinnon, die korte tijd secretaris-generaal van het Gemenebest is geweest, zei tegen Tom Bower dat hij een 'afschuwelijke Britse veeg uit de pan' kreeg toen hij de toekomstige koning ervan probeerde te overtuigen meer aandacht aan het Gemenebest te besteden.[28] 'Waarom ontmoet hij liever dictators dan de democratisch gekozen leiders van het Gemenebest?' klaagde hij over Charles' fascinatie voor de koninklijke broederschap van de Golf.

III

Terwijl de situatie met Charles weer verslechterde, kreeg de koningin met nog meer onaangename gevolgen van haar struisvogelgedrag te maken, ditmaal dankzij prins Edward. De joviale Andrew mag dan het lievelingskind van de koningin zijn, maar haar laatstgeborene, Edward, neemt een bijzonder plekje in het pantheon van zijn moeder in. Een vriend van Edward, de zachtaardige pr-adviseur Peter Brown uit New York, vertelde me: 'Toen we samen thuis waren, heb ik hem wel eens gevraagd: "Zeg, Edward, wie is je moeders lieveling?"[29] Het bleef even stil. "Tja, ik ben de benjamin," zei hij.' Edward was het enige kind van wie prins Philip een foto in zijn werkkamer had staan. Philip wilde dat Edward zijn titel, hertog van Edinburgh, zou erven als de koningin zou overlijden, maar in juli 2021 liet Charles nogal vals weten dat hij andere plannen heeft. Edward is nu al verantwoordelijk voor de Duke of Edinburgh's Award. Ter gelegenheid van zijn vijfenvijftigste verjaardag, in 2019, gaf de koningin, die vaak onverwacht onderscheidingen uitdeelt aan verwanten die ze graag mag, hem ook de Schotse titel graaf van Forfar.

Dat de beminnelijke Eddie voor problemen zou zorgen was wel het laatste wat men verwachtte in het goudenjubileumjaar. Na 1987, toen hij er al na vier maanden tussenuit kneep bij de Royal Marines en in de sensatiepers genadeloos werd bespot, had hij weinig ergernis veroorzaakt. (Eigenlijk was het moedig van hem. Volgens het hoofd van zijn vroegere lagere school was Edward 'getreiterd en geplaagd om zijn "homoseksualiteit" tot hij er niet meer tegen kon. Fysiek had hij geen probleem, want ondanks zijn engelachtige voorkomen was hij heel sterk.'[30]) De koningin was ijzig ontstemd over Edwards besluit, dat ze als plichtsverzaking zag, maar hij kreeg onverwacht steun van prins Philip. Omdat die zelf bij de Royal Marines had gediend, had hij altijd al gevonden dat dat niets voor Edward was. Hij wilde dat hij iets ging doen wat misschien nog erger was voor de kunstminnende Edward: accountant worden.

Edwards huwelijk in 1999 met Sophie Rhys-Jones, een jonge vrouw die enigszins op Diana leek, werd met een zekere opluchting begroet. 'Je zou haar er niet meteen uitpikken,' merkte de koningin droog op over haar eerste ontmoeting met Sophie, dochter van een handelaar in banden uit Kent, maar ze kreeg algauw sympathie en respect voor haar omdat ze geen pretenties had.[31] Allen waren het erover eens dat Sophies pr-ervaring, vriendelijke houding en sterke wens om het koninklijk protocol te volgen ('Ze deinde letterlijk de hele tijd op en neer,' zei een gast op Balmoral tegen me over Sophies constante gebuig voor de leden van de familie die hoger in rang waren dan zij) goed van pas konden komen, als een soort reservewiel voor Windsor.

Helaas had de nu vijfendertigjarige Edward media-ambities. Zijn pogingen om het televisievak in te gaan vielen al een tijdje niet zo lekker. Na kortstondig in de waan verkeerd te hebben dat hij acteur kon worden en een baan als productieassistent bij Andrew Lloyd Webbers Really Useful Group had hij in 1993 Ardent Productions opgezet, een televisiebedrijf gefinancierd door hemzelf en enkele koninklijke donateurs van goede doelen, zoals de sultan van Brunei. Het bedrijf liet documentaires maken als *Edward on Edward* over zijn oudoom, de hertog van Windsor. Eddie was echter op camera zo terughoudend, merkte Andy Beckett van *The Guardian* op, dat hij zich er niet toe kon zetten om de enige nog levende getuige van een beruchte ontmoeting tussen de hertog en Hitler te vragen waarover ze eigenlijk gesproken hadden. Ardent werd het lachertje van de sector. De programma's die het produceerde waren niet om aan te zien: over onderwerpen als de middeleeuwse sport *real tennis* en suffe beschouwingen over Engelse oorlogsschepen, koninklijke residenties en de brand op Windsor Castle. Na enkele tientallen uren naar de voortbrengselen van Ardent gekeken te hebben vatte Beckett zijn beleving samen als het binnengaan van 'een vreemd koninkrijk waar iedere man nog een stropdas draagt, waar kijkers worden toegesproken door iemand in een cricketjumper, waar mensen als gardesoldaten hun handen achter de rug vouwen [...] Waar vrouwen "meisjes" genoemd worden. Voice-overs zijn eerbiedig en koninklijk, met een accent uit het oude Gemenebest [...] De reclameblokken zijn gevuld met wervingscommercials voor het leger.'

In september 2001 stonden de cameramensen van Ardent voor de University of St. Andrews in Schotland, waar de negentienjarige prins William zojuist was aangekomen als eerstejaars. Prins William wist dat er door Lord Black en de klachtencommissie voor de pers was afgesproken dat hij niet zonder toestemming mocht worden gefotografeerd of gefilmd en daarom beklaagde hij zich bij zijn vader. Vader en zoon stonden beiden versteld toen ze hoorden dat de cameraploeg uitgerekend bij het belabberde televisiebedrijf van oom Eddie hoorde.

Mark Bolland liet de pers weten dat prins Charles 'witheet' was over dit broederlijke verraad en nam de gelegenheid goed te baat hem te etaleren als beschermende vader.[32] Er werd gelekt dat Charles zijn broer een 'fucking idioot' had genoemd.[33] Edward werd er al van beschuldigd dat hij officiële koninklijke bezoeken gebruikte om opdrachten voor Ardent binnen te halen. Het was duidelijk dat zijn producties – zoals de bedenkelijke deal met E! Entertainment Television om een programma met de titel *The A to Z of Royalty* te produceren, waarvoor hij bij St. Andrews opnames maakte – de koninklijke merknaam op ongepaste wijze uitmolken. Dit alles versterkte de overtuiging van de prins van Wales dat werkende leden van de koninklijke familie geen eigen carrière moesten nastreven, een hooghartig standpunt dat zijn broers en zus irriteerde: zij hadden niet de riante inkomsten uit het hertogdom Cornwall die hij wel ontving.

Wat Edwards aantasting van het decorum nog erger maakte, was een nog grotere blunder enkele maanden daarvoor, van de tot dan toe niet aanstootgevende Sophie. De nieuwe gravin van Wessex had haar carrière als directeur van haar pr-bureau RJH mogen voortzetten. Verbazingwekkend genoeg raakte ze in de problemen door een onbeschofte streek die een beruchte oplichter haar had geleverd. Deze nepsjeik, ofwel Mazher Mahmood, was een onderzoeksjournalist voor Rupert Murdochs *News of the World*. Als zogenaamde gezant van een lucratieve nieuwe cliënt die een recreatiecomplex in Dubai bezat, nam de bebaarde, kandora dragende valsaard samen met zijn vergelijkbaar uitgedoste fotograaf in het Dorchester Hotel een reeks schrikbarend indiscrete uitspraken van haar op. Over Tony Blair zei ze: 'Wij noemen hem hier president Blair, hij denkt immers dat hij dat is,'[34] over Charles en Camilla wauwelde ze dat die 'nummer 1 stonden op de lijst van impopulaire mensen', en de nieuwste begroting van minister van Financiën Gordon Brown deed ze af als 'een hoop gezwets'.

Erger nog, haar zakenpartner had het bij een andere ontmoeting tegen de 'sjeik' gehad over 'leuke' jongens regelen om zijn baas te vermaken en had de vraag of prins Edward homo was beantwoord met: 'Waar rook is, is vuur, daar geloof ik heilig in.' Uit beide gesprekken bleek dat het bedrijf van Sophie in het wilde weg haar koninklijke connecties verkocht om een pr-contract van 500.000 pond binnen te halen. Ze raakte in paniek toen ze hoorde dat ze beetgenomen was en maakte het nog erger. Er werd een deal gesloten om het transcript van de nepsjeik te ruilen tegen een 'openhartig' interview met Sophie Wessex in *News of the World*. Toepasselijk genoeg werd het op 1 april gepubliceerd met de kop: SOPHIE: 'Mijn Edward is GEEN homo'. Het wakkerde de geruchten aan, waardoor het geroddel dubbel zo erg werd. Na een week met sensationele lekken uit de opnames in de *Daily Mail* hield *News of the World* zich niet meer aan de afspraak en publiceerde het alle transcripten van de nepsjeik, een goudmijn.

Dit verwoestende schandaal deed de koningin maar al te veel denken aan het angstaanjagende annus horribilis, dat ze achter zich gelaten dacht te hebben. Zou het ooit mogelijk zijn 'de deur achter de jaren negentig te sluiten', waaraan in het paleis zo hard gewerkt werd?[35] In dat turbulente jaar werd niet alleen prinses Diana opgejaagd door de media. Bijna ieder lid van de koninklijke familie – en iedereen die met hen omging – werd aangevallen en zwartgemaakt. De inbreuk en de hoon waren wreed en meedogenloos.

Een realtime beeld van de barbaarse persacties in die tijd is te vinden in de dagboeken van hoofdredacteur en avonturier Piers Morgan, de latere olifant in de porseleinkast van de Britse ochtendtelevisie en kwelgeest van Meghan Markle. Piers was in januari 1994 op de opzienbarende leeftijd van achtentwintig jaar hoofdredacteur van *News of the World* geworden, maar verhuisde algauw naar de *Daily Mirror*, waar hij aan de lopende band onbezonnen scoops produceerde over de grootste royaltyverhalen van het Diana-decennium. In 2004 werd hij ontslagen omdat hij geen enkel berouw toonde over de vervalste foto's van martelingen in Irak die hij gepubliceerd had.

Morgan was de jonge Lord Wanbestuur van zijn tijd. Hij genoot van grenzen overschrijden. Soms kocht hij scoops van een bron die 'Benji the Binman' heette, die het afval van beroemdheden doorzocht op primeurtjes die hij kon verkopen. Toen *The Sunday Times* – een krant uit de stal van Murdoch – een samenvatting van Jonathan Dimbleby's biografie van prins Charles verwierf, stuurde Morgan verslaggever Rebekah Wade in schoonmakersuniform naar de drukkerij van *The Sunday Times* om een exemplaar te stelen terwijl de eerste editie van de pers rolde. Morgan jatte vervolgens vrolijk de beste koppen voor de tweede editie van *News of the World*. Rupert Murdoch lachte alleen maar toen hij van deze auteursrechtendiefstal hoorde.

Als je Morgans dagboeknotities nu leest, valt op hoe nauw betrokken de royals en hun perssecretarissen waren bij de dagelijkse pogingen om Morgan en de rest van de sensatiepers in toom te houden of te slim af te zijn. Ze waren heel vertrouwelijk met hun roddelpersbeulen. Morgan schrijft dat de moeder van Diana, Frances Shand Kydd, hem een jaar na haar dood in tranen opbelde. Hij had een sensatiestuk gepubliceerd van de hand van Mohamed al-Fayed, die de royals ervan beschuldigde hun dochter te hebben vermoord. 'Wie maakt zich nou druk over de jongens in dit alles?' snikte ze. 'Niemand toch? ... Ik heb je de dag voor je dit deed gesproken en je hebt me niet verteld wat je nog meer ging doen!'[36]

Tijdens de zogeheten *War of the Waleses* lekte het kamp van Charles net zoveel informatie als dat van Diana via dezelfde tabloids die ze allebei zeiden te verafschuwen. Charles manipuleerde erop los; hij was er alleen niet zo goed in. En de media kregen nog meer door de royals zelf veroorzaakte schandalen in de schoot geworpen. De huwelijksellende en commerciële uitglijers van Fergie en prins Andrew in de jaren negentig werden zo indiscreet tentoongespreid dat ze een huiveringwekkend, neverending subplot in de koninklijke *opera buffa* werden.

Wat voor verheven standpunt over het vulgaire van publiciteit ze er ook op nahielden, alle hofhoudingen streden – en strijden – fel om positieve media-aandacht of, in het geval van lagere royals, om die überhaupt te krijgen. Er bestaat een ongeschreven regel dat ze uit eerbied voor de koninklijke hiërarchie binnen de familie respectvol met elkaars mediamomenten omgaan, hoewel het bij prins Charles zo is dat nieuwsbommen over drama's met uit de pas lopende familieleden vaak net ontploffen als hij een podium wil betreden. De tot nederigheid stemmende waarheid is dat de monarchie zonder de volkspers alleen zichtbaar is bij publieke optredens – hoewel dit sinds de komst van de sociale media duidelijk minder het geval is – optredens die zonder media-aandacht vervolgens onopgemerkt blijven. Zoals de koningin ooit opmerkte toen adviseurs het aantal optredens probeerden te beperken: 'Om te worden geloofd moet ik gezien worden.'

De achtereenvolgende perssecretarissen van de koningin in de jaren negentig stonden versteld van haar koelbloedigheid tegenover de meedogenloze slachtpartijen door de media. Een voormalige perssecretaris vertelde me:

> Mensen hebben [tegen me] gezegd: 'Dat moet een vreselijke baan zijn,' en toen zei ik: 'Ja, op sommige momenten wel, maar ik werk voor iemand die totaal onverstoorbaar is.' Het maakt niet uit of dingen vreselijk fout of fout gaan. 's Ochtends staat ze op, kijkt wat haar te doen staat, neemt een gesprek aan of heeft een bespreking over iets heel gruwelijks. En vervolgens maakt ze tien minuten later een rondgang [...] en praat ze op straat met mensen, alsof ze verder niets aan haar hoofd heeft.

De koningin was dan misschien onverstoorbaar, maar de wonden van de jaren negentig mochten niet opengereten worden. De Wessex-chaos met de nepsjeik vroeg om snelle actie. Zoals gewoonlijk wendde Hare Majesteit zich tot Philip voor de oplossing van een probleem dat de Windsors de komende twee decennia zou blijven achtervolgen: hoe moesten de kinderen in de koninklijke reservebank bevoorrechting combineren met een beroep (of een leven!) zonder afbreuk te doen aan de integriteit (en waardigheid) van de Kroon? Philip was duidelijk toen hij het met Edward en Sophie op Windsor besprak. Dat is níét mogelijk. Je doet mee of je doet niet mee. Parttime royal zijn bestaat niet.

Als de beslissing eenmaal gevallen is, wordt de managementstijl van de struisvogelkoningin dodelijk, ook als ze Philip gebruikt om de klap uit te delen. We zagen dezelfde strenge vastberadenheid bij de crisis rond prinses Margaret en piloot-officier Peter Townsend en het probleem van de scheiding van Charles en Diana. Hoe woedend de koningin op de pers was, kwam duidelijk naar voren in de verklaring vanuit Buckingham Palace, enkele dagen nadat het schandaal met de nepsjeik bekend werd. Het was een van de krachtigste salvo's ooit afgevuurd vanaf de vestingwallen van dit behoedzame instituut. De koningin zou 'de uitlokking, voorwendselen, insinuaties en onwaarheden' waaraan de graaf en gravin van Wessex recentelijk waren blootgesteld, betreuren. In een gewiekst dubbelspel sprak Hare Majesteit haar krachtige steun uit aan Edward en Sophie in hun streven naar een zelfstandige carrière. 'Het is geen gemakkelijke keuze en zij betreden een nieuw terrein, maar in de huidige tijd dient hun dat te worden toegestaan,' om het paar in dezelfde verklaring te laten aankondigen dat zij het tegenovergestelde deden.[37]

Sophie verontschuldigde zich omstandig voor de mogelijkheid dat ze de koningin in verlegenheid had gebracht doordat ze de voorwendselen van de sjeik niet had doorzien. Ze voegde eraan toe dat ze weliswaar dankbaar was voor de steun van Hare Majesteit en voor het feit dat ze mocht blijven werken, maar 'na de situatie met de koningin te hebben besproken' had besloten 'opzij te stappen' als hoofd van haar pr-bureau om haar 'eigen rol te heroverwegen'. In de verklaring werd hieraan toegevoegd dat zowel de graaf als de gravin 'krachtig ontkent' hun koninklijke status voor zakelijk gewin te hebben uitgebuit. Niemand twijfelde eraan dat het doek was gevallen voor de carrièreplannen van de Wessexen. Even opmerkelijk is dat hiermee eventuele huidige of toekomstige ambities van andere lagere royals op scherp werden gezet. In juli 2001 onthulde het paleis nieuwe richtlijnen ter voorkoming van belangenconflicten tussen zakelijke activiteiten van familieleden en hun koninklijke verplichtingen.

Ardent, al lange tijd een bodemloze put, werd opgeheven. Een geplaagde prins Edward verklaarde: 'Het is volkomen vanzelfsprekend dat wij de koningin dit jaar, met het gouden jubileum, meer dan ooit moeten steunen en mijn familie in de toekomst moeten helpen een deel van de groeiende verantwoordelijkheden en werklast te dragen.'[38] Om de inkomstenderving te compenseren verhoogde de koningin haar financiële steun aan de Wessexen naar 250.000 pond per jaar.

Ze hoopte dat deze vervelende kwestie voor de koninklijke familie nu echt was afgesloten. En in een ander tijdperk was dat misschien zo geweest. Maar met de hedendaagse verwachtingen ten aanzien van vrijheid is het zowel infantiliserend als gevaarlijk onrealistisch om voor onbepaalde tijd afhankelijk te zijn van je moeder de vorstin, zonder de mogelijkheid van een ander inkomen. Deze kwestie zou de monarchie keer op keer op haar grondvesten doen trillen.

5

EEN KWESTIE VAN ONAFHANKELIJKHEID

Hoe Elizabeth en Philip het klaarspeelden

De combinatie van huwelijk en plicht was een onderwerp dat de koningin al vele decennia bezighield. Het begon in 1953, in de ruisende hermelijnen stilte van haar kroning als koningin Elizabeth II in Westminster Abbey. De eenendertigjarige Philip Mountbatten, hertog van Edinburgh, zette zijn adellijke kroon af, knielde aan de voeten van de jonge vrouw met wie hij zes jaar daarvoor was getrouwd en legde de eed van trouw af: 'Ik, Philip, hertog van Edinburgh, word uw vazal van lijf en leden en van aardse verering [...] Zo helpe mij God.'[1]

Dat Philip deze eed de daaropvolgende achtenzestig jaar niet verbroken heeft – en de koningin ervoor heeft gezorgd dat hij dat ook niet wilde – is niet alleen een wonder in de hedendaagse monarchie maar ook in het hedendaagse huwelijk.

Het zal voor Philip niet makkelijk zijn geweest een rol aan te nemen waarbij hij altijd twee passen achter zijn vrouw liep. Op de man die voortaan meedeed als hertog was de verontrustende definitie van een honderd procent alfaman van toepassing: verpletterend knap, blakend van zelfvertrouwen, geen geduld met domoren – en niet alleen met hen. Als hij zich met zijn aanzienlijke lengte dreigend vooroverboog om korte metten te maken met een weerbarstig feit of factotum, kon degene die fout zat zich heel miezerig voelen.

Zijn biograaf Gyles Brandreth vertelde me dat er een felle woordenwisseling was geweest over een passage in zijn manuscript over de tijd dat Philip in de oorlog op de HMS *Ramillies* had gediend (Philip had de auteur redactionele onafhankelijkheid gegeven voor alles behalve fouten).

> PHILIP, WOEDEND: Hoe bedoel je dat ik op de HMS *Ramillies* heb gediend?
> BRANDRETH: Daar hebt u gediend, meneer. Dat weet ik. Ik heb u de logboeken nog ter inzage gegeven.
> PHILIP: Dat heb ik niet.
> BRANDRETH: Wel waar, meneer. U hebt op de HMS *Ramillies* gediend.
> PHILIP: Ik heb niet op de HMS *Ramillies* gediend. Je woont niet op je huis, man, of wel soms? Ik heb ín de HMS Ramillies gediend! IN de HMS *Ramillies*! Houd je gewoon aan de feiten![2]

'De koningin moet van het begin af aan begrepen hebben dat dit een uiterst sterke figuur was die zijn rug kaarsrecht hield en niet met zich liet sollen,' zei Sir Nicholas Soames, een vriend van Charles, in 2021 tegen me.

Hun verbintenis was niet gearrangeerd zoals het rampzalige huwelijk van Charles en Diana. Het was meteen een liefdesmatch. De koningin was al vanaf 1939 dol op hem, toen prins Philip van Griekenland en Denemarken haar het Royal Navy College in Dartmouth had laten zien. Zij was dertien en hij een adelborst van achttien.

Na verloop van tijd werd hij 'compleet en zonder reserves' verliefd op haar. Dit schreef hij haar in 1946 in een brief die wordt aangehaald in de biografie van Philip Eade. Toen hij de twintigjarige Elizabeth op Balmoral ten huwelijk vroeg, vond haar vader, de koning, noch haar moeder hem een veilige keuze. Philip mocht dan familie zijn van de helft van de gekroonde hoofden in Europa, zijn familie was wel verbannen en hij was de berooide prins van nergens.

De schuchtere, opmerkzame prinses Elizabeth was niet uit het veld geslagen. Zij zag in Philip de onverschrokken persoon die zou worden wat ze op haar vijftigste verjaardag 'mijn steun en toeverlaat in al die jaren' noemde. De twee waren verbonden door een plichtsgevoel en een wens om te dienen die bepaald was door de Tweede Wereldoorlog. Philip werd eervol vermeld voor buitengewone verdiensten op het Britse slagschip de HMS *Valiant* en was onderscheiden met het Griekse Oorlogskruis voor moed.

Elizabeth was diep onder de indruk en had vertrouwen in Philips subversieve ongeduld. Omgeven door ondraaglijke vormelijkheid kon ze er altijd op rekenen dat hij haar aan het lachen maakte. 'De koningin was altijd stapelverliefd op hem,' zei iemand uit de koninklijke kring. 'Die liefde bestond er deels in dat ze wist dat ze altijd een eerlijk antwoord van hem kreeg.'[3] Wat hij haar gaf, was het gedeelde geheim dat de formaliteiten zowel volkomen absurd als absoluut noodzakelijk waren. Op haar beurt gaf zij Philip de emotionele veiligheid die hij in zijn jeugd niet had gehad.

Het was een geslaagd huwelijk qua liefde en al evenzeer qua strategie. Voor de koningin zat de uitdaging in de vraag hoe ze de wonderbaarlijke energie van haar echtgenoot kon aanwenden ten dienste van de Kroon zonder dat hij zich van zijn mannelijkheid beroofd zou voelen.

Voor Philip was geen strijdpunt pijnlijker – of openlijk zichtbaarder – dan de vraag wat de achternaam van zijn kinderen moest worden. Het was voor hem van het hoogste belang dat Charles, Anne en later Andrew en Edward gedoopt werden als Mountbattens in plaats van dat ze de bedachte dynastieke naam Windsor kregen. De koningin-moeder en de adviseurs van de koningin, vooral Winston Churchill, waren fel tegen. Ze drongen erop aan dat ze aan de populair geworden naam Windsor zou vasthouden. Koning George v had hem, voor de eeuwigheid, verkozen boven de achternaam Saksen-Coburg en Gotha, die tijdens het anti-Duitse sentiment van de Eerste Wereldoorlog een last was geworden. Tot Philips grote spijt zwichtte zijn vrouw voor haar adviseurs, zij het niet meteen. Hij ontplofte. 'Ik ben de enige man in dit land die zijn kinderen niet zijn naam mag geven,' waren zijn befaamde woorden. 'Ik ben verdomme niks meer dan een amoebe.'[4] Er waren destijds weinig voorbeelden van een huwelijk waarin de machtsbalans zo volledig doorsloeg naar de vrouw, koningin Victoria en prins Albert niet meegerekend.

De onenigheid hierover bleef bestaan, waardoor de koningin 'bijna ten einde raad was', zei de conservatieve politicus R.A. 'Rab' Butler, die erbij betrokken was.[5] Na een audiëntie bij Hare Majesteit, die toen zwanger was van prins Andrew, noteerde premier Harold Macmillan in zijn dagboek dat 'de koningin het haar man – op wie ze dolverliefd is – alleen maar naar de zin wil maken (en terecht). Wat ik erg vind [...] is de bijna brute houding van de prins tegenover de koningin over dit alles.'[6] Hij voegde eraan toe: 'Ik zal nooit vergeten wat ze die zondagavond op Sandringham tegen me zei.' Uiteindelijk werd een compromis bereikt: eventuele nakomelingen die geen recht hadden op de titel 'koninklijke hoogheid' zouden Mountbatten-Windsor heten.

Met haar gebruikelijke rustige schranderheid wist de koningin haar echtgenoot handig aan te sturen terwijl zij zich verder bezighield met gewichtige staatszaken. Ze gaf Philip de volledige verantwoordelijkheid voor alle koninklijke landgoederen en huizen, waarop hij, zoals de koningin-moeder zuur opmerkte, als een 'Duitse jonker' toezicht hield.[7] Binnen enkele weken nadat hij in 1953 met de koningin naar Buckingham Palace was verhuisd, had hij (met zijn privésecretaris Mike Parker) alle ruim zeshonderd kamers van het paleis geïnspecteerd en opdracht gegeven het interne communicatiesysteem te moderniseren en de privéappartementen op te knappen.

Hij accepteerde dat hij buiten haar leven met de rode koffertjes werd gehouden en stortte zich op een reeks voorzitterschappen van liefdadigheidsorganisaties. Een van zijn grootste successen als beschermheer was zijn energieke voorzitterschap van het World Wide Fund for Nature. Met geld inzamelen voor projecten als het behoud van leefgebieden van tijgers was hij zijn tijd ver vooruit. Tegenwoordig worden dat soort projecten gezien als populaire, voor de hand liggende goede doelen voor William en Harry. Hij riep de Duke of Edinburgh's Award in het leven voor jongeren en jongvolwassenen die zich verdienstelijk hebben gemaakt op het gebied van vrijwilligerswerk, fysieke activiteiten of plannen hebben voor een avontuurlijke expeditie. Inmiddels hebben ruim honderdveertig landen zo'n prijs.

Ondanks de ongelijke machtsverhouding in hun privéleven hielden ze zich aan de traditionele genderrollen. Zoals een van haar vrienden het voor mij samenvatte was 'haar moeder haar voorbeeld van vrouwelijkheid en haar vader haar voorbeeld van soevereiniteit: hij leidde de jacht. Zij bracht de lunch mee.' Bij officiële diners wachtte de koningin altijd af of Philip eerst zijn linker- of eerst zijn rechterbuurvrouw aansprak, waarna zij zich naar dezelfde kant draaide voor een gesprek.

De meeste belangrijke beslissingen over de kinderen liet ze aan hem over. De koningin-moeder hamerde er met vooruitziende blik op dat de dertienjarige prins Charles naar Eton werd gestuurd, waar hij veel jongens kende en zijn interesse in kunst en cultuur kon ontwikkelen. Maar Philip wilde dat zijn zoon naar zijn eigen strenge alma mater ging, Gordonstoun in Schotland. 'Dan kan hij net zo goed in het buitenland naar school gaan. Hij zal daar in dat Hoge Noorden vreselijk geïsoleerd en eenzaam zijn,' protesteerde de koningin-moeder.[8] Maar de koningin voegde zich naar Philip en Charles werd naar Gordonstoun gestuurd, waar hij vijf jaar erbarmelijk inventief gepest werd.

Philip had de gewoonte de troonopvolger te behandelen als een project dat met harde hand vorm moest krijgen. In de BBC-documentaire uit 2021 na zijn dood, *Prince Philip: The Royal Family Remembers*, is het veelzeggend dat de prins van Wales zich vooral herinnerde dat hij zijn vader teleurstelde:

> Ik polode graag met hem. Er werd dan onophoudelijk tegen me geschreeuwd. 'Kom op! Geen gelanterfanter!' En ik herinner me dat hij me altijd aanwijzingen gaf tijdens een voetbalwedstrijd [...] 'Kom op! DOE IETS.' [...] Hij heeft geprobeerd me met aangespannen paard te leren rijden, maar dat was snel voorbij. [onverstaanbaar] Hij zat zich er steeds meer over op te winden dat ik me niet goed concentreerde. Je wilde mijn vader wel tevredenstellen als je instructies kreeg.[9]

Ook de koningin wilde Philip tevredenstellen. Ze moedigde alle activiteiten aan die haar man het gevoel gaven werkelijk autonoom te zijn. In 1959 haalde hij zijn privévliegbrevet. Evenals William, die ervoor koos reddingspiloot te worden, vond Philip het een bevrijding om eenzaam door de lucht te vliegen. Geen verdomde verslaggever of hoveling zou hem in de wolken op de hielen zitten.

Diezelfde verdomde verslaggevers gaven hem het etiket 'flatermachine', maar zijn ontactische opmerkingen gaven meestal weer wat hij echt dacht, variërend van ongezouten – 'Uw land is een van de beruchtste centra van de handel in bedreigde soorten ter wereld,'[10] zei hij tegen zijn gekrenkte gastheren toen hij in 1999 in Thailand een natuurbeschermingsprijs in ontvangst nam – tot regelrecht beledigend – 'Hoe zorgt u ervoor dat die mensen hier zo lang van de drank afblijven dat ze voor hun rijexamen slagen?' vroeg hij in 1995 aan een Schotse rijinstructeur.[11] Van de pokerface van de koningin kon je niet aflezen of ze hem achter de schermen misschien een uitbrander gaf.

Ook ander, minder publiekelijk rebels gedrag werd niet beteugeld.

Philips veelbesproken (maar fel ontkende) ontrouw met societybeauty's en actrices was misschien wel de enige manier waarop zo'n ambitieuze, viriele echtgenoot zijn mannelijke autonomie kon doen gelden, gefrustreerd als hij was over het vazal-zijn. Hij had het geluk te zijn geboren in een tijd dat men in de schaduw van de monarchie beter beschermd was. Het respect voor de koningin is zo groot dat de pers, zelfs in deze minder eerbiedige tijd, suggestie verkiest boven onderzoek. Toen mijn inmiddels overleden echtgenoot Harold Evans in 1967 hoofdredacteur van *The Sunday Times* werd, waarschuwde de algemeen directeur van Times Newspapers Sir Denis Hamilton, een man met goede contacten in het Britse establishment, hem dat hij moest opletten hoe de krant verslag deed over prins Philip, omdat MI6 belangstelling had voor diens privéleven.

Een verleidelijke blonde societyfiguur die regelmatig te gast was op Mustique vertelde me dat ze in 1977, toen de koningin en Philip tegen het einde van hun zilverenjubileumrondreis door West-Indië op het eiland waren om prinses Margaret voor het eerst te bezoeken, op het strand was toen de sloep van de *Britannia* het koninklijk paar aan land bracht. Ze nam foto's van de lelieblanke huid van de koningin, die werd opgevreten door de muggen – 'Ik zei toch dat ik niet naar dit roteiland wilde,' hoorde ze haar zeggen – toen Philip, die er fantastisch uitzag in zijn lichtblauwe shirt met knopen op de rug, haar zag en knipoogde. Later bij Lord Glenconners receptie in het Cotton House Hotel kwam Philips stalmeester naar haar toe en gaf haar een kaartje met een privénummer. 'Houd contact, zegt de hertog,' zei hij. 'Ik viel bijna flauw,' zei ze, 'maar jammer genoeg ben ik dat kaartje verdomme kwijtgeraakt. Hij was zo adembenemend dat ik er altijd van zal balen dat ik niet op zijn aanbod ben ingegaan.'

In 1971, toen hij zich te oud voelde voor polo, raakte hij enthousiast over wedstrijdmennen. Hij zat dan op de bok van een door Sandringham-monteurs omgebouwde antieke 'Balmoral-hondenkar' en gaf een vierspan galopperende cleveland bays er met de zweep van langs. Hij werd zo'n liefhebber dat hij er met zijn invloed voor heeft gezorgd dat mennen een sport werd, en heeft nog in het Britse team aan het Europese en het wereldkampioenschap meegedaan. (De laatste keer dat men hem samen met twee vrouwelijke medewerkers op een rijtuig over landgoed Sandringham heeft zien racen, was toen hij achtennegentig was.)

Vaker wel dan niet was zijn sportieve metgezel de laatste vijfentwintig jaar van zijn leven Lady Penelope Romsey, een lange, slanke, eenendertig jaar jongere blondine die ooit iets met de prins van Wales had gehad. Charles was getuige toen Penelope Eastwood, zoals ze toen heette, met een van zijn beste vrienden trouwde: Norton Romsey, kleinzoon van Lord Mountbatten. (Lady Romsey was een van de weinige vrienden die tegen Charles heeft gezegd dat ze Diana als toekomstige echtgenote veel te oninteressant voor hem vond.) Toen haar man in 2017 de titel graaf erfde, werd Penny gravin Mountbatten. Philip zou haar als oude vriendin van de familie hebben voorgesteld te gaan leren mennen als afleiding van het verdriet over de dood van haar vijfjarige dochter in 1991.

Hoe hun vriendschap zich ook ontwikkeld heeft, Romsey bezat de schoonheid, zelfverzekerdheid en het gevoel voor humor om Philip langer te boeien dan wie ook, op zijn vrouw na. Op foto's is goed te zien dat hij altijd lacht als ze samen zijn. 'Op zijn leeftijd is een beetje flirten heel goed voor hem,' zei een van de oudste vrienden van de koningin voorzichtig (in 2015).[12] 'Het houdt hem vrolijk.' De laatste twintig jaar waren ze 's zomers in het weekend overal in Engeland te vinden op feestjes waar met paard-en-wagen werd gereden.

Eens in de zoveel tijd laaide het geroddel over Romsey op. De koningin reageerde met een uitnodiging om op zondag samen naar de kerk te rijden. Ze werden gezellig keuvelend gefotografeerd. Kennelijk kon het sterke karakter van de gravin, vooral de manier waarop ze in 2010 was omgegaan met haar huwelijkscrisis, de goedkeuring van de koningin wegdragen. Norton Romsey was er toen na dertig jaar met een aantrekkelijke modeontwerpster vandoor gegaan naar de Bahama's. Zonder van slag te raken nam Penny de leiding over het 2500 hectare grote landgoed Broadlands over, en de ceremoniële taken van haar man als high steward van Romsey, totdat hij met de staart tussen de benen naar de echtelijke woning terugkeerde. Ze verbande hem naar een omgebouwde paardenstal en vroeg hem pas weer binnen toen hij gezondheidsproblemen kreeg.

De koningin lijkt de conclusie te hebben getrokken dat Romsey onontbeerlijk was voor het goede humeur van haar echtgenoot. Iemand uit de kring van de royals zei in 2015: 'Ze haalt haar schouders op en zegt: "Philip vindt het leuk als ze in de buurt is."'[13] Ze liet haar bereidwillig toe tot haar eigen kring. Romsey stond vaak op de gastenlijst van Windsor Castle en soms stond ze op het balkon van Buckingham Palace tussen de royals voor de Trooping the Colour. '[De koningin] accepteerde dat hij veel vertier nodig had,' zei een ingewijde in 2015 tegen Richard Kay. 'Ik heb altijd het gevoel gehad dat zijn behoefte aan vertier buiten zijn huwelijk ermee te maken had dat hij zo'n actieve en veeleisende gemaal was, terwijl hij zich achter zijn vrouw moest opstellen. Maar zijn loyaliteit aan haar staat buiten kijf.'

Zoals de hertogin van Devonshire zei over haar drieënzestigjarige huwelijk met de hertog die haar telkens weer ontrouw was: de koningin had wellicht 'dat prachtige moment bereikt dat je beseft dat je verdoofd bent'.[14] Zij komt uit een klasse en generatie vrouwen die zijn opgegroeid met het idee dat je de avontuurtjes van je man moet uitzitten of, als ze voortduren, moet accepteren. Al het andere was vermoeiend en hysterisch. Ze wist dat als zijn blik afdwaalde, zijn toewijding aan haar geen twijfel leed. Philip zelf keek een verslaggever van *The Independent* lang zwijgend aan toen ze het onderwerp buitenechtelijke verhoudingen durfde aansnijden. Uiteindelijk barstte hij los: 'Goeie god, mens. Ik weet niet met wie jíj omgaat.'[15]

Een voormalig staflid van de koningin vertelde me dat Philip toen hij in de negentig was vroeg: 'Zal ik je eens huwelijksadvies geven? Breng genoeg tijd apart van elkaar door en zorg ervoor dat je niet allemaal dezelfde interesses hebt.'

II

De koningin deelde de grootste passie in haar leven met iemand anders. Ondanks Philips liefde voor de paardensport had hij niets met de obsessie van zijn vrouw voor paarden op zich. Volbloedpaarden is het onderwerp waarbij de koningin het meest opleeft en dat het onbetwiste domein was van haar beste vriend, Henry George Reginald Molyneux Herbert, zevende graaf van Carnarvon.

Porchey, een naam die hij ontleende aan de vroegere titel Lord Porchester, was van 1969 tot het einde van zijn leven de racemanager van de koningin. Buiten de familie ging niemand zo vertrouwelijk met de koningin om. Hij was een van de weinigen die het nummer van haar mobiele telefoon had en belde haar bijna dagelijks met het laatste paardennieuws. Als hij namens haar aan het bieden was bij de verkoop van volbloedpaarden stak hij vaak zijn telefoon omhoog, zodat ze kon horen wat er gebeurde. Bij vrijwel elke race was hij haar metgezel, haar *consigliere* bij privébezoeken aan stoeterijen in Kentucky, haar partner in haar obsessie voor fokken, conditie en vorm. Hun band ging veel verder dan die tussen racemanager en vorstin. Zij waren partners in de bezigheid die de plichtsgetrouwe koningin grenzeloos plezier gaf.

Porcheys vriendschap met de koningin heeft zestig jaar geduurd. George VI had de tiener gevraagd zijn jonge dochter te escorteren naar wedstrijden, waar ze elkaar al snel vonden in hun liefde voor paarden. Na de oorlog werd hij lid van de madrigalenzanggroep van de jonge prinses op Buckingham Palace.

De koningin-moeder had misschien zelfs wel willen overwegen Porchey achter de hand te houden als huwelijkskandidaat voor Elizabeth, na de hertogelijke gegadigden op haar lijst. Zijn familielandgoed was Highclere Castle in Hampshire, de setting van Julian Fellowes' televisiehit *Downton Abbey*. Hij was een van die onopvallende aristocraten die veel rijker zijn dan je denkt. Zijn grootvader, de vijfde graaf van Carnarvon, heeft archeoloog Howard Carter nog financieel gesteund toen die op zoek ging naar de tombe van farao Toetanchamon in Egypte. In 1923, slechts vier maanden nadat de ingang van de tombe was gevonden, is hij na de beet van een mug aan bloedvergiftiging overleden.

Niet lang nadat Porchey in 1987 graaf was geworden, hoorde hij van een butler van de familie dat er al ruim zeventig jaar een schat van zo'n driehonderd antieke voorwerpen afkomstig van zijn grootvaders reizen in Egypte onaangeraakt in kasten en ongebruikte kamers op Highclere lag. Het was een mooi excuus om het kasteel te gebruiken om uit de kosten te komen. In 1988 werd Highclere opengesteld voor publiek. (Zijn Italiaansachtige torenspitsen brengen dankzij de Downtonopnames en -merchandise meer dan hun geld op.)

Een glimp van de unieke vertrouwensband van de koningin en Porchey is te zien in een dagboeknotitie van een van zijn beste vrienden, Labourpoliticus Lord Bernard Donoughue. Op dinsdag 7 april 1998 schrijft Donoughue dat Carnarvon hem 'twee aandoenlijke verhalen over de koningin' had verteld:

> Het eerste was toen ze ging paardrijden tijdens een officieel bezoek aan Frankrijk om de landing in Normandië in 1944 te vieren. Henry nam haar mee naar een Frans restaurant in Honfleur. Ze wist niet hoe ze moest bestellen. Zei dat ze nog nooit een maaltijd van de kaart had uitgekozen. Het tweede was dat ze kort daarvoor voor het eerst van haar leven in een pub was geweest. Ze vond het leuk, maar ook nu wist ze niet dat je bij de bar iets te drinken moest bestellen. Daarom bleef ze staan wachten tot er een drankje op een dienblad aankwam. Zei dat ze een gin-martini heerlijk zou vinden, maar kreeg niets. Haar naaste medewerkers hadden moeten zeggen dat ze naar de bar moest gaan om te bestellen – zij kon er niets aan doen.[16]

De laatste zin zegt alles. Carnarvon vertelt het verhaal met duidelijke genegenheid, maar wees er meteen op dat de koningin zich niet zo gedroeg omdat ze verwend of dom was, maar omdat hovelingen die beter moesten weten haar in de steek lieten. 'Hare Majesteit is mijn hele leven al mijn beste vriendin,' heeft hij ooit tegen Donoughue gezegd.[17]

De genegenheid van de koningin voor Porchey was zo groot dat er geruchten gingen dat het misschien wel meer was dan dat. Er was een tijd dat Londense roddelaars maar wat graag de sterke gelijkenis tussen prins Andrews ruige knappe kop en die van Carnarvon bespraken, maar ik zie geen gelijkenis en vind het evenmin waarschijnlijk. Porchey had meer weg van een verfijndere Alfred Molina met gleufhoed en was oprecht woedend toen de geruchten over een romance begonnen rond te zingen. Hij was de toegewijde *cavaliere servente* van de koningin, bereid haar tot zijn laatste snik te verdedigen, en ongetwijfeld een bron van kracht als ze zich door Philips rusteloze frustraties en afdwalende blik kwetsbaar voelde.

III

Balmoral is altijd de plek geweest waar de koningin gelukkig van werd. De avond voor Philips uitvaart besloot ze een foto vrij te geven waarop ze samen ontspannen in de heuvels van de Coyles of Muick zitten. De foto was in 2003 door Sophie Wessex genomen. Philip ligt nonchalant op een picknickkleed met zijn hoed parmantig op zijn rechterknie geplant en de glimlachende koningin is voor haar doen informeel gekleed met haar Schotse rok, blouse, vest en parelsnoer. De sfeer van pure tevredenheid spreekt boekdelen.

Balmoral ligt zo afgezonderd van de wereld dat de familie daar in pre-coronatijden kon leven zoals in de jaren vijftig. Als de koningin in haar eentje patience speelde en een gast de stukjes van een enorme legpuzzel uitstortte boven een tafel, die daar permanent bleven liggen, kon je je makkelijk voorstellen dat je was beland in de Britse historische documentaire uit 1969, *The Royal Family*. Daarom was het ook mogelijk dat de vorstin zich zo ver af voelde staan van de stemming van het Britse volk tijdens de massahysterie over de dood van Diana. Te midden van de woeste heuvels is het landgoed in de Highlands letterlijk een wereld op zich. In 1848 heeft prins Albert het door meren, dalen en bergen omgeven kasteel gekocht voor koningin Victoria en met de torentjes en spitsen lijkt het een stukje Beieren, gedropt in een Schots bos. Men heeft de koningin wel eens met een vlindernet zien zwaaien in een poging de vleermuizen te vangen die zich boven in het kasteel schuilhouden. ’s Nachts geeft ze zich over aan haar liefde voor sterrenkijken. Vanuit haar slaapkamerraam kan ze iedere ronding en poot van de Grote Beer onderscheiden en de oplichtende Melkweg in zijn geheel aanschouwen, niet verbleekt door de nevelige skyline van Londen. Ooit drukte ze haar kleedster Angela Kelly op het hart dat ze voor het beste zicht vlak voor middernacht voor het kasteel moest gaan staan.[18]

Sinds de eerste zomer van haar leven, in 1926, brengt de koningin elk jaar drie maanden door op Balmoral. Als de donkergroene Range Rover van de koningin de oprijlaan komt oprijden, vormt het voltallige personeel van het landgoed, waaronder zeventien tuinlieden, vijf koks en vier keukenmeiden, een rij om haar bij de entree te begroeten. Het is het moment dat de vorstin kan uitademen en weet dat ze eindelijk af is van koninklijke optredens en zichzelf kan zijn.

De koningin is tot op haar afgetrapte regenlaarzen een buitenmens in hart en nieren. Tot haar vijfentachtigste stond ze bekend als een bedreven 'drager' die bij jachtpartijen achter de jagers aan liep om gewonde vogels de nek om te draaien of de kop in te slaan met een jachtknuppel, een soort miniatuurpolitieknuppel met een gewicht aan het uiteinde. Soms stuurde ze haar jachthonden met een repertoire aan fluitjes weg om het aangeschoten wild op te halen. Aan Lucian Freud vertelde ze dat ze ooit tegen de grond was geslagen door een gewonde mannetjesfazant die uit een heg opvloog toen ze op het landgoed van een vriend 'drager' was. Haar overijverige beveiliger zag bloed, dacht dat ze was neergeschoten en wierp zich op haar om mond-op-mondbeademing te geven. 'We hebben elkaar tamelijk goed leren kennen, denk ik zo,' zei ze tegen Freud.[19]

Haar nicht en levenslange vriendin, de inmiddels overleden Margaret Rhodes, zei dat de jonge Elizabeth het altijd heerlijk vond om op haar buik door het struikgewas te kruipen – 'met haar neus boven op de zolen van de laarzen van de jager' – tot ze dichtbij genoeg was om aan te leggen.[20] Daarna werd het beest ontdaan van zijn ingewanden, op de rug van een paard gebonden, naar de provisiekamer van het kasteel gebracht om te worden gevild en de week daarna opgediend voor het diner nadat het lang genoeg had gehangen om mals te worden. (In 1983 heeft Hare Majesteit haar laatste mannetjeshert geschoten.)

Een van de hoogste hovelingen van de koningin maakte zich bijzonder vrolijk over een scène in Stephen Frears' film *The Queen*, waarin je ziet dat de vorstin, gespeeld door Helen Mirren, de tranen nabij is als ze in de verschrikkelijke dagen na de dood van Diana alleen op de hei van Balmoral loopt. Als er plotseling een nobel hert op een heuvel voor haar staat, verschijnt er vreugde, verwondering op haar gezicht, een openbaring die haar kracht lijkt te geven. De hoveling lachte. 'De koningin zou hem hebben neergeschoten,' zei hij.

Honden zijn een van de weinige zichtbare gevoeligheden van de koningin. Toen een van haar favoriete corgi's doodging, stuurde Lady Pamela Hicks haar een condoleancebriefje en kreeg een brief van zes kantjes terug van de koningin. Dat was vooral opmerkelijk omdat Pamela noch haar zus Patricia een persoonlijke condoleancebrief van de koningin had gekregen toen hun vader, graaf Mountbatten, door de IRA was vermoord. 'Omdat een hond niet belangrijk is, kan ze uiten wat ze echt diep vanbinnen voelt, wat anders niet kan,' vermoedde Lady Pamela, maar het is waarschijnlijker dat het juist andersom is.[21] Honden en paarden zijn haar werkelijke emotionele gelijken. Haar rang interesseert ze niet, zij houden van haar om wie ze is en vervelen haar nooit met de vraag hoe Winston Churchill nu echt was.

IV

's Middags kijkt de koningin zelden televisie, tenzij er een paardenrace is. Maar op 11 september zat ze in haar zitkamer op Balmoral, gebiologeerd door de stroom rampzalige beelden uit New York. De laatste keer dat ze zoiets verwoestends had gezien als de vernietiging van het World Trade Center was tijdens de blitz en op de foto's na de Japanse aanval op Pearl Harbor in 1941, een gebeurtenis die president Roosevelt er eindelijk toe bracht Winston Churchill te hulp te schieten in de oorlog. Zou het Verenigd Koninkrijk door de vernietiging van bijna drieduizend levens – waaronder 67 Britse – ook bij een buitenlandse oorlog betrokken raken?

De nachtmerrieachtige taferelen van de terroristische aanval vonden plaats op hetzelfde moment dat de koningin een telefoontje met verschrikkelijk persoonlijk nieuws kreeg. De zevenenzeventigjarige graaf van Carnarvon, Porchey, had op Highclere Castle een dodelijke hartaanval gekregen. Zijn echtgenote Jeannie Wallop, een rijke erfgename uit Wyoming, zei dat Carnarvon ook naar de beelden van de aanval had zitten kijken. Hij wond zich op, zakte ineen en is in de ambulance overleden.

Wederom, net als bij de dood van Diana, drong het onontkoombare menselijk leed de magische afzondering van Balmoral binnen. Geen geestdriftige telefoontjes van Porchey meer op haar mobiel om haar middagen vol plichtplegingen op te vrolijken. Het verlies van vele mensenlevens aan de overzijde van de Atlantische Oceaan viel samen met het persoonlijke verlies van de koningin thuis, maar haar publieke functie als vorstin liet haar weinig tijd om zelf te rouwen.

De terroristische aanvallen in de Verenigde Staten waren een kans om een meer meelevende en ontvankelijke monarchie te laten zien aan de bondgenoten van Groot-Brittannië. Er waren lessen getrokken uit de dood van Diana. Op Balmoral mocht men zich niet verschuilen voor de geschiedenis. Sir Malcolm Ross, *comptroller of the Lord Chamberlain's Office* (een hoge functionaris binnen de hofhouding), hing al aan de telefoon met een enthousiast voorstel. Ross, opgeleid aan Eton en Sandhurst en later met pensioen gegaan als luitenant-kolonel, zat achter de meest gedenkwaardige bijzonderheden van Diana's rouwstoet. Hij mocht dan de uitstraling van een gezapig heerschap hebben, zijn organisatorische flair, gevoel voor spektakel en nauwgezetheid grensden aan het geniale.

De koningin gaf meteen haar zege aan zijn idee om het wisselen van de wacht bij Buckingham Palace een nieuwe draai te geven. Op 12 september marcheerden de Coldstream Guards op een aantal marsen van de Amerikaanse legercomponist John Philip Sousa over de Mall. Het eerbetoon aan de doden op de binnenplaats van het paleis begon met de 'Star-Spangled Banner' voor de duizenden rouwende Amerikaanse expats die zich voor het paleis hadden verzameld. Ze eindigden met 'God Save the Queen', wat veel indruk maakte omdat het dezelfde melodie heeft als Amerika's 'My Country, 'Tis of Thee'. Daarna vloog de koningin vanuit Balmoral naar de Amerikaanse ambassadeur William Farish om haar medeleven te betuigen en in St. Paul's Cathedral een herdenkingsdienst bij te wonen. Daar las prins Philip bevlogen voor uit de brief van Paulus aan de Romeinen: 'Als God voor ons is, wie kan dan tegen ons zijn?' De officiële erkenning van de tragedie voor Amerika was emotioneel en diplomatiek volmaakt.

Zes dagen daarna was ik zelf aanwezig bij een 11-septemberherdenkingsdienst in St. Thomas Church, een hoog oprijzend gotisch gebouw op Fifth Avenue in New York. Het regende hard. Samen onder een zeer Britse paraplu gedoken haastten historicus Simon Schama en ik ons over Fifth Avenue. De anglicaanse kerk zat bomvol met zevenhonderd in Amerika wonende Britten, van wie velen dierbaren hadden verloren bij de aanslagen. Hun pijn was voelbaar. De koningin was niet aanwezig, maar premier Blair, die er opeens heel jong uitzag en gebukt leek te gaan onder zijn ambt, las een ontroerende passage voor uit Thornton Wilders *The Bridge of San Luis Rey* over de liefde die blijft bestaan. Onder de treurende aanwezigen bevonden zich Bill Clinton, burgemeester Rudy Giuliani en secretaris-generaal van de Verenigde Naties Kofi Annan, die zichtbaar ontroerd waren. Schama maakte een opmerking tegen me over de ironische troost die het bood om eerst 'Star-Spangled Banner' en tot slot 'God Save the Queen' te horen. Het Amerikaanse volkslied was immers geschreven om de afscheiding te vieren, maar die dag voelde de afstand tussen Groot-Brittannië en Amerika even klein als die tussen Brooklyn en Manhattan.

Gewoonlijk scoort Blair goed met zijn welsprekendheid, maar anders dan gewoonlijk was het de koningin die in de laatste zin van de boodschap die ze vanuit Engeland stuurde de meest gedenkwaardige gedachte verwoordde, 'zo wijs en zo waar dat mensen zich daar op een of andere manier beter door voelden,' zei Bill Clinton later.[22] De boodschap werd vanaf de kansel voorgelezen door de sombere ambassadeur Christopher Meyer:

> Dit zijn donkere en schokkende tijden voor de familie en vrienden van hen die vermist zijn of getroffen zijn bij de aanslag – u bent hier vandaag met velen. Mijn gedachten en mijn gebeden gaan uit naar u allen, nu en in de moeilijke tijden die ons wachten. Maar niets van wat gezegd kan worden kan de angst en de pijn van deze momenten wegnemen. Verdriet is de prijs die we voor de liefde betalen.[23]

Toen de koningin deze ongemeen betekenisvolle woorden uitsprak, bood ze de verwanten van de terreurslachtoffers troost, maar ik ben geneigd te denken dat de slotzin was ingegeven door zowel een publiek als een persoonlijk verlies, dat van Porchey, zestig jaar lang haar kameraad en steun.

Verdriet is de prijs die we voor de liefde betalen.

6

ZWANENZANGEN

Margaret en de koningin-moeder verlaten het feest

Toen de troonsafstand in 1936 door Edward VIII betekende dat hun verlegen, stotterende vader onverwacht koning zou worden, vroeg de toen zesjarige Margaret aan haar zusje van tien of zij dan op een dag koningin zou worden. Lilibet antwoordde: 'Ooit wel, ja.'[1]

'Arme jij,' zei Margaret.

Of er nu medelijden of onderdrukte jaloezie in Margarets antwoord zat, de scheidende paden in het toekomstige leven van de zusjes waren al vroeg uitgezet. De dynamiek van de relatie tussen hen is nooit echt veranderd. Het was *Sense and Sensibility* in koninklijke kring: de glamoureuze, kwikzilverachtige Margaret Rose en de ernstigere, meer behoudende Elizabeth, die haar grillige zusje beschermde en terechtwees.

Een met Margaret bevriende officier van de Guards merkte het volgende op:

> De koningin wist haar zus altijd goed aan te pakken en deed dat veel handiger dan bij haar kinderen. Als Margaret iets niet wilde, zei de koningin glimlachend: 'O, ook goed,' alsof ze zeggen wilde: 'Ze zullen je niet missen.' Zo kreeg ze haar meestal wel in het gareel.[2]

De voormalige stalmeester majoor Colin Burgess herinnert zich een voorval met kerst op Sandringham toen Margarets haar in brand vloog door een inferieure kaars. Elizabeth keek verbaasd toe en merkte droog op: 'O kijk, Margaret staat in brand!'[3]

Ook toen de koningin steeds meer in beslag werd genomen door haar werkzaamheden – wat voor Margaret moeilijk was – belden de zussen elkaar dagelijks. Margaret was de enige ter wereld die Elizabeth had gekend als leeftijdsgenootje, toen ze roddels uitwisselden, over hun moeder klaagden en de wereld allebei begrepen vanuit een koninklijk perspectief. Als Margaret naar het buitenland reisde, had ze altijd een kleine foto van de koningin in een zilveren lijstje bij zich om op te hangen of op haar toilettafel te zetten. Jane Stevens, die lange tijd hofdame van Margaret is geweest, herinnert zich de onvermijdelijke zoektochten tijdens hun reizen naar cadeautjes die de prinses voor haar oudere zus wilde meenemen.

Soms benijdde Elizabeth Margarets talent om mensen te vermaken: 'O, het is veel makkelijker als Margaret erbij is. Iedereen lacht om wat ze zegt.'[4] De jongere zus genoot vrijheden die niet waren weggelegd voor de vorstin. De koningin schijnt vooral jaloers te zijn geweest op een reisje dat Margaret in 1959 met haar moeder maakte om in Rome en Parijs bezienswaardigheden te bekijken. 'In al die jaren heeft de koningin nooit echt in het buitenland vakantie gevierd of kunnen zeggen: "Wat een prachtige dag, laten we ergens gaan picknicken,"' zei Margaret Rhodes, een nicht van de koningin.[5]

Ondanks hun verschil in rang leefden beide zussen in een wereld waar alles om hen heen langs de meetlat van de koninklijke waardigheid werd gelegd. Hoewel Margarets leven meer dan dat van de koningin openstond voor de wereld, was het in zekere zin exclusiever. Anders dan haar zus als staatshoofd had zij geen sterke betrokkenheid bij de politiek en bij publieke zaken. Het bijzondere van een positie ontdaan van elk concreet doel betekende dat er voor Margaret niets exotischer was dan het gewone. Ze heeft haar hele leven gedroomd van een ritje met de bus. Toen ze Lady Anne Glenconner vroeg met haar te gaan winkelen koos ze opgewonden voor de saaiste winkelketens. Ze schiep er een kinderlijk genoegen in om Anne's auto te wassen als ze met Roddy Llewellyn bij haar in Norfolk kwam logeren. Op Mustique was ze het gelukkigst als ze schelpen zocht en schoonmaakte. Ze vond het heerlijk om na het zwemmen 'als een grote zus' het haar van Anne uit de klit te halen.[6]

Er zitten momenten in *Lady in Waiting*, de memoires van Glenconner, dat Margarets dromen om de koninklijke kooi te verlaten met hartverscheurende scherpte binnenkomen. In 1999 had Margaret een traumatisch ongeval toen ze in bad de warmwater- in plaats van de koudwaterkraan opendraaide en haar voeten ernstig verbrandde. Toen de prinses op het eiland herstelde, voelde ze zich alleen veilig als Anne bij haar in de kamer sliep. Op het laatst verhuisde Anne naar een eenpersoonsbed naast haar en keken ze samen video's. 'Ze vond het geweldig en vroeg: "O Anne, is dit net als op kostschool?"'[7] Haar honger naar kennis over de echte wereld was niet te stillen.

Een van de dingen die Margaret het meest betreurde, was dat ze geen echte opleiding had mogen volgen. Beide prinsessen waren onderwezen door gouvernantes, maar Elizabeth had prikkelende privélessen over geschiedenis en de Britse constitutie gehad van Sir Henry Marten, het toenmalige adjunct-hoofd van Eton, terwijl Margaret werd afgescheept met Frans en pianoles. De koningin koesterde wel schuldgevoelens over het feit dat de loop van hun leven was bepaald door het toeval van het eerstgeboorterecht. George VI was zelf de tweede zoon, die zich voordat zijn oudere broer Edward aftrad pijnlijk gediscrimineerd had gevoeld ten opzichte van de troonopvolger. Hij wilde per se niet dat Margaret domweg vanwege haar geboortedatum dezelfde miskenning zou voelen en behandelde haar als zijn lieveling. Een bekende uitspraak van hem is dat Lilibet zijn trots was, maar dat de vierjarige Margaret hem vreugde schonk. Toen Elizabeth op haar eenentwintigste uit huis ging om met Philip te trouwen schreef haar weemoedige vader: 'Jouw vertrek laat een grote leegte achter in ons leven,' en vervolgde: 'ons gezin, wij vieren, "de koninklijke familie", moet bij elkaar blijven – met uitbreidingen op geschikte momenten uiteraard!'[8] Elizabeth was zich zo bewust van Margarets ontevredenheid als de eeuwige nummer twee dat ze er alles aan deed om haar gunstig te stemmen. Robert Lacey schrijft dat een kok van de residentie waar de Yorks van 1927 tot 1937 verbleven als ze in Londen waren, op Piccadilly 145, zei dat prinses Elizabeth altijd haar uiterste best deed Margaret de ergste karaktervormende huishoudelijke taken van de meisjes te besparen door ze zelf te doen. Later was ze zich sterk bewust van de rol die haar was opgelegd bij de door Margaret niet gewilde afwijzing van haar eerste liefde, Peter Townsend, en was ze diepbedroefd toen Margarets huwelijk met Tony Snowdon mislukte.

Niettemin was het zuur voor Margaret dat Snowdon na hun scheiding op goede voet bleef met de koningin en dat haar moeder hem adoreerde. De prinses dacht dat haar moeder en zus niet verontwaardigd genoeg waren over de ontrouw van Tony, simpelweg omdat hij die geheim wist te houden, terwijl haar ontrouw met Roddy wel bekend was. Snowdon was meer mediawijs en als gevierd fotograaf zelf onderwerp van fascinatie voor de media. Hij slaagde erin Margaret publiekelijk neer te zetten als de schuldige partij, ook al was hij vanaf dag één ontrouw geweest. Tijdens hun huwelijksreis beviel zijn ex-vriendin van zijn kind. Achttien jaar later moest er haast gemaakt worden met de scheiding van Margaret wegens de zwangerschap van zijn minnares, Lucy Lindsay-Hogg, die daarna zijn tweede vrouw werd. Pas de laatste jaren is de volle omvang van Snowdons vreselijke gedrag aan het licht gekomen.

Op 10 februari 2002 stonden de media bol van de verhalen over Margarets turbulente verleden. De ochtend ervoor was ze op eenenzeventigjarige leeftijd in het King Edward VII Hospital in Londen in haar slaap overleden na hartproblemen als gevolg van een beroerte. Aan haar zijde de twee kinderen uit haar huwelijk met Snowdon: haar zoon David Armstrong-Jones, de veertigjarige burggraaf Linley, en haar dochter Lady Sarah Chatto, zevenendertig jaar oud.

Na het incident met het hete water verzwakte ze nog verder als gevolg van haar eerste beroerte (ze heeft er sinds 1998 nog twee gehad) en ze is nooit meer volledig mobiel geworden. Ze was zich pijnlijk bewust van haar verloren schoonheid en wilde de meeste oude vrienden, vooral de mannen, niet meer zien. Iemand die in de zomer van 2001 op Balmoral op bezoek was en op weg naar het diner langs haar kamer moest, vertelde me dat de prinses een droevige, eenzame figuur was die zich zelden liet zien, een soort krankzinnige tante op zolder.

Op het laatst ging haar gezichtsvermogen enorm achteruit en kon ze haar linkerzijde nauwelijks meer bewegen. De vroegere 'stuiterbal' was op treurige wijze tot stilstand gekomen. Haar verval was schrikbarend voor degenen die zich herinnerden hoe ze in haar gloriedagen was: een frêle figuur met rondingen, brede, sensuele mond en glinsterende blauwe kattenogen die zowel 'kom maar' als een hooghartig 'raak me maar aan als je durft' uitstraalden. David Griffin, die zesentwintig jaar haar chauffeur is geweest, schrok ontzettend toen hij haar na haar ongeval ophaalde na de vlucht met de Concorde. Ze zag er heel slecht uit: haar verbrande benen waren van voet tot knie ingezwachteld, en hij moest haar behoedzaam in een rolstoel tillen. Iedereen schrok toen ze bij de honderdste verjaardag van douairière hertogin van Gloucestershire voor het laatst in het openbaar verscheen, in een rolstoel met een opgezet gezicht en donkere bril.

De necrologieën van Margaret waren merendeels oneerbiedige of sentimentele hommages aan een onvervuld leven. De pers wist te veel over de enige van haar generatie royals met een privéleven dat zich in het openbaar had afgespeeld. Zij en Snowdon hadden zich bewogen in kringen van schrijvers en kunstenaars, altijd de minst getrouwen wat betreft interessante lekken naar de pers. Saaie vrienden uit aristocratische kringen zijn de enige verstandige keuze om koninklijke discretie te bewaren – of zoals de koningin-moeder zou zeggen: een 'potdichte oester' te blijven.[9] Maar het pleit voor Margaret met haar passie voor muziek, theater en ballet dat ze nooit saai wilde zijn. Haar levendige geest zocht intelligent gezelschap, maar bij informele gelegenheden kon ze het toch niet laten om op haar strepen te gaan staan.

Tijdens een picknick op Mustique, georganiseerd door de Glenconners, met wie ik bevriend ben geraakt toen ik hoofdredacteur van *Tatler* was, was ik getuige van een typisch Margaret-moment dat evenveel zei over de impact die mensen van koninklijken bloede op iedereen hebben als over de eigendunk van de prinses zelf. 'Wat, geen mosterd!' riep ze plotseling uit. 'Hoe kan ik nu worstjes eten zonder mosterd!'[10] Iedereen sprong op, consternatie alom. Bij informele gelegenheden mocht ze tijdens een gesprek graag opeens haar nabijheid tot de koningin in herinnering brengen. Penny Mortimer, de weduwe van advocaat en schrijver Sir John Mortimer, vertelde me dat haar man tijdens een diner op Wadham College waar schoolhoofd Sir Claus Moser gastheer was, naast Margaret zat, vlak voor haar zestigste verjaardag in 1990. Ze vertelt dat ze het volgende gesprekje hadden:

MARGARET: Wat vindt u van de postzegels tegenwoordig?
MORTIMER: Tja, mevrouw. Daar vind ik eigenlijk niet zoveel van.
MARGARET: Ik vind ze afschuwelijk. Gebouwen en vogels en zo. Ik wil afbeeldingen van mijn zuster zien![11]

II

De koningin was alleen op Windsor Castle toen ze het nieuws van Margarets overlijden hoorde. Wegens staatszaken had ze haar ziekelijke zus al een maand niet gezien. Aangezien de koningin haar werk vaak gebruikte om moeilijk emotioneel contact uit de weg te gaan, heeft ze de laatste ellendige aftakeling van de zus met wie ze zo veel had gedeeld misschien niet aan kunnen zien.

In het openbaar was de koningin stoïcijns als altijd, maar de dood van Margaret was een grote klap voor haar, net nu er een vrolijk moment in haar koningschap naderde en slechts vijf maanden na het overlijden van haar beste vriend Porchey. Hoewel ze zich haar leven lang vaak aan Margaret had geërgerd, moest ze het nu doen zonder haar intiemste metgezel en dierbare zus, die had geholpen de leegte te vullen van haar uiterst eenzame positie als vorstin. Lilibet en haar moeder van 101 waren nu als enigen overgebleven van 'wij vieren', en het was duidelijk dat dat niet lang zo zou blijven. De koningin-moeder was kort daarvoor een paar keer gevallen en iedereen had verwacht dat zij als eerste zou gaan.

Prins Charles reed meteen naar Norfolk om zijn grootmoeder te troosten op Sandringham, waar ze al sinds kerst met bronchitis kampte. 'Dit is een ontzettend trieste dag voor mijn hele familie,' zei hij in een televisietoespraak. 'Ze hield van het leven en leefde het ten volle [...] Wij zullen haar verschrikkelijk missen.'[12] Hij had een diepe genegenheid voor zijn tante 'Margo', zoals hij haar noemde (ook al koos ze partij voor Diana toen ze huwelijksproblemen hadden). Met haar onvoorspelbaarheid en zwier was Margaret de Diana van haar tijd geweest en ze wist hoe het was om de speelbal van de media te zijn. Ze had tegen Charles gezegd dat ze na hun scheiding de banden met Diana niet zou verbreken, een beslissing waar ze op terugkwam na Diana's interview met Martin Bashir. Ze vond dat Diana haar boekje te buiten was gegaan en zag het als verraad aan de koningin.

De koningin-moeder zei tegen Charles dat Margo's dood 'vermoedelijk een barmhartige bevrijding' was geweest.[13] Nadat ze samen in de kapel hadden gebeden, bleef ze achter op Sandringham om in eenzaamheid te rouwen om het verlies van haar dochter. Hun relatie was gecompliceerd geweest. Hun leven lang hadden Margaret en haar moeder het met elkaar aan de stok gehad – 'een ietwat gespannen relatie' noemde Lady Anne Glenconner het.[14] 'Dan ging de een bijvoorbeeld alle ramen openzetten, waarop de ander rondging om ze te sluiten. Of de een opperde een idee, dat de ander meteen van tafel veegde. Misschien leken ze te veel op elkaar,' herinnerde ze zich. Beiden hielden van de schijnwerpers en wedijverden graag om aandacht; ze waren geneigd tot flirten, hoewel de koningin-moeder koketter (passend bij haar tijd) was en prinses Margaret brutaler. Ze overtroffen elkaar in gekkigheid. Glenconner weet nog dat prinses Margaret tijdens een zomerweekend op Glen – het Schotse buitenverblijf van de Glenconners – verkleed als Mae West 'Come Up and See Me Sometime' zong.

Zowel Margaret als haar moeder voelde zich afgedankt toen Elizabeth op haar vijfentwintigste de troon besteeg. Ze zaten met elkaar opgescheept. De jaren na de kroning, toen ze uit Buckingham Palace moesten vertrekken om naar het veel kleinere Clarence House te verhuizen, waren hun moeilijkste jaren samen. De koningin wist hoezeer ze zich op een zijspoor gezet voelden. 'Mama en Margaret hebben het grootste verdriet te dragen, want hun toekomst moet bijzonder leeg lijken, terwijl ik een taak en een gezin heb om aan te denken.'[15] Glenconner herinnerde zich dat de tweeentwintigjarige Margaret er op een privéfilm in opdracht van de koningin te midden van het gelach en de feestelijkheden na de kroning (waarbij Anne zelf had opgetreden als een van de eredames van de koningin) achter de schermen verloren bij had gezeten. 'Natuurlijk zag ik er verdrietig uit,' zei Margaret later tegen Anne. 'Ik had net mijn geliefde vader verloren en in feite mijn zus ook, omdat ze het zo druk zou krijgen.'[16]

Hoe meer Elizabeth werd opgeslokt door haar koningschap, hoe meer Margaret zich buitengesloten voelde en hoe minder ze te doen had. Margaret werd een feestbeest dat lang uitsliep om de lome dagen te vullen, een belediging voor het eeuwige arbeidsethos van haar moeder. Margaret mocht van haar moeder pas naar bed als een publiek optreden helemaal afgelopen was, ook als ze zich echt niet lekker voelde. Op het hoogtepunt van het drama met Peter Townsend was de spanning tussen hen zo opgelopen dat Margaret een boek naar haar moeders hoofd smeet.

Wat de koningin betreft, zij zag de depressieve buien en het excessieve drinken van Margaret in de beginjaren als een schreeuw om aandacht. Toen iemand uit de naaste omgeving van Margaret haar opbelde om te zeggen dat haar zus dreigde zich uit het slaapkamerraam te laten vallen, antwoordde de koningin: 'Feest maar door. Haar slaapkamer is op de begane grond.'[17]

De koningin is zelf zelden ziek en beschouwt uithoudingsvermogen als een morele én fysieke eigenschap. Iemand die op Balmoral te gast was, vertelde me dat zowel de koningin als prins Philip zich duidelijk ergerde aan het element slordigheid, dat volgens hen een rol had gespeeld in het ongeval op Mustique. Later, toen Margaret zwaar depressief was door de beroertes, kreeg de koningin het advies er een therapeut bij te halen. 'Dat zouden we wellicht kunnen overwegen als ze beter is,' antwoordde de koningin.

Ze zag de rolstoel van haar zus als een bijna theatrale bron van vermaak. Bij bezoeken van moeder en dochter aan Buckingham Palace vond er een duel plaats: als ze samen uit de lift kwamen, stevende Margaret recht op de rolstoel af die daar door een lakei was klaargezet voor haar moeder. 'In hemelsnaam, Margaret, ga daaruit! Die is voor Mummy!' zei de koningin.[18] De intense, passief-agressieve dynamiek tussen hen wees erop dat ze allebei de realiteit van Margarets conditie niet wilden accepteren. Toen de koningin bij Margaret op theevisite kwam, weigerde ze het radiofeuilleton *The Archers* af te zetten. De koningin verzocht Glenconner om te bemiddelen. 'Telkens als ik iets wil zeggen doet zij alleen maar "Sst",' zei de koningin.[19] Anne moest vervolgens mee naar Margarets slaapkamer en vastberaden zeggen: 'Mevrouw, de koningin is er en ze kan niet zo lang blijven. Zal ik u helpen met thee inschenken?' En daarna zette ze de radio uit.

Margarets personeel was oprecht verdrietig om haar dood. Ze was een fatsoenlijke baas en ze waren tientallen jaren bij haar geweest. Bij officiële reizen zorgde ze er altijd voor dat haar kleedster en kamermeisje een prettige kamer hadden en dat er excursies voor hen waren geregeld wanneer ze geen dienst hadden. David Griffin zei dat ze loyaal was zolang je binnen de ouderwetse richtlijnen ten aanzien van verschuldigde eerbied bleef. (Ze heeft prinses Diana wel eens berispt omdat ze hem 'David' in plaats van 'Griffin' noemde.[20]) Hij vertelde:

> Prinses Margaret was voor iedereen aardig [...] Ze behandelde hen goed en was niet krenterig [...] Ze gaf je altijd een cadeau met kerst, maar vreemd genoeg pakte ze het nooit in. Als je bijvoorbeeld een strijkijzer wilde, riep ze je bij haar binnen en gaf ze het in een doos zonder cadeaupapier. Het was gewoon: 'Heel erg bedankt. Fijne kerstdagen.'[21]

Soms sloeg ze de plank mis als ze iets nuttigs wilde geven. Ooit heeft ze een hofdame een wc-borstel gegeven omdat ze had gezien dat ze 'er geen een had' toen ze kwam logeren.[22] Laten we hopen dat die wel was ingepakt.

Als moeder was ze een onbetwist succes: lief en leuk voor haar kinderen, wat misschien verrassend is voor iemand die zo met zichzelf bezig was. Sarah Chatto en David Linley (die wel zijn vaders knappe uiterlijk maar niet diens wispelturigheid erfde en tegenwoordig graaf van Snowdon is) waren dol op haar. Toen ze zichzelf eens depressief verwijten maakte, zei de prinses tegen de koningin: 'Ik heb misschien niet heel veel bereikt, maar ik heb tenminste niet het gevoel dat ik voor niets heb geleefd, want ik heb twee gelukkige, goed aangepaste kinderen geproduceerd.'[23]

Met die opmerking kwam de vaak teruggetrokken Margaret scherp uit de hoek, maar het klopte wel. Ondanks het turbulente huwelijk van de Snowdons hadden Sarah en David veel minder te kampen met emotionele problemen dan de kinderen van prins Philip en de koningin: Sarah is een gewaardeerde schilder geworden, naar tevredenheid getrouwd met een later kunstenaar geworden acteur, Daniel Chatto, en David een succesvolle ontwerper en maker van luxe meubels, die een stabiel huwelijk had met de dochter van een rijke, adellijke man. (In 2020 zijn ze na een huwelijk van zesentwintig jaar rustig gescheiden.) Bij het programma *Desert Island Discs* op BBC Radio 4 koos haar zoon Mozarts pianoconcert nr. 24 in c-mineur om zijn moeder te herdenken. Hij zei dat zijn liefde voor kunst was ontstaan doordat zij hem en Sarah naar de National Gallery meenam om per keer één schilderij te bespreken, zodat het naar meer zou smaken. David was op de lagere school al even ongelukkig als prins Charles op Gordonstoun, maar anders dan de koningin en prins Philip, die erop stonden dat Charles zijn tijd uit zou zitten, haalde Margaret hem zonder aarzelen daar weg en stuurde hem naar een andere school waar hij het beter naar zijn zin had.

Tijdens haar laatste ziekteperiode ging David met zijn vrouw en zoontje Charles weer in Kensington Palace wonen om dicht bij haar te zijn. Slechts enkele dagen voor haar dood is Margaret nog met een heliumballon aan haar rolstoel naar de derde verjaardag van Sarahs tweede zoon gegaan.

Haar laatste staatsieportret, dat in het goudenjubileumboek zou worden opgenomen, werd op de avond voor haar uitvaart vrijgegeven. De prinses was gefotografeerd door Julian Calder, die gedempt licht en kaarsen had gebruikt zodat haar ogen geen pijn zouden doen. Eerst aarzelde ze of ze voor een portret moest poseren, en toen veranderde ze plotseling van gedachten, misschien omdat ze wist dat ze nog maar heel kort te leven had. Ze zag er plechtstatig en gespannen uit in een zware zwartbrokaten top. De prinses had ervoor gekozen het met diamanten, parels en turkooizen bezette insigne van de Keizerlijke Orde van de Kroon van India te dragen, goed zichtbaar vastgespeld op een blauw lint. Dat had ze gekregen van haar vader, George VI, destijds keizer van India, slechts enkele maanden voordat India onafhankelijk werd van het Britse Rijk en de orde als gevolg daarvan werd opgeheven. Dat ze ervoor koos dit belangrijke symbool van een voorbij tijdperk te dragen onderstreepte de uitzonderlijke loop van haar leven. Ze was haar leven begonnen als de tweede dochter van het Rijk, maar is gestorven met het stigma dat ze sinds Hendrik VIII het eerste directe lid van de koninklijke familie was dat was gescheiden. Op haar vaak ontnuchterende koninklijke manier belichaamde Margaret de ontwikkeling van Groot-Brittannië van een overtuigd imperiaal verleden naar een bescheidener, gemeenzamer heden. *The Guardian* mijmerde dat Margarets 'leven bovenal de wezenlijke vraag stelde die Diana op haar eigen manier had proberen te beantwoorden: waar dient een prinses voor?'[24] Dat was waar haar turbulente, onbeantwoord gebleven zoektocht over was gegaan.

Haar uitvaart op 15 februari 2002 in de St. George's Chapel op Windsor Castle was een waardige aangelegenheid zonder ophef. Het was precies vijftig jaar geleden dat de koningin-moeder met een ontroostbare Margaret aan haar zijde toekeek terwijl de vijfentwintigjarige nieuwe vorstin een handvol rode aarde van een zilveren schaal pakte en met een somber gezicht op de kist van George VI uitstrooide, waarna die in de grafkelder werd geplaatst. Een halve eeuw later werd de kist van zijn jongste dochter, gehuld in haar persoonlijke koninklijke standaard en versierd met bloemen, door acht militairen gedragen, afkomstig uit het regiment waarvan zij ceremonieel hoofd was geweest, de Royal Highland Fusiliers. De prinses had de muziek uitgekozen en toen de rouwenden de kapel binnenkwamen, klonk Tsjaikovski's *Zwanenmeer.*

Onder de vierhonderdvijftig aanwezigen waren uitsluitend familieleden, vrienden en leden van de hofhouding, onder wie een diepbedroefde David Griffin. Zowel Lord Snowdon als Roddy Llewellyn was present. Ondanks het pijnlijke einde van haar relatie met Roddy, toen het drama hem te veel was geworden, had de prinses nog een sterke band met hem gehad en had ze zijn nieuwe vrouw, Tatiana Soskin, in haar kring verwelkomd. Veel vrienden die daar waren, kwamen uit de theater-, film- en muziekwereld, onder wie Dame Judi Dench, Felicity Kendal, Dame Cleo Laine, Johnny Dankworth, Bryan Forbes en Nanette Newman. Van de ruim tachtig koninklijke mecenaten waren haar mecenaten die verband hielden met theater en ballet haar het dierbaarst.

Na afloop hield de koningin liefdevol de arm vast van haar diep bedroefde nichtje, Lady Sarah, en hielp haar de kapeltrap af. Tijdens de dienst had de koningin weinig emotie getoond, maar bij de aanblik van de kist van haar zus die in een lijkwagen werd geladen blonken haar ogen van de tranen. 'Ik heb de koningin nog nooit zo verdrietig gezien,' zei een van Margarets beste vrienden, Reinaldo Herrera.[25]

Margaret had verzocht gecremeerd te worden en wilde graag dat haar as naast haar vader werd bijgezet in de Memorial Chapel van St. George's Chapel, een breuk met de familietraditie. Haar kist werd naar het gemeentelijke crematorium in Slough gereden, twaalf kilometer verderop, waar het die dag de zesde crematie was. De toegangspoort van het crematorium was wit geschilderd, de enige indicatie dat het om de laatste reis van een koningsdochter ging. Het laatste eerbetoon dat vrienden en familie hoorden toen de lijkwagen wegreed, was een Gaelische klaagzang vertolkt door twee doedelzakspelers. Die was uitgekozen door de dochter van de prinses en heette 'The Desperate Battle of the Birds', de wanhopige strijd van de vogels.

III

Het typeerde het plichtsgevoel van de koningin-moeder dat Margarets uitvaart de laatste verplichting was die ze per se wilde nakomen. Ze had vaak gezegd dat ze Lilibets gouden jubileum nog hoopte mee te maken, maar groter dan die hoop was haar angst dat ze met haar dood roet in het eten zou gooien.

Terwijl de koningin en prins Philip vrijwel meteen na Margarets uitvaart vertrokken voor een tweeweekse rondreis door het Gemenebest, waarbij ze Jamaica, Nieuw-Zeeland en Australië zouden aandoen, keerde de koningin-moeder terug naar Royal Lodge, haar huis op het terrein van Windsor Great Park. Ze ging volgens programma door met haar verplichtingen en trad op als gastvrouw bij een gazonfeest van de Eton Beagles en een feest voor de Grand Military Race Meeting in Sandown Park. Toen haar paard First Love de race won, was ze extatisch. Daarna begon ze met serene efficiëntie mensen te bellen en kleine persoonlijke geschenken uit te delen aan personeel en vrienden, wat erop wees dat ze afscheid aan het nemen was. Er werd een hele rij paaseieren klaargelegd om aan kleinkinderen, achterkleinkinderen en leden van haar hofhouding te geven. Van begin tot eind was ze geloofwaardig.

Haar biograaf Hugo Vickers denkt dat het gevoel van de koninginmoeder voor '*devoir*' – plicht – zo was afgestemd op de koninklijke agenda dat ze ervoor koos ertussenuit te knijpen op de enige dag in het jaar dat de familie geen plannen buitenshuis had. Ze verbleven allemaal op Windsor om Pasen te vieren, behalve de prins van Wales en de prinsen William en Harry, die in Klosters aan het skiën waren.

De koningin was op de zaterdag voor Pasen aan het paardrijden in Windsor Great Park toen de dokter haar aan het bed van haar moeder riep. Kanunnik John Ovenden, de kapelaan van de koningin-moeder, bad hardop en las een Highlandklaagzang voor terwijl de 101-jarige matriarch langzaam het bewustzijn verloor. De dochter van een Schotse graaf, die in de Eerste Wereldoorlog een broer verloor en in de Tweede Wereldoorlog een icoon van nationale veerkracht werd, was de laatste keizerin in de Britse geschiedenis. Alsof de getallen hun magische werk deden, overleed ze vijftig dagen na Margaret en vijftig jaar na de troonsbestijging van de koningin.

Anders dan de dood van Margaret, die met zo veel treurnis gepaard was gegaan, was het overlijden van de koningin-moeder haar laatste geschenk aan Lilibet. Het gaf haar trouwe oudste dochter de vrijheid om op haar vijfenzeventigste in haar gouden jaar te verschijnen als de *regina* bij uitstek, niet belast met de legenden van het koninklijke verleden.

'Wij vieren' was nu de 'enige', datgene wat Elizabeth II na haar kroning behoorde te worden. Na een lange zorgelijke periode bespeurden haar adviseurs een vleugje bevrijding bij de koningin. Zelfs in de jaren dat ze achteruitging, was haar moeders invloed op haar altijd overheersender en belastender geweest dan men besefte. Elke dag hoorde Elizabeth haar stem, die twijfel zaaide over beslissingen. Ze was er fel tegen gekant dat Buckingham Palace voor het publiek opengesteld werd. Het idee dat de monarchie inkomstenbelasting betaalde, vervulde haar met ontzetting. Zij vond dat de koningin ervoor had moeten vechten om het koninklijke jacht te behouden en dat ze er zeker niet in had mogen toestemmen dat ministers en andere hoogwaardigheidsbekleders gebruikmaakten van de koninklijke trein. En ze voelde meer dan een steek van spijt toen de ene na de andere kolonie zich onafhankelijk verklaarde. 'Afrika is flink verloederd sinds wij er weg zijn' was een zo'n verwerpelijk, vaak geuit sentiment op Clarence House.[26]

Het onophoudelijke gehamer van de koningin-moeder op institutioneel conservatisme druiste in tegen prins Philips aandringen op moderniteit en door dit getouwtrek werd de koningin, die toch al behoedzaam van aard was, alleen maar voorzichtiger. 'Te zijner tijd' waren haar onvermijdelijke woorden als haar adviseurs een eventuele verandering van de traditionele manier van doen voorstelden. De kans op die reactie was groter als ze met haar moeder had gepraat. 'Het beeld dat de koningin van haar rol had, ontleende ze aan haar vader en haar moeder versterkte dat nog eens,' zei een gepensioneerde hoveling.[27] De koningin-moeder 'leek de monarchie het liefst te zien zoals die voor de oorlog was en was geen warm voorstander van het idee dat er dingen veranderd moesten worden'.

Haar aanvankelijke afkeuring van prins Philip als toekomstige echtgenoot voor Elizabeth was niet alleen gebaseerd op zijn achtergrond van omzwervingen en gebrek aan fortuin, ze vond hem ook 'gevaarlijk progressief'.[28] De zelfverzekerde invloed van 'de Hun', zoals ze Philip noemde, op de smoorverliefde jonge koningin betekende dat ze een machtige rivaal had voor het oor van haar dochter. Ze was te slim om openlijk het gevecht met haar schoonzoon aan te gaan en zocht indirecte manieren om hem te dwarsbomen, soms uit louter ondeugendheid.

Voor de felbegeerde opdracht om de kroning te fotograferen verkoos Philip, als voorzitter van de kroningscommissie, zijn vriend Baron Sterling Henry Nahum, de hof- en societyfotograaf die werkte onder de naam Baron, boven Cecil Beaton, van oudsher de favoriet van de koningin-moeder. Totaal onverwacht hoorde Beaton in mei 1953 dat de opdracht naar hem was gegaan. 'Ik had even de gelegenheid om de koningin-moeder te bedanken voor wat absoluut haar hulp moet zijn geweest bij deze "coup" voor mij,' merkte hij op. 'Ze lachte veelbetekenend met opgestoken vinger.'[29] Philip raakte gewend aan dergelijke subtiele sabotage en zorgde er altijd voor zijn schoonmoeder met onberispelijke hoffelijkheid te behandelen. Maar tijdens een interview met de toen negenenzeventigjarige Philip bij de honderdste verjaardag van de koningin-moeder probeerde Gyles Brandreth hem zover te krijgen dat hij iets openhartigs zou zeggen over zijn schoonmoeder. 'Behalve dat hij benadrukte zelf niet zo lang te willen leven,' zei Brandreth, liet Philip 'zich niet overhalen'.[30]

In het begin van het koningschap van haar dochter was het op Buckingham Palace een erkend probleem dat de koningin-moeder er moeite mee had dat haar tijd voorbij was. Drie weken na de troonsbestijging stond de koningin met haar toenmalige assistent-privésecretaris Martin Charteris in Clarence House toen ze haar moeders auto zag komen aanrijden. Ze draaide zich naar Charteris om en mompelde: 'Daar komt het probleem.'[31]

Er ontstond vrijwel meteen een machtsstrijd tussen hen over haar onwil om uit Buckingham Palace te vertrekken. De koningin-moeder verwachtte en eiste dat ze haar eigen hofhouding kon opzetten in het imposante koninklijke herenhuis Marlborough House in St. James's. Helaas was dat al bezet door een andere koninklijke douairière, de vijfentachtigjarige koningin Mary, weduwe van koning George v. Zij had een staf van tachtig personen, die haar kleindochter, de nieuwe koningin, niet van plan was op straat te zetten. Voorstellen dat ze Marlborough House zouden delen zou de indruk kunnen wekken dat 'het een plek was waar je gepensioneerde koninginnen kwijt kon', zei Graham Turner van *The Telegraph*.[32] 'Bovendien moest er zo veel aan opgeknapt worden dat een uitgebreide renovatie zoals de koningin-moeder voorstelde onaanvaardbaar duur geacht zou worden door de Britse belastingbetaler.

In plaats daarvan accepteerde ze morrend een in haar woorden 'akelig klein huis', de schitterende, vier verdiepingen hoge negentiende-eeuwse residentie Clarence House naast St. James's Palace.[33] Daar hadden prinses

Elizabeth en prins Philip voordat Elizabeth de troon besteeg naar tevredenheid gewoond. Ze vonden het zelfs jammer om daar weg te gaan omdat ze veel tijd en geld in de modernisering van het huis hadden gestoken. Tegenwoordig leiden de prins van Wales en de hertogin van Cornwall daar een luxe leven. Na de dood van koningin Mary zorgde Elizabeth er handig voor dat Marlborough House voor altijd onbereikbaar werd voor haar moeder door het in 1959 aan het secretariaat van het Gemenebest te schenken om als hoofdkantoor te dienen. De koningin-moeder haalde haar gram door een fortuin te spenderen aan een nieuwe verbouwing van Clarence House. Ontevreden geluiden uit het parlement over de kosten waren aanleiding voor nuffige opmerkingen als: 'Willen ze dan dat ik me braaf terugtrek in Kew en een handwerkclub ga leiden?'[34]

Elizabeth was gevoelig voor het ongenoegen van haar moeder. Ze begreep hoe vernederend het was om te zien dat het vroegere personeel van de koning zich van haar afwendde en naar het nieuwe regime ging, haar achterlatend met het gevoel dat ze alleen stond en onbelangrijk was – zij die een decennium lang en in de donkere tijden van de oorlog de spil van de soevereine macht was geweest. Haar huwelijk met Bertie was een symbiotisch partnerschap waarin zij een onnoemelijke invloed uitoefende. Tijdens de oorlog nam ze vaak samen met de koning en Winston Churchill deel aan de wekelijkse lunches op het paleis als de premier verslag kwam doen.

De koningin met haar verzoenende aard protesteerde niet toen haar moeder na haar terugtreden de telegrammen van Buitenlandse Zaken wilde zien, wat betekende dat er nog nooit een gemalin van een koning was geweest die zo veel macht had uitgeoefend. En ze zei niets toen haar moeder bleef signeren met 'Elizabeth R' alsof de koning nog leefde. De koningin had zo'n afkeer van confrontaties dat ze altijd het gevoel had haar gunstig te moeten stemmen. Een hoveling herinnert zich dat ze op bezorgde toon zei: 'Het gaat om Mummy. We moeten geen dingen doen die de gevoelens van Mummy kwetsen.'[35] Charteris zei tegen Gyles Brandreth dat er 'ongemak bestond over wie moest voorgaan. De koningin wilde niet voor haar moeder lopen', die 'gewend was voorop te gaan'.[36] Ze was zich er terdege van bewust dat haar moeder pas eenenvijftig was toen ze weduwe werd en dat ze niettegenstaande de slechte gezondheid van de koning zich had voorgesteld nog minstens tien jaar de macht achter de troon te zijn.

Voor ze zijn huwelijksaanzoek ten slotte accepteerde, had Bertie de frêle, glimlachende Lady Elizabeth Bowes-Lyon – die toen belaagd werd door huwelijkskandidaten – tweeënhalf jaar het hof gemaakt en driemaal ten huwelijk gevraagd. Voor Bertie was de warmte, luchtigheid en lichtheid van het gezinsleven van Lady Elizabeth op het oude Glamis Castle in Schotland (beroemd van *Macbeth*) een betoverend contrast met de stijve beperkingen van zijn eigen koninklijke opvoeding. 'Alles op Glamis was prachtig, volmaakt,' herinnerde een van de afgewezen huwelijkskandidaten zich. 'Alsof je daar in een schilderij van Van Dyck woonde. De tijd en de roddelende, feestende wereld stonden stil. Er gebeurde niets [...], maar de magie had ons allemaal te pakken.'[37]

In die tijd was Lady Elizabeth verliefd op Berties knappe stalmeester, de weledele kapitein James Stewart, en ze had lange tijd hogere huwelijksambities gekoesterd dan een huwelijk met de pijnlijk verlegen 'reserve' voor de troon. Ze had een oogje op zijn oudere broer, de toekomstige koning Edward VIII, maar diens voorkeur ging uit naar wereldwijze vrouwen als de sierlijke Freda Dudley Ward en later, en noodlottiger, de mondaine verleidster Wallis Simpson. Edward leek de enige op de Britse Eilanden te zijn die ongevoelig was voor de charme van Elizabeth Bowes-Lyon. De afwijzing vergrootte ongetwijfeld de ijzigheid die ze tentoon zou spreiden jegens de hertog en hertogin van Windsor in ballingschap.

Dat ze genoegen nam met Bertie was de beste beslissing van haar leven. Hoewel het van haar kant nooit een huwelijk uit passie is geweest, was zijn toewijding aan haar onvoorwaardelijk. Ze kreeg de kans de man te vormen die onvoorzien koning werd. 'Hij moest een sterke en zelfverzekerde vrouw trouwen,' zei actrice Evelyn Laye, een goede vriendin van Bertie. 'Gelukkig voor hem, en voor het land, heeft hij het juiste meisje gevonden [...] Ze heeft een geweldige koning van hem gemaakt. Niemand anders had dat op die manier gekund. Zij had de kracht en vastberadenheid die dat mogelijk hebben gemaakt.'[38]

In de vijftien jaar van George VI's koningschap was zijn steun biedende gemalin degene die vreugde bracht in het Huis van Windsor. Ze pepte hun imago op, dat na het ontluisterende aftreden van Edward VIII een deuk had opgelopen, en gaf het Britse volk tijdens de blitz hoop en moed. Hitler zou haar 'de gevaarlijkste vrouw van Europa' hebben genoemd vanwege het opbeurende effect dat ze had op het algemene moreel nadat ze had geweigerd Londen te verlaten toen de nazibommen vielen, zelfs nadat Buckingham Palace in 1940 werd getroffen.

Na de dood van de koning schreef deze immer optimistische vrouw aan de dichter Edith Sitwell dat ze werd 'overmand door grote zwarte wolken van droefheid en ellende'.[39] Ze liet het podium aan een geliefde dochter, jazeker, maar wel een dochter die een jonge, terughoudende koningin zou zijn die nooit kon tippen aan haar eigen natuurlijke charisma, dat wist ze wel. Ook haar dochter wist dit. Gravin Patricia Mountbatten, al vanaf dat ze meisjes waren een dierbare vriendin, weet nog dat de koningin vlak voor een reis door het Gemenebest zei: 'Deed Mummy dit maar [...] Zij kan dat zo goed. Ik ben niet zo spontaan als Mummy.'[40]

De treurende weduwe dreigde met haar rouwen koningin Victoria achterna te gaan, maar het was Winston Churchill die haar uit haar depressie haalde. Tijdens zijn jaarlijkse bezoek als premier aan Balmoral besloot hij onaangekondigd naar Birkhall te rijden, het rustieke jachthuis op het landgoed Balmoral waar de koningin-moeder zich had teruggetrokken nu het kasteel aan haar dochter toebehoorde (weer een klap voor haar status). Hij wilde de conservatievere koningin-moeder graag als bondgenoot achter de troon hebben om als buffer te fungeren tegen een te grote invloed van de vernieuwende Philip.

Wat hij ook tegen haar heeft gezegd, het werkte. Tegen haar vriend Lord Salisbury kirde ze over 'de grote fijngevoeligheid' van de oude geweldenaar.[41] Haar hofdame Jean Rankin stelde dat 'hij dingen gezegd moest hebben waardoor ze besefte hoe belangrijk het was dat ze doorging, hoe graag mensen wilden dat ze dingen deed zoals ze daarvoor had gedaan'.[42] Bovendien heeft hij haar blijkbaar ook laten voelen dat ze de machtsroddels erg miste. 'Ik besefte plotseling hoe weinig toegang tot inside-informatie ik nu heb,' bekende ze aan Lord Salisbury.[43]

Razendsnel vond ze zichzelf opnieuw uit als de luchtige, sprankelende, altijd glimlachende grootmoeder van de natie die prijzen uitreikte, schepen doopte, regimenten inspecteerde, monumenten onthulde, met felbegeerde culturele mecenaten strooide en de kunst van het universeel geadoreerd worden vervolmaakte.

Het probleem was dat het koninklijk weduwschap betekende dat een entertainer pur sang niet alleen haar podium kwijt was, maar ook de autonomie over haar hele leven. Haar vijfentwintigjarige dochter had nu zeggenschap over waar ze woonde, wat ze uitgaf en welke rol ze zou mogen spelen op het nationale toneel, als ze al een rol kreeg. Haar jaarlijkse toelage van de door de regering goedgekeurde Civiele Lijst van 643.000 pond was een fractie van wat ze naar haar idee nodig had. Ze organiseerde met drank overgoten paardenracefeestjes bij Royal Lodge op het terrein van Windsor, vispartijen op Birkhall en gedurende het hele jaar galadiners waar kostbare juwelen vereist waren. Clarence House was een luxueuze tijdcapsule met een staf van zestig mensen, met drie lakeien die uitgebreide *teas* serveerden die op een cruiseschip niet zouden misstaan en nog drie of vier lakeien die bedienden bij de lunch. De kleren van de twee cherubijnen op de pilaren van haar hemelbed werden maandelijks gewassen en gesteven. Haar wagenpark van vijf à zes auto's met speciale kentekenplaten werd gestald bij Buckingham Palace.

Alleen al haar stal van zes renpaarden was om te huilen zo kostbaar. Een bijzonder spannende race was er de oorzaak van dat ze ooit bijna het begin van de luisterrijke jaarlijkse ceremonie van de Orde van de Kousenband op Windsor Castle heeft gemist. De *Daily Mail* meldde dat ze voorzien van de ordeversierselen in vol ornaat was aangetroffen in een privésalon, waar ze pontificaal op een haardscherm naar de race zat te kijken op televisie. 'Toen haar paard weigerde zijn startbox binnen te lopen, riep ze naar de tv: "Naar binnen, naar binnen, verdomme nog aan toe, naar binnen!"'[44]

Haar garderobe was nog zo'n jaarlijkse aanslag op haar budget. Al sinds Norman Hartnell in 1938 haar volledig witte Parijse garderobe had ontworpen voor haar eerste staatsbezoek, produceerden hij en zijn opvolgers een gestage stroom soepel vallende, luchtige Fragonard-creaties. Middagjaponnen van chiffon, crêpe georgette, en crinolines glinsterend van de kristallen kraaltjes en borduurwerk met bergkristal, baljurken, fluwelen mantels, tuinjurken, compleet witte schoenen (ze prefereerde een hakje van vijf centimeter) en bijpassende handtassen vulden kast na kast in Clarence House. Geen sobere mantelrevers bleef onversierd met wat zij 'een beetje "Mmmm"' noemde, een oogstrelend stuk uit haar overvolle collectie juwelen.[45] Haar kwistig met perzik-, lila- en eau-de-nilkleurige struisvogelveren versierde hoofddeksels arriveerden met ladingen tegelijk in zwart-wit gestreepte dozen. Een gevederde hoed waarvan ze helemaal weg was, had aan de zijkant belletjes die rinkelden in de wind.

De koningin moest haar moeders inkomen uit eigen middelen aanvullen en garant staan voor een bankschuld die opliep tot 4 miljoen pond per jaar. Ze heeft ooit 'lief voorgesteld dat haar moeder in een bepaald jaar niet zo veel volbloed paarden zou kopen,' verzuchtte een vriend van de koningin-moeder, 'maar desondanks kwam er op een gegeven moment een enorme rekening binnen. De koningin restte voor haar gevoel niets anders dan haar moeder een briefje te sturen waarop simpelweg stond: "Oei toch, Mummy!"'[46] Toen de omvang van zijn grootmoeders schuld uiteindelijk groot nieuws in de pers werd, merkte prins Charles op dat 'als het vermelde tekort maar een tiende van het werkelijke bedrag was, de media op zijn minst in de goede richting zaten'. ('Nou zeg,' heeft de koningin ooit gezegd, 'het is me wat met mijn moeder en haar renpaarden en mijn schoonmoeder met haar nonnenkloosters.'[47]) Haar jaargeld van 643.000 pond ging elk jaar acht keer over de kop en was minder dan de helft van wat het kostte om alleen al de bedienden op Clarence House in dienst te houden.

Toen ze in de zomer van 1952 in het noorden van Schotland bij vrienden logeerde, heeft ze in een opwelling een stokoud, onbewoonbaar verklaard kasteel voor zichzelf gekocht in Caithness. Het kasteel torent uit boven een winderig kliffengebied aan de Schotse kust en kijkt uit op Orkney. Ze gaf het zijn oorspronkelijke naam terug, Castle of Mey, en stak er nog een klein fortuin in om het te restaureren. (Tot grote verrassing van iedereen die dacht dat het kasteel een bevlieging was die verband hield met het weduwschap, is het bijna vijftig jaar een van haar meest geliefde zomerverblijven geweest.) De blauwe regenjas en regenlaarzen die ze altijd droeg als ze over het terrein wandelde, staan nog in de voorhal op haar te wachten.

Tot aan het einde van haar leven werd haar gevraagd fondsenwervingen te organiseren op Clarence House. De gasten verzamelden zich dan in de ontvangstkamer terwijl zij in de aangrenzende salon zat te wachten en een martini achteroversloeg. Daarna gingen de deuren open en stuurde ze een paar loslopende stinkende corgi's vooruit die voor wat beroering zorgden, om aan te kondigen dat de kleine dame in aantocht was. Dan volgden er vertrouwde opgewekte routinevragen zoals: 'Ah, meneer Branson, hoe is het tegenwoordig met uw vlíégtuigen?'

Hoewel haar moeders snel gekwetste *amour propre* een bezoeking kon zijn, was de band die de koningin met haar had innig en haar dankbaarheid voor haar arbeidsethos groot. Ze deelden hetzelfde wrange gevoel voor humor, dezelfde liefde voor paarden en honden, hetzelfde formidabele fysieke uithoudingsvermogen. (Een van haar moeders stelregels was altijd: nooit toegeven aan vermoeidheid, kou of verhoging.)

Ze spraken elkaar iedere ochtend na het ontbijt om tips over paardenrennen en nieuws over volbloeden uit te wisselen. Al sinds jaar en dag wedde de koningin-moeder op paarden. In die lange geschiedenis heeft ze 462 winnaars gehad, die allemaal in haar persoonlijke kleuren liepen: goud en blauw. Evenals de koningin genoot ze van het hele scala aan buitenactiviteiten, waaronder vliegvissen. Als ze op Birkhall verbleef, kon je haar met lieslaarzen aan, hengel in de hand, in het ijskoude water van de Dee aantreffen. Dat heeft ze tot haar tachtigste gedaan. Biograaf Anne Morrow vertelt dat er op Balmoral wel eens 'een reddingsteam op pad was gestuurd toen de koningin-moeder om acht uur 's avonds nergens te bekennen was en dat ze toen gevonden werd terwijl ze in het donker onderweg naar huis een zalm van tien kilo meesjouwde'.[48] ('Dat is de wraak van de zalm,' zei ze later gekscherend toen er in 1982 tijdens een diner een zalmgraat in haar keel bleef steken.)

Ze kon de koningin meestal wel ontdooien door haar aan het lachen te maken. Toen demonstrerende studenten op een keer toiletrollen naar haar gooiden, pakte de koningin-moeder die op en gaf ze terug met de woorden: 'Waren deze van u?'[49] Niemand kon de koningin zo plagen als zij. 'Heb je vandaag nog geregeerd, Lilibet?' vroeg ze dan koddig lijzig als haar dochter uitgeput thuiskwam van een werkbezoek. Soms verraste de koningin haar moeder met een gul gebaar, zoals ongevraagd een traplift voor haar installeren op Birkhall. 'U hebt nu een vorm van gemechaniseerde assistentie om "*les escaliers*" te bestijgen zonder dat de voeten van Uwe Majesteit de grond raken,' schreef prins Charles aan zijn grootmoeder op zijn eigen, wonderlijk ouderwetse manier, waarbij hij nooit naliet haar koninklijke titel te gebruiken, zelfs niet in een persoonlijk briefje.[50]

Het verschil tussen moeder en dochter was het grootst in de huiselijke sfeer. Clarence House was veel leuker om in te werken dan Buckingham Palace, waar het wemelde van de stoffige manusjes-van-alles. Toen de koningin-moeder het paleis verliet voor haar nieuwe woning wilde een aantal bedienden waar meer leven in zat met haar mee. Ze mag dan een icoon van standvastigheid in tijden van oorlog zijn geweest, maar het tijdperk dat haar entertainmentethos bepaalde, was de jaren twintig.

Het weduwschap betekende dat ze buiten de schijnwerpers kon terugkeren naar een leven in haar eigen jazztijdperk. Bevrijd van de brave banketten van een koninklijke gemalin, werd ze een bezielde en vaak hilarische gastvrouw voor cultuurminnaars, mensen uit de wereld van de paardenrennen en de goeie ouwe aristocratie. (Een van de terugkerende gasten was de *surveyor of the king's pictures*, die verantwoordelijk was voor de schilderijen van de koning, en later die van de koningin. Dat was Anthony Blunt, die, zoals later onthuld werd, een Sovjetspion bleek te zijn uit de beruchte Cambridge-spionagekring waartoe ook Guy Burgess, Harold 'Kim' Philby, Donald Maclean en John Cairncross behoorden.)

Ze was befaamd om haar oneerbiedige proostspelletjes. Dan hief ze haar glas hoog-hoog-hoog voor de mensen die ze mocht en laag-laag-laag onder tafel voor de mensen die ze niet mocht, een gebaar dat beantwoord werd met lachsalvo's en vergezeld ging van ruime hoeveelheden alcohol. Net als de koningin, die iedereen die ze pas heeft ontmoet meteen plagerig kan nadoen, was ook de koningin-moeder een speels-gemene imitator. Haar Blackadder moet heel goed geweest zijn, maar beter nog was een vertolking van Ali G, door prins Harry enorm op prijs gesteld. Dan zei ze: 'Schat, de lunch was fantastisch – respec.'[51]

Decennialang werden haar feesten georganiseerd door haar steward William Tallon, die kostelijk camp was en in rokkostuum optrad als ceremoniemeester – ik heb nog naast hem in de kerk gezeten bij de herdenkingsdienst van Lord Lichfield. 'Backstairs Billy' kwam op zijn vijftiende in dienst bij de koninklijke hofhouding en is daar tot de dood van de koningin-moeder gebleven. Zijn partner Reginald Wilcock was er *page of the presence*, persoonlijk bediende van koninklijke bezoekers. Het poortgebouw waar zij mochten wonen, was in de gay subcultuur van het paleispersoneel de plek om te feesten. Billy was de onmisbare rechterhand van de koningin-moeder en daarom was zijn tirannie achter de schermen onaantastbaar.

Volgens Tom Quinns vermakelijke biografie begon zijn dag om zes uur 's ochtends wanneer hij naar de keukens afdaalde om het ontbijtplateau van de koningin-moeder met 'een dodernstig gezicht' te inspecteren en daarna 'weg te schrijden als een elegante, zij het nogal droefgeestige reiger'.[52] Tallon zette Gershwin op, liet de corgi's uit, zorgde voor de gasten en vulde voor de lunch het glas van de koningin-moeder bij met haar lievelingsdrankje gin en Dubonnet. Als een gast om een drankje zonder alcohol vroeg, gaf hij toch wijn om ervoor te zorgen dat alles lekker liep.

Op Birkhall riep hij mensen naar beneden voor de lunch door als een katholieke priester een bel te luiden en met een wierookvat te zwaaien. Hij was haar danspartner op het jaarlijkse Ghillies Ball voor het personeel van Balmoral en deed soms vijf minuten voordat haar lunchgasten arriveerden op Clarence House in een privésalon een zwierige wals met haar. Hij beweerde dat ze hem er zelfs nog uit danste toen ze al in de tachtig was. Dan zei ze: 'We zijn een stel kwieke ouwe meiden, vind je niet, William?'[53]

Een van haar voorname vrienden vertelde me dat hij haar toen ze tweeëntachtig was na een avondje ballet van haar auto naar visrestaurant Wilton had helpen dragen. Dat deed hij samen met een naaste medewerker, die haar aan de andere kant optilde zodat haar voetjes de grond nauwelijks raakten. Hij siste tegen de ober dat hij haar geen krabscharen mocht serveren zoals de anderen van de groep omdat ze net hersteld was van het incident met de zalmgraat in haar keel. Maar ze keek om zich heen en zei: 'O! Iedereen heeft krabscharen. Waarom ik niet?' en at er drie op.

Naarmate de decennia in rap tempo voorbijgingen en de koningin een volleerde, door de wol geverfde vorstin werd, bemoeide de koningin-moeder zich er minder mee en genoot ze meer van haar rol als publiekslieveling. Ze werd gezien als een van de weinige niet door schandalen en scheidingen bezoedelde leden van de familie, die zelfs tijdens de grofste aanvallen van de tabloids in de jaren negentig haar koninklijke aura had behouden. Dat ze op hoge leeftijd nog zo levenslustig was, leverde haar nationale bewondering op. Lady Elizabeth Longford beschrijft hoe ze na de doop van prins William, die toevallig samenviel met haar tweeëntachtigste verjaardag, op een omgekeerde bloempot klauterde zodat de menigte haar kon zien zwaaien op de ochtend van haar verjaardag.

> Later was op televisie te zien dat ze de in witte jassen gestoken slagers van Smithfield begroette – een kleine gestalte die voortdurend bewoog, lachte, gebaarde, zich nu eens naar de ene, dan weer naar de andere kant draaide, vastbesloten hen allemaal haar eigen magische kring binnen te trekken.[54]

Aan dat voortdurende bewegen was nu voorgoed een einde gekomen. En voor de planners op Buckingham Palace was het de vraag hoe ver de Britse burger wilde gaan in zijn rouw om haar. Sterven als je 101 bent maakt niet evenveel emotie los als sterven op je zesendertigste, zoals Diana, wat de hele wereld hartverscheurend vond. Omdat het zo snel na de dood van Margaret kwam en slechts drie maanden voor het hoogtepunt van het gouden jubileum in juni bestond de vrees dat de nationale herdenking van een stokoud koninklijk icoon een stoffige bedoening zou worden met een tegenvallende opkomst.

De paleisadviseurs vroegen zich af: moeten de herdenkingen uitgesteld worden? Wetende wat haar moeder ervan zou vinden, was de koningin er zeer stellig in dat alles volgens plan moest doorgaan. Om te anticiperen op verkeerde verwachtingen stelde de persdienst van het paleis mogelijke verklaringen op voor het geval iedereen zijn schouders zou ophalen over haar dood.

Zoals gevreesd was de pers bepaald niet respectvol. Monarchisten maakten veel kabaal omdat BBC-nieuwslezer Peter Sissons, die de dood van de koningin-moeder bekendmaakte, daarbij een onconventionele (en, zo werd gezegd, respectloze) wijnrode stropdas droeg en geen traditionele zwarte als rouwdracht. En in een speciaal BBC-radioprogramma stond James Cox niet stil bij de luisterrijke tijden in het leven van de oude koningin, maar vroeg hij Lady Pamela Hicks of de koningin-moeder ‘zichzelf overleefd had’.[55] Republikeinse elementen, die hun gebrek aan sympathisanten compenseerden door hard te schreeuwen, hadden er geen goed woord voor over dat de regering het parlement terugriep om stil te staan bij het overlijden van de koningin-moeder en noemden het 'een beschamend spektakel'.[56]

The Guardian kopte: 'ONZEKER AFSCHEID TOONT VERDEELDE NATIE'. Columnist Jonathan Freedland schreef dat er, anders dan bij de uitbarsting van emoties om prinses Diana, weinig mensen bij Buckingham Palace stonden en dat de rijen voor het tekenen van het condoleanceregister kort of afwezig waren. Hij schreef het terugbrengen van de officiële rouwperiode van dertien naar negen dagen toe aan de bezorgdheid op het paleis dat het verdriet van de natie niet zo lang zou duren. Piers Morgan schreef in zijn dagboek:

> Mijn zevenendertigste verjaardag, en ik verheugde me op een fantastische avond in de nachtclubs van Londen toen er halverwege de middag een telefoontje kwam met de mededeling dat de koninginmoeder overleden was. Ik wou dat ik kon zeggen dat mijn eerste reactie was mijn hoofd buigen en Hare Majesteit in stilte eren om alles wat ze in haar geweldige leven voor dit land heeft gedaan, waarna ik me naar de redactiekamer haastte om aan de krant van maandag te gaan werken, maar het enige wat ik kon denken was dat ze op een zaterdag gestorven was.[57]

Terwijl het team van Tony Blair overlegde of de premier ook een rol in de procedure te spelen had, was Sir Malcolm Ross in zijn element. Operatie Tay Bridge, de codenaam voor de plannen voor de uitvaart van de koningin-moeder, zat al zeventien jaar in zijn tas als hij 's avonds naar huis ging. Ross had elk detail gepland, tot op de laatste koorknaap. Sir Roy Strong, die in Westminster Abbey aanwezig was bij de repetitie voor de uitvaart, schreef in zijn dagboek dat hij ervan versteld stond hoe onberispelijk die was georganiseerd. Ross gaf zelfs opdracht de stofzuiger over de kinderkopjes voor Westminster Abbey te halen.

Voordat de rouwstoet die zondag vertrok bij Windsor ging eerwaarde kanunnik John Ovenden de koningin en haar familie voor in gebed aan de voet van haar moeders kist. Die heeft vier dagen in Westminster Hall op een rouwpodium gestaan met haar persoonlijke standaard erover gedrapeerd. Na samen met de drie andere kleinzoons van de koninginmoeder bij haar te hebben gewaakt – de hertog van York, de graaf van Wessex en burggraaf Linley – keerde de prins van Wales alleen terug om daar zelf in beslotenheid twintig minuten stil te bidden. In zijn eerbetoon vertelde hij het land geëmotioneerd dat zijn grootmoeder het Verenigd Koninkrijk bijna tachtig jaar 'met zwier, stijl en niet-aflatende waardigheid' had gediend:

> Op een of andere manier had ik nooit gedacht dat het zou gebeuren. Ze leek op wonderbaarlijke wijze niet te stuiten en ik heb haar van jongs af aan geadoreerd. [...] O, wat zal ik haar lach en prachtige wijsheid missen, de wijsheid die voortkomt uit zo veel ervaring en haar aangeboren gevoeligheid voor het leven. Ze was gewoonweg de meest betoverende grootmoeder die je kunt hebben en ik was enorm aan haar gehecht.[58]

Abracadabra! De betoverende grootmoeder zwaaide voor het laatst met haar toverstaf. Is het ooit voorgekomen dat ze de mensen niet naar zich toe trok? Had ook maar iemand werkelijk gedacht dat ze bij haar laatste grote optreden zou teleurstellen? Alle sombere voorspellingen werden gelogenstraft toen tweehonderdduizend Britten plechtig in defilé langs de kist van de koningin-moeder trokken voordat ze ten slotte te ruste werd gelegd op Windsor, naast het lichaam van haar man en de as van prinses Margaret. Bij haar laatste reis van de Abbey naar Windsor stonden er een miljoen mensen langs de weg, aantallen die vergelijkbaar zijn met het overlijden van George VI en Winston Churchill. De BBC (en anderen) moesten hun ongelijk bekennen. De *Daily Mail* tetterde dat de barometer van het nationale gevoel van *The Guardian* het had laten afweten met de kop: 'KRANT DIE ER ZO VRESELIJK NAAST ZAT'.[59]

'Het was jong en oud door elkaar,' noteerde Strong, die haar in Westminster Hall, waar ze lag opgebaard, respect ging betonen, 'mensen van diverse pluimage, zwijgend, respectvol, mompelend, vaak niet wetend hoe te reageren in een dergelijke situatie.'[60] Ten teken dat er met het overlijden van haar moeder een meer ontspannen tijd kon aanbreken, zei de koningin tegen Charles dat Camilla bij de uitvaart aanwezig mocht zijn als 'een vriendin van de koningin-moeder', zij het niet als zijn partner.[61]

Op de kille lentedag van de uitvaart zelf verenigden Kerk, Leger en Kroon zich in een uniek Brits vertoon van waardigheid, en pracht en praal. De dienst werd voorafgegaan door 101 slagen van de tenorklok van de abdij, één voor ieder jaar van het leven van de koningin. Onder de 2100 aanwezigen in Westminster Abbey bevonden zich twaalf druk pratende gekroonde hoofden uit Europa (die allemaal deden alsof het één grote cocktailparty was), acht doorluchtige premiers, al de getrouwen, mannen en vrouwen, uit haar uitgebreide liefdadigheidsnetwerk, plus een mompelende mêlee van hertogen en hertoginnen, graven en gravinnen en de ene na de andere rij goden en mindere goden.

Voor het programmaboekje had de koningin enkele regels van een populair vers van de Engelse dichter en schilder David Harkins uitgekozen (die, zoals de koningin misschien niet weet, tegenwoordig vooral geld verdient met de verkoop van naaktschilderijen van zijn vrouw op internet). Hare Majesteit had het voor het eerst gelezen in het programmaboekje voor de uitvaart van de douairière burggravin De L'Isle en was kennelijk geraakt door de emotie erin en de 'licht opgewekte toon'.[62]

Een woordvoerder van Buckingham Palace zei dat het vers 'weergaf hoe het land naar haar idee het leven van de koningin-moeder zou moeten vieren. Doorgaan.'[63] Harkins was verbijsterd toen hij hoorde dat zijn bescheiden versje onderdeel was geworden van de ceremonie. Dat gold ook voor literatuurcritici, want als stukje tekst was het ongeveer even goed als zijn naaktschilderijen:

Je kunt tranen vergieten omdat ze er niet meer is
of je kunt glimlachen omdat ze heeft geleefd.

Je kunt je ogen sluiten en bidden dat ze terugkomt
of je kunt je ogen openen en zien wat ze heeft nagelaten.

Dankzij het feit dat het bij zo'n prominente gelegenheid is gebruikt, is het een moderne uitvaartklassieker geworden.

De koningin hield zich goed tijdens de dienst, maar prins Charles niet. Hij was aldoor de tranen nabij en ging met de kist van zijn grootmoeder mee naar Windsor Castle. Hij keek naar de bijzetting in St. George's Chapel, waarna hij naar Schotland vloog om zich op Birkhall te laten troosten door Camilla.

In haar testament had de koningin-moeder haar favoriete toevluchtsoord aan haar favoriete kleinzoon nagelaten, samen met het in een trust ondergebrachte Castle of Mey. Eveneens volgens haar wens verhuisde Charles naar Clarence House, waar hij nog steeds woont. In 1994 heeft de koningin-moeder twee derde van haar fortuin apart gezet voor haar achterkleinkinderen, 14 miljoen pond daarvan zouden prins William en prins Harry samen delen. (Het grootste deel van dit legaat werd aan Harry toebedeeld omdat ze wist dat hij nooit dezelfde welstand zou genieten als zijn oudere broer.) Prins Andrew mocht Royal Lodge op Windsor gebruiken.

In de Stumpery op Highgrove, een betoverende open plek waar van boomstronken interessante natuurlijke sculpturen zijn gemaakt met daartussendoor varens en gebladerte, richtte prins Charles een gedenkteken op voor zijn grootmoeder: een kleine, tempelachtige steen met daarop een bronzen bas-reliëf van de koningin-moeder met parels en tuinhoed.

Voordat haar kist de abdij uit werd gedragen, werden de vele titels van de koningin-moeder als in een litanie voorgelezen in de taal van de Arthurlegende:

> Aldus heeft het de Almachtige God behaagd om uit dit vergankelijke leven tot Zijn Goddelijke Genade te nemen wijlen de Meest Hoge, Meest Machtige en Meest Excellente Prinses Elizabeth, Koningin-douairière, Koningin-moeder, Vrouwe van de Meest Nobele Orde van de Kousenband, Vrouwe van de Meest Oude en Meest Nobele Orde van de Distel, Vrouwe van de Keizerlijke Orde van de Kroon van India, Grootmeester en Dames-grootkruis van de Koninklijke Orde van Victoria, aan wie verleend is de Koninklijke Victoriaanse Keten, het Dames-grootkruis van de Meest Excellente Orde van het Britse Rijk, het Dames-grootkruis van de Meest Eerbiedwaardige Orde van het Hospitaal van Sint Jan, Weduwe van Zijne Majesteit Koning George de Zesde en Moeder van Hare Meest Excellente Koningin Elizabeth de Tweede bij de Gratie Gods van het Verenigd Koninkrijk van Groot-Brittannië en Noord-Ierland en Koningin van haar overige Domeinen en Gebieden. Hoofd van het Gemenebest, Verdediger van het Geloof, Soeverein van de Meest Nobele Orde van de Kousenband, die God moge behouden en zegenen met een lang leven, gezondheid en eer en alle wereldlijk geluk.

Buiten Westminster Abbey lagen de boeketten hoog opgestapeld, achtergelaten door toeschouwers. Eén eerbetoon leek wel heel toepasselijk voor de kleine, ontembare koningin die Hitler in de oorlog had getart. Het was eenvoudigweg gericht aan 'Engeland'.[64]

7

VIJFTIG JAAR OP DE TROON

De toegift van de koningin

Na de domper van Margarets dood was de uitbarsting van emoties om de koningin-moeder een perfecte wegbereider geweest voor het legendarische patriottische feest ter gelegenheid van het gouden jubileum van de koningin, waar al twee jaar plannen voor gemaakt werden. Buckingham Palace was verrukt over alle publieke emotie die nu onverwacht loskwam. Een voormalige perssecretaris vertelde me dat de toegenomen koningsgezindheid bijna een wonder was gezien de rancune en de slechte scores van de monarchie in opiniepeilingen in de door schandalen getekende jaren negentig:

> Nu de mensen geconfronteerd werden met de leegte die de dood van de koningin-moeder had achtergelaten, leken ze te denken: 'Mijn hemel, maar we hebben de koningin nog. Ze zit al vijftig jaar op de troon en voert deze taak zonder drukte uit en blijft dat doen zonder ooit te klagen. We hebben hier iets prachtigs wat andere landen niet hebben.' Ze waren echt in de stemming voor goed nieuws dat liet zien hoe fijn het was om Brit te zijn.

Toen de koningin na de uitvaart van de koningin-moeder uit Westminster Abbey vertrok om terug te keren naar Buckingham Palace, barstten de toeschouwers die langs de route met hun Union Jack stonden te zwaaien uit in een hartstochtelijk applaus. De koningin was nu opgewekt. De warme ontvangst beurde haar overduidelijk op. Ze had het de drie maanden daarvoor zo zwaar gehad, maar nu werd de last lichter en groeide haar zelfvertrouwen. Haar volk hield nog steeds van haar. Eindelijk bevrijd van de verblindende schittering van haar moeder, haar zus en de eeuwige godin Diana, kon ze nu voor de natie verschijnen om te genieten van vijftig geslaagde jaren. Met haar standvastige vazal Philip aan haar zijde op het balkon van Buckingham Palace was zij voor de samengestroomde massa het toonbeeld van bestendigheid, stabiliteit en beloonde verdienste. En de glimp van haar kleinzoons, William (bijna twintig en nagenoeg klaar met zijn eerste jaar aan St. Andrews) en Harry (zeventien en op het punt om aan zijn laatste jaar op Eton te beginnen), gaf een extra impuls aan het enthousiasme voor de toekomst van de monarchie.

In haar jubileumjaar bezocht de koningin op één rondreis van mei tot augustus in achtendertig dagen zeventig steden en plaatsen in vijftig county's in Engeland, Schotland, Wales en Noord-Ierland. De koninklijke trein legde ruim 5600 kilometer af dwars door Engeland, Schotland en Wales, van het zuidelijk gelegen Falmouth in Cornwall tot Wick in Caithness helemaal in het noorden. Ze kreeg 30.000 e-mails om haar te feliciteren en ontving en beantwoordde 17.500 felicitatiebrieven voor haar gouden jubileum. De Golden Jubilee-website werd in zes maanden tijd 28 miljoen keer bezocht. Het vermeende gebrek aan belangstelling voor straatfeesten waarover de pers berichtte, klopte totaal niet. Er waren er duizenden in het hele Verenigd Koninkrijk, waaronder één op Antarctica waar twintig wetenschappers van de British Antarctica Survey feestvierden bij een temperatuur van 20 graden onder nul.

Er werd 800 kilometer kabel gelegd in Londen zodat de evenementen van het Golden Jubilee Weekend in landen overal ter wereld konden worden uitgezonden. Een lauwe respons van de pers? 3521 vertegenwoordigers van de media uit meer dan zestig landen werden geaccrediteerd om vanuit Londen verslag te doen van het centrale weekend van het gouden jubileum. Begin juni 2002 verzamelden zich een miljoen mensen op de Mall om naar de jubileumfestiviteiten te kijken. De spectaculaire jubileumparade op de Mall op 4 juni in de middag trok 20.000 mensen, onder wie een 5000-koppig gospelkoor, 2500 deelnemers van het Notting Hill-carnaval en 4000 mensen die de landen van het Gemenebest vertegenwoordigden. Het paleis zorgde ervoor dat geen enkele multiculturele groep vergeten werd. De koningin legde bezoeken af bij de gemeenschappen van alle vier de hoofdreligies (sikhs, moslims, joden en hindoes): een moskee in Scunthorpe, een hindoetempel in Noord-Londen, een sikhtempel in Leicester en een joods museum in Manchester. Een multireligieuze receptie op Buckingham Palace werd bijgewoond door meer dan zevenhonderd vertegenwoordigers van verschillende geloven. Het hoofd van de Rooms-katholieke Kerk, kardinaal Cormac Murphy-O'Connor, preekte voor het eerst op Sandringham en de zondagdienst in het jubileumweekend was een oecumenische dienst.

The Guardian was voorafgaand aan het jubileum een van de zuurste criticasters geweest in de pers en moest nu aanvaarden dat er iets onmiskenbaar krachtigs was gebeurd. 'We moeten de feiten onder ogen zien,' gaven ze toe.

> De vieringen van het gouden jubileum van de koningin in 2002 zijn in ieder opzicht geslaagder geweest dan de organisatoren hadden gevreesd, en dan de critici hadden gehoopt. [...] Dit is ongetwijfeld een geweldig weekend geweest voor het Huis van Windsor en voor de koningin in het bijzonder. Het zou niet juist zijn om te zeggen dat hun populariteit nog nooit zo groot is geweest, maar het is ongetwijfeld waar dat deze ochtend een van de beste is die de monarchie ooit heeft gehad.[1]

Het was allemaal één glorieuze bevestiging, maar er was één groot evenement dat het succes van het gouden jubileum van koningin Elizabeth II bij uitstek zou belichamen: de zogeheten Party at the Palace, het rockconcert op het terrein van Buckingham Palace met een publiek van twaalfduizend man. Een nieuwskanaal noemde het het 'beste feest in een achtertuin in de geschiedenis van de natie'. De toon voor die avond werd gezet door Brian May van de legendarische band Queen. Eenzaam schitterend boven op het dak van Buckingham Palace met zijn lange krullende haar wapperend in de avondwind gaf de rockgod een gedurfde gitaarsolo van 'God Save the Queen' ten beste. Daarna traden drieënhalf uur lang muzikale godheden aan, van Paul McCartney tot Elton John, Eric Clapton, Phil Collins, Aretha Franklin (van tevoren opgenomen), Brian Wilson, Ricky Martin, Annie Lennox, Joe Cocker en anderen. Ozzy Osbourne, die eerst dacht dat het een grap was toen hij hoorde dat hij was uitgenodigd, liet zich bepaald niet onbetuigd. Toen stand-upcomedian Lenny Henry hem begon te introduceren, stormde Ozzy het podium op 'Rock-'n-roll, rock-'n-roll' schreeuwend naar het publiek. Hij zong het Black Sabbath-nummer

'Paranoid' begeleid door oorverdovend gitaarspel terwijl hij tegelijkertijd kauwgom kauwend over het podium heen en weer sjeesde. In de koninklijke loge stonden prins William en prins Harry juichend met hun handen boven hun hoofd te klappen.

Met rond de 200 miljoen kijkers in binnen- en buitenland was de Party at the Palace een van de best bekeken popconcerten ooit. Binnen een week na het uitbrengen van de cd waren er honderdduizend exemplaren verkocht. Daarmee was koningin Elizabeth II het eerste lid van de koninklijke familie dat een gouden plaat kreeg uitgereikt van de platenindustrie. Daarmee werd ze ook, misschien voor het eerst in haar koningschap, cool. Het was het begin van haar nieuwe imago als popcultuurfenomeen dat het verleden verbond met het relevantere heden, met als hoogtepunt haar James Bond-cameo bij de Olympische Spelen van 2012. Roy Strong scheef in zijn dagboek:

> Het gouden jubileum leek de afronding van wat was begonnen met de uitvaart van de koningin-moeder, een herontdekking en wedergeboorte van het Eiland en zijn vaderlandsliefde. [...] Daarmee bedoel ik de ontmoeting van praal en pop in een verbintenis van verleden en heden, waarmee de Kroon een formule heeft om deze eeuw door te kunnen gaan [...] behoud en innovatie hand in hand.[2]

De troonopvolger had er nog nooit zo gelukkig uitgezien. Dat zijn moeder voor de verandering vriendelijk naar hem glimlachte, was voor hem het allermooiste teken dat de monarchie een nieuw tijdperk was binnengegaan. Op de derde rij bij de rest van de koninklijke familie zat Camilla Parker Bowles. Zij begon als eerste te klappen toen Phil Collins en Queen-drummer Roger Taylor opkwamen om de Motown-klassieker 'You Can't Hurry Love' te spelen.

8

PROBLEMEN MET BEDIENDEN

Wat de butler zag

Onder de champagneglamour van de monarchie broeide een schandaal dat de kostbare, met zo veel zorg herstelde nationale goodwill dreigde op te blazen.

Het gevaar werd veroorzaakt door een probleem dat onlosmakelijk verbonden was aan de afstand die de royals hadden tot wat men in de echte wereld nodig had, namelijk een vrekkigheid tegenover het personeel. Het paleis had een ingebakken cultuur van zuinigheid. Met hoffelijke manieren, alleraardigste bedankbriefjes en presentjes, maar zuinig als het om geld gaat. Een mogelijke verklaring is dat de koninklijke familie al sinds de Franse Revolutie het gevoel had dat ze elk moment door het gepeupel onder de voet gelopen kon worden en haar bezit met zich mee moest kunnen nemen. Er zijn verhalen dat koningin Mary tegen de jonge Elizabeth Bowes-Lyon zei: 'Zorg dat je de juwelen die je hebt, bewaart. Nooit verkopen. Je kunt ze nog nodig hebben.' Het twintigste-eeuwse voorbeeld van het rampzalige einde van de Romanovs moet hun neven en nichten op Buckingham Palace flink hebben doen sidderen.

Ik vermoed dat het onvermogen van de koninklijke familie om zich voor te stellen hoe het is om geldzorgen te hebben een betere verklaring is. Lang is gedacht dat de eer om voor een belachelijk laag salaris voor een van de koninklijke huishoudens te werken voldoende was om de levenslange trouw te winnen van ondergeschikten die nooit klagen. Na tien jaar op het paleis kon een butler of lakei inderdaad gebruikmaken van het koninklijk wapen op een referentie voor een lucratieve schnabbel bij een sjeik of rockster, maar vaker wel dan niet ontstond er door het koninklijke dienstverband een soort onderdanig stockholmsyndroom. Een van de vrienden van prins Charles uit de showbizzwereld zei tegen me dat mensen die voor het Koninklijk Huis werken op kleders in het theater lijken. 'Het uniform van eerbied tegenover hun meesters gecombineerd met camp vuilbekkerij in de coulissen. Meestal eindigt dat met een warme gin in een huurkamertje, omringd door gesigneerde foto's.' Ondanks het feit dat het paleis op de moderne toer zou zijn, krijg je alleen al door de titels van het personeel een vleugje van de feodale sfeer mee: *yeoman of the pantries*, *head coffee maid* en *page of the back passage*, ook wel *page of the backstairs* genoemd. (Een gast bij een diner dat prins Charles een paar jaar geleden gaf op Buckingham Palace herinnert zich dat de stalmeester die hem moest rondleiden, een gedenkwaardig inzicht met hem deelde: 'Als je wilt dat een belangrijk diner, een belangrijke gelegenheid zoals deze goed verloopt op het paleis, is het absoluut essentieel om de yeoman of the pantry te vriend te houden.') Velen bleven er te lang hangen terwijl hun wrok als een veenbrand bleef smeulen.

William Tallon, de toegewijde steward van de koningin-moeder, was zo'n typisch slachtoffer. Buiten de kapel bij de herdenkingsdienst voor Lord Lichfield in 2006 klaagde hij dat hij, toen de oude matriarch was gestorven en hij niet meer nodig was, met slechts drie maanden opzegtijd uit zijn dienstwoning was gezet. Toegegeven, Tallons met drank overgoten orgies met dartele personeelsleden waren uit de hand gelopen. Maar het viel niet te ontkennen dat hij vijftig jaar lang had klaargestaan op Clarence House, Birkhall, Royal Lodge of Castle of Mey vanaf het moment dat de voorname (en niet snel tevreden) koningin-moeder 's ochtends opstond tot het moment dat ze 's avonds naar bed ging. Hij vertelde me dat hij eigenlijk al jaren dolgraag ontslag had willen nemen, maar de koningin-moeder kon zonder hem niet functioneren, en wist hij veel dat ze 101 zou worden. Na zijn uitzetting – want zo zag hij het – had hij noodgedwongen zijn intrek genomen in het dienstappartement van wijlen zijn partner Reginald Wilcock in een groezelige verbouwde woning in Zuid-Londen in de eenvoudige wijk Kennington. 'Als ik het snel zeg denken mensen dat ik Kensington zeg,' zei hij met een dronken bulderlach.[1]

Tallons niet bepaald elegante behandeling door het paleis was geen uitzondering. David Griffin, zesentwintig jaar de vertrouwde chauffeur van prinses Margaret, bleef misnoegd achter toen zijn baas stierf. Na haar jaren 'in een rolstoel meegezeuld te hebben' voelde hij zich besodemieterd met zijn ontslagvergoeding en verbitterd omdat hij te horen had gekregen dat hij 'zijn' huis uit moest.[2] 'Ze gaven geen ene mallemoer om het personeel,' concludeerde Griffin op zijn cockneys.[3]

Als gevolg van de koninklijke spaarzaamheid en onoplettendheid op het paleis ontstond er een ongebreidelde freebiecultuur onder het personeel. Het werd stilzwijgend geaccepteerd dat massa's extravagante horloges, terrines, fotolijsten, Fabergé-eieren, Hermès-dassen en prullaria met bladgoud, waarmee leden van de koninklijke familie door buitenlandse hoogwaardigheidsbekleders en organisatoren van promotionele en filantropische evenementen werden overladen, vaak werden doorgegeven aan personeelsleden die ze voor een zakcentje konden verpatsen. Prinses Margarets butler Harold Brown bijvoorbeeld had een kort lijntje met kunstgalerie en veilinghuis Spink and Son vlak bij St. James's. In Tallons flat in Kennington zag ik een beeldje behangen met parels die naar zijn zeggen van de koningin-moeder waren geweest en tafels die bijna bezweken onder de medailles, gegraveerde objecten en afgedankte snuisterijen. Geschonken of gestolen, niemand die het weet.

De prins van Wales had een bijzonder lakse ploeg huishoud- en kantoorpersoneel. Het ergerde de koningin al lange tijd dat Charles zo beroerd leidinggaf. Zijzelf belichaamde een heldere stijl bij het uitvoeren van taken en bepaalde nauwgezet welk werk in haar 'rode koffertjes' voorrang had. Vanaf haar vijfentwintigste had een reeks zeer competente privésecretarissen haar geleerd hoe ze een efficiënte CEO soevereine zaken kon worden. Ook prinses Diana had haar zaken altijd indrukwekkend op orde. Haar emotionele beproevingen weerhielden haar er niet van om haar correspondentie vlot te beantwoorden. Aan haar onwankelbare beleefdheid had ze de levenslange gewoonte te danken om zodra ze 's avonds thuiskwam met de hand een bedankbriefje te schrijven en op kantoor klaar te leggen zodat het 's ochtends op de post kon. Prins Charles wilde of kon zich echter niet laten aansturen door zijn privésecretarissen. Hij reageerde altijd te laat op de inhoud van zijn postvak. Hij had een steeds wisselende ploeg van naar elkaar wijzende manusjes-van-alles in dienst en zijn vele initiatieven vormden een octopus van goedbedoelende maar ongeorganiseerde entiteiten met overlappende missies en eigen streefbedragen voor de fondsenwerving, die met elkaar wedijverden om dezelfde donoren. Donormoeheid betekende dat hij voortdurend op zoek was naar nieuwe financiële bronnen, soms bij dubieuze grote gokkers zoals Cem Uzan, een Turkse zakenman die betrokken was bij talloze financiële misdrijven en uiteindelijk Turkije is ontvlucht.

Toen Malcolm Ross in 2006 zijn post op Buckingham Palace verliet om master of the household van de prins van Wales te worden, kreeg hij al een voorproefje van Charles' manier van werkgeven. Volgens auteur Tom Bower had de koningin tegen Ross gezegd: 'Ben je wel goed bij je hoofd? [...] Voor Charles werken? Tja...'[4] Later snapte Ross wat ze bedoelde.

> In achttien jaar heb ik drie keer een telefoontje van de koningin buiten werktijd gehad. In mijn eerste weekend kreeg ik er zes à acht van Charles. [...] Ik werd uitgemaakt voor dingen die ik niet meer had gehoord sinds mijn begintijd in het leger.[5]

Niet dat Charles lui was. 'Hij is echt altijd aan het werk,' klaagde Camilla toen ze bij hem was ingetrokken op Highgrove.[6] Prins Harry heeft wel eens beschreven hoe dat ging: meestal ging zijn vader 's avonds na het diner terug naar zijn studeerkamer. Hij viel dan vaak achter zijn bureau in slaap en werd met de papieren aan zijn voorhoofd gekleefd wakker. Hij leek gewoon altijd om te komen in het papierwerk en werd geteisterd door managementproblemen. 'Ik zou nooit voor prins Charles zijn gaan werken, al kreeg ik het dubbele,' zei de voormalige stalmeester van de koninginmoeder, majoor Colin Burgess.[7] Het hof van de prins van Wales barstte van de intriges.

Wat bijdroeg aan de Byzantijnse sfeer was Charles' hardnekkige trouw aan de immens impopulaire opperregelaar van zijn privéleven, Michael Fawcett. Deze meest naaste medewerker zag toe op ieder detail van de verschillende huizen van de prins, van het harken van het grind op Highgrove tot welke verse bloemen er op Clarence House moesten komen. Hij won Charles voor zich met zijn ongeëvenaarde talent voor mise-en-scène. Zo heeft hij voor een diner op Highgrove de kluizen van St. James' Palace geplunderd. Hij vond kratten vol borden, kandelaars en tafellinnen die in de loop der eeuwen aan de monarch waren geschonken. Sommige stukken dateerden al uit de tijd van Catharina de Grote.

Als Charles een weekend wegging voor een huisfeest controleerde Fawcett de parafernalia die zijn baas voorgingen, zoals de bagagestoet van een Tudor die naar een ander hof reisde, waaronder het orthopedische bed van de prins, zijn toiletbril en Kleenex zijdezacht toiletpapier, plus twee landschapsschilderijen van de Schotse Hooglanden. (Het verbijsterde Charles altijd dat zijn moeder nul interesse had in de verfraaiing van haar residenties. Zijn handen jeukten om de tuinen van Buckingham Palace aan te pakken, die naar zijn idee op een gemeentelijke rotonde leken, en met kerst verafschuwde hij de tafelaankleding op Sandringham, wanneer de koningin vond dat een kale tafel zonder laken er met een kerstster in het midden feestelijk uitzag.)

Fawcett was in 1981 als lakei voor de koningin in dienst van het Koninklijk Huis gekomen, waarna hij opklom naar een hogere functie. Vervolgens werd hij Charles' assistent-persoonlijk bediende op Kensington Palace, die zijn maatkostuums en -shirts 's ochtends klaarlegde en de gepoetste schoenen, zakdoeken en dassen met vloeipapier ertussen inpakte als hij een nacht weg moest. Voor een feestweekend bij iemand thuis deed hij de teddybeer die Charles als kind al had in een aparte plastic overhemdhoes. Dit beertje werd nog steeds door het vroegere kindermeisje van prins Charles, Mabel Anderson, opgelapt als dat nodig was en ging overal mee naartoe. Fawcett was zo vergroeid met de voorkeuren van de prins – als evenementenplanner, voorbereider, sociale wegbereider en oppas van rijke donoren van de stichtingen van de prins – dat Charles zich al vleugellam voelde als voorzichtig werd voorgesteld hem te ontslaan. 'Ik kan zo'n beetje iedereen missen behalve Michael,' schijnt Charles gezegd te hebben.[8]

'Ik heb er nooit goed hoogte van kunnen krijgen hoe een eenvoudige persoonlijk assistent zo veel invloed kon krijgen, want binnen de koninklijke hofhouding stelde zijn functie eigenlijk niet veel voor,' heeft de voormalige koninklijke stalmeester majoor Colin Burgess gezegd. 'Maar op een of andere manier heeft hij het klaargespeeld om met het vertrouwen en volledige medeweten en de medewerking van de prins een enorme machtsbasis op te bouwen, wat een gevaar vormde voor de hele personeelsstructuur van St. James's Palace.'[9] Fawcett werd in de pers berucht met de onthulling dat deze toegewijde assistent, nadat de prins in 1990 met poloën zijn arm had gebroken, de tandpasta op diens tandenborstel uitkneep en het urineflesje vasthield als er een monster moest komen.

In 1998 moest Fawcett tijdelijk weg nadat hij was beschuldigd van pesten, maar binnen een week werd hij weer aangenomen – en kreeg hij promotie. Hij kreeg zo veel freebies die door Charles waren weggedaan dat hij de bijnaam 'Fawcett de heler' kreeg.

Omringd door mensen die alles voor hem regelden, werd Charles blind voor het gevaar in eigen huis. Met de sensationele aanhouding van Diana's voormalige butler Paul Burrell barstte de doos van Pandora echter open. De politie was in actie gekomen naar aanleiding van een tip van prinses

Margarets butler Harold Brown, die in de kraag was gevat nadat Scotland Yard was getipt. Het ging om de verdachte verkoop van een zestig centimeter hoge, met juwelen bezette zilver met gouden Arabische dhow, die de emir van Bahrein speciaal door hofjuwelier Garrard had laten maken als huwelijkscadeau voor Charles en Diana. Brown, door *The Guardian* beschreven als een 'archetypische Jeeves' die altijd gekleed ging in zwarte jas en krijtstreepbroek, had het bootje in een plastic zak gestopt en voor 1200 pond bij Spink and Son gedumpt. Nadat hij was gearresteerd en later onschuldig was verklaard, begon Brown uit de school te klappen over wie de dhow uit Diana's huis bij hem had afgeleverd.

Het nieuws van Paul Burrells arrestatie sloeg in als een bom. Tot dat moment had men – ook de koninklijke familie – geloof gehecht aan de zelfpromotie van de butler als zou hij Diana's 'rots in de branding', haar intiemste vertrouweling, beschermer en bemiddelaar zijn geweest in haar laatste moeilijke jaren op Kensington Palace. Hij was de onderdanige knecht – op foto's stond hij vaak twee stappen achter haar – die naar men veronderstelde datgene had laten zien wat het Koninklijk Huis het meest waardeert: totale discretie. Het was Burrell die zich na het auto-ongeluk naar Parijs haastte en Diana's lichaam behoedzaam in een avondjurk hulde die de vrouw van de Britse ambassadeur had gegeven. Hij behoorde tot de kleine kring van aanwezigen bij Diana's bijzetting op het privé-eiland op Althorp. De koningin verleende hem de Royal Victorian Medal, hij werd benoemd tot bestuurder van het Diana Memorial Fund en kreeg de taak haar bezittingen uit te zoeken.

Op 18 januari 2001 vielen agenten van Scotland Yard 's morgens vroeg Burrells huis in Cheshire binnen en stelden een simpele vraag: 'Hebt u voorwerpen van Kensington Palace hier in huis?'[10]

'Nee,' antwoordde Burrell.

Bij een huiszoeking viel hij meteen door de mand. Het was in feite een koninklijk Amazon-magazijn, volgestouwd met schilderijen, foto's, tekeningen en porselein van de prinses van Wales. De politie ontdekte tweeduizend negatieven, waaronder een foto van Charles in bad met zijn kinderen en vele andere waarop de jonge prinsen naakt te zien waren. Er was een schat aan persoonlijke briefjes naar en van William op school. In een ervan gebruikte de prinses haar favoriete koosnaam voor hem: 'Mijn lieve Wombat [...] Wat fijn dat ik vanmorgen een kusje en een knuffel van je heb gekregen, ook al zou ik samen met jou willen weglopen.'[11] Zelfs het mahoniehouten bureau dat Burrell gebruikte droeg de inscriptie 'Hare Koninklijke Hoogheid'.[12]

Burrells vastberadenheid hield niet lang stand. Algauw liet hij zich snikkend in een stoel vallen. Hij beweerde dat het allemaal geschenken van Diana waren, maar wist niet wat hij moest zeggen toen hem een potloodtekening van prins William als baby werd voorgehouden. Terwijl Burrell alleen maar harder begon te snotteren, zo schrijft Tom Bower, riep een agent vanaf de zolder naar beneden: 'Het staat hier vol met dozen, van wand tot wand!'[13] Toen die opengetrokken werden, bleek dit een geheime bergplaats van grote hoeveelheden ondergoed, blouses, pakken, jurken en nachtjaponnen van Diana te zijn. De politie laadde tweeduizend voorwerpen die naar men aannam illegaal waren meegenomen uit Kensington Palace in een vrachtwagen. Toen hij met een andere auto naar het politiebureau werd gebracht, jammerde Burrell: 'Ik wil witte lelies op mijn kist!'[14]

In de vangst van Scotland Yard ontbraken enkele belangrijke voorwerpen: de inhoud van een grote mahoniehouten doos. Diana's zus, Lady Sarah McCorquodale, had de agenten gewaarschuwd dat ze daar naar uit moesten kijken. Het spul was potentieel explosief: brieven van prins Philip waarin hij Diana huwelijksadvies gaf en geheime bandjes die de prinses had opgenomen met sensationele onthullingen van de getroebleerde vroegere persoonlijk bediende in Charles' hofhouding, George Smith, over Michael Fawcett.[15] (Smith was een verwarde oorlogsveteraan die last had van nachtmerries en flashbacks van de bomaanval op de RFA *Sir Galahad*, waarop hij in de Falklandoorlog had gediend.) Na zijn verhalen aangehoord te hebben heeft de prinses, met Burrell aan haar zijde, Charles kennelijk opgebeld en er bij hem op aangedrongen Fawcett te ontslaan: 'Die man is een monster.'[16] Charles weigerde, met het risico dat hij ervan beschuldigd zou worden dingen in de doofpot te stoppen als dit aan het licht zou komen, wat potentieel explosief was.

De mogelijkheid dat al deze vuile was nu buiten gehangen werd, joeg de prins van Wales de stuipen op het lijf. Hoe vaker Charles eraan dacht dat Burrell hiermee naar buiten zou treden, hoe misselijker hij werd. Burrell was op de hoogte van alle smakeloze drama's achter de schermen naar aanleiding van Charles' bedrog met Camilla en de geheime afspraakjes die Diana voor en na haar scheiding had.

Een van Burrells verdachtere beweringen was dat hij in een drie uur durend gesprek onder vier ogen op Buckingham Palace de koningin had laten weten dat hij zich er zorgen over maakte dat Diana's zus Sarah sommige bezittingen van Diana zomaar wegdeed. Hij zei dat hij, Burrell, daarom een aantal 'papieren' van Diana in bewaring nam. De koningin had ingestemd met zijn acties, zei hij.

Wat het excuus ook was, Charles wilde dat de aanklachten tegen Burrell onmiddellijk ingetrokken werden. Zijn privésecretaris Stephen Lamport bekende aan een collega: 'De prins van Wales is radeloos. De prins gaat zeggen dat hij hem die spullen heeft gegeven en dat Burrell juist heeft gehandeld.'[17] Het probleem was dat de troonopvolger juridisch niets te zeggen had in de zaak. Hij was geen executeur-testamentair van zijn ex-vrouw. Dat waren haar moeder en zus.

De dames Spencer vonden Burrells melodramatische en opzichtige trouw aan Diana al heel lang verdacht. Het was de Spencers steeds meer gaan irriteren dat de butler zichzelf neerzette als een beroemdheid door als gast te verschijnen in tv-programma's en de bink uit te hangen op de rode loper bij de Oscars. Hij had munt geslagen uit zijn niet-aflatende toewijding. Van zijn boek *Entertaining with Style* waren honderdduizend exemplaren verkocht. Ze stonden om hem te springen als spreker op cruiseschepen en hij schreef een wekelijkse krantencolumn over etiquette. 'Burrell heeft chronische rodeloperkoorts en dat zal zijn dood worden,' was het oordeel van Diana's vroegere persoonlijke beveiliger Ken Wharfe.[18]

Andere leden van de koninklijke hofhoudingen voelden eenzelfde ontgoocheling over Burrell. David Griffin vertelde me dat hij de butler tegen de pers had horen beweren dat Diana hem 'haar rots in de branding' had genoemd, waarmee hij garandeerde dat hij zo alom aangeduid werd.[19] Diana's loyale chauffeur Colin Tebbutt, die het tot op de dag van vandaag betreurt dat híj haar niet had gereden op die laatste avond in Parijs, heeft zich er lang woedend over gemaakt dat Burrell beweerde dat hij de enige van buiten de familie was die Diana's begrafenis op Althorp heeft bijgewoond.[20] Tebbutt, op wie Frances Shand Kydd dol was, had ook aan het graf gestaan, maar wilde dat pas zeggen toen hij de flauwekul van Burrell had gelezen. Zelfs het lange huwelijk van de butler met Maria was een schertsvertoning. Hij had zo veel affaires met gardesoldaten dat Diana's kok hem 'Kazerne Bertha' noemde.[21] In 2016 gingen Maria en Burrell eindelijk uit elkaar, wat hem de vrijheid gaf met advocaat Graham Cooper te trouwen. Bij de huwelijksceremonie in het Lake District droeg hij een kilt.

Lady Sarah McCorquodale verklaarde dat het godsonmogelijk was dat Burrell toestemming had gekregen om bezittingen van Diana weg te halen en herinnerde zich expliciet dat hij toen hem enkele spullen van haar werden aangeboden, heeft gezegd: 'Ik kan niets aannemen. Ik heb genoeg. Alle herinneringen aan haar zitten in mijn hart.'[22] De dames Spencer drongen erop aan dat hij vervolgd werd. Ze werden ongetwijfeld gesterkt in hun vastberadenheid door het (onjuiste) bericht dat Burrell was gefotografeerd in een jurk van Diana. De immer uitgesproken Frances Shand Kydd liet weten: 'Ik hoop dat zijn ballen verbranden.'

Sir Robin Janvrin, de privésecretaris van de koningin, schrok toen hij door Scotland Yard en de advocaat van de Crown Prosecution Service (CPS, het Britse Openbaar Ministerie) over de zaak werd geïnformeerd. Hij zei dat hij Hare Majesteit onverwijld op de hoogte zou stellen, maar het antwoord aan haar privésecretaris was volledig in de struisvogelstand gaan. Hare Majesteit zei geen woord. Nu Janvrin zich van zijn informatieplicht had gekweten, waste hij zijn handen in onschuld. Dit was Charles' probleem, Janvrin moest zich met staatszaken bezighouden.

De daaropvolgende twaalf maanden voerde de Kroon in wezen een verkapte oorlog tegen zijn eigen Openbaar Ministerie. Het juridische team van de prins van Wales haalde zonder succes alles uit de kast om de CPS ertoe te bewegen de zaak verder te laten rusten.

Maar de vervolging van Burrell was inmiddels niet meer tegen te houden. Met zijn heerlijke cocktail van butlers, lakeien, misdaad en koninklijke gêne was het proces een onweerstaanbare komische noot geworden voor de sensatiebladen. De meeste daarvan, die van nature al fel tegen het paleis van leer trokken, verkozen Burrell boven Charles. Roddelpersreporters hadden jarenlang zoete broodjes gebakken met de butler in de hoop een smeuïg koninklijk verhaal los te krijgen. Richard Kay van de *Daily Mail* benoemde Burrell tot peetvader van een van zijn kinderen. Piers Morgan van de *Mirror* vond dat Burrell ten onrechte het mikpunt was geworden. Op 17 januari 2001 schreef Morgan in zijn dagboek dat 'wat er in [Burrells] hoofd zit miljoenen waard is, mocht hij het geld ooit nodig hebben, waarom zou hij dan iets moeten stelen?'[23] Hij zag ook het gevaar van een rechtszaak voor het paleis. 'Een in het nauw gedreven Burrell zou een zeer gevaarlijk beest kunnen zijn.'[24] De gekwetste butler uitte al verkapte dreigementen. 'Ik wil graag benadrukken dat ik de zwijgplicht niet wenste te doorbreken,' zei hij in een verklaring bij de politie.[25] Een getergde Mark Bolland, die te midden van dit alles nog een positieve draai aan het nieuws probeerde te geven, werd er tegen zijn wil bij betrokken om een geheime detente tussen de butler en de troonopvolger tot stand te brengen. Het toeval wilde dat Charles van zijn paard viel bij het poloën en in plaats daarvan naar het ziekenhuis ging.

II

In augustus 2002 was Charles al die frustratie zo zat dat hij Stephen Lamport verving door een nieuwe, meer ontzagwekkende privésecretaris: Sir Michael Peat, tweeënvijftig, een onberispelijk geklede man met een koepelvormig hoofd, voormalig accountant bij KPMG, die afwisselend keihard en zalvend was. Op Buckingham Palace was hem al zo'n breed scala aan bevoegdheden toevertrouwd dat sommigen hem 'het bidet' noemden: 'Je weet hoe het heet maar je weet niet waar het voor is.'[26] In zijn rol als *keeper of the privy purse and treasurer* (financieel secretaris en thesaurier) van de koningin en *receiver general* (curator-generaal) van het hertogdom Lancaster had de aan Eton en Oxford opgeleide apparatsjik wonderen verricht voor de fiscale gezondheid van Buckingham Palace. Hij voerde meerdere strenge bezuinigingen door op het paleis en in een tijdsbestek van vijf jaar halveerde hij de uitgaven. Dat heeft hem weinig vrienden opgeleverd. Hij schrapte lagere royals van de Civiele Lijst, gooide er bedienden uit die allang over hun houdbaarheidsdatum waren – David Griffin hield Peat verantwoordelijk voor zijn botte behandeling – en sloot de gesubsidieerde personeelsbar. Toen hij hoorde dat elke rit 35.000 pond kostte, bracht hij de kosten van de koninklijke trein omlaag. Tegelijkertijd was hij kien in koninklijke pr. Het was Peat die de koningin overreedde om inkomstenbelasting over haar privévermogen te betalen.[27] Een statistisch gegeven dat hij doeltreffend gebruikte, was dat de koningin elk van haar onderdanen slechts achtenvijftig pence per jaar kostte.

Peat slaagde met vlag en wimpel voor 'de Camilla-test' toen de prins hem bij het diner naast haar liet zitten. 'Michael was de charme zelf,' zei een vriend. 'Hij is de enige hooggeplaatste functionaris binnen de hofhouding van de koningin die mevrouw Parker Bowles echt heeft erkend, en dat betekent veel voor haar en de prins.'[28]

Hare Majesteit liet haar bekwaamste hoveling en puinruimer ongetwijfeld graag na aan haar ongeorganiseerde zoon. Ze wist dat Peat ervoor toegerust was de bezem door zijn hofhouding te halen en een wapenstilstand tot stand te brengen tussen de facties op St. James's en Buckingham Palace met hun achterbakse rivaliteit. Hopelijk zou hij ook een manier vinden om de door de koningin nog steeds gewantrouwde Mark Bolland weg te sturen. (Peat slaagde daar binnen vier maanden in. In december 2002, na een telefoongesprek waarin bittere woorden vielen, kwamen Charles en Bolland overeen dat het tijd was dat zijn bekwame spindoctor ging vertrekken.)

Wat Peat echter niet lukte, was een einde maken aan de vervolging van Paul Burrell. Misschien heeft hij het zelfs erger gemaakt toen hij de politie van zich vervreemdde door hen neerbuigend te behandelen bij hun eerste ontmoeting. Hij liet de hoogst geplaatste functionaris die op de zaak zat, hoofdinspecteur Maxine de Brunner, op een lage stoel zitten zodat hij op haar neer kon kijken en daarna maakte hij zich schuldig aan klassieke mansplaining: al zijn vragen richtte hij aan de mannelijke agent van lagere rang die haar vergezelde. Beiden waren ontzet over de duidelijke indicatie dat Peat, net als Charles en zijn juridische team, leek te vergeten dat Burrell ervan werd beschuldigd eigendommen van Diana gestolen te hebben en niet van de prins van Wales, en waren verontwaardigd over de implicatie dat ze niettemin de vervolging zouden moeten staken.

De rechtszaak ging onherroepelijk door. Tegen de tijd dat de ontredderde butler op 14 oktober 2002 in de beklaagdenbank in de Old Bailey stond, was hij op van de zenuwen en zag hij asgrauw. Hij werd beschuldigd van de diefstal van 310 voorwerpen die tot de nalatenschap van de prinses van Wales behoorden, ter waarde van 4,5 miljoen pond. Andere voorwerpen waren niet in de aanklacht opgenomen omdat ze van de prins van Wales of van prins William waren, die geen van beiden een verklaring wilden afleggen.

In de dagen ervoor hadden bekende societytypes zich aangemeld om te bevestigen dat Burrell Diana's rots in de branding was geweest. Twee van de *grandes dames* die waarschijnlijk voor hem gingen getuigen waren Lady Annabel Goldsmith, weduwe van miljardair Sir James Goldsmith, en Diana's goede vriendin Lucia Flecha de Lima. Gedagvaard als getuige à charge waren onder anderen Frances Shand Kydd, Lady Sarah McCorquodale en Diana's vroegere chauffeur Colin Tebbutt, die zou worden opgeroepen om te verklaren over zijn karakter.[29] Die kans heeft hij nooit gekregen. Tebbutt heeft nog steeds dozen vol stukken met zijn nooit uitgesproken verklaring bij hem thuis in Chichester.

Op dag elf van het proces, 's ochtends om half negen, gebeurde er iets opmerkelijks, wat alleen maar kan worden omschreven als een magisch-realistisch voorval in het eenentwintigste-eeuwse Groot-Brittannië. De berechting van Paul Burrell werd stopgezet als gevolg van een interventie door de koningin zelf. Aanklager William Boyce zat in een kamer naast de rechtszaal zijn stukken te lezen toen commandant John Yates van Scotland Yard opeens naast hem stond. Yates vertelde Boyce dat hij zojuist een gesprek had gehad met Michael Peat, die had gezegd: 'Hare Majesteit heeft zich iets herinnerd.'[30]

De vrijdag ervoor was de koningin met prins Charles en prins Harry toevallig langs de Old Bailey gereden. Ze waren onderweg naar een herdenkingsdienst in St. Paul's Cathedral voor de achtentwintig Britse slachtoffers van de terreuraanslagen op Bali. Toen ze een menigte voor de rechtbank zag staan, vroeg Hare Majesteit aan Charles waarvoor dat was. Hij zei dat Paul Burrell terechtstond voor diefstal. De koningin wist kennelijk van niets. Toen alles was uitgelegd aan de best geïnformeerde monarch ter wereld herinnerde ze zich een ontmoeting van vijf jaar daarvoor, vlak na de dood van Diana, toen Burrell om audiëntie had verzocht om uit te leggen dat hij zorg droeg voor een aantal 'papieren' van Diana.

Het land stond perplex toen dit opzienbarende nieuws bekend werd. We hebben het niet over het feit dat de koningin elke dag nauwgezet de kranten leest en dat er al maanden schreeuwende koppen over Burrell op prijkten. En evenmin over het feit dat ze het jaar daarvoor op de hoogte was gebracht door Robin Janvrin en dat de drie hoge royals het zeer gênante vooruitzicht van een berechting van Burrell pas voor het eerst bespraken tijdens dit toevallige autoritje, en ook niet over het feit dat de omvang van de buit van de butler moeilijk te rijmen viel met de zorg voor enkele bescheiden dozen met Diana's 'papieren'.

Dat deed er allemaal niet toe. Bij de rechtszaak tegen Burrell draaide het in wezen om de vraag of er sprake was van oneervolle bedoelingen. De rechtbank zou nu te horen krijgen dat de koningin er van tevoren helemaal van op de hoogte was geweest. *The Guardian* vatte het aldus samen: de koningin was de 'belangrijke niet-getuige in de zaak Regina tegen Burrell. Als zij het wist, was er geen sprake van diefstal. Derhalve kon de heer Burrell helemaal niets gestolen hebben.'[31] Zoals gewoonlijk wanneer het om haar familie ging, was de koningin het probleem zo lang mogelijk uit de weg gegaan om vervolgens de dodelijke genadeslag toe te brengen.

De familie Spencer was woedend. Frances Shand Kydd geloofde dat de koningin tot het allerlaatst achterover had geleund en hen toen had laten vernederen in de rechtszaal. De enige boodschap van het Huis van Windsor was achter de paleisdeuren uitgesproken, wat de gespannen relatie tussen de twee families nog verder op scherp zette.

Aanklager William Boyce stond bekend als een van de minst emotionele leden van de Britse balie. Zijn rechtbanktoespraken waren wel eens vergeleken met 'op het hoofd geslagen worden met een dode vis', maar het nieuws dat commandant Yates hem bracht, verbaasde hem zo dat hij zichtbaar verbleekte en zijn pruik afzette.[32] Het was nu zijn taak om de officiële versie van zijn verbijstering te presenteren voor een verblufte rechtbank.

> Omdat er geen persoonlijke bezittingen van de koningin bij betrokken zijn en omdat men er belang aan hechtte iedere suggestie te vermijden dat Buckingham Palace zich in het onderzoek van deze zaak probeerde te mengen, is de koningin niet ingelicht over de wijze waarop de zaak tegen de heer Burrell werd voorbereid.
> Derhalve kon Hare Majesteit pas na aanvang van het proces weten dat het feit dat de heer Burrell aan haar had meegedeeld dat hij voorwerpen had meegenomen om ze te veilig te bewaren, relevant was voor de vervolging.
> Na nadere opheldering door de koningin zijn stappen ondernomen om de informatie onder de aandacht van de politie te brengen.[33]

Een waarnemer op Whitehall zei: 'Alleen een gouden kogel had het proces kunnen tegenhouden. En die hebben ze verzonnen.'[34] Het proces was afgelopen. Toen Burrell de rechtbank uit liep, kraaide hij tegen de verslaggevers: 'De koningin heeft me gered.'[35] Het is niet te bevatten dat de apparatsjiks van het paleis zo weinig bedreven waren in crisismanagement dat ze hebben nagelaten Burrell een zwijgplicht op te leggen nadat het proces was stopgezet. De triomferende butler kon nog steeds beschikken over alle informatie die hij in de getuigenbank zou gaan gebruiken, zonder dat er restricties waren om die aan de kranten te verkopen. Prompt huurde hij celebrity-agent Dave Warwick in, die een krankzinnige biedingenoorlog om het verhaal van Burrell op touw zette. Het werd voor 300.000 pond aan de *Mirror* verkocht, een meesterzet van Piers Morgan, die het voor de neus van de *Daily Mail* wegkaapte.

Geen pr-offensief kon de schade aan de reputatie van de prins van Wales ongedaan maken. Er volgde een stortvloed aan bagger. Publicist Max Clifford legde op een of andere manier de hand op Burrells hele wellustige verklaring en al het bewijsmateriaal, inclusief expliciete details over Diana's relaties met haar vele minnaars, onder wie Hasnat Khan, die onder een deken in de kofferbak van een auto Kensington Palace was binnengesmokkeld. Burrell schreef dat hij Diana's officiële plannen had afgezegd zodat ze samen in bed konden blijven. Hij kwam ook met vernietigende onthullingen over Charles, onder meer dat hij de spot dreef met Diana's outfits en haar een 'stewardess' noemde.[36] *News of the World* zette alle bijzonderheden met grote koppen in de krant, te beginnen met de onthulling dat Diana Khan had verleid terwijl ze alleen haar bontjas en oorbellen met saffieren en diamanten droeg. Daarna strooide Burrell nog meer zout in de wonde door aan de *Mirror* te vertellen hoe kil de Spencers waren. 'De

Spencers vonden Diana toen ze leefde onacceptabel. [...] is het niet ironisch dat ze plotseling wel acceptabel werd toen ze dood was?' zei hij. 'Persoonlijk zou ik nooit in een museum met haar leven gepronkt hebben en er 10,50 pond per bezoek voor hebben gerekend.'[37]

Burrell was op dreef en vloog naar Amerika om zijn geheimen aan de grote netwerken te vertellen. Zelfs George Smith, de in ere herstelde persoonlijk bediende, trad in de *Mail on Sunday* naar buiten met zijn verhaal en Michael Fawcett won op 31 oktober 2003 een kort geding om zijn naam erbuiten te houden. Elf dagen later slaagde *The Guardian* erin het verbod opgeheven te krijgen. Het ergste was gebeurd. De royals waren elke controle kwijt.

Burrells boek *A Royal Duty* werd in tien afleveringen gepubliceerd in de *Mirror*. Het begon met een melodramatische brief van Diana waarin stond dat ze bang was dat ze bij een auto-ongeluk zou omkomen, wat overal ter wereld explosieve krantenkoppen opleverde.

De prins van Wales kwam opnieuw in moeilijkheden door het soort choquerende onthullingen en geruchten dat hij al zo lang probeerde te bestrijden. In een peiling van BBC Radio 4 werd luisteraars gevraagd welke Brit ze het liefst wilden deporteren. Charles eindigde als vierde. Tijdens een diner zou hij woedend een bord op de grond hebben gesmeten. De manier waarop het paleis met het geval-Burrell omging, zei Mark Bolland in een volgend interview met *The Guardian*, was 'totaal klote en had nooit zo mogen gebeuren'.[38] Vooral over prins Charles sprak hij in scherpe bewoordingen. Bolland merkte op dat de prins van Wales 'meer had moeten doen om het een halt toe te roepen. Maar hij is geen erg sterke persoon [...] hij heeft te weinig zelfvertrouwen.' (Tot overmaat van ramp begon Bolland in 2003 een vaste column te schrijven voor *News of the World*, een wekelijkse bron van ergernis voor prins Charles. Het was op zijn zachtst gezegd verontrustend dat zijn vroegere naaste medewerker in wie hij vertrouwen stelde, nu niet als spindoctor vóór hem werkte, maar hem tégenwerkte.)

In november 2002 deed de prins een laatste poging om schoon schip te maken door Michael Peat opdracht te geven een onderzoek te begeleiden naar wangedrag in zijn eigen hofhouding en te bepalen of het proces van Burrell op onjuiste wijze was beëindigd. Zoals te verwachten bracht het rapport helderheid, maar het document van 112 pagina's was beschamende leesstof voor Charles: een treurige opsomming van slordig boekhouden, lakse administratie en bureaucratische chaos onder zijn verantwoordelijkheid, plus de gewoonte van het personeel om de regels voor het aannemen van geschenken van hofleveranciers aan de laars te lappen. Van de honderdtachtig officiële geschenken aan de prins waren er negentien verdwenen.

Fawcett bleek de regels te hebben geschonden door cadeaus van leveranciers aan te nemen ter waarde van duizenden ponden. Hij nam ontslag en werd, helemaal in Clarence House-stijl, onmiddellijk weer ingehuurd om freelancewerk voor de prins te doen onder de dekmantel van Fawcetts nieuwe evenementenbureau. De vraag of George Smiths beschuldigingen klopten, werd in het rapport ontweken, maar wel werd benadrukt dat de persoonlijk bediende een verwarde fantast was. Charles maakte zich inmiddels niet meer druk om de beschuldigingen. Pleitbezorgers van het koningshuis hadden Smith in de pers massaal afgeschilderd als een halvegare. Nadat hij depressief was geworden en aan de drank was geraakt is de onfortuinlijke bediende in 2005 op vierenveertigjarige leeftijd overleden.

De Charles-getrouwe Tiggy Legge-Bourke zei dat ze van mening was dat Fawcett met zijn intimidatietactiek het onderzoek van Peat had belemmerd. Zij en zes anderen hadden destijds bij prins Charles hun beklag gedaan over Fawcett, maar hadden uit angst voor vergelding door Fawcett geweigerd hun volledige medewerking te verlenen aan het onderzoek van Peat. 'Niemand heeft zijn mond opengedaan omdat niemand kon garanderen dat Fawcett zou vertrekken,' zei ze in 2005 tegen de *Mail on Sunday*.[39] 'Hij nam ontslag, en toen [...] was hij terug. Iedereen was bang dat hij je de laan uit kon sturen als je je tegen hem uitsprak.'

En ja hoor, naast de afkoopsom van 500.000 pond en het recht om in zijn dienstwoning te blijven zitten, kreeg Fawcett per jaar voor 100.000 pond aan gegarandeerde opdrachten voor de prins van Wales. Volgens de *Mail on Sunday* ontving hij minstens 120.000 pond voor het regelen van Charles' sociale agenda (betaald via zijn bedrijf Premier Mode Events), 50.000 pond als fondsenwerver voor The Prince's Foundation, 40.000 pond als 'adviseur woninginrichting', 25.000 pond om 'de aquarellen van de prins te beheren', 20.000 pond voor het kopen van cadeaus namens de prins en een erefunctie als 'artistiek directeur' van Charles' zaken op Highgrove. In juni 2003 organiseerde hij de eenentwintigste verjaardag van prins William op Windsor Castle en in 2006 viel hem de nog grotere eer te beurt om de tachtigste verjaardag van de koningin te organiseren op Kew Palace.

Een bericht in *The New York Times* luidde:

> Sir Michael Peat zei beschuldigingen te verwachten dat zijn rapport een vergoelijking was, maar hij stelde dat het 'ernstige fouten' in de praktijken van het Koninklijk Huis aan het licht bracht en tot aanzienlijke hervormingen zou leiden: 'Ik ga geen excuses maken.

> [...] Er zijn dingen niet goed aangepakt in dit kantoor. De prins van Wales heeft gezegd dat hij alles uitgezocht wil hebben – hij wil dat zijn kantoor volgens de hoogst mogelijke normen geleid wordt.'[40]

Toen het rapport werd uitgebracht was de prins van Wales op rondreis door Bulgarije, op comfortabele afstand van de Britse pers, en van een eventueel oordeel van zijn moeder. En daarmee werd de schande van de kwestie-Burrell grotendeels onder het Aubusson-tapijt van St. James's Palace geveegd. Een functionaris van de Royal Warrant Holders Association, de vereniging van hofleveranciers, zei: 'Michael Peat heeft zijn best gedaan om orde te scheppen in het wespennest, maar heeft gefaald.'[41]

Burrell heeft daarna een lucratieve carrière opgebouwd als royaltyverslaggever en deelnemer aan een realityshow in de Verenigde Staten met allerlei 'koninklijk' meubilair, serviesgoed en tafelzilver. Zijn populariteit in het Verenigd Koninkrijk verloor hij pas nadat *The Sun* in 2008, ten tijde van het onderzoek naar de dood van Diana, een transcript van een heimelijke bandopname publiceerde. Toen de krant hem uit de tent lokte over de aanklager die gehakt had gemaakt van zijn geloofwaardigheid in de getuigenbank, antwoordde hij hautain: 'Eerlijk gezegd kan Groot-Brittannië de klere krijgen.'[42]

Charles was niet te vermurwen en bleef naar de pijpen van Fawcett dansen. In 2018 werd Fawcett benoemd tot algemeen directeur van The Prince's Foundation, de koepelorganisatie van Charles' liefdadigheidsinstellingen, met in het kielzog van de lastige assistent opnieuw een spoor van smerige zaakjes. In 2021 werden er vragen gesteld over het feit dat Fawcett voor een Saoedische miljardair de eretitel Commandeur in de Orde van het Britse Rijk had geregeld in ruil voor donaties van in totaal 1,5 miljoen pond, een geld-voor-toegangschandaal waarvan Charles zegt niets geweten te hebben. Nadat Fawcett in september 2021 tijdelijk terugtrad – wederom – was Camilla naar men zegt vastbesloten dat hij ditmaal niet zou terugkomen. 'Zij zal geen genade kennen in haar streven om Michael buiten de deur te houden,' zei een bron tegen *The Times*.[43] In november 2021 beet Fawcett ten slotte in het stof. Voor hoelang, dat weet niemand.

9

CAMILLA'S STREEP IN HET ZAND

Een nieuwe hertogin in de winnaarsselectie

Mevrouw Parker Bowles' geduld begon op te raken. In het voorjaar van 2004 was ze al negen jaar gescheiden van Andrew, en de heilig verklaarde Diana was al ruim zes jaar dood en begraven. Camilla en Charles woonden nu de meeste tijd in Clarence House, waar Camilla haar eigen vertrekken had. Charles had de negentiende-eeuwse architectonische parel van John Nash laten renoveren met oog voor de kleinste historische details.

Wanneer de prins op reis was, ontsnapte Camilla aan de koninklijke saaiheid door naar Ray Mill House te gaan, haar eigen landhuis op een half uurtje rijden van Highgrove. Ze had geweigerd het op te geven, want hier kon ze gewoon rondhangen, erwten uit eigen tuin eten, genieten van een sigaret zonder de rook heimelijk in de schoorsteen te blazen, wat ze deed als Charles thuis was, en uitbundige etentjes houden in de keuken met haar inmiddels volwassen kinderen.

Nu ze de turbulente jaren achter de rug hadden was het leven er veel beter op geworden, maar toch voelde ze zich geïsoleerd. Ondanks al het spindoctoren van Mark Bolland, die ook alweer ruim een jaar weg was, al haar op eieren lopen voor het beetje koninklijke acceptatie dat haar na de dood van de koningin-moeder en het gouden jubileum eindelijk toeviel, ondanks haar geschmier met de ene na de andere persoonlijk secretaris van de vorstin en de prins van Wales, en haar voorzichtige toenaderingspogingen tot de nog altijd terughoudende prins William en ronduit norse prins Harry, deed zich altijd wel weer een nieuwe ramp voor waar zij niets aan kon doen, maar die haar wel noopte zich opnieuw terug te trekken.

Onofficieel gemalin zijn van de prins van Wales was geen makkelijke rol. Altijd moest ze de opbeurende en bemoedigende minnares zijn. In de drieëndertig jaar dat ze elkaar kenden had ze in het openbaar nooit één woord over hun relatie gezegd. Ze beheerste de koninklijke etiquette tot in de puntjes; hoelang ze ook al samen waren, tijdens diners op Highgrove bleef ze haar geliefde 'de prins' noemen in plaats van Charles en in het openbaar sprak ze hem aan met 'sir'. Ze was de paardenfluisteraar van zijn gevoelens en behoeften, en wist de ongetoonde liefde met charme tegemoet te treden. Een zoon van een vriend van de koningin vertelde me: 'Camilla heeft niets met die poespas van Charles. Ze laat niet toe dat hij het personeel laat lopen voor zijn gin en tonic. Dan zegt ze: "O, doe niet zo belachelijk. Ik schenk die gin en tonic wel in."'

Als Camilla een motto had, zou het 'Gij zult niet zeuren' zijn.

En dat was niet altijd even makkelijk als het ging om het steunen van haar koninklijke partner. Een van haar uitdagingen was Charles door zijn Diana-PTSS loodsen. 'Uit de begintijd dat we voor Charles werkten herinner ik me een soort drietraps-diners met Camilla erbij,' vertelde Mark Bolland me in 2005 toen ik hem sprak[1] voor *The Diana Chronicles*:

> Charles bleef maar doorgaan over Diana, hoe ze de pers om haar vinger had gewonden, hoe ze gelogen had. Ik zei dan: 'We moeten verder, sir,' en hij: 'Als je me wilt begrijpen, Mark, moet je dit weten.' En dan zei Camilla naderhand: 'Hij kan niet anders, Mark.'

Af en toe stelde Bolland de prins een elegante manier voor om Diana's nalatenschap te erkennen, maar Charles verwees hem altijd naar Camilla. 'Ik speel hier geen rol in,' zei ze dan.[2] 'Vergeet het maar dat je hem kunt overhalen. Er zit heel veel pijn en woede in hem. Het is nog te groot.' Na verloop van tijd groeide de ergernis over Charles' niet-aflatende zelfmedelijden en gebrek aan erkenning. Hij kon eindeloos klagen dat hij ondergewaardeerd werd door zijn moeder, het land en de pers. Zijn kantoor hoefde maar de verkeerde temperatuur te hebben of hij verzuchtte al dat zijn leven ondraaglijk was. In 2004 schijnt hij gezegd te hebben: 'Niemand begrijpt wat een hel het is om de prins van Wales te zijn.'[3] Het wekte geen sympathie op voor de multimiljonair en toekomstig vorst met een aantal statige huizen op zijn naam. Toen Peter Mandelson, spindoctor van de

Labourpartij, hem tijdens een bezoek aan Highgrove in 1997 had verteld dat Britse ministers hem soms 'enigszins somber en terneergeslagen' vonden, raakte hij over zijn toeren. De prins was het zó niet gewend de waarheid te horen dat hij Camilla na afloop gekweld vroeg: 'Is dat waar? Is dat waar?'[4] Waarop Camilla geprikkeld antwoordde: 'Ik denk niet dat iemand van ons het aankan dat je die vraag de komende tijd steeds opnieuw stelt.'

De prins had geen ongelijk dat hij nauwelijks erkenning kreeg voor alles wat hij voor elkaar had gekregen. Ondanks het ondraaglijke spektakel waarmee delen van zijn leven op straat waren komen te liggen, was hij erin geslaagd een vroeg model van duurzame landbouw te realiseren op de 900 hectare grond rond Highgrove, zonder zich iets aan te trekken van degenen die hem belachelijk maakten als de kroonprins die de tijd doodt met praten tegen planten. Tientallen jaren voordat biologisch cool werd, had hij al bedacht hoe hij de landerijen volledig zou omvormen volgens ecologische principes. Het gebruik van bestrijdingsmiddelen werd verboden. Bezoekers werden verwelkomd met een bord waarop stond dat ze een 'GGO-vrije zone' betraden (zonder genetisch gemanipuleerde dieren en gewassen). Zijn grote trots was het in stand houden van de genenpool van zeldzame veerassen als Tamworth-varkens en Ierse Moiled-runderen. Hij was zelfs gaan ondernemen met zijn innovatieve landbouwproducten. In 1990 begon het landgoed Highgrove House met de productie van een verrassend succesvolle lijn van biologische producten die de prins 'Duchy Originals' noemde. (Waarop de koningin haar zoon op zijn zeventigste verjaardagsfeest in 2018 prees omdat hij in alle opzichten een 'duchy original' was,[5] een oorspronkelijke hertog.) Dankzij een licentie- en distributieovereenkomst met supermarktketen Waitrose, dat hem na de economische crisis van 2008 te hulp schoot, heeft Duchy Originals (onder de merknaam Waitrose & Partners Duchy Organic) sinds 2009 meer dan dertig miljoen pond opgehaald voor goede doelen die het liefdadigheidsfonds Prince of Wales's Charitable Fund ondersteunt. Op zijn eigen originele manier bewijst Charles daarmee een neus te hebben voor duurzaam ondernemen.

De prins ondernam meer om zijn ideaal van een natuurlijke leefomgeving te realiseren. Eind jaren tachtig schonk hij grond van het hertogdom Cornwall in Dorset om het experimentele dorp Poundbury te bouwen. Uit de plannen sprak zijn retro-architecturale visie op de inrichting van het Britse platteland: een straatbeeld op menselijke schaal met laagbouw waarin winkels, bedrijven en woningen, waarvan een derde voor lage inkomens, een geïntegreerde gemeenschap zouden vormen. Er werd om gegniffeld, Poundbury werd belachelijk gemaakt als een 'feodaal Disneyland', een 'speelgoedstad'[6] en een 'retro-kitsch verzinsel'. Maar in de loop van de jaren groeide het ideële bouwproject uit tot een levendig plaatsje met drieduizend inwoners. In 2005 gaf de prins in het Amerikaanse tv-programma *60 Minutes* een rondleiding. Hij wees op de winkel met dagelijkse benodigdheden, waar hij 'erg trots op'[7] was omdat 'iedereen zei dat het niet zou werken', en op de pub, waar 'ook al niemand aan wilde beginnen'. Op de hem gebruikelijke droefgeestige toon voegde hij eraan toe: 'Ik hoop maar dat [het Britse volk] het, als ik dood en begraven ben, misschien een beetje meer zal waarderen.'[8] In 2012 presenteerde Poundbury zijn eerste grootschalige anaerobe vergister, die voedselafval en mais van omliggende boerderijen fermenteert tot biogas: lokale, hernieuwbare, duurzame energie. Het leverde ongeveer net zoveel enthousiaste pers op als je zou verwachten.

Charles kreeg gelijk met zijn verwachting dat de nog jonge wetenschap achter zijn veelbesproken 'stokpaardjes' steeds weer bevestigd zou worden sinds hij op zijn eenentwintigste zijn eerste markante toespraak hield op de 'Countryside in 1970'-conferentie over 'de gruwelijke gevolgen van vervuiling in al haar kankergezwelachtige vormen'.[9] In 2018, toen hem tijdens een bezoek aan Griekenland een ijskoffie geserveerd werd in een café in Athene, dook de pers erbovenop omdat hij een plastic rietje weigerde, erop wijzend dat plastic slecht is voor het milieu. De kranten vermeldden er niet bij dat Charles zich al in 1970 voor het eerst heeft uitgesproken over de bedreiging van plastic voor het milieu, een feit dat grotendeels genegeerd is.

Er zijn meer thema's waar Charles zich sterk voor maakt. In 1993, acht jaar voor 11 september, hield hij een hartstochtelijke toespraak voor het Oxford Centre for Islamic Studies over de noodzaak van een beter begrip van de islam door het Westen, waarbij hij zijn verontwaardiging uitsprak over het uitroeien van de Moerasarabieren in het zuiden van Irak. Wie die toespraken nu terugleest, ziet meteen dat ze grotendeels zelfgeschreven zijn: vol karakteristiek pessimistische terzijdes en zelfspot. Het lijkt me onvoorstelbaar dat een van zijn zoons zulke diverse onconventionele doelen zou nastreven.

Nergens heeft Charles zo weinig waardering voor gekregen als voor zijn liefdadigheidsprojecten voor de jeugd. Daarmee kwam het fonds van de prins na verloop van tijd echt tot wasdom. Misschien komt het wel door Charles' eigen gevoel van doelloosheid na zijn vliegenierstijd dat hij het fonds een filantropische invulling gaf en zich op jeugdigen richtte die door iedereen afgeschreven zijn: kinderen die op straat leven, een strafblad of drugsverslaving hebben en jongeren in de bijstand zonder hoop daar ooit uit te komen. Bij de start van het project was er weinig belangstelling voor zeventienjarige schoolverlaters zonder diploma. Charles toonde zich oprecht begaan en wilde helpen. Acteur Idris Elba, die opgroeide in een sociale woningbouwbuurt in Hackney (Londen), is het fonds dankbaar voor een auditie en 1500 pond die hij destijds nodig had om zijn carrière op te bouwen. Volgens een recente telling heeft het fonds van de prins meer dan 86.000 jongeren geholpen een eigen zaak te beginnen.

Waarom kreeg Charles zo weinig erkenning voor zijn vooruitstrevende inspanningen en de resultaten van aantoonbaar hard werken? Ironisch genoeg bekommerde hij zich vooral om thema's waar de liberale bijbel, *The Guardian*, graag over schreef en waar de koningshuisvriendelijke Murdoch-pers dus instinctief vijandig tegenover stond. Niet dat hij als troonopvolger van plan was zich voor het karretje van de liberalen te laten spannen, zo veel maakte zijn nurkse afwijzing van alles wat naar linksige culturele standpunten rook wel duidelijk. Premier Tony Blair zei het zo: 'Hij is een man van merkwaardige tegenstellingen; zowel conservatief als radicaal (soms behoorlijk New Labour, soms absoluut het tegenovergestelde), en zowel vorstelijk als onzeker.'[10]

Zijn gebrek aan gepaste koninklijke omzichtigheid was soms bewonderenswaardig en principieel. Terwijl Blair pogingen deed de relatie met China te verbeteren organiseerde Charles een avondreceptie voor de Dalai Lama in St. James's Palace om steun te betuigen aan Tibet. Hij had nogal wat bedenkingen tegen de oorlog in Irak en het effect daarvan op de Brits-islamitische betrekkingen, al berustte zijn verzet in dit geval waarschijnlijk op subjectieve argumenten, namelijk zijn warme fondsvullende relaties met de koningshuizen van de Golfstaten.

Het kon hem tot diepe wanhoop drijven dat er maar geen einde kwam aan de stroom van nieuwe Diana-publicaties; al die boeken, documentaires en specials in de roddelbladen bevestigden dat hij de gebeten hond was. Zijn frustratie hierover is begrijpelijk maar hij lokt ook wel makkelijk spot uit die hij had kunnen vermijden. Hij had vaak niet in de gaten hoe wereldvreemd zijn blik was omdat hij zo in beslag werd genomen door wat hij beschouwde als de lasten van zijn ambt. Na een bezoek aan India in oktober 2003 noemde hij als inspirerend voorbeeld van levendige drukte een sloppenwijk in Bombay,[11] waar bijna een miljoen mensen op een gebied half zo groot als zijn landgoed Highgrove het moeten doen met één smerig toilet per vijftienhonderd bewoners. Zijn hopeloos ouderwetse manier van praten maakt het vrijwel onmogelijk contact te maken met mensen van nu. Of zoals Diana's voormalige lijfwacht Ken Wharfe me vertelde in 2006:

> Het probleem met prins Charles is dat hij anders is dan wij allemaal, hè? Laatst was hij op het journaal: in pak, met een pet op, en gepoetste groene regenlaarzen aan stond hij op het landgoed van Cornwall te oreren over de wonderen van de biologische landbouw. Zegt hij met die stem [van hem]: 'Het soort wortels dat supermarkten tegenwoordig uitstallen ergert me natuurlijk mateloos. Toen ik een kind was, hadden we kronkelwortels.'[12]

Charles' merkwaardige kijk op de dingen viel ook weer op toen Elaine Day, een voormalige persoonlijk assistent op Clarence House, een rechtszaak aanspande wegens oneerlijk ontslag. In maart 2002 las ze toevallig wat Charles van haar vond in een van zijn spontane aantekeningen bij een memo. 'Wat is dat toch met die mensen van tegenwoordig?' schreef hij over Day.[13] (Zij was zo brutaal geweest om voor te stellen dat assistenten de kans krijgen opgeleid te worden voor hogere functies in de huishouding.) Het werd nog erger:

> Hoe komen ze op het idee dat ze gekwalificeerd zijn om dingen te doen die hen ver boven de pet gaan? Dit heeft alles te maken met de onderwijscultuur op scholen. Het is de consequentie van een kindgericht leersysteem dat leerlingen vertelt dat ze popster, rechter, een briljante tv-presentator of een nog veel bekwamer staatshoofd kunnen worden zonder daar ook maar iets voor te doen of over enige aangeboren kwaliteiten te beschikken. Dit is een uitvloeisel van het sociaal utopisme dat ervan uitgaat dat de mensheid genetisch gemanipuleerd kan worden om de lessen van de geschiedenis tegen te spreken.

Aangezien de schrijver van deze uitspraak – in het bezit van de rangen admiraal van de vloot in de Royal Navy, veldmaarschalk in het Britse leger en maarschalk van de Royal Air Force, zonder ook maar één dag strijd te hebben geleverd – zich gekwalificeerd voelt om een oordeel te vellen over architectonische vormgeving en het intellectuele werk van menig ministerie in Whitehall zonder zelfs maar een graad aan het Royal Institute of British Architects of een stage in overheidsdienst gedaan te hebben, wekt het geen verwondering dat zijn opmerkingen bij de Britse media in het verkeerde keelgat schoten. De memo eindigde met: 'Wat moet ik in hemelsnaam tegen Elaine zeggen? Ze is zo'n deugmens dat ik er rillingen van krijg.' Day verloor in de rechtszaal, maar won glansrijk in de media.

Voor een toekomstige koning die geacht wordt neutraal te zijn in openbare beleidszaken haalde Charles zich onnodig leed op de hals toen hij zijn spreekrecht gebruikte om reputaties te schaden. Tijdens een gala ter gelegenheid van de honderdvijftigste verjaardag van het Royal Institute of British Architects in 1984 noemde hij het architectonische ontwerp voor uitbreiding van de National Gallery op Trafalgar Square 'een monsterlijke puist op het gelaat van een zeer geliefde en elegante vriend'.[14] Het ontwerp van Ahrends, Burton en Koralek werd, in alle eerlijkheid, ook door vele anderen als afzichtelijk beschouwd, maar zij zouden dit nooit zo openlijk hebben gezegd als Charles. Tory-parlementslid Patrick Jenkin, die er als staatssecretaris van milieu bij was toen Charles zijn beruchte opmerkingen maakte, mompelde dat diens toespraak hem 'behoedde voor het nemen van een lastige beslissing'. Het 'puistige' ontwerp werd afgekeurd en sindsdien weet iedereen hoe meedogenloos de prins kan zijn als hij iets als kwetsend ervaart.

Wanhopig op zoek naar invloed, aanzien en aandacht in de tijd dat hij moest wachten (en wachten en wachten) tot zijn moeder een stapje terug zou doen, stortte Charles een stortvloed van meningen, suggesties en klachten uit over premier Tony Blair en zijn ministers. *The Guardian* wist na een dwangprocedure voor openbaarmaking de hand te leggen op een sappige verzameling uit 2004 en 2005. Ze werden de 'black spider'-memo's genoemd vanwege zijn met zwarte vulpeninkt geschreven breedsprakige commentaren. De onderwerpen varieerden van zijn afkeer van de Human Rights Act 1998 en 'de werkelijk absurde mate van politiek correcte bemoeizucht die ons leven beheerst'[15] tot de verwaarlozing door de regering van het Engelse platteland en het gebrek aan middelen voor de strijdkrachten in Irak, vooral door 'de slechte prestaties'[16] van de Lynx-helikopter.

Blair en zijn ministers kregen stapels brieven die aandrongen op een dassenafschot of een protest tegen de illegale vangst van de Patagonische tandvis. In een brief van april 2002, die zijn adviseurs hem blijkbaar hebben gesmeekt niet te versturen (en waarvoor hij vandaag de dag zeker 'gecanceld' zou worden), sloot hij zich aan bij een opmerking van een boer uit het graafschap Cumbria die stelde: 'Als wij als groep zwart of homo waren geweest, zouden we geen slachtoffer zijn of zo getreiterd worden.'[17]

Maar net zo vaak deed hij denken aan een oude mopperkont die vanuit zijn leunstoel in de provincie scherpe betogen schrijft voor de ingezonden-brievenpagina van *The Telegraph*. Al had hij in een brief in februari 2005 aan staatssecretaris van Volksgezondheid John Reid waarin hij zijn bezorgdheid uitte over de toekomst van ziekenhuiscomplexen, toch wel het besef om te erkennen dat hij 'risico [liep] een vreselijke zeurpiet te worden'.[18]

Interessant en paradoxaal aan Charles is dat er ook momenten zijn geweest waarop hij juist meer voeling had met de Britse onderbuik dan media of politici, momenten waarop hij in essentie de juiste snaar raakte, hoe irritant en dreinerig van toon ook. Veel van zijn gefoeter op politici bevatte precies de toenemende wrevel die men in landelijke streken voelde tegen het stadse multiculturalisme en de neerbuigendheid vanuit Whitehall, het regeringscentrum – een groeiende kloof die bijdroeg aan de brexitstemming van 2016.

De belofte van de regering-Blair om de vossenjacht te verbieden in Engeland en Wales deed veel stof opwaaien. Voor mensen uit de provincie was zo'n verbod een schoolvoorbeeld van de miskenning van plattelandswaarden door de liberale elite. Charles drong er bij Blair op aan om de belofte, die volgens hem een aanval op de traditie was, geen gestand te doen en legde uit dat de jacht 'milieuvriendelijk' is en 'volledig berust op de eeuwenoude en, inderdaad, romantische relatie van de mens met honden en paarden'.[19] Hij probeerde uit te leggen dat de jacht niet is wat veel stadsmensen zich erbij voorstellen: een activiteit van voornamelijk kakkers die het als een sport beschouwen een doodsbang dier te verscheuren (al moest toegegeven worden dat velen van hen wel genoten van het jagen). Voorstanders van de jacht hielden vol dat de sport banden smeedde tussen de dorpsgemeenschap, de landeigenaar en de boer. Mannen en vrouwen klommen al generatieslang op dezelfde plek in het zadel; te midden van hun buren, die het afschieten van vossen als een ecologische noodzaak beschouwden. Ik heb dit met eigen ogen gezien toen ik in 1983 door de *Daily Mail* naar Gloucestershire was gestuurd om een gruwelijk artikel te schrijven over snobs te paard. Ik vond ze niet. 'De jagers waren ontspannen, hoffelijke plattelandsmensen, lang niet allemaal van stand,' schreef ik over de bonte stoet van boeren, caféhouders, huisartsen en landheren:

> De mannen gedroegen zich hoffelijk en tilden hun hoed op bij de geringste aanleiding, de vrouwen waren waardig en sterk. Ik hoorde flarden van hun jachtgesprekken toen ze pauzeerden om hun rossen te aaien. 'Ik kom net terug van de Quorn. Angstaanjagend land.' 'Zo moeilijk. Het was de hele weg neus aan staart.'[20]

De pro-jachthouding van de prins stond letterlijk haaks op de gevoeligheden van progressieve stedelingen, en verhief het vossenjachtverbod tot de meest elementaire vorm van een cultuuroorlog.

Voor Blair was het vossenjachtverbod een onderdeel van de klassenstrijd en het dierenrechtenactivisme van de Labourpartij, te belangrijk om te laten vallen. Hij had het de lastige linkervleugel toegeworpen als een bot om ze te sussen en terwijl de controverse voortwoedde, kreeg hij belangrijkere zaken voor de kiezen, zoals de oorlog in Irak. Om de een of andere reden schoven veel pro-jachtactivisten de schuld van het verbod in de schoenen van Cherie Blair, die zich altijd duidelijk linkser van het midden had opgesteld dan haar man. In september 2004 versperden enkele honderden pro-jachtdemonstranten de toegangswegen naar Chequers zodat haar gasten niet naar het feest voor haar vijftigste verjaardag konden komen. Een van de demonstranten droeg slechts een Tony Blair-masker en een strategisch geplaatste affiche. 'Om eerlijk te zijn, ben ik nooit zo geïnteresseerd geweest in het jachtverbod, ook al dachten ze allemaal van wel,' vertelde ze me in 2020. 'Ik heb er helemaal geen problemen mee als ze een hele kudde vossen doodschieten. Ik hou niet eens van dieren.'

In zijn memoires onthulde Blair dat de jachtwet die uiteindelijk in 2004 werd aangenomen een van de binnenlandse maatregelen was die hij het meest betreurde.[21] Hij bekende dat hij te weinig over de sport had geweten toen hij 'onbezonnen' toestemde met een verbod. Blair beweert dat hij het verbod, naarmate hij meer over de jachtsport te weten kwam, steeds liever had willen voorkomen. 'Prins Charles kende de boerengemeenschap en hij vond dat wij het niet begrepen. Daar zat een kern van waarheid in,' schreef hij.

II

Ironisch genoeg was uitgerekend deze kwestie – een onderwerp waarover Charles en Camilla met de hele koninklijke familie, inclusief William en Harry, ondanks al hun tegenstellingen op één lijn zaten – de oorzaak van een zeldzame uitbarsting in hun gewoonlijk zo harmonieuze relatie. Camilla wilde zich dolgraag aansluiten bij haar vader (die meester van de Southdown Fox Hounds was geweest), haar zus en hun vrienden die in september 2002 meeliepen in de demonstratieoptocht 'voor vrijheid en levensonderhoud' van de Countryside Alliance door het centrum van Londen. Maar Charles vond dit uit den boze omdat het gezien zou worden 'als een regelrechte en onaanvaardbare aanval op de regering van Tony Blair'.[22] Camilla verzette zich hevig. 'Hij moest echt op zijn strepen gaan staan,' vertelde een vriend aan *The Times*.

Uiteindelijk liet ze de mars schieten, maar ze plakte wel uitdagend een sticker van de Countryside Alliance op haar auto. Toen de mars uitliep op een massale demonstratie van plattelandswoede met vierhonderdduizend mensen die met bussen uit de omliggende gebieden kwamen om tegen het jachtverbod te protesteren, kreeg ze spijt. Dit was iets waar ze hartstochtelijk graag deel van had uitgemaakt. Het was opnieuw een Dance of the Decades, op rubberlaarzen.

De ambivalentie van haar positie werd onhoudbaar voor Camilla. Een tijdlang had ze gedacht dat het ook voordelen bood om niet Charles' vrouw te zijn. Ze had altijd een hekel gehad aan vliegen, spreken in het openbaar, zich opdoffen en persaandacht krijgen. Háár agenda was nooit volgelopen met dingen waar ze geen zin in had – wat ergens toch de kern is van het leven van een royal.

Camilla had een natuurlijke aanleg voor de dingen waar ze goed in moest zijn, zoals een geanimeerd gesprek voeren over koetjes en kalfjes, hoogwaardigheidsbekleders en donateurs charmeren en de koninklijke mores begrijpen, maar het stak haar dat haar vrijheid werd beknot zonder dat ze daar de waardigheid van een officiële gemalin voor terugkreeg. Voor een vrouw die tientallen jaren lang gewend was geweest haar eigen landgoed te bestieren terwijl haar militaire echtgenoot overzee of in Londen was, vond ze het ontmoedigend om altijd maar te gast te zijn in Charles' verschillende paleizen met de sombere, altijd luisterende bedienden om zich heen. Zelfs de lol van een kasteelvrouwe die naar eigen smaak kon inrichten was haar niet gegund omdat de strenge smaakbaronnen Charles en Michael Fawcett elk esthetisch detail bepaalden. Ze vond de perfectie van Highgrove irritant. 'Het is te klein en het is te Charles,' zei ze tegen haar vriendinnen. 'Ik durf niets aan te raken.'[23]

Toen binnenhuisarchitect Dudley Poplak, die Kensington Palace en Highgrove ooit voor Charles en Diana had ingericht in luchtige kleurenpaletten, later nog eens door Highgrove liep, viel hem op dat Charles' smaak veranderd was, hij deed denken aan zijn kindertijd. 'Je kunt zien dat dit de kamer van een oude man is,' zei hij, terwijl hij naar de nieuwe donkerrode gordijnen en de met tapijtstof beklede bank keek. 'De prins trekt zich terug in de baarmoeder. Het is net zo'n kamer als in Sandringham.'

Twee andere huizen, Birkhall en Castle of Mey, voelden voor Camilla nog steeds als heiligdommen van de koningin-moeder. Ze had een grondige hekel aan de zware, mottige geruite gordijnen in Birkhall die Charles niet wilde vervangen omdat zijn grootmoeder er zo dol op was geweest.

De prins had een ijzeren routine. Lunchen deed hij nooit. Hij ontbeet elke morgen met pitten en zaden en gepeld fruit. Stiptheid was nooit Camilla's sterkste kant geweest, toch verwachtte Charles van haar dat ze zijn schema over zou nemen om op tijd klaar te staan voor afspraken. Als ze vroeg waar ze heen gingen, snauwde hij: 'Heb je de briefing niet gelezen?'[24] (Sinds ze tot The Firm was toegetreden, kon ze het militaire regime en het vliegen, vaak met een helikopter, wat ze helemaal verafschuwde, niet meer weigeren.)

Toen anekdotes over hoe slecht het haar verging uitlekten naar de pers bekroop haar het gevoel dat ze mensen niet kon vertrouwen. Ze nam het politiemensen en beveiligers die geen zelfgekozen vrienden waren kwalijk dat ze roddelden over haar onopgemaakte gezicht wanneer ze zich niet onder het publiek begaf. 'Camilla is nerveus en heeft te weinig uithoudingsvermogen; ze heeft nog nooit van haar leven gewerkt en is doodsbang om in het openbaar te verschijnen,' schreef Mark Bolland in *The Sunday Times*.[25]

Aan mij vertelde een van haar vriendinnen uit die tijd dat Camilla zich opeens wel iets kon voorstellen bij de ongenoegens van Diana.

Toen de koningin in 2002 Sir Michael Peat stuurde om de orde te herstellen in de chaos van Charles' huishouden, kreeg hij, ondanks signalen van acceptatie van Camilla tijdens het Jubileum, ook de opdracht om Camilla's invloed terug te dringen. 'Hij had de instructie gekregen de relatie van Charles met mevrouw Parker Bowles te ontmoedigen omdat de chaotische huishouding afbreuk deed aan Charles' werk,' vertelt de goed ingelichte Penny Junor.

> Zo zagen de mensen die de eerste maanden met Peat samenwerkten in St. James's Palace de situatie inderdaad. Voor de man die op een dag de Kerk van Engeland zou gaan leiden was het een op z'n zachtst gezegd gênante situatie. Ze moest weg.[26]

Zoals de *Independent* schreef, verhinderde Peat dat Camilla prins Charles vergezelde op een officiële reis naar India en beperkte hij haar openbare optredens met de prins. Peat hield haar buiten belangrijke agendaoverleggen met Charles. Het tijdschrift *Hello!* beweerde dat Camilla en haar familie 'de vijand' zeiden als ze het over Peat hadden – de bijnaam die Diana gebruikte voor de vorige persoonlijk secretaris van de prins. In mei 2004 sprak Clarence House publicaties tegen waarin werd beweerd dat Camilla 'door niet bij naam genoemde hovelingen buiten het koninklijke leven werd gehouden'.[27] De interventie volgde op berichten dat de prins van Wales na de Paul Burrell-affaire en de onwaarschijnlijke aantijgingen dat Diana vermoord zou zijn 'zijn populariteit alleen terug kon winnen als Camilla op een zijspoor werd gezet'.

Maar Peat was een pragmatisch mens. Toen hij met eigen ogen zag hoe sterk de relatie van Charles en Camilla was, besefte hij dat zijn pogingen om deze dwars te zitten zinloos waren. Hij begon het omgekeerde te bepleiten bij het paleis en zijn bazin: Charles zou met Camilla moeten trouwen, dan was de kous af. Nog geen negen maanden later vertelde een 'betrouwbare koninklijke hoveling' in bewoordingen die sterk aan Peat deden denken:

> Wanneer hij koning wordt zal de prins de opperste gouverneur van de gevestigde kerk en verdediger van het geloof zijn. We willen vermijden dat de troonopvolging overschaduwd zou kunnen worden door een controverse over de vraag of de nieuwe koning met zijn bestendige geliefde zou moeten trouwen.[28]

Peat werd in zijn pleidooi voor een huwelijk gesteund door Charles' nieuwe woordvoerder Paddy Harverson, die ook de jonge prinsen vertegenwoordigde. Met de keuze voor de bevlogen Harverson, twee meter lang, zelfverzekerd, modern, makkelijk in de omgang, maar ook een sterke verdediger van een cliënt in moeilijkheden, ging er een frisse wind waaien door Clarence House. Hij sloot het tijdperk van de gefaxte persberichten af door een Twitteraccount te lanceren, persbriefings te geven en op televisie te verschijnen als de charmante 'je-mag-me-alles-vragen'-woordvoerder voor zowel William en Harry als Charles – allemaal dingen die de gereserveerde oude garde van het Buckingham Palace-team altijd als ongepast had beschouwd. Hij omschreef zijn taak eenvoudig als 'promoten en beschermen'.

Harverson had een gedegen journalistieke achtergrond als verslaggever bij de *Financial Times* en drie jaar ervaring als communicatiedirecteur bij Manchester United. Peat had hem zelf uitgenodigd voor een kennismakingsgesprek in verband met een vacature bij Clarence House. Er zou behoefte zijn aan mensen uit het bedrijfsleven. Harverson had zijn twijfels gehad, maar Peat had zijn sympathie gewonnen door te vertellen dat hij een groot voetbalfan was. Toen Harverson de uitdaging om het imago van prins Charles en de jongens te bepalen in overweging nam, besefte hij dat zijn ervaring bij Manchester United hem goed van pas zou komen. Engelands belangrijkste voetbalclub was, net als de koninklijke familie, een internationaal instituut in het hart van de maatschappij met jonge, beroemde spelers. Prins William, eenentwintig, studeerde af aan de universiteit, prins Harry, negentien, kwam net van Eton College. Hun beschermingsclausule volgens de Press Complaints Commission Code of Practice kwam spoedig te vervallen. 'Ik wilde de jongens laten zien dat er iemand was die aan hun kant stond,' zei Harverson.

Met zijn blik op William tijdens een viering van de vijftigste verjaardag van de kroning van de koningin in de abdij van Westminster noteerde Sir Roy Strong in zijn dagboek dat prins William een soort 'nieuwe David Beckham' zou kunnen worden, 'een echte pin-up:[29] fris, zachtaardig en verlegen'.[30] Wie zou een nieuwe David Beckham beter kunnen vertegenwoordigen dan Harverson, die immers ook de echte had vertegenwoordigd? De test 'op de thee bij Camilla' doorstond hij glansrijk. 'Ik vond haar fantastisch,' zei hij. Onaangetast door alle benauwdheden en drama's uit het verleden, kon haar omgang met Charles een positieve invloed hebben op het beeld dat nu van hem werd geschilderd in de media: 'Tijdens overzeese reizen viel me op hoe eenzaam hij leek. Maar zag je die twee privé, dan waren ze samen fantastisch, grappig. Zij deed hem goed, dat was duidelijk.'[31]

Toen Peat er bij Charles op aandrong zijn relatie met Camilla officieel te maken, weifelde de prins op de hem gebruikelijke gekwelde manier over de gevolgen voor zijn populariteit. In een interview in mei 2004 zei Mark Bolland boosaardig tegen *The Times* dat Charles de kans om met Camilla te trouwen had gemist: 'Ik denk dat er een opening was in het eerste jaar na de dood van de koningin-moeder [...] alles leek erop te wijzen. Ik betwijfel of dat nu nog zo is. Hij is omgeven door controverse.'[32] Volgens hem is Charles, ondanks zijn verlangen om met Camilla samen te zijn, lang bang geweest opnieuw tot een huwelijk gedwongen te worden:

> Af en toe hielden kranten een opiniepeiling over de vraag of ze zouden moeten trouwen, en een paar redacteuren zeiden dat we een campagne moesten beginnen... Dan zei hij altijd: 'Doe alsjeblieft je uiterste best om te voorkomen dat ze dat doen. Ik wil niet in een bepaalde richting geduwd worden. Als het moment gekomen is, zal ik het weten.'

Vervolgens begonnen de roddelrubrieken te insinueren dat Charles' belangstelling voor Camilla tanende was. Met knipoogjes werd verwezen naar de vaak geparafraseerde uitspraak van Jimmy Goldsmith dat als je met je verboden geliefde trouwt, er een nieuwe functie vrijkomt.

Gelukkig voor Camilla bracht de vroegere aartsbisschop van Canterbury en koninklijke-hielenlikker George Carey een maand later een positievere boodschap. 'Hij is de troonopvolger en hij houdt van haar,' zei hij tegen *The Times*:

> Het ligt voor de hand dat ze trouwen... In het christelijke geloof draait alles om vergeving. We maken allemaal fouten. Falen is eigen aan de mens. Het lijdt geen twijfel dat er sprake is van een sterke, liefdevolle relatie, waarschijnlijk al vanaf jonge leeftijd, die door de jaren heen stand heeft gehouden.[33]

Andere geestelijken vormden een koor van instemming. Achter de schermen deed Michael Peat zijn stinkende best om kerkelijke protocollen en grondwet op elkaar aan te laten sluiten.

III

Uiteindelijk trok niet de instemming van de hoge clerus, maar een woest makend incident in november 2004 Charles over de streep. De 29-jarige zoon van goede vrienden van hem, de Norfolkse landeigenaar en paardenfokker Hugh van Cutsem en zijn sociaal ambitieuze Nederlandse vrouw Emilie, ging trouwen met de dochter van de hertog van Westminster in de kathedraal van Chester. Bruidegom Edward was bruidsjonker geweest op het huwelijk van Charles en Diana en was het petekind van de prins. Zijn trouwerij had alles in zich om het societyhuwelijk van het jaar te worden. Op de lijst met 650 gasten stonden koningin Elizabeth en prins Philip, Charles en Camilla, en William en Harry. De twee prinsen waren goede vrienden van de jongens van Van Cutsem en zouden gasten naar hun plaats begeleiden.

Charles en Camilla werden het weekend voor het huwelijk op de hoogte gebracht van de zitplaatsen. Mevrouw Parker Bowles bleek naar de sociale marges van het evenement verbannen te worden.

Camilla had verwacht direct achter Charles te kunnen zitten, die zich, zoals het protocol vereiste, vooraan bij de koningin en prins Philip zou voegen. Maar nee, 'die Hollandse koe' (zoals ze Emilie zou hebben genoemd) had Camilla helemaal achter in de kathedraal geplaatst bij de vrienden van de bruid en duidelijk gemaakt dat ze niet geacht werd door de hoofdingang naar binnen of naar buiten te gaan.

'Het probleem was dat Charles zich niet bezighield met alle details rond het huwelijk,' vertelde een hoveling aan een verslaggever van de *Daily Mail*. 'Ik denk dat het William was die hem erop attendeerde. En dat was de druppel voor Camilla. De prins mompelde alleen maar dat dit nooit gebeurd zou zijn als Michael [Fawcett] er nog was geweest.'[34]

Wat de belediging nog erger maakte was dat zij gevoed werd door een oude ruzie tussen Camilla en de Van Cutsems. Ze was woedend geworden toen het stel tegen Charles had gezegd dat haar zoon Tom, die weleens drugs gebruikte, een slechte invloed zou hebben op William en Harry. Toen de Van Cutsems dachten dat Bolland wraak nam door hun zoons in een slecht daglicht te stellen waren er advocaten aan te pas gekomen totdat uiteindelijk een soort van wapenstilstand was afgekondigd. (Wat overigens niet genoeg was om Hugh weer op de gastenlijst van de jachtpartijen van de prins te zetten of de Van Cutsems de jaarlijkse kerstkaart van Clarence House te sturen.)

Emilie van Cutsem, die beweerde dat ze zich strikt aan het koninklijk protocol hield, ging niet in op Charles' eis om Camilla een goede zitplaats in de kathedraal te geven bij het huwelijk van hun zoon. En Hugh was een blaaskaak die door prinses Diana al eens een saaie tafelheer was genoemd. Hun afkeer van Emilie, de arrogante dochter van een Amsterdamse bankier, was een van de weinige overeenkomsten tussen Camilla en Diana. Wat hier nog aan bijdroeg was dat Emilie een van de zes vertrouwelingen was die van Charles een speciale broche had gekregen toen hij met Diana trouwde, wat een vriendschap suggereerde waar echtgenote noch minnares iets van moest hebben.

Deze keer weigerde Camilla begripvol te zijn. Ze zou zich niet laten vernederen ten overstaan van de hooghartige kennissenkring van Charles en, nog erger, de koninklijke familie. De prins moest maar kiezen of hij het huwelijk wilde bijwonen zonder haar of dat hij zijn goede vrienden en zijn petekind zou afwijzen. *Basta!* Hier trok Camilla een streep in het zand.

Gelukkig is er altijd een uitweg als je de prins van Wales bent.

Op de dag van het huwelijk riep plotseling de plicht. Charles moest naar de kazerne van Warminster in Wiltshire om de families te ontmoeten van soldaten van de Black Watch die in Irak dienden. Bij een zelfmoordaanslag in de buurt van Falluja waren drie leden van het regiment omgekomen. Ook Camilla had die dag 'andere bezigheden'.

Dat de koninklijke peetvader van de bruidegom niet aanwezig was bij het huwelijk was een zware domper voor Hugh en Emilie van Cutsem, die ze ondergingen zoals het hoort: schijnbaar onaangedaan. Game, set en match voor mevrouw Parker Bowles. Voor het eerst had de prins van Wales laten blijken dat hij achter de vrouw stond van wie hij hield.

Het stemde Camilla tevreden, maar daarmee was de kous nog niet af. Ze voorzag dat er altijd wel een reden zou zijn waarom de tijd nog niet rijp was om haar relatie met Charles officieel te maken. En in die opvatting werd ze gesteund door de zachtaardigste man met de sterkste principes die ze kende: haar vader, majoor Shand. Hij was inmiddels zevenentachtig en maakte zich steeds meer zorgen omdat zijn lieve dochter in een steeds lastiger parket kwam te zitten. 'Hoeveel hij ook van de prins hield, hij vond hem zwak en was bezorgd over de kwetsbare positie waarin Charles Camilla maar liet zitten,' zegt koninklijk biografe Penny Junor. De majoor ging over tot een zeer ongebruikelijke interventie. 'Hij nam de prins apart en zei: "Ik wil mijn Schepper ontmoeten in de zekerheid dat het goed gaat met mijn dochter."'[35] Hij sprak namens de hele familie. Charles, die een diep respect en warme genegenheid voor de oude oorlogsheld koesterde, voelde zich voldoende aangesproken om er wat aan te doen. De vernedering van de Van Cutsem-affaire mocht geen herhaling krijgen. 'Dat was onzinnig en beledigend,' erkende Charles. 'Ik wil Camilla dat niet nog eens aandoen.'[36] Stel dat William zou gaan trouwen, zou mevrouw Parker Bowles opnieuw achter in de kerk geplaatst worden?

Tijdens oud en nieuw in Birkhall ging Charles eindelijk op zijn knieën om Camilla ten huwelijk te vragen. Ieder van hen had Kerstmis met het eigen gezin doorgebracht. Charles had zijn moeder, zoons en de rest van de familie op Sandringham op de hoogte gebracht van zijn trouwplannen. Uit een Populuspeiling in 2004 was gebleken dat er onder de Britten meer voorstanders dan tegenstanders van een huwelijk tussen Charles en Camilla waren, al kon het de meerderheid helemaal niet schelen (wat verrassend genoeg in Charles' voordeel was, omdat degenen die bang waren dat het volk tegen zijn hertrouwen in opstand zou komen geen poot hadden om op te staan). De koningin was gerustgesteld door de goedkeuring van de kerkvorsten en het volk en door de constitutionele politiek van Sir Michael Peat, en van de bezwaren van de koningin-moeder was ze gevrijwaard. Ze was het ermee eens dat het afsluiten van de zaak-Camilla – of in koninklijk jargon het 'reguleren' van haar rol – nu de enige zinvolle koers was voor de continuïteit en de efficiëntie van The Firm.[37] 'Het was nogal een rommeltje, hè?' zei een van de oudste vriendinnen van de koningin tegen Gyles Brandreth. 'De koningin houdt van opgeruimd. In tegenstelling tot wat er gezegd wordt, is ze absoluut niet wraakzuchtig. Als Camilla niet weggaat, kan ze maar beter binnengehaald worden, lijkt ze te denken.' En prins Philip vond 'als ze het toch van plan zijn, dan moeten ze het maar meteen doen ook'. William en Harry onthaalden Camilla niet van harte en begrepen niet wat hun vader in haar zag, maar beseften net als iedereen dat haar aanwezigheid in hun vaders leven 'ononderhandelbaar' was. En al waren de onderlinge relaties gespannen geweest, inmiddels waren ze hartelijk.

De koningin gaf Charles toestemming om een verlovingsring voor Camilla te kiezen uit een van de verzamelingen uit de erfenis van de koningin-moeder. Het werd een art-decosieraad met een vijfkaraats smaragdgeslepen diamant in het midden en drie baguettegeslepen diamanten aan elke kant, waardevoller dan de verlovingsring die Diana had gekregen. Camilla had altijd al van opvallende erfstukken gehouden en Charles gaf ze haar graag. Kort voor de echtscheiding in 1992 had Diana nogal verontwaardigd gereageerd toen ze ontdekte dat Charles een dure diamanten halsketting had uitgekozen om Camilla cadeau te doen voor Kerstmis, terwijl hij haar een setje imitatiediamanten had toebedacht. 'Ik hoef die verdomde nepjuwelen van hem niet!' riep ze ten overstaan van het personeel van Highgrove. 'Je zou denken dat overspelige mannen de echte dingen aan hun vrouw gaven en de kitsch aan hun slet.' Zijn grootmoeder zou zich in haar graf op Windsor Castle hebben omgedraaid als ze had geweten wie haar smaragdgeslepen diamanten erfstuk ging dragen.

Voor Camilla stond de ring aan haar vinger symbool voor de brandende hoepel waar ze dertig tumultueuze jaren lang doorheen had moeten springen. Ze was onlosmakelijk met Charles verbonden als een Russische wijnrank, verstrengeld in liefde, bescherming en de roerige tijden die ze hadden doorgemaakt. Hoe had ze het volgehouden? Sommige vrienden van haar denken dat zij met haar temperament en onafhankelijke houding de voorkeur zou hebben gegeven aan de rol van maîtresse zoals Alice Keppel, maar dan wel met dezelfde discretie als in die tijd. Mevrouw Keppel heeft nooit de vuilspuiterij van de Britse tabloids en de vernedering van de Camillagate-tapes te verduren gehad, noch de demonisering na de dood van prinses Diana en de financiële onzekerheid van een echtscheiding. Ook was er niet de geringste kans dat Alice Keppel ooit koningin zou kunnen worden. Camilla was weliswaar geduldig, maar nooit passief in haar gestage opmars. Ze stond op het punt de op één na belangrijkste vrouw in Engeland te worden, na de koningin. De 'Hollandse koe' zou nu voor haar moeten buigen.

En ze kreeg meer voor elkaar. De prins richtte een 'aanzienlijke' trust op voor haar kinderen[38] en zag, tegen juridische adviezen in, af van huwelijkse voorwaarden, hoezeer hij zich de vorige keer ook 'te grazen genomen' had gevoeld.[39] Aangezien hij zich altijd was blijven ergeren aan de schikking van zeventien miljoen pond die hij aan Diana had moeten betalen, was zijn besluit om ook zijn tweede huwelijk zonder voorwaarden te sluiten een indrukwekkend resultaat voor Camilla. Zij had natuurlijk genoeg koninklijke karigheid meegemaakt en zorgde er op deze manier voor dat haar toekomst gewaarborgd was.

Ze kozen Valentijnsdag 2005 om de verloving bekend te maken en om Camilla de nieuwe titel 'Hare Koninklijke Hoogheid de hertogin van Cornwall' te laten verlenen door de koningin. Clarence House verkondigde (met welgekozen sarcasme) dat het 'de intentie' was dat als de prins de troon zou bestijgen Camilla de titel van prinses-gemalin zou krijgen. Na overleg met Tony Blair gaf de koningin officieel toestemming voor de verbintenis, waarna de premier zijn goedkeuring en blijdschap uitte met een felicitatieboodschap namens het voltallige kabinet. Aan Clarence House de taak om een huwelijk te organiseren dat zo veel mogelijk zou afwijken van die vorige koninklijke Welshe echtverbintenis in St. Paul's Cathedral, om elke ongemakkelijke associatie te voorkomen. Een burgerlijke ceremonie op Windsor Castle op vrijdag 8 april moest een religieus geschil voorkomen. Het huwelijk verkreeg kerkelijke status met een dienst van gebed en toewijding onder leiding van de aartsbisschop van Canterbury in St. George's Chapel. Het paar besloot geen gelegenheid te geven voor verlovingsfoto's vanwege het risico op het oprakelen van zijn antwoord destijds – 'wat "verliefd" dan ook zijn mag' – toen Charles werd verteld dat hij en Diana 'heel erg verliefd' leken. Ook een sprookjesachtige huwelijksreis op het koninklijke jacht (dat er toch al niet meer was) zat er niet in. In plaats daarvan koos het pasgetrouwde stel voor een paar dagen wandelen in de bijtende kou bij Birkhall. Allemaal heel sober en keurig, zoals het hoort op die leeftijd.

Het liep een beetje anders, wat natuurlijk onvermijdelijk was met een bruidegom die weleens de mannelijke Calamity Jane genoemd werd omdat hij de ene na de andere ramp over zich afriep. Het begon in januari 2005 met een rel in de roddelbladen rondom uitgelekte foto's van prins Harry die op een gekostumeerd feest rondstapte in een naziuniform van het Afrikakorps van generaal Rommel uit de Tweede Wereldoorlog; een gebaar waarvan Amerikaanse psychiaters ongetwijfeld gevonden zouden hebben dat het zijn werkelijke gevoelens onthulde. Een woedende Charles, toch al doodnerveus zo vlak voor de 'grootse aankondiging', dwong Harry oprechte verontschuldigingen aan te bieden aan Jonathan Sacks, opperrabbijn van de unie van Joodse congregaties van het Verenigd Koninkrijk.

Charles berispte ook William, die naar verluidt een zwarte maillot met staart en poten van luipaardvel had gedragen, omdat hij zijn jongere broer zo'n domme keus had laten maken. Een commissie van toezichthouders van het Britse Lagerhuis opende een onderzoek naar de normen en verantwoordelijkheden van de adviseurs van Clarence House. Sarah Ferguson, hertogin van York, wist het vuurtje nog wat op te stoken door Harry publiekelijk haar volledige steun te betuigen.

Vervolgens kreeg koningshuisverslaggever Robert Jobson van de *Evening Standard* lucht van de plannen voor het huwelijk en werd Clarence House op 10 februari geconfronteerd met de primeur van het voortijdig uitgelekte programma. Aanvankelijk leek het met een sisser af te lopen. Charles en Camilla zouden die avond naar een liefdadigheidsbijeenkomst op Windsor Castle gaan, met een vriendelijk fotopersmoment buiten. Camilla zag er stralend uit in haar roze jurk van Jean Muir. Ze liet haar ring zien en vertelde de pers dat ze nog maar net neergedaald was uit de zevende hemel.[40] De koningin had de ronde toren van het kasteel feestelijk laten uitlichten.

Het probleem was dat het altijd zo punctuele team onder leiding van Michael Peat een ongelukkige vergissing had gemaakt.

Volgens de kleine lettertjes in de Britse huwelijkswet van 1994 (ironisch genoeg een voorstel van Gyles Brandreth toen hij parlementslid voor de conservatieven was) kon een huwelijk alleen op bepaalde 'goedgekeurde plekken' gesloten worden.[41] Dat betekende dat als Windsor Castle een vergunning kreeg om het burgerlijk huwelijk van Charles en Camilla te voltrekken, vanaf dat moment iedereen een aanvraag kon indienen om in het huis van de koningin te trouwen. Daarom werd de locatie waar Charles en Camilla elkaar trouw zouden beloven verplaatst van het kasteel naar de Guildhall. De koningin meende het echter niet met haar positie als opperste gouverneur van de Kerk van Engeland te kunnen verenigen om een burgerlijke huwelijksceremonie bij te wonen, zeker niet die van de troonopvolger. Evenmin kon ze zich in de griffie van High Street vertonen, aangezien de route daarnaartoe langs het Windsorfiliaal van McDonald's leidde. Daarom zou ze alleen de inzegening in St. George's Chapel bijwonen, wat onmiddellijk twijfels opriep over de wettigheid van de burgerlijke ceremonie. Michael Peat moest de hulp inroepen van Tony Blair, die kanselier Lord Charles Falconer inzette. Deze wist de gemoederen te bedaren door te stellen dat de Human Rights Act 1998 (die van de 'black-spider'-memo van Charles) boven de huwelijkswet gaat, en bevestigde dat het huwelijk wettig was.

Het was allemaal onweerstaanbaar lulverhalenvoer voor de pers. De sensatiekranten waren al geïrriteerd dat de *Evening Standard* ze allemaal voor was geweest met de primeur van de verloving. De koppen waren meedogenloos: 'Hopeloze aanfluiting' / 'Koningin negeert Charles' bruiloft' / 'Vernederd' / 'Stadhuisbruid' / 'Huwelijksfiasco verergert weerzin tegen Charles'. Uit gelekte resultaten van nieuwe peilingen bleek dat Charles' populariteit nog verder afnam, waarna pleidooien klonken om de troonopvolging een generatie te laten overslaan naar William.

In maart 2005 nam Charles de jongens in de paasvakantie mee naar het Zwitserse skioord Klosters. Met tegenzin stemde hij in met een persmoment in de sneeuw waarop William en Harry hun instemming met het huwelijk zouden laten zien. De jongens bespeelden de media met een spontane jovialiteit. Charles vroeg zijn zoons: 'Zal ik mijn armen om jullie heen slaan? Wat doen we?' Waarop William subliem antwoordde: 'Blijven glimlachen.' Toen hij de vraag kreeg of hij ernaar uitkeek getuige te zijn, antwoordde de Beckham-pin-up losjes: 'Als ik de ringen maar niet kwijtraak, dat is de enige verantwoordelijkheid!'[42]

Maar Charles ontplofte zowat toen een oudere verslaggever van de BBC, koningshuiscorrespondent Nicholas Witchell, hem niet onvriendelijk en best voorspelbaar vroeg hoe hij zich voelde in de aanloop naar zijn huwelijk. 'Voelen' is een onverstandig woord om te gebruiken bij een seniorlid van de koninklijke familie, want ze zijn erop getraind nooit blijk te geven van enige emotie of gevoelens. Zonder rekening te houden met de microfoon gaf Charles zijn ongezouten mening over Witchell. 'Verdomd volk,' mompelde hij met zijn kaken op elkaar. 'Ik kan die man niet uitstaan. Hij is verschrikkelijk. Echt waar.'[43] Iedereen was verbaasd over die emotionele uitspraken, want volgens *The Guardian* was de enige aanspraak op roem die de onbekende Witchell tot dat moment kon maken dat hij 'op een lesbische demonstrant was gaan zitten die de televisiestudio was binnengedrongen'[44] tijdens een protestinval bij het zesuurjournaal van de BBC in 1988. Het duurde nog dagen voordat het negatieve commentaar op Charles – 'slechtgehumeurd', 'nukkig' enzovoort – vanwege die blunder uitgeraasd was.

Eind maart deed de bisschop van Salisbury, die voorzitter was van de liturgische commissie van de Kerk van Engeland, er nog een schepje bovenop. Hij behoorde tot de hoogkerkelijke Anglo-katholieke vleugel van de communie en leek te spreken namens degenen die niet blij waren met de 'bereidheid van de aartsbisschop van Canterbury om het hertrouwen van de toekomstige opperbestuurder en verdediger van het geloof te bekrachtigen'. In zijn verklaring schreef de hoog van de kerktoren blazende bisschop dat Charles en Camilla alvorens een kerkelijke zegen te kunnen ontvangen excuses zouden moeten maken aan Camilla's ex-man voor hun aandeel in de huwelijksbreuk.[45] Clarence House nam niet de moeite om hier commentaar op te geven, hoewel de suggestie tot vrolijke reacties leidde bij degenen die de schuinsmarcheerderij van het vermeende slachtoffer brigadier Andrew Parker Bowles maar al te goed kenden.

Charles was radeloos over de ontvangst van het huwelijk. Paniekerig pleegde hij telefoontjes met zijn vrienden. Sommigen van hen vonden dat hij en Camilla gewoon naar Schotland moesten gaan, net zoals prinses Anne met haar degelijke tweede man, commandant Timothy Laurence, een vroegere adjudant van de koningin in Crathie Kirk bij Balmoral. Maar een van Charles' beste vrienden, Nicholas Soames, was het daar niet mee eens. 'Voor prinses Anne was het misschien prima [...] om de zaken te regelen en dan terug te gaan voor een broodje kaas in Gatcombe of wat ze ook hebben gedaan, maar Camilla is van een ander kaliber,' zei hij tegen *The Spectator*. 'Ze wilde dat haar vrienden erbij zouden zijn, verdorie.'[46] Charles gaf Peat de schuld van de protocollaire toestanden, waarop Peat zijn plaatsvervanger Kevin Knott de schuld in de schoenen schoof van het gedoe over de locatie. De al twintig jaar trouw dienstdoende Knott nam minzaam ontslag. De koningin, altijd de onkreukbaarheid zelve, ergerde zich aan de vernederingen die Charles ten deel vielen. Zelfs Camilla verzuchtte hardop ten overstaan van haar personeel: 'Komt er dan nooit een einde aan al die kwaadaardigheid?'[47]

Het leven van mevrouw Parker Bowles begon al te veranderen. Ze had nu een gewapende lijfwacht in haar kielzog en kon nooit meer in haar eentje een winkel in slenteren. Ze zou altijd moeite moeten blijven doen om zich 'koninklijk' te gedragen. Een vriend herinnert zich dat ze Charles vergezelde naar Qatar en dat ze allemaal in het Four Seasons logeerden. 'Op een keer stapte ik in de lift en Camilla kwam binnen met alleen een badjas aan. "U bent een dappere vrouw," zei ik. Stel je voor dat mensen een foto van haar hadden genomen!' Als Camilla één ding gemeen heeft met de royals is het dat ze nooit laat blijken of ze gestrest is. Bij een herdenkingsdienst voor de echtgenoot van prinses Alexandra van Kent, Sir Angus Ogilvy, zat ze bij het koninklijke gezelschap. Het viel Gyles Brandreth op dat ze er 'heel goed' uitzag:

> Ze is afgevallen en heeft meer zelfvertrouwen gekregen. Haar glimlach is aanhoudend en ongedwongen. Het enige teken van onzekerheid is haar gewoonte om haar hoed vast te houden. Na al die jaren in de schaduw treedt ze nu met grote zelfverzekerdheid in de openbaarheid.[48]

Terwijl Charles een rondreis maakte door Australië, Nieuw-Zeeland, Fiji en Sri Lanka, waar hij tsunami-slachtoffers bezocht, ging zij met haar zus trouwjurken passen – één voor Guildhall en één voor de inzegening – in het atelier van ontwerpersduo Antonia Robinson en Anna Valentine. Ze ging naar de kapper, ook al was er geen haar op haar hoofd die van stijl zou willen veranderen, en deed aan yoga om haar zenuwen te lijf te gaan. Charles' rondreis door Australië werd beloond met een opiniepeiling waaruit bleek dat 59 procent van de Australiërs vond dat hij een stapje opzij moest doen om de troonopvolging aan William over te laten.

Zes dagen voor het huwelijk stierf de paus. En wat voor een. Johannes Paulus II, heilig verklaard in 2014, was de meest invloedrijke paus van de moderne tijd. Hij hielp een einde te maken aan de communistische heerschappij in zijn geboorteland Polen en uiteindelijk in heel Oost-Europa. Buiten de Verenigde Naties was zijn begrafenis de grootste bijeenkomst van staatshoofden ooit. Miljoenen mensen kwamen naar Rome om te rouwen. Dr. Rowan Williams was de eerste dienstdoende aartsbisschop van Canterbury die de begrafenis van een paus bijwoonde sinds de Kerk van Engeland zich in 1534 afsplitste van Rome. Zeventig presidenten en eerste ministers, vier koningen, vijf koninginnen en meer dan veertien leiders van andere religies stonden op de gastenlijst.

De koningin stond erop dat Charles haar vertegenwoordigde op de afgesproken begrafenisdatum, toevallig de datum waarop hij zou trouwen. 'Kan er nog meer misgaan?' jubelde de *Daily Mail* in reactie op deze kosmische inval in het leven van Charles en Camilla.

Het Welshe huwelijk werd vierentwintig uur uitgesteld, zoals religieuze en politieke correctheid vereisten. Boven op de immense taak en kosten om de organisatie in al haar details opnieuw uit te werken, botste de televisie-uitzending van de inzegening nu met de Grand National Steeplechase, die beschouwd wordt als een 'kroonjuweel' van de sportuitzendingen van de BBC. De oplossing was om de start van de paardenrace te verplaatsen van 15.40 naar 16.10 uur, zodat de kijkers beide konden zien.[49]

De altijd zo flinke Camilla kreeg nu toch een inzinking. Het moet gevoeld hebben alsof Diana en de koningin-moeder vanuit hun graven hun krachten hadden gebundeld om haar speciale dag in de soep te laten lopen. Ze kreeg een neusbijholteontsteking en bracht een week in Ray Mill door met een groep vriendinnen die haar en haar op de proef gestelde zenuwen verzorgden. Haar oude vriendin Lucia Santa Cruz, die haar ooit aan Charles had voorgesteld, kwam uit Chili en maakte kippensoep[50] voor haar. 'Ze was echt ziek, had veel stress,' zei Lucia,[51] en ze was doodsbang dat ze het niet zou halen. Op de dag van het huwelijk, wist Penny Junor te melden, waren er vier mensen nodig om Camilla uit bed te krijgen in Clarence House. 'Ze kon letterlijk niet uit bed komen.' Camilla's kleedster Jacqui Meakin was er samen met Camilla's zus Annabel en dochter Laura en een dienstmeisje. Annabel was degene die het uiteindelijk met een dreigement voor elkaar kreeg. 'Oké, we gaan het anders doen,' zei ze. 'Ik ga in jouw plaats. Ik ga nú je trouwkleding aantrekken.' Toen lukte het Camilla toch om uit bed te komen. Het was haar gevoel voor competitie dat deze vrouw, die vanaf dat moment nooit meer mevrouw Parker Bowles hoefde te zijn, er weer bovenop bracht.

Toen Camilla haar branie eenmaal teruggevonden had, zag ze er beter uit dan ooit. Met een aarzelend stralende glimlach stapte ze in de Rolls-Royce Phantom VI van de koningin om zich bij Charles te voegen voor de rit naar de Guildhall. Het moet een moordende gedachte zijn geweest dat ze wereldwijd vergeleken werd met die andere bruid, het betoverende twintigjarige 'lam op weg naar de slachtbank' dat diezelfde trappen van St. Paul's Cathedral had bestegen in een wolk van een prinsessenjurk van tafzijde met die gekreukte meterslange sleep. Maar Camilla beschikte die dag over haar eigen ingetogen schittering. Als 57-jarige vrouw zonder opsmuk in plaats van een blozend bruidje was ze iemand die Diana nooit geweest was: de vrouw die de prins van Wales zich altijd gewenst had.

De modepers was het erover eens dat ontwerpersduo Robinson Valentine twee fantastische outfits ontworpen had: voor de burgerlijke ceremonie een delicate crèmekleurige jurk van chiffon met een parelmoerkleurige lange zijden mantel eroverheen, gecombineerd met een breedgerande hoed met witte droogbloemen van Philip Treacy. En voor de kerkelijke inzegening een lange jurk van porseleinblauwe chiffon met een lange grijze mantel, geborduurd met vijf soorten gouddraad die mooi oplichtten in de St. George's Chapel. Hoedenontwerper Treacy had zichzelf overtroffen met een hoofdtooi van goudbladige veren, die deed denken aan wuivende korenvelden bij de oogst; een chic, landelijk accent voor een bruid die van het platteland hield.

Langs de kronkelstraatjes van Windsor had zich een respectabele menigte verzameld – 20.000 tegen Diana's 600.000 in 1981 – en er waren geen vervelende reacties. Achtentwintig gasten, onder wie prinses Anne, prins William en prins Harry, waren getuige van de huwelijkseed in de bescheiden Ascot-zaal van de Guildhall met zijn enkele koperen kroonluchter en vers uit de tuinen bij Highgrove en Ray Mill geplukte bloemen. Charles zag er onberispelijk uit in zijn ochtendkostuum met een duifgrijs gilet. Bruid en bruidegom wisselden trouwringen uit die gemaakt waren van speciaal Welsh goud. Toen daarvoor een klompje goud werd gevraagd uit de overgebleven reserve van de familie in de Clogaumijn, zei de koningin: 'Er is maar heel weinig van over; niet genoeg voor een derde huwelijk.'[52] Haar geschenk aan Charles was een fokmerrie waarvoor zij de onderhoudskosten zou betalen.

In de St. George's Chapel zaten achthonderd gasten gespannen te wachten op de komst van het pasgetrouwde stel. Er hing een opgewonden, bijna euforische sfeer. Dit was de thuisploeg van Camilla en Charles, bestaande uit al die vrienden en medestanders die hun al die jaren veilige onderkomens hadden geboden voor hun rendez-vous. Ze hadden geduldig geluisterd naar Charles' geklaag, Camilla's geheimen bewaard, hen in de pers verdedigd en een goed woordje voor ze gedaan bij de koningin. Het was ons-kent-ons in de kerkbankjes, zonder Ozzy Osbourne en met oude getrouwen zoals de hertogin van Devonshire, de Palmer-Tomkinsons, de ex-koning en -koningin van Griekenland, Nicholas Soames, Stephen Fry en een stel oude vlammen, onder wie Lady Amanda Ellingworth en de dochter van de hertog van Wellington, Lady Jane Wellesley. Andrew Parker Bowles leek opmerkelijk in zijn nopjes. 'Hij gedroeg zich als de moeder van de bruid,' vertelde een van de aanwezigen me. Twee gasten wier afwezigheid de wenkbrauwen deed optrekken waren Hugh en Emilie van Cutsem. Nog in rouw om de paus, werd er gezegd.

Net na aankomst vanuit Rome voltrok de aartsbisschop van Canterbury, Rowan Williams, de zegening. Op meesterlijke wijze ging hij het echtpaar voor in een gebed dat in de Kerk van Engeland als een zware boetedoening wordt beschouwd. Het is geschreven door Thomas Cranmer, aartsbisschop van Canterbury voor koning Hendrik VIII, die zelf vele redenen had om spijt te hebben:

Wij erkennen en betreuren onze veelvuldige zonden en fouten,
die wij van tijd tot tijd in al hun pijnlijkheid begingen
in gedachten, woorden en daden, jegens uw goddelijke majesteit,

> *daarmee zeer terecht uw toorn en verontwaardiging over ons afroepend.*
> *Wij berouwen dit ten zeerste*
> *en hebben oprecht spijt van deze wandaden.*[53]

Op de vraag of ze de prins zouden steunen in zijn huwelijksgeloften en levenslange trouw brulde de congregatie in koor dat ze dat zouden doen: *'We will!'*

De koningin zat het uit met haar gebruikelijke bruiloftsgezicht (uitdrukkingsloos), maar een van de gasten vertelde me dat haar houding op de afterparty heel anders was, en dat ze daar oprechte genegenheid voor zowel Camilla als haar zoon toonde. Was de jarenlange uitsluiting meer voor de vorm geweest dan vanuit het gevoel? De prins' plattelandsminnende en ongecompliceerde tweede vrouw heeft allerlei eigenschappen die de koningin waardeert: standvastigheid, discretie en onverstoorbaarheid, ook wanneer ze onder vuur ligt. En ze heeft zich door niets laten weerhouden om altijd van haar eerste liefde te blijven houden. Terwijl Charles en Camilla genietend van de zon de kapel uit liepen, schoot de koningin een zijkamer in om naar de Grand National te kijken. Ze verscheen op de bruisende receptie in de State Apartments van Windsor Castle en bracht een zeldzaam geïnspireerde toost uit, die de voorpagina's van de dag daarop haalde:

> Ik heb twee[54] belangrijke mededelingen te doen. Ik weet dat u benieuwd bent naar de winnaar van de Grand National. Dat is Hedgehunter. [Pauzeert zonder een spier te vertrekken.] Ten tweede, na het nemen van Becher's Brook, The Chair en allerlei andere verschrikkelijke hindernissen zijn ze er uiteindelijk doorheen gekomen. Ik ben heel trots en wens ze het beste. Mijn zoon heeft zijn plek gevonden naast de vrouw van wie hij houdt. De finish is in zicht; het gelukkige paar is verzekerd van de overwinning.

Toen verdween ze weer naar de zijkamer om een herhaling van de race te bekijken.

Camilla en Charles liepen in een verrassend jubelende stemming door de zaal. Paddy Harverson herinnert het zich als een van de gelukkigste trouwerijen die hij ooit heeft meegemaakt, waarbij jaren van opgekropte spanning van de koninklijke familie afvielen en van hun hele kring van wederzijdse vrienden. Stephen Fry haalt graag een herinnering op:

> Op een gegeven moment, toen er een hoop mensen waren en ik met David Frost stond te praten, draai ik me om en staat opeens de koningin naast me. Ze zegt: 'Gaat er nou niemand taart voor me halen?' En ik denk: wow. Daar staan we dan in Windsor Castle, en er moet inderdaad ook taart zijn. Mensen deelden uit, heel veel mensen stonden ervan te eten, en zij had niets. Ik zeg: 'Blijft u hier staan, mevrouw. Ik ga wat voor u halen.' Dus ik storm tussen de gasten door alsof ik de belangrijke boodschapper ben in een toneelstuk van Shakespeare, weet je wel, en ik roep: 'Uit de weg, de koningin wil taart!'[55]

Toen Hare Majesteit en prins Philip op weg waren naar de uitgang, passeerden ze Michael Fawcett. De koningin wendde zich tot Philip en zei luid: 'O kijk, daar heb je Fawcett. Hij is zó dik geworden.' Zo kort na haar voortreffelijke charmante toost op Charles en Camilla gaf de koningin off-stage blijk van haar scherpe tong.

William en Harry haastten zich naar buiten om bordjes met JUST MARRIED achter op de Bentley van hun vader te hangen voordat bruid en bruidegom naar Birkhall zouden vertrekken. 'Het was duidelijk dat William blij voor hen was,' vertelde een fotograaf die er met de neus bovenop had gestaan aan Penny Junor. 'En Harry, nou, vooral William. Je kon zien dat hij het belangrijk vond dat zijn vader gelukkig was en inzag dat Camilla hem goed deed.'[56]

Wat Diana's jongste zoon dacht, kan alleen hij ons vertellen – en dat zal hij ongetwijfeld doen.

RECHTS: twee handen op één buik: ondanks hun uiteenlopende levens belden prinses Elizabeth (rechts) en haar zus, prinses Margaret (links), elkaar dagelijks.

BOVEN: een gouden koppel: de jonge koningin Elizabeth met prins Philip, haar 'rots in de branding', tijdens een staatsbezoek aan Nigeria in 1956.

Drie-eenheid: de koningin-moeder (midden) op haar tachtigste verjaardag met haar twee dochters, de koningin (links) en prinses Margaret (rechts). Royal Lodge, Windsor, 4 augustus 1980.

BOVEN: een bijzondere band: prins Charles en de koningin-moeder bij de Epsom Derby juni 1986.

Prins Philip bij een polowedstrijd met de tweeëntwintigjarige Penelope Eastwood (kort daarna Lady Romsey), die later zijn sportmaatje werd. Guards Polo Club, Windsor, 1 juni 1975.

LINKS: de koningin, een nauwgezette bedrijfsleider, neemt haar dagelijkse 'rode koffertje' door met haar privésecretaris Sir Robert Fellowes, aan boord van het koninklijke jacht *Britannia*, mei 1991.

De koningin voelde zich altijd het gelukkigst als ze aan het buitenleven kon deelnemen, tijdens de herten- of fazantenjacht, al was het maar om afgeschoten fazanten binnen te brengen, 1995.

Zestig jaar lang deelde de koningin haar liefde voor het fokken van renpaarden met haar beste vriend 'Porchey', zevende graaf van Carnarvon. Epsom Derby, 8 juni 1978.

BOVEN: Camilla bereikt de 'winnaarscirkel'. Achterste rij: prins Harry, prins William, prins Charles, Camilla, Tom en Laura Parker Bowles. Voorste rij: prins Philip, koningin Elizabeth, majoor Bruce Shand. Windsor Castle, 9 april 200

Vanaf het moment dat Charles en Camilla elkaar in 1971 hadden leren kennen, wilde hij haar veroveren. Cirencester Park, juli 1975.

PAGINA HIERNAAST, RECHTS: 'De Ware Camilla's hese stemgeluid, onbekommerd uitstraling en informele manier van doen hadde een grote aantrekkingskracht op Charle Middlewick House, Wiltshire, 199

PAGINA HIERNAAST, UITERST RECHTS: The Brigadie de drieënzestigjarige Andrew Parker Bowle geportretteerd door zijn vriend Lucian Freuc Geschilderd tussen 2003 en 200

BOVEN: kameraadschap en plezier: Charles en Camilla. Mey Highland Games, Caithness, 9 augustus 2008.

BOVEN LINKS: de dertienjarige prins Harry en Charles, Zuid-Afrika, 3 november 1997.

BOVEN RECHTS: Diana met de twee jongens, november 1994.

TWEEDE RIJ, RECHTS: Diana met Harry, 1 augustus 1987.

TWEEDE RIJ, LINKS: met de twaalfjarige William, haar 'wijze oude mannetje', 2 juli 1994.

BOVEN: de negentienjarige, knappe prins William voordat hij aan zijn universitaire studie in Schotland begon, 22 september 2001.

LINKS: een geschokte vaandrig Harry Wales landt op de Britse luchtmachtbasis Brize Norton, 1 maart 2008.

RECHTS: de broers omhelzen elkaar bij de Invictus Games, 11 september 2014.

BOVEN RECHTS: Kate Middleton, belaagd op haar vijfentwintigste verjaardag bij haar appartement in Chelsea, 9 januari 2007. TWEEDE RIJ, LINKS: de privésecretaris van de jongens, Jamie Lowther-Pinkerton, en woordvoerder Patrick 'Paddy' Harverson, 9 oktober 2012. TWEEDE RIJ, MIDDEN: mediamagnaat Rupert Murdoch en Rebekah Brooks, inmiddels CEO van Murdochs News UK, die het koningshuis meedogenloos achtervolgde toen ze nog aan de leiding van *News of the World* stond, 10 juli 2011. TWEEDE RIJ, RECHTS: Diana's voormalige butler Paul Burrell verlaat na afloop van zijn rechtszaak triomferend de Old Bailey, 1 november 2002.

Eerste liefde: prins Harry met de oogverblindende bakvis Chelsy Davy. Cartier International Polo, Windsor, 30 juli 2006.

Er werd een tijdlang gedacht dat de prins met de aristocratische Cressida Bonas zou trouwen, maar zij koos voor een ander leven. Wembley Arena, Londen, 3 juli 2014.

BOVEN: geniale gekte: na de vertoning van een video waarin de koningin met James Bond in een helikopter stapt, zweeft haar stand-in aan een parachute boven het Olympisch Stadion. Openingsceremonie Olympische Spelen in Londen, 27 juli 2012.

RECHTS: Gloriejaren: Hare Majesteit vertrekt na de opening van het parlementaire jaar in 2006. Westminster, 15 november 2006.

Vrolijke intimiteit: al drieënzeventig jaar getrouwd, maar Philip slaagt er nog altijd in de koningin aan het lachen te maken. The Braemar Gathering, Aberdeenshire, 2015.

DEEL 2

10

DE PRINSJES VAN HIERNAAST

De verschillende werkelijkheden van William en Harry

Tot hij zijn haar verloor, was prins William waarschijnlijk de grootste hartenbreker van alle troonopvolgers sinds Hendrik VIII (voordat hij obees werd).

William had Diana's uitstraling. Hij lachte op dezelfde gemakkelijke, toegankelijke manier, en bezat dezelfde faunachtige verlegenheid waar een behoefte aan bescherming van uit leek te gaan. Hij had de kleurstellingen van een echte Spencer: een zachte blos en donkerblond, soepel vallend haar, in tegenstelling tot Harry's rossige, warrige kapsel. Op zijn zestiende had William al een Spenceriaanse lengte van 1 meter 85, waardoor hij zelfs op sneakers prinselijk overkwam.

'Je ging vanzelf glimlachen als hij de kamer binnenliep, want hij had altijd lol,' zei Charles' vroegere perssecretaris Sandy Henney over William. 'Heel anders dan wanneer de prins [van Wales] binnenkwam en je dacht: O god, hoe staat zijn pet vandaag: heeft hij een goed of een slecht humeur of wat?'[1]

Van jongs af aan was William opmerkelijk zelfbewust. Hij was al fotogeniek toen hij negen maanden oud was en met Charles en Diana meegenomen werd op hun eerste Australische tournee in 1983. Het jaar daarop sprak hij zijn eerste woordjes in het openbaar, gefilmd in een blauw tuinbroekje met een gestreept T-shirt, terwijl hij een balletje trapt in de ommuurde tuin van Kensington Palace.

> 'Hij is erg geïnteresseerd in camera's,' vertelde prins Charles in juni 1984 aan *The Times*. 'Een cameraman van ITN was zo aardig prins William in het oculair [van de camera] te laten kijken,' terwijl hij de lens op de rest van de pers richtte. 'Er zitten mensen in, goh,' zei prins Charles toen hij zijn zoon met grote ogen in dit nieuwe speeltje zag kijken. Zijn aandacht verleggend naar een lange microfoon, vroeg prins William: 'Wat is dat?' Zijn vader zei: 'Het is een grote worst die alles opvangt wat je zegt – en jij bent er vroeg bij.'[2]

Al voordat hij vijf was, wist William hoe hij het Britse publiek kon verleiden. In juni 1987 woonde hij zijn eerste Trooping the Colour bij, de militaire parade ter ere van de officiële verjaardag van de regerende monarch. Hij arriveerde in een open rijtuig samen met de koningin-moeder en prinses Diana, en bekeek de rest van de parade met een gefixeerde blik vanuit een raam met uitzicht op Horse Guards Parade. Zijn mediavaardigheden ontwikkelde hij door goed op te letten tijdens Diana's veelvuldige ontmoetingen met de pers, zowel de vriendelijke als de afwerende, 'on the record', 'off the record' of 'op de achtergrond'. Hij was nieuwsgierig naar (en een beetje op zijn hoede voor) de luidruchtige wezens die hij 'togafen' noemde. Toen hij op weg naar de kleuterschool tegen zijn moeder zei: 'Poppa zegt dat ik heel voorzichtig voor ze moet zijn,' antwoordde Diana: 'Welnee, ze doen gewoon hun werk. Wees beleefd en glimlach, dan laten ze je met rust.'[3]

Buiten beeld was William minder gemakkelijk. Als peuter was hij al een bron van zorg voor de koningin omdat hij nogal een dondersteen kon zijn. Ze klaagde tegen haar man dat hun kleinzoon 'onhandelbaar' was en een strenger kindermeisje nodig had.[4] Ze vond het niet leuk dat hij graag zei: 'Als ik koning ben, ga ik een nieuwe regel maken die…' Nadat Diana en Charles in juni 1983 zonder William terugkeerden van een achttiendaagse rondreis door Canada gaf Diana zelf toe dat haar 'wombat' veranderde in een 'stormram',[5] zoals hij tafels en lampen omvergooide en alles wat hij in zijn vingers kreeg kapotmaakte. Tegen de tijd dat hij vier was, had hij de akelige gewoonte om tegen zijn kindermeisje, Barbara Barnes, te roepen: 'Niemand zegt me wat ik moet doen. Als ik koning ben, laat ik je straffen.' De bewakers van Highgrove konden er niet om lachen toen William hen onophoudelijk met een waterpistool natspoot. Diana noemde hem liefkozend 'mijn mini-tornado'. Op de kleuterschool van mevrouw Mynors stond William bekend als een 'monstertje' en werd hij 'basher Wills' genoemd.[6]

In die tijd was prins Harry de rustige, gevoelige zoon die door Diana werd vertroeteld. 'Harry is stiller en kijkt alleen maar toe,' zei ze tegen een interviewer.[7] Hij bleef vaak thuis omdat hij schoolziek was, of misschien wel om zijn moeder helemaal voor zichzelf te hebben. 'Zorg jij voor de erfgenaam, dan zorg ik voor de reserve,' zei ze vaak tegen Darren McGrady, de chef-kok van Kensington Palace, die weleens werd ingezet om een oogje op de jongens te houden.[8]

Het kinderverblijf van Wales leek wel een koninkrijkje binnen het koninkrijk. Diana's vroegere privésecretaris Patrick Jephson, die aangenomen werd toen beide jongens nog geen zeven jaar oud waren, noemde het 'bijna een hof op zichzelf':

> Er waren slaapkamers, speelkamers, een keuken en een eetkamer, knus onder het dak van Kensington Palace. Er waren fulltime en parttime kindermeisjes, politieagenten, een chauffeur [...] Elke vrijdagmorgen verplaatste bijna het hele huishouden zich honderdtachtig kilometer naar het westen, om het weekend door te brengen op Highgrove in Gloucestershire. Daar was eenzelfde soort kinderverblijf, plus de aantrekkingskracht en mogelijkheden om buiten te spelen op een pittoresk landgoed.[9]

Het sierde Diana dat ze William en Harry niet wilde grootbrengen als onnozele lordjes Fauntleroy met lakschoenen. Ze hield niet van de manier waarop het personeel op Balmoral hen verwende. Op Highgrove liet ze hen buiten spelen met de Burrell-kinderen, al vond prins Charles dat onverstandig. Hij zei tegen Diana dat de jongens opgevoed moesten worden als de prinsen die ze waren. 'Het mogen dan prinsen zijn, het zijn ook mijn kinderen,' antwoordde Diana. 'En ze moeten een normaal leven leiden, anders worden ze net zo hopeloos wereldvreemd als jij.'

Toen ze met vrienden ging lunchen bij San Lorenzo, haar favoriete restaurant in Knightsbridge, liet ze de jongens vrolijk door het restaurant banjeren, tussen de tafels door.

Rond de leeftijd van vier en zes jaar leken de twee broers zich bewust te worden van hun aangeboren bestemming. Het was alsof de opvoeding het won van de natuur en de persoonlijkheidseigenschappen opnieuw verdeeld werden. Plichtsbesef en verantwoordelijkheidsgevoel gingen naar de troonopvolger, waarmee zijn onstuimigheid nagenoeg verdween, terwijl Harry de tengere, ongeremde deugniet werd.

Tijdens de basisschool verbleven de jongens in een pension in de gemoedelijke landelijke omgeving van Ludgrove in Berkshire. Keith Critchlow, een van de vele academische leraren die door Charles werden ingehuurd voor de jongens, noemde William 'een buitengewoon natuurlijk karakter' met 'een uitstekend gevoel voor wat echt en wat correct is'.[10] Williams ridderlijke uitstraling werd nog versterkt door het 'Harry Potter-teken' op zijn voorhoofd, een litteken dat hij had overgehouden aan een ongelukje tijdens het golfen toen hij acht was. 'Het gloeit soms,' zei hij later in 2009 tegen een jonge kankerpatiënte toen hij steun kwam betuigen aan een nieuw kinderkankercentrum in het Royal Marsden Hospital.[11] Toch bleef hij zich soms ook als een prinsje gedragen. Een vroegere medewerker van Diana vertelde me dat de achtjarige William tijdens een vliegreis terug van zijn eerste formele reis naar Wales met zijn vork een hardgekookt ei van het bord van een medewerker pikte. Alsof hij wilde zeggen: ik word koning en jij lekker niet, dus ik mag pakken wat ik wil. Wat ga je ertegen doen? Toen Diana hem een uitbrander gaf, werd William boos – hij ontplofte nog net niet – volgens de medewerker, die dit toeschreef aan de vermoeiende Saint David's Day-wandeling in Cardiff die ze achter de rug hadden.

Naarmate de tovenaarsleerling zijn lotsbestemming steeds meer ging aanvaarden, begon de jongere prins door te krijgen dat hij wél de vrijheid had om plezier te maken. 'Jij wordt later koning. Ik lekker niet. Dus ik mag doen wat ik wil,' plaagde de vierjarige Harry zijn grote broer,[12] als een echo van de kleine Margaret die 'arme jij' zei tegen haar zus Elizabeth. Hij denderde om de posten van de bewakers heen en door de vertrekken van de bedienden met zijn springerige vuurtorenhaar. Ken Wharfe, die de jongens ook beveiligde, kreeg zowat een hartverzakking toen hij de zesjarige Harry had toegestaan om in zijn auto met de politieradio te spelen. Pas toen hij Harry's stem hoorde kraken: 'Tower Records. Over!' begreep hij dat de prins, derde in lijn voor de troon, met de auto al halverwege Kensington High Street was, bijna een kilometer van het paleis vandaan.[13] Een andere keer sprong Harry, die door de wei had liggen rollen en onder de schapenmest zat, bij zijn vader op de rug, net op het moment dat de prins in een helikopter wilde stappen om op werkbezoek te gaan. De rug van de prins zat vol groene en zwarte vlekken. 'Kijk nou wat je doet,' jammerde de vader. 'Ik zit helemaal onder de schapenstront!' Charles werd opgepoetst en met een föhn afgedroogd. Diana verwende Harry. 'Een van haar lessen was: wees zo ondeugend als je wilt, maar zorg dat je niet betrapt wordt,' vertelde Harry in 2017 in een documentaire over zijn moeder.[14]

Harry wist dat hij altijd op Williams dekking kon rekenen als hij kattenkwaad uitgehaald had. Toen prins Charles' favoriete waterhoen op Highgrove was afgeschoten, had de prins een sterk vermoeden dat zijn 'verrekte jongens' verantwoordelijk waren en eiste een bekentenis. Perssecretaris Sandy Henney kreeg de opdracht Andrew Gailey te bellen. De huismeester op Eton College moest een van de jongens zover zien te krijgen dat hij het opbiechtte. Henney vertelde het verhaal aan prins Williams biografe Penny Junor:

> Toen ik een paar uur later naar huis reed, belde Andrew terug, giechelend. Toen vertelde hij: 'Ik heb ze op mijn kantoor en ik heb gezegd: "William en Harry. Ik had Sandy aan de telefoon. Jullie vader is erg overstuur omdat iemand het waterhoentje heeft doodgeschoten." Ze kijken elkaar aan en zeggen: "Het waterhoentje doodgeschoten? Het waterhoentje doodgeschoten?"' Dan vraagt William aan Andrew: 'Om welk waterhoentje gaat het, meneer Gailey?' En Harry zegt: 'Dat ene waarop ik van jou niet mocht schieten!' Dus ik tegen Andrew: 'Zeg tegen Harry dat hij vierentwintig uur heeft.' En gelukkig belt die jongen zijn vader en zegt: 'Het spijt me, papa, ik was het. Ik had het niet moeten doen.' Die broers zijn zo hecht met elkaar – die onderlinge loyaliteit en die ondeugendheid en dat gevoel voor eerlijkheid en niet willen liegen.[15]

William en Harry vormden een hecht broederlijk verbond in de verstikkende koninklijke luchtbel. Samen denderden ze van de skipistes in Klosters, gooiden elkaar in het zwembad van Highgrove en maakten elkaar af bij het jokeren. Waar andere kinderen alleen maar van kunnen dromen, was voor hen normaal. Voor de kerst mochten Harry en William met hun moeder naar de Kerstman in Harrods. Het warenhuis ging exclusief voor hen open, zodat de jongens de Kerstman helemaal voor zichzelf hadden. De al zeer statusbewuste William zei tegen de elfen: 'Ik vertel jullie niet wat voor kerstcadeaus ik wil hebben. Ik praat alleen met de Kerstman.'[16] Even later raasden ze op mini-motorfietsen over de vierde verdieping, het speelgoedparadijs van het warenhuis.

William was heel beschermend naar Harry toe. Al op Ludgrove School ving hij met zijn voorsprong van twee jaar en verantwoordelijkheidsgevoel zijn jongere broer op. Harry werd nog een jaar weggehouden van Eton omdat zijn cijfers niet goed genoeg waren, wat maar goed was ook. Als hij als nieuwe jongen binnen was gekomen in september 1997, een maand na de dood van zijn moeder, zou de stress niet te overzien zijn geweest.

Intussen had William zich dankzij de verfijnde opvoeding op Eton ontwikkeld tot een evenwichtiger jongen. De combinatie van extreme rijkdom en de extreem strenge academische selectie van deze school zorgt voor zelfvertrouwen bij het soort mensen dat zichzelf als de hoogste klasse beschouwt. Slechts een kleine wandeling over de brug verwijderd van Windsor Castle heeft Eton twintig premiers voortgebracht, van Sir Robert Walpole, de eerste in die functie, tot en met Boris Johnson. Boris was de volgende Etoniaan na David Cameron, tussen hen in zat de door beiden geminachte Theresa May uit de middenklasse.

Dat ze beide jongens naar Eton zouden sturen was een van de weinige dingen waarover Charles en Diana het eens waren, ook al was duidelijk dat Harry niet aan de academische normen zou voldoen. 'Als hij er niet heen gaat,' zei Diana tegen auteur Ingrid Seward, 'denkt iedereen dat hij dom is.' Er wordt weleens vergeten dat de 'prinses van het volk' veel meer prinses dan 'van het volk' was. Generaties Spencer-mannen, onder wie haar vader en broer, hadden op Eton gezeten. In smaak en sociale verwachtingen was en bleef zij aristocratisch. En Charles voelde er weinig voor om de jongens hetzelfde te laten meemaken als hij op Gordonstoun, de Schotse jongensschool die hij wel eens had vergeleken met een Duits krijgsgevangenenkamp: 'Colditz in kilts'.[17]

Op Eton wonen de jongens in groepshuizen die elk een eigen karakter hebben en onder toezicht staan van een almachtige 'huismeester' en 'de dame', een plaatsvervangend moeder, die fungeren als mentor en zorgen voor discipline. Manor House, waar William woonde, viel onder het huismeesterschap van de Engels-Ierse geleerde dr. Andrew Gailey, een man die met warmte en sprankelende humor Williams vorderingen in de gaten hield. Iedere Etonian heeft een eigen kamer die hij zelf mag inrichten. In die van de zeventienjarige William hing een poster van een stoned ogende rastafari tussen de wolken met een joint in zijn mond, en de tekst: DON'T DRINK AND DRIVE / SMOKE AND FLY. Een valse student had een foto van Williams kamer waarop de poster te zien was aangeboden aan de *Mirror*. Hoe graag hij ook had gesuggereerd dat William een blower was, uiteindelijk liet Piers Morgan de kans schieten omdat de privacyvoorschriften voor kinderen in de gedragscode van de Britse journalistiek hem daarna op de knieën zouden hebben gedwongen om zijn excuses te maken.

Williams medescholieren, gewend aan ouders uit de hogere kringen, waren niet onder de indruk van de troonopvolger in hun midden. Naast de zoons van Britse adel en aristocraten waren er jongens met een studiebeurs, erfgenamen van buitenlandse oligarchen en uit de Golfstaten, en kinderen van succesvol naar een toppositie opgeklommen ouders voor wie nageslacht op Eton het ultieme statussymbool was. In Williams jaar zat ook de latere Oscarwinnaar Eddie Redmayne.

Met zijn instinctieve neiging tot zelfbescherming bouwde William zorgvuldig een vriendenkring op met allesbehalve avontuurlijke, uitermate betrouwbare types die in de woorden van de koningin-moeder 'zo gesloten als een oester' zouden blijven. De meesten hadden bekende aristocratische achternamen uit het verleden van Wales en Windsor: William van Cutsem, zoon van de kleverige Emilie en Hugh; Thomas van Straubenzee, telg van de landadel van Spennithorne; James Meade, zoon van de coole ruiter (drie gouden olympische plakken) Richard Meade, tevens beroemd als exvriendje van prinses Anne.

Maar koninklijk of niet, William zou op elke school een uitblinker zijn geweest. Op Eton was hij aanvoerder van het zwemteam en meldde zich naast zijn rugby, voetbal en roeien ook nog aan bij de Combined Cadet Force, een jeugdafdeling van de Britse defensie, waar hij een erezwaard won. Later werd hij uitverkoren voor het summum van populariteit bij de elite van Eton: de prefectenclub van de laatstejaars, waarvan de leden een zelfontworpen vest mogen dragen onder hun rokkostuumjas. De achttienjarige William koos het opvallende dessin van de Britse *union jack*, met een knipoog naar het motto: *L'etat c'est moi*. Op academisch niveau deed hij voldoende zijn best geen kritiek te krijgen dat hij speciale voorrechten genoot. Met twaalf eindexamenvakken, waarvan drie op het uitzonderlijke *A-level* en verder aardige gemiddelden was hij een Nobelprijswinnaar in vergelijking met zijn moeder en misschien zelfs zijn vader. 'Mijn jongen heeft een goed stel hersens,' zei Diana trots, 'als je bedenkt hoe hopeloos zijn ouders waren.'[18]

Harry had het zwaar op Eton. Hij kon het niet bijbenen en was een van de slechtste leerlingen van de klas. Ondanks Williams pogingen om hem zich thuis te laten voelen, probeerde hij met opstandig gedrag zijn slechte prestaties te verdoezelen en ongetwijfeld ook zijn verlangen naar zijn moeder. De historica Juliet Nicholson was bij een moederdagviering op Eton in 1999 en weet nog hoe klein en kwetsbaar hij overkwam. 'De volwassenen stonden bovenaan bij de kapel en de jongens waren beneden,' vertelde ze me. 'In de hele groep was maar één roodharige, twee of drie rijen onder me, en dat was Harry. Het was de tweede Moederdag na de dood van Diana. En ik weet nog dat het voelde alsof de hele kapel liefde naar dat koppie stuurde.'[19]

Op de sportvelden blonk Harry wel uit. Hij behoorde tot de beste spelers bij polo, cricket en rugby en werd gekozen tot aanvoerder bij schooltoernooien. Dat hier zijn bestemming lag werd bevestigd toen hij zich aansloot bij de Combined Cadet Force en tot paradecommandant gekozen werd, waarbij hij de andere cadetten door de militaire mars leidde.

Harry is altijd de populairste van de broers geweest: amusanter, ontwapenender en makkelijker om contact mee te leggen. In lofzangen op Williams talenten wordt er meestal geen aandacht besteed aan het feit dat Harry al op zijn zevende een betere ruiter, skiër en schutter was dan zijn oudere broer. Voor William kon dat wel eens irritant zijn. Ken Wharfe hoorde hoe de kroonprins zijn broertje kleineerde tijdens een uitstapje naar de schietbaan van Lippitts Hill in 1991. 'Hij begrijpt die dingen gewoon niet,' zei William spottend. 'Ach, hou toch op, William,' zei Diana. 'Je zult zo zien wie zich het best kan concentreren.' En haar vermoeden kwam uit, vertelde Wharfe:

> De jongens waren allebei goed, maar Harry was de beste. Hij schoot keer op keer in de roos en koesterde de bijna perfect geperforeerde schietschijf die hij naderhand als cadeau mee naar huis mocht nemen. Ik weet zeker dat zijn succes van die dag heeft bijgedragen aan zijn overtuiging dat er een militaire carrière voor hem in het verschiet lag.[20]

De koningin, die de strubbelingen herkende uit haar eigen jeugd met een jongere zus, heeft altijd een zwak voor Harry gehad. De hele familie was gevoelig voor de kwetsbaarheid die al van jongs af aan achter de driftbuien verscholen ging. 'De genegenheid van Hare Majesteit voor Harry is geen hersenspinsel van de media,' vertelde een vroegere adviseur me. 'Die is echt. Ze is dol op hem, net als zijn vader, die altijd zeer bezorgd om hem is geweest. Hij bekommerde zich vaak op een lieve manier om hem: eet hij wel goed? Heeft hij genoeg te doen? Is hij wel gelukkig?'

Diana probeerde haar zoons op te voeden in een volledig bewustzijn van wat er voor ze in het verschiet lag. 'De prinses beschouwde de voorbereiding van William en in mindere mate Harry op hun openbare functies als haar belangrijkste taak,' merkte Ken Wharfe op,[21] waarbij het het ingewikkeldst was om hen voor te bereiden op hun verschil in status. Williams rechtmatige lot om koning te worden trok ze nooit in twijfel. Zelfs toen haar relatie met de koninklijke familie een dieptepunt had bereikt, bleef ze een monarchist. Ze heeft altijd een diep ontzag voor de koningin gehouden. Ondanks haar verschrikkelijke twijfels over Charles, die de monarchie op haar grondvesten hebben doen schudden, wilde ze het instituut moderniseren en dichter bij het volk brengen. Ze wilde dat haar jongens een vrijer leven zouden kunnen leiden, op een manier die haar man nooit was toegestaan. Voordat ze intern gingen op Ludgrove School bracht en haalde ze de kinderen zelf naar en van de kleuterschool in Londen en liet ze ze bij klasgenootjes thuis spelen. Door ze te laten zien hoe de andere 99,9 procent van de mensen leeft, leerde ze haar zoons hoe bevoorrecht ze waren. Ze benadrukte 'dat niet iedereen rijk is, vier keer per jaar met vakantie gaat, algemeen beschaafd Engels spreekt en in een Range Rover rijdt'.[22]

Talloze keren nam ze de jongens mee voor informele bezoekjes aan liefdadigheidsinstellingen, zodat ze de mensen zouden ontmoeten die zij probeerde te helpen. William was pas elf jaar toen hij kennismaakte met het dakloze deel van de bevolking bij The Passage, een centrum voor dak- en thuislozen verbonden aan Westminster Cathedral. Het was een intimiderende, overbevolkte plek waar het er ruig aan toeging. Zuster Bridie Dowd, die er de scepter zwaaide, herinnert zich hoe de verlegen William niet van zijn moeders zijde week. Gewend als hij was aan een wereld waarin iedereen die hij ontmoette aardig tegen hem deed, schrok hij toen een boosaardige dronken Schot een scherpe opmerking maakte over het koninklijke bezoek. Het was een goede les. Later bracht Harry samen met Wharfe weleens een bezoek aan de nachtopvang, waar ze schaakten met mensen die er op dat moment overnachtten.

Armoedetoerisme? Misschien. Maar Diana probeerde het tenminste. 'Ik wil dat ze begrip krijgen voor de gevoelens van mensen, voor de onzekerheden en de noden van mensen, voor de verlangens en de dromen van mensen,' zei ze.[23] De confrontatie met verslaafden in opvanghuizen en aidspatiënten in ziekenhuizen maakte diepe indruk op de jongens, ook al werden ze door een chauffeur teruggebracht naar een paleis. 'Slecht slapen, op steeds andere plekken, en zonder het basiscomfort dat voor de meeste mensen vanzelfsprekend is, dat greep me op jonge leeftijd echt aan, zeker gezien het verschil met mijn eigen leven in een paleis,' zei William in 2015.[24]

De ervaringen waren zo indrukwekkend dat William beschermheer werd van een van Diana's belangrijkste goede doelen. Harry nam de fakkel voor aidspatiënten van haar over door in het koninkrijk Lesotho de stichting Sentebale (wat 'vergeet me niet' betekent) op te richten voor weeskinderen met hiv. William kwam in 1997 op het idee om een aantal beroemde outfits van Diana te veilen bij Christie's om geld in te zamelen voor aidsgerelateerde goede doelen.[25]

De twee eenentwintigste-eeuwse prinsen groeiden op in een bedrieglijk normale schijnwereld. Als jongeren wisten ze een soort nep-alledaagsheid te veinzen, zoals ze slungelig in coole kleding rondliepen en het pseudo-

Essex-accent spraken dat in de mode was. Het kon niet verhullen, laat staan veranderen, dat hun moeder de beroemdste vrouw ter wereld was. Hun beveiligers bevonden zich in een en dezelfde gang, en als hun grootmoeder thuis was, wapperde de koninklijke vlag vanaf de ronde toren van Windsor Castle.

Toen William veertien was deden zijn jaargenoten van Eton communie in de College Chapel, maar hij kreeg een aparte ceremonie in de St. George's Chapel in aanwezigheid van zijn moeder, prins Charles en de koningin. De jongens moesten om zien te gaan met een gespleten perspectief op twee tegenstrijdige werkelijkheden: aan de ene kant hun aangeboren uitzonderlijkheid, aan de andere kant de eeuwige strijd om net zo te zijn als alle anderen. 'Ik heb altijd normaal willen zijn. In plaats van prins Harry was ik liever gewoon Harry. Dat was ingewikkeld,' zei hij tegen Oprah in 2021 in haar AppleTV-programma *The Me You Can't See*.[26] Auteur Anthony Holden was ooit verbijsterd over de koninklijke bubbel toen een vriendin van Diana de jongens na een lunch met hen en Diana allebei een biljet van vijftig pond gaf, en Diana kirde: 'O kijk, jongens, roze omaatjes!'[27]

In zijn laatste jaar op Eton, drie jaar na de dood van zijn moeder, deed de achttienjarige William extra zijn best om zich voor te doen als een gewone jonge man. Hij gaf een tv-ploeg toestemming om hem te filmen terwijl hij voetbalde en zogenaamd een tackle verloor, terwijl hij op een schoolcomputer zat te tikken, met water spetterde tijdens een waterpolotraining, studeerde in de bibliotheek en een gewone paella probeerde klaar te maken. Dat was een slimme communicatiestrategie. Hij had het advies gekregen niet te enthousiast te doen over polo en zich juist fanatiek met voetbal bezig te houden – de nationale sport van zijn landgenoten. Het werd niet nodig gevonden te laten zien dat er kogelvrij glas in het raam van zijn kamer zat en dat zijn koers uitgestippeld was door een sterrenteam van grijsaards uit het paleis, communicatieprofessionals, zijn vader prins Charles, zijn grootmoeder de koningin, zijn grootvader prins Philip en een stelletje bisschoppen die de nodige pastorale waardigheid verleenden.

Williams leven werd tot aan de kleinste beslissingen nauwgezet gevolgd door het paleis en de pers. Op Eton raakte hij zo gewend aan de Europese pers, die ongehinderd door Britse privacyvoorschriften met hun camera's aan de overkant van de rivier toekeken hoe hij roeide en zaten te wachten tot hij in het water zou vallen, dat hij er nonchalant over werd.

Spontane activiteiten waren nou eenmaal onmogelijk voor een troonopvolger. De enige die zijn niet zelfgekozen privileges, zijn gouden kooi, echt begreep en ook deelde, was zijn steeds opstandigere jongere broer.

Vijftig jaar nadat prins Margaret haar ultieme droom had uitgesproken, de vrijheid om met de bus door Londen te reizen, was de kooi van William en Harry nauwelijks groter dan die van haar destijds. Een normaal leven kan net zomin als een geest uit een fles worden opgeroepen als door het paleis worden toegekend.

II

Vanaf hun vroegste jeugd waren de prinsen de dupe van de koude oorlog tussen hun ouders, die fel kon oplaaien waar ze bij waren. Het leeftijdsverschil van twee jaar tussen de prinsen was bepalend voor de vorming van hun verschillende wereldbeelden en hun ideeën over hun moeder. Prins Harry verafgoodde Diana, maar wist minder van haar. Hij zou altijd haar oogappel blijven, een schavuitje dat 'hardleers' was en 'ondeugend, net als ik'. Zijn gevoelens lagen net als die van haar altijd aan de oppervlakte.

William begreep Diana beter en idealiseerde haar minder. Hij was op de hoogte van haar vluchtige liefdesleven. Hij wist dat de roddelbladen haar leven tot een hel maakten, maar dat ze er ook mee onder één hoedje speelde. In zijn vroege tienerjaren was hij haar belangrijkste vertrouweling. Ze noemde hem 'mijn kleine wijze oude man'.[28] 'Hij was zo verstandig dat wij erbij in het niet vielen,' herinnert Diana's helderziende vriendin zich. 'Hij is nooit een gewone tiener geweest en leek altijd al ouder dan hij was… Dat was niet in de laatste plaats te danken aan de openhartige manier waarop Diana met hem omging.' Jammer genoeg volgde ze Williams advies niet altijd op. Uit zijn waarschuwing 'Mama, Bashir is geen goed mens'[29] blijkt wel dat zijn antenne beter afgesteld was dan die van haar.

Zoals veel vrouwen die een slechte relatie met hun echtgenoot hebben, gebruikte ze haar oudste zoon als stand-in en als buffer, door hem mee te nemen naar afspraken met journalisten. Piers Morgan schrijft in zijn dagboek over een opzienbarend onthullende lunchafspraak met Diana en de dertienjarige William op Kensington Palace in 1996, waarin de prinses hem zou hebben toegestaan 'letterlijk alles' te vragen. De jongen stond erop dat hij een glas wijn wilde, ook al zei Diana nee, en hij leek alle roddels te kennen die de bladen over haar minnaars schreven. 'Hij is duidelijk ingewijd in haar bizarre wereld en op de hoogte van de verschillende mannen die daarin van tijd tot tijd opduiken,' noteerde de verbaasde Morgan.[30]

Diana's nieuwste avontuurtje was met de spierbundel Will Carling, aanvoerder van het Engelse rugbyteam, die ze in 1995 had ontmoet tijdens haar work-outs bij de Chelsea Harbour Club. William was een fan van Carling en ontmoette hem een aantal keren met Diana. Toen Carling naar Kensington Palace kwam voor een romantisch afspraakje gaf hij beide jongens een rugbyshirt. Het is niet bekend wanneer William erachter kwam dat de bezoekjes van zijn held nog sportiever waren dan hij dacht. Hij – en iedereen – werd daarover ingelicht door diens vrouw, televisiester Julia Carling, toen ze besloot te scheiden en aangaf dat de prinses in elk geval een van de redenen was. 'Dit is haar al vaker overkomen,' zei Julia over Diana tegen een verslaggever. 'Je hoopt dat het niet nog eens gebeurt, maar kennelijk toch wel.'[31]

Diana was woedend over Carlings commentaar. 'Ze buit het aan alle kanten uit, die vrouw,' vertelde ze Morgan tijdens de lunch. 'Eerlijk, ik heb Will sinds juni '95 niet meer gezien.' Waar William aan toevoegde: 'Ik heb een foto van Julia Carling op mijn dartbord bij Eton.'[32]

Dit gesprek zei veel over de dynamiek tussen moeder en zoon. Het was al opmerkelijk dat Diana de toekomstige troonopvolger betrok in een gesprek met een van de ergste kwelgeesten van de koninklijke familie en openlijk verwees naar een affaire. (Stel je voor hoe het zou zijn als Williams vrouw, de hertogin van Cambridge, zoiets nu zou doen met George als tiener.) Nu leek ze met het opengooien van haar grenzen ook nog haar beoordelingsvermogen te verliezen. Op zijn dertiende wist William zijn moeder op slinkse manier uit te dagen hem een glas wijn te geven in het bijzijn van een journalist. Hij begreep als de beste hoeveel macht hij toen al had, zelfs over haar. En niet alleen was hij gewend aan verhalen over haar minnaars, zoals Morgan schreef, hij had ook een manier gevonden om ermee om te gaan op school. De foto van Julia Carling op zijn dartbord was niet alleen een gebaar van loyaliteit naar zijn moeder, hij liet daarmee ook zien dat hij wist wat de andere jongens achter zijn rug om fluisterden.

William leerde al jong zijn emoties niet te tonen. Hij was gevoeliger dan zijn bravoure deed vermoeden. Op Ludgrove vond hij het vreselijk om weer naar school te gaan aan het begin van een nieuwe periode. Dan liep hij tranen met tuiten huilend achter zijn vader aan langs de bloemperken en plantenbakken bij Highgrove terwijl Charles hem probeerde te bemoedigen met verhalen over zijn eigen angst van vroeger om terug naar school te gaan. Tegen iemand van het personeel vertelde hij dat Williams leven niet bepaald makkelijker werd door wie hij was.

Misschien heeft hij er wel aan toegevoegd dat het thuis net zo goed moeilijk was. Want was het toeval dat de tienjarige William zich juist nu, vlak voor het verschijnen van het onthullende boek van Andrew Morton waardoor de spanning tussen zijn ouders te snijden was, zo ellendig voelde op Ludgrove dat Diana zich er met Harry heen moest haasten om hem te troosten? Aan het begin van het nieuwe jaar kwamen de tapes van Camillagate naar buiten en je kunt je voorstellen hoe ondraaglijk de bespotting van zijn vaders tamponvergelijking voor William moet zijn geweest. Er volgde een periode waarin hij slechte cijfers haalde. Op school zagen ze een terugkeer van de pestkop, 'basher Wills'. Hij was betrokken bij een vechtpartij tegen een medescholier die nare opmerkingen over Williams ruziënde ouders had gemaakt.

Wat deze situatie betrof waren William en Harry niet anders dan veel jongens van school. Hun ouders waren dol op hen, maar aan elkaar hadden ze een hekel. Als hij thuis was in de weekenden deed William tijdens het eten zijn best het gesprek op gang te houden en de ijzige stilte tussen zijn ouders te doorbreken. Diana huilde vaak waar de jongens bij waren. Na een vreselijke ruzie in deze periode volgde William haar naar boven en duwde tissues onder de deur van haar badkamerdeur door terwijl hij zei: 'Ik wil niet dat je verdrietig bent.' En zo timmerde Harry op zijn beurt eens zijn vaders bovenbenen blauw terwijl hij schreeuwde: 'Ik haat je, ik haat je, je maakt mama aan het huilen!'[33]

Voor de jongens was Charles liefdevol en vaderlijk. Als hij op vrijdagmiddag met de helikopter thuiskwam op Highgrove, tilde hij de jongens op en draaide met ze in het rond terwijl zijn jackrussellterriërs Tigger en Roo jankend om zijn voeten sprongen. De jongens genoten ervan om met hem te gaan schieten, jagen of mee te gaan als hij polo speelde. Hun liefde voor het plattelandsleven verdiepte hun band met Charles. Geen van beiden had moeite met de konijnen die Tigger ving of de gewonde vogels in de ekstervallen. Vooral Harry liep graag aan de hand van zijn vader als die hem de tuin liet zien. 'Harry houdt van planten en dieren,' merkte Charles op. 'Ik vertel hem er van alles over, zoals dat ze ook gevoelens hebben.'[34] Dergelijke tederheid van Charles heeft Diana nooit gekend. De door haar zoons aanbeden moeder zag haar man als vijand nummer 1: liefdeloos, kil en onbetrouwbaar.

De oorlog tussen Charles en Diana verscheurde het huishouden. De jongens zagen hun vaders boosheid en verdriet als Diana hen wanneer ze in de weekenden thuis waren van hem weghield, maar tegelijk vonden ze het heerlijk om met haar op de bank video's van Mr. Bean te kijken. Kerstdagen op Sandringham waren helemaal vreselijk, met de beschamende afwezigheid van hun moeder tijdens avondjes met de koningin. Diana koos ervoor haar diner huilend op haar kamer op te eten.

Wat de jongens het meest verontrust moet hebben, was dat ze jarenlang geen idee hadden wat er met hun moeder aan de hand was. Het enige wat ze meekregen waren hints en gefluister, dichtslaande deuren en gedempt snikken, braakgeluiden uit Diana's badkamer totdat ze bleek en verdoofd weer tevoorschijn kwam. ('Het geeft je een gevoel van troost. Alsof er armen om je heen worden geslagen,' zei ze een keer over haar boulimia.[35]) De prinsen waren zich nog niet bewust van ene mevrouw Parker Bowles, die op de achtergrond altijd aanwezig was en door Diana's hoofd spookte. Ze wisten niet dat hun vader op zondagavond, zodra zij terug waren naar school en Diana op weg was naar Londen, na een vroeg diner het personeel een vrije avond gaf, in de programmagids van de *Radio Times* een aantal tv-programma's omcirkelde – die hij niet van plan was te bekijken – en dan de auto van de kok leende om incognito naar het huis van zijn maîtresse te rijden.

De bozige, huilende moeder die ze zagen als hun vader in de buurt was, was bijna onherkenbaar in vergelijking tot hun vrolijke speelkameraad op de andere dagen. 'Ik herinner me dat ik Diana opzocht in Kensington Palace toen het er in haar huwelijk niet bepaald lekker aan toeging,' vertelde haar vriend Harry Herbert:

> Opeens denderden die twee jongens naar binnen in hun badjasjes. Het was bijna bedtijd. Hoe haar gezicht toen opklaarde, van verdrietig pratend in één keer naar baf!, weet je wel, dat moment zal ik nooit vergeten, en hoe die twee haar bestormden en er van alles door de lucht vloog. En met al die moeilijkheden en alles wat er speelde zag je gewoon dat het belangrijkste in haar leven haar jongens waren.[36]

Ze ging met ze naar pretparken, schietbanen, bioscopen. Tijdens vakanties aan de Middellandse Zee en de Caraïbische Zee begroeven ze haar tot aan haar kin in het zand en wierpen ballonnen gevuld met water naar opdringerige persmuskieten. Toen William naar meisjes begon te kijken organiseerde Diana een verrassingsbezoek van drie topmodellen – niemand minder dan Naomi Campbell, Cindy Crawford en Christy Turlington – die hem boven aan de trap opwachtten toen hij thuiskwam uit school. 'Ik geloof dat ik vooral van de trap viel terwijl ik naar boven liep,' vertelde William later. Harry koestert de herinnering aan autoritjes 'in die old-school BMW van haar' met open dak over landweggetjes 'luisterend naar Enya, ik denk dat het, god, een plotselinge opwelling van nostalgie was. Het hoorde allemaal bij haar moeder-zijn.'

Tijdens sportdagen op Harry's basisschool schopte ze haar schoenen uit en rende blootsvoets de moederwedstrijd. 'Ze kwam kijken als we moesten voetballen en stopte dan onze sokken vol met snoep. Ik bedoel letterlijk terugkomen van een voetbalwedstrijd met een stuk of vijf pakjes Starburst-fruitsnoepjes,' vertelde Harry in de jubileumfilm van 2017.

Het meest zorgeloos waren de drie als ze op het woeste, winderige eilandje Seil waren, bij Oban in Schotland. Hier nam Diana ze vaak mee naartoe om te logeren bij haar moeder Frances, die daar na het stranden van haar tweede huwelijk met Peter Shand Kydd heel eenvoudig in haar eentje woonde. Ondanks Diana's gevoel van verlatenheid sinds Frances haar vader, graaf Spencer, had verlaten bleef de moeder-dochterband intact, al was het een ingewikkelde. Ze hadden zo hun meningsverschillen, maar konden ook met elkaar lachen en vertrouwelijk praten. In zijn memoires vertelt Antony Holden hoe Diana opeens met Frances opdook om te gaan lunchen toen de roddelbladen schreven dat ze niet meer met elkaar spraken. De twee imponerende vrouwen leken veel op elkaar; het waren lange, pittige blondines met een onafhankelijke geest. (Ter gelegenheid van wat haar vijfentachtigste verjaardag zou zijn geweest in januari 2021 postte de huidige graaf Spencer op Instagram een bijzonder geschilderd portret van de knappe, fijngebouwde jonge Frances, dat nu in de bibliotheek van Althorp hangt. De gelijkenis met Diana was verbluffend voor liefhebbers van het koningshuis. Met hun grote blauwe ogen en blonde bobkapsel lijken ze bijna identiek.)

Als ze in het afgelegen huisje op Seil logeerden vond Frances – of superoma, zoals de jongens haar noemden – het heerlijk om iedereen in haar oude auto te proppen om naar het Scottish Sea Life Sanctuary te gaan. Zonder de eeuwig oplettende koninklijke bedienden om zich heen was Diana ontspannen, deed ze de afwas en streek de kleren van de jongens.

Er zat ook een destructieve kant aan Diana's moederschap. Haar verschrikkelijke onzekerheid maakte dat Diana altijd de belangrijkste persoon in het leven van haar zoons wilde zijn. Zo raakten de jongens eraan gewend dat mensen van wie ze hielden plotseling weggingen of uit de gratie raakten. Op Williams eerste dag op de kleuterschool verdween zijn kindermeisje Nanny Barnes, of Baba, zoals hij haar noemde, eenvoudig uit zijn leven. Hij had de gewoonte om 's ochtends eerst bij haar in bed te kruipen voor een knuffel voordat hij zijn moeder wakker maakte. Nadat ze Barnes had gezegd dat het 'beter' zou zijn als ze wegging, zou Diana haar hebben verboden haar pupillen ten afscheid te knuffelen of zelfs maar een briefkaart te sturen, volgens Robert Lacey's *Battle of Brothers*.[37] Diana was een 'erg jaloerse moeder', zei vervangend kindermeisje Olga Powel, die Barnes' plek innam. Vierentwintig jaar later betoonde William edelmoedig zijn liefde voor Barnes door haar niet alleen uit te nodigen voor zijn bruiloft met Kate Middleton, maar haar ook een mooie plek vooraan in Westminster Cathedral te geven.

Diana's neiging om de banden met mensen om wie de jongens gaven te verbreken ging hun hele jeugd door. De lievelingsnichtjes van de jongens, Beatrice en Eugenie, de dochters van Fergie, mochten niet meer komen na een banvloek van Diana over haar schoonzus omdat deze had onthuld dat ze wratten onder haar voeten had gekregen na het lenen van Diana's schoenen.

Diana zou zich zo ergeren aan de genegenheid van de jongens voor hun oppas Tiggy Legge-Bourke, dat deze geliefde 'grote zus' in maart 1997 niet aanwezig mocht zijn bij Williams communie. Wat haar jaloezie nog erger maakte was dat William Tiggy had uitgenodigd voor de jaarlijkse Etonfamiliepicknick in plaats van een van zijn ouders. Diana was daardoor zo verbitterd dat ze haar persoonlijke secretaris Michael Gibbins zou hebben opgedragen Piers Morgan te bellen om te vertellen dat de gast van haar zoon 'rookt en zuipt' waar de camera's bij zijn. Morgan kon haar dicterende stem op de achtergrond horen.[38] De daarop volgende persaandacht was het zoveelste vernederende spektakel voor de tiener die het liefst 'gewoon' wilde zijn. William was zo woest dat hij 'naar haar uithaalde', had Richard Kay gehoord.[39]

Ook superoma was om een of andere onbenullige reden niet uitgenodigd voor de communie. Ze moest het bericht lezen in de nieuwsbrief van de Oban Cathedral bij Seil. Op de vraag waarom ze er niet bij was geweest, antwoordde Diana's moeder wrang: 'Daarvoor moet je niet bij mij zijn. Vraag het maar op het kantoor van Williams ouders.'[40]

'Een van de spannendste voordelen van koninklijk zijn is dat je het bestaan van mensen kunt ontkennen,' zei Patrick Jephson tegen me. 'Dat is echt heel, heel eenvoudig. Er is altijd iemand die het voor je uitvoert.'[41]

11

DE VERLOREN JONGENS

Hoe de prinsen hun jeugd overleefden

Voor William en Harry werd de ellende van de wrijvingen tussen hun ouders sterk uitvergroot door een oneerlijke, partijdige, meedogenloze pers. Hun vader werd stelselmatig afgeschilderd als een sufferd of een klootzak. Wat was de waarheid? Waarom deed hij gemeen tegen hun moeder? Van wie moesten ze het meest houden? Volgens degenen die op Charles' hand waren, was het onmogelijk te winnen van Diana's nadrukkelijke moederschap. Het had geen zin te proberen om het beeld van Diana met de jongens te overtreffen; het waren iconische verbeeldingen van ultieme moederliefde – en daarmee van een tekortschietende vader. Charles' pogingen om de privacy van zijn kinderen te beschermen en zijn oprechte vaderlijke genegenheid buiten bereik van de camera's te houden zou nooit de voorpagina's van de internationale kranten halen. 'Ik ben geen aap die je kunstjes kunt leren,' zei hij weleens korzelig,[1] waarmee hij toegaf dat dat een handicap is in dit mediatijdperk.

De 'War of the Waleses', zoals de huwelijkscrisis al snel werd genoemd, laaide hoog op. Zoals zo vaak was het voetvolk nog erger dan de hoofdrolspelers. De in twee kampen verdeelde koninklijke adviseurs maakten zich minstens zo schuldig aan vijandelijkheden als het paar zelf en verzonnen aan de lopende band verhalen die de andere partij zo veel mogelijk zouden schaden.

Op 9 december 1992 lichtte premier John Major het parlement in over de scheiding van Charles en Diana. De twee prinsen waren vooraf door hun ouders ingelicht in de kamer van het schoolhoofd van Ludgrove. Nadat beide jongens hun tranen hadden gedroogd zei William: 'Ik hoop dat jullie allebei weer gelukkig worden.'[2]

De media, naar wie ze vriendelijk hadden leren glimlachen, veranderden in roofzuchtige vijanden. Na de echtscheiding leken alle grenzen weg te vallen en al het respect te verdampen. Het werd een lucratieve wedstrijd om als bloedhonden achter 'Greta Garbo Di', zoals de roddelbladen haar nu noemden, aan te jagen. De hoofdprijs: haar aan het huilen krijgen. In het boek *Dicing with Di*, geschreven in het jaar voordat Diana stierf, drijven de auteurs, paparazzi Mark Saunders en Glenn Harvey, openlijk de spot met het verdriet van hun prooi. Saunders citeert Diana die hem gevraagd had de privacy van haar zoons te respecteren: 'Je cameralenzen werken beangstigend, enorm beangstigend... de kinderen vinden ze ook zo beangstigend,' en geeft haar dan een sneer: 'Diana had die dag een nieuw woord geleerd.'[3]

Uitstapjes met hun moeder werden steevast bedorven. Op een zomerse middag in 1993 nam ze de jongens mee naar *Jurassic Park* in Odeon Leicester Square. Toen ze buiten kwamen stond een hele menigte paparazzi klaar om toe te slaan. Harvey beschrijft hoe er 'plotseling een zwarte flits' voor zijn lens verscheen:

> Het was Diana, maar dan een die ik nooit eerder had gezien. Het was haar gezicht, maar dan rood en verwrongen. Ze kwam dwars door de menigte op ons af. Ze keek alleen maar naar ons en gilde als een wild dier.[4]

Ze ging pal voor de fotografen staan en riep een aantal keer: 'Jullie maken mijn leven tot een hel.'

Dergelijke toestanden bleven William en Harry de jaren daarop achtervolgen. 'Een van de dingen die steeds terugkomen is het gevoel van machteloosheid,' zegt Harry sindsdien. 'Omdat je te jong was; een jongen, maar te jong om een vrouw bij te staan. In dit geval je moeder. En dit gebeurde letterlijk elke dag.' Ook kwellend waren de onthullingen in de pers die hun vertrouwen in wat hun ouders vertelden aan het wankelen brachten. De band tussen de broers werd wel hechter door hun groeiende wantrouwen jegens iedereen behalve elkaar.[5] Alle training die ze hadden doorstaan om naar buiten toe het perfecte koninklijke plaatje te laten zien werd onderuitgehaald door de immorele waarheid achter hun ouders' geheimen.

Voor de jongens was het hartverscheurend toen hun vader voor de camera's aan Jonathan Dimbleby bekende dat prins Philip hem had gedwongen met Diana te trouwen en dat hij vreemdging met Camilla. Op de ochtend van 17 oktober 1994 werden ze naar het kantoor van het schoolhoofd geroepen omdat Diana zich naar Ludgrove had gehaast om de schade te beperken. De jongens eisten antwoorden. Volgens Andrew Morton vroeg de toen twaalfjarige William: 'Is dat waar, mama? Is het waar dat papa nooit van jou heeft gehouden?'[6]

In diezelfde periode werden ze overvallen door de verschijning van *Princess in Love*, een sensatiebelust 'alles-wat-je-altijd-al-had-willen-weten'-boek van *Daily Express*-journalist Anna Pasternak. Het boek, gebaseerd op vierenzestig liefdesbrieven van Diana aan haar ex-geliefde James Hewitt, gaf de jongens een nietsontziend inkijkje in hun moeders geheime affaire tussen 1986 en 1991.

Hewitt was hun paardrijinstructeur, en ze waren dol op hem geweest. De rossige legerkapitein was een dommere, stoerdere versie van prins Charles die praatte alsof er een aardappel in zijn keel zat. 'Oom James' kwam regelmatig in de weekenden langs op Highgrove, samen met zijn hond Jester, als hun vader er niet was. Hij had de jongens direct voor zich ingenomen. Vooral Harry luisterde graag naar zijn verhalen over het leger. (Woordvoerder Wharfe was minder onder de indruk. Hij vond hem een aansteller. Toen Diana's hofdame Hewitt een koud worstje had aangeboden, had hij het opgegeten en gezegd: 'Mag ik zeggen, mevrouw, dat dit naar alle waarschijnlijkheid het lekkerste worstje was dat ik ooit heb gegeten?'[7]) Hewitt nam de jongens mee voor een rondleiding over de militaire basis Combermere Barracks en bestelde voor beiden een legerjas, een legergroene broek en een baret. Hij leerde ze marcheren, salueren en een geweer vasthouden, en het mooiste: ze mochten in een echte tank klimmen. Ook kwam het wel voor dat hij Diana en de jongens meenam naar Devon voor vrolijke logeerpartijtjes bij zijn moeder.

Nu bleek Hewitt hun moeders minnaar te zijn geweest. Ludgrove deed er alles aan de jongens af te schermen voor de tsunami aan vuile was. De leerlingen werden aangemoedigd de kranten te lezen ter voorbereiding op een wekelijkse nieuwsquiz, maar sommige edities werden tactvol weggehaald uit de gemeenschappelijke ruimte. Niet dat William zich liet foppen. Hij glipte vaak het kantoor van zijn woordvoerder in om te kijken hoe op tv de problemen van zijn ouders besproken werden.

Het verschijnen van *Princess in Love* kreeg een ongemakkelijk staartje voor Harry. Het versterkte geruchten dat de roodharige kapitein Hewitt zijn echte vader was, ook al vallen de mogelijke data van Harry's verwekking ver buiten de periode dat Diana een affaire met Hewitt had. (Mijn eigen twijfels over Harry's afkomst verdwenen tijdens een bezoek aan Althorp, waar ik op voorouderportretten aan de muren zag dat Harry geen genen van Hewitt nodig had gehad voor zijn rossige uiterlijk. Een avontuurlijke Spencer-voorvader uit de negentiende eeuw stond bekend als 'de rode graaf' vanwege zijn dikke rossige baard.) Vlak voordat Harry naar Eton zou gaan, in 1998, ging Charles het gesprek aan met Harry en vertelde hem onomwonden dat niet Hewitt maar hijzelf Harry's vader was. Harry luisterde aandachtig en zei niets. Het veranderde niets aan de geruchten of aan de pesterijen op Eton. Pas in 2002 werd gezegd dat *News of the World* bezig was om met behulp van een haarlok van Harry zijn DNA te vergelijken met dat van Hewitt. Gelaten beantwoordde hij vragen van de pers, totdat ze begonnen over 'je vader opvolgen in het leger'. 'Bij de luchtmacht, bedoelt u,' zei hij scherp.

Het interview van Martin Bashir met Diana voor de BBC-documentaireserie *Panorama* maakte het allemaal nog een paar graadjes erger. William, die net twee maanden van zijn eerste semester op Eton achter de rug had, wilde de uitzending in zijn eentje bekijken in het kantoor van dr. Gailey. Na het onrustige jaar thuis zat hij niet lekker in zijn vel. De koningin was bang dat hij een zenuwinzinking zou krijgen, had ze een kennis verteld. Ook zijn huismeester op Eton was bezorgd. Volgens Ingrid Seward belde dr. Gailey meteen Diana toen hij hoorde dat het interview zou worden uitgezonden, om haar te vragen William persoonlijk voor te bereiden op wat er komen zou. 'Moet dat echt?' vroeg ze smekend,[8] misschien beducht voor de reactie van haar 'kleine wijze oude man'. Er was veel veranderd sinds ze zich naar Ludgrove had gehaast om haar emotioneel beschadigde zoon te behoeden voor nog meer ellende. De intriges slokten haar helemaal op en voor de gevolgen nam ze geen verantwoordelijkheid. Pas toen Gailey opnieuw belde en het haar dringend verzocht stemde ze toe.

De avond voordat het interview met Bashir zou worden uitgezonden zat Diana buiten in haar auto te wachten bij de vijftiende-eeuwse gotische kapel van Eton toen de studenten uit de zondagsdienst kwamen in hun zwarte jacquet met witte stropdas. Als laatste kwam William naar buiten, met voorovergebogen hoofd, een Diana-achtige houding die hij de laatste tijd steeds vaker aannam. Toen ze hem riep, keek hij op met een sombere blik.

Diana was uiteraard achtervolgd tijdens haar rit. Paparazzo Mark Saunders keek toe. Hij was net op het dak van zijn Ford Escort geklommen om betere plaatjes te schieten toen Diana William na een ogenschijnlijk smekend gesprek meetrok achter een heg om onder vier ogen te kunnen praten. 'Na enkele ogenblikken liep hij van Diana vandaan zonder haar een kus te geven of afscheid te nemen,' herinnert Saunders zich. 'Tot mijn verbazing stapte ze toen weer in de auto en reed weg. William keek haar vanuit de deuropening beteuterd na.'[9]

William vertelde een klasgenoot dat hij overmand werd door een gevoel van ontzetting toen zijn moeders gezicht op tv verscheen. Hoe sneu moet hij daar in zijn eentje hebben zitten kijken naar zijn moeder die dingen vertelde die privé waren, zoals zijn gesprekje met haar over het boek van Hewitt. (Ze vertelde dat hij haar een doos chocolaatjes had gegeven met de woorden: 'Mama, je bent vast gekwetst. Deze zijn om weer een glimlach op je gezicht te toveren.'[10]) Ook Harry, die nog op Ludgrove zat, had de uitzending met Bashir per se willen kijken. Maar hij was vooral boos vanwege Bashirs brutale vragen, niet vanwege het feit dat zijn moeder ze beantwoordde.

Tegen de tijd dat dr. Gailey terugging naar zijn kantoor op Eton om William op te halen, vond hij hem volgens Robert Lacey 'in elkaar gedoken op de bank met roodbehuilde ogen'. De jongen herpakte zich en haastte zich terug naar zijn kamer. Toen Diana een uur later belde op de huistelefoon, weigerde William haar te woord te staan.[11]

Pas toen hij weer naar huis kwam, merkte zijn moeder hoe zwaar dit voor hem was. Hij was woest dat ze zijn vader had vernederd, woest dat ze het over Hewitt had gehad. Hij schaamde zich dat het allemaal open en bloot op televisie was geweest, waardoor hij ongetwijfeld opnieuw pesterijen van zijn vrienden te verduren zou krijgen. De volgende dag bracht hij bloemen voor haar mee, maar Diana wist dat hij haar niet kon vergeven. Bij Simone Simmons stelde ze steeds dezelfde vraag: 'Wat heb ik mijn kinderen aangedaan?'

II

Als jouw knappe zesendertigjarige moeder omkomt bij een auto-ongeluk, en de hele wereld rouwt en verklaart haar zelfs heilig, dan wordt er een plaatje in je geheugen gebrand dat alle andere uitwist. William van vijftien en Harry van twaalf dachten, en denken nog steeds, dat hun moeders dood veroorzaakt is door de paparazzi.

Dat Diana werd opgejaagd valt niet te ontkennen. Maar tijdens haar laatste bochten in Parijs speelden meerdere factoren een fatale rol. Haar onnozele minnaar Dodi Al-Fayed, toch al opgewonden door haar beroemdheid en niet gewend in het middelpunt van de belangstelling te staan, raakte helemaal over zijn toeren van de bedreigende achtervolging. Het was Diana's beslissing geweest – niet die van het paleis – om af te zien van 24 uursbescherming door Scotland Yard. Tijdens het onderzoek in 2005 naar Diana's dood getuigde voormalig politiecommissaris Paul Condon dat er in de twee jaar na december 1993, toen Diana verdere politiebescherming had afgewezen, regelmatig opnieuw met de prinses en haar privékantoor was overlegd om haar haar beslissing te laten heroverwegen. Maar Diana bleef bij haar standpunt, zei Condon; ze wilde geen bescherming. Ze vreesde dat agenten haar zouden bespioneren en haar liefdesleven in de weg zouden staan.

Trevor Rees-Jones, een bodyguard die voor Dodi's vader werkte en bij hen in de auto zat, had kennelijk niet geleerd te eisen dat de beroemdste vrouw ter wereld een veiligheidsgordel droeg. Hij was een broekie vergeleken bij chauffeur Henri Paul, die al bijna elf jaar van alles voor de Fayeds regelde. Geen beveiliger van het Koninklijk Huis zou hebben toegestaan dat de prinses van Wales in de auto stapte bij een chauffeur als Paul, die niet alleen gedronken had maar ook niet gekwalificeerd was om een privélimousine te besturen. Rees-Jones was niet in staat om een halt toe te roepen aan Pauls roekeloze gedrag en geschreeuw naar de paparazzi: 'Probeer ons maar niet te volgen! Je krijgt ons toch niet,' terwijl hij plankgas de tunnel bij de Almabrug in racete op weg naar Dodi's appartement aan de Rue Arsène Houssaye.

Diana's koninklijke lijfwachten en chauffeurs traden vaak op als informeel tussenpersoon met fotografen om te onderhandelen over een veiliger verslag van hun beroemde pupil. 'Het klinkt enorm tragisch,' begon Mark Saunders tegen me te speculeren, 'maar als Ken Wharfe of Colin Tebbutt bij Diana was geweest op de avond dat ze verongelukte, zou het niet gebeurd zijn. Ze zouden de pers te woord hebben gestaan, en globaal iets verteld hebben over wat er ging gebeuren, waardoor het opjagen voorkomen had kunnen worden.'[12]

In de beleving van de zoons heeft de jacht op hun moeder door de paparazzi mythische proporties aangenomen, met name bij Harry. En William was zo kwaad over de reeks akelige onthullingen die de media na haar dood over de wereld uitstortten, dat hij in eerste instantie niet eens naar de herdenkingsdienst wilde gaan, een jaar later in Crathie Kirk.

Bijna net zo lastig voor de prinsen was de postume verafgoding van de door het volk heilig verklaarde Diana. Twintig jaar na het dodelijke ongeluk benoemt Harry in een documentaire deze omslag in de publieke opinie. 'Het was echt, echt raar na haar dood: de golven van liefde en verdriet van al die mensen die haar nog nooit ontmoet hadden,' vertelt hij in een terugblik:

> Dan liepen William en ik door Kensington Palace Gardens hier, en dan een zee van bloemen helemaal vanaf de paleishekken, helemaal tot aan Kensington High Street. En ik dacht bij mezelf: hoe kan het dat zo veel mensen deze vrouw, mijn moeder, nooit hebben ontmoet en nu huilen en veel emotioneler zijn… dan ik op dit moment?[13]

Een jaar na haar dood gaven de jongens een gezamenlijke verklaring uit waarin ze stelden dat ze zich 'enorm getroost' voelden 'door het medeleven en de steun van het publiek', maar dat de tijd om te rouwen voorbij was.[14] 'Ze denken dat hun moeder graag had gewild dat mensen doorgaan met hun leven,' zei hun vaders persvoorlichter Sandy Henney. 'Ze zou hebben geweten dat het haar nabestaanden alleen maar meer verdriet zou doen om voortdurend aan haar dood herinnerd te worden. Daarom hopen ze heel erg dat hun moeder en haar nagedachtenis nu met rust worden gelaten.'

Die oproep was tevergeefs. Als gevolg van een almaar doorgaande stroom van schandalen, samenzweringstheorieën, boeken, films en rechtszaken die ze niet konden negeren hebben haar zoons nooit voluit hun eigen leven kunnen leiden. Vooral het 'verraad van Burrell' kwam hard aan. William van eenentwintig en Harry van negentien waren zo verbijsterd dat de zogenaamd toegewijde butler hun moeder verraadde, dat ze nog een gezamenlijke verklaring aflegden:

> We kunnen niet geloven dat Paul, aan wie zo veel is toevertrouwd, misbruik heeft gemaakt van zijn positie door zo'n kil en openlijk verraad. Het is niet alleen diep pijnlijk voor ons twee, maar ook voor alle anderen die het betreft en het zou onze moeder beschamen als ze nog geleefd had.[15]

De jaarlijkse herdenkingen waren ondraaglijk. Voor de tiende in 2007 vroeg William zijn persoonlijk secretaris Jamie Lowther-Pinkerton alles op alles te zetten om de uitzending op Channel 4 tegen te houden van een documentaire waarin grafisch bewerkte foto's van de rampplek in Parijs getoond zouden worden. Lowther-Pinkerton schreef – vergeefs, zoals zou blijken – naar Channel 4:

> Deze foto's, ook al tonen ze niet direct de gelaatstrekken van de prinses, roepen de sfeer en de tragiek op van haar levenseinde. Het zal de prinsen intens verdriet berokkenen als ze aan een openbaar publiek getoond worden, niet alleen voor henzelf, maar ook namens hun moeder, wegens het schenden van de privacy en de waardigheid van haar laatste minuten.[16]
> [Zoals ze vorig jaar, na de eerste publicatie van de foto's in een Italiaans tijdschrift, in hun verklaring stelden] '...denken we dat wij, als haar zoons, onze plicht jegens haar zouden verzaken als we haar niet zouden beschermen – zoals zij ooit ons'.

Heeft Diana hen beschermd? Daar willen William en Harry het niet over hebben.

Het verhaal is veel complexer dan 'Diana de opgejaagde'. Keer op keer hebben we gezien hoe Diana er zelf voor koos haar privacy te schenden, soms alleen maar om de mannen in haar leven jaloers te maken. Het onvergetelijke 'gestolen' kiekje, genomen tijdens haar laatste vakantie, was de beroemde zoenfoto van haar en Dodi met ontbloot bovenlijf voor de kust van Corsica. In werkelijkheid gaf zij de Italiaanse fotograaf Mario Brenna de tip een bericht naar Hasnat Khan te sturen.

Nicholas Coleridge vertelt in zijn memoires dat hij Diana in 1996 had uitgenodigd voor een lunch in de directiekamer van uitgeverij Condé Nast, waar hij destijds de scepter zwaaide. Toen de *Mirror* een dag eerder een foto plaatste van de topless zonnende prinses, wat ophef wegens privacyschending veroorzaakte, verwachtte Coleridge dat de prinses zou afzeggen, maar ze bevestigde haar komst op voorwaarde dat er geen publiciteit zou zijn. Halverwege de geanimeerde vertrouwelijke lunch zei ze:

> 'Nicholas, mag ik je wat vragen? Eerlijk antwoorden, alsjeblieft. Heb jij de foto van mij in de *Daily Mirror* gezien? Topless?'
> 'Eh, ja, koninklijke hoogheid, wij krijgen hier alle kranten op kantoor. Ik geloof dat ik er wel even naar gekeken heb... niet dat hij erg scherp was.'
> 'William belde me vanuit Eton. Arme jongen, hij is nog maar veertien. Hij is nogal van streek. Hij zei dat de andere jongens hem ermee pesten, dat ze zeggen dat ik kleine tieten heb.' Ze pakte mijn elleboog.

'Nicolas, wees eerlijk, ik wil het echt weten. Zijn mijn borsten te klein, denk je?'
Ik kreeg geen adem meer, ik hapte naar zuurstof. Ik werd zo rood als het tuniek van een schildwacht. Ik stamelde: 'Eh, koninklijke hoogheid, voor zover ik er iets van kan zien onder uw jasje, lijken ze me eh... perfect. Ik zou me geen zorgen maken.'
'Dankjewel, Nicholas. Ik wist dat jij eerlijk zou zijn. Dank je, ik voel me beter nu.'[17]

Na de lunch liep Coleridge met haar mee naar haar bij Vogue House geparkeerde auto, toen ze opeens besprongen werd door paparazzi met klikkende camera's.

Naderhand belde hij een kennis bij de krant, om erachter te komen wie haar bezoek had gelekt. Hij werd binnen vijf minuten teruggebeld. Coleridge schrijft dat zijn bron zei: 'Ik sprak net onze beeldredactie. Diana belde zelf vanuit haar auto, op weg naar de lunch. Ze laat wel vaker weten waar ze naartoe gaat.'

Dit is het ware gezicht van Diana: grillig, verleidelijk, goed in dubbelspel. Mobiele-telefoongigant Gulu Lalvani vertelde me dat ze tijdens hun relatie in de zomer van 1997 altijd discreet bij hem thuis of in Kensington Palace dineerden. Tot ze op een avond voorstelde om uit eten te gaan bij Harry's Bar en dan te gaan dansen bij Annabel's. Hoewel niemand van tevoren van het plan had geweten, stonden de paparazzi voor de deur te wachten toen ze de nachtclub verlieten. Lalvani vertelde me: 'Of Harry's Bar de pers gebeld heeft of dat zij ze zelf inlichtte, weet ik niet.'[18] (Wij wel, denk ik.) Achteraf denkt hij dat ze hem gebruikt heeft om degene op wie ze echt gek was, Hasnat Khan, jaloers te maken. Met de foto's van Gulu en Diana die de volgende dag in de roddelbladen stonden had ze haar doel bereikt.

Nog ongemakkelijker is de waarheid achter het kennelijke verraad van haar ex-minnaar Hewitt bij het samenstellen van Pasternaks 'alles-wat-je-altijd-al-wilde-weten'-boek. Zoals altijd bij Diana bleek het ietsje ingewikkelder te liggen. Diana zei dat ze gekrenkt was omdat *Princess in Love* hun verhouding open en bloot op straat gooide. 'Hij heeft me verraden!' riep ze tegen Simone Simmons. 'Zoiets doet een man een vrouw toch niet aan? Ik hoop dat zijn pik verschrompelt!'[19] Hewitt betaalde een hoge prijs, net als de auteur. De roddelbladen gaven hem het stempel 'liefdesrat' en Pasternak werd uitgejouwd omdat ze sentimentele fantasietjes uitventte. (Hewitts advocaat Mark Stephens voelde zich verplicht hem te wijzen op de Britse verraadwet uit 1351 die bepaalt dat op seks met de vrouw van de troonopvolger de doodstraf staat. 'Ik zag zijn adamsappel op en neer gaan,' vertelde Stephens. 'Hij bloosde tot aan zijn navel.'[20]) Piers Morgan liet een verslaggever van de *Mirror* in een ridderharnas op een speciaal gehuurd wit paard hijsen en stuurde hem naar Hewitts huis om hem te beschuldigen van hoogverraad.

In 2019 deed Pasternak echter een verrassende onthulling in de *Daily Mail* dat Diana Hewitt zou hebben aangemoedigd, ja, er zelfs op hebben gestaan dat hij zou meewerken aan het boek *Princess in Love*. 'Hij vertelde me dat Diana bang was dat het tweede boek van Andrew Morton – dat in het najaar zou uitkomen en waaraan zij niet had meegewerkt – hun affaire in een slecht daglicht zou stellen,' schreef Pasternak. 'Ze maakte zich zorgen en wilde de touwtjes in handen houden. Ze was ervan overtuigd dat als hun relatie in een boek werd beschreven als een oprecht liefdesverhaal, de wereld het tweetal niet zou veroordelen maar zou begrijpen waarom ze elkaar hadden opgezocht.'[21] In 2021 vertelde Pasternak me dat zij en Hewitt 'halverwege tussen Devon en Londen in de velden' hadden afgesproken, waar hij tegen haar had gezegd: 'Diana wil dat het verhaal verteld wordt, maar onder twee voorwaarden. Eén: dat het eerder verschijnt dan Mortons tweede boek. En twee: dat het echt een liefdesverhaal is.' Om haar ter wille te zijn, zegt Pasternak het boek in vijf weken in elkaar te hebben getypt.

Toen *Princess in Love* eenmaal was verschenen, liet Diana zowel Hewitt als Pasternak links liggen. Tot aan het eind toe verblind van liefde heeft haar afgedankte speelgoedsoldaatje nooit onthuld of hij met het boek een bevel van haar opvolgde of niet. Hij heeft nooit commentaar gegeven op Pasternaks onthulling.

Het is moeilijk te begrijpen waarom een toegewijde moeder als Diana ervoor koos om in 1995, een jaar na Hewitts boek, haar affaire met hem weer op te rakelen in haar spraakmakende interview met Martin Bashir. Ze wist hoe ontredderd haar jongens zich hadden gevoeld toen hun vader op camera zijn vreemdgaan met Camilla had bekend in de documentaire van Dimbleby, en hoe vreselijk vernederd toen kort daarna *Princess in Love* uitkwam. Mij is verteld dat Diana Hewitt uitkoos om over uit de school te klappen omdat hij als enige van haar ex-minnaars ongetrouwd was. Ze kon moeilijk de waarheid vertellen over haar affaire met de knappe kunsthandelaar Oliver Hoare, wiens vrouw zo genoeg kreeg van Diana 's nachtelijke telefoontjes vanuit haar auto vlakbij hun huis dat mevrouw Hoare de overlast aangaf bij de politie. Alles bij elkaar, want de pers smulde natuurlijk van deze verhalen, heeft Diana – met een flinke bijdrage van Charles – haar geliefde jongens een misselijkmakende, zeventien maanden durende emotionele hel bezorgd.

Toen Lord Dyson, een van Engelands hoogste gepensioneerde rechters, in 2021 zijn rapport uitbracht waarin de volle omvang duidelijk werd van het verdoezelen door de BBC van de valse trucs waarmee Bashir zijn beroemde interview met Diana had afgedwongen, gaf dat de jongens tenminste een concrete reden waarom ze iets had gedaan wat zo verwoestend was geweest voor hun welzijn. Prins William hield een ernstige toespraak voor de camera die de woede van een nog steeds beschadigde zoon niet helemaal kon verbergen. 'In mijn ogen heeft de bedrieglijke manier waarmee het interview tot stand kwam grote invloed gehad op wat mijn moeder heeft verteld,' zei hij. 'Het interview had een groot aandeel in de verslechtering van mijn ouders' relatie en heeft daarmee talloze anderen gekwetst. Het doet me onbeschrijflijk verdriet dat het falen van de BBC zo sterk heeft bijgedragen aan haar gevoelens van angst, paranoia en isolement die ik me herinner uit de laatste jaren met haar.'[22]

Met de woorden 'onbeschrijflijk verdriet' kan hij alleen maar verwijzen naar de persoonlijke beproeving van haar zoons, maar die verdoezelen ook het hele plaatje. Ik ga niet mee in het nu alomtegenwoordige verhaal dat Diana een kwetsbaar slachtoffer van de manipulerende media was, alsof ze een pop was aan touwtjes van kwaadaardige krachten waar zij geen invloed op had. Hoewel ik meevoel met het verdriet van haar zoons vind ik het beledigend om de slimme, vindingrijke Diana neer te zetten als een vrouw zonder eigen agenda, als een dom gedupeerd kind of het ongelukkige slachtoffer van kwaadwillende vuilspuiters.

Toen Anna Wintour van *Vogue* en ik als redacteur van *The New Yorker* in juli 1997 met haar gingen lunchen in Manhattan, zes weken voor haar dood, was ik onder de indruk van de zelfverzekerde, onderlegde manier waarmee ze ons om haar vinger wond. Diana is in het echt altijd knapper geweest dan op de foto, met enorme helderblauwe ogen, een huid als een zoetwaterparel en haar modellenlengte nog wat aangezet met 8 cm hoge Manolo's. Ze vertelde haar verhaal over de eenzaamheid en de pijn die Charles haar had aangedaan met zo veel onweerstaanbare warme vertrouwelijkheid dat ze ons compleet voor zich innam, om vervolgens over te schakelen naar haar idee van een verrassend uitgekiend plan om haar beroemdheid in te zetten voor goede doelen die haar na aan het hart lagen. Ik was echt getroffen door haar heldere visie op wat nu beschouwd zou worden als een multimediaal contentcommunicatieplan: elke twee jaar een film over een integer humanitair doel. Eerst zou ze een bewustwordingscampagne voeren om het probleem onder de aandacht te brengen, vervolgens samen met een televisiezender een documentaire over het project maken, wat uiteindelijk een blijvende status zou krijgen waar zij bij betrokken zou blijven. Het eerste probleem dat ze wilde aanpakken was ongeletterdheid. Ze mocht zichzelf dan weleens berouwvol 'onnozel' noemen, Diana was haar tijd ver vooruit. Haar plan leek erg op wat Meghan en Harry nu proberen op te zetten met hun amusementsdeals, met een belangrijk verschil: het was beter doordacht.

Het lijdt geen twijfel dat de akelige Martin Bashir succesvol misbruik maakte van Diana's eenzame wantrouwen jegens haar omgeving. Maar de prinses was zelf medeplichtig en volgens Lalvani ook tevreden: 'Ik ben blij dat ik het heb gedaan, ik weet dat de familie het niet leuk vond, maar ik ben blij' met het in *Panorama* uitgezonden interview. Ze citeerde zelfs zinnen als 'we zaten met ons drieën in dit huwelijk' van bevriend auteur Clive James.[23]

'Ze onderhield een haat-liefdeverhouding met de pers,' vertelde Saunders me. 'Het was niet de pers die een affaire had met James Hewitt. Het was niet de pers die een verhouding had met Oliver Hoare en midden in de nacht voor zijn huis zat. Ze was gewoon een mens met gevoelens en emoties. Maar ze was ook de beroemdste vrouw ter wereld en ze deed dingen die fotografen vast wilden leggen.'[24]

Al Diana's rare sprongen waren op dat moment logisch voor haar. In de razernij om haar verwonding realiseerde ze zich niet meer wat de gevolgen zouden zijn van wat ze deed. Weken na het interview, toen de aardverschuiving vriend en vijand verzwolgen had, beschreef de Diana-stalkende fotograaf Mark Saunders een gevaarlijk voorval met de prinses die met haar auto over de snelweg Londen uit spurtte. Zijn prooi kende Saunders' auto maar al te goed, hij zag dat ze in de achteruitkijkspiegel naar hem keek.

> Ze gaf richting aan en ging terug naar de middelste rijbaan, waarna ze zo langzaam ging rijden dat ik niet anders kon dan haar voorbij gaan, en toen, in een vlaag van waanzin, gaf ze plotseling plankgas en zwenkte terug in de snelle baan, achter mij aan. We reden 144 km per uur toen ik voelde dat Diana met haar bumper de achterkant van mijn auto aantikte. Als ik het gas had losgelaten of op de rem was gaan staan, had de wereld geen prinses van Wales meer gehad.[25]

Saunders had natuurlijk geen idee hoezeer zijn woorden uit 1995 hun schaduw vooruit wierpen. Kan het Diana zelf zijn geweest die in die laatste tragische achtervolging Henri Paul aanspoorde om de jagende paparazzi de rit van hun leven te geven?

Het zou onredelijk zijn van William en Harry te vragen de paparazzi te vergeven die in de Parijse tunnel hun camera's op hun stervende moeder richtten, waardoor het gretige geklik van de sluiters het laatste geluid moet zijn geweest dat ze heeft gehoord. Of om te vergeten hoe vaak deze of gene van die boevenbende haar aan het huilen heeft gemaakt waar zij bij waren. Of om toe te geven dat Diana, zelfs al maakten de zoons zelf deel uit van de ontelbare mensen die gekwetst waren door de uitzending van Bashir, zo haar slimme en pragmatische redenen had om het interview te geven. De camera had een fatale aantrekkingskracht en was tegelijk haar machtigste wapen; een bron van macht voor de prijs van veel verdriet. Ze was altijd aan het speculeren met die twee.

Vandaag de dag laten de zoons hun minachting voor de pers op verschillende manieren blijken: William met een sterke en niet-aflatende controledwang, Harry met gepijnigde, vocale en vaak verkeerd ingeschatte veroordelingen en uiteindelijk het 'stik-er-maar-in'-gebaar dat zijn moeder, die zelf vasthield aan haar diadeem ondanks haar verlangen naar vrijheid, waarschijnlijk goed begrepen zou hebben. Maar geen van hen is nog gevraagd na te denken over hoe graag Diana met vuur speelde.

12

EN TOEN KWAM KATE

William ontmoet een buitengewoon gewoon meisje

In 2011 was het nog maar de vraag of Kate Middleton, een meisje van zo'n eenvoudige afkomst, zich met succes zou kunnen ontwikkelen tot een toekomstige koningin. Nu is de enige vraag nog hoe het Huis van Windsor zonder haar zou moeten overleven.

Als er één kwalificatie nodig is om in de monarchie te trouwen, dan is dat niet schoonheid, niet stamboom en zeker niet een goed stel hersens. Het is veerkracht. Het grootste deel van het koninklijke leven is verpletterend saai. Te vergelijken met een batterijkip in het Waldorf Astoria. Prins Charles heeft vaak genoeg wanhopig verzucht dat hij een jaar van tevoren precies wist wat hij zou gaan doen. In de afgelopen zeventig jaar is de koningin haar jaarlijkse bezoek in januari aan de Sandringham-afdeling van het Women's Institute in de West Newton Village Hall in Norfolk slechts vier keer misgelopen. (Tijdens haar bezoek in 2019 zorgde ze voor grote opwinding door een van de twee teams van het Women's Institute aan te voeren tijdens een live versie van *Pointless*, een van haar favoriete tv-programma's.)

Zonder veerkracht is het onmogelijk de persoonlijke eigenheid te bewaren in de onverbiddelijk doordraaiende paleismachine. Prins Philip heeft echt strijd moeten voeren tegen 'mannen in grijze pakken' die probeerden zijn invloed op de koningin te marginaliseren. Hij hield zichzelf op de been door zich overactief in te zetten voor zelfgekozen doelen en belangen. Zijn succes als gemaal was nogal opmerkelijk gezien zijn mannelijke karakter en zijn zwakke, uit elkaar gevallen familie, van wie hij weinig steun kreeg.

Dat de relatie van Camilla Parker Bowles met de prins van Wales al zo lang standhoudt is te danken aan haar onverschrokken zelfverzekerdheid. Ze heeft een sterk zelfvertrouwen en haar bedgeheimen lekken nooit uit. Dankzij de loyaliteit en de discretie van de Schotse Shand-clan is ze weggebleven van hofintriges. Haar stevige kern is geworteld in haar jeugd, waarin ze geborgenheid vond in de liefde van haar ouders, op wie ze altijd terug kon vallen.

Diana heeft die steun nooit gehad van haar disfunctionele familie en we hebben gezien hoe kwetsbaar dat haar maakte. Ze was altijd op zoek naar een nieuwe messias. Mensen die haar echt konden helpen vertrouwde ze niet.

Prins William weet dit maar al te goed, volgens sommigen zelfs pijnlijk goed. Het drama en het hartzeer uit het verleden hebben een stempel gedrukt op zijn ziel – niet alleen de schokkende dood van zijn moeder, ook alles wat ervoor en erna kwam: de vechtscheiding van zijn ouders, de door lekkend personeel en parasieten gevoede roddelstroom, het roekeloze gespin in de media door zijn beide ouders (om nog maar te zwijgen van de jaloezietjes en kleinzieligheden in de mierenhoop van het paleis zelf). Het is de reden waarom hij later zijn jongere broer op het hart zou drukken te wachten en niet overhaast te trouwen.

William heeft zijn bruid Kate Middleton ook laten wachten, wachten en nog eens wachten voordat hij er met zijn behoedzame karakter van overtuigd was dat ze echt een sterke vrouw was die de last van het koningschap kon dragen. Daarmee liet hij zien dat het voor een toekomstige koning een voordeel is om te trouwen met een meisje dat stevig geworteld is in de middenklasse.

Net als Diana is ze verrassend lang, maar in plaats van Diana's verblindende schittering heeft Kate een meer glanzende charme met die oplichtende lokken in dat zwierige kastanjekleurige haar, haar subtiele maar perfect verzorgde uiterlijk en de lichtjes in haar lachende groenbruine ogen. Kate heeft iets Mona Lisa-achtigs. Je komt er nooit helemaal achter wat ze denkt of waarom ze, na de perikelen aan het koningshuis van zo dichtbij te hebben meegemaakt, kiest voor een leven in zeer beperkte vrijheid en met onberispelijk gedrag. Ze straalt een eerlijke intelligentie uit zonder als studiehoofd over te komen, een verlangen om te steunen vanuit een sterk zelfgevoel, en ze bezit het vermogen om een groep mensen voor zich in te nemen zonder haar man te overschaduwen. Het lijkt wel alsof ze ontworpen is om de gelukkige tegenpool van Diana te zijn.

Kate lijkt in veel opzichten uit een roman te komen van Anthony Trollope, de grote negentiende-eeuwse kroniekschrijver van de sociale mobiliteit. Voor een verhaal van Dickens zouden het gestage streven en de stapsgewijze maatschappelijke vooruitgang van de familie Middleton te evenwichtig voorwaarts zijn geweest, gezien zijn voorkeur voor fraudeurs, bedriegers en zwendelaars. Dickens' heldinnen waren merendeels lieve leeghoofden, slachtoffers of goedhartige hoeren. De vrouwen van George Eliot daarentegen waren meer complexe en bespiegelende persoonlijkheden, hoewel Eliot de familie Middleton misschien ook wel zou hebben gezien als een aantrekkelijk voorbeeld van eerzuchtige strevers, ideaal om met een schuldig familiegeheim op te zadelen. Waar Dickens de aristocratische klasse afschildert als stijf en zombie-achtig, heeft Trollope een veel scherper gevoel voor de ouderwetse oligarchische familiestructuur, open en kwetsbaar en wanhopig toe aan modernisering. Die reboot wordt soms wel, soms niet bereikt door de intrede van een vrouwelijk personage uit de middenklasse die een frisse wind doet waaien in de hogere kringen, zoals Isabel Boncassen in *The Duke's Children*, die niet zozeer onweerstaanbaar is vanwege haar rijkdom of schoonheid – al is ze wel mooi – maar omdat ze de belichaming is van gezonde energie en vers bloed:

> Haar haar was donkerbruin en vol, maar dit kon nauwelijks iets toevoegen aan haar charmes, die gebaseerd waren op andere zaken… Het was… de levendigheid van haar gezicht, hoe ze met al haar gelaatstrekken sprak, haar beheersing van haar innerlijke vuur, humor, sympathie en spot, de bevestiging met elke blik in haar ogen, elk optrekken van een wenkbrauw, elke krulling van haar lippen, dat ze leefde en meeleefde met alles wat er gebeurde.[1]

Dit is het Kate Middleton-sjabloon ten voeten uit. Wie haar tijdens de coronacrisis zag praten met eerstelijns zorgmedewerkers via Zoom kon een oprechte menselijke betrokkenheid zien waarachter burgerlijke deugden zoals sympathie en een troostrijk gezond verstand schuilgingen. Net als Kate beschikt de ultieme Trollope-heldin over een goed hart en is ze wel op zoek naar geluk, maar zonder haar moreel kompas te verlaten. Ze is een vrouw die warmte achterlaat als ze zich door een ruimte vol mensen begeeft.

De Middletons van het landgoed Bucklebury in Berkshire vormen het fundament van Kate's vastberaden vooruitstrevendheid. Alleen al aan het traject van hun onroerend goed van de afgelopen dertig jaar is hun stijgende sociale status af te lezen. Ze verhuisden van een negentiende-eeuws huis met vier kamers in de kerkgemeente Bradfield, een kleine tachtig kilometer ten westen van Londen, via het comfortabele landhuis Oak Acre met vijf slaapkamers en drie woonkamers in het kerkdorp Bucklebury in Berkshire naar de crème de la crème: het landgoed Bucklebury boven op de heuvel Pease Hill, gebouwd op zeven hectare land die ooit door Hendrik VIII van de monniken is afgenomen met het opheffen van de kloosters. Er is een handige aparte verblijfsruimte voor agenten van de koninklijke politiebescherming als dat nodig is.

Bucklebury heeft de lommerrijke provinciale charme van Britse detectiveseries, met een oude dorpskerk, een pub en schilderachtige, met klimplanten bedekte huisjes. Tot haar dertiende woonde Kate in het eerste van de drie Middleton-huizen, een klein twee-onder-een-kaphuis in Bradfield. Een makelaar merkte in 2011 op dat we 'helemaal terug zouden moeten gaan naar de leemhut van [Keltenkoningin] Boudica om een bescheidener huis te vinden waar ooit een toekomstige koningin woonde'.[2] Op het moment dat haar ouders naar het landgoed verhuisden in 2012 betrokken zij en William hun huidige officiële verblijfplaats Kensington Palace met twintig kamers verdeeld over vier verdiepingen.

Kate's vader, de zachtmoedige Michael Middleton, is een voormalige luchtverkeersleider van British Airways, afkomstig uit West Yorkshire. Zijn voorouders ploeterden zich treetje voor treetje de maatschappelijke ladder op, van een meubelmakerij in de negentiende eeuw naar de hoogste niveaus van de advocatuur in Leeds. In de jaren 1920 werd de positie van de Middletons in de burgermaatschappij bezegeld door een huwelijk met de fortuinlijke wol- en textielproducent Lupton, die een trustfonds naliet dat zestig jaar later genoeg was om Kate en haar broer en zus naar dure privéscholen te sturen. Michael Middleton is een man met een open gezicht, een knappe, zilvergrijze uitstraling, een geniaal inschattingsvermogen en een waterdichte discretie. 'Hij maakt altijd de indruk dat hij staat te trappelen om thuis zijn gras te gaan maaien,' zei een kennis tegen me. Als hij over zijn kinderen Kate, Pippa en James praat, doet hij alsof er geen verschil tussen hen bestaat. 'Mijn dochter heeft me afgemaakt op de tennisbaan afgelopen weekend,' zegt hij dan, in het midden latend welke van de twee.

Iedereen is het erover eens dat Kate's moeder Carole de spil van het gezin is. De dochter van een verkoopmedewerker en een interieurbouwer werd stewardess bij British European Airways, waar ze (toen nog piloot) Michael leerde kennen, met wie ze trouwde. Ze was een harde werker die haar veiligheidsinstructiepraatjes opnam en afluisterde om ze te perfectioneren. In een poging te ontsnappen aan de arme arbeidersklasse trok het mijnwerkersgezin uit Durham naar West-Londen waar haar vader de kost ging verdienen als timmerman. Carole groeide op in een flat in Southall, een voorstedelijke Londense wijk die nu bekendstaat als Little Punjabi. Haar gedrevenheid heeft ze van haar ambitieuze moeder Dorothy 'Dot' Goldsmith, bijgenaamd 'de hertogin', die volgens een afgunstig familielid 'de bovenste steen van de schoorsteen wilde zijn', en Carole voortduwde in 'de grootste, chicste kinderwagen die je ooit gezien hebt'.[3] Haar jongere broer Gary Goldsmith maakte zijn fortuin in de IT-rekruteringsbusiness, trouwde vier keer en geniet van het goede leven in zijn villa op Ibiza, die hij Maison de Bang Bang noemt. 'Ik ben een Thatcher-kind,' zei hij ooit. 'Ik ben Kapitein Ambitie. Ik behoor tot een generatie voor wie klasse niet bestaat.'[4]

Carole Middleton heeft een natuurlijke uitstraling. Zelfs met een hoed op bij haar dochters bruiloft ziet ze er niet als een moeder uit. Ze is een slanke, opgewekte brunette met elegante benen die ze net zo makkelijk in een spijkerbroek en hoge rijlaarzen steekt. Haar broer beschrijft haar huwelijk met de innemende Michael als alles waar hun moeder, 'de hertogin', van droomde: 'ongedwongen, informeel en stijlvol, [niet] pretentieus of opzichtig; heel anders dan de bruiloften waaraan ik gewend was: grote zuippartijen in een zakenhotel met ronde bartafels en verraderlijke toespraken'.

Het comfortabele huwelijk dempte Carole's gedrevenheid niet. Toen ze in verwachting was van James, haar jongste, begon ze een onderneming aan huis. Ze vulde kinderfeestzakjes en verkocht ze in haar eigen postorderbedrijf, dat ze Party Pieces noemde. Ze is een van die alleskunners die het voor elkaar krijgen om een zorgzaam moederschap te combineren met een succesvolle carrière. Haar marketingstrategie om flyers van Party Pieces te verspreiden via een kinderboekenuitgeverij pakte zo goed uit dat Michael zijn baan vaarwel zei en bij haar in de zaak kwam om op te schalen. Hun bedrijf is inmiddels meer dan 30 miljoen pond (35 miljoen euro) waard. Ze stond bekend om haar keiharde onderhandelingstactiek. 'In die mond van haar wilde nog geen klontje boter smelten,' zei een van haar leveranciers. 'Ze was een felle onderhandelaar. En als het afdingen niet naar haar zin verliep, ging haar volume een paar decibel omhoog.'[5]

Toen ze in de dertig was, had Carole het puur op eigen kracht tot miljonair geschopt, vrij ongewoon voor een jonge moeder in een voorstadje van Londen in de jaren tachtig. Haar bedrijf was gestart in een tuinhuisje dat steeds verder uitbreidde tot een verzameling bakstenen schuren en loodsen op een terrein vlak bij hun huis. De kinderen maakten altijd deel uit van haar werkdagen. Op school sloeg ze geen oudertaak over, en nooit deed ze overdreven gestrest over haar werk-privébalans. Kate roemt nog steeds de 'fantastische witte marshmallowkonijntjestaart' die Carole voor haar maakte toen ze zeven was.[6] De Middletons kwamen trouw naar schoolsportactiviteiten, waar ze met een uitgebreide picknick erbij hun dochters' teams kwamen aanmoedigen. Als kind stond Kate weleens model voor de catalogus en toen ze wat ouder was zette ze een eerste-verjaardag-project op, terwijl Pippa een blog begon en James startte met DIY-taartenkits. De mogelijkheden om in en uit het familiebedrijf te stappen gaven de kinderen ruggensteun bij het opzetten van hun eigen carrière.

II

Toen de Middletonmeiden eenmaal naar chique gemengde scholen waren gestuurd, eerst de kleine basisschool St. Andrew's in Pangbourne en vervolgens het internaat van Marlborough College in Wiltshire, waren de ontmoetingen tussen Kate en prins William bij onderlinge wedstrijden of schoolfeesten nauwelijks noemenswaardig. De meeste chique meisjesscholen hadden contact met Eton. Kate ving een glimp van de negenjarige prins op toen hij uit Ludgrove kwam voor een hockeywedstrijd tegen St. Andrew's en was aanwezig bij de hightea daarna. De ademloze pers probeerde later een Diana-achtig verhaal te maken van de tienjarige Kate die toen al haar prins koos, maar in het gezamenlijke interview ter ere van hun verloving veegde Kate dat idee van tafel. Ze hield stug vol dat ze in die tijd alleen maar oog had gehad voor de Levi's-jongen op een poster in haar studentenhuis, en dus niet voor William.

Kate werd gevormd op het middelbareschoolinternaat Marlborough. Met zijn achttiende-eeuwse architectuur met rode baksteen en Zweinstein-achtige kapel en de prachtige ligging in een weids heuvelachtig gebied aan de rand van een bijzonder mooi marktstadje in Wiltshire had de school een rijke uitstraling. Als een van de eerste grote onafhankelijke scholen die in 1968 overschakelde op gemengd onderwijs stimuleert Marlborough een gezond evenwicht tussen de seksen, waardoor de school niet alleen excellerende jonge vrouwen voortbrengt, maar ook geweldige echtgenoten.

Zakenvrouw Samantha Cameron, getrouwd met voormalig premier David Cameron, was een Marlburian, net als de talentvolle auteur Frances Osborne, die getrouwd is geweest met de vroegere minister van Financiën George Osborne, en de econoom Diana Fox Carney, die getrouwd is met de voormalige directeur van de Bank of England Mark Carney. Een recente Marlburian vertelt dat gezamenlijk onderwijs, gegeven het feit dat Britse onafhankelijke jongensscholen lange tijd een elitaire mannenclub vormden, meer zelfvertrouwen kweekt, de omgang tussen jongens en meisjes normaliseert en meer zelfverzekerdheid geeft in de samenwerking met leeftijdgenoten.

Kate kikkerde helemaal op van de energieke sfeer van Marlborough nadat ze twee vreselijke semesters had doorgebracht op Downe House, een valse-meidenkostschool in Berkshire. Toen Kate haar trouwgasten een financiële bijdrage vroeg voor Beatbullying, een belangrijke liefdadigheidsinstelling tegen pesten in het Verenigd Koninkrijk, werd algemeen aangenomen dat dit te maken had met haar beproevingen in Downe House in de jaren negentig. Het lijkt een al te gemakkelijke aanname, maar er zit wel degelijk iets in. Downe House was een vat vol overkokende oestrogenen. Eetstoornissen kwamen zo veel voor dat meiden wel moesten roken op de wc's om de geur van kots te verdrijven. Een alumna met de onwaarschijnlijke naam Taffeta Gray vertelde in de *Daily Mail* dat een paar ouderejaars haar als rugbyers tackelden toen ze onder de douche vandaan kwam. Ze drukten haar op de vloer, pakten haar handdoek af, bespoten haar venusheuvel met blauwe haarverfspray en gooiden haar naakt de gang op. 'Meiden kunnen enorm wreed zijn,' vertelde een andere voormalige leerling aan *The Sunday Times*. 'Bedenk dat ze helemaal buitenaf zitten, boven op een heuvel. Ze kunnen nergens naartoe vluchten, er is geen mogelijkheid om stoom af te blazen of ertussenuit te knijpen. Ideale omstandigheden voor pestkoppen, vooral voor de types die van geen ophouden weten.'[7]

Kate was verlegen, tengerder en langer dan haar klasgenoten. Ze was een 'dagleerling' in een kostschoolomgeving waar zij op haar dertiende begon, twee jaar later dan veel medeleerlingen. Op de basisschool was ze goed geweest in hockey, maar op Downe House ging ze lacrosse spelen. 'Je pakt een lacrossestick en denkt dat je goed bent in sporten,' vertelde voormalig schoolhoofd Susan Cameron koeltjes in de *Mail on Sunday*. 'En als iemand dan tegen je zegt: "Zo hou je een lacrossestick niet vast," voel je je meteen aangevallen.'[8]

De 'Mean Girls' in het populaire groepje keken neer op het meisje uit Boudicca's leemhut. 'Ze werd als onbeduidend beschouwd,' herinnert een klasgenote zich. 'De meisjes die hogerop wilden komen – en daarvan waren er nogal wat op Downe – vonden haar niet de moeite waard om mee om te gaan.'[9] Een andere alumna weet nog hoe Kate zat te huilen op de trap van haar huis. Cameron, die verdacht veel overeenkomsten vertoont met juffrouw Bulstronk uit Roald Dahls *Matilda*, verdedigde de school en gaf Kate nog een trap na. De meisjes werden, zo zei ze, 'aangemoedigd om in sport en spel alles op alles te zetten. En dat kon best lastig zijn als je een overgevoelig typeje was.'[10] Het was zo erg dat Kate stress-eczeem ontwikkelde. Halverwege het schooljaar besloten Carole en Michael Middleton haar van school te halen.

Op het gemengde Marlborough werd Kate weer zichzelf. Ze beschikt nou eenmaal niet over het kreng-gen dat nodig is om mee te tellen op een meisjesschool. Ze werd aanvoerder van het tennisteam, een sterke hockeyer en blonk uit bij zwemmen en volleybal. Ook was ze een geweldige hoogspringer. Ze behaalde een Duke of Edinburgh's Award voor haar vrijwilligerswerk en een expeditie waarvoor ze een vierdaagse voettocht in de stromende regen volbracht. Is een betere voorbereiding op vakanties op Balmoral Castle denkbaar? Toen ze haar award in ontvangst nam op Buckingham Palace had ze nog geen idee dat ze de hand schudde van de aanstaande overgrootvader van haar kinderen.

Op haar zestiende bloeide ze op. Uit de bleke, slungelige cocon kwam vlinder Kate tevoorschijn. Haar beugel mocht eruit en na het behalen van haar middelbareschooldiploma keerde ze van een hockeyreis in Argentinië terug als een verpletterende schoonheid. In één klap stond ze boven aan de lijstjes van de jongens van Marlborough, die haar toen ze net op school zat nauwelijks hadden zien staan. Ze was een uitmuntende leerling, met twee tienen en een negen voor de vakken waarvoor ze *A-level*-examens (de hoogste kwalificatie) had gedaan. In haar eindexamenjaar werd ze gekozen tot huisvoorzitter en in het jaarboek 2000 tot 'geliefdste-persoon-bij-zo-ongeveer-iedereen', een uit Amerika overgevlogen populariteitsverkiezing die nu ook op Britse scholen opgang doet. Op de Marlborough-prijsuitreikingendag moest ze zo vaak het trappetje op en af huppelen om speciale onderscheidingen in ontvangst te nemen dat ze naar verluidt 'geen tijd had om te gaan zitten en uiteindelijk blozend op het podium bleef staan'.[11]

Ze hoorde nu bij de 'Glosse Posse' van Marlborough – meisjes uit de gegoede kringen van Gloucestershire die nog altijd tot haar beste vriendinnen behoren – en werd uitgenodigd voor feestjes in chique huizen. Twee van haar hartsvriendinnen, Emilia d'Erlanger, nu peettante van prins

George, en Alice St. John Webster, verkeerden in Williams kringen. De investering van de Middletons in haar opleiding betaalde zich uit in mogelijkheden om de hogere klasse binnen te treden. In 1999 vroeg Emilia d'Erlanger de zeventienjarige Kate mee naar een feest waar William ook was, maar kennelijk sprong er ook deze keer geen vonk over. Het is alsof ze om elkaar heen cirkelden om punten te verzamelen voor latere aantrekkingskracht.

Kate werd een paar keer verliefd op jongens en kreeg iets met de knappe aanvoerder van het rugbyteam, maar het viel haar leeftijdsgenoten op dat ze zo gereserveerd was als een prinses. Dronken werd ze zelden. Ze had 'een betrekkelijk ouderwetse aanpak, vooral op Marlborough, waar de helft van de leerlingen al seks had', vertelde schoolgenoot Gemma Williamson, zelf ook betrekkelijk ouderwets klinkend. 'Ofschoon ze wel een paar onschuldige zoenpartijtjes had, had Catherine geen vriendje toen ze op school zat. Ze ging niet experimenteren zoals de andere meisjes. Ik had de stellige indruk dat Catherine zichzelf bewaarde voor een speciaal iemand.'[12] Of zoals *The Spectator*, het clubblad voor Tory-mannen, schamperde in een artikel over hoe weinig kans ze maakte een koninklijke bruid te worden: Kate hield 'haar kuisheidsgordel op slot, om te voldoen aan de eeuwenoude voorwaarde voor toekomstige koninklijke gemalinnen'.[13]

In Kate's tweede jaar kwam haar jongere zus Pippa met een sportbeurs op Marlborough en kreeg de bijnaam 'Panface' om haar wat plattere gelaatstrekken. Ze werd in hetzelfde huis gevestigd en de zussen hadden, net als William en Harry, veel dezelfde vriendinnen. Pippa werd pittiger gevonden dan Kate, hoewel de glanzende schoonheid waarover beide Middletonzussen beschikten hen wel tot 'een Marlborough-dingetje' maakte, zoals een oud-leerling me vertelde. Omdat ze op school nog beter presteerde dan Kate en bovendien een ster in atletiek was, had Pippa meer weg van hun gedreven en levendige moeder. 'Ik doe mee om te winnen en mijn haar moet perfect zitten – in een kekke Sporty Spice-coupe. Had ik al verteld hoe de jongens kijken?' schreef ze vrijmoedig in een column eveneens in *The Spectator*.[14] Met slechts één klas verschil ontstond er een lichte rivaliteit tussen de knappe BFF-zussen, die deed denken aan de Amerikaanse zussen Bouvier, Jackie (Kennedy) en Lee (Radziwill). Kate was al een ster in haar hockeyteam op Marlborough, Pippa werd niet alleen aanvoerder maar werd ook getipt om uit te komen in het nationale hockeyteam. 'Kate was altijd een beetje jaloers op Pippa,' zei een vriend van de familie. 'Ik denk dat ze bang was om overschaduwd te worden door [haar zus], die een natuurlijke spontaniteit over zich heeft, beter op haar gemak is in gezelschap en altijd geliefd is geweest bij iedereen, vooral bij de vrienden van [broer] James.'[15]

Pippa's maatschappelijke stijging lijkt meer berekenend te zijn geweest dan die van Kate. Toen ze naar Edinburgh University ging, deelde ze een appartement met twee jongens die allebei zoon van een hertog waren. 'Zodra Pippa in Edinburgh was, ging ze haar best doen om vrienden te maken in de hogere kringen,' wist een oud-student te vertellen. 'Ze was heel charmant en tegelijk meedogenloos in het kiezen voor de "juiste" vrienden.' In 2017 trouwde ze met de eenenveertigjarige James Matthews, een extreem rijke hedgefundondernemer en erfgenaam van de Schotse feodale titel 'landheer': Laird of Glen Affric. Zijn ouders, David en Jane Matthews, zijn eigenaar van hotel Eden Rock, een hangplek voor beroemdheden op het Caraïbische eiland Saint-Barthélemy. Jane, wier familiekapitaal vergaard is in de vroegere Britse kolonie Rhodesië (nu Zimbabwe), heeft een soort 'rock chic'-stijl en een sociale flair waarvan zelfs Carole Middleton concurrentiestress krijgt wanneer ze op Bucklebury de dinertafel dekt met zorgvuldig gevouwen servetten en geurkaarsen. Pippa verstevigde haar hogere positie door in korte tijd twee schattige kinderen te baren. Laat het maar aan Carole Middleton over, haar meiden zijn goed terechtgekomen.

Het is onwaarschijnlijk dat Kate Middleton zou zijn waar ze nu is zonder de listige hulp van haar moeder bij het onderhandelen over een koninklijke romance. Carole Middleton wordt weleens getypeerd als een kruising tussen mevrouw Bennet uit Jane Austens *Trots en vooroordeel* en Hyacinth Bucket uit de sitcom *Keeping Up Appearances*, die de telefoon opneemt met: 'Bouquet residence'. Geen van de twee typeringen klopt. Carole beschikt wel over een flinke dosis strategische flair. Elke keer dat Kate bebloed uit de ring kwam, trok ze zich terug op Bucklebury, waar coach Carole haar wonden verbond, adviseerde over volgende stappen en haar aanspoorde om het kampioenschap voor ogen te houden.

Het was Carole die Kate's eerste zet op het koninklijke schaakbord engageerde. Toen in 2000 werd aangekondigd dat prins William zijn academische studie aan de kleine Schotse Universiteit van St. Andrews zou doorbrengen, annuleerde Kate haar inschrijving aan de tachtig kilometer verderop gelegen Universiteit van Edinburgh en schreef zich alsnog in voor kunstgeschiedenis aan St. Andrews. Volgens de toenmalige rector Andrew Neil is het niet ongewoon dat studenten zich voor beide universiteiten aanmelden en pas op het laatste moment beslissen, vaak afhankelijk van waar vrienden aangenomen worden. 'Het is hoe dan ook makkelijker voor ze om met elkaar in contact te blijven,' vertelde hij me. 'Elk weekend vertrekken tientallen snobjes (de rijke kinderen) van St. Andrews naar Edinburgh om te feesten met vrienden (en soms omgekeerd).'[16] Maar Kate's beste vriendinnen gingen ook in Edinburgh studeren. Ze hadden al huisvesting voor hun drieën gevonden. En Kate had speciaal op haar A-level-examens zitten blokken om de cijfers te halen die nodig waren voor haar eerste keus, Edinburgh, waar Pippa en James later wel naartoe gingen.

De twee Schotse universiteiten zijn elkaars tegenpolen. Naar Amerikaanse begrippen is het alsof je kiest tussen een kleine chique kunstacademie en een grote brede universiteit die internationaal hoog aangeschreven staat. Edinburgh is een bruisende stadsuniversiteit met veel culturele festivals en een uitstekende reputatie op het gebied van kunstgeschiedenis, terwijl het afgezonderde St. Andrews een romantische, met kinderkopjes geplaveide middeleeuwse campus heeft met markeringen waar ooit protestantse martelaren de dood vonden op de brandstapel. Het lag niet in Kate's karakter om een kans waarvoor ze keihard had gewerkt voorbij te laten gaan en zomaar een tussenjaar te nemen om zich vervolgens aan te melden op een plek die qua sfeer precies het tegenovergestelde was. Zulke waaghalzerij was niets voor Kate, dus dat kwam van Carole.

'Als je wordt aangenomen in Edinburgh, dan ga je daarnaartoe, tenzij Oxford of Cambridge opduiken,' vertelde een vooraanstaande Schotse redacteur me. 'Je plaats opofferen voor St. Andrews zou je alleen doen om een van de volgende redenen: A, als St. Andrews een studie aanbood die precies was wat je wilde en in Edinburgh niet beschikbaar was, of B, als je hoorde dat de troonopvolger naar St. Andrews zou gaan en je dacht...'

Kate besteedde de helft van haar tussenjaar aan een cursus Italiaans en kunstgeschiedenis voor rijke meisjes aan het British Institute of Florence. Samen met haar nicht Lucy Middleton verbleef ze drie maanden in een appartement in het centrum van de stad, waar ze braaf meesterwerken ging bekijken – net als Lucy Honeychurch uit het boek *A Room with a View* van E.M. Forster – en met andere snobjes, zoals Andrew Neil ze zou noemen, rondhing in cappuccinobars. Tijdens een diner in een restaurant met de ouders van Kate merkte een vriendin op hoe Carole tegen het personeel opschepte over haar dochters uiterlijk. Haar natuurlijke uitstraling, die weelderige, glanzende bruine lokken! 'Kijk toch eens naar mijn Engelse roos. Is ze niet prachtig?'[17]

Eenmaal op koers bleek Kate over een Zelig-achtig vermogen te beschikken om steeds weer in de buurt van William op te duiken. Zo was het tien weken durende expeditieprogramma in Chili van Raleigh International, een liefdadigheidsorganisatie voor duurzame ontwikkeling, waaraan ze na Florence meedeed, zojuist door William voltooid. Het was een veeleisende, karaktervormende expeditie, erg lastig om voor toegelaten te worden zonder geloofsbrieven, zoals een Duke of Edinburgh Gold Award, én een persoonlijk ingezameld bedrag van drieduizend pond. De uitdagingen bestonden uit drie weken door de wildernis trekken, drie weken in een opblaasboot het zeeleven onderzoeken en een tijdje helpen bij de bouw van een nieuwe brandweerkazerne voor een verarmde gemeenschap. Kate werd beoordeeld als 'een van de fittere en sterkere leden van de groep' die 'een zeker aura' had weten te behouden.[18] Anderen zeiden dat ze er altijd goed uit bleef zien en opvallend weinig drama vertoonde.

III

Stapje voor stapje. Ook William had uitgeblonken tijdens zijn Raleigh International. Hij was ertoe overgehaald door Mark Dyer, voormalig officier bij de Welsh Guards en vroegere adjudant van Charles, die mentor werd van de jongens toen ze van de middelbare school kwamen. Dyer, Marko voor vrienden, is een roodharige, rechtdoorzee voormalig officier bij de Welsh Guards van 1.82 meter die ooit nog eens met Tiggy Legge-Bourke datete en vandaag de dag peetoom is van Harry's zoon Archie. Voor de invulling van het tussenjaar schijnt hij de opdracht te hebben gekregen het credo van prins Philip te volgen en de jongens de frisse lucht in te sturen voor sportieve activiteiten en liefdadigheidswerk. Dat werd dus een enerverende macho jungletraining in Belize, een zee-onderzoeksproject bij Mauritius, een tijdje werken bij een wildreservaat in Kenia, een maand stallen uitmesten en koeien melken op een boerderij in het hertogdom Cornwall, om af te sluiten met de tien weken durende expeditie van Raleigh International in Chili.

Zoals dat hoort, ging er van alles mis. De groep van William's Raleigh International moest in Chili zeekajakken door razende stormen. Het gezelschap bracht vijf nachten op een verlaten strand door terwijl regenbuien zich ijskoud over hen heen stortten. Een van de Youth At Risk-deelnemers raakte in paniek en het schijnt dat William de enige was die hem weer rustig kon krijgen. De prins kalmeerde de jongen en wist tot hem door te dringen op een manier waarop zijn moeder trots zou zijn geweest. Het laatste deel van de reis werkte William op een basisschool in een kleine gemeenschap. Twee dagen lang stonden de Britse kranten vol met hartbrekende foto's van Diana's mooie jongen die net als zij de gave had om contact te maken met kansarme kinderen. Williams combinatie van knappe, verlegen jongen met een groot uithoudingsvermogen en tedere manier van omgaan met anderen maakte hem aantrekkelijker dan ooit.

Om onder de radar te blijven, arriveerde William in september pas na de kennismakingsweek op St. Andrews. Internationaal gezien was het een somber moment, twaalf dagen na de aanslagen van 11 september. Er was ongerustheid over mogelijke verdere aanslagen op Amerikaanse bondgenoten, verergerd door een miltvuurdreiging op de campus van St. Andrews in augustus. Prins Charles bracht William zelf weg, geëscorteerd door privédetectives (William kreeg twee persoonlijke politiebeveiligers mee). Ze gaven blijk van medeleven in Glasgow en Edinburgh, waar ze een condoleanceregister ondertekenden bij het Amerikaanse consulaat. William schreef de jongensachtige boodschap: 'Mijn diepste medeleven, liefs van William'.[19] Ze deden een snelle lunch bij 'Gan-Gan', de 101-jarige koninginmoeder, thuis in haar kasteel in de Schotse Hooglanden, die hen uitwuifde met de woorden: 'Nodig me uit als er goede feestjes zijn.'[20]

De jonge prins had net als Kate Edinburgh opgegeven als eerste keuze, maar de koninklijke beveiligers vonden dat de omgeving te weinig beschutting bood om zijn veiligheid te garanderen. Brian Lang, de directeur en rector magnificus van St. Andrews, had meerdere gesprekken met het paleis gevoerd over de beste manier om hem te beschermen. Prins Charles, die persoonlijk langs was gekomen om de voorgestelde residentie, St. Salvator's, te bekijken, had zich op een studentenbed laten vallen en gemompeld: 'Hm, niet slecht.'[21] Met de Press Complaints Commission (PCC) werd de stevige afspraak gemaakt dat de pers William in St. Andrews met rust zou laten tot na zijn afstuderen. De oorspronkelijke afspraak die de PCC met krantenredacties had gemaakt voor Eton werd uitgebreid om William uit de publiciteit te houden tot hij klaar was met al zijn studies. (Daar hielden ze zich ook aan, afgezien van het debacle van de productiemaatschappij van zijn oom prins Edward die zomaar opdook.) Lord Black, de vroegere voorzitter van de PCC, vertelde me over een 'onvergetelijke' bijeenkomst met St. Andrews-studenten kort voor Williams komst:

> Andrew [Neil] zei dat studenten vreesden dat ze in de krant zouden komen als ze met William optrokken of in zijn buurt gezien werden. Dus ik erheen. We naderden de kerk waar de bijeenkomst plaatsvond en ik vroeg: 'Wat doet die lange rij mensen daar?' Toen werd vrij snel duidelijk dat die hele rij in die kerk met vijfhonderd zitplaatsen

> probeerde te komen, terwijl ik er ongeveer vijftig had verwacht. Ik werd gebombardeerd met vragen over onfatsoenlijk gedrag in de buurt van William, of dat op de voorpagina's terecht zou komen. Het zette je wel aan het denken hoe dat moest zijn voor William om zulke dilemma's te zien opdoemen bij mensen met wie hij bevriend was.[22]

Echte vrienden van William moesten eraan wennen dat ze gestalkt werden en – zoals later werd onthuld – dat hun telefoon door de pers gehackt kon worden. De prins had geluk dat hij klaar was met zijn studie voordat in 2006 Twitter en Facebook kwamen, met de bijbehorende ellende van sociale media die zijn zoon prins George ongetwijfeld te wachten staat wanneer hij straks naar de universiteit gaat.

Het laatste wat William op St. Andrews wilde was dezelfde ervaring als zijn vader, die in Cambridge afgezonderd van zijn medestudenten woonde en werd vertroeteld. Hij maakte bekend dat hij geen 'Zijne Koninklijke Hoogheid' genoemd wilde worden en niet met 'sir' wilde worden aangesproken. Bij Sallies, zoals de residentie St. Salvator's wordt genoemd, werd hij ingeschreven als William Wales of Tetbury (een gehucht in Gloucestershire in de buurt van Highgrove House). Kate bleek daar ook geplaatst te zijn, een verdieping lager. Toeval of lotsbestemming? William was net als zij gekomen om kunstgeschiedenis te studeren.

Het kan haast niet anders of alle studenten die in de buurt van William geplaatst werden moeten omwille van discretie zorgvuldig doorgelicht zijn door beveiligingsmensen, en de prins zal hun namen hebben laten natrekken. William was zo paranoïde over wie hij kon vertrouwen, dat hij nieuwe mensen in zijn groepje soms nepinformatie gaf om te testen of ze zouden lekken. 'Maar mensen die misbruik van me willen maken en een graantje mee proberen te pikken – ik heb dat gauw genoeg door en dan verbreek ik het contact,' vertelde hij Jennie Bond van de BBC in 2001.[23] Zijn welzijn werd zorgvuldig in de gaten gehouden door de historicus David Corner, de universiteitssecretaris en griffier, die hem er elke drie of vier weken tijdens pastorale gesprekken naar vroeg.

Gezien al die voorzorgen was het onwaarschijnlijk dat William met andere typen meisjes zou daten dan er al op zijn lange lijst van vroegere aristocratische veroveringen stonden. Meestal waren het polomeisjes of dochters van landeigenaren. (*The Times* vermeldde er een aantal: Natalie 'Nats' Hicks-Löbbecke; Rose, de dochter van kapitein Ian Farquhar, jachtmeester op Beaufort; Davina Duckworth-Chad, wier broer James een adjudant van de koningin was; Lady Katherine Howard, dochter van de graaf van Suffolk; Emma Parker Bowles, een nichtje van Camilla; Alexandra Knatchbull, achterkleindochter van Lord Mountbatten.) Williams vriendengroep zat vol met dezelfde oude stoffige namen en titels als in de Highgrove-kringen, kinderen van ouders bij wie Diana zich stierlijk had verveeld. En die trend dreigde zich voort te zetten in zijn eerste jaar op St. Andrews. Hij ging een tijdje met Carly Massy-Birch, een spontane boerendochter uit Devon, en hij draaide om een mooi eenentwintigjarig prototype van Kate heen met de naam Arabella Musgrave, wier vader leiding gaf aan de Cirencester Park Polo Club. Zijn gevoelens voor haar deden hem herhaaldelijk terugkeren naar Londen.

Andere studenten vonden hem bescheiden en onopvallend. De op Eton geperfectioneerde 'verlegen' houding werd zijn zelfbescherming. William was zich er volkomen van bewust dat hij een rockster was op de campus. Als hij zijn stamkroeg in St. Andrews in kwam om een pint te drinken, liep de pub meteen vol met rumoerig om zich heen kijkende verwachtingsvolle meisjes. Koningshuiscorrespondent Robert Jobson zegt dat 'William de schuchtere' een rol was die hij zich had aangemeten: 'een effectieve dekmantel voor een jongen die met de dag meer zelfvertrouwen kreeg'.[24] In een interview voor zijn eenentwintigste verjaardag zei William dat hij zijn hoofd vaak zo veel mogelijk naar voren had gebogen in een mislukte poging om niet gefotografeerd te worden. 'Daardoor kijk ik op foto's vaak door de lange haren van mijn pony. Dat is een beetje dom, maar ik ben iemand die niet graag in het middelpunt van de belangstelling staat.'[25]

Hoe kon Kate zijn aandacht trekken? In ieder geval kon ze er gemakkelijk voor zorgen dat hun wegen elkaar kruisten op de trappen naar hun kamers. Dat ze op Marlborough had geleerd om gewone vriendschappen met jongens op te bouwen kwam haar goed van pas bij het overbruggen van Williams wantrouwen. In tegenstelling tot de meute vrouwelijke studenten – vooral Amerikaanse – die William aanhoudend probeerden te versieren, wist zij met haar niet speciaal geïnteresseerde houding zijn vertrouwen te winnen. Ze had iets mystieks, wat versterkt werd doordat een knappe vierdejaars rechtenstudent genaamd Rupert Finch helemaal bezeten van haar was. Na haar ochtendloop ging ze voor het ontbijt in de hal soms bij William en zijn vrienden zitten. Zijn kliek, 'the Sallie's boys', zat altijd naast de hoofdtafel, met olieverfschilderijen van filosofen uit de Schotse verlichting achter hen aan de muur. Soms gingen ze samen zwemmen bij hotel Old Course in St. Andrews. Bij kunstgeschiedenis zaten ze opvallend vaak naast elkaar. Als hij een college gemist had, gaf ze hem haar aantekeningen.

Toen hij na zijn eerste semester in 2001 voor Kerstmis thuiskwam, maakte William zijn vader en Mark Bolland van streek door aan te kondigen dat hij niet terug zou gaan. Hij verveelde zich in St. Andrews om dezelfde redenen waarom het zijn politiebeveiligers juist beviel. Het was een kleine kustplaats waar weinig gebeurde en het 's winters om vier uur al donker werd.

Hij had zijn aankondiging niet op een slechter moment kunnen doen. Het paleis wilde de troonopvolger om strategische redenen noordelijk van de grens laten studeren. In 1998 had de Schotse devolutie plaatsgevonden, waarmee belangrijke bevoegdheden van het Britse parlement waren overgedragen aan een nieuw opgericht Schots orgaan. In het paleis, en onder conservatieven in het algemeen, werd gevreesd dat de breuk iets ergers zou kunnen inluiden: het geleidelijk wegglijden van Schotland uit de greep van het Verenigd Koninkrijk. De koningin, die gedurende haar hele regeerperiode de kunst had verstaan zich gracieus terug te trekken en toch op de een of andere manier het aura van soevereiniteit te bewaren, hield in 1999 een roerende toespraak voor het nieuwe Schotse parlement, waarin ze de 'moed, vastberadenheid, humor en openhartigheid van de Schotten' prees.[26] St. Andrews verlaten zou een ramp zijn voor Williams goede naam; hij zou in de pers door het slijk worden gehaald als een verwend jongetje en een opgever, net als de arme prins Edward toen hij bij de marine de handdoek in de ring had gegooid.

Juist op dit kritieke moment toonde Kate Middleton dat ze een talent had voor diplomatie en zachte macht die deed denken aan de manier waarop de koningin-moeder met George VI omging. In een aantal vertrouwelijke gesprekken moedigde ze William aan om te stoppen met kunstgeschiedenis, een vak waar hij weinig tot geen belangstelling voor had. Hij was het alleen gaan studeren omdat het hem makkelijk leek. Waarom zou hij niet overstappen op een boeiender vak als geografie, stelde Kate voor. Tenslotte, wist ze zich te herinneren, had hij op Eton eindexamen gedaan in aardrijkskunde op A-level. Toenmalig rector Andrew Neil vertelde me dat hij tegen de universiteitsbestuurders die tegen de overstap waren had gezegd: 'Hebben jullie enig idee hoeveel schade de reputatie van de universiteit zal oplopen als William afhaakt? Wat hij ook wil studeren, al wordt het Welsh mandenvlechten, het zal me een rotzorg wezen. Hij kan studeren wat hij wil.'[27]

Toen de crisis was bezworen, vroeg William Kate, met een onuitgesproken maar duidelijk blijk van vertrouwen, om het tweede jaar met hem en twee medestudenten (Fergus Boyd en Olivia Bleasdale) buiten de campus te gaan wonen.

IV

Bam! De seksuele vlam sloeg over tijdens de jaarlijkse liefdadigheidsmodeshow *Don't Walk* van de universiteit in het St. Andrews Bay Hotel in maart 2002. Directeur Lang, die achteraan stond, herinnert het zich als een van die vrolijke campusactiviteiten waarbij iedereen moest lachen om een student die ondergoed showde en zijn broek in model had gebracht met een sok. Het ingezamelde geld ging naar de slachtoffers van de aanslagen van 11 september en de zaal zat stampvol. Als in een scène uit *Bridgerton* had William voor tweehonderd pond een van de duurste tafeltjes vooraan gereserveerd voor zichzelf en zijn vrienden, zodat hij vanaf de eerste rang naar de voorbij paraderende studenten kon kijken. Iedereen zag hoe hij gebiologeerd naar een bloedmooie brunette keek die over de catwalk walste in een doorschijnend zwart-met-goudkleurig zijden jurkje dat zo mini-mini was dat haar figuur en supermodellange benen uitstekend te zien waren.

Kate Middleton?! Zijn ontzettend leuke toekomstige huisgenoot? Zij van dat overtuigende vertrouwelijke gesprek over de mogelijkheden van geografie? William kon zijn ogen niet geloven. Zijn indruk van Kate moet even onuitwisbaar zijn geweest als die van Vronsky toen hij Anna Karenina in het oog kreeg op het station van Moskou. William haastte zich backstage en wilde haar op de afterparty na de show omhelzen, maar ze was nog met Rupert Finch en weerde hem af. Een van hun vrienden die gevolgd had wat er gebeurde vertelde later aan koningshuiscorrespondent Katie Nicholl: 'Hij zei dat hij haar de topper van de avond vond, waarop ze begon te blozen. Er was beslist een chemie tussen hen, Kate maakte grote indruk op William. En ze speelde het heel cool.'[28] Toch was het haar beslissing geweest om voor William langs te paraderen in een kledingstuk dat ontworpen was als een doorzichtige rok, en die zij omhooggetrokken had tot jurkje waar haar ondergoed doorheen te zien was. Hoewel de gebeurtenis gezien wordt als de eerste versierpoging van William lijkt het me eerder de eerste serieuze poging van Kate Middleton.

Op Hope Street 13A, een maisonnette in het centrum van het stadje, kreeg Kate een voorproefje van de verzuilde wereld waarin William leefde. Ver van de beslotenheid van hun luchtbel werd in november 2002 het proces tegen Paul Burrell verloren en kwamen er pijnlijke geheimen naar buiten over de minnaars van zijn moeder. In maart 2002 moest de jonge prins naar Londen om met de koninklijke familie achter de kist van zijn overgrootmoeder, de koningin-moeder, naar Westminster Abbey te lopen.

De collectieve herinnering aan de verdrietige jongen die met zijn broertje achter Diana's kist door de stille straten liep was onontkoombaar. Deelde William iets van dit weggestopte verdriet met Kate? De lijn van de geschiedenis verbindt dit moment onvermijdelijk ook met een andere koninklijke ceremoniële begrafenis, die van Lord Mountbatten, waarbij de achttienjarige Lady Diana Spencer met een stralende, meelevende blik prins Charles' diepe verdriet over de dood van zijn grootoom had gadegeslagen. 'Je keek zo bedroefd toen je het gangpad in liep bij Mountbattens begrafenis,' zei Diana hem later,[29] waarmee ze een gevoelige snaar raakte in hun eerste betekenisvolle gesprek.

Ze werden een stel, in het geheim, onder bescherming van hun vrienden. Geen contact via mobiele telefoon of zakcomputer. Op verschillende tijden aankomen en vertrekken. Juist de afzondering maakte van St. Andrews een perfecte plek om met rust gelaten te worden. Als mekka van de golfsport waren de inwoners eraan gewend plaatselijke beroemdheden als Sean Connery een krant te zien kopen of Michael Douglas een drankje te zien drinken in de pub. Kate vond het leuk om te koken en dineetjes te organiseren. William mocht een huisje op Balmoral gebruiken waar ze in de weekends naar toe trokken om over de heidevelden te zwerven. William leerde Kate schieten, een vaardigheid waarmee ze indruk zou maken op zijn familie.

Opvallend snel werden ze een burgerlijk stelletje. In hun derde jaar verhuisden ze nog verder weg van de universiteit en trokken met twee andere vrienden van William, Alasdair Coutts-Wood en Oli Baker, in Balgove House, een cottage met vier slaapkamers op Strathtyrum, een landgoed dat wel wat weg had van Highgrove. Met zijn twee hectare grasland was het veel kleiner, maar het lag wel mooi verborgen achter een manshoge stenen muur en het was eigendom van een vriend van de koninklijke familie. Balgove werd hun thuis, die laatste twee jaar op St. Andrews. Daar bleek de voor de buitenwereld verborgen William helemaal niet zo'n gewone jongen. Hij liet een gepolijste mahoniehouten tafel, waar achttien mensen aan konden zitten, en een goedgevulde wijnklimaatkast komen. Op een leeftijd waarop de meeste jonge stellen lekker losgaan, stortten deze twee zich vol op inkopen doen bij een luxe supermarkt om chique diners te geven. Harry kwam vaak logeren in de weekends op een open uitnodiging van Kate, wat hem een thuisgevoel ver van huis gaf.

Door het ontbreken van drama was Balgove voor William een emotioneel veilige plek. Een beetje zoals het toevluchtsoord dat prinses Elizabeth aan Philip bood na zijn jarenlange verweesde omzwervingen door Europa.

Kate schopte geen jaloerse scènes. Rivales lieten zich uit het veld slaan doordat zij hen niet eens leek te zien. Op zijn eenentwintigste verjaardagsfeest op Windsor Castle zat Kate ver weg van William, die zelf naast Jecca Craig zat, de opvallende dochter van natuurbeschermers in Kenia. Maar Kate gaf geen kik dat hij al zijn verrukte aandacht aan iemand anders schonk.

Niet dat ze niet oplette. 'Kate had altijd alles door,' vertelde iemand uit haar kringen me. 'Ik bedoel, wie er dan ook net iets had uitgevroten of op een feestje een blik door de ruimte had laten gaan en "hi" had gezegd tegen iemand, Kate had het meteen in de gaten.' Jecca schakelde ze op een gegeven moment uit door met William naar Kenia te reizen, het Lewa Wildlife Conservancy te bezoeken en ook bevriend te raken met Jecca.

Wanneer hun relatie niet lekker liep, trok Kate zich terug in Bucklebury en praatte met Carole. De hechtheid van de Middletons was een van de sterkste wapens in haar arsenaal. Ze is met haar broer James even close als met Pippa en is hem altijd tot steun geweest als hij worstelde met een depressie. Ook al is hij zelf een bekende Brit, James heeft, net als alle Middletons, de familie-omerta over alles wat met zijn nu-koninklijke zus te maken heeft, in ere gehouden.

Na zijn eerste jaar met Kate adopteerde William haar hele familie. 'Hij viel voor haar, maar ook voor hen,' zei een van hun kennissen tegen me. 'Het is een warm nest, het gezin is compleet en ogenschijnlijk is het allemaal heerlijk ongecompliceerd. De vader speelde de vader, de moeder was de tijgermoeder van de buurt, en de kinderen kunnen – en willen – goed opschieten met elkaar en met hun ouders. Groter kon het verschil niet zijn.' De prins, die zijn weekenden naar keuze in paleizen of op landgoederen door kon brengen, wilde al snel niets liever dan tennissen, en tv-kijken in het door Carole gezellig en comfortabel ingerichte huis. Hij verbleef er zo vaak dat hij zijn quad van Highgrove naar Bucklebury liet overbrengen, en met hen meeging op hun goed georganiseerde vakanties naar luxe resorts. De 'En Masse Middletons', zoals het gezin nu door de pers werd genoemd, vertoefden regelmatig op het eiland Mustique. Carole, zei een eilandbewoner, is 'zo'n gezellig type dat je na een drankje of twee meetrekt naar een stil hoekje van Basil's Bar voor een goede roddel, terwijl Kate na een halfuurtje alweer vertrekt met William'. En Michael Middleton werd een vaderfiguur voor hem. 'Als de diners van je vader altijd met vijftig gasten en Catharina de Grote-servies en dergelijke zijn,' zei een oudere kennis van William tegen me, 'dan is dat niet heel ontspannend. De Middletons zijn veel meer van de huiselijke gezelligheid, precies waar William en Kate ook van houden.' De prins raakte zelfs gesteld op Gary Goldsmith met zijn tattoos en kale hoofd, die hij 'uncle G.' noemde. In 2006 gingen hij en Kate bij Gary logeren in Ibiza en zeilden op een door hem gehuurd jacht naar Formentera.

De twee waren zo discreet en werden zo goed afgeschermd door hun vrienden dat ze pas in maart 2004 door de pers betrapt werden. Toen Kate in Klosters in een sleeplift de berg op ging met een aanhankelijke William naast haar was duidelijk dat de stralende brunette een serieuze, intieme relatie met hem had.

V

De onthulling van hun relatie was niet bevorderlijk voor Kate's stille veroveringstocht en had tot gevolg dat William zijn onafhankelijkheid wilde bewijzen. Hij reisde naar Griekenland voor een zeiltocht met zijn jeugdvriend Guy Pelly – wiens rabelaisiaanse aanwezigheid nogal eens voor moeilijkheden zorgde – en een louter uit mooie vrouwen bestaande bemanning. Later die zomer verschenen twee prachtige mogelijke rivales op het toneel: de levendige Amerikaanse erfgename Anna Sloan, die William in augustus uitnodigde op haar vaders landgoed in Nashville, waar ze in haar eentje verbleef, en de naar het schijnt extravagante Isabella Anstruther-Gough-Calthorpe, een van de verbluffend mooie, blonde acterende dochters van de meermaals getrouwde schoonheid Lady Mary-Gaye Curzon. William was gefascineerd door haar, maar de mooie Isabella had genoeg andere interessante connecties om de rompslomp van een relatie met de prins aan te willen gaan. Ze trouwde later met een avontuurlijker alternatief van een koninklijke erfgenaam: de zoon van miljardair en ondernemer Richard Branson, Sam, in de eigen safarilodge van zijn vader bij het Kruger National Park.

Het werd een stuk moeilijker voor Kate nu de relatie met William openbaar was. Ze moest een evenwicht zien te vinden tussen de algemene vernedering wanneer William niet voor haar koos en de noodzaak om nooit te hard van stapel te lopen. Haar familie werd onder de loep genomen en kreeg onverhulde sneren naar haar moeders afkomst uit de lagere middenklasse. Er kwam een gestage stroom op gang van anonieme citaten van naamloze vrienden en mensen uit de periferie van het paleis die insinueerden dat er 'doors to manual' werd gefluisterd wanneer Carole, een voormalige stewardess, gesprekjes aanknoopte met mensen uit de hogere klasse.[30] Vermoedelijk is er nogal eens met de ogen gerold als mevrouw Middleton netjes met 'pardon?' reageerde in plaats van het bruuske 'wat!' dat de rijken zich veroorloven.[31] 'In het begin kon Carole wel genieten van de aandacht,' zei een familievriend. 'Ze leek het allemaal nogal duizelingwekkend te vinden, maar ze had wel last van het voortdurende gepikkepook in de pers.'[32]

Een deel van de artikelen is waarschijnlijk verzonnen door royalwatchers met een wat al te hoge dunk van zichzelf. In november 2018, na een zeldzaam interview met haar ter gelegenheid van het dertigjarig bestaan van haar bedrijf Party Pieces, had een schrijver in de conservatieve krant *The Telegraph* dit te zeggen over Carole Middleton:

> Maar wat iedereen wil weten is hoe haar stem klinkt. Stewardessachtig (toen ze begin twintig was werkte ze voor British Airways)? Welbespraakt? Als Lynda Snell? Geen van alle. De beste omschrijving is waarschijnlijk nieuw-rijk; niet geaffecteerd, geen nep-Londens.[33]

'Stewardessachtig'. Gary Goldsmith had het mis toen hij zei dat hij als 'Thatcherkind' behoort tot 'een generatie waarin klasse niet bestaat'. Margaret Thatcher zelf heeft veel last gehad van de Britse obsessie voor klasse. Sommige machtige Tory's zijn de langstzittende Britse premier van de twintigste eeuw en de eerste vrouw die dat ambt bekleedde altijd blijven zien als het kind van een kruidenier (haar vader had een winkel in Grantham), iemand die 'te hard zijn best doet'.

In het vierde jaar op St. Andrews werd het een kwestie van erop of eronder voor het Middleton-Wales-duo. In het stille, afgelegen Balgove House hing een gespannen sfeer. William gedroeg zich als een verwend prinsje. Wat kon de volgende troonopvolger ook anders worden dan een man die zo gewend was aan vleierij dat hij het niet eens meer zag? Zijn innemende, open gezicht werd soms overschaduwd door een stijfkoppige hooghartigheid. Toen rugbyvriend Michael Choong op bezoek was geweest, vertelde hij Andrew Morton dat William 'onaardig en kortaf tegen haar kon doen... Hij verwachtte dat Kate toch wel achter hem aan zou komen. Hoe langer ze elkaar kenden, hoe meer hij haar aan het lijntje leek te houden.'[34] Carole adviseerde: 'Geef hem de ruimte.' En zo vertrok Kate in de weekenden naar Bucklebury om te werken aan haar proefschrift over de Engelse schrijver en fotograaf Lewis Carroll, waarin ze twee onderwerpen combineerde die haar steeds meer fascineerden: vroege jeugd en fotografie. William verdiepte zich intussen in een 10.000-woorden studie over de koraalriffen van Rodrigues, een eiland ruim 600 kilometer uit de kust van Mauritius.

Telkens als William twijfelde aan Kate ontdekte hij al snel dat het minder makkelijk was dan hij dacht om haar in te wisselen voor een meisje waar hij op dat moment meer in zag of om iemand te vinden die net zo betrouwbaar was als zij. Er waren er genoeg die graag met hem uit wilden, uit opwinding over een nacht met een prins, maar dat moesten ze wel bekopen met inbreuk op hun privacy door de media, en de maatschappelijke vernedering als uitkwam dat ze slechts een van de velen waren geweest. Er zijn vrouwen die veertig jaar later nog steeds vooral bekendstaan als 'een ex-vriendinnetje van prins Charles', wat ze daarna ook allemaal bereikt mogen hebben. Het ontwijken van de pers ging al snel vervelen. De relatie met Carley Massy-Birch liep voor een deel stuk omdat ze er genoeg van had door Williams beveiligers naar ontmoetingsplekken gesmokkeld te worden.

Elke jonge vrouw die met William omging kreeg te maken met hun statusverschil. De prins die 'net als iedereen' wilde zijn kon er niet omheen dat er twee werkelijkheden waren. Vanwege een strikt protocol, 'alleen echtgenoten', werd Kate niet uitgenodigd voor het huwelijk van Charles en Camilla in april 2005, hoewel ze hen inmiddels vele malen had ontmoet. William wist af te studeren in geografie met hetzelfde hoge cijfer als Kate voor kunstgeschiedenis, een 2:9. De koningin en prins Philip en Charles en Camilla kwamen naar de ceremonie en het daaropvolgende tuinfeest, waar de koningin zich in een bijzonder jolige bui liet rondleiden door directeur en rector magnificus Lang. De Middletons, die Kate kwamen toejuichen, kregen het verzoek de koninklijke familie niet te benaderen. Williams vriendin, met wie hij al twee jaar samenwoonde, werd niet aan zijn grootmoeder voorgesteld. Pas drie jaar later, in mei 2008, werd Kate voor het eerst door de koningin begroet bij het huwelijk van Peter Phillips, de zoon van prinses Anne, met de Canadese managementconsultant Autumn Kelly.

Zolang er geen verloving was afgekondigd was een vriendin van William zowel een prooi voor de media als een onbekende voor de koninklijke familie. Dit werd akelig duidelijk toen het stel hun cocon in St. Andrews verliet.

William werd onmiddellijk opgeslokt door zijn rol als monarch in opleiding. Hij kreeg een indrukwekkende nieuwe begeleider bij deze volgende stap in de persoon van de vierenveertigjarige Jamie Lowther-Pinkerton, de eerste persoonlijk secretaris voor beide prinsen. De voormalige officier van de Special Air Service (SAS), die op Eton en Sandhurst had gezeten en zo gewaardeerd werd dat hij als mogelijk bevelhebber genoemd werd, had nuttige koninklijke ervaring opgedaan in zijn jonge jaren bij de Ierse Garde, toen hij gedetacheerd was geweest als adjudant van de koningin-moeder. De baan hield vooral in dat hij om 12.30 uur de bar achter de boekenkast opende voor het lunchpartijtje van de oude grande dame in Clarence House, die met hem omging alsof hij een kleinzoon was. Hoe moeiteloos hij daarna de overstap maakte naar het leiden van een SAS-operatie tegen Colombiaanse drugskartels gedurende twee jaar zegt wel iets over zijn vermogen om hoffelijkheid te combineren met vindingrijkheid. Een betere keuze had niet gemaakt kunnen worden voor iemand die zowel de merkwaardige eisen van het koningshuis kon begrijpen als een plan kon ontwerpen voor hoe de jongens hun land het best konden dienen in de eerste jaren na hun opleiding. Er werd onmiddellijk een begin gemaakt met het uitstippelen van Williams levensloop.

Op 29 juni vloog de drieëntwintigjarige troonopvolger naar Nieuw-Zeeland om de koningin te vertegenwoordigen tijdens zijn eerste koninklijke solotournee. Lowther-Pinkerton liet hem een officiersopleiding van vierenveertig weken volgen aan de Koninklijke Militaire Academie Sandhurst, een jaar dienen in het cavaleriegregiment Household Cavalry Blues and Royals, en organiseerde een twee jaar durend kennismakingsprogramma bij de Britse marine en luchtmacht.

Kate speelde de rol van 'goodbye girl' door beschikbaar te zijn wanneer William haar nodig had. Het blijft een raadsel of de toekomstige hertogin van Cambridge vanaf het begin over een soort bovennatuurlijke zelfsturing beschikte of dat ze zichzelf zo vaak een nieuw laagje geschiktheidsvernis gaf, dat ze zichzelf uiteindelijk onvermijdelijk maakte. Haar vuurproef was de pers, en het was de vraag hoe ze die zou overleven.

13

KONINGIN IN DE DOP

Hoe Kate de deal sloot

In Londen werd Kate meedogenloos achtervolgd. Hoe ze op haar huid werd gezeten wanneer ze haar appartement in Chelsea verliet, deed akelig denken aan de manieren waarop de jonge Lady Di ooit was belaagd. Aan de ene, relatief onschuldige kant werd ze gefotografeerd wanneer ze het afval buitenzette – '*Bin There, Done That.* Williams meisje maakt haar handen vies' (*The Evening Standard*) – en opende het avondjournaal met beelden waarop ze op de bus stond te wachten. Aan de andere, lelijkere kant deden de paparazzi de wantoestanden uit de jaren negentig nog eens dunnetjes over. Liep Kate door Paddington Station of op een vliegveld, dan riepen vuilbekkende fotografen 'Bitch!' 'Hoer!' 'Slet, kijk eens hierheen!' in een poging haar een boze reactie te ontlokken.[1] Precies hetzelfde hadden ze bij Diana gedaan. Toen het huis naast het appartement van haar ouders werd gerenoveerd, ontdekte Kate dat sommige werklui op de steigers door een paparazzo werden betaald om informatie over haar komen en gaan door te geven. In dezelfde week in oktober 2007 dat het Diana-onderzoek werd heropend, herhaalde de geschiedenis zich op een naargeestig ironische manier toen zij en William een nachtclub verlieten en fotografen hun auto achtervolgden.

Belle Robinson is de oprichter van Jigsaw, het modemerk voor het middensegment waarvoor Kate van 2006 tot 2007 als inkoper van accessoires werkte. Robinson zei tegen *The Evening Standard* dat anders dan veel mensen dachten, Kate geen officiële hulp kreeg van Buckingham Palace om zich de fotografen en cameraploegen van het lijf te houden als ze bijvoorbeeld van haar werk kwam. 'Pas als verloofde zou ze hulp krijgen.[2] Ze zei dat ze zich tot Williams persman kon wenden als zich een politiek probleem met de media voordeed, maar alleen als het serieus was.'

Dat Kate geen hulp kreeg is overigens niet helemaal waar. Zo loste Paddy Harverson officieus regelmatig een probleem op. Maar in lijn met haar karakter waren Kate's verzoeken om hulp zeldzaam en leidde ze die steevast in met de zin: 'Ik wil niet lastig doen, maar...'[3] William zou een knop in haar appartement hebben laten installeren waarmee ze, als haar privacy weer eens werd geschonden, een noodsignaal rechtstreeks naar het plaatselijke politiebureau kon sturen. Bij Jigsaw zei Robinson weleens tegen Kate: 'Zou je niet liever via de achterdeur wegglippen?' Waarop Kate dan antwoordde: 'Nou, waarschijnlijk zullen ze ons lastigvallen totdat ze hun foto hebben. Ik kan dus net zo goed doen als altijd en hen de foto laten nemen. Misschien dat ze ons daarna met rust laten.'[4] Robinson was onder de indruk van de manier waarop ze ermee omging. 'Ik vond het knap, hoor. Ze probeerde niet in de gunst van de pers te komen, en stak ook geen twee middelvingers naar ze op. Zelf had ik echt niet zo netjes kunnen blijven.' Robinsons eigen dochters wisten nu zeker dat ze 'echt nooit de vriendin van een royal zouden willen zijn'.

Een onvermijdelijk gevolg van het feit dat Kate niets kon zeggen maar alleen mocht glimlachen, was dat haar onderdrukte identiteit in de media werd gereduceerd tot haar kledingstijl. En wat ze droeg had impact. Zo vlogen een effen Topshop-jurk van 40 pond en een paar Penelope Chilvers-laarzen met kwastjes dankzij het 'Kate-effect' de winkels uit. Aangezien ze bijna nooit iets droeg wat het Britse publiek zich niet kon veroorloven, maakte ze in haar frisse, zwierige High Street-jurken, korte jasjes en rokjes de indruk van de perfect gestylede vriendin uit het landhuis next door. Alleen haar schier onuitputtelijke collectie Longchamp-tassen hintte erop dat haar ouders geld hadden. Aan de ene kant had ze duidelijk geen last van de moderne vrees 'geen stem te hebben', aan de andere kant groeide ze uit tot een icoon van de gepaste stijl. Haar vrienden vonden het maar niks. Een oude studievriend zei tegen *The Observer*: 'Toen we aanvankelijk vanuit St. Andrews hierheen kwamen, vonden we het opwindend om met z'n allen in Londen te zijn. Maar uiteindelijk zagen we Kate nauwelijks nog. Ze was heel vaak bij Williams vrienden en kwam op den duur nauwelijks nog naar onze etentjes. Al denk ik niet dat ze ons bewust heeft laten zitten.'[5]

De tabloids plaagden haar met haar ogenschijnlijke gebrek aan serieuze bezigheden. Zelfs de koningin, die doorhad dat Kate wel eens een blijvertje kon zijn, vond dat ze een 'echte baan' moest nemen of publieke betrokkenheid moest tonen bij liefdadigheidswerk.[6] Terwijl William werd onderworpen aan een slopend trainingsschema, leek Kate een beetje doelloos rond te dobberen. Eigenlijk deed ze alleen zo nu en dan iets voor haar vaders bedrijf, niet in de laatste plaats om beschikbaar te zijn als William naar huis kwam voor een feestje. Toen de koningin na de financiële crisis van 2008 foto's onder ogen kreeg waarop haar kleinzoon en zijn vriendin Boujis verlieten, een beruchte hotspot in Kensington voor de louche en stinkend rijken, nam haar onbehagen verder toe. Zoiets kon Hare Majesteit allerminst bekoren. 'Legerjongens op weekendverlof, plukjes Europese nietsnutten her en der,' zo typeerde *The Observer* de sfeer van de plek, waar de Dom Pérignon werd geprijsd tot aan 360 pond per fles.[7]

Bronnen uit het paleis zeiden dat de koningin 'zich er pijnlijk bewust van was dat het publieke imago van prins William eronder zou lijden als zijn vriendin niet een eigen carrière had'.[8] Volgens die bronnen waren er gesprekken gevoerd met 'een paar betrouwbare vrienden' over hoe het zogenaamde 'Kate-probleem' het best kon worden aangepakt. Bij de paar gelegenheden dat de koningin Kate ontmoette, vond ze haar heus een leuke meid. Alleen had Hare Majesteit geen flauw benul wat Kate nu eigenlijk deed (waarschijnlijk een vrij accurate weergave van de licht vernietigende uitdrukking die de koningin had gebezigd). Uiteindelijk was het William, die zich ook bezorgd maakte over de constante verwijzingen naar het ledige leventje van zijn vriendin, die haar aanspoorde een baan te zoeken. Toen Kate voor het eerst polste of ze bij Jigsaw kon werken, 'wilde ze die baan oprecht dolgraag', herinnerde Robinson zich. Maar ze zei wel tegen haar toekomstige baas dat 'ze enige flexibiliteit nodig had, aangezien haar leven soms onvoorspelbaar was en ze haar relatie met een zeer prominente man wilde voortzetten'.[9]

Zo'n onverholen romantische missie is zeldzaam voor een hedendaagse jonge vrouw van vierentwintig. Pippa had meerdere liefdesaffaires, veelzijdige baantjes en avonturen gehad voordat ze trouwde. Maar Kate's wereld bestond uit William en uit niets anders dan William.

Dat Kate haar hand overspeelde kwam zelden voor. Bijna twee maanden voor haar vijfentwintigste verjaardag laaiden in de media de geruchten op dat Buckingham Palace een verloving ging aankondigen. Woolworths Supermarket liet een reeks William-and-Kate-verlovingssouvenirs maken. In een opwindend publiek gebaar van commitment nodigde William Kate en haar ouders, samen met de koningin, prins Charles en Camilla, uit bij een belangrijke mijlpaal in zijn leven: zijn promotie oftewel *passing-out parade* aan Sandhurst op 15 december 2006. Kate stal de show in een scharlakenrode jas boven een zwarte, mouwloze camisole. Daarnaast droeg ze een voor haar doen zeer uitgesproken Philip Treacy-hoed waaruit een soort radioantennes in de vorm van hartjes staken. De Middletons namen plaats op de voorste rij. Caroline, net gestopt met roken, beging een zeldzame flater door gedurende de hele ceremonie zichtbaar op nicotinekauwgom te kauwen. Dat kwam haar tijdens de uitzending op openlijke kritiek te staan.

William zou officieel 'tweede luitenant Wales' worden. Samen met 223 andere kersverse officieren kwam hij aanmarcheren om zich door de opperbevelhebber, zijn oma, te laten inspecteren. Toen hij langskwam zei Hare Majesteit iets waardoor zijn strakke soldatenblik heel even plaatsmaakte voor een glimlachje. De 1 meter 90 lange troonopvolger zag er bijzonder stoer en elegant uit in zijn strakke donkerblauwe uniform, witte handschoenen en rode sjerp. Zijn geweer met bajonet maakte duidelijk dat zijn dertig man sterke peloton, onderdeel van Blenheim Company, de eer toekwam om tijdens de parade het vaandel van de koningin te dragen. 'Jullie dienen moedig doch onzelfzuchtig te zijn, krachtdadig doch zorgzaam, zelfverzekerd doch behoedzaam,' zo hield de koningin in haar toespraak de nieuwe officieren voor. 'En dat zullen jullie moeten zijn op een aantal van de meest uitdagende plekken ter wereld.'[10] Na afloop van de ceremonie betrapten liplezers van ITV Kate erop dat ze zei: 'Ik ben dol op dat uniform. Het is zó sexy.'

In een logische vervolgstap verstrekte William zijn vriendin de begeerde uitnodiging om samen met hem het jaarlijkse kerstfeest thuis bij de koningin op Sandringham te komen vieren. Kate was nog altijd in de vrijmoedige stemming van haar Philip Treacy-hoed en waagde het erop. Ze sloeg de uitnodiging af, omdat ze zonder ring aan haar vinger niet zo'n intieme familiebijeenkomst van de royals wilde bijwonen. William beantwoordde haar besluit met stilzwijgen.

Kate trok zich terug bij haar ouders in Schotland, die daar voor de feestdagen een huis in Perthshire hadden gehuurd. Oorspronkelijk was het plan dat ook William na de kerst op Sandringham hierheen zou komen. Dan kon hij samen met Kate oud en nieuw vieren. Onwillekeurig stel je je voor welke sociale voorbereidingen haar moeder moet hebben getroffen om de troonopvolger op het nieuwjaarsfeest van de Middletons te verwelkomen. En hoe er tijdens Schotse etentjes opgewonden moet zijn gekwetterd over de vierentwintigjarige prins die spoedig zijn armen in de hunne zou haken waarna ze samen gebroederlijk zouden deinen op 'Auld Lang Syne'.

Maar hij kwam niet.

William had Kate's afwezigheid aangegrepen voor een goed gesprek met zijn vader en de koningin. In een ironische reprise van de scène die zich in 1981 had voltrokken tussen Charles en prins Philip – toen Philip tegen Charles zei dat zijn getalm Diana's reputatie schaadde – zei Charles dat hij het niet billijk vond om Kate bloot te stellen aan zo veel persaandacht tenzij een verloving ophanden was. (Telkens leek de oplossing die voor de hand lag – om 'de vriendin' beter te beschermen – in het niet te vallen bij de gevoelde noodzaak om de schijn te vermijden dat Buckingham Palace officiële goedkeuring uitsprak.) De koningin verkoos afwachten boven partij kiezen. Mocht haar kleinzoon zich wagen aan dat wat de prins van Wales in zijn dagen als single *la grande plonge* noemde, dan kon men zich opmaken voor het belangrijkste Windsor-huwelijk sinds dat van Charles en Diana. Stellen dat de koningin bezorgd was dat er nog een huwelijk op de klippen liep, zou een understatement zijn. Ze wilde zo graag dat William zeker wist dat hij met de juiste vrouw trouwde, dat ze elke traditionele regel van het koninklijke daten in de wind had geslagen. Zo stelde ze hem cottages ter beschikking voor afspraakjes, stond ze toe dat hij ongehuwd samenwoonde op St. Andrews en dat hij samen met Kate in Clarence House verbleef.[11]

Bij Kate kwam Williams forfait op oud en nieuw aan als een enorme dreun. En de vernedering werd nog erger. Op 9 januari 2007, haar vijfentwintigste verjaardag, waren de media er zo van overtuigd dat de verloving die dag zou worden aangekondigd dat ze massaal samenschoolden voor haar appartement in Chelsea. Haar gebruikelijke beheerste glimlach maakte plaats voor een korzelige, boze blik. William belde met excuses. In een niet eerder voorgekomen publieke verklaring hekelde hij hoe ze werd lastiggevallen en zei hij dat hij 'meer dan wat dan ook' wilde dat ze met rust werd gelaten. Hij spoorde haar aan om via Gerrard Tyrrell van Harbottle and Lewis een klacht bij de Press Complaints Commission in te dienen. Zelfs David Cameron, leider van de Conservatieve Partij, sprak zijn zorg uit 'over het aantal mensen op Kate Middletons stoep'.[12]

II

Het was afschuwelijk voor zo'n waardige en gereserveerde jonge vrouw. Ze wilde helemaal geen advocaat. Ze wilde een ring! 'Ze gaf openlijk toe dat ze een formele aankondiging van Clarence House had verwacht,' onthulde een bron uit Kate's omgeving.[13] Toch brachten Kate en William in maart samen een ongemakkelijke vakantie door op de skipistes van Zermatt. Maar op foto's die na hun terugkeer bij de paardenrennen in Cheltenham werden gemaakt, oogden ze niet alleen saai in hun matchende groene tweed, maar was het allerergste nog dat ze ook elkaar doodsaai leken te vinden. Overbodig om op te merken (al deed de pers dat natuurlijk toch) dat William zowel zijn coole uitstraling als zijn haar aan het verliezen was. Langzaam veranderde hij in zijn vader. Een bron uit Williams kringen liet het informatiebommetje los dat prins Charles weliswaar dol was op Kate, maar haar niet als 'de ware' zag. William was volgens hem 'te jong om te settelen en wilde carrière maken als legerofficier'.[14]

William zelf zou hebben geklaagd: 'Het lijkt uit met de lol. Ik wil mezelf niet hoeven vastleggen.' Dat moet ook ontzettend lastig zijn geweest. Ga maar na: van jongs af aan lag zijn hele leven al vast.

Toen tweede luitenant Wales met zijn regiment de Blues and Royals ('The Booze and Royals') in Bovington Camp in Dorset begon aan een training in verkenning per pantservoertuig, leek hij niettemin zijn kans op 'lol' te grijpen. Hij werd gefotografeerd met zijn arm rond een aantrekkelijke blonde studente. Zij zou hem later beschrijven als een 'perfecte gentleman', al was dat er dan wel een met zijn andere hand op de borst van een Braziliaanse brunette. Ondertussen deed het gerucht de ronde dat hij een affaire had met een andere 'jonge vrouw uit de hogere kringen'. *The Sun* citeerde een vriendin van Kate die zei dat 'Kate vindt dat William haar gewoon te weinig aandacht geeft. Ze zit maar in Londen terwijl hij in Dorset zijn officiersleventje leidt. Hun relatie lijkt razendsnel bergafwaarts te gaan en daar is Kate enorm gefrustreerd over.'[15]

Het overlijden van tweede luitenant Joanna Yorke Dyer, een collega op Sandhurst en tevens een goede vriendin met wie hij in het Blenheim Platoon zijn militaire training had ondergaan, bracht William nog meer aan het twijfelen. De vierentwintigjarige Joanna had als lid van het Intelligence Corps in Irak gediend. Samen met drie andere soldaten was ze omgekomen toen hun pantservoertuig op een krachtige bermbom reed. Dit voorval drukte William pijnlijk met de neus op het feit dat zijn medecadetten enorme offers brachten terwijl hij van zulke gevechtssituaties werd weggehouden. Dat hij zelf in de frontlinie zou worden ingezet was absoluut uitgesloten, al was het maar omdat men niet wilde dat zijn medesoldaten tot specifiek doelwit werden. Maar als hij zijn land niet kon dienen en voorbestemd was om eeuwig in de opleidingsfase te blijven hangen, dan was hij een man zonder missie.

In april beet hij tijdens een telefoongesprek met Kate, die toen op het kantoor van Jigsaw was, door de zure appel heen: hij maakte het uit. Ze glipte weg bij een vergadering en ijsbeerde tijdens hun lange telefoongesprek over het parkeerterrein.[16] Na afloop zat ze in zak en as. Vervolgens deed Kate wat ze altijd deed als ze erdoorheen zat: ze vluchtte naar Bucklebury. Van Jigsaw kreeg ze buitengewoon verlof. Omdat haar dochter in de put zat, nam Carole Middleton de touwtjes in handen. Resoluut stuurde ze Kate naar de tentoonstelling van een bevriende kunstenaar in Dublin. Zochten ze nog iemand om de catalogi voor Party Pieces samen te stellen en te redigeren? Geïnteresseerd in fotografie? Kate kon zichzelf afleiden door voor de website foto's van sierlijke cupcakes te maken.

Ondertussen werd er een comebackstrategie uitgedokterd. Daarvan beschreef Stefanie Marsh de hoofdlijnen als volgt:

> Ga op vakantie en laad jezelf op in het gezelschap van de andere oud-vriendinnen van je ex. Hij zal het bewonderen dat je geen jaloezie kent. En zich paranoïde afvragen waarover jullie het hebben. Gebruik de privacyschendingen van de pers in je voordeel: laat jezelf zo veel mogelijk fotograferen terwijl je bovengenoemde dingen doet.[17]

Haar zus Pippa was een nuttige medesamenzweerder. Als kersverse afgestudeerde uit Edinburgh werd ze gemobiliseerd om samen met Kate de stad in te gaan terwijl ze iets van 'Girls Just Wanna Have Fun' uitstraalden. Dus geen groene tweed meer. Ongemakkelijk zag William foto's waarop Kate in een minirokje uit hun vroegere favoriete nachtclubs kwam. Toen Kate lid werd van de alleen uit vrouwen bestaande roeiploeg van een drakenboot, 'The Sisterhood', voor een 33 kilometer lange roeitocht over Het Kanaal om geld op te halen voor aan kinderen gerelateerde goede doelen, viel er zelfs een hint van feministische wraakzucht te bespeuren. (Al verflauwde die hint naarmate je inzoomde. Onder haar mederoeiers waren een model, een mode-inkoper, een vastgoedmakelaar en een hedgefondsmanager.) Weldra wemelde het op de waterkant van paparazzi die, terwijl zij trainde als de stuurvrouw van het team, een plaatje van haar atletische looks in T-shirt probeerden te schieten.

Tegen juni begon het William te dagen dat zijn ex misschien wel net zo'n goede vangst was als hijzelf. Ze was prachtig, zelfverzekerd en inmiddels voorzien van een zekere koninklijke air. Kate had in Highgrove in een mum van tijd de vrouw van een hertog of miljardair kunnen worden. Prins Harry, die zelf ook romantisch aanklooide in een wispelturige relatie met

Chelsy Davy, een Zimbabwaanse robbedoes, was een groot Kate-fan. Hij noemde haar 'de grote zus die hij nooit had gehad'.[18] Dus natuurlijk smeekte William algauw of Kate hun relatie nog een kans wilde geven. Even hield ze de boot nog af en genoot ze van zijn wroeging. Maar weldra accepteerde ze een uitnodiging voor een 'Freakin' Naughty'-feestje, dat het einde van Williams training in het Bovington Army Camp markeerde. Tijdens dat feest stal ze de show als sexy verpleegster. Naar verluidt liep de Britse troonopvolger haar de hele avond achterna als een 'verdwaalde puppy', hopeloos uitgedost in hotpants en een politiehelm.[19] Weldra zag men Kate's Audi alweer van en naar Clarence House rijden. En dan was er op 1 juli 2007 ook nog de massale aanwezigheid van de Middletons in de koninklijke loge tijdens het benefietconcert ter ere van Diana, dat door William en Harry in het Wembley Stadium werd georganiseerd. Prins Harry zat het grootste deel van de avond te flikflooien met Chelsy. Maar Kate, die een paar rijen achter William zat, hield afstand om de aandacht niet af te leiden van Diana's erfenis – én om de pers te laten gissen.

III

Het 'bevrijde Kate'-discours deed het goed in de media. Misschien zelfs iets te goed, zo leek het even, want Buckingham Palace betoonde zich beducht, zo niet paranoïde. Maar hoe kon je bij deze rijzende ster aan het koninklijke firmament niet terugdenken aan – God verhoede – de vrouw die op het podium in het Wembley Stadium werd herdacht. In het paleis gingen de alarmbellen nog luider af toen Kate vanwege een verhaal over de drakenbootactie op de cover van het tijdschrift *Hello!* verscheen. Ongelukkig genoeg viel dat samen met de openbaarmaking van een historisch rapport door het Culture, Media and Sport Committee van het parlement, waartoe de aanzet was gegeven door Gerrard Tyrrells klacht bij het PCC met betrekking tot de zwerm fotografen voor Kate's deur op haar vijfentwintigste verjaardag. Het rapport had als titel 'Zelfregulering van de pers' en oordeelde dat er inderdaad sprake was geweest van 'evident en aanhoudend lastigvallen'.[20] Die overwinning ontketende een golf van kribbige reacties op Kate's dubbele standaard.

In augustus maakte Buckingham Palace korte metten met het hele drakenbootavontuur. Na weken van training en slechts twee weken voordat haar team het tijdens de race van Dover naar Cap Gris Nez tegen de mannenploeg Brotherhood zou opnemen, werd Kate gedwongen de handdoek in de ring te gooien. Het schijnt dat Emma Sayle, de aanvoerder en tevens diplomatendochter, in een emotioneel telefoongesprek nog een laatste poging deed om Kate op andere gedachten te brengen: 'Bedenk dat je dit niet alleen doet voor het goede doel, maar ook voor jezelf. Stop alsjeblieft niet. Voor het eerst in je leven doe je echt iets voor jezelf.'[21] Maar dat was, zo drukte Andrew Morton bondig uit, 'tevergeefs'. De officiële reden luidde dat er zorgen bestonden over de veiligheid van Kate's ploeggenoten. Maar alom werd vermoed dat de medewerkers van het Koninklijk Huis vreesden dat de race als *media event* volledig uit de hand zou lopen. Een van de Sisterhood-roeiers zei tegen Richard Kay: 'Ze werd absoluut onder druk gezet. Ze was onze stuurvrouw, ze was heel sterk en atletisch. Het is een enorm verlies... Nu moeten we in tweeënhalve week iemand anders vinden. Gezien de vereiste training is dat gewoon niet te doen... Kate is echt pissig.'[22]

Maar was ze dat echt? Een oekaze van Buckingham Palace betekende immers dat Kate officieus weer bij William hoorde. En wat dan nog als haar nieuwe gewaagde imago teniet werd gedaan door haar capitulatie voor het paleisprotocol en ze terug was in haar rol van sierlijk aanhangsel van een prins? Kate was een koninklijke Rubicon overgestoken. Voortaan zou Buckingham Palace haar leven bepalen. Maar daar werd ze – daar hoeven we niet omheen te draaien – royaal voor beloond. Nu beulde ze zich niet af op het kille Kanaal, maar peddelde ze samen met de Britse troonopvolger in een kajak ontspannen rond op de kalme wateren van de Indische Oceaan. William boekte à raison van 750 pond per nacht een bungalow in een luxeresort op de Seychellen. In de privacy van die idylle gaf hij haar dan eindelijk de toezegging waarnaar ze zo had verlangd. In ruil daarvoor zou zij nog drie jaar wachten, totdat hij zijn militaire training had afgerond. Ondertussen zou ze zichtbaar een 'echte baan' hebben. (Voor deze ene keer was discretie dus juist niet gevraagd. Bleef ze onder de radar voor Party Pieces werken, dan zou iedereen denken dat ze nog steeds werkloos was. Carole loste dat probleem gezwind op en plaatste Kate's foto op de website onder het kopje 'medewerkers'.)

Tijdens een nieuwe reis naar Kenia in oktober 2010 voerde William Kate mee naar een afgezonderd huisje op de uitlopers van een gebergte. Daar maakte hij het officieel. Hij schoof zijn moeders verlovingsring met saffier en diamant om Kate's vinger – 'soort van mijn manier om [mijn moeder] dichtbij te houden', zei hij in het verlovingsinterview dat ze aan de pers gaven. 'We waren op vakantie met vrienden, hadden wat tijd voor onszelf en toen vond ik dat het moment daar was.'[23] Dat wat veel mensen zich hiervan herinneren, natuurlijk afgezien van wat Kate droeg – een kobaltblauwe satijnen wikkeljurk van Issa die bij haar ring paste –, was de ongedwongen blijdschap die het stel uitstraalde.

Kate kreeg wat ze wilde door zich te houden aan elke ouderwetse regel van hofmakerij: door geduld, veerkracht en William de nodige ruimte te geven, bereikte dit nuchtere middenklassenmeisje uit Bucklebury het voorportaal van de Britse troon. Wat William betreft was dit een vorm van acceptatie van iets wat hij altijd had geweten. De rauwe woede en verwarring die hij sinds zijn moeders dood had gevoeld, werden gesust door een zeldzame en ouderwetse karaktertrek van zijn verloofde: haar standvastigheid. Kate bezat dat helende gen waar hij zo naar smachtte.

In 2020 beweerde een van de oude schoolvriendinnen van de hertogin van Cambridge in een interview dat Kate's bereidheid om haar leven aan dat van William aan te passen, niets met diens koninklijke status te maken had: 'Ze trouwde met William ondanks, niet dankzij zijn positie. Het enige wat Catherine ooit wilde was een man, een huis op het platteland, een heleboel kinderen, een hond en een keuken met een AGA.'[24]

Misschien. Toch zou *Love and Strategy* een prima naam voor een Kate Middleton-parfum zijn. Zelfs als de hang naar sociale erkenning en het onweerstaanbare verlangen om boven je stand te trouwen onder de oppervlakte borrelen, zijn dat geduchte drijfveren die je niet moet overschatten. Die meisjes die haar in Downe House beneden hun waardigheid achtten? De spot over haar moeders parvenuachtige manier van uitdrukken? De 'Waity Katie'-grapjes in de tabloids? Carole Middleton had zich vanuit haar arbeidersklassenachtergrond doortastend omhooggewerkt en haar oudste dochter kende diezelfde ambitie. Kate wachtte niet acht jaar op zomaar een rijke man uit de hoge kringen. Nee, ze wachtte op dé man, de toekomstige koning William v, bij de gratie Gods, koning van het Verenigd Koninkrijk van Groot-Brittannië en Noord-Ierland en zijn andere domeinen en gebieden, hoofd van het Gemenebest, verdediger van het geloof – en Zijne Majesteit voor gewone stervelingen zoals wij.

Tijdens haar bescheiden vrijgezellen- annex karaokefeestje, waarbij haar zus en een paar oude schoolvriendinnen aanwezig waren, greep Kate de microfoon. Met ongebruikelijke spontaniteit zong ze met totale overgave 'Fight For This Love' van Cheryl Cole:

Quittin's out of the question
When it gets tough gotta fight some more (ohh)
We gotta fight, fight, fight, fight, fight for this love

IV

Op 29 april 2011 mocht ik voor ABC News, samen met de grandes dames van dat netwerk, Diane Sawyer en Barbara Walters, als royaltywatcher commentaar geven bij het huwelijk van William en Catherine (zoals we haar voortaan dienden te noemen). Terwijl zij verslag deden vanuit Buckingham Palace, keek ik samen met Robin Roberts vanaf het smalle balkon van het Queen Elizabeth II Centre uit over de Westminster Abbey. We fronsten onze gebotoxte wenkbrauwen bij de vaststelling dat we getuige waren van een peperdure operatie die haast de omvang van een kleine buitenlandse oorlog aannam. De nieuwsploeg, die net een afmattende cyclus van Arabische Lente-revoluties en een Japanse aardbeving achter de rug had, zag zich nu geconfronteerd met een stortvloed aan absurde informatie uit boeken over koninklijke geslachten van dezelfde omvang als de *Almanach de Gotha*. De verbijsterde Amerikaanse researchers werden net zo overstelpt met uiterst precieze details over de minder belangrijke leden van de Windsor-familie en buitenlandse hoogwaardigheidsbekleders als eerder dat jaar door berichten over wankelende despoten en een Tunesische dictator die de benen nam. Wilde je ware tv-journalistieke onverschrokkenheid in actie zien, dan moest je kijken hoe Cynthia McFadden op een ijskoude aprilochtend in een trenchcoat hapklare nieuwsbrokjes uit een zee van monarchistische trivialiteiten wist te filteren; of hoe Barbara Walters een nacht lang zat te blokken op vroegere koninklijke huwelijkstaarten, enkel en alleen zodat ze op het gepaste moment geïnformeerd een historisch feitje over de 120 kilogram zware, met brandy en rum opgepepte taart van Fergie en Andrew kon opdissen. De traditionele vruchtentaart van William en Kate was zo enorm (acht lagen) dat het nodig bleek om een paleisdeur te verwijderen om de taart naar binnen te brengen. 'Ik hoor dat je mijn huis hebt lopen ontmantelen,' merkte de koningin op tegen patissier Fiona Cairns.[25]

Op de avond voor de ceremonie hield het toenmalige hoofd van ABC News, Ben Sherwood, tijdens een conferencecall een peptalk voor de mensen die verslag zouden doen van het huwelijk. 'Oké,' galmde hij door de luidspreker van de telefoon, 'ik hoor traditioneel. Ik hoor groot. En ik hoor van jullie koninklijk. Maar er is één ding dat ik niet hoor. LIEFDE. Dit is een LIEFDESVERHAAL, jongens. Oké?' Er viel een deemoedige stilte terwijl de beroemde anchors Walters, Sawyer en Brown dit inzicht verwerkten. Misschien zat de gemiddelde Amerikaan helemaal niet te wachten op de wijsneuzige opmerkingen die ik had voorbereid over de ongelukkige wijze waarop alle vroegere koninginnen die Catherine heetten aan hun einde waren gekomen. Catherine van Aragon: gescheiden. Catherine Howard: onthoofd. Achter de schermen was iedereen het erover eens dat het enige huwelijksevenement waar we écht graag bij wilden zijn, de door Pippa op Buckingham Palace voor de bruid en bruidegom georganiseerde privédiscoparty was. Oké, en ook prins Harry's *bacon-butty* afterparty.

Elk huwelijk wordt gemaakt door de geïmproviseerde momenten. William bracht de avond voor zijn huwelijk zenuwachtig door in Clarence House, waar hij werd opgemonterd door de plagerige solidariteit van zijn jongere broer. Nadat ze met prins Charles hadden gedineerd, besloten de twee prinsen spontaan hun opwachting te maken onder de menigte die zich in de straten rond de Abbey had verzameld. Terwijl ze zich tussen de mensen begaven, leken Diana's volwassen geworden jongens onredelijk lang, elegant en charmant. 'Soms zie ik ze nog als de vijftien- en dertienjarige jongens die ze ooit waren... Echte, ongehoorzame tieners. En nu zijn het twee jongemannen en staat William op het punt aan een nieuw hoofdstuk in zijn leven te beginnen. Het is zo opwindend,' zei Colleen Harris, de voormalige koninklijke perschef, in onze uitzending.[26]

De koningin verleende de troonopvolger ter ere van zijn huwelijk de titel 'Zijne Koninklijke Majesteit, hertog van Cambridge, graaf van Strathearn en baron Carrickfergus'. Tot grote teleurstelling van de RAF (waar hij immers als kapitein-vlieger had gediend) droeg William op zijn huwelijksdag de schitterende rood met gouden jas van de Irish Guards. Net zoals zo veel van zijn ogenschijnlijk persoonlijke beslissingen was dit in feite een opdracht geweest van zijn opperbevelhebber, de koningin. 'Laten we het zo zeggen: je krijgt nu eenmaal niet altijd je zin,' grapte hij.[27] In minder dan drie weken zou de koningin haar eerste, baanbrekende bezoek aan de Republiek Ierland afleggen. Het Irish Guards-uniform van de bruidegom was een eerste soft power-toets van koninklijk staatsmanschap.

En toen was Kate Middleton ineens een hertogin. Haar jurk, een ontwerp van Alexander McQueens Sarah Burton, gaf onberispelijk uitdrukking aan een nieuw vorstelijk zelfvertrouwen. Op ons kleine tv-podium werd verrukt gereageerd toen haar ivoorkleurige, witsatijnen bruidsjurk tevoorschijn kwam. Het lijfje was afgezet met kant en de rok met zijn bijna drie meter lange sleep was in het Hampton Court Palace met de hand gemaakt door de Royal School of Needlework. Het strakke lijfje en de afgetekende schouders gaven haar de middeleeuwse look van een hedendaagse koningin Guinevere. De haren van de bruid waren niet in een modern kapsel opgestoken. Zelf zei ze hierover dat ze haar lange, glanzende lokken los wilde dragen, omdat William haar nog wel moest 'herkennen'.[28] Haar zachte zijden sluier van tule werd op zijn plek gehouden door het 'Halo'-tiara van Cartier, dat de koningin haar had geleend en dat ooit door George VI voor de koningin-moeder was gekocht. Perfectie, inderdaad. En toch won Pippa dit laatste zussenwedstrijdje. Zij ging internet over in een gevaarlijk nauwsluitende, ivoorkleurige zijden bruidsmeisjesjurk die haar geprononceerde achterste goed deed uitkomen.

Terwijl elke millennial een foto van Pippa's sensationele kont op Facebook postte, wilde elke Britse moeder eruitzien als Carole Middleton. Haar op maat gemaakte groenig-lichtblauwe Catherine Walker-outfit bestaande uit jasje en jurk viel op met zijn moderne en toch gepaste uitstraling. De bijpassende hoed was speels, maar niet belachelijk zoals zo veel van de vervaarlijk opwippende hoofddeksels met veren, het galjoengrote Lady Bracknell-gevaarte dat de hertogin van Cornwall droeg en dat wat leek op een enorme roze vilten octopus – of was het toch een gewei? – dat vanaf het hoofd van prinses Beatrice omhoogstak. Michael Middleton oogde in zijn jacquet en grijssatijnen vest als een knappe filmster. Als Carole de katalysator was, dan was hij het fundament waarop deze dag was gebouwd.

Voor de nacht ervoor hadden de Middletons voor hun familie en vrienden alle negenenzestig kamers geboekt van The Goring Hotel (de 'Boring Goring'), tegenover Buckingham Palace. Dit schopte de voorbereidingen van de koningin danig in de war. Want in de Boring Goring, dat altijd werd gebruikt voor feestjes van het paleispersoneel en voor gasten die nergens anders terechtkonden, werden doorgaans verre verwanten van royals, de *Hons and the vons*, en uiteenlopende buitenlandse hoogwaardigheidsbekleders ondergebracht. De koningin zag zich genoodzaakt om er nog zo veel mogelijk bij te proppen en om de rest van de koninklijke usual supects – van de Spaanse, Deense, Belgische en Noorse koningshuizen – door te schuiven naar het Mandarin Oriental in Hyde Park. Functionarissen van twijfelachtiger allooi, denk afgevaardigden uit Noord-Korea, werden overgeheveld naar een receptie met champagne en worstspiesjes in Lancaster House. (Flying Corps-vrienden van William kregen een 'Kate-and-Wills'-mok en -kussen.)

Een van de redenen dat het huwelijk uitgroeide tot zo'n enorm spektakelstuk was dat privésecretaris Jamie Lowther-Pinkerton leiding gaf aan het paleisteam. Bij de Special Air Service (SAS) had hij operaties geleid die nog veel uitdagender waren. Zijn tienjarige zoon Billy was een van de twee bruidsjonkers die op het balkon van Buckingham Palace in hun witte broek en gespschoenen pal naast de citroengele verschijning van de koningin stonden. Uit waardering voor het feit dat hij de monarchie tijdens dit wereldwijde televisie-evenement nieuwe glans had weten te geven, verhief de koningin Lowther-Pinkerton tot Lieutenant of the Royal Victorian Order. Toch was de eer die William en Kate hem verleenden nog groter: hij werd een van de peetvaders van hun eerste kind, prins George.

Vraag je vandaag aan paleismedewerkers wat hun het meest bijstaat van het hele evenement, dan zeggen ze vaak dat het mysterieus genoeg zo volledig gespeend was van drama. In 2007 had Sarah Goodall, die twaalf jaar lang als privésecretaris van prins Charles werkte, zich in een interview nog voorgesteld hoe een eventuele koninklijke verloving Kate zou veranderen:

> Kate zal opgezadeld worden met torenhoge verwachtingen. Nadat de verloving van prinses Diana bekend was gemaakt, zei een hoveling tegen haar: 'Binnen vier jaar zul je veranderd zijn in een totale bitch.' Nu zeg ik niet dat dat met Kate zal gebeuren, maar dat haar leven onherkenbaar zal veranderen staat vast.[29]

En toch was Kate Middleton 's werelds meest onverstoorbare bruid. Geen dramatische huilbuien, geen paniekaanvallen op het laatste moment, geen woedeaanvallen tijdens bijeenkomsten omdat het aantal gasten moest worden teruggebracht tot de 1900 die een zitplaats in de Abbey kunnen krijgen. Ze had een toegewijd team dat bestond uit welgeteld twee mensen. Die regelden alles precies zoals zij wilde. 'We werkten als paarden, maar hadden ook veel lol en aan het eind van de dag ontkurkten we regelmatig samen met Kate een pinot noir,' zo herinnerde een van hen zich. Mij werd verteld dat de bruid zich op haar huwelijksdag alleen zorgen maakte dat het gerommel van haar maag door een microfoon zou worden opgepikt.

Rowan Williams, de toenmalige aartsbisschop van Canterbury, die het huwelijk leidde, zei tegen me dat diezelfde kalmte hem ook was opgevallen tijdens de religieuze ceremonievoorbereidingen door de bruid en bruidegom:

> Ze wisten wie ze waren. Ze hadden over alles nagedacht, kenden elkaar goed. En natuurlijk beschikten ze over die ervaring, die heel belangrijk voor koppels kan zijn, dat ze even afstand van de relatie hadden genomen om vervolgens weer dichter tot elkaar te komen. Volgens mij kan dat echt heilzaam zijn voor een relatie. Namelijk om te vragen: 'Is dit nu echt wat ik wil? Is dit die persoon bij wie ik wil zijn?'[30]

De koningin was, zo zei ze, opgetogen dat het stel in Westminster Abbey ging trouwen, het toneel van haar eigen huwelijk en kroning, en niet in St. Paul's Cathedral, waaraan zulke beladen associaties met het huwelijk van Charles en Diana kleefden.

De ene generatie koninklijke schoonfamilies na de andere had geklaagd dat ze uit het beeld werden weggeretoucheerd zodra het huwelijk was gesloten. Maar William, die Michael Middleton nu 'pap' noemde, maakte klip-en-klaar dat dit zíjn schoonfamilie niet zou overkomen. Kate's ouders onderstreepten hun onafhankelijkheid door per se met de koningin en prins Charles in de huwelijkskosten te willen delen. (Naar verluidt bedroeg het aandeel van de Middletons zo'n 250.000 pond.[31]) Paleismedewerkers zeiden tegen *The Telegraph* dat beide families een 'even grote rol' in het leven van het stel zouden gaan spelen. Klinkt goed. Al neemt het niet weg dat de Middletons ontdekten dat geen van hun gasten de lijst voor de huwelijksreceptie op Buckingham Palace had gehaald. Carole verwerkte deze krenking door in allerijl een reeks nevenbijeenkomsten te beleggen. Een van de familieleden over wie ze zich speciaal ontfermde was haar broer Gary. Twee jaar daarvoor was hij door undercoverjournalisten in de val gelokt terwijl hij in Maison de Bang Bang lijntjes cocaïne legde. Carole ging kordaat over in *damage control*-modus – maar dan wel bij Gary, niet bij de pers. 'Zodra dat verhaal verscheen, belde Carole. Ze wilde namens de familie, en in het bijzonder namens Kate, sorry zeggen dat ik zo plotseling vol in de schijnwerpers stond,' zei Gary, blijkbaar niet wetende dat hij werd 'gemanipuleerd' door zijn lepe zus. Een Gary die vervreemd was van de familie kon voor de Middletons immers maar zo uitgroeien tot een ware nachtmerrie. Zie maar hoe Tom Markle, Meghans vader, in de opmaat tot het huwelijk van zijn dochter met Harry zijn gevoelens over te zijn afgedankt de vrije loop liet. Daarentegen schaarde de familie Middleton zich ostentatief rondom oom Gary. Niet alleen haalde hij de gastenlijst voor de Westminster Abbey, hij kreeg zelfs een eersterangsplek. De hertogin van Cornwall, die duidelijk goed op de hoogte was van de mogelijke valkuilen, 'stevende regelrecht op me af', zo herinnerde Gary zich. 'Sorry voor de slechte pers,' zei hij tegen haar. 'Zit er maar niet mee. Mij gebeurt steeds hetzelfde,' antwoordde Camilla met samenzweerderige (en vakkundige) charme.[32]

In het nieuwe ontwerp van het familiewapen van de Middletons stond Carole Middleton centraal. Ter bekrachtiging van Kate's nieuwe koninklijke status zette de Garter Principal of Arms and Senior Herald op Michaels aanwijzingen een wapen in elkaar. De drie eikels met takjes symboliseerden de drie kinderen. Maar de gouden chevron in het midden vertegenwoordigde Carole Goldsmith, de matriarch van dit opgeklommen middenklassengezin.

Verrukt was het Britse publiek tijdens het huwelijk getuige van de kracht van de band tussen William en zijn getuige Harry. De persoonlijke verstandhouding tussen die twee leek beter dan ooit. De pijn van het verleden, de last van de plicht, het vergrootglas van de pers: dat deelden ze allemaal. Het motto op de zwarte Irish Guards-pet die William onderweg naar Westminster Abbey droeg, leek net zozeer naar hun unieke broederband als naar de militaire erecode te verwijzen: 'Quis Separabit?' oftewel 'Wat zal ons scheiden?'

De ring die de verbintenis van William en Kate zou bezegelen zat veilig opgeborgen in Harry's jasje. Aangezien zijn militaire uniform van de Blues and Royals nogal strak was, kwam zijn kleermaker met een idee: een speciaal, goudgestikt manchet met een speciaal vakje voor de Welshe gouden ring die hij aan zijn broer zou overhandigen.

Voor de koningin had de huwelijksdag iets bijzonder bevredigends. In tegenstelling tot de kindbruid Diana had haar nieuwe negenentwintigjarige schoonkleindochter, de toekomstige koningin-gemalin, te midden van het woelige hofleven inmiddels genoegzaam blijk gegeven van weerstandsvermogen. Kate's stoïcijnse middenklassenafkomst had zich bewezen als een waardevolle eigenschap. In moderne koninklijke huwelijken waren de geboren aristocraten, prinsen en prinsessen daarentegen een risicofactor gebleken. Tijdens hun opvoeding werden ze gewoon te verwend. Deze geslachten hadden eeuwenlang te veel tijd omhanden gehad: hét recept voor onvrede. Waarschijnlijk was Philip de laatste gemaal van koninklijken bloede die bereid was de gevraagde offers te brengen. 'Dat was voortreffelijk, niet?' zei Hare Majesteit na de ceremonie op een haar kenmerkende onderkoelde, professionele manier tegen haar echtgenoot.[33]

In Carole Middletons ooghoek vormde zich een traan toen haar sprankelende dochter aan haar vaders arm verscheen in de Great West Door van de Westminister Abbey. Kate was erin geslaagd om het 'domein van de winnaar' te bereiken, zoals de koningin het had geformuleerd tijdens het huwelijk van Charles en Camilla. Terwijl Sir Hubert Parry's kroningslied, 'I Was Glad', werd aangeheven, schreden Kate en haar vader tussen de zes meter hoge Engelse esdoorns en haagbeuken naar voren. Elke stap vooruit betekende tegelijkertijd dat ze zich verder terugtrok in de afgezonderde, bedompte wereld van de Britse kroon. Zou het dat allemaal waard zijn?

Bij het altaar wachtte William. Hij beet op zijn lip op een manier die deed denken aan zijn moeder. 'Je ziet er prachtig uit, schatje,' zei hij toen hij haar geliefde, vertrouwde gezicht van dichtbij zag.

14

HARRY DE HELD

De coming of age van een prins

Uit het geknetter dat uit de militaire radio kwam, ontcijferde prins Harry het bericht dat hij al tijden vreesde. Van de vier maanden dat hij in Afghanistan zou dienen, had hij er tien weken op zitten. En nu had de pers zijn aanwezigheid aan het front opgemerkt. Het hart zonk hem in de schoenen.

In februari 2008 bevond hij zich met een team van zeven Spartan-pantserwagens nabij het voormalige talibanbolwerk Musa Qala, in het noorden van de provincie Helmand. De operatie maakte deel uit van een offensief om een dorp onder controle te krijgen en de weg vrij te maken naar de Kajakidam. Bijna twee jaar eerder was daar een Britse soldaat gesneuveld en waren zes anderen ernstig gewond geraakt toen zij in een mijnenveld uit de Sovjettijd terecht waren gekomen.

Een paar minuten na het nieuws dat het geheim van zijn aanwezigheid in Afghanistan naar buiten was gekomen, voelde Harry een hand op zijn schouder. Het was zijn bevelvoerend officier. 'Luitenant Wales, pak je tas. Tijd om te vertrekken.'[1]

De boodschap was duidelijk. En verpletterend. Harry moest zijn mannen achterlaten, zijn spullen bij elkaar grissen en de laadklep van de Chinook-helikopter oprennen die op klaarlichte dag een riskante landing maakte teneinde hem in veiligheid te brengen. Aan boord zaten zes zwaarbewapende SAS-soldaten en zijn speciale beveiligingsteam van de politie, die in Camp Bastion waren achtergebleven terwijl Harry aan de frontlinie was. Boven hen vloog een Apache, die zonder veel overdrijving werd beschreven als een 'vliegend fort van 21 miljoen kilo'.[2] Deze met ultramoderne lasergestuurde raketten uitgeruste aanvalshelikopter moest de sappige koninklijke prooi beschermen tegen talibanvuur vanaf de grond. Vervolgens was het terug naar Camp Bastion in de woestijn van Helmand, waarna Harry doorvloog naar de RAF-basis Brize Norton in Oxfordshire.

De moedeloos makende inkorting van zijn tour in Afghanistan was niet de eerste teleurstelling die Harry moest slikken. Tien maanden eerder stond hij met zijn regiment de Blues and Royals helemaal klaar om naar Irak af te reizen. Hij zou als aanvoerder van een eenheid van twaalf soldaten en vier Scimitars, bepantserde verkenningsvoertuigen, in Basra worden gelegerd. Het Verenigd Koninkrijk was al sinds 2003 betrokken bij de oorlog in Irak. Destijds had premier Tony Blair zich laten verblinden door het vooruitzicht om Winston Churchill te kunnen spelen terwijl George Bush de rol van Franklin D. Roosevelt op zich nam. En dus stelde Blair Britse troepen beschikbaar om samen met de Amerikanen 'Saddam Hoessein af te zetten en Irak te ontdoen van zijn massavernietigingswapens'.[3] Die oorlog was uitermate impopulair. Misschien was het daarom wel des te belangrijker dat het publiek begreep dat ook een vooraanstaand lid van het Koninklijk Huis, net als gewone Britten, bereid was zijn leven in de waagschaal te stellen.

Het ministerie van Defensie had – in zijn oneindige wijsheid – het nieuws van Harry's inzet in Irak nauwelijks bekendgemaakt of de 'roddelpers-gps' vogelde uit waar hij zou worden gelegerd. En je kon erop wachten: prompt uitte een radicale geestelijke, Muqtada al-Sadr, gebaseerd op die informatie geloofwaardige doodsbedreigingen aan het adres van Harry. De Britse troepen kregen in die periode sowieso al te maken met toenemende aanvallen van rebellen. De nummer drie in de lijn van de troonopvolging zou als een 'kogelmagneet' fungeren die het leven van iedereen om hem heen in gevaar zou brengen.[4] In de derde week van april 2007 stelden legercommandanten dat een fataal bermbomincident waarbij twee Britse soldaten waren omgekomen, een repetitie was voor een aanslag op Harry's leven. In mei annuleerde het ministerie plotseling zijn inzet.

De tweeëntwintigjarige prins was er kapot van. In één klap was alles waarvoor hij had getraind voor niets. Eerder al had hij duidelijk gemaakt dat hij erop gebrand was om daadwerkelijk op missie te gaan. 'Ik mag hopen dat ik mijn miserabele zelf niet eeuwig door Sandhurst hoef te slepen [...] Ik had geen dienst genomen als ze hadden gezegd dat het front geen optie was,' zei hij op zijn eenentwintigste verjaardag tegen de pers.[5]

Ook Jamie Lowther-Pinkerton, zelf een onderscheiden officier, was diep gefrustreerd. Maandenlang had hij zich er sterk voor gemaakt dat Harry's Irak-tour doorgang zou vinden. De privésecretaris achtte het cruciaal dat de jonge prins met 'zijn poten in de modder' militaire ervaring zou opdoen.[6] Hij had eindeloze, moeizame overleggen gevoerd met Richard Dannatt, de chef-staf van het Britse leger, om Harry naar Basra te krijgen. Nu Irak als optie van tafel was, werd gevreesd dat Harry het leger helemaal de rug zou toekeren. William moest hem dat voornemen uit zijn hoofd praten. Hij zei tegen zijn broer dat als hij nu opgaf, hij alles teniet zou doen wat hij als jonge officier had opgebouwd. Dan zou hij nukkig en verwend overkomen. Had zich geen andere mogelijkheid op een militaire tour aangediend – ditmaal in Afghanistan – dan zouden we, zei Lowther-Pinkerton, 'absoluut te maken hebben gekregen met een ontredderd, ontevreden en gedesillusioneerd individu, die link gedrag kon vertonen en flinke trammelant kon geven'.[7]

Daarvan waren voorbeelden te over. Qua temperament was Harry zelf net een geïmproviseerd explosief. Op Eton belandde hij geregeld in gevechten. Eenmaal eindigde hij zelf, nadat hij tijdens een ruzie over een meisje een raam had ingetrapt, op krukken. Een oud-schoolhoofd zei tegen schrijver Chris Hutchins: 'We zeiden vaak dat Harry net een voetzoeker was. Zagen mensen hem aankomen, dan wisselden ze de bekende waarschuwing uit: "Pas op met vuur."'[8]

Harry zou veel gelukkiger zijn geweest in de negentiende eeuw, als een lawaaierige, schietgrage aristocraat in *Flashman*-stijl (al was generaal Harry Paget Flashman, de held uit de romans van George MacDonald Fraser, een snoeverige en lafhartige onverlaat, en zo was de echte Harry beslist niet). De familiegeschiedenis van de Spencers staat bol van de roekeloosheid en uitspattingen van zijn roodharige voorouders. Aan het begin van de zestiende eeuw kreeg Sir William Spencer na een verhitte discussie een driftbui en doodde hij een mannetjeshert. En de heetgebakerde Charles Spencer, graaf van Sunderland, verklaarde tijdens een debat in de House of Commons dat hij 'op de House of Lords zou willen pissen'.[9] Daarnaast onthutste de 'rode graaf' koningin Victoria toen hij zich na zijn aanstelling in Ierland als Lord Lieutenant uiteindelijk achter het Ierse streven naar onafhankelijkheid schaarde. Al hun strapatsen zijn geboekstaafd in een kleurrijke familiegeschiedenis van de hand van de huidige graaf Spencer, wiens vermetele grafrede over Diana naadloos binnen de voorouderlijke traditie paste.

Terwijl William in de loop van de jaren steeds meer een Windsor werd, bleef het Spencerbloed door Harry's aderen razen. Hij leek het te omarmen. Op de tiende gedenkdag van Diana's overlijden zat William tijdens de dienst in The Guard's Chapel van de Wellington Baracks bij de koningin en prins Philip (ongetwijfeld ook omdat dat moest). Maar Harry koos ervoor om bij de Spencers plaats te nemen. Tijdens het interview over mentale gezondheid dat hij in 2021 aan Oprah gaf, erkende hij zijn grote affiniteit met Diana's kant van de familie: 'Mensen uit mijn familie zeiden: "Als je gewoon het spel meespeelt, maak je het jezelf een stuk makkelijker." Maar ik heb verdomd veel van mijn moeder in me. Ik heb het gevoel dat ik eigenlijk buiten het systeem sta, maar er toch nog in vastzit.'[10]

Je mag gerust stellen dat Harry's beslissing in 2006 om dienst te nemen voorkwam dat hij ontspoorde. Terwijl William aan St. Andrews studeerde en zijn vader vaak op reis was, dronk Harry te veel en rookte hij samen met zijn vrienden wiet in de kelder van Highgrove. Hij en William hadden daar een hangplek die ze Club H noemden. Verbleven de broers thuis, dan waren ze stamgasten in de nabije Rattlebone Inn, een zestiende-eeuwse pub op een paar kilometer van Highgrove. De dodelijke specialiteit van het huis was de 'snake bite', een cocktail van bier en cider, die Harry's inname totaal geen goed deed. In 2001 zaten twee nieuwsgierige journalisten in het café toen de destijds minderjarige Harry deelnam aan een zogenaamde 'lock-in', een illegale maar overigens niet ongebruikelijke Britse traditie waarbij de drinkers zich 's nachts in de pub laten insluiten om het drinkgelag voort te kunnen zetten. Een beschonken Harry zocht ruzie met een Franse barmedewerker. Pre-woke noemde de prins hem een 'klotefransoos'. Van het een kwam het ander en uiteindelijk werd Harry het café uit gesmeten. Voor de twee journalisten was dit natuurlijk een godsgeschenk. *The News of the World* smeerde het verslag over dit baldadige opstootje vakkundig uit over meerdere pagina's. Als oudere tiener en jonge twintiger was Harry's leven een litanie van voorpaginafratsen: van die keer in oktober 2004 dat hij om 3.00 uur 's nachts buiten een nachtclub in Piccadilly in kennelijke staat een fotograaf op zijn gezicht timmerde tot het beruchte naziuniform dat hij droeg tijdens een verkleedfeestje in 2005, twee weken voor de zestigste gedenkdag van de bevrijding van Auschwitz.

Chris Uncle, de fotograaf die was betrokken in dat handgemeen met de paparazzi, zei tegen *The Evening Standard* dat Harry ineens 'uit de auto was gevlogen' en een 'uitval' naar hem had gedaan terwijl hij foto's nam. 'Hij sloeg en duwde vervolgens opzettelijk de camera in mijn gezicht,' zei Uncle.[11] Speciale beveiligingsagenten sleepten Harry weg en Paddy

Harverson wist het verhaal vaardig te spinnen tot een uit de hand gelopen gebeurtenis waarbij een respectabele jongeman bovenmatig en uitermate tergend door de pers werd lastiggevallen. Tot overmaat van ramp had een aan Eton ontslagen kunstlerares, Sarah Forsyth, vlak daarvoor tegenover een arbeidsgeschillencommissie verklaard dat ze Harry had geholpen met een project waarvoor hij een hoog cijfer moest halen om op Sandhurst te worden toegelaten.

Een examencommissie achtte hem onschuldig. Maar in Harry's moedeloze klacht hoor je zijn pijn: 'Misschien is dit gewoon deel van mij. Ik moet ermee dealen. Mensen worden van van alles beschuldigd. Maar bij mij belandt alles meteen in de openbaarheid.'[12]

Sandhurst beschermde hem hiertegen. 'De beste toevlucht die ik ooit had,' zo noemde hij zijn militaire carrière.[13] Nooit had iemands temperament beter gepast bij het soldatenleven dan dat van Harry. Dat hij een geboren militair was, was al duidelijk geworden toen hij op Eton werd gekozen als de paradecommandant van het Combined Cadet Force.

In het sappige interview ter ere van zijn eenentwintigste verjaardag zei Harry dat hij de landmacht had verkozen boven de marine, waar zijn vader en grootvader hadden gediend, omdat 'ik er echt van geniet om door een modderige greppel te banjeren en om me heen te schieten. Dat is wie ik ben. Dat vind ik heerlijk.'[14] Lowther-Pinkerton vertelde: 'De meeste oorlogsschepen zijn constant afgesloten. Wanneer je op zee bent of je in een duistere commandokamer bevindt, dan heeft dat weinig gemeen met de heldhaftige zeelieden op de scheepsbrug die mensen uit de films kennen.'

Zijn soldatenidentiteit was een wezenlijk onderdeel van Harry's zelfbeeld. Hij zei dat hij zich 'moeiteloos' kon voorstellen dat hij 'vijfendertig of veertig jaar' in het leger zou doorbrengen.

Het militaire leven was zijn sleutel tot de anonimiteit. Zowel Clarence House als Sandhurst maakte duidelijk dat cadet Wales hetzelfde zou worden behandeld als alle anderen. Ook hij zou het afmattende bootcamp van vierenveertig weken doen, voor zonsopgang uit bed gerammeld worden, zijn laarzen moeten oppoetsen en zijn bed moeten opmaken. Net als elke andere cadet moest hij zijn eigen strijkijzer meenemen. Zijn adjudant-onderofficier deed destijds de fameuze uitspraak: 'Prins Harry zal mij meneer noemen. En ik zal hem meneer noemen. Maar alleen hij zal het menen.'[15]

Harry gaf te allen tijde de voorkeur aan het oorlogsgebied boven de schijnveiligheid van Londen, waar hij een geheel ander soort doelwit vormde. Tijdens operaties buiten de Afghaanse basis werd zijn beroemde gezicht vermomd door zijn helm en stofbril. De kameraadschap tussen hem en de soldaten van bescheiden afkomst was tenminste echt, geen pr-makelij. Op de Forward Operating Base Delhi, een desolate buitenpost in de woestijn op 500 meter van de talibanlinie, deelde hij een kamer met een constant veranderend contingent van soldaten van de Royal Artillery. Tegen journalisten zei Harry: 'Dit is waar het echt om gaat. Om met de jongens te zijn, niet ergens in een kamer met een stel officieren [...] Het is leuk om in een groep van normale gasten te leven, om naar hun problemen te luisteren, te horen wat ze denken [...] De jongens met wie ik een kamer deel maken dit de moeite waard.'[16]

Na Eton was het voor Harry een grote opluchting dat het leger zijn aangeboren, niet-theoretische talenten waardeerde. Hij was bijvoorbeeld een uitstekend schutter. 'Door zijn uitzonderlijke hand-oogcoördinatie gaat dit hem goed af,' vertelde majoor-generaal Buster Howes, de voormalig militair attaché aan de Britse ambassade in Washington.[17] Ook herinnerde Howes zich hoe Harry tijdens een bezoek in 2013 aan de U.S. Air Force Academy in Colorado met een American football twee schitterende lange passes gaf en even daarna op het honkbalveld tweemaal een fraaie klap gaf op ballen die werden gegooid door een pitcher van de Boston Red Sox.

Het leger was de enige plek waar de vergelijking tussen Harry en William in het voordeel van de jongere broer uitviel. Een paar maanden nadat William aan St. Andrews afstudeerde, werd Harry op Sandhurst al een bevelvoerend officier. Harry vond het heerlijk dat zijn oudere broer naar hem moest salueren. Biograaf Christopher Andersen schreef dat het hen dichter bij elkaar bracht als drilsergeanten tegen hen schreeuwden: 'Jij vreselijk prinsje!' terwijl ze onder prikkeldraad door kropen of marcheerden totdat hun voeten bloedden.[18] Het gaf de militair meer ervaren Harry voldoening dat hij nu eens diegene was die als mentor voor zijn broer kon optreden.

Terwijl het leger voor Harry van jongs af aan een roeping was, betekende de slopende militaire opleiding voor William vooral een manier om zijn adelbrieven als toekomstige koning aan te dikken. Dat de troonopvolger nooit van zijn leven op militaire missie zou gaan was van meet af aan glashelder. In 2005 zei William tegen een journalist: 'Voor mij is het belangrijk dat ik het leger begrijp en dat ik soldaten in hun ogen kan kijken en op zijn minst een klein beetje begrijp van wat zij hebben meegemaakt.'[19] Dat nam niet weg dat hij het net als prinses Charles in zijn marinetijd diep frustrerend vond dat hij werd opgeleid zonder de kans om ooit echte actie te mogen meemaken.

Williams besluit om in 2010 bij de RAF Search and Rescue Force te gaan, bleek een geniale zet. Het gaf William de kick van de actie zonder dat hij iemand anders dan zichzelf in gevaar bracht. Drie jaar lang vloog hij vanaf de basis Anglesey over de Atlantische Oceaan om zeilers op te vissen, redde hij gestrande alpinisten op de berghellingen van Snowdonia en snelde hij toe om na auto-ongelukken de lichamen van de snelweg af te voeren. In 2015 stapte hij over naar de East Anglian Air Ambulance, waarvoor hij een team van doktoren en medici daarheen vloog waar mensen in nood verkeerden: ongelukken, zelfmoorden, branden. Het verschafte de jonge prins een groter inzicht in de uitdagingen en het functioneren van de National Health Service dan elk van zijn familieleden ooit had gehad.

In 2009 volgden de twee broers op de RAF-basis Shawbury gelijktijdig hun opleiding tot helikopterpiloot. Zes maanden lang deelden ze een klein huisje in de buurt, in Shropshire. 'De eerste en laatste keer, dat kan ik je wel vertellen,' spotte Harry in een gezamenlijk interview.[20] Harry deed het zo goed dat het leger hem overhevelde naar het trainingsprogramma voor het vliegen met een Apache, de meer dan 5000 kilo zware helikopter die werd beschouwd als een van de gevaarlijkste en meest uitdagende luchtvaartuigen. Hij kreeg een prijs voor beste copiloot en luchtschutter van zijn jaargang. Lowther-Pinkerton bevestigde: 'Hij is echt een uitstekende piloot en copiloot annex luchtschutter.'[21] Nadat Harry zijn training had gehad, zo zei een militair die hem van dichtbij meemaakte, 'besefte hij ineens: "Ik ben hier heel erg goed in. Ik ben slecht in examens, ik kan dit niet, ik kan dat niet." Maar de mensen die hiervan verstand hebben, weten dat hij hierin van meet af aan heeft uitgeblonken. Hij ging op missie naar Afghanistan en volgens iedereen deed hij het daar voortreffelijk. Zijn bevelvoerend officier zei bij terugkomst: "Hij was echt, echt, echt uitmuntend."'

Een bron uit het paleis merkte op dat het type helikoper dat beide jongens vlogen, veel zei over hun verschillende karakters. Grof gezegd: de een bijzonder krijgshaftig, de ander zeer empathisch:

> Harry vloog een Apache, een bewapende aanvalshelikopter, waarmee je op 3 meter boven de grond soms zo'n 370 kilometer per uur vliegt. Je voert 39 functies tegelijk uit en vuurt alle kanten op. Daarentegen vloog William zo'n beest van een opsporingsvliegtuig met extra brandstoftanks. Je moet de hoeveelheid brandstof goed berekenen, een rechte lijn naar je bestemming uitzetten en je vervolgens door de storm heen werken om iemand uit de oceaan op te pikken en veilig terug te brengen. Het is net een karakterschets van deze twee kerels.

Had Harry na de teleurstelling over de Irakmissie het leger verlaten, dan was dat volgens Lowther-Pinkerton niet alleen voor Harry persoonlijk maar voor de hele monarchie een regelrechte ramp geweest. Dan was het onmogelijk voor hem geworden om zijn waarde voor de koninklijke familie te bewijzen. In ieder geval dacht zijn oma er zo over. Wat de koningin betreft was militaire dienst zeker niet alleen noodzakelijke schone schijn. Vergeet niet dat zij het laatst overgebleven staatshoofd is dat tijdens de Tweede Wereldoorlog in het leger had gediend. En tevens de laatste die, zo schreef Robert Hardman, 'de angst, sfeer en zelfs de liederen van die generatie kende'.[22] Op haar negentiende ging ze bij de Auxiliary Territorial Service, een vrouwenkorps dat binnen het leger allerlei neventaken voor zijn rekening nam. Daarmee was ze de eerste vrouwelijke royal die zich inliet met gewone mensen zonder speciale rang of koninklijke privileges. Ze hield er allerlei vaardigheden aan over: zo kon ze tal van voertuigen besturen, waaronder een ambulance, en was ze in staat om een motor uit elkaar te halen en weer in elkaar te zetten. Ze vond het zalig om haar handen vies te maken, met motorolie te besmeuren. Binnen de familie werd het een soort running gag dat zij vol overgave tijdens het diner over zuigers en cilinderkoppen kon praten. Was er in Balmoral iets met haar Land Rover, dan sprong ze zelf uit de auto om onder de motorkap te turen. (In 2003 schokte ze de kroonprins van Saoedi-Arabië door hem hoogstpersoonlijk over het landgoed van Balmoral te chauffeuren. Benauwd vroeg de prins, die het tijdens zijn lange bewind vrouwen nooit had toegestaan om zelf auto te rijden, of ze misschien vaart kon minderen. Deze anekdote doet toch vermoeden dat ze hem iets probeerde te vertellen.)

Op VE-Day in mei 1945 glipten zij en prinses Margaret er met een groep jonge gardeofficieren vantussen. Ze stortten zich in de uitbundige mensenmenigte rond het paleis en haakten hun armen in die van de andere feestvierders. De oorlogservaring vormde de plichtsopvatting van de koningin. Voor haar had het uniform van de strijdkrachten altijd een diepe emotionele betekenis gehad. Zo beschouwde ze de kranslegging in november op Remembrance Day bij de Cenotaph, een verantwoordelijkheid die ze in 2017 overhevelde op prins Charles, als een van haar meest heilige en wezenlijke koninklijke taken.

Een insider uit Downing Street zei me dat het volgens hem te danken was aan de vasthoudendheid van de koningin in haar gesprekken met Gordon Brown, destijds premier namens Labour, dat Harry ondanks sterke weerstand van het leger een tweede kans op een missie kreeg – ditmaal in

Afghanistan. De koningin had met de nodige ongerustheid vastgesteld dat Harry de tekenen vertoonde van die typische ongelukkige drift waar de jongere broers en zussen van de troonopvolger vaak op raken. Eerder had ze die met eigen ogen gezien in de opstandige jonge jaren van prinses Margaret en in de doelloosheid van prins Andrew. Ze wist hoe belangrijk het was voor Harry om zijn land te dienen. 'Hare Majesteit was zich bewust van de nadelen die werden veroorzaakt doordat Harry de "reserve" was. Ze besefte tot welke narigheid het gevoel nutteloos te zijn kan leiden,' zei dezelfde insider. 'De koningin deed alle mogelijke moeite om een goede oplossing te vinden. [...] Gordon Brown zal nooit over deze bijeenkomsten praten, maar dat hem iets werd ingefluisterd moge duidelijk zijn.' En ten slotte was het de koningin die als opperbevelhebber, maar waarschijnlijk toch vooral als trotse oma, prins Harry het nieuws mocht brengen dat hij eindelijk zijn droom kon vervullen om aan het front te dienen. Aangezien er inmiddels meer militairen in Afghanistan dan in Irak waren en de Britse troepen over een half dozijn locaties verspreid waren, dacht de legerleiding dat ze hem konden beschermen – áls de media meewerkten.

Dat moet een vrij kansloos voorstel hebben geleken. Hoe krijg je het gulzige, zéér competitief ingestelde wolfpack van de pers zover zich koest te houden? De enige optie: met ze samenspannen.

Deze opdracht werd onberispelijk uitgevoerd door het voortvarende duo bestaande uit privésecretaris Lowther-Pinkerton en communicatiemaestro Harverson. De Netflix-serie *The Crown* schetst een achterhaald beeld van paleisadviseurs als prikkelbare reactionairen. Mede daardoor zijn mensen nog steeds geneigd te denken dat de belangrijkste privésecretaris van de koningin, Tommy Lascelles, die door Pip Torrens onvergetelijk wordt neergezet als een naargeestige, besnorde bloedhond die op aarde is om progressieve ideeën te dwarsbomen, het koninklijke reilen en zeilen bestiert. In werkelijkheid bestaat de huidige denktank van het paleis uit intelligente, geraffineerde strategen. Of zaken voor de royals goed of slecht uitpakken is telkens weer in hoge mate afhankelijk van wie er op de sleutelposten van privésecretaris en hoofd communicatie zitten.

In juni 2007 besloten Lowther-Pinkerton en Harverson om meteen te mikken op de zwakke plek van het beest. Ze regelden bijeenkomsten met Murdochs tabloid *The Sun* en spraken met Duncan Larcombe, royalty-scoop-jachthond, en Tom Newton Dunn, een ervaren defensieredacteur. Zoals wordt verteld in Larcombe's boek, *Prince Harry: The Inside Story*, trapte Harverson de bespreking af met de zin: 'We wilden weten of jullie denken dat er een kans bestaat dat Harry als soldaat naar de oorlog kan.'[23]

'Hebben jullie een mediastilte over zijn inzet overwogen?' vroeg Newton Dunn.

'Zou dat echt werken?' vroeg Lowther-Pinkerton.

Larcombe antwoordde: 'Dat lijkt mij de enige manier waarop Harry ooit aan de frontlinie zou kunnen dienen. Lekt het nieuws over zijn tour van tevoren uit, dan kan hij niet gaan. Dus dit lijkt me de enige optie.'

Bingo. De samenspanningsstrategie werkte. En dat niet alleen: het paleis had het zo weten aan te leggen dat het leek of de grootste plaaggeesten van de tabloids het zelf hadden bedacht. Hoewel Larcombe noch Newton Dunn geloofde dat Buckingham Palace het werkelijk voor elkaar ging boksen om de media stilzwijgen te laten bewaren over een royal die zo beroemd en populair was als Harry, zetten Lowther-Pinkerton, Harverson en generaal Dannatt alles op alles. Ze gingen in gesprek met andere hoofdredacteuren en mediaproducenten om hun plan te slijten.

Miguel Head, het toenmalige hoofd persvoorlichting van Defensie, speelde een cruciale rol in het welslagen van deze opzet. Tijdens zijn onderhandelingen met de media over een afspraak kon hij ze een beloning voorhouden. Zouden de kranten niets loslaten over Harry's inzet, dan, zo beloofde Head, zou de prins hun voor, tijdens en na zijn tour in Afghanistan interviews geven. Maar natuurlijk op voorwaarde dat die pas zouden worden gepubliceerd na diens terugkeer van het front. Nadat de geschreven pers akkoord was, probeerde Head ook de televisiemedia zover te krijgen dat ze zich aan de mediastilte hielden. Die stribbelden flink tegen, met name de BBC. Het kostte generaal Dannatt vijf maanden om ze te overtuigen het kidnapprocedé te volgen. Dat procedé hield in dat de politie de media kan vragen niets over een ontvoering te berichten zolang de onderhandelingen gaande zijn, aangezien dat de ontvoerde persoon in gevaar kan brengen. In ruil daarvoor geeft de politie de media regelmatige updates en doen ze voor de camera een 'onthulling' zodra de zaak is opgelost.

In een interview met *The Journalist Resource* legde Head uit hoe hij door met *naming and shaming* te dreigen, de doorgaans zo roofzuchtige pers zover kreeg om niet met een van de grootste royaltyverhalen aan de haal te gaan:

> De onderlinge rivaliteit tussen de verschillende media had als resultaat dat geen ervan als de slechterik bekend wilde komen te staan. Bovendien is prins Harry ontzettend populair en was hij destijds nog erg jong. Sinds het overlijden van Diana, de prinses van Wales, waren amper tien jaar verstreken. Onder de mensen leefde

> nog heel sterk de neiging om de twee jonge prinsen tegen de borst te drukken en te zeggen: 'We zullen voor ze zorgen. En jij, pers, kunt maar beter met je tengels van ze afblijven. Waag het niet met hen te doen wat je me met hun moeder hebt gedaan.'[24]

Uiteindelijk deden honderden nieuwsorganisaties, waaronder ook Amerikaanse omroepen, mee aan dat wat Head de 'kring van vertrouwen' noemde. Het bijzondere is dat dit enkel en alleen een gentlemen's agreement betrof. Aangezien het niet juridisch bindend was, geloofde Head eigenlijk niet dat het embargo langer dan achtenveertig uur zou standhouden. Royaltywatchers die gewend waren aan onophoudelijke updates kregen nu eens geen foto's toegestuurd waarin prins Harry op een roestige motor door een verder niet thuis te brengen woestijn croste. William droeg bij aan het slim opgetrokken rookgordijn door zich tijdens kerst 2007 op te geven voor legeractiviteiten en daarmee de indruk te versterken dat beide broers die dag op de basis met hun eenheid zouden doorbrengen. Gelukkig bood prins Charles een extra welkome nieuwsafleiding. Tijdens een exercitie te paard riep hij tegen een fotograaf: 'Aan de kant, jij ergerlijke zakkenwasser!'[25]

Terwijl de andere royals aan de kerstpudding zaten en prinses Anne tijdens de traditionele jachtpartij van prins Philip op tweede kerstdag dode vogels opraapte, at Harry in de Afghaanse woestijn in het gezelschap van Gurkhasoldaten met kerrie bereid geitenvlees. In meerdere opzichten had het lot het blijkbaar zo voorbeschikt dat hij werd weggehouden van een oorlog die door de Britten werd verafschuwd en in plaats daarvan werd gedreven naar een strijdtoneel – Afghanistan – dat indertijd veel minder controversieel was. Binnen de Britse strijdkrachten leefde een sterke collectieve herinnering aan Afghanistan. En Harry leek op zijn plek in dit land waarover zowel Kipling als Churchill zo indringend had geschreven.

Zijn verblijf in Afghanistan was zeker geen peulenschil. Harry leefde er het gros van de tijd zonder stromend water of verwarming, ook tijdens ijskoude nachten. Als Forward Air Controller keek hij naar live-beeldmateriaal dat werd doorgestuurd naar een laptop. Dit stond bekend als 'Taliban TV' of 'Kill TV'. Hij moest luchtsteun aanvragen wanneer NAVO-troepen onder vuur van de taliban kwamen te liggen. Daarbij gebruikte hij de roepnaam Widow Six Seven. Piloten kregen vervolgens het 'toestemming om te vuren' te horen van een stem met een Etoniaanse cadans waarvan ze niet konden bevroeden dat die toebehoorde aan de kleinzoon van de koningin.

Uiteindelijk viel de anonimiteitsdeal met de pers na zo'n tien weken in duigen. Al bij al hadden de gewoonlijk zo nietsontziende media zich verrassend lovenswaardig opgesteld. Daarnaast getuigde het van Harry's populariteit. Na een maand werd zijn dekmantel bijna weggerukt toen *New Idea*, een onbekend Australisch vrouwenblad, op de een of andere manier had ontdekt dat de prins aan het front was gelegerd en, niet wetende van de mediastilte, hierover een artikeltje op zijn website plaatste. (Later zou de hoofdredacteur een spijtbetuiging publiceren en aftreden – wat overigens geen einde maakte aan de hatemail en doodsbedreigingen die ze ontving omdat ze de aanwezigheid van de prins had onthuld.) Maar gelukkig voor Harry bleef *New Idea* totaal onder de radar van de andere media en hield de mediastilte nog zeven weken langer stand. Miguel Head kreeg gelijk. Geen van de Britse bladen en andere media had er trek in om het schuldige medium te zijn dat bekendmaakte dat de moedige, krijgshaftige prins zijn land in den vreemde diende. Maar zulke overwegingen konden Matt Drudge, de Amerikaanse roddelvrijbuiter van de *Drudge Report*, allemaal gestolen worden. Hij publiceerde het nieuws als zijn eigen scoop en toeterde: 'Ze noemen hem "Harry de held!"'[26] Hij eindigde de post met het kenmerkende en omineuze 'Meer volgt…' – waar hij sinds het Monica Lewinsky-schandaal patent op had.

En toen was het voorbij. Nadat het Tristar-transportvliegtuig met daarin prins Harry was geland op de RAF-basis Brize Norton, belichaamde hij het woord 'ellendig'. Hij droeg nog altijd zijn camouflage-uniform en kogelvrij vest. In zijn soldatenlaarzen zat nog Afghaans zand. Head herinnerde zich: 'Hij was echt van streek. Terneergeslagen. Boos zou ik niet zeggen, daarvoor was hij te volwassen. Hij begreep wat er was gebeurd en was daar gewoon heel verdrietig over.'[27] Tweeënhalve maand lang had hij een normaal leven kunnen leiden – en alleen normaal omdat het oorlog was.

Zijn retourvlucht was traumatisch geweest. Aan boord waren ook twee zwaargewonde Britse soldaten die in een kunstmatige coma werden gehouden en bij wie er slangetjes uit hun arm kwamen. Een van hen was Ben McBean, een eenentwintigjarige marinier die zijn rechterbeen en linkerarm was verloren nadat hij op een bermbom was gestapt. In de hand van de andere soldaat bevond zich een reageerbuisje met de stukjes granaatscherf die uit zijn nek waren gehaald.

Harry zou McBean nooit vergeten. Vijf jaar later zou de prins hem komen aanmoedigen toen McBean voor een liefdadigheidsdoel van het leger mét zijn beenprothese meedeed aan een vijftig kilometer lange hardloopwedstrijd. Na afloop zei McBean dat hij stomverbaasd was geweest toen hij Harry daar zag. De moed van de gewone soldaten in het vliegtuig had zich voor eeuwig in de prins gegrift. Hun in stilte gedragen leed zou hem later inspireren tot de oprichting van de Invictus Games, het sportevenement dat was bedoeld om gewonde veteranen te helpen hun eigenwaarde terug te krijgen.

Toen Harry op Brize Norton landde, werd hij daar door zijn vader en broer opgewacht. Head, die ook aanwezig was, zei:

> Voor het eerst besefte ik en zag ik met eigen ogen hoe sterk de band tussen beide broers is. Denk je eens in welke gemengde gevoelens prins William moet hebben gehad, omdat het hem niet werd toegestaan om… Hij mocht niet gaan. Hij moet dus hebben geweten hoe prins Harry zich voelde. En hij trad heel beschermend op.[28]

Vlak voordat Harry naar Afghanistan afreisde, had William hem een brief geschreven waarin hij zei dat hun moeder ontzettend trots op hem zou zijn geweest.

Voor de uitgeputte prins waren de door Head gemaakte media-afspraken een onverdraaglijk vooruitzicht. Van Harry werd verwacht dat hij direct na landing in het felle televisielicht zou plaatsnemen en interviews aan de verzamelde pers zou geven. Voor deze ene keer had de Britse pers het morele gelijk aan zijn zijde. Het lek kwam immers van Amerikaanse en niet van Britse zijde. Harry bedankte hen voor hun stilzwijgen.

'Het is zonde,' zei hij bewonderenswaardig kalm. 'Boos zou het verkeerde woord zijn. Ik ben teleurgesteld. Ik hoopte tot het einde te kunnen blijven en samen met onze jongens terug te keren.' Hij bekende nog altijd geschokt te zijn door de aanblik van de zwaargewonde soldaten op de vlucht naar huis en zei dat het had gevoeld alsof zijn keel werd 'dichtgeschroefd'. 'Dat zijn de echte helden. Die jongens dienden hun land en werden tijdens een gewone patrouille opgeblazen door een mijn waarvan ze geen idee hadden.'[29]

William, die achter in de kamer stond toe te kijken, merkte dat zijn broer het moeilijk kreeg achter de façade die hij hooghield voor de media. Met zijn hand maakte hij een gebaar langs zijn keel: *afkappen*.

'Hier besefte een broer dat op dat moment even niets belangrijker was dan zijn welzijn [van Harry] en dat alle gemaakte afspraken even niet van belang waren,' herinnerde Head zich.

> Het zegt iets over hoe close de twee broers zijn, en over hun oprechtheid. Ze zullen zich niet anders voordoen dan ze zijn, alleen om een spelletje te spelen of om tegemoet te komen aan de verwachtingen. Ze zijn absoluut hoffelijk en loyaal en zullen afspraken in principe altijd nakomen. Maar er komt een punt waarop ze zeggen: 'Nu is het menselijke aspect belangrijker.'[30]

De BBC-producent, aan wie een lang interview was beloofd, kreeg bijkans een beroerte en tierde tegen Head over de geschonden afspraak. De broers lieten later blijken hoezeer ze Heads aanpak hadden gewaardeerd toen ze Harverson vroegen om Head aan te stellen als hun eerste gezamenlijke perssecretaris, wat Harverson meteen deed.

Vlug verlieten Harry, Charles en William de interviewruimte. William droeg Harry's twee plunjezakken naar een wachtende stationwagen en toen reden ze weg. Precies zoals elk ander gezin een zoon zou verwelkomen die net terug is van de oorlog.

15

SPEURDERS

Een duik in de zwarte magie

Eén iemand in het bijzonder was er bepaald niet rouwig om dat Harry's missie voortijdig werd afgebroken. Dat was Chelsy Davy, zijn drieëntwintigjarige vriendin. Zij was de vrijgevochten dochter van Charles Davy, een van Zimbabwes rijkste particuliere grootgrondbezitters. De afgelopen vier jaar hadden zij en Harry een soort knipperlichtrelatie gehad, maar door zijn afwezigheid was haar affectie voor hem weer opgelaaid. De aantrekkingskracht die Chelsy op Harry uitoefende had evenveel te maken met haar freewheelende zin voor het buitenleven en voorkeur voor hard feesten als haar lange benen en gordijn van platinablonde haren. Zeven jaar lang zou Harry echt gek op haar zijn.

Net als Harry had Chelsy een troef. Van haar beladen achtergrond in het Zimbabwe van Robert Mugabe, de dictator met de alligatorkop, ging een zekere allure uit. Ze racete door Kaapstad in een zilveren Mercedes, een tweezitter. De rijkdom van haar ouders verleende haar het hedonistische aura van de Happy Valley-aristocraten die in de jaren twintig en dertig van de twintigste eeuw in Kenia waren neergestreken. Haar moeder was een vermaarde schoonheid, 'Miss Rhodesië 1973', wier gezicht alom bekend was doordat het gebruikt werd in de Coca-Cola-reclames op vrachtwagens.

Als kind rende Chelsy blootsvoets rond op de uitgestrekte landerijen van de Davy's en joeg ze op slangen. In een interview uit 2016 zei ze tegen *The Times* dat haar kleuterschool 'vergeven was van de apen die je potloden jatten'.[1]

Tegen de tijd dat Chelsy de tienerleeftijd bereikte, ging de situatie in Zimbabwe snel achteruit. Ze bestookte haar ouders met smeekbeden of ze alsjeblieft in Engeland naar school mocht. De familie koos uiteindelijk voor het exclusieve Cheltenham Ladies College in Gloucestershire. En dus verruilde ze op haar veertiende de rimboe voor deze stijve elitaire school, als 'Crocodile Dundee met al mijn slangen'. Vervolgens ging ze door naar Stowe, een minder nuffige kostschool in Buckinghamshire waar vooral jongens op zaten. Haar ouders hoopten dat die school beter bij haar karakter zou passen.

Ondertussen leidden haar vaders pragmatische zakenrelaties met Mugabes bondgenoten tot steeds meer lastige vragen over hoe het kon dat het zijn bedrijf HHK Safaris – dat jachtreizen organiseerde voor rijke Amerikanen en Europeanen – voor de wind bleef gaan terwijl het regime op grote schaal aan landjepik deed. Terwijl tal van witte boeren werden verdreven van hun land en familiebedrijven, was het nogal verdacht dat Charles Davy uiteindelijk slechts 56.000 hectare hoefde op te geven. Ondertussen bezag Mugabe de relatie van Harry en Chelsy als een nuttige propagandastunt. Al boette die ongetwijfeld wat van zijn propagandawaarde in toen de koningin de dictator in 2008 zijn ridderorde afnam, wat gebeurde nadat Buitenlandse Zaken onomwonden Mugabes mensenrechtenschendingen had veroordeeld. Was Chelsy uiteindelijk met een Windsor getrouwd, dan zou Charles Davy's safari- annex jachtreisbureau gecombineerd met de postkoloniale desintegratie van Zimbabwe een heleboel stof hebben doen opwaaien. Om diplomatieke problemen te voorkomen, drukte het paleis Harry op het hart om Chelsy nooit thuis in Zimbabwe te bezoeken, maar om altijd in omliggende landen af te spreken.

Harry's hartstocht voor Chelsy was van meet af aan niet los te zien van zijn verlangen om de beperkingen van het royaltyleven te ontvluchten.

'Ik zou willen dat ik meer tijd in Afrika kon doorbrengen,' zei Harry in 2017 tegen *Town & Country*, om vervolgens net zoals zijn voorouders uit minder verlichte tijden de enorme variëteit aan volkeren uit tweeënvijftig Afrikaanse landen over één morele en demografische kam te scheren. 'Ik kan me hier zo goed ontspannen, mezelf normaal voelen. Ik word hier niet herkend en kan verdwalen in de jungle met wat mij betreft de meest nuchtere mensen op aarde, mensen [die werkzaam waren in natuurbehoud] zonder heimelijke motieven of verborgen agenda's die alles willen opofferen voor de verbetering van de natuur.'[12] Hij had zelfs een tijd met de gedachte gespeeld, zo gaf hij aan, om zelf parkwachter in Afrika te worden.

De aantrekkingskracht van 'Afrika' had hij voor het eerst gevoeld in de weken na zijn moeders overlijden. Toen nam Charles, die zijn ontroostbare dertienjarige zoon dicht bij zich wilde houden, hem met zich mee op een officieel bezoek aan Zuid-Afrika, Swaziland en Lesotho. De drie dagen die Harry in de Botswaanse jungle doorbracht en waarbij hij vanuit een open Land Rover al die wilde dieren zag – terwijl zijn vader tijdens een soort promotietour zijn eigen imago oppoetste – maakten in een intens kwetsbare tijd een diepe indruk op hem. In het gezelschap van de onvermoeibare Tiggy Legge-Bourke en een schoolvriendje verbleef hij in een canvastent met een rieten dak en raakte hij betoverd door de wilde olifanten, leeuwen en giraffen. Prins Charles ging met hem mee op een boottocht door het Zoeloegebied waarbij ze langs flamingo's, pelikanen, nijlpaarden en krokodillen voeren. Voor Harry had dit gevoeld als een mystieke bevrijding van de verschrikkingen van de voorgaande tragische weken. Sinds die eerste inwijding was hij altijd in de ban van Afrika gebleven. Telkens opnieuw keerde hij er terug om met een geliefde zijn passie voor dit continent te delen. Toen hij na twee dates als een blok voor Meghan Markle viel, nam hij haar meteen mee naar Botswana voor een nacht onder de sterrenhemel. In haar verlovingsring liet hij zelfs een conflictvrije Botswaanse diamant opnemen.

II

Harry's tussenjaar in 2003 – tussen zijn eindexamen op Eton en zijn nieuwe opleiding op Sandhurst – versterkte zijn thuisgevoel bij Afrika. Mark Dyer deelde Harry's hartstocht voor alles wat met Afrika te maken had. Hij werkte voor Save the Children in Ethiopië en Soedan. Dyer werd bijna een soort tweede vader voor Harry – en met zijn rossige haarkleur kon hij daar ook makkelijk voor doorgaan. Hij is recht voor zijn raap. Ooit datete hij Tiggy Legge-Bourke, tegenwoordig is hij peetvader van Harry's zoon Archie. Toen hij de opdracht kreeg om Harry's tussenjaar in te vullen, maakte hij gebruik van zijn contact met Seeiso, de kroonprins van Lesotho, een klein bergstaatje dat volledig door Zuid-Afrika wordt omsloten en waar de aidsepidemie stevig heeft huisgehouden.

Er werd afgesproken dat Harry acht weken lang zou rondreizen met

Seeiso en dan zou gaan werken in het Mants'ase Children's Home, een weeshuis in Lesotho waar veel kinderen werden opgevangen die hun ouders aan aids hadden verloren. Aanvankelijk zag de bijna twintig jaar oudere kroonprins ertegen op om de verantwoordelijkheid voor de achttienjarige Harry te dragen. Maar die schroom verdween snel genoeg. Allebei hadden ze recent hun moeder verloren. Ook voerden ze goede gesprekken over de specifieke last die weegt op de tweede zoon in de lijn van de troonopvolging. Seeiso zag dat Harry van nature goed was met kinderen. Eén jongetje in het bijzonder was helemaal idolaat van hem. Hij liep hem overval achterna terwijl Harry reparaties uitvoerde en muren verfde. Van zijn kant was Harry zo dol op het kind dat hij hem zijn eigen paar blauwe Wellington-laarzen gaf, via brieven en bezoekjes contact met hem hield en hem veertien jaar later zelfs uitnodigde voor zijn huwelijk met Meghan op Windsor Castle. Seeiso was dan weer de medeoprichter van Sentabele, zijn liefdadigheidsorganisatie ten behoeve van kinderen met hiv. Dat was de eerste stichting waaraan Harry op eigen initiatief zijn naam verbond.

Harverson vertelde me dat Harry op een avond in Lesotho na het eten even het buitengebouw uit glipte, waarschijnlijk om een sigaretje te roken. 'Toen ik naar achter liep om een glas water te halen trof ik daar Harry aan. Hij stond met de vrouwen de afwas te doen. Op dat moment wist ik dat het met deze jongen wel goed zou komen.' De anekdote doet denken aan de pretentieloze menselijke benadering die zo karakteristiek was voor Diana.

Harverson was ingevlogen om ervoor te zorgen dat deze etappe van Harry's tussenjaar beter verliep dan de eerste. Die had hij doorgebracht op een ranch in Tooloombilla Station, een veebedrijf verspreid over 16.000 hectare in het Australische Central Queensland. De media zaten er constant op Harry's huid. In plaats van zijn taken van *jackaroo* (boerenknecht) uit te voeren, zoals het hoeden van vee en repareren van hekken, zag de arme negentienjarige prins zich genoodzaakt zich binnenshuis op te sluiten. Want zowel op de grond als vanuit de lucht achtervolgde de pers hem genadeloos. Pal buiten de ranch had een zwerm paparazzi postgevat. Boven zijn hoofd gonsden helikopters en gewasbesproeiingsvliegtuigen die met camera's waren uitgerust. Een razende Mark Dyer zei tegen journalisten: 'Binnen heb ik een jongeman zitten die er helemaal kapot van is. Hij kan zijn werk van knecht niet doen, niet naar buiten gaan en niet eens bij de weg het vee verzamelen zonder dat iemand zijn foto neemt.'[3] Wat de situatie nog absurder maakte, was dat de pers hem 'lui en verwend' noemde.

'Harry is een echt vreselijke knaap die alleen een vinger uitsteekt als hij in een nachtclub een goedkope snol kan betasten of een onschuldig dier overhoop kan knallen,' snoof een mastodont van *The Daily Express*.[4]

Het bleek slechts een voorproefje van toekomstige ellende. Harry's weken in Lesotho vormden een zeldzame oase (de logistieke uitdagingen waarvoor Lesotho de paparazzi stelde gaven Harry een extra reden om van Afrika te houden). Vanaf het moment dat hij de veilige omgeving van Eton en de PCC-code achter zich had gelaten, beschouwde de pers de onvoorspelbare jongere broer als legitiem doelwit. Het jachtseizoen was definitief geopend toen de pers lucht kreeg van Chelsy Davy, die Harry had weten te bekoren toen hij vanuit Lesotho een tripje naar Kaapstad maakte.

De bloedhonden van de pers joegen het koppel achterna toen ze een romantisch reisje wilden maken, vlak voordat Harry naar Sandhurst zou gaan. Dat reisje, zo ontdekten de paparazzi, voerde hen naar Bazaruto, een afgelegen tropisch eiland voor de kust van Mozambique. Charles Davy betaalde de rekening voor een privévliegtuig dat de verliefde tieners naar een liefdesnestje aan zee bracht. Dat werd omgeven door een voor hen hemels verboden gebied van vijf kilometer groot. Maar dat weerhield Murdochs *The News of the World* er niet van om journalist Sarah Arnold en een fotograaf erop af te sturen. Zij deden zich voor als een stel op huwelijksreis, waarbij strohoeden hun fletse tabloidsmoelen moesten verhullen. Uiteindelijk zouden acht militairen het ontmaskerde duo sommeren het eiland binnen een kwartier te verlaten.

Nog woester werd de beschermend ingestelde Harry van de manier waarop de fotografen zijn vriendin stalkten wanneer ze niet bij elkaar waren, bijvoorbeeld wanneer ze bezig was met haar studie aan de University of Cape Town. Toen ze aan de Leeds University in Engeland promoveerde in rechten werd ze nog erger lastiggevallen. Rondom Chelsy krioelde het bijna constant van Fleet Street-journalisten en hun onzichtbare legertje van bandeloze handlangers. Het ergst waren de tabloidjournalisten van Murdochs News Group Newspapers, *The News of the World* en *The Sun*, op de voet gevolgd door de verslaggevers van *The Daily Mail* en *The Mail on Sunday* van burggraaf Rothermere. En de journalisten van de ostentatief linksige tabloids van The Mirror Group, *The Daily Mirror*, *The Sunday Mirror* en *People*, deden weinig voor ze onder. In Londen stonden er steevast roedels 'rioolratten' klaar als zij en Harry uit de nachtclub Boujis tevoorschijn kwamen nadat ze een nacht lang 'Crack Babies' achterover hadden getikt – een (smakeloos getitelde) cocktail van passievrucht, wodka en champagne. Als gevolg van de mediaberichtgeving ontstond het verdraaide beeld van Chelsy als niets meer dan een zuipende *party girl*. In werkelijkheid studeerde ze hard. En later werkte ze lange uren in *leverage finance* bij Allen & Overy, een hoog aangeschreven advocatenkantoor in Londen. 'Je gaat een keer uit en ze nemen een foto. Maar ze nemen heus geen foto elke ochtend dat je naar je werk gaat. Ze gebruiken altijd die foto waarop je om 4 uur 's ochtends sikker uit een nachtclub komt rollen,' zei ze jaren later tegen *The Times*.[5]

De continue media-aandacht zorgde voor spanningen tussen Harry en Chelsy. In Zuid-Afrika verlustigde zij zich er absoluut niet in om onder de 'Dirty Harry'-kop in *The Sun* te lezen hoe hij het einde van zijn officiersopleiding in Sandhurst vierde door in een stripclub in het Londense Slough een aangename tijd met een lapdanseres door te brengen. Evenmin beviel haar de foto waarop Harry een feestje verliet in het gezelschap van een oude vlam, tv-presentator Natalie Pinkham. De in de buurt rondscharrelende paparazzi vingen bovendien op dat zij hem vroeg om een kus.

De tabloids besteedden idiote hoeveelheden tijd en geld aan wat zij zagen als dé sexy royal romance van het moment. In 2008 stuurde *The Sun* zijn royaltywatcher met een fotograaf naar Namibië, enkel en alleen om een plaatje te schieten van Harry en Chelsy die op een gehuurde woonboot een stilgehouden tripje maakten over de Okavangorivier in Noord-Botswana.

Chelsy werd steeds nijdiger over de prijs die ze betaalde voor haar relatie met Harry. 'Er was geen ontsnappen aan: het was krankzinnig en eng en ongemakkelijk. Als het op zijn ergst was vond ik het heel moeilijk. Ik kon er niet mee omgaan. Ik was jong, probeerde een gewoon leven te leiden. Het was vreselijk,' zei ze in 2016 tegen *The Times*.[6] De gebruikelijke (en seksistische) tabloidconclusies dat ze de prins probeerde 'binnen te hengelen' sloegen de plank volledig mis. Anders dan Kate Middleton, die haar leven en werk onmiskenbaar aanpaste op Williams schema, was het overduidelijk Chelsy's bedoeling om een eigen carrière op te bouwen. Ze vond de royal rompslomp en het constante lastigvallen van de media dood- en doodvermoeiend.

Wat zowel haar als Harry verbaasde en woedend maakte was dat de pers altijd leek te weten waar ze waren. In april 2006 kocht Chelsy uit voorzorg op het vliegveld zelf met cash een vliegticket, zodat geen enkel digitaal spoor erop wees dat zij van Kaapstad naar Londen zou vliegen voor Harry's eindgala op Sandhurst. Het bleek niet voldoende om onder de radar van de media te blijven. Royaltyverslaggever Duncan Larcombe schreef een stuk in *The Sun* dat als volgt eindigde: ''s Avonds zal hij [prins Harry] deze prestatie vieren tijdens het overdadige Passing Out-gala op het academieterrein. Chelsy Davy, Harry's twintigjarige vriendin, is gister overgevlogen vanuit Kaapstad om op het gala te kunnen zijn. Toen ze landde op Heathrow kreeg ze voor het eerst een gewapende escorte. Vervolgens sms'te ze Harry dat ze oké was.'[7]

Hóé wisten ze dat? Antwoord: zwarte magie. Zo noemden insiders de schimmige, gevarieerde en nogal inventieve nieuwsvergaringstechnieken van de roddelpers.

Harverson herinnerde zich nog goed dat hij op een dag in 2005 in Lowther-Pinkertons kantoor, achter in St. James's Palace, opmerkte dat zijn voicemail kuren vertoonde. Harverson vertelde: 'Jamie zei dat hij hetzelfde had. En in die periode publiceerde *The News of the World* over dingen waarvan we niet begrepen hoe zij die in vredesnaam konden weten. Het was allemaal triviaal, maar wel heel specifiek.'[8]

In november 2005 begon ook prins William verdenkingen te koesteren. Hij zag dat de inhoud van een specifieke voicemail, die op zijn telefoon was ingesproken door Tom Bradby, een goede vriend en ITN-verslaggever, bijna woordelijk in *The News of the World* terecht was gekomen. In dat bericht was er sprake van dat William videobanden aan Bradby zou geven, die hij vervolgens tot een namaakprogramma zou monteren. Ook zou Bradby de prins van opnamemateriaal voorzien.

Later zei Bradby tegen *The Daily Express*: 'Dat verhaal – een suf, totaal niet boeiend verhaal – kwam in *The News of the World* terecht. Ik mag William, ik heb een goede relatie met hem en we hebben in de loop van de jaren veel met elkaar te maken gehad. Daarom wist hij dat ik het nooit aan iemand zou vertellen. Hij zei: "Ik weet dat jij het niet was, maar dit is wel gek." Ik zei: "Ja, dit is gek. Wie heb je het nog meer verteld?" Hij zei niemand, afgezien van zijn privésecretaris, maar die zou er niet aan denken dit te lekken. Ook al hield hij er geen moment rekening mee dat ik hiervoor verantwoordelijk was, bleef het ongemakkelijk. Want alleen wij drieën wisten hiervan en toch dook het ineens op in de krant.'[9]

Dus nu hadden twee mensen – William en Harverson – klachten over hetzelfde probleem. Of zoals Harverson het zich herinnerde: 'We kregen door dat er iets aan de hand was.'[10] Ze raadpleegden Gerrard Tyrrell, de advocaat mediarecht. Die had een cliënt, de beroemde oud-voetballer David Beckham, die was gehackt door Glenn Mulcaire, zelf ook een oud-voetbalprof, die privédetective was geworden. *The News of the World* maakte op basis van een exclusief contract gebruik van Mulcaire's diensten. Hij was een van die heimelijke tabloidtypes die zich uitdrukte in een merkwaardig mengelmoesje van spionnencodetaal en zakenjargon. Aanvankelijk verdiende Mulcaire zijn geld met een handeltje in ontmaskeringen van criminelen en oplichters. Maar aangezien de krant toch liever roddelverhalen had, liet hij tegen een vergoeding van 100.000 pond zijn onderzoeken 'in naam van de publieke zaak' voor wat ze waren en begon hij rond te snuffelen in de zaakjes van pop-, voetbal- en filmsterren. Op basis van een telefoonhack voorzag hij in 2004 *The News of the World* van het exclusieve verhaal over Beckhams vermeende buitenechtelijke affaire met zijn assistente Rebecca Loos.

En ja hoor: Tyrrell bevestigde tegen de paleisadviseurs dat de mysterieus uitgelekte voicemails er hoogstwaarschijnlijk op wezen dat ze gehackt waren. Harverson zei: 'De aanwijzingen waren zo sterk dat we de politie erbij hebben gehaald. Zij volgden het spoor zonder onder op te vallen. En algauw wisten ze de telefoontjes te herleiden tot het kantoor van *The News of the World*.'[11] Toen Scotland Yard Mulcaire's handgeschreven aantekeningen doornam, ontdekten ze dat hij meer dan zesduizend mensen in het vizier had. Bovendien was hij niet de enige hacker, zei Harverson. 'De experts die zich hierop stortten, vonden nog veel meer telefoonnummers van journalisten van *The News of the World*.

Dit verhaal ging dus niet alleen over Harry. Het was groter, véél groter. Het zou in het Verenigd Koninkrijk voor een politieke aardbeving zorgen en uitmonden in het grootste mediaschandaal in de recente Britse geschiedenis.

III

Toen prins Harry in mei 2021 tegen een Amerikaanse podcastpresentator zei dat zijn leven 'een mix was van *The Truman Show* en het leven in de dierentuin', dachten luisteraars waarschijnlijk dat hij een metafoor gebruikte.[12] Maar eigenlijk was het de letterlijke waarheid. Hij had zijn eigen versie geleefd van de film waarin Jim Carrey een man speelt die niet doorheeft dat zijn hele leven een tv-realityshow is en dat hij 365 dagen per jaar vanuit alle hoeken wordt gefilmd. Dit surrealistische programma over zijn familie was al voor zijn geboorte begonnen. Hij was gewoon het laatste van niets wetende personage dat op de onzichtbare set stuitte.

Al sinds 1985 boden privédetectives op grote schaal hun diensten in

Fleet Street aan. En dan vooral om elk laatste beetje nieuws over Harry's moeder los te krijgen. Prinses Diana had altijd geloofd dat Buckingham Palace en de bondgenoten van haar ex-man haar bespioneerden, maar nu bleek dat het integendeel de tabloids waren die haar telefoontjes afluisterden.

Toen bijvoorbeeld *The News of the World* haar er in 1995 van verdacht dat ze een affaire met de Engelse rugbyster Will Carling had, namen ze Steve Clarke in de arm, een oud-agent die zichzelf had ontpopt als een expert in illegale surveillance. Volgens een ex-collega deed hij zijn onderzoek met behulp van een krachtige radioscanner. Met dat apparaat – dat in het wereldje een 'zwarte doos' werd genoemd – kon Clarke live telefoontjes onderscheppen en soms zelfs de locatie van de bellers achterhalen. Zodra de privédetective Diana's of Carlings telefoonnummer intoetste, volgde het apparaat hun telefoonsignaal. Zodoende kon Clarke meeluisteren als Diana met Carling in de Chelsea Harbour Club afsprak. Vervolgens werd Nick Bowman, een van de vaste fotografen van *The News of the World*, voor die club 'op wacht' gezet. En bingo! De tabloid kreeg de door de hoofdredacteur gewenste stiekeme kiekjes van Diana en Carling. Het totale gebrek aan ethische normen van Fleet Street werd onderstreept toen Bowman voor dergelijke flagrante privacyschendingen in 1996 de UK Press Gazette British Press Award voor 'fotograaf van het jaar' kreeg uitgereikt.

The Sunday Mirror verlangde ook een deel van de Diana-taart en bracht op snode wijze haar affaire met Hasnat Khan aan het licht. De krant betaalde een privédetective om de gespecificeerde rekening van zijn vaste telefoon te stelen. Daaruit bleek dat ze inderdaad met elkaar belden. En in januari 1996 richtte *The Mirror* zich op een mobiel telefoonnummer waarvan ze overtuigd waren dat het van Diana was. Om dat helemaal zeker te weten, gaven ze een privédetective de opdracht een *blag call* te plegen.

Blagging is afgeleid van het Franse *blaguer*, wat 'grappen maken' of 'onzin vertellen' betekent. Met een 'blag call' probeert iemand via misleiding informatie te verkrijgen. Amerikaanse freelancedetectives noemen dit soort gescripte phishingtelefoontjes avant la lettre ook 'spoofen'. In een poging zichzelf van een respectabel aura te voorzien, verwijzen de 'blaggers' ook wel naar zichzelf als 'social engineers' of 'creative researchers'.

Het bestaan van al die termen voor liegen en bedriegen om geld te verdienen, geeft aan hoe wijdverspreid en winstgevend het was geworden om mensen via bedrog gegevens te ontfutselen. In de praktijk kwam het er kort gezegd op neer dat privédetectives de identiteit van een hogergeplaatste functionaris stalen om vervolgens met die valse bevoegdheid bij ondersteunend personeel privé-informatie los te krijgen. Zo deden oplichters zich geregeld voor als technici van telefoonmaatschappijen die kapotte kabels repareerden teneinde netwerkproviders zover te krijgen hun gespecificeerde telefoonrekeningen te geven. In een andere veelgebruikte truc gaven ze zich tegenover ziekenhuispersoneel uit voor lokale artsen om zo medische gegevens los te peuteren.

Diana liep op griezelige wijze in de val van Christine Hart, een eenendertigjarige oplichter die binnen een hele ris van Londens louche detectivebureautjes ervaring met telefoonzwendel had opgedaan. Toen Hart Diana belde, deed ze zich voor als een receptionist van de Chelsea Harbour Club die wilde weten of een gevonden sieraad misschien van Diana was. In 2019 bekende ze tegenover *Byline Investigates* het volgende:

> Toen ik het nummer belde nam een vrouw op met een heel elegante, vriendelijke stem. Het klonk alsof ze in een slaapkamer was; het was heel erg stil. Ik zei: 'Je weet vast nog wel dat we elkaar toen hebben ontmoet...' En zij [Diana] zei 'nee', ze dacht van niet. Ik bleef haar 'Diana' noemen en vertelde dat iemand een gouden horloge met een diamant had binnengebracht. En dat we dachten dat het wel eens van haar kon zijn. Ik zei dat het leek op een ontwerp van Chanel, maar dat het dat toch niet was. Daarop zei zij dat die niet van haar was. Toen zei ze als grapje dat als het toch een echte Chanel bleek te zijn, ze hem misschien toch maar zou claimen.[13]

Hart – die nu zegt dat ze 'walgt' van wat ze toen heeft gedaan – wist Diana zeven minuten aan de praat te houden. Het gesprek werd opgenomen. Zo bewees ze dat de krant inderdaad Diana's echte nummer had. Vervolgens kon *The Sunday Mirror* op basis van een analyse van de gespecificeerde telefoongegevens waarover ze al beschikten, een exclusief verhaal op de voorpagina plaatsen over het regelmatige contact tussen Diana en Hasnat en over hun intieme etentjes in een restaurant net buiten Londen.

Misschien vraag je je af hoe de tabloids, die natuurlijk nooit bekendstonden om hun verfijnde werkwijze, zo peilloos laag zijn gezonken?

De verwaarlozing van ethische principes was een *race to the bottom* die werd voortgedreven door constant teruglopende omzetten. Daar komt bij dat Fleet Street in Londen altijd al een dubieuzer journalistiek adres was dan Newspaper Row of zelfs Times Square in New York.[14] In de Britse krantenjournalistiek – die ordelozer is dan haar Amerikaanse neefje, en zich bovendien minder bezwaard voelt door pretentieuze principes – wordt de eigen taak van oudsher eerder als een gewone baan dan als een gewijde roeping beschouwd. Een typische 'broodschrijver', een etiket dat veel Britse journalisten met perverse trots dragen, leert de kneepjes van zijn vak dan ook in de praktijk en niet op de school voor journalistiek. (In het Verenigd Koninkrijk wordt een broodschrijver vaak een 'hack' genoemd, en dat zou, zo zullen we hieronder vaststellen, een extra ironische connotatie krijgen.) Praktische vaardigheden worden er hoog aangeslagen: pikante koppen verzinnen, vlot vertellen en columns schrijven die schaamteloos op de onderbuik mikken. Dat gebeurt op redacties waar tot aan de dag van vandaag ongegeneerd seksisme en stevig drankgebruik hoogtij vieren.

De 'stem' van de Britse journalistiek is tegelijk suggestief en heel concreet. En ze heeft geen respect voor wat dan ook. Daarentegen neemt bijvoorbeeld de Amerikaanse journalistiek zichzelf over het algemeen veel serieuzer, vooral sinds Watergate. Zelfs nu de journalistiek in het nepnieuwstijdperk in de hoek zit waar de klappen vallen, blijven Amerikaanse journalisten hun vak beschouwen als het beste beroep dat er is, ja, als een roeping. De enige uitzonderingen hierop zijn kranten zoals *The National Enquirer*, waarvan de aasgieronthullingen je bij de supermarktuitgang toeschreeuwen. Geen enkele Amerikaanse president – uitgezonderd Donald Trump – zou het in zijn hoofd halen om de hoofdredacteur van *The National Enquirer* in het Witte Huis uit te nodigen. Maar elke Britse premier belegt zonder aarzelen een bijeenkomst met vertegenwoordigers van tabloids die in Amerika als ronduit onbetamelijk worden gezien. Want hoe kun je de gewone man anders bereiken, of laten zien dat je in ieder geval je best doet om hem voor je te winnen?

Als gevolg van de door Facebook en Google veroorzaakte digitale ontwrichting van eind jaren negentig en de jaren nul raakten de Britse kranten verwikkeld in een soort competitieve doodsstrijd. Het altijd al laag-bij-de-grondse karakter van de tabloidcultuur – ware 'riooljournalistiek' – werd almaar meedogenlozer en goedkoper. De belangrijkste redacteuren waren steeds vaker afkomstig van de showbizzcolumns en niet van de nieuwsredactie. Naarmate de poortwachtersfunctie van de traditionele media werd uitgehold, vond een wildwestmentaliteit ingang. Op den duur ging de noodzaak van steeds meer en steeds snellere scoops boven alles.

De hand over hand toenemende neergang van geprinte media en de dalende advertentie-inkomsten betekenden dat de redacties het met drastisch verlaagde budgetten moesten doen. De directies raakten geobsedeerd door de traffic en het aantal views op hun verlieslijdende online-uitgaven. Met als onvermijdelijk gevolg dat ze zich toelegden op snelle, sensatierijke clickbait. De gedemoraliseerde journalisten gleden af in wat Nick Davies van *The Guardian* 'knip-en-plakjournalistiek' noemde: ze recycleden door andere geplaatste verhalen die sowieso nauwelijks tijdrovende research hadden gevergd. In zijn beroemde boek uit 2008, *Flat Earth News*, haalt Davies onderzoekers van Cardiff University aan die ontdekten dat 'de gemiddelde journalist van de Fleet Street-tabloids tegenwoordig drie keer zoveel tekst aanlevert als in 1985'. Het goeie ouwe journalistieke handwerk van feiten boven tafel krijgen door al ploeterend onderzoek te doen en bronnen te bellen, volstond gewoon niet meer.

Dat was slecht nieuws voor oude rotten in het vak zoals royaltyredacteur Clive Goodman van *The News of the World*. Goodman bereikte halverwege de jaren negentig een haast legendarische status toen hij iconische Diana-verhalen publiceerde zoals 'My Secret Nights as an Angel', waarin hij onthulde dat de prinses 's avonds bezoekjes aflegde aan terminale kankerpatiënten in het Royal Brompton Hospital. (In werkelijkheid was dit een briljante schijnmanoeuvre van Diana zelf, die deze bezoekjes gebruikte als dekmantel voor geheime afspraakjes met haar minnaar, dokter Hasnat Khan.) Goodman had als bijnaam 'de eeuwige vlam', omdat hij altijd op kantoor was. Maar zijn gezag op de redactie zou weldra tanen.

Diana was Fleet Streets kip met de gouden eieren. Toen zij overleed, verlegden de tabloids hun aandacht naar haar tienerzonen. Maar ze werden beperkt in hun journalistieke mogelijkheden door de tabloidcensuur die na Diana's overlijden intrad. De wapenstilstand die destijds onder auspiciën van de Press Complaints Commission tussen Buckingham Palace en de media werd afgesloten, vergde van de verslaggevers dat ze de jongens tijdens hun schooltijd met rust zouden laten. Eén redacteur in het bijzonder weigerde haar werkwijze aan te passen aan deze nieuwe belemmeringen: dit was de nietsontziende, hyperambitieuze Rebekah Brooks, meisjesnaam Wade, de hoofdredacteur van *The News of the World* en een van de grote diva's van de Londense roddeljournalistiek. In dit boek kwamen we haar voor het laatst tegen in 1994 toen ze verkleed als schoonmaakster een pasgedrukte uitgave van *The Sunday Times* onder de drukpers vandaan griste en zo *The News of the World* een scoop over prins Charles bezorgde.

Brooks wist als geen ander hoe ze met haar weelderige bos rode krullen en sluwe netwerkskills kon binnendringen in de achterkamertjes en wandelgangen van de politiek en media. 'Ze kan iemand verraden en de volgende dag doodleuk mee uit eten nemen,' zei David Yetland, oud-hoofdredacteur van *The Sun*.[15] Net als haar broodheer Rupert Murdoch was ze een politieke kameleon die in het gevlij wist te komen van een hele ris aan ideologisch zeer uiteenlopende premiers, onder wie Blair, Brown, Cameron en Johnson. In de weekenden socializede ze met de 'Chipping Nortonkliek', de invloedrijke incrowd die huisjes in Oxfordshire had. Onder hen waren de Camerons en ook Murdochs dochter, Elisabeth, die destijds was getrouwd met Matthew Freud, een belangrijke pr-man. Met Gordon Browns vrouw Sarah stond ze zelfs op zulke goede voet dat ze in 2008 werd uitgenodigd voor Sarahs 'pyjamafeestje' voor vrouwen op Chequers, het landgoed van de premier, samen met onder anderen Elizabeth Murdoch en Murdochs toenmalige echtgenote Wendi Deng.

Brooks had zich stormenderhand van onderaf opgewerkt naar de top. Ze begon als secretaris van *The News of the World* en werd in no time, op haar eenendertigste, de jongste hoofdredacteur ooit. Dat was in 2000. Drie jaar later verhuisde ze naar Murdochs meest lucratieve dagelijkse krant, *The Sun*, waar ze de eerste vrouwelijke hoofdredacteur werd. *The News of the World* liet ze achter in de handen van haar plaatsvervanger (en zo nu en dan minnaar), Andy Coulson.

Die twee vormden een geducht duo: Brooks de flamboyante en sluwe netwerktijger, Coulson de zogenaamd respectabele, bebrilde man in pak die met zijn stilzwijgen iedereen intimideerde die een lastige vraag stelde.

Brooks bezorgde *The News of the World* nieuwe lezers door populistische woede op te rakelen en via een totaal onverantwoordelijke campagne pedofielen te 'namen en shamen'. Die had tot gevolg dat groepen burgers eigen rechter gingen spelen en vermeende zedendelinquenten terroriseerden. Zoals je kon verwachten waren er meerdere gevallen van persoonsverwisseling, waaronder een waarbij opgehitste lezers het huis van een pediater vernielden omdat ze dachten dat haar beroepsnaam wilde zeggen dat ze een pedofiel was. De krant deed ook puik werk in het verpesten van de levens van ministers, profvoetballers, popsterren en natuurlijk leden van het Koninklijk Huis.

Brooks perfectioneerde een opkomend gebruik in de krantenwereld. De doelwitten van aanstaande onthullingen van *The News of the World* kregen zogenaamde 'voorpublicatiedeals' aangeboden. Zo'n deal kon de klap verzachten door de meest schadelijke feiten weg te laten, maar in ruil daarvoor moest de persoon in kwestie dan wel opgeklopte bekentenissen doen en luchtige interviews geven. Haar critici noemden dit het 'chantagemodel'. Maar bij Harry, die destijds in Eton zat te blokken voor zijn GCSE's (een belangrijk schoolexamen), verspilde ze geen tijd aan dit morele afpersingsmechanisme.

Tot aan de dag van vandaag weten we niet wie de bron voor de roddels over Harry is geweest. Hoe dan ook lanceerde Brooks' *The News of the World* op basis van een vage tip, die wilde dat de zestienjarige prins ontspoorde, dat hij te veel dronk en drugs gebruikte, een van de grootste, meest gewetenloze operaties tot op heden. In een poging om te 'bewijzen' dat Harry cocaïne gebruikte, vielen ze aan met een 'drietrapsraket'. Ze brachten hun grootste troeven in stelling: Rebekah Brooks zelf, haar beste undercoverjournalist Mazher Mahmood – alias de Valse Sjeik, die een kwelling was geweest voor Sophie Helen en later ook Sarah Ferguson zou inpalmen – en de hacker Glenn Mulcaire. Later zou Brooks beweren, toen ze zichzelf tijdens de hackingprocessen probeerde te verdedigen, dat ze alleen privédetectives had gebruikt in situaties waarbij het algemeen belang gebaat was, namelijk om zedendelinquenten op te sporen. Het hooggerechtshof wist dat ze blufte toen bleek dat ze detective Steve Whittamore opdracht had gegeven om te onderzoeken of haar toenmalige verloofde vreemdging met een vrouw die hij in een pub had ontmoet.

In augustus 2001 werd Harry buiten een nachtclub in het Spaanse Marbella in de vroege uurtjes van een vrijdag gespot in niet bijster florissante toestand. Mahmood rook zijn kans en probeerde met mooie praatjes informatie bij het personeel over Harry's bezoek los te wurmen. Hoewel hij alles uit de kast trok om erachter te komen of het barpersoneel Harry cocaïne had zien kopen of snuiven, ving hij bot.

Op zijn beurt monitorde Mulcaire de telefoongegevens van Harry en zijn vrienden. Hij dook zowel in het doen en laten van zijn vertrouwelinge Guy Pelly als in dat van Harry's drinkmaatjes in de Rattlebone Inn, om te zien of ze misschien drugsdealers hadden gebeld. Maar ook hij vond hiervoor geen enkel bewijs.

Ten slotte bemoeide Brooks zich er zelf mee 'om het te laten werken'. Gewapend met een flinterdun 'dossier' wist ze al bluffend paleismedewerkers ervan te overtuigen dat de krant over meer bewijs beschikte dan in werkelijkheid het geval was – een aloude Fleet Street-truc. Ze onderhield een goede band met Mark Bolland op het kantoor van Charles. Aldus werd er een pr-deal gesmeed: gaf prins Harry toe dat hij wiet rookte, dan zou *The News of the World* niets publiceren met betrekking tot de naar eigen zeggen ernstigere aantijgingen aangaande harddrugs. Voor Brooks was dit de gedroomde uitkomst, aangezien het harddrugsverhaal pure bluf was geweest, een fabeltje.

Of zoals Greg Miskiw, nieuwsredacteur van *The News of the World*, het zei: 'Mazher had niets. Mulcaire had niets. Maar dat kon "Blagga Becka" niet stoppen.'[16] Zij wist Buckingham Palace erin te luizen. Ze kreeg de gewenste bekentenis. En het verhaal werd gepubliceerd.

Het choquerende en verzonnen 'drugsschandaal'-verhaal werd over zeven pagina's uitgesmeerd. De tekst over wiet – die was gebaseerd op een bekentenis van Harry aan zijn vader dat hij wiet had gerookt, maar verder geen enkel verband hield met de rest van het verhaal – was door Bolland als onderdeel van de afspraak aan Brooks geleverd. In ruil daarvoor husselde *The News of the World* de chronologie van de gebeurtenissen door elkaar. Zo deed de krant voorkomen alsof een vader-en-zoonbezoekje begin zomer 2001 aan een jongerenstichting waaraan Charles zijn naam had verbonden, het Featherstone Lodge Rehabilitation Center van het Phoenix House, was bedoeld als een wake-upcall voor Harry. In werkelijkheid dateerden de geruchten over drugsgebruik van twee maanden later. De gemanipuleerde chronologie was een vondst van Bolland om een beeld van Charles als liefhebbende pater familias neer te zetten. (Later zou Bolland zeggen dat hij zich 'beschaamd' voelde over de 'misleidende' en 'triomfalistische' claims van de krant.[17])

Een neveneffect van het onderzoek naar dit verhaal was dat hacker Mulcaire en freelancedetective Gavin Burrows Harry's kringen wisten binnen te dringen. Het zou jaren duren voordat ze minder vat op Harry's doen en laten kregen. Burrows zei: 'Het ging allemaal om gespecificeerde telefoonrekeningen en het aftappen van de telefoons van Harry's vrienden. Met pieken en dalen ging dit een aantal jaar zo door.'[18] Tijdens het onderzoek, zo beweerde Burrows, installeerde hij een fysieke tap op Tiggy Legge-Bourke's telefoon. Via de aldus afgeluisterde gesprekken kwam hij te weten dat Harry de peetvader van haar kind zou worden en hielp hij een fotograaf uitvogelen waar Harry en William Kerstmis zouden doorbrengen.

Het 'drugsschandaal'-verhaal luidde voor Harry een ellendige periode in. Hoewel zijn oudere broer net zo vaak in The Rattlebone Inn zat te hijsen, was het Harry die werd gebrandmerkt als het probleemkind. Zijn vrienden, onder wie de loyale Pelly, werden door het slijk gehaald. Bovendien werd er gedaan alsof hij in een afkickkliniek berouw had getoond, waarmee en passant zijn vaders pr-blazoen werd opgepoetst. Het was een eerste harde les in wat het betekende om nummer drie in de lijn van de troonopvolging te zijn. Naarmate hij dichter bij de volwassen leeftijd kwam, zou het met dit agressieve speurwerk alleen maar erger worden.

IV

Chelsy Davy had alles waarvan een royaltyverslaggever droomt: ze was jong, sexy en close met Harry. En dus werd zij begin jaren nul meer dan wie ook in de prinselijke kring illegaal gehackt, afgetapt en geblagd. Tussen 2004 en 2010 was het vaste prik dat haar voicemails werden onderschept. Meer dan een dozijn privédetectives verspreid over twee continenten kregen van journalisten en redacteuren de illegale taak om haar telefoondata, medische dossiers, reisplannen, vluchtgegevens, hotelbonnetjes, bankrekeningen en creditcardgegevens te bemachtigen. Hier werden honderdduizenden ponden aan uitgegeven, soms overgemaakt op of via schimmige offshorerekeningen die werden beheerd door louche en kortstondige pop-upbedrijven. Ten minste één privédetective claimde dat hij taps had op Chelsy's vaste telefoonlijn én op de telefoons van diegenen met wie ze belde – een illegale handeling waarvoor de politie een volmacht van de minister van Binnenlandse Zaken nodig zou hebben.

Tijdens het schrijven aan dit boek was Graham Johnson voor mij de Vergilius in de (onder)wereld van deze hackers. Tussen 1995 en 1997 schreef Johnson lange verhalen voor *The News of the World*, waarna hij tussen 1997 en 2005 onderzoeksjournalist was voor *The Sunday Mirror*. In 2013 was hij de enige krantenman die uit eigen beweging aan de politie bekende dat hij in 2001 een week lang een telefoon had gehackt. Hij ging voor twee maanden de cel in, werd een jaar uit de journalistiek geweerd en heeft sindsdien boete gedaan door zichzelf te transformeren tot een van de meest volhardende Britse onderzoeksjournalisten op het vlak van de georganiseerde misdaad, en hacking in het bijzonder. Tegenwoordig is hij de hoofdredacteur van *Byline Investigates*, een gewaardeerde nieuwe Britse nieuwssite. Johnson vertelde me het volgende: detective Burrows, naar eigen zeggen ook een ex-drugsdealer, zei dat hij telecommunicatie onderschepte door in te breken in Britse telefoonkabelkastjes nabij de huizen van vrienden van Harry en Chelsy. De aldus vergaarde informatie verkocht hij door aan Murdochs media. Met betrekking tot Chelsy zei hij dat hij ook 'bin spins' deed (haar afval doorzocht) en haar gespecificeerde rekeningen doorploos.

Burrows opereerde internationaal. Tegenover mijn informant beweerde hij dat hij in Afrika een mannetje had dat Chelsy's creditcardgegevens loskreeg en de vaste telefoonlijn in Kaapstad 'deed' waarmee Chelsy Harry vaak belde. Gebruikmakend van deze methodes vergaarde Burrows de stof voor verschillende verhalen, waaronder een kort maar opmerkelijk stuk over een uitnodiging van prins Charles aan Chelsy om hem op Highgrove te komen bezoeken. De grote meerderheid van wat hij ontdekte werd uiteindelijk verwerkt in korte stukjes die als opzichzelfstaande 'nieuwtjes' in de roddelrubrieken terechtkwamen. Weer andere, opvallende anekdotes – sterke beweringen die vragen over de bron opriepen – werden op vaak ongerijmde wijze ingebed binnen grotere verhalen teneinde hun schimmige herkomst te verhullen.

Zo wisten de tabloids in 2008 dankzij de inlichtingen van Burrows zeker dat Chelsy niet voorkwam in de plannen die de royals voor kerst op Sandringham maakten. En toen de prikkelende verhalen over Chelsy dungezaaid waren, dook Burrows in de voicemails van Harry's oude vlam Nathalie Pinkham.

In 2006 werd de Zuid-Afrikaanse surveillance van Chelsy verder verfijnd. Vanaf toen monitorden de detectives haar reisbewegingen via passagierslijsten van vliegmaatschappijen, die ze doorgaans verkregen door het omkopen van reisagenten of het personeel van de incheckbalie.

Hoewel de focus vooral op Harry lag, hadden de tabloids gedurende de jaren nul ook William en Kate op de korrel. Burrows herinnerde zich: 'Het duurde niet lang voordat ook de Middletons op de lijst stonden. De enige reden dat we meer met Harry dan met William bezig waren, was dat William vrij saai was.'[19] Dat weerhield Burrows er naar verluidt niet van om de woning die prins William als student met Kate op St. Andrews deelde te blaggen en om een tap op de vaste telefoonlijn van het huis van de Middletons in Berkshire te plaatsen.

Privédetective Steve Whittamore, zo ontdekte Johnson, probeerde veertien keer informatie over de Middletons los te peuteren. Meestal ging dit om onwettig misleidende manoeuvres om de bij British Telecom geregistreerde nummers van 'vrienden en familie' los te krijgen. Tegen die tijd hadden alleen al als onderdeel van deze specifieke tabloidoperatie vijftig overtredingen van de Data Protection Act plaatsgevonden.

Een van de tien vaakst gebelde nummers was dat van Kate's mobieltje. De journalist belde dat nummer en kwam dan meteen uit bij de voicemail. Later werd dat nummer doorgeschoven naar een bevriende journalist. Maar wanneer hij het belde, nam een vrouw op die klonk alsof ze tot de hogere standen behoorde. 'Is dit Kate Middleton?' vroeg hij. 'Nee. Dit is niet Kate, maar Catherine,' antwoordde de toekomstige koningin scherp.

Toen in 2013 de waarheid niet langer verborgen kon worden gehouden en hackingtranscripten in de rechtbank werden behandeld, hoorde het publiek hoe schaamteloos er jacht was gemaakt op informatie over William en Kate. Uit het bewijs bleek bijvoorbeeld dat in een periode van een paar maanden in 2005 en 2006 Kate maar liefst 155 keer was gehackt en de voicemails van prins William 35 keer waren afgeluisterd. *The News of the World* had voicemails gehackt die William op Kate's telefoon had achtergelaten – waaronder eentje waarop hij zegt dat hij tijdens zijn militaire training 'bijna was neergeschoten'.[20] Een andere gehackte boodschap leidde in 2006 tot een groot verhaal waarin werd onthuld dat William Kate soms aansprak met de koosnaam 'schatjelief' (*babyskins*). Breaking News! *The News of the World* werd later gesommeerd die verhalen te verwijderen.

Misschien kwam boontje om zijn loontje: hoe dan ook begonnen de hackers en hun opdrachtgevers in 2005 opvallende fouten te maken. Hun hoofdredacteuren haalden de zweep erover. Eeuwige Vlam Clive Goodman werd onder druk gezet door de ambitieuze gluiperd Andy Coulson, die inmiddels de functie van hoofdredacteur van *The News of the World* van Brooks had overgenomen. Coulson vond Goodman een mompelende oude sok die thuishoorde in het rolodextijdperk. Hij schreef over royals die niet langer boeiend waren en kwam niet meer met nieuwe onthullingen. En dat was een absolute doodzonde voor een spilfiguur van wat vroeger bekendstond als *The News of the Screws* (vanwege de obsessie met seks).

Verhalen over Charles, oude Diana-mysteries, prins Andrew, Sarah Ferguson: allemaal oud nieuws. 'De lezers wilden de jeugd: William, Harry, Kate Middleton, Harry's vriendinnen,' bevestigde Miskiw, de redacteur van *The News of the World*.[21] Aan deze wens kon Goodman geen gehoor geven. Zijn dagen waren geteld. Die van Mulcaire trouwens ook. Hij kostte gewoon te veel. Zijn salaris was gestegen tot 120.000 pond per jaar, exclusief de bonussen die Goodman hem gaf voor 'specials over de royals'. Zijn hoofdtaak bestond echter nog steeds uit blaggen en voicemails onderscheppen, en dat zes dagen per week. Om hun respectieve posities te verdedigen, sloten Goodman en Mulcaire de handen ineen. Ze gingen grotere risico's nemen, met als doel voor een paar sappige exclusieve verhalen te zorgen. Zo wilden ze laten zien wat ze waard waren en terug in de gunst van de 'hoge pieten' komen.

Goodman gaf Mulcaire de opdracht om de voicemails van vier paleismedewerkers te onderscheppen. Het ging om Harverson, Michael Fawcett, de belangrijkste lakei van prins Charles, Helen Asprey, de privésecretaris van prins Harry, en Lowther-Pinkerton, Williams privésecretaris. De gehackte boodschappen werden getranscribeerd en doorgestuurd naar de nieuwsredactie. De smakelijke roddels vormden samen een gestage toevloed van 'nieuwtjes' voor Goodmans bijtende wekelijkse column, 'The Carvery'.[22] Volgens Miskiw zette Goodman, omdat hij Coulson wilde laten zien dat er nog steeds rekening met hem moest worden gehouden, Mulcaire's gehackte berichten op grote schaal in. Elke dag belde hij Mulcaire meermaals met nieuwe opdrachten.

Mulcaire was zelf ook niet op zijn achterhoofd gevallen en werd bang dat hij zou worden gepakt. Maar hij vreesde ook te zullen worden vervangen door goedkopere, op flexbasis werkende detectives die beter in het straatje van het heersende regime pasten. Beide zorgen knaagden evenzeer aan hem. Hij onderschepte de berichten van de vier paleismedewerkers te snel achter elkaar. Daartoe gebruikte hij 'spooknummers' die 'rechtstreeks' op de voicemail uitkwamen. Regelmatig – of als hij weer eens een aanval van paranoia had – veranderde hij de viercijferige PIN-nummers van de telefoons van de paleismedewerkers. Met deze veiligheidsmaatregel wilde hij voorkomen dat Goodman en andere journalisten het hacken zelf op zich zouden nemen en hem zouden wegsnijden. Het nadeel hiervan was dat hoe meer Mulcaire met het voicemailsysteem klooide, des te groter de kans werd op opvallende en alarmerende storingen. Tegen december beseften drie van de vier paleismedewerkers dat er iets niet in de haak was.

Op zijn beurt gebruikte Goodman de door Mulcaire gehackte informatie niet alleen te snel achter elkaar, maar deed hij dat ook met te veel details en zonder de nodige voorzorgsmaatregelen in acht te nemen. Terwijl dat nodig was om de herkomst te verhullen. Tegen mijn informant, Graham Johnson, zei Mulcaire: 'Het probleem was dat ik voicemailberichten van Harverson en anderen oppikte die zij zelf nog niet eens hadden afgeluisterd. Daarom adviseerde ik Clive behoedzaam met die info om te springen en eerst te wachten totdat die het paleis rondging, zodat veel mensen de bron konden zijn.'[23] Maar helaas was Goodman, zo zei Mulcaire, 'zo wanhopig, hij stond onder zulke hoge druk, dat hij deze zaken meteen in de krant knalde. Daardoor kwam het uit. Daardoor werden we gepakt.'

V

Mij werd verteld dat toen prins Harry en Chelsy Davy hoorden dat ze jarenlang gehackt waren, hun begrijpelijke boosheid gepaard ging met een zekere mate van opluchting. Eindelijk hadden ze een verklaring voor die griezelige gluurders die op vluchten naar Londen naast Chelsy zaten; voor de paparazzi die ineens opdoken tijdens hun geheime afspraakjes; de eigenaardige 'stelletjes' die in hetzelfde hotel incheckten; de neptoeristen die achter hun ligstoelen stonden te luistervinken. Dat ze nu wisten hoe de privé-informatie over hun verblijfsplaats naar buiten was gekomen, haalde de angel uit hun toegenomen paranoia over wie ze wel en niet konden vertrouwen.

Wat ze echter niet wisten was dat Goodman en Mulcaire, die in januari 2007 voor respectievelijk zes en vier maanden de gevangenis in draaiden, slechts het topje van de ijsberg waren. Doordat deze twee hackers van *The News of the World* werden geslachtofferd, kon de krant straffeloos doorgaan met haar gerichte datadiefstal. De politie had 'haar punt duidelijk gemaakt' zonder hun bijna heilige relatie met de mediabonzen aan te tasten. En de krant had zich zogenaamd ontdaan van haar rotte appels. Een paar uur nadat Goodman en Mulcaire waren veroordeeld, nam Coulson ontslag bij *The News of the World*. Overigens zou hij weldra worden opgevist voor een prestigieuze baan op Downing Street, als David Camerons perswoordvoerder. Een aanstelling die Cameron later op veel kritiek zou komen te staan.

Het rotte-appelverhaaltje had kunnen werken, ware het niet voor Nick Davies. Deze journalist in de goede zin van het woord beet zich vrijwel meteen na de arrestatie van Goodman en Mulcaire in de zaak vast. Hij kreeg daarbij ruggensteun van zijn uitgever Alan Rusbridger. Davies was er zeker van dat 'een paar paleismedewerkers' niet de enige slachtoffers waren. De rest van de Britse pers liet zich door Murdoch intimideren en zou nog twee jaar lang de andere kant op kijken. Davies was de enige die door een doolhof van bronnen, documenten en geruchten volhardend het spoor van de hackersoperatie van Murdochs kranten bleef volgen. Uiteindelijk ontdekte hij dat als onderdeel van geheime schikkingen vanwege de telefoonhacks tal van beroemdheden bedragen oplopend tot een miljoen pond uitbetaald kregen.

Hebbes! In het eerste artikel hierover, dat op 8 juli 2009 werd gepubliceerd, toonde Davies aan dat de telefoons van ministers, parlementsleden, acteurs, sportsterren en vele anderen op grote schaal waren gehackt. De publicatie van dit stuk werd op initiatief van Rusbridger gecoördineerd met het verschijnen van een follow-upartikel in *The New York Times*, een constructie die *The Guardian* beter beschermde tegen Murdochs vergelding. De trans-Atlantische publicaties sloegen in als een bom en stuwden een schandaal dat vier jaar had liggen sluimeren weer naar de voorgrond.

Het grote gevaar van een operatie gericht op rijken en beroemdheden is nu juist dat je doelwitten rijk en beroemd zijn. Prominente, bemiddelde slachtoffers geven doorgaans niet zomaar op. Vroeger vreesden de mensen die in de publieke belangstelling stonden de macht van de tabloids. Die konden destijds carrières maken of breken. Maar sinds de opkomst van sociale media nam de invloed van tabloids af. En zodra de grote sterren zich uitspreken, zijn in stilte overeengekomen schikkingen geen optie meer. De geopenbaarde namen van beroemde slachtoffers – zoals die van acteurs Hugh Grant, Sienna Miller en Jude Law, schrijver J.K. Rowling en voetballer Paul Gascoigne – deden de schandaalmeter torenhoog uitslaan. De hoorzittingen van het hooggerechtshof werden een onthullingenmachine. Murdochs News Group Newspapers werd gedwongen om ten minste 35.000 facturen van privédetectives en nog eens duizenden verzoeken om cashbetalingen te overhandigen. Dan Evans, een voormalig redacteur van *The News of the World*, die in 2013 schuld bekende, zei dat het hacken zo gebruikelijk was dat zelfs 'de kantoorkat' ervan op de hoogte was.[24]

Uiteindelijk zou Nick Davies voor *The Guardian* meer dan honderd artikelen schrijven over de misdaden van het tabloidimperium en hoe die verband hielden met het falen van de overheid en de pers. Davies, die aan slaaptekort leed en op een gegeven moment tegen een zenuwinzinking aan zat, mede doordat Murdochs media alles op alles zetten om zijn journalistieke werk in diskrediet te brengen, had het gevoel dat hij niet alleen vocht voor deze specifieke waarheid, maar voor het herstel van de uitgeholde moraal van de onderzoeksjournalistiek in het algemeen.

Naarmate de betrokkenheid van steeds meer werknemers van *The News of the World* werd aangetoond, glipte het verhaal van de beslotenheid van de rechtszalen en de binnenste cirkels van de macht de openbaarheid in. Na Davies' onthulling dat de telefoon van een vermoord dertienjarig meisje na haar verdwijning was gehackt – wat het onderzoek verstoorde en haar ouders nieuwe hoop gaf dat ze misschien toch nog leefde – stak een ware storm van publieke verontwaardiging op. Daarmee kantte de Britse stemming zich definitief tegen de tabloidschurken.

Net als bij Watergate was de cover-up het deel van het schandaal dat uiteindelijk uitdijde als een olievlek. Jarenlang werden de bewijzen door Murdochs kranten verhuld. Leidinggevenden probeerden te voorkomen dat dit schandaal andere journalisten naar de ondergang meesleurde, maar waar ze vooral mee bezig waren was voorkomen dat het schandaal de top van de piramide bereikte. En dan ging het in het bijzonder om Murdochs jongere zoon James, die verantwoordelijk was voor zijn vaders activiteiten in Europa en Azië; om Les Hinton, de executive chairman van Murdochs News International; en om Rebekah Brooks, het lievelingetje van de baas. Het allerbelangrijkste was nog dat het schandaal niet doorsijpelde tot dat wat de redactie 'het diepe tapijtland' noemde: het verstilde interieur van Rupert Murdochs eigen kantoor.

Toch drong het schandaal – dat nu met geen mogelijkheid meer gecontroleerd of gespind kon worden – uiteindelijk ook door tot deze gewijde plaats. Dat leidde ertoe dat Murdoch en James op 19 juli 2011 tijdens een parlementaire hoorzitting over de hekel werden gehaald. Murdoch noemde het 'de nederigste dag van mijn leven'.[25]

's Werelds machtigste mediamagnaat moest ten slotte toegeven dat er een reusachtige cover-up had plaatsgevonden. Toen hij betoogde dat hij zelf ook was misleid, waren er maar weinig mensen die dat geloofden. De hele bedrijfscultuur van *The News of the World* ademde zijn geest. Elk besluit werd genomen op basis van macht en winst, Murdochs tweeledige parool. Hij hoefde zijn medewerkers niet te vertellen wat hij wilde. Iedereen wist dat al. Sir Harold Evans, schrijver, journalist en wijlen mijn echtgenoot, vergeleek de door Murdoch onder zijn medewerkers gecreëerde cultuur van instinctieve inschikkelijkheid met de trend in het Derde Rijk van 'Working towards the Führer', zoals historicus Ian Kershaw dat noemde. (Toen Harold zich in 1982 als redacteur van *The Times* sterk maakte voor redactionele onafhankelijkheid werd hij door Murdoch ontslagen.)

Niettegenstaande de deemoed die Murdoch in het parlement tentoonspreidde, werd duidelijk wat hij echt dacht over deze 'vernedering' toen *Channel 4 News* in juli 2012 een geheime gelekte opname openbaar maakte.[26] Daarop noemde Murdoch de onderzoekers laatdunkend 'volstrekt incompetent', zei hij dat al dit gedoe een 'storm in een glas water was' en deed hij het handelen van zijn kranten af als 'deel van de cultuur van Fleet Street'.[27]

In het rapport dat de bijzondere parlementaire commissie in 2012 publiceerde, werd geconcludeerd dat James Murdoch 'zich welbewust niet had laten informeren over de schaal waarop telefoons werden gehackt' en zich 'schuldig had gemaakt aan een verbazingwekkend gebrek aan nieuwsgierigheid' op dit vlak.[28] Vader en zoon Murdoch 'zouden bereid moeten zijn om hun verantwoordelijkheid te nemen' voor de misstanden bij *The News of the World* en News International. De meest vernietigende zin luidde dat James 'niet de juiste persoon was om aan het roer te staan van een groot internationaal bedrijf'.

Toen Harverson en Lowther-Pinkerton in 2005 voor het eerst uiting gaven aan hun argwaan over hun haperende voicemails, kon geen van beiden bevroeden dat ze daarmee een proces in gang zetten dat voor zo'n nationale opschudding zou zorgen. Vanwege het hackingschandaal zouden uiteindelijk negentig mensen worden opgepakt, van wie er zesenveertig werden aangeklaagd. Daarnaast leidde het tot het ontslag van James Murdoch, Les Hinton (al vijftig jaar een loyale medewerker van Murdoch) en Paul Stephenson, de hoofdcommissaris van Scotland Yard, wiens positie onhoudbaar was geworden als gevolg van zijn al te hechte relatie met werknemers van *The News of the World*. De ooit zo ongenaakbare Rebekah Brooks werd in maart 2012 gearresteerd voor belemmering van de rechtsgang, nadat de politie in een ondergrondse parkeergarage vlak bij haar huis een afvalzak had aangetroffen met daarin haar laptop, documenten en telefoon. Samen met Andy Coulson werd ze in 2013 voorgeleid in de Old Bailey (het Central Criminal Court in Londen).

Coulson werd veroordeeld tot een gevangenisstraf van achttien maanden. In een tijdsbestek van vier jaar was hij afgegleden van Downing Street naar Belmarsh Prison. Brooks werd vrijgesproken na een dramatische rechtszaak en met dank aan knap advocatenwerk van Angus McBride, die in 2016 hoofd juridische zaken binnen Murdochs News UK zou worden. De jury ging mee in het verweer van de beklaagde dat collega's van Brooks met hun ogen deed rollen: namelijk dat deze kordate, hyperambitieuze hoofdredacteur niets had geweten van de illegale praktijken waaraan haar redacteurs zich schuldig maakten. Dat Murdoch haar in 2015 aanstelde als CEO van News UK – de hoogste functie in de Londense tak van zijn bedrijf – getuigt van zijn niet-aflatende bewondering voor haar. Daarnaast was het een welgemeende 'fuck you' tegen eenieder die hoopte op een teken van oprecht berouw.

Misschien nog verbazingwekkender was Murdochs handelen op het toppunt van de publieke verontwaardiging. In juli 2011 liepen de adverteerders in zulke groten getale weg dat hij *The News of the World*, de 168 jaar oude krant met een oplage van 2,6 miljoen, simpelweg opdoekte. Van de ene op de andere dag stonden alle tweehonderd medewerkers op straat. Het schandaal had hem geraakt waar het hem het meest pijn deed: in zijn portemonnee. Niet alleen kostte het hem naar schatting 38 miljoen pond per jaar aan inkomsten, maar alles bij elkaar genomen zou hij aan slachtoffers van de telefoonhacks tussen de 1 en 3 miljard pond aan schadeloosstellingen kwijt zijn. Tegen 2021 hadden de schikkingen dusdanige happen genomen uit de winst van *The Sun*, dat Murdoch de boekwaarde van zijn voormalige cashcow afwaardeerde tot precies nul. (Op het moment van schrijven hadden aanklachten van hacking de concurrerende Mirror Group Newspaper naar schatting 100 miljoen pond gekost.)

In 2011 stelde premier David Cameron onder leiding van rechter Leveson een commissie in die onderzoek moest doen naar het illegale optreden van de pers. Dat resulteerde een jaar later in een rapport van tweeduizend pagina's dat in niet mis te verstane bewoordingen concludeerde dat de media op totaal onverantwoordelijke wijze prioriteit gaven aan 'sensationele verhalen, zonder enig oog voor de rechten van de betrokkenen en de schade die hun verslaggeving zou kunnen veroorzaken'.[29]

Leveson stelde vast dat de bestaande Press Complaints Commission tekortschoot. Daarom kwam hij met een voorstel voor de oprichting van een nieuw, onafhankelijk toezichthoudend lichaam. Hierin zou geen plek moeten zijn voor actieve hoofdredacteuren. Daarnaast zou deze nieuwe commissie de mogelijkheid moeten hebben om substantiële boetes uit te delen. De Britse pers zag in deze nieuwe vorm van toezicht een existentiële bedreiging. Als gevolg van hun grote weerstand werd er ten slotte in 2014 een nieuwe, tandeloze, zelfregulerende organisatie opgericht, de Press Independent Standards Organisation. Daarop voelden de slachtoffers van de hacks zich verraden. Het was Hugh Grant die zich ontpopte tot een van de meest hardnekkige pleitbezorgers van mediahervormingen en van genoegdoening voor de slachtoffers. Hij doneerde grote sommen aan Hacked Off, een activistische groep die bestond uit slachtoffers van persmisstanden, academici en politici die dit issue op de agenda hield. En toch kwam een klaarblijkelijk geïntimideerde Theresa May vier jaar later terug op Camerons plechtige belofte om Leveson een vervolgonderzoek naar het illegale handelen van de pers te laten uitvoeren.

De ironie is dat Leveson het internet wilde vrijstellen van de door hem voorgestelde nieuwe regels. Opmerkelijk genoeg dacht hij dat 'mensen er niet van uit zullen gaan dat wat ze op internet lezen per se accuraat of betrouwbaar is'.[30] Maar binnen vijf jaar zouden de sociale media de scheidslijn tussen de waarheid en de leugen uitvagen en was definitief duidelijk geworden dat de achtenswaardige rechter de plank faliekant had misgeslagen.

Ongetwijfeld bezagen prins Harry en de rest van de koninklijke familie het Leveson-rapport en de sluiting van de hondsbrutale *The News of the World* met bitterzoete genoegdoening. Maar deze nieuwe ontwikkelingen konden Harry's relatie met Chelsy Davy niet meer redden. Na zes jaar als een prooi te zijn opgejaagd was ze het beu. Een heel leven aan Harry's zijde was voor haar allerminst een aanlokkelijk vooruitzicht. In januari 2009 veranderde Harry's bruisende soulmate, in wie Harry's vrienden zijn toekomstige echtgenote dachten te zien, haar relatiestatus op Facebook in 'vrijgezel'. Weliswaar zouden ze de twee jaren daarna zo nu en dan weer samenkomen, maar het heilige vuur was uit hun relatie verdwenen. In november 2021 trad Gavin Burrows uit de schaduw. In de BBC-documentaire *The Princes and the Press*, van Amol Rajan, gaf hij blijk van wroeging: 'Je kunt wel zeggen dat ik tot de mensen behoorde die hem [Harry] hebben beroofd van een kans op een normale pubertijd.'[31]

Dat was nog zachtjes uitgedrukt. Na elke puberale misstap had de pers Harry er op de voorpagina's van langs gegeven. Ze had zijn tour in Afghanistan verpest. En zijn relatie met Chelsy verwoest. Mede hierdoor koesterde Harry een onverzoenlijke, intense wrok tegen de pers in al haar vormen.

16

GLORIEJAREN

De triomftocht van de Windsors

Wie in deze prille eenentwintigste eeuw naar een gouden periode van de monarchie zoekt, zal uitkomen bij de acht jaar tussen 2011 en 2019, de periode die begon met het huwelijk van William en Kate. The Firm koesterde zich in de behaaglijke warmte van de nationale goodwill. De hertogin van Cambridge stelde de troonopvolging veilig door met prins George en prinses Charlotte twee onweerstaanbaar fotogenieke kinderen op de wereld te zetten. Harry groeide na een tweede succesvolle tour in Afghanistan – ditmaal als Apachepiloot – uit tot een nationale held. De opgewekte Charles leek na zijn huwelijk met Camilla ineens een nieuw mens. ('Hij ziet er opgewekt uit als hij de trap neemt naar zijn eigen vertrekken in Clarence House, waar Camilla hem hartelijk zal ontvangen,' zo merkte een van zijn vrienden tegen mij op.) En de koningin genoot van dit serene hoogtij en bleef de ultieme belichaming van 'keep calm and carry on'.

Eindelijk zaten de machinerie achter de monarchie en de familie die deze monarchie vertegenwoordigde op één lijn. Toen er in juni 2012 maar weer eens een nieuw jubileum op stapel stond – het 'Diamond Jubilee', ter ere van het feit dat de koningin zestig jaar op de Britse troon zat – was er in het paleis niets te bespeuren van de bezorgdheid die zo kenmerkend was geweest voor de opmaat tot het vorige jubileum. Uit een peiling van *The Guardian*/ICM de dag voor het jubileum bleek dat de persoonlijke populariteit van de koningin zich op een niveau bevond 'waarvoor onze versmade politici een moord zouden begaan'.[1] Een maand later begaf 'Her Maj' zich stoutmoedig op onbekend terrein – namelijk dat van heldin van de popcultuur – door kortstondig op te duiken als haar uitgestreken zelf in de James Bond-parodie van regisseur Danny Boyle waarmee de Olympische Spelen van Londen 2012 werden ingeluid.

Mede dankzij de vaste hand van een van de uiterst capabele privésecretarissen van de koningin, Sir Christopher Geidt, voer Buckingham Palace soepel en geruisloos over de doorgaans zo woelige baren van rivaliserende koninklijke huishoudens. Ook Geidt was een oud-geheim agent. Een paleiscollega beschreef hem als 'beminnelijk en charmant, onberispelijk netjes en Brits met een "regimental" stropdas, maar zeker ook met een toefje spion'.[2]

De koningin houdt van het sterke, stille type. Ze is het van oudsher gewend de enige vrouw te zijn op bijeenkomsten van machtige haantjes en spierballenvertoon. Een 'meisjesmeisje' is ze nooit geweest. Tot de dag van vandaag heeft ze nooit een vrouwelijke privésecretaris gehad. 'Ze vindt het fijn om alfamannen om haar heen te hebben,' vertelde een van haar oudmedewerkers. Wat ze vooral aan Geidt bewonderde was de chirurgische precisie waarmee hij ter zake kwam. Geidt was vastbesloten om na de zure rivaliteit van de Bolland-periode het onderlinge vertrouwen binnen het paleis te herstellen. Hij stelde een wekelijks overleg in tussen de privésecretarissen van Buckingham Palace, Clarence House en Kensington Palace, met als bedoeling hen, die zich voorheen regelmatig in onderlinge ruzies hadden verloren, op één lijn te houden. Ook hield hij prins Charles van alles op de hoogte, waarmee hij tegemoetkwam aan diens steeds rustelozer wordende ambities. Bovendien organiseerde hij samen met zijn assistent Edward Young in mei 2011 het memorabele – en vlekkeloos verlopen – staatsbezoek van Elizabeth aan de Republiek Ierland.

Het historische en diplomatieke belang van een staatsbezoek aan een plek waar de rancune tegen de Britse monarchie zo lang zo diep werd gevoeld, valt nauwelijks te overschatten. De koningin was tegelijkertijd ongerust en opgewonden over het vooruitzicht hiervan. Ook was ze zich welbewust van het vele politieke werk dat was gedaan om een basis te leggen voor haar symbolisch zo krachtige aanwezigheid op Ierse bodem. De voorgaande keer dat een Britse monarch – George V – Ierland bezocht was in 1911, en destijds viel Ierland nog onder de Britse kroon. Elizabeth II noch haar vader George VI had ooit voet gezet op de grond van de afgescheiden republiek. Tijdens de zogeheten Troubles gingen meer dan 3500 mensenlevens verloren, onder meer van de dertien Ierse demonstranten die in 1972 op Bloody Sunday door Britse soldaten werden neergemaaid. In reactie daarop werd de Britse ambassade in Dublin met brandbommen belaagd en werden er op de stoep voor de ambassade drie in zwart gehulde namaakdoodskisten met daarop twee Britse vlaggen en een beeltenis van een Britse soldaat in brand gezet.

Voor de koningin waren de Troubles ook persoonlijk een nare tijd geweest. In augustus 1979 vermoordde de IRA de man die werd beschouwd als een van de meest vooraanstaande vertegenwoordigers van het Britse establishment. Dat was Lord Mountbatten, haar achterneef en de geliefde 'eregrootvader' van prins Charles. De oudere staatsman en oorlogsheld maakte op zijn jacht een tochtje op de Donegal Bay, nabij het zomerhuis van de familie in Classiebawn Castle, toen terroristen een ruim twintig kilo zware bom, die ze de avond ervoor hadden geplant, tot ontploffing brachten. Naast de oudere staatsman en oorlogsheld kwamen ook zijn veertienjarige kleinzoon en twee andere opvarenden om het leven. Een getuige herinnerde zich: 'De ene minuut was de boot er nog en de volgende minuut leek het of er talloze luciferstokjes op het water dreven.'[3]

Zelfs na het Goede Vrijdagakkoord van 1998, dat tot stand kwam dankzij de gecombineerde diplomatieke inspanningen van Tony Blair en Bill Clinton, was de situatie nog dusdanig gevoelig dat de koningin niet naar Ierland kon reizen. Die ruimte ontstond pas na afronding van het langverwachte Saville Report. Daarin werd de conclusie getrokken dat de Bloody Sunday-slachtoffers onschuldig en ongewapend waren geweest en dat de Britse soldaten hen zonder voorafgaande waarschuwing hadden neergeschoten. Op de dag van de openbaarmaking van het rapport stelde de nieuwe conservatieve premier David Cameron in het Lagerhuis onomwonden dat deze doden 'niet te verdedigen en niet te rechtvaardigen' waren.[4]

Pas toen waren de politieke kaarten zo geschud dat de koningin persoonlijk en met gepast vertoon de detente kon bekrachtigen. Aldus landde het koninklijke vliegtuig op 17 mei 2011, een winderige lenteochtend, op Casement Aerodrome, net buiten Dublin. Hare Majesteit stapte het vliegtuig uit gekleed in een schitterende smaragdgroene jas die in alles Ierland ademde. Ook haar hoed verwees naar de gekoesterde kleur van het gastland. En zelfs de keuze van het vliegveld was een gebaar van verzoening. Roger Casement, de man naar wie het vliegveld was vernoemd, was een van de leiders geweest van de opstand van 1916 die de Ierse Onafhankelijkheidsstrijd tegen de Britten had ontketend. Daarna begaf de koningin zich rechtstreeks naar de ambtswoning van de Ierse president, waar ze het register signeerde met de staatskrabbel, de koninklijke krul van 'Elizabeth R.'

De Britse regering had speciaal voor het bezoek een klavergroene Bentley de Ierse Zee overgezet. De straten van Dublin werden afgegrendeld door een kordon van zo'n achtduizend politieagenten. Even huiverden alle betrokkenen collectief bij de gedachte aan wat komen ging toen er aan het begin van het bezoek in een bus een achtergelaten draagtas met daarin een staafbom werd ontdekt. Sowieso was de temperatuur nog verder opgelopen doordat een week na de koningin het bezoek aan Ierland van de Amerikaanse president Barack Obama en zijn echtgenote Michelle Obama op de agenda stond. De planners van het hof hadden zich bezorgd gemaakt dat de machtige Amerikanen de aandacht zouden wegtrekken van dit historische moment voor het Verenigd Koninkrijk, maar uiteindelijk zagen de Obama's zich gedwongen hun trip in te korten: een IJslandse vulkaan begon as te spuwen en dreigde de Air Force One aan de grond te houden. (Mij werd verteld dat de zo gereserveerde medewerkers van het voorbereidingsteam van het paleis stiekem enig leedvermaak koesterden toen de presidentiële Cadillac, die vanwege zijn aura van onaantastbaarheid 'The Beast' wordt genoemd, vast kwam te zitten op een uitrit van de Amerikaanse ambassade van Dublin.)

In de loop van drie gedenkwaardige dagen maakte de koningin elk traditioneel gebaar van goodwill afgezien van het kussen van de Blarney Stone: in de Gravity Bar in het Guinness Storehouse keek ze toe hoe een perfecte *pint* werd getapt; in het Trinity College bewonderde ze het eeuwenoude manuscript van *The Book of Kells*; in County Tipperary kreeg ze een rondleiding langs de Rock of Cashel; en ze bleef dapper glimlachen tijdens een lawaaierig optreden van Ierse stepdansers. Ze voegde zich zelfs op het podium bij de dansers en ontving toen zelf een al even luidruchtige staande ovatie: het tweeduizend man sterke publiek juichte en floot haar vijf minuten lang toe. En in een gebaar dat was doordesemd van perfecte symboliek legde ze ter ere van allen die hun leven hadden gegeven in de strijd voor de Ierse vrijheid met gebogen hoofd een krans in The Garden of Remembrance.

Tijdens de ceremonie speelde de Ierse legerband 'God Save The Queen'. Een paar decennia eerder, toen het redden van de koningin echt het allerlaatste was waar de Ieren aan dachten, zou dat absoluut ondenkbaar zijn geweest. 'We waren ervan uitgegaan dat dit voor veel mensen een hachelijke, alarmerende gebeurtenis zou zijn vol wederzijds wantrouwen,' zo memoreerde BBC-journalist en auteur Andrew Marr.[5] Maar op de laatste dag van haar bezoek bleek het Ierse enthousiasme zo groot dat de beveiligingsvoorschriften werden afgeschaald en men toestond dat de straten van

Cork volstroomden met duizenden uitgelaten toeschouwers. De koningin stond erop om tegen haar eigen protocol in te gaan en de mensen te voet te begroeten. 'Ze dromden om haar heen alsof ze Beyoncé was,' zei een van haar medewerkers. Op de English Market maakte ze een praatje met de Ierse vishandelaar en grappenmaker Pat O'Connell, die ze zo amusant vond dat ze hem later op Buckingham Palace zou uitnodigen.

Lord Donoughue, Hogerhuis-lid namens Labour, vertelde me dat zijn Ierse vrienden vooral onder de indruk waren van het bezoek van de koningin aan Croke Park in Dublin. Toen het Britse leger in 1920 in dit Gaelic football-stadion het vuur opende, doodde het veertien toeschouwers en één speler. Die speler was Michael Hogan. De aanvoerder van Tipperary werd in zijn rug geschoten. Juist omdat Croke zo'n beladen symbool was van Engelse onderdrukking was het, zei Donoughue, van de kant van de koningin 'een moedig en politiek gedurfd [bezoek]. Ze gaf hiermee blijk van een scherp historisch bewustzijn.'[6]

President Mary McAleese was bij de koningin toen ze samen met Christy Cooney, de voorzitter van de Gaelic Athletic Association, het veld opliep. Toen ze opkeken naar de tribune zei Cooney: 'Die is vernoemd naar Michael Hogan, mevrouw, die niet ver van waar ik nu sta werd vermoord.'

McAleese vertelde: 'Heel even dacht ik dat ze in huilen zou uitbarsten. Zachtjes zei ze: "Ik weet het, ik weet het."'[7]

McAleese had erop gehamerd dat er ook vertegenwoordigers van de Ulster loyalistische paramilitairen en Republikeinen werden uitgenodigd. De Engelse autoriteiten die belast waren met de veiligheid vreesden het ergste, maar de koningin ging dapper het rijtje af en schudde ook hun de hand.

De Ierse tour bestond niet uit alleen maar saaie plichtplegingen. De koningin vond namelijk ook de tijd voor een kort tripje naar de Irish National Stud in County Kildare, een paardenfokkerij waar sommige van de beste racepaarden vandaan kwamen. Daar had ze altijd al naartoe gewild. Enda Kenny, de Ierse premier of taoiseach, deed de koningin oprecht een groot plezier door haar een boek te geven met daarin alle in Ierland gefokte volbloedpaarden die in de koninklijke kleuren hadden geracet. Later vertelde de koningin hem dat ze er tot diep in de nacht in had zitten lezen – en we mogen er gerust van uitgaan dat dit geen hoffelijk leugentje was.[8] De arme Philip, die in het Guinness Storehouse smachtend had gekeken naar de pints stout die wegens tijdsgebrek niet werden opgedronken, sjokte achter haar aan terwijl zij zich overgaf aan dat waar hij helemaal niets mee had: geestdriftig met fokkers, jockeys en trainers over paarden praten. Toen een ontzagwekkende hengst steigerde, was de koningin de enige hoogwaardigheidsbekleder die geen krimp gaf. Ondertussen hoopte de verzamelde pers op een typische Philip-uitglijder, maar aan die wens kwam hij dit keer niet tegemoet.

De koningin bewaarde haar meest inspirerende staaltje staatsmanschap voor het staatsdiner in Dublin Castle. Gekleed in een jurk die was versierd met tweeduizend met de hand genaaide klavertjes en een broche in de vorm van een harp, begon ze haar toespraak in het Gaelic. Dit leverde haar zowel een welgemeend applaus als een geluidloze 'wow' van president McAleese op. Overigens had McAleese zelf tegen Edward Young geopperd dat de koningin in het Gaelic zou kunnen openen, bij wijze van erkenning van de pijnlijke manier waarop de lokale taal door de Britten was onderdrukt.[9] Haar zorgvuldig gekozen woorden vonden sterke weerklank. Ze gaf uiting aan de nationale spijt over de vele gewelddadige jaren. Maar excuses maakte ze niet. 'Zo veel aan dit bezoek herinnert ons aan de complexiteit van onze geschiedenis, aan haar vele lagen en tradities, maar ook aan het belang van verdraagzaamheid en verzoening. Aan het belang van respect voor het verleden, zonder ons daardoor te laten knevelen.'[10]

De emotie was voelbaar toen de 172 hoogwaardigheidsbekleders, politici en beroemde culturele vertegenwoordigers opstonden voor een toost. De Britse premier David Cameron, die aan tafel zat bij de koningin, schrijft in zijn memoires: 'Het was diep ontroerend om onze koningin over vergevingsgezindheid te horen praten. Elk uiterst zorgvuldig gekozen woord heelde een andere wond uit onze geschiedenis. We kregen een les in verzoening van een van de allerbesten.'[11]

Aan Camerons linkerhand zat Seamus Heaney, dichter en Nobelprijswinnaar. En aan Heaneys andere kant zat, tot diens grote ongemak, Philip. De dichter had ooit geschreven: 'Be advised my passport's green. No glass of ours was ever raised to toast the Queen.' Philip, een kei in afleidingsmanoeuvres, vertelde hem het hele etentje lang 'ongepaste' verhalen. 'Jesses nog aan toe, wat een rare snijboon,' zei Heany tegen Cameron, alvorens hij al net zo enthousiast als de anderen op de koningin toostte.[12] 'Het was het grootste *politieke* succes van haar bewind,' oordeelde Andrew Marr over deze onwrikbaar apolitieke monarch.[13] President McAleese zei tegen Marr dat de koningin en prins Philip 'bereid waren geweest verder te gaan' en zelfs de hand hadden willen schudden van de leider van Sinn Féin, Gerry Adams.[14] Maar dat had Sinn Féin niet gewild. Tot op het laatst bestond de hoop dat de links-nationalistische politici van gedachten zouden veranderen, maar tijdens het staatsdiner bleven hun stoelen leeg. De koningin had dus niet álle Ierse harten voor zich gewonnen.

Het belang van de kalme rol die de koningin vertolkte is nog groter dan doorgaans wordt erkend. Een van de minder bekende aspecten van de normalisatie van de Brits-Ierse betrekkingen is de voortdurende bijdrage die daaraan werd geleverd door drie vrouwelijke leiders, te weten de twee Ierse presidenten Mary Robinson en Mary McAleese, en de koningin. Na een lange periode waarin de betrokken regeringen elkaar aftastten, nam de publieke toenadering tussen beide landen in 1993 de concrete vorm aan van een uitnodiging 'voor de thee' van de koningin aan Robinson, de eerste vrouwelijke president van Ierland. Dit was een volle vijf jaar voor het Goede Vrijdagakkoord.

Enda Kenny, de oud-taoiseach, is ervan overtuigd dat 'de rol van [deze] vrouwelijke leiders [in het vredesproces] een impact had die er onder mannelijk leiderschap niet was geweest'.[15] Kenny koestert de herinnering aan de manier waarop de koningin op het vliegveld van Cork afscheid van hem nam. Terwijl ze zich over de rode loper naar haar vliegtuig begaven, zei ze tegen hem: 'Van alle staatsbezoeken in zestig jaar hechtte ik aan dit bezoek het meeste belang.'

Al bagatelliseerde ze ook meteen haar eigen rol in deze historische gebeurtenis. 'Ik vond gewoon dat het wel eens tijd werd voor een bezoek,' glimlachte ze toen David Cameron haar prees.[16]

II

De koningin stelde één voorwaarde voor haar diamanten jubileum: het mocht niet te veel kosten. Gezien de impopulaire bezuinigingen die de Tory-regering in de nasleep van de financiële crisis van 2008 doorvoerde en het mede in het licht daarvan begrijpelijke gemopper van de bevolking over de miljarden verslindende Olympische Spelen in Londen die voor juli 2012 op de agenda stonden, wilde de koningin niet met een spilziek jubileum nog meer olie op het populistische vuur gooien. Maximaal één miljoen pond mocht het team aan de hele viering uitgeven. Kwamen de kosten daarbovenuit, dan moest dat met sponsorgeld worden betaald.

Kate Middleton, nu hertogin van Cambridge, werd prompt in de markt gezet als een gretige koopjesjager. In maart van dat jaar onderstreepte Kate tijdens haar eerste toespraak als royal in een kindertehuis in East Anglia haar spaarzaamheid door de blauwe Reiss-jurk te dragen die haar moeder aan had gehad tijdens de paardenrennen in Ascot. Daarnaast lieten William en Kate zich strategisch opmerken toen ze met EasyJet terugkeerden van een skivakantie. Harry deed hetzelfde door met Wizz Air naar Roemenië te vliegen. En de koningin legde op al even goedkope wijze drieëntachtig jubileumbezoekjes door het hele Verenigd Koninkrijk af.

De rest van de familie werd gemobiliseerd voor een charmeoffensief in het Gemenebest. Charles en Camilla raceten door Australië, Nieuw-Zeeland en Papoea Nieuw-Guinea. William en Kate ontweken vragen over Kate's zwangerschap en reisden af naar Singapore, Maleisië, Tuvalu en de Salomonseilanden. Prins Andrew nam, met zijn ragfijne gevoel voor wat gepast is, een privévliegtuig naar een sloppenwijk in Mumbai. Prinses Anne, het trouwe werkpaard van de familie, nam een gewone vlucht om zieltjes te winnen in Mozambique en Zambia. En prins Edward en Sophie werden afgeleverd op de Caraïbische eilanden.

Tijdens de eerste reis waarop hij in zijn eentje de koningin vertegenwoordigde, charmeerde Harry zich een weg door Jamaica, de Bahama's en Belize. Het zorgde onder meer voor fraaie pr-foto's waarop hij speels een hardloopwedstrijdje houdt met Usain Bolt, de snelste sprinter ooit. Nu William definitief was ingepalmd, nam Harry het stokje van ietwat slordig prinselijk sekssymbool over. Hij werd gefotografeerd toen hij na een nacht in de Bunga Bunga Bar in Battersea onderweg naar zijn auto een aandoenlijk dansje maakte. Ook gaf hij een proeve van moderne ridderlijkheid ten beste door tijdens een polowedstrijd in Brazilië het veld over te galopperen om een Amerikaanse defensiecontractant die van zijn paard was gevallen te helpen. 'Prins Harry was als eerste van zijn paard. Hij deed wat er moest gebeuren: hij draaide me om en vergewiste zich ervan dat ik weer bij bewustzijn kwam. Ik weet nog goed dat ik bijkwam en in die kloeke blauwe ogen staarde,' zei de gevallen polospeler.[17] En Cheryl Cole, de populairste popster van het Verenigd Koninkrijk, biechtte tegen *Marie Claire* op: 'Afgelopen nacht droomde ik dat ik [met prins Harry] trouwde en een echte prinses werd.'[18]

Het hoogtepunt van het Diamond Jubilee was een losjes op de Slag om Duinkerke geïnspireerde botenoptocht. Op de rivier vormden duizend boten van elke soort en omvang een bonte armada. Aan het hoofd van de stoet voer een in rood en goud beklede, met 10.000 bloemen versierde replica van een achttiende-eeuws koninklijk galjoen (dat ter ere van Winston Churchill *The Spirit of Chartwell* was gedoopt). Op dat schip bevonden zich de koningin en haar gemaal, samen met Charles en Camilla, William en Kate, en Harry. Vlak achter hen voer de tweede boot in de rij met daarop andere senior royals, de conservatieve oud-premier John Major en de toenmalige burgemeester van Londen, Boris Johnson. Die laatste vergeleek de roeiers die de boot van de koningin over de rivier voortbewogen met 'geoliede en geboeide parlementariërs'.[19]

Het was ontstellend slecht weer voor de tijd van het jaar. Dat betekende dat de koningin en prins Philip, respectievelijk zesentachtig en negentig jaar, op een van de koudste en natste dagen van het jaar vier uur onafgebroken en zonder toiletpauze op het dek moesten staan. Voor hen stonden weliswaar twee zachte, roodfluwelen 'tronen'. Maar die meden ze, aangezien hun meest onschatbare kwaliteit er nu eenmaal uit bestaat om zich onververvaard en glimlachend door de meest oncomfortabele situaties heen te slaan. (En ook, zo merkte een paleismedewerker fijntjes op, omdat die roodfluwelen tronen misschien 'net iets té David en Victoria Beckham' waren.) Toen de koninklijke stoet bij de Tower Bridge aankwam, stevende de hertogin van Cornwall lijnrecht af op de warme thee. Aan David Cameron vertrouwde ze toe dat 'ze daarbuiten even had gedacht dat ze het niet zou overleven'.

Maar eigenlijk paste die aanhoudende regen prima bij de nationale optocht. Het regende namelijk ook tijdens de kroning van de koningin in 1953. Het regende tijdens haar zilveren jubileum in 1977, waar ik zelf in Brighton naar heb zitten kijken nadat ik op de vlucht voor de regen een pub indook waar het dampig was van de opdrogende jassen. In essentie is dat waar de koningin voor is gemaakt: regen. Wat blijft er immers over van een evenement op een traditionele Engelse zomerdag als het geen pijpenstelen regent? Denk aan narrige picknicks op een zompig parkeerterrein in Wimbledon; het natte, slappe karton van een bakje aardbeien in het operagebouw van Glyndebourne; de doorweekte vlucht richting de kerk tijdens een huwelijk in The Cotswolds; de poging om nog iets van je hoed te redden wanneer tijdens de Henley Royal Regatta de hemelsluizen plotseling opengaan? Of zoals historicus Simon Schama me appte vanuit postcorona Londen: 'Het soort weer dat herinneringen oproept aan die dagen dat je rondhing op de campusgazons met een glas verdunde Pimm's-likeur waarin stukjes komkommer dreven, terwijl je probeerde te voorkomen dat je winterhanden kreeg door te flirten met meisjes wier gezichten nog blauwer uitsloegen dan hun oogschaduw.'[20]

Voor prins Philip eiste het lange staan in een doorweekt marine-uniform zijn tol. De dag erna werd hij met een blaasontsteking naar het King Edward VII's Hospital overgebracht. Een geluk bij dit ongeluk was dat hij daardoor verstek moest laten gaan bij het muziekconcert van maandagavond op Buckingham Palace. Daarbij wervelde Grace Jones in een hoelahoep en blèrde Tom Jones, vér over zijn houdbaarheidsdatum, 'Delilah'.

De koningin zelf loste dit probleem adequaat op: ze had gedurende het hele optreden oordoppen in.[21]

Door de afwezigheid van prins Philip kreeg Charles de kans om zijn moeder aan het eind van het concert het podium op te begeleiden. Hij bracht een groet uit aan de buiten gevecht gestelde Philip en kuste, na een daverende vertolking van 'God Save the Queen', zijn moeder de hand. Dat hij zijn eigen eerbetoon begon met 'Uwe Majesteit, [pauze], mummy' leverde hem welwillende reacties in de media en een paar lachjes op.

De jubileumviering onderstreepte de verhoogde status van zowel de troonopvolger als zijn vrouw. Voor Camilla was het een geweldige gelegenheid om zich van haar beste kant te laten zien. In haar ivoren 'moeder-van-de-bruid'-doorknoopjurk van Anna Valentine stond ze op de staatsieboot naast de koningin, die zelf glom in haar witte bouclé en kristallen. Het maakte zelfs niet uit dat de aandacht volledig werd weggetrokken door de beeldschone Kate in haar brandweerrode Alexander McQueen-jurk. Twee dagen later bevond Camilla zich alweer helemaal op de voorgrond toen ze in de koets plaatsnam naast de koningin – doorgaans natuurlijk Philips plek. De State Landau uit 1902 bracht hen naar Buckingham Palace voor de slotdag van de jubileumfestiviteiten.

Sinds het huwelijk van William en Kate had Camilla weinig positieve media-aandacht gekregen. Meer en meer overschaduwde de jongere generatie de genoegzaam bekende verhalen van de oude garde, vooral nadat in december 2012 bekend werd dat Kate zwanger was. De media kregen op een presenteerblaadje een nieuw gewonevrouwenverhaal aangereikt toen Kate, die op dat moment nog geen drie maanden zwanger was, vanwege 'hyperemesis gravidarum' (extreme zwangerschapsmisselijkheid) naar het King Edward VII's Hospital werd overgebracht. Hele pagina's vol met meelevende reacties van vrouwen werden gedrukt.

In juli 2013 zag prins George Alexander Louis het levenslicht in de (privé-)Lindo-vleugel van St. Mary's Hospital, dezelfde plek waar eenendertig jaar eerder zijn vader was geboren. De geboorte van de nieuwe mannelijke troonopvolger, nummer drie in de lijn, gaf overal in het Gemenebest aanleiding tot grote blijdschap. Met een schuin oog op het feit dat de drie belangrijkste en langst zittende Britse monarchen vrouwen waren – Elizabeth I, Victoria en Elizabeth II – kon nu worden geconcludeerd dat, tenzij het lot dramatisch anders zou beslissen, de volgende drie monarchen koningen zouden zijn. 'Vrouwelijke leden van het Koninklijk Huis worden doorgaans behandeld als mannen-bij-gebrek-aan-mannen,' zei prinses Anne ooit, die door veel mensen in het paleis wordt gezien als de beste koning(in) die de Britten nooit zullen hebben.[22] (In april 2013 schafte het parlement het onderscheid tussen man en vrouw in de troonopvolging af. De nieuwe wet veranderde het zeventiende-eeuwse eerstgeboorterecht zodat vrouwen in de troonopvolging voortaan als volkomen gelijk zouden worden gezien. Nu geldt alleen nog: wie het eerst geboren wordt, wie het eerst maalt.)

Kate liet zien dat ze zelfs als ze zich hondsberoerd voelde, onberispelijke publieke optredens kon afleveren. Drie dagen voordat ze vanwege zwangerschapsmisselijkheid het ziekenhuis in ging, hockeyde ze op hoge hakken nog even mee op haar oude universiteit St. Andrew's. En twee jaar later, toen ze zwanger was van Charlotte, bracht ze samen met William een slopende tweedaagse pr-missie in New York tot een goed einde. Danny Lopez, de Britse consul-generaal, verbaasde zich erover hoe grondig het voorbereidingsteam van het paleis te werk ging in vergelijking met het vaak zo chaotische optreden van de secretarissen van de parlementariërs van Westminster. Hij roemde de professionele, foutloze wijze waarop Kate en William hun meet-and-greets aanpakten en prees de gedegen wijze waarop ze zich de instructies eigen maakten. 'Ze wisten hoe ze áán moesten staan,' zei hij.

Tijdens een door Lopez in de ambtswoning van de consul-generaal georganiseerde lunch met succesvolle jonge mensen gebruikte Kate talking points die 'in deze zeventiende regel van de instructie' stonden. Dat contrasteerde enigszins met hetzelfde bezoek dat prins Harry een jaar eerder had afgelegd. Harry was, zo herinnerde een van de consulaire medewerkers zich, weliswaar net zo toegewijd, maar minder zelfverzekerd. (Of misschien was hij gewoon meer bezig met zaken die mensen echt belangrijk vonden.) Zo maakte hij zich zorgen dat hij een honkbal die hij tijdens een schoolbezoek moest slaan, niet goed zou raken. Toen werd gezegd dat het hem heus zou lukken, antwoordde Harry: 'Als ik tijdens een evenement een zinnetje uit jouw briefing vergeet, valt dat niemand op. Maar verpest ik het met een honkbalknuppel, dan zie je dat morgen terug op voorpagina's in de hele wereld.' Natuurlijk raakte Harry alle drie de gepitchte ballen vol. En was iedereen helemaal weg van hem.

Het succesvol opgekrikte koninklijke imago trok de hele Firm mee omhoog. Camilla scoorde punten door haar gezicht te laten zien, te glimlachen en uit te stralen dat ze haar taken leuk vond – volgens Harverson hét recept om het publiek voor je te winnen. Daarnaast was het de kunst om oude vertrouwde optredens zoals bij de Chelsea Flower Show te combineren met gewaagde verrassingen. Zo dook de hertogin plotseling op op de set van de Deense tv-serie *The Killing*, de krimi die zo goed bij de tijdsgeest paste. Volgens *The Guardian* 'kreeg ze daar een gebreide trui in Faeröerstijl van Sofie Gråbøl, de ster van de serie die zo spreekwoordelijk *badass* is dat haar naam letterlijk rijmt op *trouble* (problemen)'.[23]

Mede dankzij de beelden van Camilla samen met de koningin en Kate kreeg ze geleidelijk een vaste plek in het narratief van het Koninklijk Huis. Het drietal nam samen – elk gekleed in een andere tint blauw – de auto voor een officieel en tegelijk nogal meisjesachtig bezoek aan warenhuis Fortnum and Mason in Piccadilly. De zittende monarch droeg hiermee een duidelijke boodschap uit: drie generaties koninginnen, die van nu en die van later, waren verenigd in hun enthousiasme voor Happy Hound Treats-hondenkoekjes.

Een belangwekkender stap was dat de koningin een groot deel van de sieradencollectie van de koningin-moeder permanent aan Camilla te leen gaf. De oude poseur had een onschatbare collectie nagelaten van art-deco-tiara's, diamanten en kettingen met vijf snoeren, waarvan de meeste haar waren nagelaten door de omhooggevallen Mrs Ronald Greville. ('Een rijke oude ellendelinge, zo kenschetste Hugo Vickers haar, 'die liever gaf aan de rijken dan aan de armen'.[24]) Charles was het gelukkigst als hij Camilla in zijn grootmoeder kon omtoveren. De op blingbling verzotte hertogin zou de Greville-tiara – die vanwege de complexe, in elkaar grijpende en met briljanten afgezette structuur ook wel bekendstond als de Boucheron-honingraattiara – steevast dragen tijdens formele diners. Charles zag Camilla ook dolgraag met de sieraden van Alice Keppel. Met behulp van de juwelier Wartski ging hij op zoek naar deze overal en nergens verspreide sieraden. Zo betaalde hij naar verluidt 100.000 pond voor een diamanten tiara, die hij vervolgens voor Camilla liet omvormen tot een ketting en oorbellen.

In april 2012 werd Camilla's reputatie ook officieel opgewaardeerd. De koningin kende haar de Dame Grand Cross (GCVO) toe, de hoogste onderscheiding die een vrouw in de Royal Victorian Order kan krijgen. Onder intimi is dit de belangrijkste onderscheiding, die diensten aan de vorst veronderstelt. De koningin verleent haar alleen tijdens belangrijke herdenkingen, als ze bijzonder tevreden is over de persoon in kwesties of gewoon als ze iemand aan zich wil binden. Aan de hand van wie deze eer wel of juist niet ten deel valt, kunnen koninklijke kremlinologen veel aflezen over de stijgers en dalers. Zo kreeg Sarah Ferguson noch prinses Michael van Kent ooit een GCVO. Dat hoeft niet te verbazen, aangezien we weten wat de koningin van hun strapatsen vond. Sophie Helen was in de wolken toen de koningin haar in 2010 met een GCVO onderscheidde. In haar geval was dat een erkenning van de ijver waarmee ze binnen het koninklijke team de rol van trouwe ploeggenoot speelde en zonder morren de vervelendste klusjes opknapte. Kate kreeg de hare op haar achtste trouwdag in 2019, waarmee de koningin onderstreepte hoezeer The Firm afhankelijk van haar loyale glamour was geworden. Tijdens het staatsiebanket dat voor president Trump werd belegd, pronkte de jonge hertogin ermee op een lange blauwsatijnen sjerp. Trouwe medewerkers en privésecretarissen verdienen lagere victoriaanse ordetekens. Het krenkte Mark Bolland dat hij er nooit een heeft ontvangen.

De exclusieve opsmuk van de koningin verleende Camilla nieuw zelfvertrouwen. Ze droeg haar Dame Grand Cross – het ultieme accessoire – toen zij en Charles in april 2013 in Nederland de kroning van Willem-Alexander bijwoonden. Bij die gelegenheid deed de vijfenzeventigjarige koningin Beatrix afstand van de troon ten faveure van haar zesenveertigjarige zoon. (Wat er voor prins Charles helaas niet in zat. Hij had met een mat glimlachje moeten toekijken hoe zijn zesentachtigjarige moeder tijdens de Jubilee haar toewijding aan haar onderdanen onderstreepte.) Een maand later droeg Camilla het fameuze kruis opnieuw, deze keer in combinatie met de Greville-tiara en lange witte handschoenen, toen ze voor het eerst aanwezig was bij de openingsceremonie van het nieuwe parlement. Als ware het een royal double-date zaten Charles en zij op een verhoging in het Hogerhuis naast de getroonde koningin en prins Philip. Nooit eerder maakte de vroegere Camilla Parker Bowles, die was gekleed in evenveel witte sprankels als de monarch, zozeer de indruk van een toekomstige koningin-gemalin.

De tabloids, die altijd terug hun hok ingaan zodra het HKH voor een naam verschijnt, noemden Camilla ineens de 'heerlijke hertogin'. Bovendien werd geschreven dat Camilla Kate tips gaf over waar ze het best heen kon gaan voor glanzende highlights en de beste 'bijengiffacials'. Camilla, van oudsher meer een amazone dan een klerengek, viel wat kilo's af en mat zich een elegante, bij haar leeftijd passende stijl aan. Vaak liet ze zich zien in smaakvolle, eenkleurige gewaden van Bruce Oldfield. Alert wierp *The Guardian* de vraag op: 'Van outcast naar nationale lieveling: hoe kreeg Camilla dat voor elkaar?' Om vervolgens te beschrijven hoe 'de meest gehate vrouw in Engeland' transformeerde tot 'een icoon van bijna magische zestigplus-appeal'.

Voor Charles was het een zegen dat de absurde situaties die ze tijdens officiële optredens tegenkwamen voor zijn tweede echtgenote eerder een bron van vermaak dan van stress waren. Een van haar tafelgenoten vertelde me hoe ze hem had onthaald op anekdotes over haar trip met Charles naar Saoedi-Arabië in 2013, toen ze na een rit van anderhalf uur door de woestijn ten slotte aankwamen bij een reusachtige tent in het niemandsland. Daar bleken drieduizend ongesluierde Arabische vrouwen in deux-pièces een al even reusachtig theekransje te houden. Camilla vond het dolkomisch. Harverson zei: 'Ze zitten altijd samen te dollen. Wie ze samen meemaakt, ziet meteen dat ze voor elkaar gemaakt zijn. Zij brengt het beste in hem naar boven en hij klaart helemaal op zodra hij haar ziet.'

De gestage populariteitsgroei van de hertogin aan Charles' zijde haperde slechts eenmaal. De aanleiding daarvoor was een beangstigend incident dat plaatsvond toen het stel in december 2010 de Royal Variety Performance in het Londen Palladium wilde bezoeken. Door een beveiligingsblunder belandde de Rolls-Royce van Charles midden in een uit de hand gelopen demonstratie tegen de verdrievoudiging van het collegegeld door de regering-Cameron. Het in avondkleding gestoken koninklijke stel werd ingesloten door de woedende menigte. Terwijl de chauffeur in tergend traag tempo door Regent Street reed werden grijpende handen tegen de auto gedrukt. *The Evening Standard* schreef: 'Flessen en prullenbakken vlogen door de lucht. Mensen rukten de hekken los van de bouwplaatsen langs de straat.'[25] Terwijl Charles zijn stalen pokerface behield, dook Camilla naar de vloer van de auto. Later lachte ze de benardheid van deze beproeving weg, maar haar op foto's vastgelegde verschrikte gezichtsuitdrukking werd breed over de krantenpagina's uitgesmeerd. Het laatste wat zij kon gebruiken, net nu het publiek haar in de armen sloot, waren foto's waarop ze overkwam als een hedendaagse Marie Antoinette die met verfbommen wordt bekogeld. Het herinnerde er nog maar eens aan welke angstaanjagende consequenties impopulariteit kon hebben – zoals de royals hadden ondervonden toen de menigte zich na het overlijden van Diana tegen de koningin keerde. En dat de eindeloze cyclus van publieke optredens om goodwill te kweken niet alleen nodig was voor de versterking van de monarchie, maar überhaupt voor haar overleven.

III

In juli 2012 vormden de Olympische Spelen de spreekwoordelijke bekroning van de koninklijk triomftocht. Toen het Londense organisatiecomité, dat werd geleid door Sebastian Coe, de voormalige ster op de middellange loopafstand en viervoudig winnaar van olympisch eremetaal, het Internationaal Olympisch Comité (IOC) agressief het hof maakte, liet de troon maar weer eens zien wat zijn soft power waard was.

Het dertien man sterke IOC-team werd uitgenodigd voor een receptie op Buckingham Palace. De koningin had hun een diep imponerende ontvangst voorbereid: vlaggen uit, de Queen's Guards in de houding, de Grand Entrance verlicht in de stijl van de olympische vlam en het strijkkwartet van de Coldstream Guards dat de beleidsbepalers een muzikale serenade bracht. De koningin bezocht reeds in 2009 de locatie van het stadion. Coe beschrijft in zijn memoires dat de koningin over het stuk liep waar uiteindelijk de finishlijn van de atletiekbaan zou komen. 'Dus waar ben ik nu?' vroeg ze. 'Nou, mevrouw, als u nu een sprint trekt van twintig meter, dan bent u de nieuwe olympisch 100 meter-kampioen,' antwoordde Coe.[26] Toen prins Philip het Olympic Park bezocht, bestookte hij op zijn beurt de organisatoren met vragen over de praktische kanten van de bouw. Tegen Coe biechtte hij op dat hij eigenlijk niet graag naar sport keek. Zelf wedstrijdjes aangaan, daar was hij meer van. Datzelfde gold overigens voor zijn dochter, prinses Anne.

Tijdens de Spelen beleefde de kloeke Anne haar moment in de schijnwerpers. Lang geleden had ze trouwens als eerste Britse royal ooit zelf deelgenomen aan de Olympische Spelen. In 1976 reed ze in Montreal op het paard van de koningin, Goodwill, tijdens de driedaagse eventing. Nu werd ze benoemd tot lid van het Internationaal Olympisch Comité. 'Prinses Anne heeft alle eigenschappen van de ware sporter,' schreef Coe in zijn memoires.

> Wie een sport beoefent waarvoor veel moed nodig is, waarbij niets anders telt dan de volgende trainingssessie, of dat nu cross-country of springen is, en je constant het welzijn van je paard in het oog moet hebben, heeft domweg geen tijd voor geharrewar over subtiliteiten. Het moet moeilijk te accepteren zijn dat de pers alleen is komen opdraven in de hoop dat je in het water valt. Tegen die achtergrond is haar 'dit-is-wie-ik-ben-en-waar-ik-voor-sta-houding' volstrekt begrijpelijk.[27]

Na een langdradige tussenkomst van een comitélid beging Anne een klassieke blunder: ze vergat haar microfoon uit te schakelen. Haar onmiskenbaar norse stem schalde door de zaal: 'Dat is misschien wel de stomste persoon in de hele sportwereld.' In een documentaire die ter ere van Anne's zeventigste verjaardag werd uitgezonden, zei Coe: 'Daarna gaf ze geen krimp. Alsof het nooit was gebeurd, gingen we gewoon door met waar we mee bezig waren. Het was een van mijn favoriete momenten met haar.'[28] Haar dochter, Zara Phillips, koestert op haar beurt herinneringen aan hoe haar moeder na formele koninklijke gelegenheden in vol ornaat thuiskwam, in haar baljurk en helemaal opgemaakt, om meteen haar rubberlaarzen aan te schieten en buiten de kippen te voeren en de eieren weg te halen.

Op eenendertigjarige leeftijd trad Zara tijdens de Spelen in Londen in Anne's voetsporen. Ze nam namelijk deel aan hetzelfde onderdeel, de driedaagse eventing. Groot-Brittannië won zilver. En dat gaf aanleiding tot het verrukkelijke moment, dat door iedereen als zodanig werd beleefd, waarop Anne de teamleden, onder wie haar eigen dochter, hun medailles mocht overhandigen. Eerder was prinses Anne ook al de eer ten deel gevallen om de olympische vlam in Athene op te halen en die naar het Verenigd Koninkrijk over te brengen, waar die een estafettetocht van 13.000 kilometer door het hele land zou maken.

Het bid team was samengesteld door Tony Blair, werd met alle mogelijke middelen ondersteund door Gordon Brown en vervolgens hoefde de regering-Cameron er alleen nog maar voor te zorgen dat het niet alsnog in de soep liep. In zijn memoires schreef Cameron: 'Uit deze reuzenkans wilde ik alle denkbare voordelen halen.'[29] Boris Johnson zweepte het enthousiasme verder op door te zeggen dat 'de geigerteller van de olympische geestdrift waanzinnig hoog zal uitslaan'.[30]

Londen was er klaar voor. Voortgestuwd door een enorme bevolkingsgroei en een toestroom van Europese immigranten was Londen uitgegroeid tot een florerende, vrijzinnige stadstaat op zich. Anders dan sommige zwartkijkers hadden voorspeld was het Verenigd Koninkrijk niet failliet gegaan – zoals Griekenland wel was gebeurd, en voor Italië dreigde. De financiële crisis van 2008 was achter de rug. Ook had de stad het spook verdreven van de bomaanslagen die op 7 juli 2005 ('7/7') door fundamentalistische moslims werden gepleegd en waarbij tijdens de ochtendspits in het Londense openbaar vervoer tweeënvijftig mensen waren omgekomen.

Voor het eerst sinds de gloriedagen van het Britse Rijk voelde de hoofdstad als een ware metropool, als een bruisende Europese magneet maar dan mét de financiële dynamiek van New York. *The King's Speech*, de film met Colin Firth die aangrijpend schetste hoe George VI worstelde met zijn gestotter, gaf de koninklijke familie een menselijk gezicht – én won in 2011 de Oscar voor beste film. De Harry Potter-films hadden stormenderhand de wereld veroverd, wat een extra boost gaf aan een zeker magisch idee van Brits-zijn. En twee Britse muziekfenomenen, Adele en Coldplay, voerden de hitlijsten aan.

De soepele regels met betrekking tot reizen en werken betekenden dat het voor veel Europeanen, van wie de meesten op zijn minst een mondje Engels praatten, aantrekkelijker was om als barista in een Café Nero in Londen te werken dan om dat te doen in het centrum van pakweg Plovdiv. Verspreid over de stad schoten de France *lycées* als paddenstoelen uit de grond. De klacht van de radicaal-rechtse UKIP-partij dat Engeland werd overspoeld door Bulgaren die ook in eigen land een prima boterham hadden kunnen verdienen, inspireerde de stand-upcomedian Stewart Lee tot de als vraag verpakte grap: 'Maar hoe moet ik een betaalbare kop thee of koffie krijgen als er niet een of andere totaal overgekwalificeerde Oost-Europese hoogleraar filosofie bereid is om die voor een bedrag ver onder het bestaansminimum voor mij klaar te maken?' Even bestond zelfs de zorg dat de toestroom van de met een doorgedreven arbeidsethos behepte Amerikaanse bankiers de ingebakken Britse gewoonte om tijdens de lunch te drinken zou ondermijnen.

In de tien voorgaande jaren waren de veelgemaakte grappen over het afschuwelijke Britse eten langzamerhand vervangen door de nieuwe ketterij dat Londen op gastronomisch gebied een interessantere stad dan Parijs was geworden. Daar waar het gebeurde was echter niet in de luisterrijke eetzalen van de hotels van West End, die inmiddels een steriele dependance van de luxe-industrie waren geworden, maar in het oosten (en noorden, zuiden en westen) van de stad. Achter sjofele gevels en in de keukens van zieltogende pubs was een nieuwe generatie koks druk bezig de Britse *cuisine* opnieuw uit te vinden. Weliswaar had Marco Pierre White, de stevig drinkende, vuilbekkende barbaar die grote bekendheid genoot in de jaren negentig, de spatel neergelegd, maar zijn voorbeeld werd gevolgd door talloze getatoeëerde, fotogenieke jonge koks die in hun keuken aan de slag gingen met verse, zelf opgescharrelde ingrediënten en avontuurlijke kooktechnieken. Deze koks waren, of ze zich daar nu van bewust waren of niet, de wegbereiders van een nieuw soort stadsontwikkeling die uitstekend paste bij Londens even verbazingwekkende als onhandige uitgestrektheid. Zoals Brooklyn in New York liet zien, was het mogelijk om verwaarloosde buurten door middel van de strategische introductie van twee soorten bedrijven – restaurants en kunstgaleries – nieuw leven in te blazen. Die legden de basis voor een kant-en-klaar utopia voor bohemiens, die in ieder geval in die eerste fase slechts door een enkeling met cynisme werd bezien. Vervolgens werkte dit een hausse in lokale vastgoedprijzen in de hand. Het idee van gentrificatie was nog niet taboe. Hoxton, Whitechapel, Shoreditch – namen die ooit klonken alsof ze op het vuige deel van het Monopolybord lagen – werden ineens de buurten waar yuppen graag wilden wonen en toeristen wilden verblijven. Daar konden de andere, zo zorgvuldig gepreserveerde hoofdsteden van het oude Europa niet tegenop.

Na de grimmige demonstraties tegen de Irakoorlog onder Tony Blairs bewind deed zelfs de Britse politiek optimistischer aan. Boris Johnson wist zich met zijn kenmerkende slordige optimisme te verzekeren van een tweede termijn als burgemeester van Londen – zo maakte hij rondrijdend op een 'Boris Bike' reclame voor zichzelf met een leenfietsenplan, dat in werkelijkheid een initiatief van zijn voorganger Ken Livingstone was geweest.

In deze periode had niemand in het politieke of maatschappelijke leven zijn zinnen gezet op een vertrek uit de Europese Unie, met uitzondering van een narrige vleugel van de Conservative Party die hier al stoute dromen over had sinds het Thatcher-tijdperk. In 2010 werd David Cameron tot premier verkozen na een campagne waarin hij de Tories in de politieke verf zette als milder en sociaal-liberaler. Als hip zelfs. Hij had een vlotte, modieuze vrouw, Samantha ('SamCam'). En hij was de jongste premier in tweehonderd jaar. Het beviel de Britten (aanvankelijk) dat het Tory-karakter van de regering-Cameron werd getemperd doordat de partij genoodzaakt was om in een coalitie de macht te delen met de Liberal Democrats van Nick Clegg. Op zijn beurt was Clegg getrouwd met een aantrekkelijke Spaanse advocaat in internationaal handelsrecht. Het leek wel of zelfs de Britse politiek Europeser aan het worden was. Al die niet bijster beklijvende types die niet werden geremd door al te strikte principes, maar wel met goede bedoelingen problemen wilden oplossen. Geen wonder dat in 2012 een andere politieke Deense tv-serie, *Borgen*, met haar thema's van ambities, compromissen en verantwoording afleggen, onder de babbelende klasse furore maakte. 'Ik herinner me nog goed dat het gevoel heerste dat de dingen bijna griezelig oké waren,' schreef Andy Beckett, columnist en historicus van de sociale verhoudingen. Hij doopte deze bruisende tijd 'Bloeiend Londen'.[31]

Hieronder ging echter een duistere onderstroom schuil. De door en door cynische regeerperiode van Cameron leek eigenlijk helemaal niet op het relatief vriendelijke doen en laten van de Deense politieke elite in *Borgen*.

Om het begrotingstekort te bestrijden voerde George Osborne, minister van Financiële en Economische Zaken, bezuinigingen door die een hap van in totaal 30 miljard pond namen uit de uitkeringen, woonsubsidies en andere sociale voorzieningen. Nick Clegg bleek een krachteloze nietsnut. Bij de daaropvolgende verkiezingen werd hij afgestraft omdat hij zijn liberale principes had verraden. Tegen 2011 was de jeugdwerkloosheid gestegen naar 20 procent. In Bloeiend Londen verloor je algauw de verschillen tussen Noord- en Zuid-Engeland uit het oog, evenals de aanzwellende grieven van de overwegend witte inwoners van vergeten stadjes zoals Sunderland, Sheffield en Northampton. 'Zij dachten: "jullie zelfvoldane types", maar wij "zelfvoldane types" hadden niets door,' zei Andrew Marr.[32] In Londen wemelde het van hippe buitenlandse eettentjes, maar ondertussen propte men zich in 'klein Engeland' vol met traditioneel troosteten. En werd men steeds verbitterder. *The Great British Bake Off*, dat voor het eerst in 2010 door de BBC werd geproduceerd, brak kijkcijferrecords terwijl de deelnemers met elkaar wedijverden om weergaloze taarten, cakes en puddingen te maken. Achter deze cultuurclash ging diepe politieke verdeeldheid schuil.

In Londen zelf bestond doffe armoede naast zelfverzekerde rijkdom. In de hondsdagen van augustus, toen de koninklijke familie op Balmoral verbleef en de politieke elite offline zat te zijn in hun Toscaanse villa's, kwam de licht ontvlambare situatie in de verwaarloosde binnensteden tot ontbranding. Op tal van plekken braken gewelddadige protesten uit. De directe aanleiding was dat de politie een zwarte man had neergeschoten in Tottenham, een achtergestelde multiculturele buurt in Noord-Londen. Vervolgens sloeg de anarchie van brandstichtingen en plunderingen over naar vrijwel elke Britse stad, met inbegrip van Liverpool, Manchester, Nottingham en Leicester. De korte, heftige en onheilspellende geweldsuitbarstingen staken schril af tegen de gerechtvaardigde vreugde van de gelijktijdig plaatsvindende Arabische Lente.

'Nu zien we dat de schok van de financiële crisis en andere ontwikkelingen in werkelijkheid onder de oppervlakte doorwerkte,' concludeerde Andy Beckett.[33] Maar misschien was het opvallendste aspect van deze waanzinnige zomer na alle draconische strafcampagnes van Cameron en alle klaagzangen in de media over de uit de pan rijzende ongelijkheid, wat er ná de rellen van 2011 gebeurde. Namelijk niets. Tegen de tijd dat de elite was teruggekeerd van hun zonvakantie, was de furie van de Engelse jeugd als een tropische storm weer gaan liggen. Overigens vertolkte Boris Johnson allerminst een glansrol. Hij was destijds op vakantie in Canada en maakte zeker geen haast om thuis te komen. Toen hij ten langen leste terugkeerde, betoonde hij zich als een conrector op Eton afwisselend onverbiddelijk streng, en mild en toegeeflijk. In 2014 kocht de stad drie Duitse waterkanonnen ter bestrijding van eventuele nieuwe onlusten. In zekere zin was het typisch voor Johnsons tragikomische optreden dat ze onbruikbaar bleken en ten slotte tegen een groot verlies – 300.000 pond – weer van de hand werden gedaan.

Iemand die niet zomaar aan de rellen voorbij wilde gaan was prins Charles. Misschien kwam dat door de schrik die teweeg was gebracht door de menigte die acht maanden eerder zijn auto had belaagd. Hoe dan ook verliet hij Balmoral om met behulp van zijn Trust sociale programma's in gang te zetten. De leidende figuren van de politieke partijen lieten zich weliswaar zien in de straten van Hackney, Lambeth en Croydon, en spraken ook tijdens tv-optredens hun 'zorgen' uit. Maar zodra de camera's uit stonden kwamen ze niet terug. Charles wel. David Lammy, Labour-parlementariër namens Tottenham, de buurt die het het zwaarst te verduren had gehad, zei tegen *The Independent*:

> Ook prins Charles belde. Hij is hier vijf keer geweest. En niet om een beetje rond te kijken, hij bracht ook zijn liefdadigheidsorganisaties mee [...] Toeters en bellen liet hij achterwege, hij heeft geen persberichten laten uitgaan. Het ging hem simpelweg aan het hart.[34]

Dit had iets te betekenen. Charles was meer dan gewoon een passant. Hij probeerde het Verenigd Koninkrijk te laten zien dat hij een waardige, menselijke monarch zou kunnen zijn.

IV

Danny Boyle, de regisseur van de openingsceremonie van de Olympische Spelen in Londen, had nooit van zijn leven gedacht dat de koningin daadwerkelijk 'ja' zou zeggen. Boyle was de briljante, tegendraadse filmmaker die acht Oscars had binnengesleept, waaronder die van Beste Film voor *Slumdog Millionaire* uit 2009. Hij was vastbesloten om de ceremonie het exact tegenovergestelde te laten zijn van het overweldigende martiale vertoon van Chinees nationalisme dat de wereld tijdens de Olympische Spelen van 2008 in Beijing voorgeschoteld had gekregen. Hij wilde een spektakel creëren dat de Britse geschiedenis op emotioneel krachtige, menselijke wijze uitbeeldde, en waarbij de rauwe randjes aandacht kregen zonder te choqueren. Het moest bovendien een schouwspel worden dat de verborgen en niet de overbekende verhalen van de grootsheid van het land zou vertellen: van de suffragettes en de Caraïbische immigranten die in 1948 met de *Empire Windrush* aankwamen om de naoorlogse personeelstekorten op te lossen, tot de onvolprezen verpleegkundigen van de National Health Service, die op deze dolle avond zouden worden vertegenwoordigd door achthonderd op het podium dansende zorgmedewerkers. Boyle's boodschap was dat in het postkoloniale Verenigd Koninkrijk cultuur en creativiteit de toon aangeven. De 80.000 toeschouwers in het Olympic Stadium in Oost-Londen zagen hoe het herderlijke, door echte boerderijdieren begraasde grasland plaatsmaakte voor de toch ietwat dreigende en rook spuwende schoorstenen van de industriële revolutie. Ondertussen schreed acteur Kenneth Branagh naar voren als Isambard Kingdom Brunel, de beroemde Britse ingenieur die onder meer de Great Western Railway bouwde, en sprak hij Calibans woorden in Shakespeare's *The Tempest*: 'Be not afeard; the isle is full of noises.'

Te midden van de regendruppels daalden Shakespeare, Kapitein Haak en dertig Mary Poppinsen met zwarte paraplu's en reisvaliezen af uit de lucht. Een enorme opblaasbare Lord Voldemort torende boven het stadion uit en zwaaide met zijn toverstaf. Ondertussen liet Paul McCartney het publiek meezingen met 'Hey Jude'. Boyle liet het nationalisme van de twee wereldoorlogen en de strijd tegen het fascisme links liggen. In plaats daarvan verkoos hij een vrolijke multiculturele viering die hij combineerde met een stilzwijgend eerbetoon aan zij die tijdens de oorlogen waren gevallen.

'Kan er niet meer Churchill in?' zo luidde het standaardriedeltje onder de traditionalisten die tijdens voorgaande vergaderingen de regering-Cameron vertegenwoordigden. En ook: 'Waar zijn de koningen en koninginnen?'

Eén koningin was er. Boyle besefte dat de openingsceremonie van de Spelen de iconische, nooit eerder als zodanig geziene aanwezigheid van de heersende monarch vereiste, hetzij in eigen persoon hetzij vertolkt door een acteur. Aanvankelijk was hij van plan geweest om de koningin per metro te laten arriveren, maar daaraan bleken te grote beveiligingsproblemen te kleven. Een van zijn medewerkers opperde dat ze *Her Maj* in eigen persoon in Buckingham zouden kunnen filmen, om haar vervolgens, ditmaal in de vorm van een stand-in, in het stadion te laten neerdalen. Maar Boyle was natuurlijk wel Boyle: hij verhoogde de inzet. Hij wilde dat de koningin het gezelschap zou krijgen van dat andere mega-icoon van de Britse cultuur, James Bond. Het idee was dat Daniel Craig als James Bond per helikopter in het paleis zou opduiken om de koningin te redden van een bedreiging die haar aankomst op een verder niet bij naam genoemd evenement in gevaar zou brengen. 'Hare Majesteit', oftewel stuntman Gary Connery, zou in dezelfde perzikkleurige, met kristallen en kant afgezette jurk die de koningin tijdens de ceremonie wilde dragen, uit een helikopter springen om 250 meter lager te landen, pal naast het Olympische Stadion.

Boyle was zo verrast dat zijn verzoek aan Buckingham Palace vrijwel meteen met ja werd beantwoord, dat hij eerst even dacht aan een 1 aprilgrap. Stephen Daldry, de artistiek programmeur van de Olympische Spelen, vertelde dat de koningin hier vooral mee instemde omdat ze dacht dat haar kleinkinderen het leuk zouden vinden. Het enige waar ze zich zorgen over maakte, was of dit geheim kon worden gehouden tot aan het moment waarop zij na de 'sprong' zelf de tribunes zou oplopen om in de koninklijke loge haar plek naast Philip in te nemen.[35]

Angela Kelly, de kleedster van de koningin, die vaak wordt ingeschakeld om als tussenpersoon bij meer persoonlijke beslissingen te fungeren, vroeg de koningin of ze misschien ook iets zou willen zeggen. Zonder enige aarzeling antwoordde de koningin: 'Natuurlijk moet ik iets zeggen. Hij komt mij immers redden.'[36] Ze was in haar nopjes met het uiteindelijke zinnetje: 'Goedenavond, meneer Bond.' Daniel Craig zei later dat hij gedurende de hele opname het gevoel had dat hij in een surrealistische droom was beland.

Boyle filmde de scène in de privésalon van de koningin, de plek waar ze doorgaans de premier ontvangt. De crew bracht alles in gereedheid en werd vervolgens naar een andere, minder formele ruimte gebracht. Boyle beschreef de plaats van handeling als volgt:

> Het was rommelig; overal lagen papieren en dienbladen [...] Ik vertelde haar een paar specifieke, belangrijke dingen over het inlassen van korte pauzes. Ik hoefde haar niets twee keer te vertellen [...] We hadden het makkelijk, want de koningin beschikt over het instinct van een performer – ze staat dan ook de hele tijd 'op het toneel' – en ze begrijpt dat ze met haar tijd mee moet gaan. Ze had haarfijn in de gaten dat de Diamond Jubilee-vieringen die voor eerder in dat jaar gepland stonden heel formeel zouden worden, en dat ze hiermee het tegenovergestelde kon verwezenlijken. Helemaal raak.[37]

De stunt kon op tal van manieren mislukken. Sebastian Coe, die wist van deze geheime operaties, geeft toe dat hij flink zenuwachtig was:

> Was dit een verkeerde inschatting, dan, zo beseften we maar al te goed, zou het alleen maar hierover gaan totdat in week twee de atletiekwedstrijden op gang zouden komen. En niet op een positieve manier. Het was nogal een risico, aangezien de populariteit van Hare Majesteit zich sinds het bijzondere schouwspel van het Diamond Jubilee-weekend op het hoogste punt ooit bevond.[38]

Maar de koningin, zei Daldry, was de onverstoorbaarheid zelve.

Coe zat tijdens de openingsceremonie naast prins Charles. Pal achter hem zaten de prinsen Harry en William:

> Geen van hen wist van de betrokkenheid van de koningin, noch dat er überhaupt filmopnames waren gemaakt. Dus toen de hele scène begon en de corgi's de trap oprenden – wat ze duidelijk vaker hadden gedaan – keek prins Charles me zenuwachtig lachend aan. Hij moet zich hebben afgevraagd waar dit in vredesnaam heen ging. Toen de film een shot van de rug van de koningin liet zien, ging hij er net als iedereen van uit dat dit een vrouw was die imitaties doet. Maar op het moment dat ze zich omdraaide en iedereen besefte: o god, dat is écht de koningin!, schaterde hij het uit. Ook zijn zonen waren uitzinnig. Toen ze de afdaling inzette, hoorde ik achter me twee stemmen in koor uitroepen: 'Zet 'em op, oma!' Dat was voor mij het allermooiste moment.[39]

Met verbazing had Daldry toegekeken hoe de koningin doodgemoedereerd het stadion binnenliep, zich schijnbaar niet bewust van de duik die de stuntkoningin zojuist met doodsverachting had gemaakt. Hij zei me: 'Het mooie was haar gezichtsuitdrukking op het moment dat ze naar beneden kwam. Ze erkende niet wat er zojuist was gebeurd, het was precies goed [...] perfectie [...] zo van "ik neem dit bloedserieus, maar ik besef heus wel dat ik net een van de meest dwaze grappen heb uitgehaald [...] niet alleen in de geschiedenis van de Olympische Spelen, maar in de geschiedenis van het hele land."' De vreugde in het stadion, en in het hele land, was 'tastbaar'.[40]

Tijdens de Olympische Spelen vierde het ethos van Bloeiend Londen hoogtij. 'Team GB' vertegenwoordigde de multiculturele smeltkroes met verve. Symbool daarvoor stonden de drie sporters die op een zaterdag van de Spelen binnen het tijdsbestek van één uur alle drie goud wonnen. Hardloper Mo Farah was op zijn achtste vanuit Somalië naar Londen gekomen; meerkamper Jessica Ennis was de dochter van een Jamaicaanse immigrant; en Greg Rutherford was met zijn bleke gelaatskleur en rossige haar afkomstig uit het Klein-Engelse bolwerk Milton Keynes.

Buckingham Palace had het zo uitgekiend dat prins Harry en Kate de Spelen afsloten. Zo kwam tot slot de nieuwe generatie royals in de schijnwerpers te staan. (William had dienst bij de *search and rescue*-brigade in Wales.)

Maar waarschijnlijk was de heerlijk speelse humor waarvan de koningin tijdens de openingsceremonie blijk gaf, het meest gememoreerde moment van de Olympische Spelen van 2012. Het was de bekroning van een opvallende ontwikkeling in de publieke perceptie, die was ingezet met Stephen Frears' *The Queen*, de Oscarwinnende film uit 2006. In die film – die het verhaal vertelde van na Diana's overlijden, de enige keer dat de koningin een foute inschatting had gemaakt – speelde Helen Mirren de koningin als een feilbare vrouw in gewetensnood. Boyle deed iets heel anders. Hij maakte de zesentachtigjarige monarch cool. Zo zorgde hij ervoor dat een nieuwe generatie de diamanten koningin in haar hart sloot.

17

HERTOG OP DRIFT

Andrew op zoek naar geld (en meer)

Prins Andrew was woest. Het was mei 2011, en Scotland Yard had hem te kennen gegeven dat er een punt werd gezet achter de 24-uurs politiebeveiliging van zijn beide dochters, prinses Eugenie en prinses Beatrice, respectievelijk vijfde en zesde in de lijn van troonopvolging. Dit als gevolg van de toenemende controverse over de 500.000 pond die de belastingbetaler daar jaarlijks voor moest ophoesten.

Andrew had zijn uiterste best gedaan om de zaken rond de veiligheid van zijn meiden zo veel mogelijk uit de schijnwerpers te houden. De letters HKH voor hun naam dienden volgens hem garant te staan voor een bij die status passende behandeling, maar die logica ging niet altijd op. Zara Phillips, de dochter van prinses Anne, had ondanks haar bekendheid als olympisch amazone geen politiebewaking. (Overigens was ze geen HKH; haar moeder had dat zo gewild, want ze wilde een normaler leven voor haar kinderen.) Een kostenanalyse door Scotland Yard om de jaarlijkse rekening van 50 miljoen pond voor de beveiliging van de koninklijke familie wat te drukken leverde geen duidelijke reden op waarom de overheid 250.000 pond per persoon moest uittrekken voor twee fulltime bodyguards voor de eenentwintigjarige Eugenie, eerstejaars aan Newcastle University, en haar drieëntwintigjarige zus Beatrice, die in Londen studeerde.

De koningin liet er geen twijfel over bestaan dat haar twee kleindochters, op wie ze persoonlijk overigens dol was, na hun afstuderen een baan dienden te zoeken; op een betaalde representatieve functie binnen de koninklijke familie hoefden ze niet te rekenen. Andrew bewoog hemel en aarde om deze beslissing terug te draaien. Hij wilde dat Beatrice en Eugenie wél die status kregen. Tijdens een diner in juni, na afloop van het jaarlijkse Hillsborough Castle Garden-feest in Noord-Ierland, regelde hij een onderonsje met het conservatieve parlementslid Hugo Swire, waarbij hij hem vroeg de beslissing bij premier David Cameron 'aan te kaarten'.[1] 'Het zit hem vreselijk hoog,' schreef Swires vrouw in haar dagboek. '[Zijn] argument was dat ze in de tijd van Twitter en Facebook leven en dat er binnen luttele minuten een sfeer kan ontstaan die zich tegen hen keert.'

Helaas was op deze beide platforms vaak te zien hoe de charmante jonge prinsessen in de kleine uurtjes dure Londense nachtclubs uit wankelden, soms in kennelijke staat, met de bewakers in hun kielzog. Na een etentje in een restaurant stapten ze altijd in een klaarstaande officiële SUV, die hen keurig naar huis bracht, niet ter voorkoming van een ontvoering, maar gewoon bij wijze van luxe Uber.

Een jaar later had Andrew nog meer redenen om zich gekleineerd te voelen. Kort voordat hij aan boord ging van het tweede koninklijke schip – op zich al een belediging – voor de boottocht op de Theems ter viering van het diamanten regeringsjubileum van Elizabeth, kwam hij erachter dat hij en zijn dochters niet waren uitgenodigd voor de iconische koninklijke fotoshoot op het balkon van Buckingham Palace. Ook stonden ze niet op de gastenlijst voor de eraan voorafgaande lunch met zevenhonderd hoogwaardigheidsbekleders in Westminster Hall. (Het was ongetwijfeld uiterst pijnlijk voor Andrew om dit van het personeel te moeten horen, terwijl hij wist dat het besluit van zijn moeder afkomstig was.) Een andere gast op de volgboot hoorde hem er luidruchtig over klagen tegen Sophie Helen, gravin van Wessex, wier uitnodiging ook in de post was blijven hangen.

De traditie van het fotomoment op het balkon van Buckingham Palace werd in 1851 door koningin Victoria in het leven geroepen, toen ze tijdens de feestelijkheden rond de opening van de allereerste Wereldtentoonstelling de menigte op straat toezwaaide. In de loop der jaren werd de balkonscène een vast ritueel, waarmee er een soort nationaal fotoalbum van de koninklijke familie ontstond. Elk jaar na de Trooping the Colour-ceremonie tijdens de officiële viering van de verjaardag van de koningin in juni – om de kans op slecht weer te minimaliseren, een gewoonte die sinds George II wordt aangehouden – kon men gadeslaan hoe de voltallige koninklijke familie het hoofd in de nek wierp om het feestelijk overvliegen van een aantal jachtvliegtuigen van de Royal Air Force te kunnen volgen. Van het uitbundige gezwaai van de jonge prinsessen Elizabeth en Margaret, samen met de koning en koningin en Winston Churchill op V-dag (8 mei 1945), tot de pasgetrouwde stellen Charles en Diana en William en Kate, die elkaar ten overstaan van een uitzinnige menigte voor het eerst kusten: als je op de balkonfoto te zien was – al was het maar de rand van je met struisvogelveren getooide hoed helemaal achterin – wist je zeker dat je deel uitmaakte van de koninklijke familie.

Maar nu was alles anders. Tientallen jaren lang was er in bijeenkomsten van de Way Ahead Group over vergaderd hoe het aantal op de monarchie terende tweede- en derdegeneratieroyals kon worden teruggebracht. Prins Charles had zelfs twintig jaar eerder al een memo met ideeën over deze kwestie naar zijn particulier secretaris gestuurd. In de tijd van George VI bestond het gezelschap op het balkon slechts uit 'ons vieren', maar naarmate de minder belangrijke leden van de koninklijke familie zich steeds meer lieten gelden en zich steeds meer voortplantten, kreeg de balkonscène gaandeweg het karakter van een ongeregeld zooitje.

Het ging niet alleen om het geld. Charles was zich er sterk van bewust dat elke uitglijder van een lagere royal een gênant verhaal in de media kon opleveren, waardoor het aanzien van de monarchie zou worden aangetast. Doordat hij permanent op zijn hoede was voor de publieke opinie en sinds hij na het aantreden in 2002 van bezuinigingsnazi Michael Peat in zijn huishouden veel oog had gekregen voor de financiën, was hij er nu meer dan ooit op uit om de koninklijke familie aanzienlijk uit te dunnen.

Dat laatste gold ook voor Christopher Geidt, die altijd stilletjes vooruitkeek om een naadloze overgang naar de volgende regeerperiode te bewerkstelligen voor als de koningin zou overlijden. Was er een geschikter moment om een begin te maken met het uit de openbaarheid halen van de lagere royals dan in het jaar waarin alles toch al op een koopje moest? En dus stond de koningin, in een mintgroen Stuart Parvin-pakje, in 2012 op de balkonfoto ter gelegenheid van haar diamanten regeringsjubileum als vanouds op haar ereplaats in het midden van het balkon. Maar andere royals waren op de vingers van één hand te tellen: Charles, Camilla, William, Kate en Harry, nog zonder Meghan. (Prins Philip lag nog in het ziekenhuis.) Meer niet. Alle anderen waren, alsof het een illustratie in de krant betrof waarin de ontbrekende leden uit de kring rondom Saddam Hoessein met een leeg silhouet waren aangegeven, uit het fotomoment verwijderd. 'Ik heb gehoord dat er mensen waren die andere familieleden die op het balkon probeerden te komen letterlijk moesten tegenhouden,' vertelde een voormalig medewerker me. Iemand die dit allemaal geen zier kon schelen was prinses Anne. 'Anne gaat gewoon haar eigen gang,' zei de medewerker. 'Publiciteit interesseert haar niet. Soms moet je haar eraan herinneren dat de liefdadigheidsinstellingen die ze bezoekt wél graag de pers erbij willen hebben.'

Het beeld van een uitgedunde koninklijke familie paste goed in een tijd waarin de hand op de knip moest worden gehouden. De kosten van hun onderhoud werden in het Lagerhuis regelmatig aan de orde gesteld op politiek lastige momenten, zoals toen de Labour-regering in 1997 de *Britannia* uit de vaart liet nemen, een stap die de koningin als een soort amputatie ervoer.

De koningin-moeder mocht dan tot het nationaal erfgoed worden gerekend, aan het eind van haar leven wist haar spilzucht minder mededogen op te wekken dan in haar gedienstiger jaren. Ze had er een handje van zich als 'heerlijk' platzak voor te doen. 'Gossie-mijne, ik kan best honderdduizend pond gebruiken, u vast ook wel,' zei ze eens tegen een lunchgast, de schrijver A.N. Wilson, nadat ze 's ochtends een gesprek had gevoerd met haar bankdirecteur.[2] Maar toen ze in 2002 overleed liet ze de huidige koningin een vermogen van rond de 50 miljoen pond na. Er volgde een ruzieachtig nationaal debat over de vraag of de koninklijke vrijstelling van het betalen van erfbelasting niet eens moest worden opgeheven. Dat privilege vrijwaarde de koningin ervan 20 miljoen pond in de schatkist te moeten storten, waardoor ze anders misschien wel zowel Balmoral als Sandringham – beide privébezit – van de hand had moeten doen.

Tegen de tijd dat de regering-Cameron in 2010 aan de macht kwam, realiseerden maar weinig mensen zich dat het Koninklijk Huis financieel in zwaar weer verkeerde. De historicus Andrew Roberts wijt dit aan het langetermijneffect van een in 1760 door koning George III gesloten overeenkomst. In ruil voor het eigendomsrecht op een uitgebreid en lucratief kroondomein dat onder meer grote gedeelten van de 'gouden mijl' van Regent Street, Regent's Park en de wijk St. James's omvatte, zou de monarchie een jaarlijkse toelage van het parlement ontvangen, de zogenoemde Civil List. Dit bleek echter een nogal onvoordelige ruil te zijn. In 2001, bijvoorbeeld, was het kroondomein goed voor 147 miljoen pond nettoinkomsten, terwijl de Civil List de koningin in dat jaar slechts zo'n 6,6 miljoen opleverde. De monarchie, vond Roberts, 'was sinds 1760 op een afschuwelijke manier afgezet'.[3] Wat het persoonlijk bezit van de Windsors betreft zit het overigens wel goed. In 2019 werd het vermogen van alleen de koningin al geschat op 500 miljoen dollar.

Drie functionarissen houden toezicht op het geld van de royals: de premier, de minister van Financiën en een door de koningin zelf aangestelde financieel adviseur, de 'Keeper of the Privy Purse'. De minister van Financiën dient in overleg met de vorstin de hoogte van het koninklijk budget te regelen. In 1952 werd het bedrag van de Civil List voor de rest van Elizabeths regeerperiode vastgezet, maar na de hoge inflatie in de jaren zestig werd in 1970 besloten over te stappen op een tienjaarsbudget. Dat werkte goed tot aan de jaren negentig; het in 1991 vastgestelde bedrag bleek veel te hoog, doordat de inflatie inmiddels een stuk lager was. In 2001 besloot het paleis daarom eerst hun in de tien jaar ervoor opgebouwde reserves aan te spreken. In 2010 was dat geld echter op – iets wat niet bepaald gelegen kwam. De bezuinigingen van de regering-Cameron maakten een budgetverhoging voor het Koninklijk Huis tot een waar politiek mijnenveld.

Minister van Financiën George Osborne besloot toen aan de slag te gaan met een elegant maar karakteristiek vaag idee van prins Charles. In 2012 verving Osborne de Civil List door een 'Sovereign Grant', een koninklijke toelage, die gebaseerd was op de winst van het kroondomein en daardoor in zekere zin gekoppeld was aan de economie. Het kroondomein was immers een commercieel vastgoedbedrijf en zou het dus waarschijnlijk goed doen als de economie floreerde, en slecht in economisch zwakkere tijden, een constructie die veel makkelijker te verkopen was aan het door bezit geobsedeerde Britse publiek. De gewijzigde regeling kon zowel in de pers als in het parlement op bijval rekenen. Het beeld werd geschetst dat de familie in deze moeilijke tijden een steentje bijdroeg, al kwam het er in de praktijk op neer dat Osborne een moeilijke tijd gebruikte om een blijvende hervorming door te voeren die decennialang een positief effect op hun financiën zou hebben. In *The Times* verscheen een spotprent van Peter Brooks waarin de koningin en prins Philip in vol ornaat en onder het slaken van verwensingen richting Osborne een metrostation uit liepen.[4] Betere pr had de regering-Cameron – en de Kroon – zich niet kunnen wensen. Win-win dus.

De gelden uit de Sovereign Grant worden besteed aan de officiële verplichtingen van de koninklijke familie, aan de ontvangst van gasten en aan het onderhoud van de koninklijke paleizen (afgezien van Balmoral en Sandringham, de privéresidenties van de koningin). Ook worden er vaste lasten zoals de salarissen van het personeel uit bekostigd, evenals bijvoorbeeld reparatiewerkzaamheden, zoals toen het mausoleum van prins Albert in Frogmore in 2007 diende te worden opgeknapt. Hoewel de tien jaar durende opfrisbeurt voor Buckingham Palace de belastingbetaler uiteindelijk 369 miljoen pond gaat kosten, is de zuinige inborst van de koningin bijkans legendarisch. In een artikel over haar spaarzaamheid in de *Sunday Times* werd in 2021 gemeld dat 'oude kranten worden versnipperd om als stalstrooisel voor de paarden te dienen. Touw om pakjes wordt voor hergebruik bewaard. Versleten lakens en stofdoeken worden hersteld in plaats van weggegooid. Op Balmoral worden beschadigingen aan de muur gerepareerd met ruim een eeuw geleden door koningin Victoria aangeschaft behang.'[5]

Prins Charles en zijn zonen worden betaald uit de inkomsten van het hertogdom Cornwall. Philip ontving een eigen jaarlijkse bezoldiging van rond de 325.000 pond, een bedrag dat nooit is aangepast. De koningin draagt persoonlijk zorg voor het onderhoud van Andrew, Anne en Edward, en haar inmiddels bejaarde neven de hertogen van Gloucester en Kent, en de jongere broer van laatstgenoemde, prins Michael, plus diens omstreden Silezische vrouw Marie Christine. De neven wonen in voor het leven gegunde ruime appartementen in Kensington Palace, waar ze met geen stok weg zijn te krijgen. Dit paleis heeft in de loop der tijden zo veel krakkemikkige oude royals gehuisvest dat het ooit de bijnaam 'de knarrenbak' kreeg.

Als de nood aan de man kwam stond de koningin altijd klaar om familieleden bij te staan, zoals haar nicht Margaret Rhodes. 'De koningin heeft mams zo lief geholpen toen mijn vader ziek was,' vertelde dochter Victoria Pryor aan de *Telegraph*.[6] 'Zomaar vanuit het niets zei ze: "Margaret, liefje, kun je het daar in die woonwijk wel uithouden?"' – wat betekende dat ze gratis haar intrek mocht nemen in een optrekje op het terrein van Windsor Castle. Margaret aanvaardde het aanbod in dank.

De koningin bespreekt de naar haar familieleden vloeiende gelden uit de Sovereign Grant met haar Keeper of the Privy Purse. Bij de manier waarop ze de pecunia aan de begunstigden toewijst spelen haar persoonlijke luimen een grote rol. Familieleden wachten vaak angstig af of ze al dan niet opslag krijgen. Eenmaal per jaar overlegt de koningin onder vier ogen met de minister van Financiën, aan een kleine tafel in haar ontvangstkamer op de eerste verdieping, terwijl de corgi's wat rondtrippelen. Ze haalt dan een papier tevoorschijn met een lijst die ze heeft opgesteld. De bespreking daarvan gaat vaak vergezeld van oneerbiedige opmerkingen over hoe mensen het ervan af hebben gebracht. 'De hertog van Kent krijgt 550 mille en mag Wren House gebruiken... de Wessexen maar weer 200 – Sophie doet haar best, dunkt me... X is echt een rámp met geld en voert vrijwel niéts uit... 50 lijkt me genoeg,' enzovoort. De minister noteert alles en neemt de lijst mee naar de afdeling bij zijn ministerie die de financiën voor het Koninklijk Huis regelt, waarna het geld naar Buckingham Palace wordt overgemaakt.

In 2002 schopte een commissie van het Lagerhuis die toezicht op de overheidsuitgaven houdt een rel over het appartement met vijf slaapkamers en vier ontvangstruimtes in Kensington Palace dat al dertig jaar werd bewoond door de onbemiddelde prins en prinses Michael van Kent. Ze voerden nauwelijks koninklijke taken uit, maar betaalden toch slechts 69 pond huur per week. Dat is minder, schreef de *Daily Mirror*, dan veel mensen voor een armzalige sociale huurwoning betalen. En wel honderd maal minder dan wat ze er marktconform voor zouden moeten neertellen. De koningin moest maar bijspringen en persoonlijk met de 120.000 pond over de brug komen die het onderkomen feitelijk aan huur kostte, en dat tot 2009. Daarna mochten ze het zelf oplossen, zo werd besloten.

Het financiële gedoe rond de jongere Kents was de koningin al langer een doorn in het oog. Theoretisch kon ze de geldkraan dichtdraaien, maar ze is nogal gesteld op de innemende, achtenzeventigjarige prins Michael, al heeft ze het niet zo op met Marie Christine, zijn imposante Wagneriaanse eega met haar aanmatigende uitspraken en Brunhilde-vlechten.

De altijd krap bij kas zittende prins Michael had een dubieus consultancybureau dat munt probeerde te slaan uit zijn connecties met de Russische 'elite'. In 2012 werd gemeld dat hij om zijn medewerkers te kunnen betalen in de loop van zes jaar minstens 320.000 pond had ontvangen van de in ballingschap levende magnaat Boris Berezovski. Een ander zakenmaatje was journalistenontvoerder en despoot president Loekasjenko van Wit-Rusland.

In 2020 werd de prins tijdens een Zoom-gesprek door twee verslaggevers van de *Sunday Times* in de val gelokt. Hij kreeg 200.000 pond smeergeld in het vooruitzicht gesteld, een bedrag waar hij wel oren naar zei te hebben. De journalisten deden zich voor als vertegenwoordigers van 'House of Haedong', een niet-bestaand Zuid-Koreaans bedrijf. De bedoeling was dat prins Michael het bedrijf in de kringen rond Poetin zou aanbevelen. De bij het Zoom-overleg aanwezige markies van Reading, zakenpartner en voormalig schoolkameraadje van Michael, tevens upper-class-sukkel, had de fictieve House of Haedong-mannen op het hart gedrukt dat daarbij wel de nodige discretie moest worden betracht: 'We willen immers niet aan de grote klok hangen dat zijn [Michaels] bezoek aan Poetin een puur zakelijk karakter heeft, als jullie begrijpen wat ik bedoel.'[7] Het zakengenie voegde eraan toe dat de koninklijke status van de prins een van de redenen was dat hij toegang had tot Poetin en consorten. 'Hij wordt algemeen beschouwd als Hare Majesteits onofficiële ambassadeur in Rusland.'

Het was duidelijk dat de Michaels een corrupt blok aan been van het Koninklijk Huis waren en dat ze bij een grote schoonmaak als eersten het veld zouden moeten ruimen. Maar hun capriolen bij het misbruik maken van hun status verbleekten bij de onsmakelijke praktijken die prins Andrew eropna hield.

De hertog van York was niets minder dan een adellijke schuinsmarcheerder.

II

Als speciale afgezant voor Handel en Investering, een functie waardoor hij op kosten van de overheid al golfend en feestend de wereld over kon reizen, waarbij hij niet terugdeinsde voor seksueel getinte uitspattingen in de zwembaden van de welgestelden, was Andrew een vleesgeworden hoofdpijndossier voor het ministerie van Buitenlandse Zaken geworden. Hij stond erop in privéjets te vliegen en reisde met een gevolg van bedienden, waaronder een lijfknecht die hij een belachelijke, twee meter lange strijkplank door de lobby van vijfsterrenhotels liet sjouwen. Zijn reiskosten omschreef hij als een 'druppel in de oceaan vergeleken bij die van vele anderen'.[8] Maar dat maakte geen eind aan de kritische geluiden – noch aan de spilzucht van de prins. De *Daily Telegraph* schreef dat de hertog in 2010 op zijn handelsmissies 465.000 pond aan vliegreizen had uitgegeven en 154.000 pond aan maaltijden en hotels.

In de internationale diplomatie komt men zelden een heilige tegen. De koningin heeft bij despoten als president Mugabe van Zimbabwe aan tafel gezeten, en de premier van het VK komt er niet onderuit om een kopje thee te drinken met de president van Italië, ook al is dat de losbandige charlatan Silvio Berlusconi. In landen met een koninklijke familie zoals Saoedi-Arabië of met een autoritair regime zoals Turkije kan het ministerie van Buitenlandse Zaken een lid van het Koninklijk Huis, afgezien van de koningin zelf of haar directe troonopvolger, als 'oliemannetje' inzetten. Maar voor de plakkerige contacten van prins Andrew met de uiterst verwerpelijke buitenlandse figuren waarmee hij omging, was geen enkel excuus mogelijk.

Een lange stoet van internationale proleten die niets van doen hadden met Britse diplomatie, maar alles met de onverkwikkelijke persoonlijke zaakjes die hij aan de lopende band bekonkelde, vulde de verder lege agenda van de hertog van York. In 2011, slechts drie maanden voor de Arabische Lente, organiseerde hij een lunch op Buckingham Palace voor Mohamed Sakhr El Materi, miljardair en schoonzoon van de Tunesische machthebber Zine El Abidine Ben Ali. El Materi werd later voor corruptie en vastgoedfraude tot zestien jaar gevangenisstraf veroordeeld. Toen Stephen Day, voormalig ambassadeur van het VK in Tunesië, van deze lunch hoorde, stuurde hij een verbijsterde memo naar Downing Street: 'Materi was, zoals iedereen weet, de grootste schurk van de presidentiële familie,' schreef Day, waaraan hij toevoegde: 'Godzijdank konden we de pers op tijd melden dat dit niet op officieel advies plaatsvond.'[9] Uit een in *The Telegraph* gepubliceerde e-mail bleek dat Andrews perssecretaris Ed Perkins snel rugdekking probeerde te organiseren. '[Ik] houd het narratief aan dat de man [Materi] vicevoorzitter was van de Kamer van Koophandel. Kan hij [Andrew] rekenen op de steun van het ministerie van Handel en Investering? Zonder hulp van de regering komen we er niet,' schreef hij wanhopig.[10]

Een van Andrews meest kwalijke lunchgasten was Saif Gaddafi, zoon van de Libische tiran Moammar Gaddafi. Saif, gepromoveerd aan de London School of Economics (op basis van een, zoals algemeen wordt aangenomen, niet door hem zelf geschreven proefschrift), zou kort daarna op de vlucht slaan, omdat hij door het Internationaal Strafhof werd verdacht van oorlogsmisdaden. (Op dit ogenblik is hij, bizar genoeg, presidentskandidaat.) Tarek Kaituni, een veroordeelde Libische wapenhandelaar, was in 2009 Andrews gast op een feest in een villa in Marbella ter gelegenheid van de vijfentwintigste verjaardag van prinses Beatrice. Voor de jarige had hij een diamanten halsketting ter waarde van 30.000 dollar meegenomen, voor Andrew het verzoek om hem een baantje te bezorgen als adviseur bij een Brits bedrijf dat zaken deed in Libië. Andrew, die blijkbaar geen oog had voor de gevaren en de ongepastheid van dergelijke contacten, nodigde hem later nogmaals uit – in 2018 mocht Kaituni aanschuiven bij de huwelijksvoltrekking van prinses Eugenie en de officiële receptie erna op Windsor Castle.

Een favoriete bestemming van Andrew was Kazachstan, vooral bekend als het zogenaamde geboorteland van het filmpersonage Borat. Dit weerhield Andrew er niet van in 2008 een uitnodiging voor een ganzenjachtpartij aan te nemen van toenmalig president Nursultan Nazarbajev, die in een periode van negenentwintig jaar steeds werd 'herkozen' en een wet aangenomen had weten te krijgen die hem bij voorbaat onschendbaar maakte voor strafrechtelijke vervolging.

Bij een dubieuze transactie, kenmerkend voor hoe prins Andrew zakelijk te werk ging, werd zijn luxe maar overbodige landhuis Sunninghill in 2007 verkocht aan Nazarbajevs babyface-schoonzoon Timur Kulibajev; de vraagprijs was 12 miljoen pond, maar het pand ging voor 3 miljoen meer van de hand. Dat laatste vond de pers maar uiterst vreemd, aangezien de enige verandering die het huis had ondergaan sinds de Yorks er hadden gewoond een aangepast bestemmingsplan was in verband met het feit dat het onder een aanvliegroute van Heathrow Airport lag. De pers kwam met zo veel vragen dat het paleis zich gedwongen zag met een verklaring te komen: 'De verkoop van Sunninghill Park was een puur commerciële aangelegenheid tussen de privaatrechtelijke partij die het huis in eigendom had en de privaatrechtelijke partij die het heeft gekocht. Van bijkomende persoonlijke transacties was geen sprake; de hertog van York heeft er verder op geen enkele manier al dan niet commercieel voordeel uit behaald.'[11]

Gelekte e-mails uit 2011 in de *Daily Mail* leken een – door Buckingham Palace krachtig ontkend – verhaal te ondersteunen dat Andrew als bemiddelaar was opgetreden bij het binnenslepen van een contract in Kazachstan ter waarde van 385 miljoen pond door een Grieks rioleringsbedrijf en een Zwitserse financier. Andrew zou bijna 4 miljoen pond aangeboden hebben gekregen om een Kazachse oligarch te overtuigen mee te gaan met de offertes. Helaas voor Andrew viel de zaak in duigen toen de Kazachse politie het vuur opende op een groep stakende oliearbeiders en zijn partners zich geschrokken terugtrokken. Later heeft hij nog geprobeerd Coutts, de bankier van de koningin, zaken te laten doen met contacten uit Kazachstan, maar die deal mislukte ook. Een bron bij Coutts verklaarde hierover: 'Kazachse oligarchen houden we bij voorkeur op grote afstand.'[12]

Mensen die Andrew op zijn handelsmissies hebben ontmoet hebben veelal hetzelfde beeld van hem. Simon Wilson, die als tweede man van de Britse ambassade in Bahrein van 2001 tot 2005 vaak met hem te maken had, vond dat de prins overwegend 'bazelde'[13] en weet nog dat hij in de Britse diplomatengemeenschap vaak spottend 'Zijne Koninklijke Hansworst' werd genoemd.

Dichter bij huis was het van hetzelfde laken een pak. Tijdens een lunch met Darren Johnson, de voorzitter van een Londens overheidsorgaan, en (toenmalig) burgemeester Boris Johnson kwam Andrew met stadsverbeteringsvoorstellen op de proppen als minder stoplichten, zodat je niet zo vaak voor rood zou staan, en een groter Queen Elizabeth II Conference

Centre. ('Als dat te klein is, is dat toch echt de schuld van uw moeder,' zou Boris toen hebben gezegd.) Toen Andrew was vertrokken vertrouwde Boris Darren Johnson toe: 'Ik heb nooit of te nimmer republikeinse sympathieën gehad, maar als ik nóg eens zo'n lunch moet meemaken, ga ik toch echt overstag.'[14]

Voormalig minister van Buitenlandse Zaken en Labour-Lagerhuislid Chris Bryant vertelde me dat 'het een publiek geheim [was] dat het ministerie het absoluut niet zag zitten om Andrew op een missie mee te moeten nemen, omdat hij het verschil tussen publiek en privé niet begreep. Aan diners schoffeerde hij vaak het halve gezelschap, en dikwijls kneep hij er tijdens de missie tussenuit voor een of andere afspraak, waarna hij met allerlei cadeaus terugkwam. Een wandelende nachtmerrie, die man, die altijd meer personeel en grotere hotelkamers wilde dan andere leden van de koninklijke familie. In Davos had hij het grootste chalet van iedereen, tot verbazing van de anderen. Zijn gevoel voor verhoudingen en wat hem toekwam was volledig zoek.' In maart 2011 brak Bryant met de parlementaire regel die aanvallen in het Lagerhuis op leden van het Koninklijk Huis verbiedt. 'Wordt het niet steeds moeilijker het gedrag uit te leggen van de speciale ambassadeur voor handel, die niet alleen goed bevriend is met Saif Gaddafi, maar ook met de veroordeelde Libische wapensmokkelaar Tarek Kaituni?'[15] vroeg hij zich hardop in het Lagerhuis af, tot ontzetting van veel aanwezigen. 'Moesten we maar niet eens bedanken voor de diensten van de hertog van York?'

Hierop ontnam de Speaker Bryant het woord, maar diens kritische uitbarsting over Andrew haalde wel de voorpagina's. Een Tory-oudgediende ventileerde in 2011 tegenover *The Guardian* zijn mening over de prins als volgt: 'In de bovenkamer van de hertog lijken geen waarneembare mentale activiteiten plaats te vinden. Eigenlijk is het een sneue vent. Vrienden heeft hij niet en dus drommen al die idioten om hem heen.'[16]

Helaas was dit de waarheid. Het leven van Andrew was bergafwaarts gegaan sinds hij in 2001 bij de Royal Navy was vertrokken. Zijn meest glorieuze moment was op 17 september 1982, toen hij, tweeëntwintig jaar oud, in de haven van Portsmouth de loopplank van de oorlogsbodem HMS *Invincible* kwam aflopen met een rode roos tussen zijn tanden, nadat hij in de Falklandoorlog als helikopterpiloot heldendaden had verricht. De koningin, Philip en prinses Anne stonden hem op te wachten. Een jubelende, met Britse vlaggen zwaaiende menigte verdrong zich op de kade. De koningin was zo uitgelaten dat ze haar camera uit haar tasje griste en als een toerist plaatjes begon te schieten. Haar zoon bood haar de roos aan, een schitterend gebaar dat extatische verslagen in de tabloids uitlokte. 'Niemand noemde hem "Randy Andy", een prins wiens grootste wapenfeit was dat hij op blauwogige blondines viel,' schreef een van de bladen.[17] 'Nu is hij prins Andrew de Strijder, een held die van het front terugkeert.'

Net als zijn neef prins Harry twintig jaar later voelde Andrew zich prima thuis in de militaire wereld. In elk geval was het een omgeving die voorkwam dat hij in moeilijkheden raakte. Op het Royal Naval College in Dartmouth schopte hij het als onderofficier op zijn eenentwintigste tot 'beste piloot', een onderscheiding die hem namens de school door zijn vader werd uitgereikt. Negen maanden nadat hij als getuige had gefungeerd bij de huwelijksvoltrekking tussen Charles en Diana, vertrok hij, tot afgunst van zijn oudere broer, voor de duur van vijf maanden met een echt oorlogsschip naar een echte oorlog.

Weinig mensen hadden ooit van de Falklandeilanden gehoord, een postzegel in een uithoek van het Britse Rijk, vlak voor de kust van Argentinië, met bijna evenveel schapen als mensen. Althans tot april 1982, toen de president van Argentinië, generaal Leopoldo Galtieri, besloot dat de eilanden, die daar Las Malvinas heten, nu toch echt van hem waren. Het sturen van Britse troepen naar de Falklands bood Tory-premier Margaret Thatcher een uitgelezen kans haar reputatie als 'Iron Lady' te vestigen, terwijl de Britse schandaalpers er aanleiding in zag om helemaal los te gaan met koppen als 'Stick It Up Your Junta'. De inwoners van Argentinië werden steevast spottend als 'Argies' aangeduid.

De mogelijkheid dat prins Andrew zou sneuvelen maakte de Britse regering behoorlijk zenuwachtig, maar droeg tevens bij aan de uitstraling van de jonge prins. Het kabinet had hem liever in een administratieve functie gezien, maar Andrew stond erop actief aan de strijd deel te nemen. Zijn vader, grootvader en betovergrootvader hadden alle drie bij de marine gediend; de koningin stond volledig achter hem en liet een verklaring uitgaan die luidde: 'Prins Andrew is dienstdoend officier; dat hij moet gaan is voor mij boven alle twijfel verheven.'[18] En Hare Majesteit kon trots zijn op Andrew. Een van zijn taken was met zijn helikopter als lokaas fungeren voor de op de Britse schepen afgevuurde dodelijke Exocet-raketten; verder voerde hij 'search-and-rescue'-vluchten uit en was hij betrokken bij gevechtsacties tegen onderzeeërs en oorlogsbodems. Vanuit de lucht was hij getuige van de afschuwelijke Argentijnse aanval op de ss *Atlantic Conveyor*, die door twee Exocet-raketten werd getroffen, waarbij twaalf matrozen de dood vonden. Met de door de prins bestuurde helikopter werden vervolgens de overlevende Britse bemanningsleden uit zee opgepikt.

Tien jaar later kreeg Andrews reputatie ook nog even een flinke oppepper. Op 20 november 1992 brak er brand uit in Windsor Castle. De tweeëndertigjarige prins was als enige van de familie thuis. Een oververhitte lamp had een gordijn in de privékapel van de koningin vlam doen vatten; er ontstond een vuurzee die door 115 kamers trok, en het prachtige plafond van de veertiende-eeuwse St. George's-zaal kwam naar beneden. Toen Andrew de rook zag, organiseerde hij ogenblikkelijk en met dezelfde vindingrijkheid die hij in de Falklands aan de dag had gelegd, een menselijke ketting die emmers water doorgaf. Zo wisten de leden van de huishouding van Windsor samen veel van de in negenhonderd jaar koninklijke geschiedenis vergaarde, unieke objecten voor het vuur te behoeden: Sèvres-porselein, achttiende-eeuwse meubels, schilderijen van Van Dyck, Rubens en Gainsborough uit de koninklijke verzameling. Andrew was de held van de dag en werd staande voor het kasteel geïnterviewd, waarbij achter de vensters een spookachtig geflakker zichtbaar was. Het was voor het eerst sinds zijn terugkeer van het front dat hij lekker in zijn vel leek te zitten.

Het staat buiten kijf dat de koningin een zwak heeft voor Andrew. 'Zodra ze hoort dat Andrew in Buckingham Palace is, stuurt ze hem een handgeschreven briefje, en hij gaat dan direct even naar haar toe,'[19] zei een voormalig paleismedewerker tegen Geoffrey Levy en Richard Kay van de *Daily Mail*. 'Draagt hij toevallig een spijkerbroek, dan trekt hij eerst een pak aan. En hij groet "Mummy" altijd op dezelfde manier: een lichte hoofdbuiging, een handkus en dan op beide wangen een zoen. Een ritueeltje waar ze dol op is. Echt, in haar ogen kan hij niets fout doen.'

Hij kreeg altijd al veel meer aandacht van haar dan zijn broers en zus. Toen hij geboren werd, tien jaar na prinses Anne en vier jaar voor prins Edward, was Elizabeth al een ervaren moeder en waren de koninklijke taken al min of meer routine voor haar geworden. Ze nam soms even 'vrijaf' om hem persoonlijk van zijn school, Heatherdown, op te halen, en reed hem dan zelf naar huis; ook liet ze hem vaak rustig in haar werkkamer spelen als ze officieel bezoek ontving. Hij was de eerste die de naam kreeg waar prins Philip zo voor had gevochten: Mountbatten Windsor.

Een ex-vriendin van Charles vertelde me dat ze tijdens een logeerpartij op Windsor de koningin met een van Andrews leraren op zijn kostschool Gordonstoun hoorde telefoneren, waarbij ze als een echte moeder haar zorgen over zijn schoolprestaties uitte. Philip beweerde graag dat zijn tweede zoon een 'geboren leider' was.[20] Andrews temperament – joviaal, onbesuisd en ontwrichtend (op Heatherdown verwisselde hij op de slaapzaal regelmatig de schoenen van de andere leerlingen) – leek meer op dat van Philip dan op dat van Charles. Hij had minder last van de Germaanse ongevoeligheden die zijn vader zo nu en dan aan de dag legde en leed niet merkbaar onder het strenge regime van Gordonstoun. In Andrews tijd op de Schotse kostschool werden er al meisjes toegelaten, waardoor er minder sprake was van een ontgroeningscultuur. Hij werd geen 'head boy', een soort klassenoudste, wat Charles wel was geweest, wellicht doordat zijn klasgenoten hem niet erg mochten. Ze vonden hem verwaand en arrogant, en hadden het idee dat hij zich veel intelligenter waande dan hij was. Zijn voorliefde voor ongepaste grappen, waar hij zelf onbetamelijk om moest lachen, bezorgde hem de bijnaam 'de Giechelkont'.

Je kunt je niet aan de indruk onttrekken dat er altijd een leegte heeft gegaapt in Andrews persoonlijkheid. Daarom lachte hij zo hard, daarom zat hij zo op te scheppen en daarom probeerde hij zo gewichtig te doen. Toen hij naar Gordonstoun ging wist hij dat hij altijd zoon nummer twee zou blijven, ook al was hij in paleizen opgegroeid en had hij altijd lakeien om zich heen gehad. Dat hij en Charles in hun jeugd op gelijke voet leken te staan, was een illusie. Alleen de eerstgeborene van de monarch wordt elke morgen wakker in het besef dat in leven blijven het enige is wat hij hoeft te doen om te zijner tijd de hoofdprijs in ontvangst te kunnen nemen. Alleen de oudste zoon wordt tot Prins van Wales gekroond. Alleen de oudste zoon wordt Hertog van Cornwall, waar een enorm privébezit aan vastzit dat per jaar zo'n 30 miljoen dollar opbrengt – een bedrag dat volledig naar Charles gaat. Dit 'winner-takes-all'-principe zat ingebakken in elke generatie van de Britse monarchie. Er mogen dan schepen, scholen, eilanden en zelfs een kinderliedje naar de hertog van York zijn vernoemd, de titel genereert geen inkomen, en zelfs een bijbehorende residentie ontbreekt. Het enige wat de tweede zoon zeker weet is dat hij met het verstrijken van de jaren steeds minder belangrijk wordt, aangezien hij onverbiddelijk gaat dalen in de lijn van troonopvolging.

Dit wrange verschil tussen zijn beloftevolle jeugd en het lot dat hem feitelijk beschoren was, werd nog pregnanter door de media-aandacht in zijn jonge jaren. Als kind had hij weinig in de schijnwerpers gestaan. De koningin en Philip vonden dat Charles in zijn jeugd erg door de pers was gekweld, en tegen de tijd dat Andrew naar school ging heerste er een grote angst voor IRA-bommen. Het kwam zelfs zover dat zijn school een keer omsingeld werd door veiligheidstroepen, omdat er sterke aanwijzingen waren voor een moordaanslag. Het gevolg van dit alles was dat Andrew veel meer werd vertroeteld dan Charles.

In zijn tienerjaren ontpopte Andrew zich steeds meer als een veelbelovende aanwinst voor de koninklijke familie: hij was voorkomend, goedgemutst en mannelijk, met een Kennedy-achtige lach en uitstraling. Toen hij op zijn zestiende zijn ouders vergezelde naar de Olympische Spelen van 1976 in Montreal, werd hij in een Canadese krant als 'twee meter sexappeal' omschreven.[21] Zelfs prins Charles vond dat zijn jongere broer er als 'een Robert Redford' uitzag. Toen Andrew het jaar erop opnieuw naar Canada ging, werd hij op het vliegveld van Toronto door een groot aantal gillende en 'Wij willen Andy' schreeuwende meisjes opgewacht.[22] Niet veel later mocht hij, terug in het VK, tijdens een live-uitzending van de televisie de kerstverlichting in Regent Street ontsteken, waarbij veel meisjes in de menigte uit hun dak gingen toen ze de jonge prins zagen en in katzwijm vielen. Het tijdschrift *People* zette hem regelmatig in de lijst van knapste mannen.

De pers was even gebiologeerd door zijn vriendinnetjes als eerder bij Charles het geval was geweest. Andrew zag meer in tweederangs modellen en filmsterretjes dan in de stamboomjongedames die zijn oudere broer afwerkte. Zijn eerste grote liefde was de dartele vierentwintigjarige brunette Koo Stark, een Amerikaanse actrice die onder meer te zien was geweest in films waarin sprake was van lesbische seks onder de douche, masturbatie en seksuele aanranding door nonnen. Ze ontmoetten elkaar op een blind date, een paar maanden voor een feest ter gelegenheid van zijn eenentwintigste verjaardag op Windsor Castle – 'de rustigste disco ter wereld', zoals Sir Elton John het omschreef,[23] 'omdat de koningin aanwezig was'. Het was voor beiden liefde op het eerste gezicht. 'Hij kwam mijn leven binnenwandelen, en onmiddellijk draaide mijn leven alleen nog om hém,' zei Stark in 2015 in een interview.[24]

Koo wachtte Andrew na zijn triomfantelijke terugkeer uit de Falklandoorlog in Buckingham Palace op, waarna ze samen voor een romantische week naar Balmoral vertrokken. Op de koningin maakte de actrice een intelligente en sympathieke indruk. Later ontving ze Koo en Andrew op de thee in Windsor Castle, en in Koo's herinnering was het enige kritische geluid dat Hare Majesteit bij die gelegenheid liet horen: 'Ik zag toch liever dat ze jullie Kathleen [haar echte naam] en Andrew noemden.'[25] Helaas werden er terwijl het stel in 1982 op vakantie in Mustique was, door de media toplessfoto's ontdekt van Koo in de rol van de zeventienjarige heldin van de licht erotische coming of age-film *The Awakening of Emily*. De tabloids, de bewakers van fatsoenlijk Engeland die vanachter de gordijnen de boze wereld in gluren, kruipen dolgraag in de rol van scheidsrechter over wie wel en wie niet geschikt is als romantische partner van een lid van het Koninklijk Huis. ‘Mijn carrière en mijn reputatie waren in één klap onherstelbaar beschadigd,’ schreef Koo in 2021 in de *Tatler*.[26] Het imago van pornoster heeft ze nooit van zich af kunnen schudden. De pers maakte Koo’s leven tot een hel. Fotografen reden met motorfietsen restaurants binnen om haar met Andrew op de foto te kunnen zetten. Ze zou zelfs op een dodenlijst van de IRA hebben gestaan. Twee jaar lang verhuisde ze onmiddellijk zodra gepubliceerd werd waar ze woonde.

Uiteindelijk werd de druk voor beiden te groot. ‘Ik was dol op Koo,’ zei Andrew later tegen een vriendin,[27] ‘maar het zou een grote fout zijn geweest om met haar te trouwen. Ik was nog erg onvolwassen in die tijd.’

Sommige mensen die Andrew kennen, denken dat juist het beëindigen van de relatie met Koo zijn grote fout is geweest. De twee waren echt verliefd op elkaar. Koo was een slimme, creatieve vrouw, die een carrière opbouwde als fotografe. Ze richtte haar camera op de paparazzi die haar achternazaten, en als protegee van de legendarische modefotograaf Norman Parkinson publiceerde ze haar eigen fotoboeken. Tweeëndertig jaar lang weigerde ze over Andrew uit de school te klappen, waarbij ze naar verluidt zelfs een aanbod van een miljoen dollar afsloeg. Ze was zelfs zó discreet dat het paleis nieuwkomers in de familie die advies vroegen over de omgang met de pers, de ‘Koo Stark’-methode aanraadde, gewoon helemaal niets zeggen dus. Andrew is peetvader van haar dochter. In 2015 kwam ze zelfs in het geweer tegen de ‘karaktermoord’ op hem in het Jeffrey Epstein-schandaal.[28] Ze had ongetwijfeld een aantrekkelijke, bekwame hertogin van York kunnen worden, maar het was 1983 en niet 2018, toen een gescheiden Amerikaanse actrice op Windsor Castle met de kleinzoon van de koningin trouwde. Met Koo ging het sindsdien bergafwaarts, met een faillissement, een desastreuze rechtszaak tegen de vader van haar kind, en borstkanker; in 2021 bezweek ze onder de financiële druk en sloot, om haar advocaat te kunnen betalen, een contract voor een boek waarin ze alles zou vertellen.

III

Sarah Margaret Ferguson, Fergie zoals ze werd genoemd, kwam in juni 1985 met haar gulle lach en weelderige rode haardos het leven van de vierentwintigjarige prins Andrew binnengestormd. Ze werden aan elkaar voorgesteld door prinses Diana, die voor Fergie tijdens het Ascot-weekend op Windsor Castle aan de lunchtafel een stoel naast Andrew had geregeld.

Fergie en Diana waren achterachterachternichten van elkaar, en hun moeders hadden samen op school gezeten. Fergies vader, majoor Ronald Ferguson, was de polomanager van de prins van Wales en een bekende figuur in de marge van de adellijke kringen. Andrew en Fergie hadden als kind al eens op een poloveld met elkaar gespeeld. 'De plek bij uitstek om elkaar te ontmoeten,' had Sarahs moeder daar eens over gezegd.

Ten tijde van de Ascot-lunch was Fergie net na een relatie van drie jaar gedumpt door een rijke, vijfentwintig jaar oudere, gescheiden man. De kennismaking met Andrew was een godsgeschenk voor haar. Aan het eind van de lunch was Andrew druk bezig Sarah over te halen tóch een paar chocoladesoesjes te nemen – en het begin van een romance was een feit. De pers, die genoeg begon te krijgen van Diana's modieuze superioriteit, was meteen ingenomen met de vrolijke, paardrijdende 'plattelandsmeid' Fergie. 'Een frisse wind', zo werd ze genoemd.[29] De koningin was opgelucht dat deze nieuwe aanstaande schoondochter in elk geval wél enthousiast kon meepraten over paarden, honden en de geneugten van het Engelse buitenleven.

'Diana mag dan fotogenieker zijn,' schreef de *Washington Post*, 'maar met Fergie heb je meer lol.'[30] Diana vond het wel handig dat de media zich nu op iemand anders konden storten. Ze wist dat haar minder verfijnde aanstaande schoonzus nooit een serieuze concurrente voor haar zou worden. 'Fergie maakt het allemaal een stuk makkelijker,' zei ze tegen haar vriend, de balletdanser Wayne Sleep.[31] De kranten ging helemaal uit hun bol toen de twee dames zich verkleed als politieagentes toegang tot het vrijgezellenfeest van Andrew probeerden te verschaffen. Op 23 juli 1986 werden de beide zesentwintigjarigen, Sarah en Andrew, tot vreugde van de ganse natie in Westminster Abbey als hertog en hertogin van York in de echt verbonden, met een wereldwijd publiek van 500 miljoen televisiekijkers.

In zekere zin pasten de nieuwe koninklijke echtelieden niet alleen qua temperament goed bij elkaar, maar ook wat betreft een aantal onuitgesproken angsten. Net als Andrew was Fergie door haar opvoeding emotioneel gezien nooit helemaal volwassen geworden. Haar luidruchtige, onstuimige persoonlijkheid verhulde het feit dat ze zich altijd niet cool, te zwaar en financieel onzeker voelde. Haar moeder Susan had net als Diana's moeder Frances haar gezin verlaten voor een coup de foudre – in het geval van Susan met een charismatische Argentijnse polospeler genaamd Hector Barrantes. Ze had alle redenen om te vertrekken. De Schuinsmarcheerder, zoals Ronald Ferguson door de pers werd genoemd, was een geile oude bok die uiteindelijk zijn verdiende loon kreeg toen de pers hem in 1988 in een erotische massagesalon betrapte en hij zijn erebaantje bij Charles kwijtraakte.

Hij had Fergie en haar zus opgevoed met behulp van een gevoelloze huishoudster in het familiehuis in Hampshire, met de wat ongelukkige naam Dummer Down Farm. 'Dat Fergies moeder haar in de steek liet, heeft een enorme invloed op haar gehad,' zei een naaste vertrouwelinge van Fergie, Kate Waddington, in 2006 tegen me.[32] 'Dat ze zo onzeker is, heeft daar rechtstreeks mee te maken. Zelfs nu is het nog zo dat ze helemaal in de put raakt en zich afvraagt wat ze verkeerd heeft gedaan als ze je belt en jij niet terugbelt.' (Een andere vreemde parallel met Diana is dat Susan Barrantes in september 1998 bij een verkeersongeluk om het leven kwam. Op een provinciale snelweg in Argentinië kwam ze frontaal in botsing met een tegenligger, waarbij ze werd onthoofd.) Fergie beschrijft in haar memoires de achteraf bezien tragische scène waarin haar moeder kort naar Dummer terugkeerde om haar te vertellen dat ze voorgoed naar Argentinië vertrok. Fergie, die mensen nooit voor het hoofd wilde stoten, zei tegen haar moeder dat ze Hector heel aardig vond en dat ze hoopte dat ze gelukkig met hem zou zijn. 'O mooi, dus je vindt het niet erg,' antwoordde Susan,[33] met de voor de upper class zo kenmerkende ontkenning van alles wat emotioneel was.

Het huwelijk van de Yorks liep niet door ontrouw op de klippen, maar doordat het leven met Andrew zo mistroostig was. Of beter gezegd: het leven zónder Andrew. Tijdens de eerste vijf jaar van hun huwelijk was de hertog van York maar veertig dagen per jaar thuis. Prins Philip wilde niet dat Fergie zich in Portsmouth bij haar echtgenoot zou voegen, omdat ze daar een te grote afleiding zou vormen. Andrew durfde niet tegen zijn vader in te gaan en protesteerde niet. De heldhaftige militair bleek een timide zoon.

Fergie wachtte op haar sprookjesprins in de zes sombere kamers van Andrews voormalig vrijgezellenonderkomen in de oostvleugel van Buckingham Palace – 'damasten gordijnen, plissé lampenkappen, saai tapijt, bruinig behang... en trieste elektrische haarden', zoals ze het in haar memoires beschreef.[34] Op het bed van haar kind-man lagen knuffels.[35] Toen ze eenmaal getrouwd waren leek Andrews uitgelaten karakter, dat in de tijd van hun hofmakerij zo opvallend naar voren was gekomen, als sneeuw voor de zon verdwenen. Hij wilde alleen nog maar op de bank hangen en tv-kijken of golfen. Dat hij als royal steeds minder belangrijk was geworden had een zware wissel getrokken op zijn vitaliteit en gevoel van eigenwaarde.

Fergie vervulde haar koninklijke taken met zichtbaar plezier, maar in feite woonde ze helemaal alleen in een groot, muf hotel, waar elke sociale spontaniteit werd belemmerd doordat de beveiliging een dag van tevoren overal over moest worden ingelicht en het menu moest worden besproken met het hoofd van de huishouding. Ze wilde zo ontzettend graag iets gewoons doen, al was het maar zelf een tosti maken. 'Ik loste dat probleem heel simpel op: een tijdlang ging ik nergens naartoe. Ik zat gewoon in mijn eentje mijn lauwe kip te verorberen.'[36] In 1989 trok ze het niet langer en ging ze voor het oog van de wereld een trans-Atlantische verhouding aan met de stoere Texaanse oliebaron Steve Wyatt. Andrew leek het nauwelijks in de gaten te hebben.

Het grootste probleem in het huwelijk van de Yorks was geld – en dat zou ook nooit veranderen. Fergie was zo spilziek als het maar kon, terwijl Andrew de neiging had de hand op de knip te houden. Bovendien zat hij veel minder in de slappe was dan ze had verwacht. (Wat klinkt dit toch bekend…) Hij was geenszins platzak, maar echt rijk kon je hem ook niet noemen (totdat hij zich om daar verandering in te brengen met onfrisse zaakjes ging bezighouden); hij moest het hebben van de vrijgevigheid van de koningin. Als inmiddels vierde in de lijn van troonopvolging – door de geboorte van William en Harry was hij twee plaatsen gezakt – kreeg hij voor zijn officiële activiteiten 250.000 pond per jaar uit de Civil List. Daarnaast ontving hij een salaris van 34.000 pond van de Royal Navy, plus een jaarlijkse toelage waarvan de hoogte afhankelijk was van de luimen van de koningin. Hij had geen eigen vermogen en geen bezittingen, afgezien van een levensverzekering ter waarde van 600.000 pond.

'Het idiote was dat ze zelfs toen ze met Andrew getrouwd was, alles voor de inrichting van hun huis uit eigen zak betaalde,' zei Kate Waddington.[37] 'Ze kreeg steeds te horen dat er geen geld was. Als ze op hun skivakantieadres aankwamen had hij niks bij zich en moest zij alle boodschappen betalen.' In een poging wat bij te verdienen schreef Fergie, die over een helikoptervliegbrevet beschikte, een reeks best aardige kinderboekjes over de avonturen van een vrolijke blauwe helikopter genaamd Budgie, die ze met groot enthousiasme aan de man probeerde te brengen. Zakelijk gezien waren ze een redelijk succes, met in de VS zelfs een bijbehorende tekenfilmserie, maar de opbrengsten waren bij lange na niet genoeg.

Ze gaf geld uit als water – aan dure vakanties, restaurants, sieraden en pompeuze cadeaus. Jurken van couturiers die 'op zicht' waren besteld, gingen zelden terug. Fergie was uitermate gul voor haar vriendinnen en strooide met uitnodigingen waar ze eigenlijk het geld niet voor had. Toen de Yorks in maart 1992 uit elkaar gingen, had Fergie een schuld van 4 miljoen pond bij de Coutt-bank. Hoewel Andrew behoorlijk in verlegenheid werd gebracht door de scheve schaatsen die ze reed, wilde hij eigenlijk helemaal niet van haar scheiden. Dat heeft hij ook nooit zelf besloten. Volgens Charlotte Briggs, die ooit als kamermeisje op Buckingham Palace werkte, bleef Andrew ook nadat hij weer bij zijn moeder was ingetrokken nog gevoelens voor Fergie koesteren. Briggs verklaarde tegenover *The Sun*: 'Hoewel [Fergie] er niet meer woonde, lagen er nog steeds makeupspullen van haar op de toilettafel... Zelfs haar trouwjurk hing nog gewoon in de kast. Het was bijna eng.'[38] Vier maanden voor hun scheiding schreef Labour-Hogerhuislid Woodrow Wyatt in zijn dagboek dat Angus Ogilvy, de echtgenoot van prinses Alexandra, een nicht van de koningin, hem tijdens een diner had toevertrouwd: 'Prins Andrew, die arme kerel, houdt nog altijd van Fergie.'[39] Toen zijn vader hem te kennen gaf dat ze weg moest, koos hij gewoon voor de weg van de minste weerstand.

Een artikel in de *Daily Mirror* gaf haar de doodsteek. De foto's van haar Texaanse 'zakelijk belangenbehartiger' John Bryan die in augustus 1992 in Zuid-Frankrijk aan haar tenen zat te sabbelen deden haar koninklijke reputatie voorgoed de das om.

'De maandagochtend na de publicatie van de foto's ben ik onmiddellijk naar haar toe gegaan,' zei Waddington.[40] 'Ze was er helemaal kapot van.' Dat zij en Andrew op dat moment al uit elkaar waren en dat de foto's stiekem genomen waren door een Italiaanse paparazzo die de privacy van de hertogin op grove wijze had geschonden, was voor de pers – en de familie – totaal niet van belang.

Helaas voor Fergie was ze net met haar twee dochters op Balmoral toen dit tabloidnoodlot toesloeg. Een onvermurwbare koningin gaf haar te verstaan dat ze haar spullen moest pakken en kon vertrekken. 'De vuurtoren is de klos,' meldde Diana aan Richard Kay van de *Daily Mail*.[41] Prins Philip heeft nooit meer een woord met haar gesproken. Als zij een kamer binnenkwam, liep hij eruit. Nogal theatraal wellicht, maar hij was écht kwaad. Haar pariastatus was voor haar vooral heel confronterend bij gelegenheden als de huwelijksvoltrekking van Kate en William. Toen bleek dat ze niet was uitgenodigd voor dat koninklijke hoogtepunt van het decennium, vluchtte ze naar Thailand. 'De jungle was als een warm bad voor me,' zei ze in 2011 in een interview met Oprah.[42] Op het paleis kon ze niet meer terugvallen, en dus moest ze zelf maar zien op te boksen tegen de wrede vrouwenhaat van de tabloids, die haar steevast de 'Duchess of Pork' noemden [Hertogin Biggetje]. 'Ik kan me nog één krantenkop herinneren waarin zogenaamd op basis van een peiling werd beweerd dat 82 procent van de mensen liever met een geit het bed zou delen dan met Fergie,' zei ze in 2021 in een interview.[43]

Wat de echtscheidingsbepalingen betreft ging Fergie even onnadenkend en naïef te werk als altijd. Diana, die voorzag dat ook voor haar een scheiding ophanden was, beschouwde de onderhandelingen van haar schoonzus als een perfect voorbeeld van hoe je het niet moest aanpakken. De eerste fout was dat ze met een societyadvocaat in zee ging die zich liet intimideren door zijn tegenstrever van het Koninklijk Huis. Diana zorgde er dus voor dat ze Anthony Julius inhuurde, die het geen zier kon schelen wat de royals van hem vonden. De tweede fout was in feite identiek aan de eerste. Fergie wilde dolgraag weer een goede relatie opbouwen met de hogere royals. Dat de ophaalbrug van de Windsors nooit meer naar beneden gaat als hij eenmaal is opgetrokken, drong niet tot haar door.

'Toen ik met Hare Majesteit sprak, vroeg ze: "Wat wil je, Sarah?"' vertelde ze in een interview.[44]

'"Ik wil graag op goede voet met u blijven staan,"' had ze naar eigen zeggen geantwoord, 'waarschijnlijk tot haar grote verbazing, want iedereen beweerde dat ik met een enorm pakket van eisen zou komen. Maar ik wilde gewoon kunnen zeggen: "Ik sta op goede voet met Hare Majesteit" – in plaats van dat we enorme ruzie hadden of dat advocaten konden beweren dat ik alleen maar op geld uit was.'

Hare Majesteit accepteerde Fergies aanbod van een goede verstandhouding en gaf Andrews advocaten opdracht een krenterige overeenkomst uit te werken. Na een huwelijk van tien jaar en twee kinderen kreeg Fergie 350.000 pond mee, en voor haar dochters een fonds van 1,4 miljoen pond en nog eens 500.000 voor een huis. Met de schulden bleef ze zitten, en ze koos ervoor samen met haar dochters in een appartement in Sunninghill House te blijven wonen, totdat het in 2007 werd verkocht. De Duchess werd een Flying Dutchman, die in de VS geld probeerde te verdienen met publicaties en merchandising – maar alles mislukte jammerlijk.

Niet dat ze niet hard werkte. Een contract met Wedgwood-porselein verplichtte haar in een jaar tijd veertig tot vijftig middelgrote Amerikaanse winkelcentra te bezoeken, waar klanten zeer onder de indruk waren dat ze een echte royal hoorden vertellen hoe je een tafel moest dekken. En dat ze jaren met haar gewicht was gepest, greep ze handig aan als mogelijkheid om er geld aan te verdienen. Een baan als woordvoerder van de Weight Watchers in de VS voor 2 miljoen dollar per jaar was haar meest lucratieve onderneming, en daarmee kon ze uiteindelijk haar schulden afbetalen. In

2006 investeerde ze 700.000 pond die ze had gespaard in Hartmoor, een lifestylemerk met een fraai kantoor op Madison Avenue. Dit was bedoeld als moedermaatschappij voor haar uitgeef-, media- en optreedactiviteiten, maar in 2008 werd ze door de Weight Watchers ontslagen, en Hartmoor ging aan mismanagement en geldsmijterij ten onder. Ze was 'The Real Housewife van het Huis van Windsor'.

In mei 2010 maakte ze een van de grootste fouten die haar persoonlijk beschadigden, door in zee te gaan met Mazher Mahmood, een undercoverjournalist voor *News of the World*. Hij deed zich voor als zakenman die toegang tot prins Andrew probeerde te krijgen, en was nota bene dezelfde man als de in een nepboernoes gehulde 'sjeik' die Sophie Wessex tien jaar eerder had belazerd. Hij maakte stiekem een geluidsopname waarop Fergie voor 600.000 dollar toegang tot haar ex-man beloofde. Ze zei tegen de 'zakenman' dat hij het geld naar haar HSBC-bankrekening moest overmaken, waarbij ze hem verzekerde dat hij daarmee alles wat hij wilde voor elkaar kon krijgen. 'Ik kan alle deuren voor je openen, en dat zal ik ook doen. Zorg goed voor me en hij zal goed voor jou zorgen… Je krijgt het in tienvoud terug.'[45]

Een voormalig zakenpartner van Fergie vertelde me dat Fergie zakelijk niets voor elkaar kon krijgen vanwege de incompetentie van de mensen waarmee ze zich omringde. Talloze malen kwam er van een veelbelovende mogelijkheid niets terecht doordat ze die chaotisch aanpakte of juist heel koppig níét aanpakte. Net als haar echtgenoot had ze een verbijsterend gebrek aan mensenkennis. Ze liet zich adviseren door halvegaren, zoals hij zich omringde met dubieuze oligarchen.

Maar Fergie was ook in een positie die alle lagere royals in meer of mindere mate zou blijven achtervolgen. Het zijn net figuren in een harem in het Midden-Oosten, gevangen in een luxe die bij iedereen weerzin oproept, maar zonder de middelen of expertise om daarbuiten een succesvol leven te leiden. Proberen ze dat, dan worden ze als vulgair en lastig bestempeld, en worden ze ervan beschuldigd dat ze hun koninklijke status uitbuiten. Maar wat kunnen ze anders te gelde maken? De Weight Watchers waren niet geïnteresseerd in een willekeurige gezellige, volslanke roodharige. Ze waren geïnteresseerd in – en investeerden in – de ex-vrouw van de tweede zoon van de koningin, een koninklijke hertogin die in paleizen had gewoond.

De royals kunnen het gevoel hebben gehad dat ze met de karige echtscheidingsregeling voor Fergie voordelig uit waren – vooral toen Charles drie maanden later 17 miljoen pond van de koningin moest lenen om het enorme bedrag te kunnen betalen dat Diana had bedongen – maar het was ook kortzichtig. Eerder hadden ze verzuimd de praatzieke butler Paul Burrell af te kopen en zo zijn geheimen achter slot en grendel te houden, waarmee ze echter alle tabloids die over een grote zak geld beschikten in de kaart bleken te hebben gespeeld. Op een vergelijkbare manier begonnen de groeiende schulden van Fergie nu een steeds grotere kwetsbaarheid voor de Kroon te vormen.

Steeds als ze in een Amerikaanse tv-talkshow verscheen, kwam er even een plichtmatige vraag over de Weight Watchers, waarna er tot haar ergernis werd overgestapt op nieuwsgierige vragen over haar leven als royal. En alles wat ze zei stak vervolgens de Atlantische Oceaan over, met nog meer hoon, gegooi met modder en aantasting van de mystiek van het Huis van Windsor als gevolg. En de koninklijke familie raakte haar ook nog niet eens kwijt. In 2007 trok Fergie weer bij Andrew in, in het oude onderkomen van de koningin-moeder, Royal Lodge, het prachtige achttiende-eeuwse huis op het terrein van Windsor Castle met dertig kamers en veertig hectare grond, waar hij een habbekrats aan huur voor betaalt. Waar Andrew de 7 miljoen dollar voor de renovatie vandaan haalde is nog altijd een mysterie. Als 'ontkoppeld' koppel wonen ze er tot op de dag van vandaag, als 'beste vrienden' en toegewijde ouders van de twee prinsessen. 'Ik blijf hem trouw en dat zal ik altijd blijven. Op onze manier is dit ons sprookje,' zei Fergie in 2018 tegen de *Daily Mail*.[46]

Een Amerikaanse mediabaas die haar in 2015 voor een project in Royal Lodge opzocht, schetst een ander beeld, dat naar we mogen hopen niet representatief is. 'We zaten aan de lunch,' zei deze mediabaas tegen me, 'toen Andrew binnenkwam, ging zitten en zei: "Wat doe jij hier met die dikke koe?" Ik stond zo perplex door die sadistische opmerking, dat ik dacht: Wat een klootzak is het toch. Ze is financieel totaal afhankelijk van hem. Ze is gewoon bang.' Wat er ook aan hun wonderlijke modus vivendi ten grondslag moge liggen, de afspraak lijkt dat hij haar te hulp schiet als ze in de problemen zit, en dat zij hem steunt als hij weer eens in een schandaal verwikkeld is. Het is een symbiose van puur overleven.

Terwijl William en Harry de droomprinsen van het nieuwe millennium werden, zakte Andrew in de koninklijke sfeer af naar het niveau van optredens in een gehuurd uniform en brallerige zakendiners, waar hij doorgaans ofwel zichzelf ofwel zijn gastheer in verlegenheid bracht. Een van de WikiLeaks-documenten uit 2010 was een diplomatiek telegram van Tatiana C. Gfoeller, de Amerikaanse ambassadeur in Kirgizië, nog zo'n tweederangs Centraal-Aziatisch land waar Andrew naartoe werd gestuurd om de Britse export naar een nog niet echt opkomende markt een zetje te geven.

Gfoeller meldde daarin misnoegd hoe prins Andrew het Fraudebureau van het VK 'een stelletje idioten' noemde, omdat ze onderzoek hadden gedaan naar vermeende omkooppraktijken bij een wapendeal met Saoedi-Arabië, en ook hoe hij Britse journalisten hekelde omdat ze 'overal hun neus in staken'. Hoe de systemische corruptie in Kirgizië moest worden aangepakt? Andrews advies aan het land waar hij te gast was: 'Het is een kwestie van instelling. Die moet veranderen, net als wanneer je aan anorexia lijdt. Je moet het zélf doen.'

Helaas vertoonde Andrew de klassieke symptomen van wat in de wetenschap het Dunning-Kruger-effect wordt genoemd, de cognitieve afwijking waardoor mensen zichzelf slimmer en capabeler wanen dan ze in werkelijkheid zijn. De combinatie van een beperkt zelfinzicht en beperkte geestelijke vermogens heeft tot gevolg dat mensen die hieraan lijden hun eigen mogelijkheden enorm overschatten. Jaren van onverdiend respect voor zijn koninklijke positie hadden ervoor gezorgd dat Andrew met een aan ongecorrigeerde onwetendheid gepaard overdreven zelfvertrouwen door het leven ging. Het maakte hem tot een makkelijk doelwit voor oplichters en andere schurken.

Zijn positie als Brits handelsambassadeur was niet meer te handhaven – en daar kwam dan ook een eind aan. In februari 2011 kwam plotseling een onverkwikkelijk, geheim leven van Andrew in de openbaarheid, dat een schaduw dreigde te werpen over het huwelijksfeest van William en Kate, terwijl dat net zo'n prachtig koninklijk sprookje leek te worden.

In maart 2011 plaatste de *New York Post* een in december 2010 genomen foto van Andrew die in Central Park een ommetje maakte met de Amerikaanse investeerder en zedendelinquent Jeffrey Epstein. Het had er alle schijn van dat Andrew zijn vriendschap met dat onsmakelijke heerschap had voortgezet, vijf maanden na Epsteins vrijlating uit een gevangenis in Florida, waar hij had vastgezeten wegens ontucht met minderjarigen. Deze onthullingen werden nog verergerd door het nieuws in de *Telegraph* dat Epstein in 2009, toen Fergie gevaarlijk dicht tegen een persoonlijk faillissement aan zat, op verzoek van Andrew aan een van Fergies persoonlijke assistentes geld had gegeven om een onbetekenende schuld van 15.000 pond te vereffenen. Toen daar een storm van kritiek over losbarstte was Fergie een en al excuses: 'Ik verfoei pedofilie en seksueel misbruik van kinderen,' zei ze op 7 maart 2011 tegen de *Evening Standard*. 'Ik heb er verschrikkelijk veel spijt van. Zo gauw ik kan stort ik het geld terug, en verder wil ik nooit meer iets met Jeffrey Epstein te maken hebben.'[47]

Ironisch genoeg wilde Epstein haar toen voor het gerecht slepen omdat ze hem een pedofiel had genoemd.

De maat was vol. Dat Andrew stinkende zaakjes voor Kazachse leiders probeerde te regelen en bij hen thuis met rondborstige schonen aanrommelde was nog tot daaraan toe, maar dat hij openlijk in het gezelschap verkeerde van een veroordeelde Amerikaanse zedendelinquent en diens harem van minderjarige meisjes, deed de deur dicht. In juli vond er een vertrouwelijk gesprek plaats tussen het ministerie van Buitenlandse Zaken en Christopher Geidt, waarna de hertog van York, die inmiddels bijna kopje-onder ging in smerige seksuele onthullingen, zijn ontslag indiende als Brits internationaal handelsambassadeur.

18

VERKEERDE VRIENDEN

In de ban van Jeffrey Epstein

In juli 2010 had ik zelf een aanvaring met Andrews duistere onheilsbrenger Jeffrey Epstein.

Ik zat in Manhattan aan mijn bureau van *The Daily Beast*, de digitale nieuwsdienst die ik in 2008 heb opgericht, toen ik een telefoontje kreeg van Richard Sarnoff, executive vice-president van uitgeverij Random House. Hij zei dat zijn nicht Conchita Sarnoff, de in Cuba geboren activiste tegen vrouwenhandel, met een boek bezig was geweest dat zo veel explosief materiaal bevatte dat ze het in verband met mogelijke smaadprocessen niet gingen uitgeven. Hij wist dat ik de initiatiefneemster van de jaarlijkse Women of the World-top was, dat een podium bood aan moedige vrouwelijke activisten die zich teweerstelden tegen zaken als kindhuwelijken en seksuele uitbuiting, en daarom dacht hij dat ik wel zou begrijpen dat Conchita iets belangrijks had dat ik wellicht wél wilde publiceren, ook al zag Random House dat niet zitten. Toen ik doorvroeg noemde hij de naam Jeffrey Epstein. Ik spitste mijn oren, want ik had die man ooit eens ontmoet. Ik was als journalist aanwezig geweest bij het CGI, Bill Clintons jaarlijks Global Initiative in New York – waarbij in de week van de Algemene Vergadering van de Verenigde Naties mensen uit alle geledingen van de macht en vertegenwoordigers van non-profit- en goededoelenorganisaties elkaar in het Marriott-hotel ontmoeten – en bij een cocktailparty ter gelegenheid van de aftrap ervan was ik Epstein een paar keer tegen het lijf gelopen. Ik herinnerde me vaag een vent van in de vijftig met een ijskoude blik die uiterst gedreven met iedereen een praatje probeerde aan te knopen.

Ik kreeg te horen dat hij de topdonateur van het CGI was, die de eerste 2 miljoen dollar van de fondsen waarover het beschikte, had geschonken.[1] Hij stond zo dicht bij oud-president Clinton dat die vaak in Epsteins privévliegtuig reisde, waarbij humanitaire tussenstops waren gemaakt in landen als Haïti en Rwanda. Een van de gevaren die een oud-president of bedrijfstopman bedreigen is dat ze welhaast bevriend móéten raken met eigenaren van dat soort privéjets. Oud-staatslieden raken daardoor in allerlei dubieuze gezelschappen verzeild. Air Force One is een onvervangbaar voorrecht, en als je eenmaal privé hebt gevlogen neemt een vreemd verlangen bezit van je waardoor het ondraaglijk wordt om ooit nog in een commercieel vliegtuig te stappen. Epstein maakte perfect gebruik van zijn speciaal voor hem aangepaste zwarte Boeing 727. Op de passagierslijst van de investeerder uit New York – met naar verluidt een vermogen van minstens 500 miljoen, dankzij een ondoorzichtige financiële carrière – stonden (zoals ik later van Conchita begreep) bekende figuren als Harvard-topadvocaat Alan Dershowitz, voormalig minister van Handel Bill Richardson, voormalig premier van Israël Ehud Barak en heuse royalty in de vorm van prins Andrew, die het allemaal heerlijk vonden om met Air Jeff te vliegen. Hij had ook huizen waarin hij ze kon ontvangen, een omheind landgoed op Palm Beach, een privé-eiland in de Caraïben – Little Saint James in de Virgin Islands –, een enorme ranch in Santa Fe en een gigantisch pand in Manhattan met veertig kamers, dat bijna het hele blok van 71st Street tussen Fifth Avenue en Madison Avenue besloeg.

Wat mensen als Clinton in hem aantrok was dat hij minder saai was dan veel andere superrijke zakenlieden die ook over vliegtuigen en huizen beschikten. Epstein deed zich voor als een intellectueel met een grote wetenschappelijke interesse. Hij had voortijdig Cooper Union College verlaten, was nooit afgestudeerd aan het Courant Institute of Mathematical Sciences van New York University, en was ontslagen als wiskundeleraar aan de prestigieuze privéschool Dalton School in New York. Nadat hij daar had aangepapt met een van de ouders, die hem vervolgens aannam bij Bear Sterns (en hem later weer ontsloeg vanwege handel met voorkennis), wist hij met behulp van gulle donaties sterke banden op te bouwen met Harvard en MIT. Tot het bonte gezelschap dat hij liet aanschuiven aan zijn diners in zijn 2000 vierkante meter tellend pand behoorden niet alleen financiële grootheden als Leon Black van Apollo Global Management en hedgefondsmiljardair Glenn Dubin, maar ook knappe koppen als cognitief psycholoog Stephen Pinker en (zoals we in 2019 door een opzienbarend bericht in *The New York Times* te weten kwamen) de filantroop geworden Microsoft-oprichter Bill Gates.

Zelfs als de aanwezigheid van de jonge tienermeisjes die Epsteins huis in Manhattan in en uit liepen hen niet aan het denken heeft gezet, zou je verwachten dat deze gasten toch ten minste door het groteske, vulgaire en bizarre interieur ervan het gevoel moeten hebben gekregen dat er iets niet in de haak was. Het was niet af te doen als een bewijs van slechte smaak van een omhooggevallen selfmade man uit Coney Island. Er hing, aldus 'The Cut' van het tijdschrift *New York*, een levensgrote vrouwelijke pop aan een kroonluchter, aan de muur in de gang hing een rij ingelijste kunstogen, er was een schilderij van Bill Clinton met de blauwe jurk van Monica Lewinsky aan, en onder aan de trap stond een enorm schaakbord met stukken die schaars geklede medewerk(st)ers van Epstein moesten voorstellen, iets wat volgens een van de gasten 'zo huiveringwekkend was dat je er echt naar van werd'.[2] Waar betaalde Epstein dat allemaal van? Hij cultiveerde het aura van de mysterieuze heerser van vele universa, maar feitelijk was hij gewoon een vermogensbeheerder die maar één zichtbare klant had – Les Wexner, de winkelketenmiljardair uit Ohio, de eigenaar van Victoria's Secret en The Limited.

Het verhaal dat Conchita Sarnoff aan *The Daily Beast* wilde vertellen ging echter niet over de dubieuze financier Epstein. Het ging over de pedofiel Epstein. Met enige trots kan ik zeggen dat haar verslagen in de *Beast* de eerste onthullingen waren van de omvang van zijn roofzuchtige smerige praktijken.

Conchita's obsessie met deze zaak begon tijdens haar onderzoek naar vrouwenhandel in Mexico. De minister van Buitenlandse Zaken van dat land haalde in een interview met haar behoorlijk uit: '"Jullie Amerikanen zijn een stelletje hypocrieten, jullie kopen onze drugs, jullie kopen onze wapens en nu stelen jullie onze kinderen. De meeste pedofielen vind je in de Verenigde Staten..."[3] Daarna bleef hij tekeergaan over gringo's en Amerikanen, en ik dacht: wát?' vertelde ze me. Hierdoor begon ze haar zoektocht naar wie deze figuren waren. Zo kwam ze bij een in Palm Beach vastzittende Mexicaanse vrouwenhandelaar terecht. Tot dan toe had Conchita gedacht dat de slachtoffers van Mexicaanse mensensmokkelaars werden ingezet voor drugshandel en andere criminele activiteiten, maar deze man vertelde haar dat de minderjarige meisjes die hij moest bewaken naar Palm Beach werden gebracht voor het gerief van oudere mannen. Een paar kleine, onopvallende berichtjes die ze eerder in de pers van Palm Beach had gelezen, kwamen door dit verhaal voor haar ineens in een ander daglicht te staan. Ze gingen over de arrestatie – en vrijlating na een straf van twaalf maanden – van een man die Conchita, een aantrekkelijke en sociale vrouw die zich in de betere kringen bewoog, uit New York kende. Een man die ooit had geprobeerd haar voor een date te strikken: Jeffrey Epstein.

Omdat ze nieuwsgierig was geworden was ze naar het politiebureau van Palm Beach gegaan, en wat ze daar in het dossier over de zaak las, deed haar de haren te berge rijzen. Er bleek sprake te zijn van zeventien meisjes uit die plaats die op minderjarige leeftijd contact met Epstein hadden gehad; de jongste was veertien, en een aantal andere waren nog geen zestien. De FBI was verder in de zaak gedoken, waarbij er vanaf 2001 zo'n veertig slachtoffers waren ontdekt. Daar zat Nadia Marcinkova overigens nog niet bij, die door Epstein zijn 'Joegoslavische seksslavin' werd genoemd, omdat hij haar uit de Balkan had gehaald toen ze nog maar veertien was. Als Epstein in Palm Beach was, werd er twee of drie keer per dag een tienermeisje naar zijn villa aan El Brilla Way gebracht. ('Hoe jonger, hoe beter,' zei hij tegen Haley Robson, een tiener uit de buurt die werd betaald om andere meisjes bij het huis af te leveren.[4])

Uiteindelijk werd bekend, althans dat werd in een civiele zaak tegen hem beweerd, dat Epstein eens voor zijn verjaardag drie twaalfjarige meisjes uit Frankrijk kreeg aangeboden, die werden misbruikt en de volgende dag naar Europa werden teruggevlogen. Als Epstein werkelijk alle misdaden tegen minderjarigen had gepleegd die in deze getuigenverklaringen werden beschreven, dacht Conchita, zou hij een straf van twintig jaar in een federale gevangenis moeten uitzitten, in plaats van dertien maanden in een privévleugel van de luxegevangenis van Palm Beach plus een magere anderhalf jaar 'huisarrest', waarin hij regelmatig naar zijn huis in New York en zijn privé-eiland op de Caraïben vloog.[5]

Al deze details en nog veel meer over zijn manier van leven verschenen in de zes stukken die we tussen juli 2010 en maart 2011 in *The Daily Beast* hebben gepubliceerd. In een van de laatste was een video opgenomen van het (onherkenbaar in beeld gebrachte) eerste meisje dat door Epstein was misbruikt, op veertienjarige leeftijd, toen ze dacht dat ze naar zijn huis ging om hem een massage te geven. Haar moeder had hem bij de politie aangegeven, waardoor het eerste onderzoek werd gestart dat hem uiteindelijk in de gevangenis zou doen belanden.

De verhalen die Conchita optekende waren vooral verslagen van de ranzige pervertering van het recht door invloed en geld. Ze onthulde hoe het team van Epsteins topadvocaten de jonge slachtoffers in diskrediet probeerde te brengen, die vaak een moeilijke jeugd hadden gehad en uit een minder florissant milieu afkomstig waren, en hoe de zaak tegen Epstein eerst door het Openbaar Ministerie van de staat werd gebagatelliseerd en vervolgens door het Amerikaanse ministerie van Justitie van meerdere ontuchtige handelingen tegen kinderen werd teruggebracht tot twee niet al te zwaar bestrafte gevallen van aanzetten tot prostitutie.

Conchita interviewde Epstein urenlang in zijn huis in Palm Beach, tot hij in de gaten begon te krijgen dat de vrouw die hij ooit had geprobeerd te versieren geenszins van plan was een flatteus verhaal over hem te schrijven. Terwijl haar eerste stuk door *Beast*-redacteur Lee Aitken en advocaat Stuart Karle onder de loep werd genomen, kreeg ik een telefoontje van Epstein, die nu deed alsof we goede oude vrienden waren, waarin hij zei dat Conchita Sarnoff gek was en dat hij juridische stappen overwoog als we het verhaal in de openbaarheid zouden brengen. Volgens haar heeft hij haar via een tussenpersoon 5 miljoen dollar geboden om het stuk niet te publiceren.

Een paar dagen later had ik een griezelige ervaring. Toen ik naar mijn kantoor bij de *Beast* ging, zag ik achter de glazen wand Epstein zitten. Hoe hij in vredesnaam langs de beveiliging bij de ingang had weten te komen zonder dat mijn medewerker was ingelicht en mijn kantoor heeft kunnen vinden, zal altijd wel een raadsel blijven, maar misschien geeft het een mooi inkijkje in zijn beruchte talent om zich overal naar binnen te kunnen werken.

Hij was gespannen en keek me met een valse blik aan. Hij had iets nors en dreigends over zich dat een sinistere indruk op me maakte. 'Stop hiermee,' zei hij ernstig, terwijl ik hem vanuit de deuropening aanstaarde. 'Stop hiermee. Als je dit doorzet heeft dat gevolgen.' Ik bedankte hem voor zijn suggestie en zei dat hij zich maar tot onze advocaten moest wenden. 'Ik dacht dat ik duidelijk was,' zei hij. 'Stop.' Toen vertrok hij.

Na verschijning van de artikelen wachtte ik met angst en beven op het vallen van de juridische bom, maar het bleef stil. In plaats daarvan bestookte Epstein de wereld met persberichten over al zijn filantropische activiteiten. Misschien gokte hij erop dat andere media weinig zouden doen met de verhalen in *The Daily Beast*. En dat had hij goed gezien. In New Yorkse kringen werd er wel over gesproken, maar dit was vóór #MeToo, en het was een tijd waarin het onderwerp seksueel misbruik van vrouwen door mannen met macht eigenlijk alleen op congressen over de mondigheid van vrouwen aan de orde kwam. De naam Epstein zei vrijwel niemand nog iets. Men was meer geïnteresseerd in wat Clinton in dat vliegtuig te zoeken had gehad.

Toch was ik verrast toen ik in december 2010 een telefoontje kreeg van Peggy Siegel, de New Yorkse publicist die veel over film en beroemdheden schrijft, die me uitnodigde voor een 'fantastisch' diner voor prins Andrew ten huize van Jeffrey Epstein. De andere gasten, meldde ze enthousiast, waren Woody Allen (wiens volwassen pleegdochter hem heeft beschuldigd van seksueel misbruik toen ze zeven was), talkshowgastheer Charlie Rose (later 'gecanceld' na beschuldigingen van seksuele intimidatie) en tv-journalisten Katie Couric en George Stephanopoulos. Destijds had ik vijf artikelen gepubliceerd over Jeffrey Epsteins seksueel misbruik van minderjarige meisjes, en ik wálgde werkelijk van hem.

'Wat is dit, Peggy,' schreeuwde ik, 'het feest der viezeriken?'

'Het is allemaal zó opgeblazen,' zei Peggy. 'Jeffrey is echt wel oké. Ik heb veel aan hem te danken. En nu help ik hem gewoon met zijn feestje.' Ik ben er tot op de dag van vandaag opgelucht over dat ik op dat moment mijn ingebakken journalistieke neiging wist te onderdrukken om op alles af te stappen waar ik een goed verhaal achter vermoedde, en nee zei tegen een diner dat Manhattans beruchtste schandaalnacht zou worden.

II

Wat zag Andrew in Jeffrey Epstein? Hij was de eerste noch de laatste prominente sukkel die zich door hem liet inpalmen. Epstein wist altijd precies op welke psychische knoppen hij moest drukken. Hij maakte misbruik van Andrews verbittering over het feit dat hij een steeds marginalere rol in het Koninklijk Huis speelde. De vrouw van een financier die bij een diner van Epstein naast Andrew had gezeten vertelde me hoe de prins plotseling had gezegd: 'Ik snap niet waarom de mensen zo weinig respectvol zijn tegen royals als ik.'

Epstein gaf Andrew het gevoel dat hij weer bij de groten der aarde hoorde – de zakendeals, de meisjes, het vliegtuig, de sexy wereld van Manhattan, waarin hij niet werd gezien als een volwassen man die nog steeds afhankelijk was van zijn moeders portemonnee en zich moest voegen naar de harde pikorde van het paleis. Onder vier ogen zei Epstein tegen anderen dat Andrew een idioot was, maar wel een – voor hem – nuttige idioot. Een hoge royal is in het buitenland altijd een krachtige magneet. Diplomaten in Britse consulaten van New York tot Singapore hebben me verzekerd dat op een uitnodiging voor een ontmoeting met de tweede zoon van de koningin, zelfs als daar allerlei geruchten de ronde over doen, nog altijd veel hoge piefen uit het zakenleven afkomen die anders niet eens zouden reageren. Ik heb gehoord dat Epstein een vriendin heeft toevertrouwd dat hij de hertog naar duistere buitenlandse markten heeft gevlogen waar overheden hem wel móésten ontvangen, en dat Epstein als financieel adviseur van ZKH met hem meereisde. Met Andrew als een soort stroman kon Epstein met die (meestal) dubieuze lieden dealtjes sluiten, waarbij hij voor Andrew wat kruimels overliet.

Een sleutelfiguur in de relatie tussen Andrew en Epstein was de vrouw die hen ooit aan elkaar voorstelde, Ghislaine Maxwell, de dochter van mediamagnaat Robert Maxwell, die in november 1991 tijdens een tocht met zijn jacht in de buurt van de Canarische Eilanden op mysterieuze wijze over de reling verdween. Hoewel in de VS vrijwel niemand van hem had gehoord tot hij in 1991 de in financieel zwaar weer verkerende *New York Daily News* overnam, was Maxwell in Londen een bekende en opvallende verschijning, met zijn luide stem, zijn borstelwenkbrauwen die zo in een autowasstraat aan de slag konden gaan, en zijn inktzwart geverfde haar. Zijn media-imperium strekte zich uit van de wetenschappelijk uitgeverij Pergamon Press tot de invloedrijke Mirror Group Newspapers, uitgeverij Macmillan en trofeeën als de Oxford United Football Club. De luisterrijke feesten die hij samen met zijn in Frankrijk geboren vrouw Betty in Headington Hill Hall gaf, hun enorme, pronkerige landhuis, waren de Engelse versie van de partijen van de Great Gatsby in East Egg. Dochter Ghislaine was als glamoureuze studente een vreemde eend in de bijt op haar College in Oxford, Balliol, dat bekender was om zijn serieuze blokkers dan om verleidsters die de voorpagina haalden.

Na Maxwells onopgehelderde dood bleek dat hij een oplichter en een schurk was geweest. Hij had astronomische bedragen gestolen van het pensioenfonds van The Mirror Group, en daarmee zijn eigen werknemers bedonderd. Ghislaine vluchtte naar New York om het schandaal te ontlopen en een nieuw leven te beginnen met een toelage uit een fonds van 100.000 dollar per jaar, waar ze nauwelijks een paar Armani-mantelpakjes van kon kopen. Er wordt vaak gezegd dat ze Epstein kort na haar aankomst in de VS heeft ontmoet en dat Epstein haar 'onder zijn hoede heeft genomen', waarvoor ze altijd 'dankbaar' is geweest. Gezien zijn opportunisme is dat uiterst onwaarschijnlijk en zelfs gewoon niet waar. Een voormalig zakenpartner van Epstein, Steve Hoffenberg, die achttien jaar in de gevangenis heeft gezeten vanwege zo ongeveer de omvangrijkste oplichtingspraktijken in de geschiedenis van de VS vóór het Ponzi-fraudeschandaal van Bernard Madoff, heeft bevestigd dat ze Epstein al in de jaren tachtig in Londen via haar vader had ontmoet. Robert Maxwell, zei hij, leerde Jeffrey kennen nadat hij bij Bear Sterns was weggegaan, waarna de heren een 'intensieve zakelijke relatie' met elkaar aangingen.[6]

Ghislaine werd stapelverliefd op Epstein, maar hun relatie was van korte duur. Als volwassen vrouw met een sterke wil en een kort, jongensachtig kapsel leek ze in niets op de gedweeë, schuchtere tienermeisjes die Epstein zo graag domineerde. Hun verhouding kreeg al snel een wederkerig karakter: Epstein zorgde voor het geld, en zij stelde hem aan meisjes voor. Toen ze hem seksueel niet langer wist te boeien, zag ze kans hem aan zich te blijven binden door *nubiles* (zoals zij ze noemde) voor hem te rekruteren: jonge, aantrekkelijke meisjes, ter bevrediging van zijn onverzadigbare behoeftes.

Ghislaine werd een constante aanwezigheidsfactor bij zaken als presentaties van nieuwe parfumlijnen, openingen in kunstgalerieën en liefdadigheidsgala's. Soms was ze aanwezig bij boekpresentaties die ik in mijn huis organiseerde. Ze kwam altijd alleen maar even aanwippen, in haar eentje, hing dan even koket rond bij een paar machtige mannen en vertrok weer. Ik heb Ghislaine nooit echt goed kunnen plaatsen, ook al hadden we wederzijdse vrienden. Iets in haar harde, glimmende buitenkant en gespannen vrolijkheid wekte de indruk dat ongemakkelijkheid en zelfvertrouwen bij haar met elkaar in gevecht waren.

De waarheid achter haar façade was dat het voor Ghislaine ongelooflijk traumatisch moet zijn geweest om uit de gratie te raken doordat haar vader de mediamagnaat postuum een paria werd – en door haar gehele voormalige sociale omgeving ineens als een eersteklas oplichter werd gezien.

Daar kwam bij dat haar geboorte samen was gevallen met het autoongeluk van haar vijftienjarige broer, die daarna nog zeven jaar in coma lag. Dat had als gevolg dat haar diepbedroefde ouders haar in haar vroege jeugd weinig aandacht schonken. Haar vader overcompenseerde dit later door zijn extraverte jongste dochter tot zijn oogappel te maken. Het belangrijkste doel in het leven van Ghislaine was hem te behagen en het in zijn ogen goed te doen. Eleanor Berry, dochter van de toenmalige *Daily Telegraph*-eigenaar Lord Hartwell, heeft een verontrustende herinnering aan de keer dat ze door de tienjarige Ghislaine werd meegetroond naar haar slaapkamer in Headington Hill Hall. Berry zag daar op een tafeltje een wat vreemd gevormde haarborstel, een riem, een slipper en nog wat andere voorwerpen liggen. Ghislaine verklaarde toen met enige trots: 'Hier slaat mijn vader me altijd mee. Maar ik mag altijd zelf kiezen.'[7]

Door dit sadistische aanbod van macht aan de machteloze, waarbij ze in feite werd gevraagd zichzelf aan haar vader 'aan te bieden', valt beter te begrijpen hoe Ghislaine in de ban kon raken van een man als Epstein.

Prins Andrew was de grootste sociale vangst die Ghislaine voor Epstein wist binnen te slepen. Andrew was een makkelijke gast die ook makkelijk tevreden kon worden gesteld. De negenendertigjarige prins was net zo geïnteresseerd in beschikbare vrouwen als in nieuwe inkomstenbronnen. Als gescheiden rokkenjager, die luidruchtig en naar tieten glurend zijn slag probeerde te slaan, heeft Andrew in de tien jaar na zijn breuk met Sarah Ferguson naar verluidt met zeker vijftien verschillende vrouwen een relatie gehad.

In januari 2001 lekten er, tot woede van de koningin, foto's uit van Andrew die op een jacht in Thailand met een groepje topless vrouwen lag te zonnen. Verhalen over zijn strooptochten in de hoerenbuurten overschaduwden zijn eerste maanden als handelsgezant van de Britse regering. 'Op het ene moment knijpt hij in je billen, en vlak daarna herinnert hij je er weer aan dat hij Uwe Koninklijke Hoogheid is,' zou een doelwit van hem hebben geklaagd.[8]

De privacy van Epsteins huis in Manhattan en zijn Caraïbische eiland waren enorm waardevol voor een prins die altijd de censuur van het paleis en de hoon van de pers probeerde te ontlopen. Als hij in New York was en er van hem werd verwacht dat hij in het comfortabele, centraal gelegen Britse consulaat zou verblijven, gaf hij er de voorkeur aan in het huis van Epstein te slapen, maar een paar straten verderop. De prins logeerde zo vaak bij hem dat hij zijn eigen chic ingerichte gastsuite op de tweede verdieping kreeg. De sardonische Epstein doopte dat de 'Britannica Suite'. Hij kreeg het zelfs voor elkaar dat Andrew voor het eerst van zijn leven zijn nette pak voor een joggingbroek verruilde.

Andrew, Epstein en Ghislaine werden een rondreizend vriendenclubje – De Drie Musketiers van de Lust. In februari 2000 waren ze aanwezig bij een bijeenkomst in Donald Trumps Mar-a-Lago-resort in Florida. De vluchtgegevens van de Lolita Express – zoals Epsteins vliegtuig wel werd genoemd vanwege de uit jonge vrouwen bestaande lading – van mei 2000 laten zien dat de prins met Epstein en Maxwell naar Palm Beach vloog. Epsteins vroegere hulpje Juan Alessi beweert dat prins Andrew aanwezig was bij feesten in Epsteins huis in El Brillo, waarbij naakt werd gezwommen en hij regelmatig een massage kreeg van een harem aan tienermeisjes.[9] In 2001 meldde Alessi in een onder ede afgelegde juridische verklaring dat het huis 'vol hing met foto's van naakte jonge vrouwen'[10] en dat 'de prins in een blauwe logeerkamer' verbleef 'waarin stukken zeep lagen in de vorm van mannelijke en vrouwelijke geslachtsdelen'. Hij beweerde ook dat hij massagetafels in gereedheid had gebracht waarop de koninklijke gast dagelijks werd 'behandeld'.

In ruil voor deze vrij verkrijgbare losbandigheid mocht Epstein op Royal Ascot samen met Andrew en Ghislaine op de foto en kregen Ghislaine en hij een uitnodiging in reliëfdruk – als speciale gasten van de hertog van York – om in juni aanwezig te zijn bij het Dance of the Decade-bal van de koningin op Windsor Castle. In december 2000 nodigde Andrew het stel uit voor een fazantenjachtweekend in het koninklijke heilige der heiligen Sandringham House, wat een opmerkelijke stijging op de sociale ladder betekende voor Epstein, wiens vader bij de plantsoenendienst had gewerkt. Andrew houdt vol dat Epstein daar alleen was als introducé van Ghislaine – maar drie maanden na het weekend op Sandringham waren ze er weer, al feestend, en ditmaal in Londen.

En over wat er op die avond, 10 maart 2001, voorviel, moet prins Andrew twee decennia later nog steeds verantwoording afleggen.

III

De achtendertigjarige Virginia Roberts Giuffre, tegenwoordig getrouwd en moeder van drie kinderen, die in het Australische Perth comfortabel kan leven van de aanzienlijke som geld die haar werd toegekend in het smaadproces dat Ghislaine onverstandig genoeg tegen haar begon, is een van die meisjes waar niemand oog voor had. Maar zij werd de wraakgodin. De onverstoorbare, kalme blondine is geloofwaardig, aantrekkelijk en direct, en ze vertelt een verhaal dat je niet gauw vergeet als je het eenmaal hebt gehoord.

Toen Giuffre in de zomer van 2000 voor het eerst door Ghislaine Maxwell werd opgemerkt, was ze een elegante zestienjarige die in de kleedkamers werkte van het Mar-a-Lago-resort van Donald Trump in Palm Beach. Het was haar eerste vaste baan na vier jaar lang door vervelende mannen van middelbare leeftijd verschrikkelijk te zijn uitgebuit. Ze was al door een familielid misbruikt en door haar ouders naar een gesloten instelling gestuurd. Op haar dertiende liep ze weg en werd bij een bushalte in Miami opgepikt door de drieënzestigjarige Ron Eppinger, een pooier van meisjes die hij uit Europa had gehaald. Giuffre hield hij voor zichzelf. Volgens zijn advocaat Brad Edwards heeft Eppinger haar toen hij in de gaten kreeg dat de FBI achter hem aan zat, naar een schuur in de bossen van Ocala in Noord-Florida gebracht, waar hij haar ernstig misbruikte; daarna nam hij haar mee naar de eigenaar van de gore Hot Chocolates-club in Fort Lauderdale, die met haar pronkte als zijn 'vriendin'.[11] De clubeigenaar werd door de politie gearresteerd toen een vriendengroep rond Eppinger werd opgerold, en Virginia werd weer teruggebracht naar haar vader, die als klusjesman in Mar-a-Lago werkte. Hij regelde een baantje voor haar als handdoekenmeisje.

Toen Virginia een keer op een bankje buiten het resort in een boek over massagetherapie zat te bladeren, werd ze benaderd door een prachtige vrouw met een fraai Engels accent. Het boek bood Ghislaine de perfecte aanleiding om een praatje met haar aan te knopen over een miljardair die in de buurt woonde en iemand zocht die hem zo nu en dan kon masseren.

Het bleek om meer te gaan dan een simpele rugmassage. Virginia merkte direct hoe verderfelijk Epstein en Ghislaine samenspanden: lachend lieten ze haar zich uitkleden tot ze alleen nog maar haar trieste Hello Kitty-ondergoed droeg, waarna ze haar behendig te lijf gingen met het ronde uitsteeksel van een wit plastic instrument.[12] Ghislaine liet haar zien hoe Epstein graag in zijn tepels werd geknepen en zei toen tegen haar dat ze op hem moest gaan zitten 'tot hij klaar was'.[13] Blijkbaar was hij tevreden over Virginia. 'Ze is een blijvertje,' zei hij tegen Ghislaine nadat ze hadden gedoucht.

Virginia vertelde in een niet gepubliceerd manuscript – *The Billionaire's Playboy Club*, ingebracht als bewijs in haar rechtszaak tegen Ghislaine – dat ze zich bij thuiskomst ellendig voelde. Ze vroeg zich af waarom alles wat ze ondernam in seksueel misbruik leek te moeten eindigen. Maar ze was arm, en Epstein betaalde haar meer geld dan ze ooit in haar hele leven had gehad.

In de volgende twee jaar werd ze zijn seksspeeltje op afroep; ze moest komen als hij daar zin in had en werd door Ghislaine getraind. Ze werd in een appartement gestopt dat Epstein voor haar had gehuurd, en 'bediende' hem tot vier keer per dag met erotische massages en orale seks, en werd in zijn Boeing 727 – vaak samen met een groep andere heel jonge meisjes – heen en weer gevlogen tussen zijn huizen in de Virgin Islands, New Mexico en New York.

Vaak ging Ghislaine ook uit de kleren en deed dan mee aan het misbruik. 'Hun leven draaide volledig om seks,' vertelde Virginia.[14] Epstein begon haar uit te lenen aan zijn machtige vrienden. Toen een vriendin van Ghislaine haar eens vroeg wat ze vond van de meisjes die ze ronselde, antwoordde ze: 'Ze zijn helemaal niks, die meiden. Laagste van het laagste.'[15]

Het lijkt wel alsof Ghislaine naarmate ze meer tijd met Epstein doorbracht, verder diens duistere wereld in werd gezogen, waarbij ze haar daden rechtvaardigde met een verwijzing naar het immorele gedrag van haar vader. Robert Maxwell had ook gemeend dat hij boven de wet stond. Zijn 'onbetrouwbare uitstraling', zoals John Preston het noemt,[16] had ook Epstein kunnen beschrijven, met zijn arrogante, zelfgenoegzame, Houdini-achtige talent om overal mee weg te komen.

Een bevriende journalist vertelde me dat hij Ghislaine een keer in actie heeft gezien. Hij zat in het eerste decennium van deze eeuw met een groep vrienden, onder wie zij en de acteur Liev Schreiber, in restaurant Elio's, toen er een groep prachtige zeventien- of achttienjarige modellen arriveerde en aan de bar ging zitten. Ghislaine stond op en stelde zich aan hen voor. 'Wat doet ze nou?' vroeg Ed aan een van onze medegasten. 'Ze ronselt voor Jeffrey,' zei iemand aan tafel.

IV

Voor wie de neiging heeft het gedrag van Ghislaine te vergoelijken door te zeggen dat ze zelf ook een slachtoffer van Epstein was: daar is weinig bewijs voor. Het was Ghislaine die Epsteins tot dan toe amateuristische seksuele praktijken 'professionaliseerde' en de meisjes ertoe aanzette om voor meer capaciteit te zorgen door hun eigen jonge vriendinnen te rekruteren.

Een van de beroemde mensen aan wie Virginia naar eigen zeggen werd 'uitgeleend' was prins Andrew. In een in december 2014 onder ede opgestelde verklaring zegt ze dat ze driemaal seks heeft gehad met Andrew – de eerste keer in maart 2001 in Londen, toen ze zeventien was. (De vluchtgegevens van Epsteins vliegtuig bevestigen dat ze toen met hem en Ghislaine naar Londen is gevlogen.) Op de ochtend van 10 maart, zo verklaart Virginia, zei Ghislaine in haar huis in de wijk Belgravia tegen haar: 'Vandaag ga je kennismaken met een prins.' 's Avonds arriveerde prins Andrew, en gevieren togen ze naar Tramp, de besloten club in Mayfair die zichzelf aanprijst als 'de favoriete plek in Londen om je te misdragen'. Andrew zou Virginia een drankje hebben aangeboden, waarna ze zich samen op de dansvloer in het vipgedeelte begaven. Ze herinnert zich nog dat Andrew heel slecht danste en overmatig zweette. Ze zei dat ze later gezamenlijk teruggingen naar Ghislaines huis, waar Ghislaine tegen haar zei: 'Ik wil dat je voor Andrew hetzelfde doet als wat je voor Epstein doet.' Virginia deed wat haar werd gezegd. Wat volgde waren, zoals ze het in haar ongepubliceerde memoires noemt, 'de langste tien minuten van haar leven'. Ze schreef dat de prins haar bedankte voordat hij vertrok en dat Epstein haar 15.000 dollar betaalde. Later heeft ze naar eigen zeggen nog tweemaal seks gehad met Andrew: een maand later in Epsteins huis in New York, en ook nog, in het bijzijn van een groep andere jonge vrouwen, op Epsteins Caraïbische eiland Little St. James.

Haar verhaal was misschien wel nooit geloofd als er niet een belastende foto had bestaan die haar verslag lijkt te ondersteunen. Die foto werd voor het eerst in maart 2011 gepubliceerd in *The Mail on Sunday*, toen Sharon Churcher Virginia had overgehaald haar verhaal te doen; Andrew is er samen met de toen zeventienjarige Virginia op te zien, zij aan zij op iets wat een overloop van een huis lijkt. Andrew ziet eruit als een geile vader die op het punt staat de jonge babysitter te grijpen. Zij draagt een strakke, lage broek en een roze topje; ze hebben de armen om elkaar heen geslagen. Ghislaine staat er als een trotse hoerenmadam bij te stralen. Volgens Virginia is de foto door Epstein met haar wegwerp Kodak-camera genomen. In het artikel bij de belastende foto wordt uitgebreid ingegaan op Epsteins misbruik van Virginia, met Andrews vriendin Ghislaine als medeplichtige.

Naar verluidt riep de koningin haar zoon na de verschijning van het artikel bij zich en eiste een verklaring. 'De hertog verzekerde zijn moeder dat hij geen geslachtelijke omgang met Virginia Roberts had gehad, noch met een van de andere meisjes van Jeffrey Epstein,' zei een bron in het paleis tegen Edward Klein van *Vanity Fair*.[17] 'De hertog heeft met zijn advocaten getelefoneerd, en met goedkeuring van de hertog en zijn bureau hebben de advocaten een juridisch document opgesteld dat als schot voor de boeg moest dienen voor de Britse pers.' (Andrew hield later vol dat de foto moest zijn bewerkt, omdat zijn vingers in het echt veel dikker zijn.)

Het ophanden zijnde huwelijksfeest van William en Kate in april moest gevrijwaard blijven van schandalen. Ongetwijfeld met een diepe zucht gooide de koningin een krachtig wapen in de strijd, waarmee ze de pers duidelijk maakte dat ze volledig achter haar zoon stond. Ze ontbood Andrew op Windsor Castle en speldde hem de versierselen op van de Knight Grand Cross van de Royal Victorian Order. Inderdaad, de hoogste orde die er bestaat. Prins Andrew GCVO was nu gerechtigd tot het dragen van de rood-wit-blauwe sjerp en de edele stervormige onderscheidingstekenen die de grote waardering van de monarch uitdrukten voor wat hij voor haar had gedaan. Het theater werkte. De Britse pers hield zich merkwaardig stil over Andrews dubieuze betrekkingen en richtte zijn aandacht op de nationale vreugde rond het huwelijk van de Cambridges. In de verslagen over Andrews terugtreden als Brits handelsambassadeur in juli 2011 werd met geen woord gerept over de gevolgen van de foto met Virginia Roberts Giuffre.

Andrew wist niet hoe snel hij zich een andere reputatie aan moest meten. Dat deed hij met behulp van een uitgekookte nieuwe privésecretaris, Amanda Thirske, een voormalig bankier die aan Cambridge had gestudeerd. Ze had geholpen bij de verkoop van zijn landgoed Sunninghill Park aan een oligarch uit Kazachstan en werd al snel zijn naaste medewerkster. De strategie was om Andrew tot een soort beschermheer van de Britse ondernemers te bombarderen. In 2014 lanceerden ze Pitch@Palace, een platform voor de meest veelbelovende kandidaten uit tienduizenden ondernemers, die werden uitgekozen om hun zaak 'live' op St. James of Buckingham Palace te promoten voor een publiek van durfkapitalisten en andere mogelijke ondersteuners.

Voor één keer leek het alsof Andrew iets was begonnen wat succes kon hebben. De Pitch@Palace-competitie ging de hele wereld over, met events in Afrika, Australië, de Verenigde Arabische Emiraten, China en het VK. Er was veel enthousiasme voor initiatieven als een hiv-zelftest, Stasher, een platform waarmee reizigers hun bagage ergens konden onderbrengen zonder een hotel te hoeven nemen, en Magic Pony Technology, een AI-startup die door Twitter voor 150 miljoen werd overgenomen. De *Sunday Times* schakelde zelfs zijn beste economisch redacteur in, John Arlidge, om een groot artikel over Andrew te schrijven.

En toch kon dit alles zijn onbeholpenheid niet verhullen. Nadat hij tegen Arlidge had verklaard dat hij 'een ideeënmachine' was, bleek het enige idee dat van hem afkomstig was dat bezoekers in het paleis hun mobiele telefoon mochten gebruiken.[18] Hoewel het team van Arlidge twee dagen bezig was geweest om te overleggen waar Andrew voor een foto zou poseren, weigerde de hertog uiteindelijk hooghartig de drie stappen naar de aangewezen plek te zetten.

Arlidge schreef hier vervolgens uiterst kritisch over, tot frustratie van de pr-afdeling van het paleis. 'Andrew zei dat het allemaal de schuld van de journalist was. Hij zou nooit toegeven dat hij het zelf had verkloot,' vertrouwde een medewerker daarvan me toe.

Ook Ghislaine Maxwell probeerde haar reputatie een flinke make-over te geven. Ze ging weg bij Epstein en begon iets met Ted Waitt, de miljardair en medeoprichter van Gateway Computers, die een gigantisch driedeks jacht aanschafte, compleet met onderzeeër, die zij mocht besturen. In 2012 richtte ze een non-profitorganisatie op genaamd Terra Mar, in feite nauwelijks meer dan een website zonder financiële ondersteuning, die zich sterk maakte 'voor duurzaam beheer van de wereldzeeën'. Ze kreeg er genoeg krediet door om tot het TedTalk-circuit door te dringen. De vrouw die acht jaar later in voorarrest zou zitten op verdenking van zedenmisdrijven en het zich laten prostitueren van minderjarige meisjes, was nu een geziene gast bij grote events als het Clinton Global Initiative en het Time 100-gala. Ze was zelfs in 2013 en nogmaals in 2014 bij de Verenigde Naties te zien, met een vrome toespraak waarin ze zichzelf neerzette als beschermvrouwe van onze oceanen. 'Ze praatte niet meer over seks – nu ging het over dolfijnen,' aldus een van haar vriendinnen.

Maar hoewel ze zo hoogmoedig op de voorgrond trad, keek Ghislaine toch voortdurend over haar schouder, zich ervan bewust dat haar verleden met Epstein haar zou blijven achtervolgen. Op een van deze hoogstaande bijeenkomsten zat de toenmalig westkustredacteur van *The Daily Beast*, Gabe Doppelt, bij een diner naast haar. Nieuwsgierig als ze als journalist was, vroeg Doppelt aan haar hoe het op dat moment voelde om Ghislaine te zijn.

'Er stond brood en boter op tafel,' zei Doppelt tegen me, 'en Ghislaine pakte een blokje boter, maakte er een bolletje van en drukte dat in haar vuist plat. "Zo," antwoordde ze gekweld.'

19

NUMMER ZES OP DE CALL SHEET

De wereld van Meghan Markle

Meghan Markle had het helemaal gehad met Hollywood. Ze was net negenentwintig geworden. Zeven jaar geleden was ze afgestudeerd aan de prestigieuze Northwestern University in Chicago, met een dubbele major, theater en international studies, maar ze werd niet onthaald als de volgende Angelina Jolie en raakte verstrikt in het professionele equivalent van Verweggistan.

Vanaf haar eerste glansrol, als de secretaresse in de musical *Annie* op de Immaculate Heart-school in Los Feliz, Californië, wist Meghan dat ze voorbestemd was om een ster te worden. Ze groeide op aan de comfortabele zijlijn van de entertainmentindustrie. Haar vader, Tom Markle, was een succesvolle licht- en beeldregisseur van de Fox-komedie *Married... With Children* en de langlopende ABC-soap *General Hospital*. Als Meghan in het uniform van haar katholieke school rondhing op de set van *Married ... With Children* terwijl ze op hem wachtte, stuurde hij haar tijdens de pikantere scènes naar de kantine. Haar vaders wereld was die van de technici, productiebegeleiders, kappers en make-upassistenten, mensen die wel als belangrijk worden gezien maar toch ver af staan van de romantiek van de Hollywood Walk of Fame. Zoals Kate Middleton uit een van de boeken van Trollope weggelopen had kunnen zijn, zo paste het verhaal van Meghan meer bij de sfeer van een blad als *Variety*. Tom Markle zei tegen Fox News dat zijn dochter op haar twaalfde al in de ban was van de glamour van de rode loper, toen hij genomineerd was voor een Emmy-award voor zijn werk voor *General Hospital*, en hij haar als zijn date meenam naar de uitreikingsceremonie. 'Meghan zei toen tegen me: "Pap, ik wil net zo beroemd worden als jij."'[1] Bij hem thuis keken ze in het weekend samen naar films van Busby Berkeley, en haar grootste droom was net zo'n tapdanseres worden als Eleanor Powell in de jaren dertig.

Al op haar elfde profileerde ze zich als daadkrachtig feministe door een brief te schrijven naar Procter & Gamble, waarin ze protesteerde tegen de seksistische ondertoon van een tv-reclame. Daarin was een gootsteen vol vettige potten en pannen te zien, begeleid door een galmende stem die meldde: 'Vrouwen gaan vettige potten en pannen te lijf met Ivory Clear.' Deze actie deed Meghan met haar serieuze sproetenkopje bij Nickelodeon belanden, waarbij ze vol ernst tegenover gastvrouw Linda Ellerbee verkondigde dat ze het niet juist vond 'dat kinderen als ze opgroeien denken dat dit soort dingen alleen door mammie worden gedaan'. P&G bezweek onder de druk van deze voorlijke reprimande, en in de volgende versie van de reclame was de boodschap veranderd in '*Mensen* gaan vettige potten en pannen te lijf met Ivory Clear.'[2] Zo leerde Meghan al vroeg hoe ze de media met succes als wapen kon inzetten.

Tom was zo trots op het progressieve elan van zijn dochter dat hij Wendy Riche, uitvoerend producent van *General Hospital*, vroeg of zij haar mentor wilde zijn op de nationale dag Take Your Daughter to Work Day. Hij wilde dat ze een krachtige vrouw aan het werk zou zien. Riche vertelde me: 'Hij zei: "Ze is ontzettend slim en ze doet allerlei dingen met enorm veel overtuiging. Ik wil graag dat ze even kan ruiken aan het succes dat jij hebt en dat ze het gevoel krijgt dat dat ook voor haar is weggelegd."'[3] Ze vond de twaalfjarige Meghan intelligent, positief, oplettend, hartelijk en 'zich al bewust van bepaalde problemen, echt een weldenkend meisje. Ik vond het fantastisch dat Tommy dat voor haar had geregeld, en het zei ook veel over wat hij in haar zag en wat hij wilde dat ze zou bereiken.'

Ergens op YouTube staat een filmpje uit 1999 van de achttienjarige Meghan, opgenomen door haar beste vriendin Ninaki Priddy. We zien dat ze in een auto over Rodeo Drive rijdt, in een auto met een Classy Girl-kentekenplaathouder, terwijl ze vertelt over de dansauditie die ze net heeft gedaan voor een video van Shakira. '600 dollar voor twee dagen. Ik was de hele tijd bang dat mijn topje af zou glijden, zo schudde ik heen en weer.'[4] Terwijl ze daar zo rijden noemen ze hardop de namen van de chique modewinkels waar ze langskomen: een typische middleclassscholiere die de etalages bekijkt in een dure winkelstraat. Als studente kon ze kiezen uit alle populaire basketballers. Ze maakte er nooit een geheim van wat ze wilde, zei haar vader tegen me. 'Tijdens haar eerste jaar op de universiteit wees ze me een jongen aan en zei: "Dat wordt mijn vriendje."[5] En dat gebeurde inderdaad. Ze is enorm doeltreffend als het om mannen gaat.'

Toen ze veertien was wist Tom Markle kleine rolletjes voor haar te regelen als verpleeghulpje in *General Hospital*. Zeven jaar later bezorgde hij haar een 'echte' rol, met tekst, als verpleegkundige, een knappe meid die ergens op de achtergrond 'Hier heb ik zijn status, dokter Lambert!' roept. Tot haar teleurstelling bleken regisseurs in de jaren daarna nooit iets anders in haar te zien dan een knappe beeldvulling.

Ontmoedigend genoeg vormde haar gemengde afkomst als dochter van een Afro-Amerikaanse moeder en een witte vader een etnisch 'wat-is-ze-nu-eigenlijk'-probleem. Hoewel ze beschikte over 'een klerenkast vol modieuze jurkjes die me zo multiraciaal konden laten lijken als een Benetton-poster uit de jaren tachtig,'[6] schreef ze in 2015 in een artikel voor *Elle*, 'was ik niet zwart genoeg voor de zwarte rollen en niet wit genoeg voor de witte rollen, waarmee ik ergens in het midden bleef steken, als een etnische kameleon die geen werk kon krijgen'.

Haar hele jeugd lang had Meghan geworsteld met gevoelens van vervreemding als dochter van een witte vader en een Afro-Amerikaanse moeder, Doria Ragland, die van elkaar scheidden toen Meghan zes jaar oud was. In de tweede klas van de middelbare school kruiste ze op een vragenlijst voor een officiële volkstelling niets aan bij 'Etniciteit'. Een leraar zei tegen haar dat ze toch een hokje moest kiezen en raadde haar 'Kaukasisch' aan, omdat ze er zo uitzag. Meghan voelde dat als verraad jegens haar moeder, waar ze dol op was. Toen ze haar vader vertelde wat er was gebeurd, gaf een ziedende Tom Markle haar het advies: 'Als dat nog eens gebeurt, teken je er gewoon een hokje voor jezelf bij.'

Tijdens haar jeugd in Los Angeles in de jaren tachtig en negentig woonde Meghan in overwegend witte buurten en raakte ze eraan gewend dat haar moeder, een vriendelijke yogalerares die erg gecharmeerd was van Californische mindfulnessfilosofieën, akelig vaak voor haar nanny werd aangezien. Zelfs haar van haar vervreemde halfzus Samantha Markle zegt in een zelf gepubliceerd autobiografisch boek dat ze uit het veld was geslagen door de instinctieve racistische reactie van een schoolvriendin van de plaatselijke Taft High School toen ze haar aan Doria voorstelde:

> 'Ze is zwart!' 'Nou en?' antwoordde ik.[7] Ik vond die opmerking lomp en erg ongemakkelijk, maar ik wist niet dat Nicole uit een heel homogene familie kwam. Ik dacht dat er sinds het einde van de jaren zeventig geen racisme meer bestond.

Helaas was dat niet het geval. Meghan was negen toen Rodney King in 1991 door politiegeweld om het leven kwam. Toen de agenten die dat op hun geweten hadden een jaar later werden vrijgesproken, werd Los Angeles het toneel van plundering en brandstichting. Meghan en haar klasgenootjes werden naar huis gestuurd. Toen ze langs gazons vol as liep, dacht ze eerst dat het had gesneeuwd.

Op de middelbare school vond ze het lastig om haar plek te vinden tussen de kliekjes:

> zwarte meisjes en witte meisjes, de Filipino- en latina-meisjes. Doordat ik van gemengde komaf was, hing ik er ergens tussenin.[8] Dus elke dag zorgde ik dat ik tijdens de middagpauze ergens naartoe kon: Franse club, studentenvereniging – wat er tussen twaalf en één ook maar te doen was, ik was erbij. Niet omdat ik nou zo geëngageerd was, maar dan hoefde ik in elk geval niet in mijn eentje te eten.

II

Als tiener hoorde ze een keer hoe Doria het 'N'-woord naar haar hoofd kreeg, toen ze naar de smaak van een andere automobilist te langzaam een parkeervak uit reed, en ze zag hoe haar moeder tranen in haar ogen kreeg.[9] Omdat ze zelf niet als zwart werd gezien, voelde ze de pijn van haar moeder als hulpeloze getuige.

Een doorbraak als actrice bleek er voor Meghan niet in te zitten. Vier jaar na haar debuut in *General Hospital* was ze nog steeds niet verder gekomen dan danseresje in een glimmend, satijnen minirokje en gouden naaldhakken in de NBC-spelshow *Deal or No Deal*. De meisjes – de 'Briefcase Girls', zesentwintig in totaal en allemaal beeldschoon, waarbij de prachtige nummer 24, Meghan Markle, er met haar verrukkelijke glimlach echt uitsprong – moesten bij het begin van de show allemaal samen een met neon verlichte trap afdalen, begeleid door een rauwe soundtrack van swingende elektronische gitaarmuziek, en in koor 'Hi Howie!' roepen tegen de luidruchtige, onstuimige gastheer Howie Mandel. Het meisje dat het winnende zilveren koffertje opent waar een bedrag in zit van tussen de één cent en een miljoen dollar, komt het langst in beeld. In de afleveringen uit 2006 en 2007 waaraan ze meedeed, viel dat voorrecht Meghan zelden ten deel. 'Het draaide er altijd op uit dat ik eindeloos op die vreselijk ongemakkelijke en goedkope, superhoge hakken stond te wachten tot iemand mijn nummer koos en ik eindelijk kon gaan zitten,' zei ze ooit.[10] Er werden tot wel zeven shows per dag opgenomen.

Achter de schermen viel het de andere Briefcase Girls op dat Meghan nooit zat te kletsen. Ze was altijd bezig, las een script, belde met haar agent of repeteerde iets voor haar volgende auditie. 's Avonds ging ze naar huis en hield dan een somber anoniem blog bij over haar afwijzingen als actrice, onder de titel 'The Working Actress'. 'Ik moest mijn lidmaatschap van de [acteurs]vakbond opschorten, geld lenen, baantjes nemen die ik afschuwelijk vond en incasseren dat ik op de set als een stuk vuil werd behandeld, acteurs met een slechte adem zoenen en uren aan één stuk huilen omdat ik er gewoon helemaal niet meer tegen kon,' klaagde ze in een van de stukken.[11] Om wat bij te verdienen deed ze freelance kalligrafeerwerk voor huwelijksuitnodigingen en kerstkaarten van Dolce & Gabbana.

Van 2002 tot 2011 lijken Meghans ultrakorte verschijningen op tv eigenlijk wel een parodie op de jonge actrice die er vooral is om de mannelijke blik te behagen. In een aflevering uit 2006 van de CBS-misdaadserie *CSI:NY* is ze te zien in een erotische outfit, en heeft ze als tekst: 'Ik heb dan wel seks gehad met Grant Jordan, maar ik heb hem niet vermoord.' In een aflevering uit 2008 van de Fox-sitcom *'Til Death* speelt ze een autoverkoopster met een strak blauw topje over haar T-shirt die een rode, open Corvette streelt en aan een paar mannen vraagt: 'Willen jullie dit schatje even bekijken?', waarop wordt geantwoord: 'We komen autobanden halen, laat die verleidelijke glimlach maar achterwege.' In het sombere melodrama *Remember Me* uit 2010, bekritiseerd vanwege het 'melodramatische script', speelt ze een arrogant barmeisje met één regel tekst. In *Horrible Bosses*, uit hetzelfde jaar, heeft ze een gastrolletje van dertig seconden, en speelt ze een meisje met een honkbalpetje op dat door Jason Sudeikis wordt 'gekeurd': 'Jij bent toch veel te knap voor een FedEx-meisje!'

Wat het allemaal nog erger maakte was dat Meghan niet het gevoel had dat haar vriendje, producer Trevor Engelson, erg zijn best deed om haar aan goede rollen te helpen. (Dat gold zeker voor *Remember Me*, dat hij produceerde.) Engelson was een wat rauwe, joviale, energieke producer en talentmanager met een luide baritonstem en een Long Island-accent. Hij had zichzelf opgewerkt tot het niveau van de B-films en bezat zijn eigen managementbedrijf. Hij was vijf jaar ouder dan Meghan en stond in 2009 in de Top-35 van 'talenten onder de 35 jaar' van *The Hollywood Reporter*, en was eraan gewend dat zij voor connecties in de filmbusiness op hem was aangewezen. Ze woonden samen in Hancock Park, met in het weekend bierfeestjes en barbecues in de achtertuin. Ze waren al sinds haar drieëntwintigste bij elkaar en gingen heel liefdevol met elkaar om. Als hij op reis moest, stopte Meghan altijd lieve briefjes in zijn koffer en hij was op zijn sociale-media-accounts steeds vol lof over haar.

Hoewel Engelson meer succes had dan Meghan, was Meghan de meest ambitieuze van de twee. Ze zeurde vaak dat hij zich meer en beter moest profileren. Vrienden herinneren zich hoe zij erop aandrong dat hij een professionelere indruk moest maken als ze tijd doorbrachten met invloedrijke mensen die mogelijk iets voor hen konden beteken. Het irriteerde Meghan ook dat hij te fijngevoelig en integer was om betere rollen voor haar te versieren, al kende hij ontzettend veel mensen die haar zouden kunnen helpen. Ze noemt de tijd tussen haar twintigste en dertigste 'genadeloos – een permanente strijd met mezelf, onzeker over mijn gewicht, mijn stijl, mijn wens om even cool/hip/slim/wat-dan-ook te zijn als alle andere mensen'.[12]

In de zomer van 2010 wist haar agent een auditie voor haar te regelen voor een nieuwe USA Network-serie met als titel *A Legal Mind* (zoals *Suits* in eerste instantie heette). Meghan was uitzinnig. Rachel Zane was een droomrol. De serie, geschreven door voormalig bankier Aaron Korsh, speelde in de glansrijke glazen kantoren van een fictief advocatenbureau in Manhattan, en was – voor de verandering – elegant en subtiel. Het personage Rachel Zane is een zelfverzekerde, typische Upper East Side juridisch medewerker die scherp genoeg is om een geloofwaardige tegenspeelster te zijn van een eigenwijze, jongensachtige nieuwe collega-advocaat met een fotografisch geheugen.

Essentieel voor de rol van Rachel, vertelden de producers me, was dat je geloofwaardig overkwam als jurist maar tegelijkertijd een onderliggende zachtheid liet merken. Ook moest de erotiek van het scherm spatten als de twee spelers elkaar ontmoetten. Een combinatie van al deze kwaliteiten in één actrice bleek uiterst lastig te vinden. Casting director Bonnie Zane (ze leenden haar achternaam toen 'Rachel Lane' juridische consequenties leek te krijgen) moest zich door honderdvijftig audities heen werken voor ze haar keuzes voorlegde aan de mannen die voor *Suits* de knopen moesten doorhakken: Aaron Korsch en uitvoerend producenten David Bartis en Gene Klein. Bonnie Zane wist nauwelijks iets van Meghan vóór deze auditiereeks. 'Ze was gewoon een van de vele actrices,' zei ze tegen me.[13] 'Geen reputatie… Ik kende Meghan niet omdat ze eigenlijk nooit verder was gekomen dan "Leuke meid #1" (in een film van Ashton Kutcher).' Gelukkig was bij deze auditie een onduidelijke etniciteit juist een pre. Regisseur Kevin Bray is zelf van gemengde komaf en was actief op zoek naar diversiteit in de serie, terwijl USA Network ook probeerde zich wat te verheffen boven het niveau van wat James Wolcott in *Vanity Fair* omschreef als 'rustig aan en geen gedoe'.[14]

In de tijd van de *Suits*-casting in 2010 begon het onderwerp van de gemengde-ras-identiteit steeds belangrijker te worden in het nationaal geweten. *The New York Times* schreef in 2011 dat de laatste oogst studenten de grootste groep mensen van gemengde afkomst bevatte die ooit in de Verenigde Staten volwassen waren geworden, een generatie in de voorhoede van een door immigratie en interraciale huwelijken veroorzaakte demografische verschuiving. Plotseling was, na een lange geschiedenis van weinig rollen voor mensen van kleur, een fluïde raciale identiteit juist een aanwinst in Hollywood. 'Ze wilden voor de rol van Rachel iemand die wereldwijs en kosmopolitisch was,' zei Kevin Bray tegen me.[15] 'We wilden eigenlijk af van dat beeld van die slowmotionmeiden uit shampooreclames… En toen Meghan binnenkwam, was het daar ook direct mee gedaan.' De tijdgeest bleek Meghan eindelijk goed gezind.

III

Op een ochtend in januari 2020 zat ik in de Terrace Room van het Sunset Tower Hotel in West Hollywood op de iPad van Bonnie Zane naar Meghans auditie voor Rachel te kijken. Bonnie is een empathische vrouw met een vriendelijke stem en het slordig zittende haar van iemand die helemaal opgaat in de passie voor haar vak en een groot gevoel van saamhorigheid heeft met al 'haar' acteurs. Voor Meghans eerste auditie had Bonnie de rol gedaan van de brallerige advocaat Mike Ross, die terwijl hij Rachel het kantoor liet zien iets met haar probeerde. In het filmpje is Meghan te zien in een jeugdig jurkje met dunne schouderbandjes, minder gladjes en meer Californisch dan ze tegenwoordig is. Ze is heel natuurlijk, vol sproeten, met té glanzende lipgloss op, maar ze speelt Rachel heel onpretentieus en kalm. 'Ik vond haar geweldig,' zegt Bonnie.[16]

Meghan kwam door de eerste ronde en werd teruggebeld voor de volgende. Na Meghans auditie voor de mensen van *Suits* wist Kevin Bray meteen: 'Die jongedame moet dóór.'[17] Meghan dacht dat ze het had verprutst. ('Dat denken ze altijd,' zei de door de wol geverfde producer David Bartis tegen me.) Ze belde haar agent, Nick Collins, om zich erover te beklagen dat ze zo afgeleid was geweest en haar tekst steeds vergat. 'Ik wilde die rol zó graag, en nu is het mislukt,' dacht ze toen, zoals ze het later beschreef.

Maar dit was gewoon klassieke acteursonzekerheid. Meghan was opnieuw door en werd uitgenodigd voor een test ten overstaan van een aantal tv-bazen.

De zogenaamde scripted reality-tv-series komen in een complexe samenwerking tot stand, waarbij er op allerlei niveaus beslissingen worden genomen. Zelfs als er al consensus bestaat in het creatieve team staan de hogere bazen erop dat er ook andere finalisten moeten worden beoordeeld, voor het geval ze het toch niet eens worden. Dat is het moment waarop de 'Beslissers' van het tweede niveau net zo zenuwachtig zijn als de talenten. Dus Meghan moest nu niet alleen indruk maken op de auteur-producent, de producers en de regisseur, maar uiteindelijk ook op de hoogste baas van NBCUniversal, Jeff Wachtel, in die tijd de programmeringschef van USA Network, en tevens op Bonnie Hammer in New York, voorzitter van NBC-Universal Cable Entertainment, en een van de machtigste tv-bazen die er waren. Ze zou de auditieopnames bekijken, misschien op haar telefoon, onderweg in een auto, en het definitieve oordeel over Meghans carrière vellen.

Op 19 augustus 2010 liet ze haar kapsel een oppepper geven in de plaatselijke Drybar, trok jeans aan met een strak donkerpaars topje en hakken, en reed naar het Tribeca West-gebouw op Olympic Boulevard in West Los Angeles. Toen ze vlak van tevoren een telefoontje kreeg dat de outfit van het personage ingetogen moest zijn – 'denk aan haar in een knotje en zakelijk gekleed' – kocht ze nog gauw voor 45 dollar een zwart pakje bij de H&M.[18] Alle kandidaten voor de rol van Rachel moesten dezelfde pagina's van het script lezen, zodat er goed kon worden vergeleken. Het was de scène waarin ze vraagt om een kans, net als de actrices in spe die haar zo graag willen spelen. 'Ik ben slim. Ik weet dat ik een goeie jurist kan zijn, maar ik ben slecht in examens. Ik weet niet wat er dan met me gebeurt. De toelatingstest voor Law School heb ik verknald. Zelfs als ik daar toch op zou weten te komen, zou ik het nooit officieel tot advocaat schoppen.'

'Zelfs [bekende acteurs] moeten een koude ruimte in een kantoor in Burbank binnengaan, met akelig licht en lelijke vloerbedekking, en dan met twaalf mensen tegenover zich hun ding doen,' zei Aaron Korsh tegen me.[19] Het auditieproces kan voor sommige acteurs zo belastend zijn dat hun agenten de Beslissers ertoe proberen te bewegen genoegen te nemen met een opname van hun verrichtingen. Aan deze try-out-spanning draagt bij dat alle kandidaten in de eindronde verplicht zijn om, als ze worden uitgekozen, per direct beschikbaar te zijn. Nadat de pilot is opgenomen moeten alle betrokkenen, zowel de veteranen als de nieuwelingen, nog maanden wachten voor ze weten of de tv-maatschappij zal toehappen. Krijgen ze de baan, soms met een contract voor een aantal jaren, waarbij ze wellicht ook moeten verhuizen, of zitten ze zonder werk en kunnen ze weer helemaal opnieuw beginnen?

Meghan was gewend aan deze wereld van afwachten hoe de bal ging rollen. Anders dan bij de familie Middleton in Engeland, die gestaag sociaal was opgeklommen, had haar familie een geschiedenis van een ongeworteld meebewegen met de omstandigheden. De voorouders van de vader van haar moeder waren slaven uit Georgia wier nakomelingen een goed heenkomen in Californië hadden gezocht. Haar grootouders, Alvin en Jeanette, vestigden zich in Cleveland, Ohio, tot Alvin in 1956 zijn gezin naar de andere kant van Amerika reed, naar Los Angeles, om dichter bij de rest van de familie Ragland te zijn en een antiekzaak te openen. In 2012 maakte Meghan het verhaal openbaar dat haar grootouders tijdens die tocht door de VS bij een Kentucky Fried Chicken stopten en te horen kregen dat ze zich als 'niet-blanken'[20] bij de achterdeur moesten melden en hun eten op de parkeerplaats moesten nuttigen. Hun dochter had als student allerlei baantjes, van visagist, yogalerares, reisagent tot eigenaar van een cadeauwinkeltje genaamd Distant Treasures.

Meghans vader, de uit de kluiten gewassen Tom Markle, komt uit een familie met wortels in de Elzas. Hij groeide op in een provinciestad in Pennsylvania in een gezin met drie jongens. Ze deden het alle drie goed. Een van de broers werd diplomaat, de ander bisschop. Zodra Tom oud genoeg was vertrok hij naar de Poconos om in het theater te gaan werken en het vak van lichtregisseur te leren. Op zijn achttiende ging hij naar Chicago, waar hij een baantje wist te krijgen bij een lokale nieuwszender. Op zijn negentiende trouwde hij met een secretaresse; hij kreeg twee kinderen met haar, Samantha en Tom jr., en tien jaar later vertrok hij zonder hen om zijn geluk in Hollywood te gaan beproeven. Hij ontmoette de charmante, tengere Doria Ragland, twaalf jaar jonger dan hij, toen ze als visagiste werkte bij *General Hospital*. Zij was hippie- en newage-achtig, hij stoer en een harde werker. In een blogpost op Moederdag in 2014 stak Meghan de loftrompet over Doria's smakelijke, gezonde kookkunsten en beschreef ze hoe haar moeder 'verse kruiden over de salade strooide en altijd wist wanneer de garnalen in de okrasoep precíés goed waren'.[21] Ze prees ook haar moeders joie de vivre:

> Dreadlocks. Neusringetje… Dol op chips en citroentaartjes. En als de dj Al Greens soulklassieker 'Call Me' aankondigt, gaat ze helemaal los. Heupwiegend begint ze ingetogen te dansen, wiegt met haar hoofd en knipt met haar vingers op het ritme, alsof ze al danst sinds ze in de baarmoeder zat.

Haar halfzus Samantha weet nog hoe Doria in haar ochtendjas op het gras in de tuin dromerig liep te roken.

Ze werden in de echt verbonden door een Hollywood-goeroe van het simpele leven, Brother Bhaktananda, in het Self-Realization Fellowship op Sunset Boulevard, tempel van de hindoe-goeroe Yogananda, op een steenworp afstand van het hoofdkwartier van de Church of Scientology. Doria droeg een korte witte jurk met een peterpankraagje en een diadeem van gipskruid. Meghan werd bijna twee jaar later geboren, in 1981, en werd de kirrende oogappel van haar ouders.

Het tweede huwelijk van Tom Markle strandde door de spanningen van het eerste. Zijn twee kinderen, Samantha en Tom jr., woonden bij hem en Doria in Santa Monica voordat het samengestelde gezin naar een grotere woning in de welvarende middleclass-wijk Woodlands Hills verhuisde. Samantha, die zeventien jaar ouder was dan haar halfzusje en acht jaar jonger dan haar stiefmoeder, had het maar moeilijk als adolescente. Ze droomde van een carrière als actrice en zeurde haar vader aan zijn kop om rolletjes voor haar te regelen. Tom jr. was een highschool-'stoner' die op een waterbed sliep en met vervelende vrienden rondhing, wiet rookte en ruzie maakte met Samantha. Toen de betoverende, gouden Meghan werd geboren, was Tom zo weg van haar dat Samantha zich nog allener en onaantrekkelijker voelde – als een 'peer op stelten', zoals ze haar uiterlijk beschreef.[22] Ze werd ziek van jaloezie, de boze fee bij de doop van de sereen slapende toekomstige prinses. Haar wrok werd door de jaren heen steeds groter, vooral toen haar vader geld uit hun krappe budget vrijmaakte om Meghan naar verschillende privéscholen te sturen. Het was een uiterst bittere pil voor Samantha toen, vlak nadat ze te horen had gekregen dat ze multiple sclerose had, de carrière van haar stralende halfzus van start ging. Uiteindelijk belandde ze zelfs in een rolstoel.

Tom was ongetwijfeld blij als hij aan deze ruzieachtige sfeer kon ontsnappen, en was zelden thuis. Hij had een uitstekende reputatie opgebouwd en was een veelgevraagd vakman, die nu zo'n 200.000 dollar per jaar verdiende. 'Ik voelde me creatief gezien altijd veilig bij hem,' vertelde Wendy Riche, me.[23] 'Ik vertrouwde hem. Hij was professioneel. Aardig. Volkomen betrouwbaar en solide, en hij had een heel groot hart.' Ook bij de crew was hij geliefd. Maar tegenover dat goede salaris stond een meedogenloos productieschema. Hij maakte verschrikkelijk veel uren: overdag nam hij met de regisseur het lichtschema door, waarna hij later weer naar de studio terugging om van middernacht tot zeven uur 's ochtends de belichting van de set uit te werken, voordat de opnamen begonnen. (Hij schijnt nog steeds een excentriek ritme te hebben. Toen ik hem belde in zijn huis op een heuvel in Rosarito, Mexico, waar hij sinds zijn pensionering woont, vroeg hij me hem om drie uur 's nachts terug te bellen.)

'Het was een idioot leven,' zei voormalig *General Hospital*-regisseur Shelley Curtis Litvack tegen me.[24] 'Tommy had weinig vrienden. Hij bleef nooit voor de nazitfeestjes van *General Hospital*. Hij was erg op zichzelf.' Hij huurde een klein flatje in de buurt van de studio, zodat hij even een uiltje kon knappen als er wat tijd overschoot. De eeuwige onzekerheid die er in Hollywood heerst over je inkomsten is hij nooit kwijtgeraakt. De set was zijn wereld. Hij mag dan op het werk geliefd zijn geweest om zijn rustige manier van doen, thuis was hij, behalve als hij met 'dat prachtige kindje' Meghan speelde,[25] té uitgeput om leuk te zijn voor zijn jonge vrouw. Doria kon er niet meer tegen. Met de twee jaar oude Meghan onder haar arm vertrok ze naar haar moeder, tot ze een eigen huis vond in de wijk Mid-Wilshire in Los Angeles. Vier jaar later scheidden ze.

De schattige Meghan, het modebewuste dametje dat al snel op tapdans- en balletles ging en die door haar moeder liefkozend 'Bloempje' werd genoemd, bleek wat geld betreft de slimste van het gezin. Zowel haar ouders als haar halfzus gingen failliet. Haar moeders cadeauwinkel ging in 2002 op de fles, toen Meghan in het eerste jaar van haar studie zat. Haar vader heeft tweemaal een faillissement moeten aanvragen, de laatste keer in 2016, toen zijn bezit op minder dan 4000 dollar werd geschat en zijn creditcardschuld 33.000 dollar bedroeg. Markle vertelde me dat zijn spaargeld grotendeels opging aan de studie van Meghan en de ondersteuning van zijn twee andere kinderen. Hij stelde zich garant[26] voor een bloemenzaak voor Tom jr., hij betaalde de vakbondsbijdrages voor Meghan en Samantha toen ze daar geen geld voor hadden, en stak geld in een dure stamcelbehandeling voor Samantha's MS. Waar het geld ook allemaal naartoe moge zijn gegaan, nu woont hij sober maar comfortabel in zijn arendsnest in Rosarito.

Toen Meghan te horen kreeg dat ze in de laatste ronde voor de rol van Rachel Zane zat, had ze geen idee dat er daarmee een eind zou komen aan jaren van vernederende, slechtbetaalde rolletjes, en dat haar in plaats daarvan een contract van vijf jaar wachtte voor een serieuze rol in een spraakmakende serie. Ze zat samen met een andere zenuwachtige kandidate voor Rachel, de Cubaans-Amerikaanse actrice Arlene Tur, voor de deur van het anonieme kantoor van de productie te wachten tot ze zou worden opgeroepen. Meghan voelde zich nogal geïntimideerd toen ze een statige Afrolatina godin in de wachtkamer ontmoette. Het was de eenenveertigjarige Gina Torres, die een hoofdrol zou krijgen als topadvocaat Jessica Pearson. (In *Suits* is ze erg aanwezig terwijl ze rondstapt in couturemantelpakjes en 'Tot ziens in de rechtbank' blaft.)

Het was zenuwslopend voor Meghan dat Tur, die fysiek gezien hetzelfde type was als zij, een beter cv had. Er was nog een andere concurrente aanwezig, Kim Shaw, een blonde 'girl-next-door', die ook uit een vorige ronde was overgebleven. Het laatste wat Shaw op tv had gedaan, een MTV-komedie getiteld *I Just Want My Pants Back*, klinkt op het eerste gezicht niet erg veelbelovend, maar die serie was geproduceerd door het *Suits*-duo David Bartis en Gene Klein, die haar fantastisch vonden.

De finalisten moesten auditeren met de Canadese acteur Patrick Adams, een rijzende ster die inmiddels al de rol had gekregen van lefgozer, tevens nieuwkomer in het kantoor, Mike Ross. Dit was de zogenaamde 'chemietest', waarmee de producers een indruk moesten krijgen hoe het samenspel tussen de twee uitpakte. Dat Adams was gekozen, was goed nieuws voor Meghan. Ze had een paar jaar geleden een pilot met hem gedaan voor een serie die daarna niet was doorgezet. De 'vibes' tussen hen voor de camera waren goed geweest. Chemie op het scherm betekent niet per se seksuele aantrekking. Zoals Bray het voor me formuleerde,[27] is chemie 'een natuurlijke soepelheid in de manier waarop ze communiceren, die je automatisch voor waar aanneemt en waarbij je het gevoel hebt dat ze in deze koude, steriele ruimte, waarin zeventien mensen staan te kijken, écht met elkaar praten'.

Het was onmiddellijk duidelijk dat de verstandhouding tussen Meghan en Patrick klopte. In de scène doet Meghan alsof ze hem rondleidt door het kantoor van het advocatenkantoor; ze opent en sluit denkbeeldige deuren en poeiert hem handig af als hij, zoals Rachel/Meghan het verwoordt, 'staat te lonken'. Sinds de vorige auditie is ze een stuk charmanter. Ze heeft iets ferms over zich, iets heel intelligents waarin duidelijk een groot zelfvertrouwen doorschemert. Bray herinnert zich: 'Iedereen in de kamer zei: "Waar komt zij vandaan?" Het leek wel een groepshypnose.' Meghan wist zo'n grootsteeds aura op te roepen dat je geen idee had dat ze naar de auditie was gereden in een rammelende tweedehands Ford Explorer waar ze via de achterklep in moest kruipen omdat ze geen geld had om de kapotte portiersloten te laten repareren.

Het uiteindelijke doorhakken van de knoop was een makkie. 'Ze intrigeerde ons gewoon,' zei een van de producenten tegen me.

> Ze had van nature iets aantrekkelijks dat niet gespeeld overkwam. Ze was geen typetje. Ze was een interessant persoon waarover je gewoon meer te weten wilde komen. Dus het kwam door die combinatie van nieuwsgierigheid en haar uitstraling en ambitie dat je gewoon wist of geloofde dat ze zou slagen.

Op 24 augustus kreeg Meghan het verlossende telefoontje van haar agent. Ze had de rol van Rachel. De pilot met haar erin zou in de herfst in Manhattan worden opgenomen. En of die pilot een vervolg zou krijgen? – wat kon het op dat moment schelen! Voor nu was het eindelijk gerechtigheid na acht magere jaren. In 2015 beschreef ze in een blogpost wat dat beslissende moment, naar later bleek, allemaal teweeg zou brengen:

> Ik had geen idee dat die ochtend in augustus mijn leven totaal zou veranderen.[28] Dat ik de rol zou krijgen. Dat ik naar een klein appartement in Manhattan zou verhuizen om die pilot te doen. Dat ik tijdens een lunch van linzensalade en muhammara in Beverly Drive een telefoontje zou krijgen dat de serie door zou gaan. Dat we in Canada zouden gaan filmen. Dat ik volwassen zou worden en nog steeds een beetje mal was, of dat ik goed bevriend zou raken met mijn medeacteurs. Eerst was ik een meisje dat auditie deed. Toen was ik een meisje dat de rol kreeg. Nu ben ik een vrouw die aan het vijfde seizoen van die serie begint. Ik herinner me die dag als de dag van gisteren. Ik heb nog steeds spierpijn in mijn wangen van het glunderen.

Er was één mijlpaal die Meghan niet noemde in deze mijmeringen. Tussen het opnemen van de pilot in New York en het fantastische nieuws dat de serie het groene licht had gekregen voor het komende tv-seizoen, had Trevor Engelson haar tijdens een romantische vakantie in Belize ten huwelijk gevraagd. De opnames voor *Suits* vereisten dat ze vijf jaar lang negen maanden per jaar in een andere stad ging wonen (naar het bleek niet in New York, maar in Toronto, om de kosten te drukken). Ze tekende er zonder enige aarzeling voor. Het eerste seizoen ging in juni 2011 van start; de recensies waren goed en er was veel aandacht voor. Kort nadat de opnames waren afgelopen trouwde Meghan met Trevor, op blote voeten in Ocho Rios, Jamaica.

De bruiloft was goed voor een kort berichtje in *The Hollywood Reporter*. De bruid droeg een simpel wit jurkje met een glinsterende zilverkleurige ceintuur. Ze 'trouwde omhoog', zoals haar halfbroer Tom Markle jr., die er overigens niet bij was, zou hebben gezegd.[29] Er kwam een vliegtuiglading vol vrienden en vriendinnen uit de entertainmentbusiness vier dagen feesten op het witte strand. Haar beide ouders waren van de partij. Een van de gasten viel het niet alleen op hoe 'relaxed en gracieus' Doria zich gedroeg, maar ook dat Tom zó dik was dat hij twee zitplaatsen in het vliegtuig had moeten boeken. Meghan en Trevor werden tijdens de traditionele stoelendans in de lucht geheven en er was een kruiwagenrace waarvoor Meghan een gele bikini aantrok. Het was ingehouden, onpretentieus en informeel. Het enige wat opviel was, zoals een van de gasten zich herinnert, dat in de uitnodiging die Meghan had verstuurd 'Geen sociale media graag' stond. 'Dat vonden we allemaal wat wonderlijk, omdat ze toen pas een paar maanden in *Suits* te zien was geweest, en we dit verzoek dus bijna als een grap beschouwden,' vertelde de gast me. 'Ze had toen al iets van: "Ik ben een bekende actrice." Iedereen vond dit maar heel raar.' Na afloop van het feest ging de bruid weer naar Toronto; de bruidegom vertrok naar Los Angeles. De kersverse heer en mevrouw Trevor Engelson begonnen aan een huwelijk dat voornamelijk via Skype vorm kreeg.

Meghan verdiende nu zo'n 50.000 doller per aflevering. Haar blog 'The Working Actress', die anonieme ballade van gefnuikte ambities, moest op zoek naar een nieuwe auteur. Meghans volgende online literaire uiting zou een stijlvol vormgegeven lifestyle-magazine zijn dat ze *The Tig* noemde, naar haar favoriete, stevige rode wijn, Tignanello. (Momenten van inzicht over de zin van het leven noemde ze 'Tig-momenten'.) Bovenaan stond een kunstzinnige 'ongeposeerde' zwart-witfoto van de maakster, en de onderwerpen liepen uiteen van recepten voor smoothies met kokos-chai tot badartikelen gemaakt door vrouwen die huiselijk geweld hadden doorstaan. *The Tig* was een openhartige, vrij progressieve wereld van onontdekte reisbestemmingen, kalme gesprekjes met 'influencers' die net als Meghan vooruit probeerden te komen, en vrouwenbevrijdingsthema's waarbij zelfs de slachtoffers er goed uitzagen.

Het retoucheren van Meghans leven was officieel begonnen. Iemand die er snel achter kwam dat hij niet in het nieuwe plaatje paste was haar echtgenoot, wiens carrière minder rooskleurig verliep. Bijna twee jaar lang probeerde Trevor zijn leven zo in te richten dat hij zo nu en dan vanuit Toronto kon werken, maar Meghan stelde daar zelden iets tegenover. Trevor begon te vrezen dat ze hem zou dumpen. Een vriendin vertelt me dat ze hem een keer bij een bruiloft tegenkwam, waarbij hij haar verdrietig toevertrouwde: 'Ze komt nooit meer terug. We praten nauwelijks met elkaar. Het wordt steeds belachelijker. Ze zit in een ander land en we zien elkaar zelden… [Ik heb] het akelige gevoel dat ze heel bekend wordt en bij me weggaat.'

Tijdens een van de weekenden dat hij in Toronto was, zei ze tegen hem dat haar liefde bekoeld was en dat ze het uit wilde maken. 'Hij vond het verschrikkelijk.' Hij zei tegen haar: 'Ik doe wat de meeste mannen in deze situatie doen. Ik ga elke avond met een andere vrouw uit.' Ze voegde eraan toe: 'Het is een goeie vent… Het ging heel snel en hij had het niet verwacht. Hij voelde zich gebruikt.' Kort nadat Meghan met deze *coup de grâce* was gekomen, werd er bij Trevor in Los Angeles een aangetekend pakje bezorgd. Het waren de diamanten verlovingsring van zijn vrouw en haar gouden trouwring.

IV

Toronto, de hoofdstad van Ontario, is een van de meest multi-etnische en internationale steden ter wereld. Halverwege het eerste decennium van 2000 was het ook een modelstad wat betreft het opnemen van immigranten.

Als *Suits* in New York zou zijn opgenomen, wat de vurige wens van de producers en de sterren was geweest, was Meghan in die stad waarschijnlijk vrij onopgemerkt gebleven – minder bekende tv-acteurs zijn daar immers nauwelijks iets bijzonders. In Los Angeles is de entertainmentwereld wel vrij groot, maar staat die toch relatief los van de rest van de stad. Het is er een komen en gaan van Meghans die onopgemerkt blijven. Het leuke van Toronto is dat de stad zowel kosmopolitisch als provinciaal is. Er is een weinig gesloten elite waarin je je makkelijk kunt begeven. Toronto lijkt in die zin op Londen, waar de politieke en journalistieke werelden en die van het theater allemaal bij elkaar aan tafel zitten; het grote verschil met

Londen is echter dat de sfeer van sarcasme er ontbreekt.

Het succes van een Canadees muziekfenomeen als rapper Drake en zijn R&B-protegé The Weeknd, de avontuurlijke creativiteit van het jaarlijkse Toronto Film Festival en de explosie van alle denkbare soorten restaurants die de immigranten uit alle windstreken bedienen, voegden een culturele zwier toe die voorheen nooit met het saaie beeld van Canada werd geassocieerd. En dat gold ook voor de belastingvoordelen, die voor een instroom zorgden van buitenlands film- en tv-producties zoals *Suits*, waarbij de schitterende skyline van Toronto model kon staan voor een willekeurige grote stad in Noord-Amerika. Toen Soho House, de Londense 'members-only'-club voor statuscultiveerders, in 2012 een dependance opende in een drie verdiepingen tellend georgiaans pand dat bekendstond als het Bishop's Block, kon Toronto in het vervolg officieel doorgaan voor een 'coole' stad. Voor iemand met een kosmopolitisch verlangen als Meghan, die zich door haar gemengde afkomst altijd buitengesloten had gevoeld, vormde de ambiance van de stad een prima culturele en sociale aanjager. Binnen een paar jaar was ze goede vriendjes met de zoon van voormalig premier Brian Mulroney, tv-presentator Ben Mulroney, zijn uiterst modieuze vrouw Jessica, crooner en publiekslieveling Michael Bublé, beroemde chef-koks en diverse figuren uit de film- en modewereld. Zodra Trevor was 'weggewerkt' begon ze met anderen te daten, eerst met een hockeybink genaamd Michael Del Zotto, en daarna, in de twee jaar voordat ze Harry ontmoette, de bekende en populaire chef-kok Cory Vitiello, die bekendstond als een van de mooiste mannen van Canada en wiens restaurant, de Harbord Roam, door *tout* Toronto werd gefrequenteerd.

Met de komst van Instagram in 2010 werd een belangrijk wapen aan Meghans arsenaal toegevoegd. Voor mensen met een oog voor wat 'in' was en die zich overtuigend als authentiek konden presenteren, was Instagram een snelweg naar een bepaald soort roem. Om de kijkcijfers op te krikken adviseerde het promotieteam van *Suits* de acteurs van de serie hun socials op een flink hoger pitje te zetten. Niemand gaf daar enthousiaster gehoor aan dan Meghan. Ze huurde een gezellige driekamerwoning in een hipsterwijk van Toronto en richtte het helemaal op Instagram toegespitst in, in de stijl van een boetiekhotel, compleet met Diptyque-kaarsen en planken vol op kleur gesorteerde boeken. Opvallende werken als Noam Chomsky's verontrustende pil *Who Rules the World?* en *Drift*, de verhandeling van Rachel Maddow over de steeds meer achter de schermen werkende Amerikaanse militaire macht, moesten bij haar volgers de indruk wekken dat het om meer dan decoratieve objecten ging. Haar twee fotogenieke asielhondjes, Bogart en Guy, waarvan ze de ene op aandringen van Ellen DeGeneres uit een bij Instagrammers geliefd asiel in Hollywood had gehaald, kwamen veelvuldig in beeld. Ze werd bekend om het geven – en zelf bereiden – van intieme, hippe dinertjes, waarmee ze kon pronken met haar kookkunsten en wijnkennis. Haar idee van een perfecte dag, zei ze tegen het blad *Glamour*, was typisch dat van een Californisch meisje in ballingschap:

> Hardlopen in het dal met mijn asielhondje Bogart, dan naar de boerenmarkt voor wat seizoensgroenten om die met een hele vis op de barbecue te leggen in mijn achtertuin, met mijn vrienden en een fles rosé. Ik heb een Big Green Egg (die ik mezelf vorig jaar voor mijn verjaardag cadeau heb gedaan), met zo'n geweldige keramische grill.[30]

De *Suits*-acteurs vormden een hechte groep, vooral de eerste twee jaar, toen ze nog niet wisten dat de show een doorslaand succes zou worden. Gina Torres en Sarah Rafferty werden allebei hartsvriendinnen van Meghan. Ze noemde hen haar 'zus-vrouwen'.[31] Doordat ze niemand in Toronto kenden, kregen de acteurs een sterke band met elkaar, met Patrick Adams, die uit Toronto afkomstig was, als sterke verbindende factor. Ze reden regelmatig met volgeladen koelboxen voor een lang weekend naar zijn huis aan Lake Huron, waar ze Apples to Apples en woordspelletjes deden, en whisky dronken. 'Als ik terugkwam om afleveringen te regisseren, was het reuze gezellig en was het vaak feest,' vertelde Kevin Bray me. 'Het was één grote familie.'

Maar zoals in elke familie was ook hier sprake van rivaliteit. Meghan wilde dolgraag van Rachel Zane meer maken dan een bijfiguur in *Suits*. Ze baalde ervan dat ze niet hoger op de call sheet stond, dat o zo belangrijke document in de wereld van film- en tv-productie dat 's avonds door de regieassistent naar de acteurs en de crew wordt gestuurd en waarop vermeld staat wanneer en waar iedereen voor de opnames van de volgende dag wordt verwacht. Het vormt ook een soort statuslijst, waardoor het hele concept ervan een beetje beladen wordt. Het kan gebeuren dat acteurs die hoger op de lijst staan, minder verdienen dan lager genoteerde collega's. De call sheet, legde een tv-producer me uit, vormt vooral een weerslag van de belangrijkheid van het personage in de wereld van de serie, én van hoe goed een bepaalde acteur had weten te onderhandelen bij het afsluiten van de contracten.

De droom van elke opkomende acteur is om ooit helemaal boven aan de call sheet te prijken, met alle bijbehorende extraatjes – auto met chauffeur, op locatie je eigen trailer, als eerste worden gepolst over ingrijpende veranderingen in het draaischema, en ruime onkostenvergoedingen, waaronder een bundeltje vliegtickets voor de weekenden. In de zeven jaar dat ze voor *Suits* werkte, stond Meghan Markle op plaats zes van de call sheet.

Iemand met veel invloed bij de producenten van de serie was tv-acteur en oudgediende Rick Hoffman. Meghan had snel door dat hij het een en ander in de melk te brokkelen had en zorgde ervoor dat hij voor haar opkwam bij de uitvoerend producenten. Ze vroeg hem of hij hen zover kon krijgen dat ze een auto met chauffeur kreeg, een tamelijk gewaagd verzoek, omdat dat gewilde voorrecht doorgaans voorbehouden is aan acteurs die op één of twee staan. Het was 'voor haar veiligheid', beweerde ze, omdat ze tot laat moest werken en ook heel vroeg weer moest beginnen. Hij was zo begaan met haar welzijn dat hij het voor haar wist te regelen.

Meghan was geliefd bij de producenten omdat ze altijd voor promotieactiviteiten te porren was. 'Als we vroegen wie er iets extra's wilde doen, bijvoorbeeld voor iets benefiet-achtigs, een ondersteuningsactie voor de serie of een bijeenkomst van televisiecritici, dan was het altijd Meghan die haar vinger opstak en zei: "Doe ik wel, hoor,"' vertelde een van de producenten me. 'Ze klaagde nooit. Ze vroeg er nooit geld voor... Meghan zei steevast: "Ik ga wel."' Het gevolg was dat Meghan altijd goede adviezen wist te krijgen over hoe ze haar rol belangrijker kon maken, maar 'zonder dat het leek alsof ze een gooi naar de macht deed... het idee was dat ze meer werd dan een jonge juridisch medewerker, dat ze uiteindelijk echt deel ging uitmaken van de kern van de ploeg.'

Meghan heeft dat tot op zekere hoogte bereikt; Rachel Zane kwam minder vaak in beeld met alleen een handdoek om, en werd meer iemand die in 2018 door *The New York Times* werd beschreven als het 'moreel geweten van de serie',[32] waarbij zich een sterke dynamiek ontwikkelde in het samenspel met haar machtige vader, gespeeld door Wendell Pierce. Terwijl Meghan bezig was Rachel te veranderen, werd ze op haar beurt door Rachel veranderd. Jolie Andreatta's verfijnde kledingkeuzes van strakke kokerrokjes die 'alleen passen als je uitademt',[33] smaakvolle, losgeknoopte witte overhemden en torenhoge huidkleurige hakken gingen evenzeer bij Meghan horen als bij haar personage. In promotiefilmpjes lijkt ze over steeds meer zelfvertrouwen te beschikken en komt ze steeds chiquer over. Op *The Tig* schreef ze steeds vaker over mode waarin ze zich 'een echte dame' voelde, de 'betere smaak' en 'coole vriendinnen en rolmodellen die een grote impact hebben'. Aanbevelingen voor cosmetica, reisbestemmingen, restaurants en verzor-

BOVEN EN RECHTS: een gebiologeerde prins William die zijn medestudente Kate Middleton in een nieuw licht ziet als ze over de catwalk loopt tijdens een modeshow voor een goed doel op St. Andrew's, 26 maart 2002.

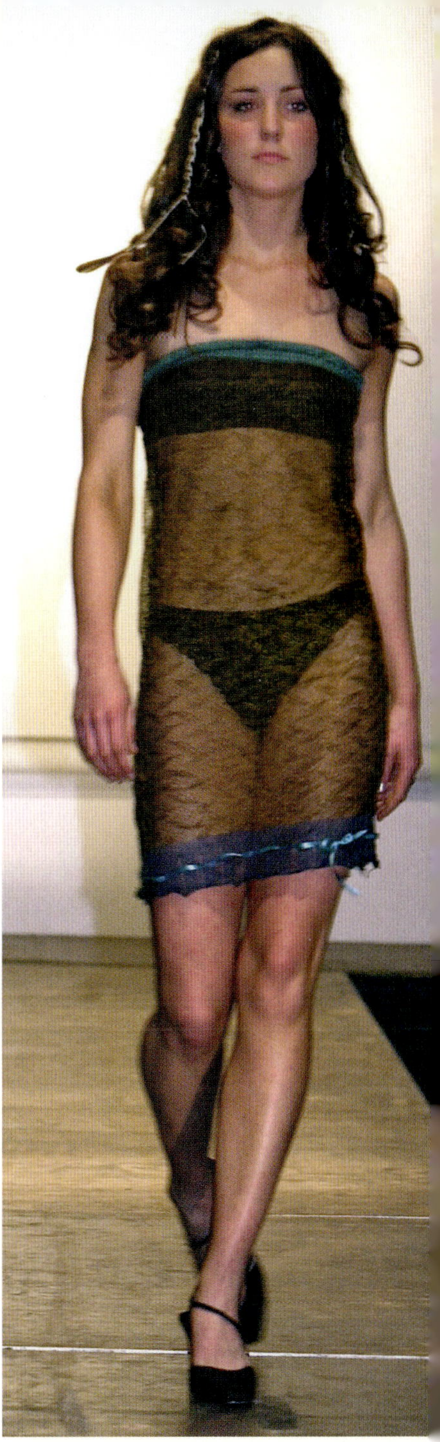

LINKS: stralend van trots: Carole en Michael Middleton bij hun huis in Bucklebury op de dag dat Kate en William hun verloving aankondigden, 16 november 2010.

BOVEN: tientallen miljoenen mensen keken naar William en Kate die onder toeziend oog van Kate's trotse vader, Michael Middleton, in Westminster Abbey in het huwelijksbootje stapten, 29 april 2011.
LINKS: 'Aardige Kate', afgestudeerd aan St. Andrews, 23 juni 2005.

PAGINA HIERNAAST, UITERST RECHTS: Een ster: Kate schittert op de rode loper bij de Londense première van de James Bond-film *No Time To Die*, 28 september 2021.
PAGINA HIERNAAST RECHTS: William en zijn gezin bij de officiële viering van de verjaardag van de koningin. Balkon van Buckingham Palace, 8 juni 2019. Van links naar rechts: prins George, prins Louis en prinses Charlotte.

Magisch mom
het huwelijk va
Harry en Megl
luidde een tran
formatie voor
Groot-Brittann
en het Huis va
Windsor in.
St. George's Cl
Windsor,
19 mei 2018.

TWEEDE RIJ, LINKS: Thomas Markle en de jonge Meghan, haar vaders oogappel.
MIDDEN, BOVEN: de eerste keer dat Meghan en Harry samen in het openbaar verschenen, bij de Invictus Games in Canada, 25 september 2017.
MIDDEN, ONDER: de kleine Archie Harrison Mountbatten-Windsor in Kaapstad, 25 september 2019.
TWEEDE RIJ, RECHTS: prins Charles begeleidt Meghans moeder, Doria Ragland, bij het verlaten van St. George's Chapel, 19 mei 2018.

PAGINA HIERNAAST: Sterren schitteren: Harry en Meghan stralend van geluk na afloop van een van hun laatste koninklijke verplichtingen. Endeavour Fund Awards, Mansion House, Londen, 5 maart 2020.

Mirror
ROYAL SENSATION
They
even
tell th
Queen
Palace only discover Harry & Meg quitt

THE Sun
THEY'RE BACK!
HOLS
FROM £9.50
BOOKING FORM AND TOKEN IN 4-PAGE PULLOUT
EXCLUSIVE: PALACE BOMBSHELL
Civil war as Harry & Meg quit the Royals
Queen sad ..Charles and Wills furious
MEGXIT

Daily Mail
++ Royal crisis as A
'steps down' over E
paedophile scan
Queen and Charles
his hand ++ Bom
comes just hours
Mail confronts P
with fresh c
OUTCAS
DUKE'S DISGRACE

Annus horribilis op herhaling: een dreigende Megxit en het schandaal van Andrews betrokkenheid bij Jeffrey Epstein en de zeventienjarige Virginia Roberts Giuffre (rechtsonder, tussen prins Andrew en Ghislaine Maxwell) maakten dat 2019 een jaar was om snel te vergeten voor de koningin. De foto van Harry en Meghan was opvallend afwezig tijdens haar jaarlijkse kersttoespraak vanuit Windsor Castle, december 2019.

BOVEN: Harry en Meghan veroorzaakten een sensatie toen ze hun exitplannen in januari 2020 naar buiten brachten.

BOVEN: Rouw om prins Philip: vanwege de coronapandemie moest de koningin haar verdriet alleen verwerken in St. George's Chapel.
TWEEDE RIJ, LINKS: de kist van prins Philip, met daarop zijn uniformpet en zijn zwaard, werd gedragen door leden van de Royal Navy.
MIDDEN: Lady Romsey, inmiddels gravin Mountbatten van Birma, was een van de weinige genodigden.
TWEEDE RIJ, RECHTS: prinses Anne, degene die qua temperament het meest op haar vader lijkt.

BOVEN: de van elkaar vervreemde Harry en William achter de kist van hun geliefde grootvader. Windsor, 17 april 2021.

Hoogmoed komt voor de val: prins Andrew met zijn moeder, die hem jarenlang bleef steunen, op het balkon van Buckingham Palace op 8 juni 2019. Naar aanleiding van het escalerende schandaal rond de beschuldigingen van Virginia Giuffre ontnam de koningin hem op 13 januari 2022 zijn koninklijke en militaire titels. RECHTS: Giuffre vertelt tijdens een BBC-interview haar traumatische verhaal, 2 december 2019.

Vivat Regina: koningin Elizabeth op weg naar haar vijfenvijftigste opening van het parlementaire jaar, 6 november 2007. Als de langste regeerperiode in de Britse geschiedenis eindigt, zal de monarchie dan nog net zo plechtstatig en indrukwekkend zijn?

gingsproducten maakten *The Tig* tot een vangnet voor luxe promotieartikelen. Bij marketeers van luxe merken kreeg ze de reputatie dat ze erg graag zakken vol designspulletjes ontving. Iemand die voor zo'n merk schreef, kreeg naar ik heb gehoord kort nadat Meghan de hertogin van Sussex werd een mailtje doorgestuurd van iemand van Meghans team: 'Laat [haar] weten dat ze me dingen kan blijven sturen. Ik kreeg altijd de betere spullen van haar.' In 2015 trakteerde Meghan zichzelf na het vernemen van het nieuws dat *Suits* een derde seizoen kreeg op een Cartier-horloge van 5000 dollar – hetzelfde horloge als Rachel droeg.

Jessica Mulroney – een populaire smaakmaker in Toronto, en tevens de vrouw van Ben Mulroney – was Meghans zoveelste stijl-rolmodel en nieuwe hartsvriendin. Meghan wist altijd goed aan te pappen met modieuze en beroemde vrouwen, en zo deel te gaan uitmaken van hun netwerk. De lijst van haar strategische beste vriendinnen is lang – Misha Nonoo, de internationaal opererende Brits-Bahreinse modeontwerpster, Serena Williams, waar ze in 2010 op een Super Bowl-feest in Miami dikke vriendinnen mee werd, Bollywood-ster Priyanka Chopra, die ze in 2016 tijdens een 'Women in Television'-diner van *Elle* inlijfde, en kort daarna haar ultieme troefkaart Oprah Winfrey. Jeugdvriendinnen als Ninaki Priddy, met wie ze tijdens haar schooltijd lief en leed deelde, werden net als Trevor Engelson gedumpt.

Fysiek gezien had Jessica Mulroney Meghans zus kunnen zijn, en ze was even onvermoeibaar. Ze had van haar privéleven een exotisch huwelijksfeest gemaakt en postte een eindeloze reeks foto's van haar glossy bestaan. Jessica was modestyliste en marketingconsultant, en er was niets in haar wereld dat ze niet van een hashtag vergezeld deed gaan. Haar eigen drie dagen durende bruiloft was goed voor een nieuwsitem op de Canadese televisie, haar ouderschap werd een samenwerking met Pampers, en in de sportschool was ze het boegbeeld van Adidas. Het kon Meghan niet zijn ontgaan dat Jessica's beroemde echtgenoot een cruciale factor in haar commerciële invloed was. 'The Brandtastic Life of Ben and Jessica' was de titel van een groot artikel over de Mulroneys in het blad *Toronto Life*. Meghan postte dweperige huldeblijken aan de 'fabelachtige' Jessica en vice versa, foto's van hun in elkaar verstrikt rakende lange haar terwijl ze op reis waren, feestvierden en foodie-favorieten nuttigden in bijpassende gescheurde jeans.

Ze zoog Jessica's tactieken als een spons in zich op. Maar beslissend voor haar gang naar de top in Toronto was haar verbintenis met de in Canada geboren baas van de Soho House-keten, Markus Anderson, een sociaal dier met een stoppelbaardje, die zijn carrière begon als ober in de oorspronkelijke Soho House-club in Londen en opklom tot de hoogste scheidsrechter van wie wel – en wie niet – de superstatus van 'influencer' verdiende. Als Meghans introducé en reisgenoot was hij een wandelende versie van Raya, de beruchte dating- en sociale connecties-app die ooit de 'Illuminati Tinder' werd genoemd. Zonder de netwerkvaardigheden en Soho House-connecties van Markus zou Meghan waarschijnlijk nooit tot de Londense kringen zijn doorgedrongen waarin ze zich nu ging bewegen.

Soho House was Meghans toegangspoort naar een nieuwe, open en agressief mobiele wereld van snelle sociale stijging. De leden daarvan hadden banen die oude clubs begrepen noch verwelkomden: merkconsultants, global-marketinggoeroes, technologie-evangelisten, creative directors, impact-investors, media-adviseurs en film-'gonnabe's' (Soho House-jargon). Deze en andere modieuze statuszoekers werden 'gecureerd' (en niet 'uitgenodigd', een woord dat ouderwetse sociale familiariteit suggereert) door een ledenbestuur dat werd samengesteld uit sectoren die door het management als 'cool' werden beschouwd. Tijdens het Toronto Film Festival was de club een 'verplichte' pleisterplaats voor alle filmsterren in de stad. De gezamenlijke rijkdom van verschillende sectoren verschafte Meghan toegang tot de ongewortelde volksstam die elke winter naar Art Basel Miami Beach afreist en in juli naar Mykonos, en die even enthousiast is over paksoi als over branding. Drie jaar lang werden de bestemmingen van de buitenlandse reizen die Meghan ondernam, meestal met Markus Anderson in haar kielzog, bepaald door de verre oorden waarin de club vestigingen had. De sociale en attitude-esthetiek ervan definieerde haar meedogenloos ambitieuze wereld.

V

De rest van het *Suits*-team had niet in de gaten hoe hard Meghan probeerde hogerop te komen. 'Je hoorde er niet over en ze liep er niet mee te koop, maar ze speelt driedimensionaal schaak met je,' vertelde Kevin Bray me.[34] 'Stappen die natuurlijk overkomen zijn stappen die iets opleveren, succesvolle omstandigheden doordat je op het goede moment op de goede plek bent.'

De serie werd grotendeels opgenomen in een saaie betonnen hangar op een voormalige militaire basis aan de rand van Toronto, waar Meghan moest wachten tot ze op de set werd geroepen. Het waren ellenlange dagen.

Ze was vaak al om vier uur 's ochtends aanwezig. Als ze nog niet aan de beurt was, was ze fanatiek bezig met *The Tig*, dat, daarvan was ze overtuigd, en niet zonder redenen, het succes van *Goop* kon evenaren, Gwyneth Paltrows uitgekookte post-carrière verwen-en-wellness-site met genezende kwartshalskettingen van 550 dollar en orgasmeverhogende yoni-eieren van 66 dollar. *Goop* werd regelmatig door de serieuze pers belachelijk gemaakt (en ook aangevallen vanwege het hoge kwakzalverijgehalte ervan), maar wist toch een grote schare millennials aan zich te binden, die veel geld in het laatje brachten en uiteindelijk voor een jaarlijkse omzet van 250 miljoen zorgden. 'Meghan had het altijd over *Goop*,' vertelde iemand van het *Suits*-team me.

Vanuit huidig perspectief is *The Tig* best indrukwekkend, gezien de bijzondere, bescheiden elegantie en het zusterlijk perspectief ervan. De blog was beter dan de meeste digitale modemagazines en kwam voor in de 'beste van het web'-rubrieken van *Elle* en *In Style*. Wat eraan ontbrak was Paltrows goede neus voor hoe ze haar volgers geld uit de zak kon kloppen. De knipoog waarmee *Goop* de 'This Smells Like My Vagina'-kaars wist te verkopen, zou je nooit op Meghans oprecht smaakvolle *The Tig* zijn tegengekomen. Desondanks had Meghan al snel behoorlijk wat volgers en schepte ze bescheiden op over 'het kleine motortje dat het voor elkaar kreeg'. Volgens Toronto's roddelkoningin Lainey-Lui was Meghan aan het eind van haar verblijf in Toronto interessanter als auteur van *The Tig* dan als actrice in *Suits*. *The Tig*, hoopte Meghan, kon het vehikel worden waarmee ze het van actrice die permanent op rollenjacht moest, zou schoppen tot iemand met de lucratieve status van een wereldwijd bekend merk.

Maar het duurde te lang voordat dit plan B van Meghan echt van de grond kwam. De kosmopolitische glamour van haar Soho House-wereld en de realiteit van haar professionele perspectieven liepen steeds meer uit de pas. De filmrolletjes die ze tussen de seizoenen van *Suits* door wist te krijgen, waren creatieve zinkputten en lieten duidelijk zien wat voor allooi haar na *Suits* te wachten stond. Ze speelde een party girl uit LA in de onopgemerkte, low budget romantische komedie *Random Encounters*, een door liefdesverdriet geplaagde journalist in een Hallmark tv-film *When Sparks Fly*, die op *Rotten Tomatoes* een kijkerswaardering van 12 procent kreeg, en de vriendin van een aarzelende crimineel in *Anti-Social*, een misdaaddrama waarin de autodiefstallen 'de energie van een lege accu' heetten te hebben.[35]

Suits had in de ogen van Meghan de pech dat het door USA Network als een mainstream, zoetig product werd gepositioneerd. De serie was beslist populair (tijdens het tweede seizoen werd *Suits* het meest bekeken programma in de VS onder kijkers in de leeftijd van 18-49 jaar), maar in Canada was de serie de eerste twee jaar dat Meghan daar was niet eens te zien. Op HBO zou de serie mogelijk meer cultureel cachet hebben gekregen. En als *Suits* op NBC zou zijn uitgezonden, als een soort *Friends*, had Meghan de nieuwe Jennifer Aniston kunnen worden. Ze zeurde voortdurend bij het pr-team van de serie en bij onafhankelijke pr-agenten om een plekje in een van de veelbekeken tv-talkshows, maar kwam nooit verder dan onbeduidende online activiteiten. 'Onze business zit vol mensen als Meghan,' zei een publicist die haar in die tijd tegenkwam tegen me. 'Ze gaan er helemaal voor, zijn geobsedeerd door roem, bekendheid, relevantie. Je ziet het van een kilometer afstand.' Maar de meeste uitnodigingen die ze kreeg waren voor optredens in Toronto, zoals de opening van een Jimmy Choo-schoenenzaak in een winkelcentrum of als beroemdheid bij een gala van een Equinox-fitnessclub.

In 2013 maakte ze een tripje naar Londen voor een afspraak met Jonathan Shalit, hoofd van het bureau van de InterTalent Rights Group en een grote man in de Britse entertainmentindustrie. *Suits* was in het VK tot een soort cultserie uitgegroeid, en hij was onder de indruk, vertelde hij me, van haar warme en zelfverzekerde uitstraling. Hij dacht dat hij wel werk voor tv-series en het theater kon krijgen – '*Celebrity MasterChef* zou haar dolgraag hebben gehad,' zei hij tegen me[36] – maar met maar een paar vrije maanden in haar draaischema was het toch lastig om projecten voor haar te vinden. 'De boodschap die we voor haar hadden, luidde: Londen is een fantastische plek om te werken. De mensen houden van je, kom hiernaartoe.'

Dit vond ze zo bemoedigend dat ze de Britse publicist Neil Ransome, die zich vooral op realitysterren richtte, vroeg wat stukken over haar in de Britse pers te schrijven. Katie Hind, redacteur entertainment van de *Sunday People* en tevens roddeljournalist, beschreef hoe Ransome een paar keer contact met haar opnam voordat ze erin toestemde om Meghan te ontmoeten. Dat laatste gebeurde op een koude avond in november 2013, tijdens een borrel in de rooftop-bar van het Karma Sanctum Soho Hotel. Hind stond er daarbij op dat de cocktails voor rekening van Ransome zouden komen. Dat Meghan haar heil bij Hind zocht, vormt een bewijs dat er bij haar van enige wanhoop sprake was. Als je een plekje probeert te veroveren in de betere acteurskringen van Londen, is *Sunday People* de minst aangewezen plek om te beginnen. Meghan probeerde zoals gewoonlijk direct goede maatjes met Hind te worden, waarbij ze vertelde dat de voetballer Ashley Cole steeds probeerde via social media een date met haar te regelen. Hind maakte dat tot onderwerp van een stuk dat ze over hun ontmoeting schreef. De week erna zag ze een foto waarop de geïnterviewde op een rode loper liep, aan de arm van een begerenswaardig manlijk model – 'een oude pr-truc om de tongen in beweging te krijgen'.[37]

Toen ze niet verder kwam dan wat losse artikeltjes in vrouwenbladen en wat vrolijke verschijningen in tv-panels, probeerde ze sponsorcontracten te krijgen en verscheen ze op events voor empowerment van vrouwen. Ze herzag haar cv, waarbij ze haar feministische kant wat oppoetste. Toen ze in 2018 sprak op een bijeenkomst op de University of the South Pacific, was haar vaders financiële bijdrage aan haar opleiding aan de Northwestern University verdwenen uit haar lijst met 'studiebeurzen, financiële ondersteuningsprogramma's en [inkomsten als] werkstudent'.[38]

Tijdens de New York Fashion Week netwerkte ze als een gek, maar de jacht op sponsorcontracten leek verdacht veel op de tijd van de audities vóór *Suits*. Ze wist wel een merksponsorschap los te peuteren voor Reitmans, een Canadese keten van dameskledingzaken uit het middensegment, die een 'ambitieuze girl-next-door-lijn' opzette, geïnspireerd door haar Rachel Zane-personage. (Het kwam prachtig uit voor Reitmans dat de tweede collectie in 2016 samenviel met toenemende geruchten over Meghans relatie met prins Harry, waardoor de collectie de winkel uit vloog.) Ze schreef zich in bij een klein Londens agentschap voor lezingen en optredens, Kruger Cowne, die haar aan 10.000 dollar opleverende verschijningen op de rode loper hielp. Veelbelovender waren de contacten van het agentschap voor de One Young World Summit, een veelbesproken top waarbij opkomende jonge, invloedrijke mensen in een VN-achtig sfeer bijeenkwamen. Haar nieuwe agent, Gina Nelthorpe-Cowne, noemde die bij hun eerste ontmoeting, toen Meghan gehuld in een kamerjas voor haar de deur opende van de hotelsuite die ze op dat moment met haar toenmalige vriendje Cory Vitiello deelde. Meghan begon te stralen. Ze vroeg Crown om het voor haar te regelen, liever gisteren dan vandaag.

VI

Meghan wist altijd goed gebruik te maken van de tijdgeest. Met *The Tig*, het enthousiast promoten van merken, het schrijven van gevoelige artikelen in vrouwenbladen waarmee ze meeliftte op de sfeer van trots en zelfvertrouwen. Het valt goed te begrijpen dat ze er genoeg van had om zich te moeten verlagen tot het gegraai naar wat kruimels. In de stukken voor haar anonieme blog 'The Working Actress' vertelde ze over de stress waar ze nog steeds mee kampte:

> Ik maak lange uren. Ik reis voor de publiciteit. Ik moet van alles onthouden. Het duizelt me. Dagen beginnen op elkaar te lijken. 's Nachts word ik steeds wakker. Mijn haar is opgedirkt, mijn gezicht geverfd, mijn naam wordt herkend, mijn ster-o-meter gaat omhoog, mijn leven verandert.[39]

In 2014 hongerde ze naar aanzien, werd ze gek van gebrek aan bevestiging. Sterren als Angelina Jolie, Cate Blanchett en Nicole Kidman waren goodwillambassadeurs voor de VN, reisden de wereld rond, en spraken over honger en vluchtelingen. Zíj zou dat moeten doen! Het leek niet mee te tellen dat ze op haar elfde Proctor & Gamble haar feministische wil had weten op te leggen, dat ze op Northwestern University was afgestudeerd in internationale betrekkingen en in haar laatste jaar op de Amerikaanse ambassade in Argentinië had gewerkt (een stage die voor haar was geregeld door haar oom de diplomaat). Acteurs en modellen kletsten maar raak in tv-talkshows en in tijdschriften, hadden het over zaken waar ze niets van afwisten en over hun recht om 'gehoord' te worden.

De uitdaging was om toe te treden tot de kring beroemdheden die zich op humanitair vlak begaven – daarmee zou ze het tv-seriegetto achter zich kunnen laten. Het maakte niet uit dat ze bij haar eerste poging – als panellid in de One Young World-top in 2014 in Dublin over 'de rol van de media bij genderongelijkheid' – in een slap gezelschap zat van een op YouTube beroemde visagiste, een directeur van Anheuser-Busch en een nietszeggende, doodsaaie hoge pief van General Electric. Het was in elk geval een begin. Bovendien kwam Meghan frisser en overtuigender over dan de anderen in het panel. Bij een vraag over het verschil tussen genderportrettering in de film en op de televisie zei ze dat de toeschouwers als het om tv ging een bijna claustrofobische intimiteit ervoeren, omdat je als het ware bij hen in de kamer pizza zat te eten, terwijl je als Angelina Jolie (die haar kennelijk niet losliet) in de bioscoop 'meer dan levensgroot' aanwezig was.[40] Je voelde het verlangen.

Meidenstukken over fashionista's in *The Tig* maakten plaats voor essays in tijdschriften over haar toegenomen sociaal bewustzijn:

> Terwijl de meeste mensen helemaal weg zijn van beroemde acteurs,

> ben ik alleen onder de indruk van leiders die veranderingen teweeg weten te brengen. Politicus en diplomaat Madeleine Albright, secretaris-generaal van de VN Ban Ki-moon. Dat zijn míjn helden. Dat zijn míjn beroemdheden.[41]

Meghan deed altijd haar huiswerk. Om binnen te komen bij de VN probeerde ze als leergierige ambassadeur in spe in het vizier te komen van Elizabeth Nyamayaro, topadviseur van de Zuid-Afrikaanse sterke vrouw Phumzile Mlambo-Ngeuka, voormalig onder-secretaris-generaal en administratief directeur van het VN-orgaan VN Vrouwen. Ze was aan het goede adres. Nyamayaro, een indrukwekkende veertigjarige Zimbabwaanse uitblinker, werd gezien als iemand van de buitencategorie; met een flitsende campagne vol beroemdheden haalde ze de bezem door de stoffige oude garde van de VN. De campagne, met de naam HeforShe, had als missie mannen in te lijven in de strijd voor vrouwenrechten en werd gelanceerd tijdens de Algemene Vergadering van de VN in New York in 2014, met een toespraak van goodwill-ambassadeur Emma Watson (geïntroduceerd door Nyamayaro). Vier miljoen mensen keken ernaar op YouTube.

Voor Meghan was het een uitgemaakte zaak dat zíj daar de volgende keer moest staan, en Nyamayaro leek daar wel gevoelig voor. Enthousiast reisde ze samen met vertegenwoordigers van VN Vrouwen naar Rwanda voor een bezoek aan het vluchtelingenkamp Gihembe; in Kigali sprak ze met vrouwelijke parlementariërs. Een echt Tig-moment! In een stuk in *Elle* beschrijft ze hoe ze een bericht kreeg van haar managers dat een duur sieradenmerk haar graag op de rode loper zag bij de Bafta Awards, het Britse equivalent van de Oscars, iets dat ze naar eigen zeggen altijd graag had willen doen. ‘Mijn hoofd, mijn hart en mijn geest konden niet zo snel overschakelen van het zinvolle werk dat ik de hele week in Rwanda had gedaan naar de gladde glamour van een uitreiking. “Nee,” zei mijn hart. En dat ging niet op fluistertoon; het was als het brullen van een leeuw.’

Dat gebrul werd kort daarna gehoord op de VN Vrouwen-top in 2015, ter gelegenheid van de twintigste verjaardag van de Vierde VN-Vrouwenconferentie in Beijing, waar Hillary Clinton voor het eerst de woorden ‘Vrouwenrechten zijn mensenrechten’ had uitgesproken. Daar, op dat podium in het hoofdkwartier van de VN in New York, gestoken in een stemmige zwarte jurk op Internationale Vrouwendag, dát was de plek waar VN Vrouwenambassadeur voor politieke deelname en leiderschap Meghan Markle wilde zijn. Ze begon haar toespraak met een imponerende zelfverzekerdheid. ‘Vrouwen moeten óók aan tafel zitten,’ verklaarde ze met heldere stem.[42] 'Ze moeten worden uitgenodigd om erbij te komen, en als er in bepaalde gevallen geen tafel beschikbaar is, moeten ze hun eigen tafel maken.' Dit was de echo van Tom Markle, die had haar geleerd dat ze haar eigen hokje moest tekenen. Haar moeder was die dag haar gast, en zag dat haar Bloempje ontloken was tot iets prachtigs. Ook Hillary Clinton zat in het publiek. Zij had als First Lady een brief van de elfjarige Meghan gekregen over de beruchte P&G-reclame. Meghan vertelde het verhaal in haar toespraak. Al met al was het een tour de force waarvan je zou verwachten dat die haar het volgend jaar in Davos echt helemaal in de schijnwerpers zou zetten.

Maar toch... Buiten de zaal werd haar optreden nauwelijks opgemerkt. Als je in die tijd 'UN speech Meghan Markle' googelde, kreeg je de naam Emma Watson te zien. Er werd nauwelijks over geschreven. Ze gaf een enthousiast interview over haar reis naar Rwanda bij Larry King, maar die was toen net zijn show bij CNN kwijtgeraakt. Het was op een digitaal kanaal en het leek wel of Larry half zat te slapen. Meghan was er altijd bijna, maar het lukte nooit helemaal: op middelmatige zenders, nooit op de grote, ín tijdschriften maar nooit op de cover. Een VN-pleitbezorger maar geen VN-ambassadeur, een plaatselijke beroemdheid in Toronto maar onbekend in New York.

Tijdens de opnames van het vijfde en zesde seizoen van *Suits* werd ze zich er sterk van bewust dat haar momentum voorbij leek te zijn. Ze was bijna vijfendertig en had nog steeds geen telefoontje van Anna Wintour gehad voor een rode-lopersessie bij het Met Gala. Halverwege seizoen zes begon Patrick Adams met het idee te spelen om er na afloop van dat seizoen maar mee te kappen. Zijn personage Mike Ross kwam uit de gevangenis en hij voelde aan dat hij voor het verhaal minder belangrijk zou worden. Ook Gina Torres was van plan om te stoppen. Aaron Korsh wilde graag een nieuwe draai aan de figuur van Rachel Zane geven, maar er zijn maar weinig series die het na een zesde seizoen nog steeds goed doen. Het zou niet meevallen om iets vergelijkbaars te vinden. Dat het geluk voor een tweede maal zou toeslaan was bepaald niet gegarandeerd. (In 2019 kreeg Torres haar eigen *Suits*-spin-off, *Pearson*, waarin de krachtige advocaat te maken krijgt met de smerige wereld van de politiek in Chicago. De serie flopte al na één seizoen.)

Daar kwam bij dat Meghan zichzelf nu vooral graag zag als de beroemde persoon die zich inzette voor de goede zaak. Maar zoals ze terecht in *Elle* schreef: 'Als ik niet in die serie had gezeten en niet mijn website had gehad, zou ik nooit zijn gevraagd voor het ambassadeurschap voor World

Vision [een liefdadigheidsinstelling waarvoor ze weer terugging naar Rwanda] en had ik nooit pleitbezorger voor VN Vrouwen kunnen worden.'[43] Wat ze er niet bij vertelde was dat afgezien van de kijkers van de serie en de bezoekers van de website maar weinig mensen ooit van haar hadden gehoord.

Ook in Meghans liefdesleven zat weinig schot. In 2016 maakte Cory Vitiello, bij wie ze nog maar kort daarvoor samen met haar honden was ingetrokken, de relatie uit. Iemand van de tv vertelde me dat ze Meghan op een avond in tranen bij de Harbord Room zag, waar ze altijd op Vitiello wachtte tot hij klaar was met zijn werk. Over belangstelling van vrouwen hoefde hij nooit te klagen, en hij vond dat hij nog niet aan een huwelijk toe was, ook al was zij dat wel.

Meghan richtte haar blik weer op Londen. Het was hartje zomer. Prinses Diana vond het altijd een heerlijke tijd, met de instroom in de stad van wat zij de 'juli-Amerikanen' noemde. Meghans reputatie leverde haar een stijlvolle uitnodiging op om, gekleed in een Ralph Lauren-outfit, tussen beroemdheden plaats te nemen op Wimbledon, waar Serena Williams speelde. Markus Anderson regelde een goedkope kamer voor Meghan in haar favoriete Soho House, de Dean Street Townhouse. In juni maakte ze haar glamoureuze entree in de Londense scene.

Zo schoof ze aan bij een liefdadigheidsdinertje van Phones4U-miljardair John Caudwell in zijn kast van een huis in Mayfair. Zoals gewoonlijk probeerde ze snel goede maatjes met iemand te worden en zo knoopte ze een gesprek aan over vriendjes, in dit geval met de ex-vrouw van een voetballer, Lizzie Cundy, gastvrouw van een obscure realityserie getiteld *So Would You Dump Me Now?* Het viel Cundy op dat Meghan daar niemand kende, en later klepte ze hierover tegen de *Daily Mail*: 'We hadden zo'n meidengesprek over mijn leven en haar leven. Ze zei dat ze dolgraag een beroemde vriend zou willen. Ze hield van Engeland en voelde zich er enorm thuis. Ze hield van het leven in Londen en wilde er blijven en werken en een vriendje zoeken.'[44] Cundy raadde haar Ashley Cole aan, die op dat moment beschikbaar was.

Meghan zag kans een strategische borrel te regelen in de Scarsdale Tavern in Kensington, met de voormalig tabloidredacteur Piers Morgan. Na een succesvolle carrière in LA en een minder succesvolle poging om Larry King op te volgen bij CNN, was Piers teruggegaan naar Londen, waar hij dolgraag weer de razende riooljournalist wilde worden die hij in de jaren negentig was geweest. Dat deed hij met *Good Morning Britain*, waarvan hij de kijkcijfers wist op te stuwen van een magere 500.000 naar 1,2 miljoen, en waarmee hij ook een enorme schare volgers op Twitter wist te vergaren. Hij tweette vaak over *Suits*, waar hij toevallig een fan van was, en werd online vrienden met Meghan. 'Ik ben in Londen voor een week vol afspraken en voor Wimbledon,' schreef ze in een privébericht aan hem. 'Kom dolgraag even hallo zeggen!'[45]

Alle mannelijke gasten aan de bar van de pub in Kensington wisten even niet hoe ze het hadden toen Meghan er haar entree maakte. 'Ze zag eruit als een echte Hollywood-superster,' schreef Piers in 2017 in een column in de *Daily Mail*. 'Heel slank, lange benen, heel elegant en echt betoverend. Ze droeg zelfs de plichtmatige grote zwarte zonnebril waar LA-acteurs zo graag mee gezien wilden worden.' Hij was onder de indruk van haar onverholen ambitie. 'Mijn mantra is: "Geef het geen vijf minuten als je het geen vijf jaar wilt geven,"' zei ze tegen hem, en kwam direct op de proppen met haar krachtige-vrouwenverhalen als de Procter & Gamble-anekdote en serieuze bespiegelingen over de vergeten kunst van de kalligrafie. 'Als een jongen een meisje schrijft en dat met een brief doet in plaats van met een e-mail, heeft dat nog steeds iets ongelooflijk romantisch en speciaals, zelfs als het in hanenpoten is opgesteld of aan een doktersrecept doet denken.'

Toen ze klaar was met dit charmeoffensief vertrok ze naar een diner in de uiterst chique 5 Hertford Street Club, met de in Nigeria geboren Misan Harriman, de eerste zwarte fotograaf in de honderdenvierjarige geschiedenis van de Britse *Vogue* die de coverfoto maakte, en wel voor het septembernummer. Maar het was dankzij Violet von Westenholz, die Meghan de uitnodiging voor Wimbledon had gestuurd namens Ralph Lauren, dat alles op zijn plek viel. Als dochter van Baron Piers von Westenholz, een van de beste vrienden van prins Charles, kende Violet iedereen. Ze was een jeugdvriendin van William en Harry, en haar zus Victoria had iets met Harry gehad. Toen Meghan nogmaals het aas uitwierp dat ze op zoek was naar een vriendje, suggereerde Violet iets wat te mooi leek om waar te zijn. Hoe kon dat worden gerealiseerd? Via Markus natuurlijk. Niemand anders dan hij wist beter hoe je in de betere kringen een ontmoeting moest regelen.

Toen Gina Nelthorpe-Cowne op 1 juli 2016 in het Londense restaurant Delauny met Meghan aan de lunch zat, had haar cliënt er in haar ogen nog nooit zó prachtig uitgezien. Meghan kon haar opwinding niet onderdrukken en onthulde met wie ze die avond in Soho House iets zou gaan drinken.

Die valt als een blok voor haar, zeker weten, dacht Cowne.[46]

20

FLASHMAN VALT STIL

Harry komt zichzelf tegen

De flitsende eenendertigjarige prins die binnenkwam en het aanlokkelijke droombeeld van het sterretje genaamd Meghan Markle aanschouwde, stond op een ingewikkeld punt in zijn leven. Zo op het oog ging alles hem voor de wind. Hij was nog nooit zo populair geweest bij het Britse volk. Terwijl William half kaal een burgerlijk gezinsleven met Kate werd ingezogen, was Harry de sexy troefkaart met het Brad Pitt-stoppelbaardje. Hij had zich in de hele wereld geliefd gemaakt door bij de slotceremonie van de Olympische Spelen in Londen de plaats van zijn broer in te nemen, en had zich ook van een zeer stoere kant laten zien toen hij voor de tweede keer als Apache-helikopterpiloot in Afghanistan diende; bovendien had hij de Invictus Games opgezet, zijn uiterst succesvolle initiatief voor gewond geraakte en gehandicapte veteranen.

Nog geen twee maanden eerder had hij samen met Michelle Obama in Orlando de tweede Invictus geopend. Michelle was zijn onwaarschijnlijke maatje, en ook Meghans idool. Toen de Obama's voor de grap suggereerden dat hun land vast en zeker de meeste gouden medailles zou binnenslepen, regelde Harry een antwoord waarvoor hij het zwaarste geschut inzette dat hij kon bedenken: koningin Elizabeth. Zij aan zij op een sofa met bloemmotieven namen oma en kleinzoon een video op waarin de koningin met een perfect komische timing de handschoenen van de Obama's opnam, met een droog: 'Zou u denken?'[1] Boodschap: Harry kon zelfs de koningin een vrolijke middag bezorgen.

Hij had zo veel goodwill bij het grote publiek dat de sympathie die het hele land voor hem voelde niet in gevaar werd gebracht door het beschamende voorpaginanieuws dat hij poedelnaakt was betrapt bij een potje stripbiljart met een bende party girls in een dure hotelsuite in Las Vegas ('Harry Pakt de Kroonjuwelen!' kraaide *The Sun*).

Terwijl de tabloids hem (met een flinke knipoog) de mantel uitveegden om dat onbezonnen decorumverlies, liep het Britse publiek met hem weg. 'Waarschijnlijk blijkt hieruit dat ik te veel militair ben en te weinig prins,' was zijn briljante, zeer citeerbare excuus voor zijn gedrag, hem ongetwijfeld ingefluisterd door de bijdehante Paddy Harverson.[2] Niks mis mee, Harry! was het oordeel in de meeste Brits pubs. Hij was een gezonde Britse jongen die even aan de boemel was geweest, en niet zo'n saaie brave hendrik als zijn broer de prins. Iedereen, inclusief de koningin, vergaf Diana's ondeugende zoontje. Het aantal boekingen voor Las Vegas schoot na deze gratis publiciteit omhoog.

In zijn openbare leven mag Harry dan een topper zijn geweest, privé ging het minder goed met hem. Al sinds hij in 2015 het leger vaarwel had gezegd, had hij zich ruziezoekerig gedragen en was hij vaak tot diep in de nacht aan het brassen. Voor mensen die goed gedijen in een militaire structuur is het afzwaaien uit de dienst vaak een traumatische ervaring. Voor captain Harry Wales was het leger tien jaar lang een toevluchtsoord geweest. Hij voelde zich er gerespecteerd en beschermd, en wist zich opgenomen in een hechte kring van medeofficieren die hij vertrouwde. 'Hij was daar veel gelukkiger,' vertelde een goede bekende van Harry me.

> Hij ging altijd voor lange tijd weg. Het was een echt militair bestaan, met structuur en één simpel doel: de vijand doden. Dus al je opgekropte woede kun je via de loop van een geweer kwijt. Hij hield van zijn maten, was fysiek in topvorm en vond de geboden structuur heerlijk. Dus het was erg moeilijk voor hem toen hij daar weg moest, in een pak werd gehesen en te horen kreeg dat hij koninklijke plicht moest gaan vervullen. Ze hebben hem er gewoon te vroeg mee laten stoppen.

In brede kring overheerst het gevoel dat Harry gewoon nooit uit het leger had moeten gaan. Maar dat is een onrealistisch idee. Wil je daar hogerop komen, dan moet je intellectueel blijven groeien en je ook bewijzen op de militaire academie. In de militaire operaties waar hij bij betrokken was, deed Harry het uitstekend, maar wil je in rang stijgen, dan moet je in plaats daarvan ook bureauwerk verrichten op het ministerie van Defensie, een akelig vooruitzicht voor een Flashman-prins die zelden een boek las.

Nu William duidelijk richting het koningschap ging en zijn grootmoeder tegen de negentig liep, meenden de paleisadviseurs dat er voor Harry genoeg te doen zou zijn, zoals het vertegenwoordigen van de koningin op buitenlandse reizen en zich samen met zijn broer inzetten voor de Royal Foundation, die ze in 2009 samen hadden opgericht als overkoepelend orgaan voor de liefdadigheidsinstellingen waar ze voorzitter of beschermheer van waren.

Maar zonder de zingeving die het militaire bestaan bood voelde Harry zich erg verloren. Het leven buiten het leger dwong hem de realiteit onder ogen te zien dat hij zou gaan dalen in de lijn van troonopvolging. Hij hoefde maar naar zijn oom Andrew te kijken en naar diens pogingen relevant te blijven en genoeg inkomen te behouden, om te zien wat hem mogelijk te wachten stond. Het wrede lot van de niet-eerstgeborene was in Harry's geval nog persoonlijker. De band tussen Charles en Andrew, tussen wie het leeftijdsverschil twaalf jaar was, was nooit erg innig geweest. Bij William en Harry ging het om maar twee jaar, en de onvermijdelijkheid van het feit dat Harry tweede viool zou gaan spelen zorgde voor een treurige spanning die overeenkomsten vertoonde met die tussen Elizabeth en Margaret in hun jonge jaren. Als 'de boys' waren ze onafscheidelijk geweest, en het publiek was dol geweest op hun twee-eenheid. Hun moeder had ze toen ze klein waren zelfs in identieke kleren gestoken. Maar deze gelijke behandeling had onrealistische verwachtingen gewekt. De 'boys' waren nooit elkaars gelijke geweest, en konden dat ook nooit zijn.

Harry miste dus niet alleen de broederband met zijn legermaten, maar rouwde ook om het verlies van zijn samen-tegen-de-rest-van-de-wereldband met William. Hoewel ze nog steeds 'onvoorstelbaar close waren, naast elkaar woonden [in Kensington Palace], een ondersteunende dienst deelden en veel met elkaar optrokken', zoals een voormalig medewerker zei, was hun onderlinge verhouding veranderd sinds William met Kate was getrouwd. In mei 2015 zetten de laatstgenoemden een tweede kind op de wereld, prinses Charlotte, en Kate maakte er geen geheim van dat er ze nog meer wilde. Harry voelde zich verdrongen door hun burgerlijk gezinnetje en begreep niets van zijn broers obsessie met zijn schoonfamilie, de Middletons, wier wereldje in Bucklebury hij maar oersaai vond.

Het communicatieteam van het paleis bedacht gezamenlijke activiteiten voor hen drieën. Maar na een poosje stopten ze daarmee, omdat dat te ongemakkelijk werd voor Harry. 'Ook al was hij erg op Kate gesteld, hij kon er gewoon niet meer tegen om als vijfde wiel aan de wagen te worden gezien,' zei een vriend van hem tegen me.

In deze familiestrijd tussen de claims van een broer en loyaliteit jegens een vrouw was het duidelijk wie er ging winnen. De Cambridges waren Wij Vieren geworden en William een echte Windsor-kinkel. In de weekenden was hij niet chez Middleton, maar stampte hij rond op het terrein van Anmer Hall, het uit rode baksteen opgetrokken georgiaanse huis op het Sandringham-landgoed dat de koningin het paar als huwelijkscadeau had gegeven, met een pet op en een tweedjas aan, net als zijn landadelvriendjes uit Norfolk. Het enige wat nog ontbrak was de plusfour van George IV.

William begon genoeg te krijgen van Harry's ongeremde, drieste gedrag. Hij was minder gecharmeerd dan het Britse publiek van zowel het stripbiljart-debacle in Las Vegas als Harry's eindeloze drankovergoten nachtclubbezoeken met zijn brallerige vriendjes. De roekeloosheid van zijn jongere broer stond hem steeds meer tegen. Harry klaagde altijd over de opdringerige pers, maar in het hotel in Las Vegas had hij zo veel Grey Goose achter de kiezen gehad dat hij uit de kleren ging met een groep – niet door zijn bewaking nagetrokken – vrouwen die hij in een hotelbar had opgepikt, van wie er één een met haar telefoon genomen foto aan de schandaalwebsite TMZ had verkocht. Wat bezielde die vent toch? Het paleis haalde alles uit de kast om publicatie in de Brits pers te voorkomen – zonder resultaat. Harry werd een uur nadat de foto op TMZ verscheen buiten zijn hotel gespot terwijl hij zenuwachtig op zijn mobieltje zat te kijken.

Achter het snaakse imago van de broers bij gezamenlijke optredens ging inmiddels een wrevel schuil die groter was dan algemeen bekend is. De komst van Kate had hun gezamenlijke dynamiek veranderd. Harry zag haar als een lieve oudere zus, althans daar ging men van uit, maar de laatste tijd kwam daar ook jaloezie bij kijken. De frictie tussen de broers over hun professionele taken nam toe. William wist dat hij zijn plaats in de hiërarchie moest kennen als het om zijn vaders bemoeienissen met milieuzaken ging, maar wat zijn jongere broer betreft had hij minder de neiging zich in te houden. 'Het probleem was dat hun interesses heel dicht bij elkaar lagen,' vertelde een bron in het paleis me. Ze spraken regelmatig af op welke terreinen ze activiteiten zouden ontplooien, waarna William het gevoel kreeg dat broerlief zich daar niet aan hield.

Vanuit Harry's perspectief 'wist William gewoon altijd de krenten uit de pap te halen,' zei een vriend van hen beiden tegen me. De jongste prins leek nog steeds niet goed te hebben begrepen dat de toekomstige koning altijd de leukste beschermheerklussen kreeg:

> Harry was teleurgesteld en voelde zich benadeeld toen William zich, zoals Harry het zag, Afrika en het milieu 'toe-eigende'. Harry klampte zich vast aan het werk voor veteranen, waar hij heel goed in is, maar tegelijkertijd vond hij dat hij voor zijn werk in Lesotho op de een of andere manier olifanten, neushoorns, hiv en armoede met elkaar moest combineren. Harry heeft nog steeds Sentebale, maar dat is maar een piepklein stukje Afrika… Hij wilde ontzettend graag de [Afrikaanse natuurbeschermingsorganisatie] Tusk Trust hebben (tamelijk onredelijk, aangezien William er al sinds 2005 Koninklijk Beschermheer van was), maar hij werd opzijgeschoven door William, die dat ook sterk ambieerde… Dus Harry was boos, erg boos. Ik denk dat ze er schreeuwende ruzie over hebben gehad.

Wat Harry daarbij niet hielp was het feit dat er online foto's circuleerden waarop hij triomfantelijk naast een door hem gedode waterbuffel staat. De foto's stamden uit 2004, toen hij samen met Chelsy Davy, iemand die wel oké was maar die je niet direct associeerde met natuurbescherming, had meegedaan aan een jachtpartij in Argentinië. De vriend die hen beiden kende zei: 'Harry had in Afrika dingen gedaan waar William voor zou zijn teruggedeinsd.'

Volgens de vriend waren er nog meer spanningen. William betoonde zich nogal jaloers op Harry. Harry's Invictus Games waren een fantastisch succes. Harry was bang geweest dat er niet genoeg toeschouwers zouden komen voor de eerste wedstrijden, die in 2014 in het 80.000 zitplaatsen tellende Queen Elizabeth Olympic Park zouden worden gehouden. Maar er kwamen meer dan 65.000 mensen op af. Invictus was misschien wel het koninklijk initiatief met de grootste impact sinds prins Philip in 1956 met zijn Duke of Edinburgh's Awards was gekomen.

In zijn laatste jaar in het leger had captain Wales veel tijd besteed aan het bezoeken van revalidatiecentra, ziekenhuizen en liefdadigheidsinstellingen voor militairen in het hele land, waardoor hij veel te weten was gekomen over gewonde veteranen. 'Doordat hij zelf ook soldaat was geweest en helaas te midden van bodybags had moeten terugvliegen, kon Harry voor 15.000 man op een podium staan en ze met grote autoriteit toespreken over wat dat betekent. Hij wist dat doordat hij het had meegemaakt,' vertelde Jamie Lowther-Pinkerton me.[3] Door Invictus nam zijn sterrenstatus wereldwijd toe, op een manier waar geen eerdere inspanningen namens zijn grootmoeder aan hadden kunnen tippen.

De dingen waarvoor William zich inzette, gaven echter de indruk dat ze meer van bovenaf geregeld waren, minder zijn persoonlijke passie weerspiegelden, minder duidelijk omlijnd waren en daardoor minder interessant voor het publiek. Het werd steeds duidelijker dat hoe degelijk en kalm de oudere broer ook was, de jongere een veel natuurlijker band met het publiek had. Net als zijn moeder had Harry de gave van wat de royals 'the chat' noemen, terwijl zijn broer soms een erg stijve indruk op het podium maakte. 'Als William een toespraak houdt, moet alles, inclusief "Goedenavond", worden uitgetypt en aan hem worden uitgereikt,' zei een bestuurslid van een liefdadigheidsinstelling tegen me. 'Toen hij een keer op onze diningclub was, schoot hij helemaal in de stress toen hij was gaan staan om iets te zeggen.' Dat overkwam Harry nooit, die net als prins Philip altijd wist hoe hij een ongemakkelijke stilte met een grapje moest doorbreken.

Majoor-generaal Buster Howes herinnert zich Harry's kwajongensachtig gedrag toen ze samen een bezoek brachten aan de US Air Force Academy in Colorado. Nadat Harry tijdens een potje football tweemaal heel professioneel een bal had doorgespeeld, 'keek hij me aan, lachte en zei: "Let op!", waarna hij de volgende bal precies tussen de dure opgestelde camera's wierp. Zijn manier van ondeugend zijn.'[4]

Voor Harry was dit ook een symbolische actie. Hij had totaal geen zin om zich iets van de pers aan te trekken, die hij zo haatte dat hij bij elke interactie daarmee wit wegtrok. Harry keek Howes een keer aan en zei: 'Zin om te ruilen?'

II

Harry mag dan ontevreden zijn geweest met zijn koninklijke taken, over zijn liefdesleven was hij nog veel minder te spreken. Aan een veelbelovende relatie van twee jaar met Cressida Bonas, de lieftallige blonde dochter van Lady Mary-Gaye Curzon, was in 2014 een einde gekomen. Volgens een gast die ik sprak had prins Charles vlak nadat het stel uit elkaar was gegaan zich daar tijdens een bijeenkomst op Buckingham Palace nogal spijtig over uitgelaten. 'Ik weet niet hoe het nu verder moet met Harry. We missen Cressida enorm,' had hij bedroefd tegen haar gezegd.

Al Harry's oude drinkmaatjes daarentegen – Tom 'Skippy' Inskip, Charlie van Straubenzee, Guy Pelly en Charlie Gilkes – waren inmiddels verloofd of zelfs al in het huwelijksbootje gestapt met erfgenames en it-girls, compleet met trouwpartijen in exotische oorden. Kate stond altijd met suggesties voor nieuwe vriendinnen voor hem klaar als ze Harry weer eens hadden uitgenodigd voor een maaltje gebraden kip dat ze in hun appartement in Kensington Palace had bereid. Harry was een toegewijde oom en nam altijd cadeautjes mee voor prins George en de kleine Charlotte. Hij begon zich de koninklijke versie van Bridget Jones te voelen. In interviews liet hij zich regelmatig enigszins pathetisch ontglippen dat hij zich ook graag zou settelen. 'Ik zou dolgraag nu al kinderen hebben,' zei hij somber.[5] 'Maar er is een proces waar ik eerst doorheen moet. Ik hoop dat ik dat in mijn eentje kan redden. Het zou fantastisch zijn om iemand naast me te hebben om die druk te delen, maar die komt vast wel eens, en we zien wel hoe het gaat.'

'Harry maakt iedereen die het maar wil horen duidelijk dat hij er genoeg van heeft om single te zijn,' zei iemand uit zijn vriendenclub tegen een journalist. 'Maar meisjes deinzen ervoor terug om met hem te daten.'

Logisch, gezien hoe het Cressida Bonas was vergaan. Iedereen was het erover eens dat Cressida in alle opzichten de perfecte partner van Harry had kunnen worden; Harry was ook waanzinnig verliefd op haar. Ze maakte deel uit van zijn wereld zonder er geobsedeerd door te zijn, ze was een schoonheid, maar ging daar niet prat op, en ze was bezig aan een veelbelovende carrière op het toneel en op tv na haar opleiding aan de University of Leeds. (In 2016 speelde ze de rol van Daisy Buchanan in een productie van The Great Gatsby in het respectabele Leicester Square Theatre.) Ze was ook nog eens heel sportief en had een sportbeurs voor het Prior Park College in Bath in de wacht weten te slepen voordat ze naar de gemengde kostschool Stowe ging, waar zijn oude vlam Chelsy Davy ook op had gezeten. Een van haar beste vriendinnen was prinses Eugenie, dochter van de Yorks, die haar aan Harry zou hebben voorgesteld op een muziekfestival in Hampshire. Ze dronk rum zonder ijs, schreef *Tatler* goedkeurend, en riep 'Cringe de la cringe!'[6] als ze iets 'gênant in het kwadraat' vond.

Cressida maakte deel uit van een discrete maar interessante, grote aristocratische familie. Haar uiterst levendige moeder, Lady Mary-Gaye, was de matriarch van de Mitfordesque-stam, die Harry voor het grootste deel al kende. Er waren nog vier prachtige halfzussen met driedubbele namen, uit de vier huwelijken van Mary-Gaye. Als gast op jachtweekendjes in Sandringham bleek Cressida het goed te kunnen vinden met Harry's vrienden en vriendinnen. Op een succesvolle gezamenlijke vakantie in de Okavangodelta slaagde ze voor de Afrika-test.

Cressie, zoals ze wordt genoemd, vond het wel amusant en had er in eerste instantie ook geen problemen mee toen Harry, zoals een andere gast het verwoordde, 'met zijn staart tussen de benen, als een puppy die op het tapijt heeft gepiest' na het Las Vegas-incident op het buitenverblijf van de familie kwam logeren. Maar naarmate hun relatie vorderde, stoorde ze zich steeds vaker aan zijn studentikoze gedrag: 'Cressida is een schatje. Maar ze is ook bazig,' vertelde een vriend van de familie me. 'En ik weet nog dat ze tegen hem zei: 'Hou toch eens op met dat machogedrag.' Want hij trok altijd met die zogenaamd stoere vrienden van hem op, met hun stomme grappen. En daar is Cressida veel te intelligent voor. Ze zei: 'Ik wil gewoon dat de hele wereld net zo trots op je is als ik.'

Harry voelde zich ondertussen echter steeds mistroostiger. Als hij zich niet negatief over William uitliet, beklaagde hij zich wel over Charles. Vader en zoon communiceerden voornamelijk via hun privésecretarissen. Harry was vooral zeer slecht te spreken over hoe zijn vader het kiezen van een cadeau voor zijn dertigste verjaardag afhandelde. Charles, zo werd mij verteld, stuurde via zijn bureau een berichtje met de vraag: 'Wat wil je voor je dertigste verjaardag? Een nieuw smokingjasje?' 'Oké,' zou Harry volgens mijn bron via een briefje hebben geantwoord.

> En dus kwam er iemand langs om zijn maten op te nemen, maar toen het jasje werd gebracht paste het niet goed, en dus werd het weer opgehaald en in een doos teruggestuurd, iets wat op de een of andere manier symbool leek te staan voor hun onderlinge verhouding.

Geen communicatie dus, en als die er wel was, liep die spaak.

Harry ergerde zich voortdurend aan de macht die Camilla probeerde te laten gelden, waardoor hij het gevoel kreeg dat hij op Highgrove slechts op bezoek was. Hij voelde zich even buitengesloten uit zijn vaders relatie met haar als uit de band tussen William en Kate. Hun wederzijdse afhankelijkheid vergrootte de leegte die zijn moeder had achtergelaten, wier liefde nooit kon worden vervangen. 'Ik voel de knuffels nog die ze ons gaf,' zei hij in de documentaire die Nick Kent maakte naar aanleiding van de twintigste sterfdag van Diana, toen Harry drieëndertig was.[7] 'Ik mis dat, ik mis dat gevoel. Ik mis dat deel van ons gezin. Ik mis die moeder die je zo kan knuffelen en je het medeleven kan geven dat iedereen volgens mij nodig heeft.'

Een grotere uitdaging voor iedereen vormde Harry's permanente paranoia jegens de pers. Cressida had begrip voor de historische achtergrond van zijn krantenhaat, maar meende ook dat hij, net als William, onder ogen moest zien dat zijn koninklijke roem bepaalde consequenties had. Als het paar uit Kensington Palace tevoorschijn kwam en Harry vijf mensen van de pers zag staan wachten, werd hij witheet van woede. Zoals een goede vriend van hem zei:

> Cressie was een normale vijfentwintigjarige die uit eten wilde gaan en dan onder de tafel zijn hand op haar knie wilde voelen. Maar Harry liep altijd vier stappen voor haar uit, in plaats van dat hij haar hand vasthield. Als ze naar het theater gingen, vertrok hij tijdens de pauze om niet lastig te worden gevallen. Zij werd ofwel op straat snel meegetrokken als ze werden toegeroepen, ofwel genegeerd als hij een woedeaanval kreeg.

Het was ook niet zo dat hij haar met juwelen overlaadde. Harry hield de traditie van de Windsors hoog om de hand op de knip te houden. Toen ze als paar werden uitgenodigd voor de bruiloft van Guy Pelly met Holiday Inn-erfgename Lizzy Wilson in Tennessee, liet Harry Cressida terloops weten: 'Mijn bureau heeft een ticket voor me geregeld, koop jij je eigen maar,' wat de dochter van Lady Curzon niet alleen nogal zuinig vond maar ook respectloos, vooral toen ze erachter kwam dat hij de helft van het weekend afwezig zou zijn voor de drankovergoten vrijgezellenavond van Pelly. Terwijl Cressida zichzelf in de kranten en bladen zag afgeschilderd als het glamoureuze aristocratische meisje dat in een romantische liefdesaffaire met een prins was verwikkeld, zaten ze in werkelijkheid tijdens hun dates in Nottingham Cottage te netflixen met een afhaalmaaltijd. 'Nott Cott', zoals het huis in de familie wordt genoemd, werd ooit bewoond door Crawfie, de gouvernante van de koningin, totdat de koningin-moeder haar eruit schopte. De plafonds zijn zo laag dat William toen hij er met Kate woonde, steeds moest bukken om zijn hoofd niet te stoten.

Een vriend van de familie vertelde me dat ze na een incident op Valentijnsdag ineens zeker wist dat de relatie geen stand zou houden. Toen Harry en Cressida onderweg naar een restaurant door Kensington High Street reden, kreeg Harry te horen dat ze op de plaats van bestemming door een fotograaf werden opgewacht. Harry trapte op de rem, maakte midden op straat rechtsomkeert en racete terug naar Nottingham Cottage, voor een Valentijnsavondje met pizza. Het was net Sean Penn in de dagen van Madonna.

Met kerst volgde nog meer onnodig drama. Het paar verbleef op het platteland, samen met Cressida's halfzus Isabella en wat andere familieleden, toen ze op nieuwjaarsdag het plan opvatten om in een kleine pub in Kidlington te gaan lunchen, net buiten Oxford. Er waren maar een paar andere gasten aanwezig en ze reserveerden een tafel helemaal achterin. Iemand die op de hoogte is van wat er vervolgens voorviel, vertelde me:

> Toen ze weer vertrokken kwam er plotseling een oude, vriendelijke heer op hen af, die zei: 'Ach sorry, meneer, ik weet dat het feestdagen zijn, maar zou ik een foto mogen maken voor mijn zieke vrouw?' En Cressida zei direct: 'Maar natuurlijk.' Maar Harry zei: 'Wegwezen,' en stormde met een rood aangelopen gezicht naar buiten.

Cringe de la Cringe...

Hun vrienden verwachtten steeds dat ze spoedig hun verloving zouden aankondigen, maar dergelijke incidenten deden Cressida steeds twijfelen of een leven met Harry wel zo'n goed idee was. Het was al afschrikwekkend genoeg om deel te gaan uitmaken van de koninklijke familie, met alle restricties die haar carrière zeker zouden schaden. Beelden van Kate en William die zich in Nieuw-Zeeland met de acht maanden oude prins George door menigtes heen moesten vechten hadden Cressida behoorlijk angst aangejaagd, zo werd verteld. Zo vond het onvoorstelbaar dat ze een toekomstige baby van haar op een hectische koninklijke reis mee zou moeten slepen, vooral gezien Harry's opvliegende karakter. Zonder de dempende invloed van zijn legermaten gedroeg hij zich steeds arroganter. Hij had steeds vaker woede-uitbarstingen, en gedroeg zich daarbij steeds meer als een kind. Hij ging op boksles, omdat, zoals hij later zei, hij permanent 'op het punt stond iemand een klap te verkopen'.[8]

Cressida begon zich serieus af te vragen of hij geestelijk wel helemaal in orde was. Weinig mensen weten dat zij de eerste was die hem ervan wist te overtuigen om in therapie te gaan. 'Door haar zag hij in dat hij problemen had en zich onder behandeling moest stellen,' vertelde een vriend van de familie me. Om de juiste therapeut te vinden wendde hij zich tot zijn moeders oude vriendin Julia Samuel, die als rouwverwerkingscoach op de afdeling Kindergeneeskunde van St. Mary's Hospital in Paddington werkte, maar ook tot de Britse geheime dienst MI6, die over een team uitstekende therapeuten beschikt. Iemand die indertijd veel met hem omging vertelde me: 'Er was behoefte aan iemand die ongelooflijk discreet was en die ook begreep hoe het moest zijn om zowel een openbare versie van je leven te hebben als een privéversie. Therapeuten bij MI6 zijn daar de uitgelezen personen voor.'

'Je moet het in jezelf voelen,' zei Harry tegen Bryony Gordon van *The Telegraph*. 'Ook moet je iemand vinden met wie je goed kunt praten, en dat is de afgelopen jaren een van mijn grootste frustraties geweest – hoe moeilijk het is om de juiste persoon te vinden, en de juiste behandeling, want wat dat betreft zie je al snel door de bomen het bos niet meer.'[9]

Harry koos uiteindelijk iemand uit die hem kon helpen met de verwerking van het trauma van zijn moeders dood. Later zei hij dat hij achteraf blij was dat het maar 'twee jaar van totale chaos' was geweest voordat hij erover leerde praten.[10] 'Ik begreep het zelf gewoon niet. Ik had gewoon geen idee wat er met me aan de hand was.' Maar hij zei ook dat het 'allemaal een kwestie van het juiste moment' was geweest. Toen Cressida erop aandrong dat hij hulp moest zoeken, ging Harry eindelijk overstag.

De aanloop tot zijn crisis was lang geweest. De therapie bracht jaren van weggestopt verdriet over zijn moeders dood naar boven. Eindelijk zag hij in hoe hij dat op allerlei manieren uit de weg was gegaan, van wilde drankavonturen tot 'mijn kop in het zand steken en nooit over de dood van mijn moeder willen nadenken, want dat had toch geen enkele zin'. In de documentaire van Nick Kent vertelde hij dat hij in de twintig jaar na haar dood maar twee keer had gehuild. Van hem werd verwacht dat hij zijn verdriet verborg, terwijl de rest van de wereld er wel uiting aan mocht geven. In 2021 zei hij in de Apple-uitzending *The Me You Can't See*: 'Telkens als ik een pak aantrok en mijn das omknoopte... weer die rol moest spelen, in de spiegel keek en "Nou, vooruit, smile" tegen mezelf zei, dan zweette ik voor ik buiten was al als een otter.'[11]

Toen de last eenmaal van zijn schouders was, wilde hij zijn opluchting graag delen. Hij had geleerd dat openlijk over zijn verborgen leed praten de steun van anderen opleverde. Niemand was dankbaarder dan William dat Harry eindelijk professionele hulp had gezocht. Jarenlang had zijn oudere broer heel goed aangevoeld dat Harry dit verdriet geen plaats had kunnen geven. Hij wist dat Harry last had van paniekaanvallen. Al waren er spanningen over hun koninklijke taken, hij wilde hem dolgraag helpen, zoals hij dat ook altijd had gedaan toen ze samen opgroeiden. 'Mijn broer, die ik heel hoog heb,' zei Harry in 2017 in een interview over geestelijke gezondheid met Bryony Gordon van *The Telegraph*, 'heeft me enorm gesteund. Hij bleef maar zeggen: dit is niet oké, dit is niet normaal, je moet met [iemand] gaan praten, doe dat nou maar.'[12]

We moeten niet vergeten dat William zelf ook verschrikkelijk had geleden. Maar hij voelde zich geborgen in zijn gezin. Harry mag dan spottend hebben gedaan over zijn bourgeois bestaan met Kate, maar de Hertog van Cambridge vertrouwde Alastair Campbell in die tijd in een interview toe dat hij zijn werk niet zou kunnen doen zonder de basis die zijn gezinsleven hem bood. 'Ik ben volgens mij nooit echt depressief geweest, maar ik heb me wel ontzettend verdrietig gevoeld,' zei hij tegen Campbell. Er waren dagen dat het hem meer aangreep dan anders, maar, zo gaf hij aan: 'Ik heb er altijd over durven praten en mijn gevoel durven benoemen. Ik stapte dan op mensen om me heen af en zei: "Zeg, ik moet vandaag geloof ik even iets kwijt."'[13]

Bij zijn werk als traumahelikopterpiloot kon hij zich bij de aanblik van een bij een auto-ongeluk omgekomen kind 'niet meer goedhouden', omdat hij dat onmiddellijk vanuit het perspectief van de ouders zag. 'Alles wat met ouders en kinderen te maken heeft, en verlies, is heel moeilijk voor me, heeft een sterk effect op me, ik ben dan direct weer terug bij mijn emoties door de dood van mijn moeder.' In de podcast *William: Time to Walk* uit 2021 spreekt hij ongebruikelijk emotioneel over de grote impact die zijn inzet heeft gehad bij een ongeval waarbij een jongen genaamd Bobby Hughes, die ongeveer even oud was als prins George, zwaar gewond was geraakt. 'Het was alsof er bij mij vanbinnen iets veranderde,' zei hij. 'Alsof iemand een sleutel in een slot had gestoken en dat had geopend zonder dat ik daarvoor toestemming had gegeven… je voelt gewoon de pijn van anderen, het leed van anderen. En dat kende ik niet. Ik had dat nooit eerder zo gevoeld.'[14] Hij heeft altijd contact gehouden met Bobby en diens familie.

De gedeelde broederlijke smart leverde nieuwe energie op. Harry's inzicht dat hij hulp nodig had, zorgde korte tijd voor toenadering tussen de beide broers. In mei 2016 startten ze Heads Together, een groot opgezet initiatief van hun stichting. Het was een suggestie van Kate geweest, die in veel van het liefdadigheidswerk dat ze deed geconfronteerd werd met geestelijke gezondheidsproblemen. De campagne, die als doel had een einde te maken aan het stigma rond geestesziekte, kwam op een goed moment, vier maanden nadat premier David Cameron één miljard pond had toegezegd voor een 'revolutie' op het gebied van de geestelijke gezondheidszorg in Engeland. Uiteindelijk werd de grote aandacht voor Harry's problemen, waarbij die van haarzelf onderbelicht bleven, Cressida te veel. Tot groot ongenoegen van Harry besloot ze haar eigen weg te gaan. Later pakte ze de draad weer op van een eerdere romance met een andere aristocratische Harry, de 'boomlange blonde god' (zoals *Tatler* hem noemde) Harry Wentworth-Stanley, zoon van de markiezin van Milford Haven. In 2020 trouwde ze met hem, waarmee ook zij, net als haar zussen, een driedubbele naam kreeg.

'Toen [prins Harry en Cressida] uit elkaar gingen,' vertelde een vriendin van hen me, 'schreef hij haar een lieve brief waarin hij zei dat hij haar bewonderde, haar het allerbeste toewenste en haar vooral bedankte voor haar hulp bij het omgaan met zijn trauma's.' 'Daarna begon hij er steeds somberder uit te zien,' vertelde een bron in het paleis me. 'Hij was ervan overtuigd dat hij de rest van zijn leven alleen zou blijven.'

Op de avond van 1 juli 2016 was Harry in een bijzonder ernstige bui. Hij was net teruggekeerd van een bezoek aan Frankrijk voor de honderdste gedenkdag van de Slag bij de Somme, de dodelijkste slag van de Eerste Wereldoorlog, waarin een miljoen gewonden en doden waren gevallen.

Het was een klassieke dag van koninklijk ceremonieel en groot nationaal gevoel geweest, waarbij veel leden van The Firm acte de présence hadden gegeven. Prins Charles en Camilla, premier David Cameron, prins Harry en de hertog en hertogin van Cambridge – die er perfect koninklijk uitzag in haar crème/zwarte kanten jurk – woonden een herdenkingsceremonie bij het Thiepval-oorlogsmonument bij, in de buurt van het slagveld van de Somme, en waren ook de avond ervoor aanwezig geweest bij een militaire wake. 'In veel opzichten was het de treurigste dag in de lange geschiedenis van ons land,' zei prins William.[15] 'Vanavond denken wij aan hen... We erkennen het falen van de Europese overheden, inclusief de onze, bij het voorkomen van de catastrofe van de Eerste Wereldoorlog.' Prins Harry las met de plechtstatigheid van een echte veteraan een gedicht voor – 'Before Action' van luitenant W.N. Hodgson, dat hij twee dagen voor zijn dood bij de Somme schreef: 'In naam van al mijn levensdagen / Laat mij een soldaat zijn, Heer.' Als Meghan het sacrament van de koninklijke plicht in zijn meest betekenisvolle vorm had willen zien, dan was dit het wel. 'Nooit vergeten', het bewaken van de onbreekbare band tussen de geschiedenis en het heden van een land, dat is waar de monarchie voor is.

Maar de ernst van de trip viel van Harry's schouders toen hij Soho House binnenliep en 'zeer aangenaam verrast' werd door de aanblik van zijn toekomstige vrouw. 'Ik dacht: Oké, nu even alle zeilen bij,' zei hij later.[16] Het was alsof ze allebei iets voelden ontbreken wat door de ander werd aangevuld.

21

TOT OVER ZIJN OREN

De sterren staan gunstig voor Harry en Meghan

Ze werden een geheim genootschap van twee. Het ene afspraakje volgde op het andere en het derde vond plaats onder de nachtelijke hemel van Botswana, op de zwoele, luxe vakantiestek waar Harry altijd naartoe vluchtte. Al snel postte Meghan op Instagram een snoephartje waarin 'kiss me' stond, met de boodschap: 'Lovehearts in #London'. De persfotografen die op 4 juli 2016 Pippa Middleton en *Vogue*-hoofdredacteur Anna Wintour fotografeerden in een box op Wimbledon, hadden geen idee dat de onbekende actrice die ook op de foto stond en onder 'toevallige omstanders' was geclassificeerd, de toekomstige bruid van de kleinzoon van de koningin zou worden.

Harry was in de zevende hemel. Hij had altijd relaties gehad met erfgenames, leeghoofden of aristocratische meisjes uit een beperkte kring. Meghan was een soort vrouw dat hij niet eerder had ontmoet. Zoals een paleisadviseur het tegenover mij formuleerde: 'Heel indrukwekkend. Erg sterk, gedreven, opgevoed met het idee dat zij de wereld kan veranderen. Het is een heel Amerikaans type, zulke vrouwen hebben we hier niet.' Harry viel niet alleen voor Meghans schoonheid en zelfverzekerdheid, maar ook voor de manier waarop zij haar eigen leven bepaalde. Vergeleken bij haar was hij een man-jongen voor wie zijn leven lang alles door anderen was bepaald.

Maar door andere mensen gemaakte plannen werkten niet meer voor Harry. Die waren altijd erop gebaseerd dat hij een secundair figuur was. Hij zat vast in het allesoverheersende dictaat *allereerst geen schade toebrengen* aan de starre hiërarchie van de monarchie. Hij was niet langer de dwaze drinkebroer die hij als twintiger was. (Of nou ja, soms wel: volgens Andrew Morton was Harry een paar weken voor hij Meghan leerde kennen nog bij Jak's Bar in West-Londen, waar hij met een stel brunettes aan 'dirty dancing' deed en shotjes naar binnen sloeg.[1]) Hij was niet onbemiddeld: op zijn dertigste verjaardag had hij zo'n 11 miljoen euro geërfd uit de nalatenschap van zijn moeder. En met het succes van de Invictus Games had hij laten zien dat hij een onafhankelijke kracht kon zijn – of veranderaar, zoals Meghan het noemde – in de wereld buiten de invloedssfeer van het paleis.

Het probleem was dat niemand in die benepen organisatie deze kracht kon waarderen, of wist hoe ervan gebruik te maken. Hij had jarenlang in een verwarrende wereld van onderdrukte emoties en zinloze verplichtingen geleefd. Het contrast tussen Meghans kristalheldere doelbewustzijn en zijn eigen onzekerheid was opwindend. Deze verbijsterende vrouw vloog de wereld rond als actrice, als hulpverleenster, avontuurlijk reiziger al naar gelang ze zelf wilde, en op eigen kosten! Ze had *als zichzelf* de VN toegesproken. Ze postte feministische berichten op Instagram en zag er tegelijkertijd fantastisch uit in bikini in Positano. 'Het was alsof Harry in trance was,' zei een vriend.[2]

De verliefdheid was wederzijds. Meghan had een zwak voor lange, rossige, uit hun krachten gegroeide jongens met een gekortwiekt gouden baardje. Fysiek was Harry net zo'n type als Cory Vitiello, maar hij bezat daarbij nog de allure van zijn koninklijke bloed. Hij was drie jaar jonger dan Meghan, wat hem iets viriels en kwetsbaars tegelijk gaf, en hij was de oplossing voor al haar problemen. Met Harry naast zich zou haar ster niet alleen rijzen, hij zou als een raket omhoogschieten. Van onbetekenend deelneemster aan tv-spelletjes naar hoofdgast in talkshows. Van tien-vragen-aan-interviewtjes in vrouwenbladen naar de cover van *Vanity Fair*. Van wat te doen na *Suits* naar wereldwijde supernova. De ochtend na hun eerste avond uit praatte ze met een vriendin over Harry alsof hij een veelbelovend voorstel van haar agent was: 'Klink ik heel idioot als ik zeg dat dit wel eens iets kan worden?'[3]

Ze ging op een promotietour voor *Suits* naar Boston en New York, waar een geheimzinnig boeket pioenrozen, haar lievelingsbloemen, in haar hotel werd bezorgd. 'Ik voel me zo ongelooflijk blij op dit moment,' schreef ze op haar website *The Tig*. 'Zo dankbaar en tevreden dat ik alleen maar nog meer van hetzelfde kan wensen. Meer verrassingen, meer avontuur.' Een week later beleefde ze 'Authentiek Afrika' met Harry in Botswana, waar ze in een luxe tent van 2000 dollar in het safarikamp Meno a Kwena logeerden. Toen het stel naar huis terugkeerde, was hun intense gevoel voor elkaar meer dan een liefdesaffaire. Het was een verbond: wij tegen de wereld.

Prins Charles was bij hun eerste ontmoetingen wel gecharmeerd van Meghan. Aan de lunch op Highgrove luisterde foodie Meghan, smaakmaker van *The Tig*, gretig toe hoe de prins van Wales de lof zong van zijn zelfgekweekte Charlotte-aardappelen en Happil-aardbeien. Aangezien alle andere leden van de familie hun ogen ten hemel sloegen om zijn obsessie met biologisch eten, kostte het Charles geen moeite om verrukt te zijn van een mooie vrouw die blijkbaar zo geboeid luisterde naar alles wat hij te zeggen had.

De koningin maakte na een kerkdienst in Windsor kennis met Meghan, bij een informeel 'bezoekje' aan Royal Lodge, ongetwijfeld geregeld door Harry's lievelingsnicht prinses Eugenie, de dochter van Andrew en Fergie, voor wie de koningin een zwak had. Hare Majesteit hield het gesprek luchtig en schortte haar oordeel op. Ze was alleen maar blij dat Harry gelukkig was.

Maar William kende Harry als geen ander en was bang dat zijn broer in de problemen zou raken. Elke keer als zijn broer verliefd werd, was het alsof de Vesuvius uitbarstte. 'Je beseft toch wel dat dit het vierde meisje is dat je mee naar Botswana hebt genomen,' kon hij niet nalaten op te merken na Harry's opgetogen verhaal over de trip. William liet niet meteen zijn zorgen over Meghan blijken. Harry stelde haar in november aan hem voor tijdens een ontspannen *tea* in de keuken van het appartement van de Cambridges in Kensington Palace. (Kate was tot teleurstelling van Meghan met de kinderen in Norfolk.) Meghan had zich voorbereid op een ondervraging, maar daar was William veel te welgemanierd voor. 'Ik heb me erop verheugd om het meisje te leren kennen dat zo'n verdwaasde grijns op het gezicht van mijn broer heeft veroorzaakt,' zei hij ontwapenend tegen haar.[4] Zij voelde zich net zo welkom door zijn moeiteloze charme als door die van de koningin.

Toch maakte William zich er zorgen over dat het allemaal zo snel ging. Naar zijn idee zou Meghan, als de relatie permanent werd, alles opgeven wat ze kende: haar carrière, die een groot deel van haar identiteit vormde, en haar leven in Noord-Amerika. Ze kende vrijwel niemand in Londen en wist weinig van de Britse cultuur. Iemand uit de nabije omgeving van de hertog van Cambridge heeft me verteld dat William vond dat ze meer tijd nodig had om een leven in het VK op te bouwen en vrienden te maken die niet altijd in het geheim naar het paleis gebracht hoefden te worden. Voor Kate was het al moeilijk genoeg geweest, maar Meghan was een glamoureuze voormalig actrice en zou de eerste vrouw van kleur in de koninklijke familie worden, factoren die de druk enorm zouden vergroten. Tegenover Harry hield de oudere broer zijn mond over zijn angst dat Harry door zijn geestelijke breekbaarheid niet sterk genoeg zou zijn om dat in zijn eentje allemaal op te vangen, zowel voor haar als voor zichzelf. Zij dacht dat ze de verschroeiende aandacht en voortdurende druk waaronder ze elke dag zou moeten leven, kende. Maar oudgedienden in het paleis wisten dat die vele malen verder ging dan wat een tv-actrice doormaakte.

Harry's antwoord op de zorgen van zijn broer was, zo is me verteld: 'Nou ja, in feite kan ik haar het best beschermen door zo snel mogelijk met haar te trouwen, want zodra ik met haar getrouwd ben, krijgt ze politiebescherming.' En bovendien: ze werd over een maand vijfendertig. Haar biologische klok tikte voort.

In september 2016, twee maanden na hun eerste ontmoeting, vloog Harry telkens naar Toronto, waar hij in Meghans huis logeerde, ongestoord dankzij beschermende buren. Het was een magische bubbel, dankzij de in het algemeen ontspannen Canadezen die beroemdheden meestal met rust laten en de twee hun privacy gunden tijdens hun wandelingen door Trinity Bellwoods Park in Toronto, met bij elkaar passende blauwe kralenarmbandjes om.[5] Wanneer Meghan naar Londen kon komen, nestelden ze zich in Nottingham Cottage en zagen alleen elkaar. Ze werden 'zo ongelooflijk snel verliefd', zei Harry later, dat dat het bewijs was dat 'alle sterren gunstig stonden'.[6]

Hij was zo tot over zijn oren verliefd dat hij in december, nadat hij uit naam van de koningin een rondreis door het Caraïbisch gebied had gemaakt, niet rechtstreeks vanaf Barbados naar Londen terugvloog, maar een omweg van 2400 mijl over Toronto maakte om Meghan tussen opnamen door te kunnen zien. Terug in Londen werden ze samen gesignaleerd terwijl ze een kerstboom kochten in Battersea Park. De kerstboomverkoper beschreef het stel als 'volmaakt gelukkig, heel schattig, als een echt stelletje, maar niet overdreven plakkerig en klef'.[7] Voor William leek het allemaal verdacht veel op plannen om samen een nestje te bouwen.

Het was de *Sunday Express* die hun relatie als eerste aan de wereld openbaarde. Het stel had vier maanden privacy kunnen genieten, voordat royaltyredacteur Camilla Tominey in oktober 2016 met het nieuws kwam onder de kop: 'Harry's geheime romance met tv-ster'. De reactie in de pers was overweldigend, niet in het minst omdat Tominey haar primeur voor de neus van alle concurrenten weg had gekaapt, waarna er een woeste worsteling losbarstte om elk kruimeltje Meghan dat correspondenten in Canada en Hollywood maar konden aanleveren. Meghan werd belegerd zodra ze haar huis verliet om naar de set van *Suits* te gaan. De tv-actrice die zo lang had geploeterd om naamsbekendheid te krijgen, speelde nu de rol van achtervolgde beroemdheid met lange, donkere jas, muts en zonnebril.

In die eerste ronde werd ze door de pers neergezet als de nieuwe Grace Kelly, een actrice die zich voor goede doelen inzette en voor gendergelijkheid streed, en daardoor was het lastig niet te geloven dat het oorspronkelijke lek van Meghans kant kwam (al is ook wel een bediende van het huis York als de tipgever aangewezen). Maar in de tweede ronde klonk er een ander geluid en voelde Meghan de scherpe tanden van de hele barracudazwerm royaltyreporters in haar nek.

Amerikaanse beroemdheden, die gewend zijn aan door voorlichters gevoede aandacht van de entertainmentverslaggeving en lovende tijdschriftartikelen in ruil voor toegang, zijn vaak totaal verbijsterd over de duivelse creativiteit van de Britse roddelpers. Zien hoe iemands reputatie in de tabloids wordt besmeurd is, zolang je zelf geen doelwit bent, een heimelijk genoegen aan de Britse ontbijttafels, als het bittere smaakje van sinaasappelmarmelade. Op hun best prikken ze pijnlijk door de pretenties van rijken en opgeblazenen heen. Op hun slechtst weerspiegelen ze de laagste onderbuikgevoelens van honende reactionaire trollen.

Niemand wist beter dan Harry waar de Britse pers toe in staat was. Hij had het allemaal meegemaakt, vanaf het allereerste trauma van de laatste uren van zijn moeder tot de ongegeneerde inbreuken op de privacy van zijn vroegere vriendinnen en de genadeloze kritiek op alle vrouwen in de koninklijke familie behalve de koningin. Kate was gefileerd omdat ze uit een lagere klasse kwam en daar blijkbaar aan wilde ontsnappen en vanwege haar moeders feestartikelenbedrijf: 'Postorderbruid' sneerde een columnist.[8] Na de bruiloft was het nog niet afgelopen met de beschimpingen. Zij werd voortdurend als nietszeggend en onbeduidend afgeschilderd. Booker Prize-winnaar Hillary Mantel zette haar in een lezing voor de *London Review of Books* hatelijk weg als een 'etalagepop' die 'zo pijnlijk mager was als iedereen wel zou willen zijn, zonder oneffenheden of eigenaardigheden en zonder de angst dat er iets van karakter naar boven komt. Ze lijkt een precisiewerkstuk, machinaal geproduceerd.'[9]

Voor Sarah Ferguson, de 'Duchess of Pork', was het journaille genadeloos over haar gewicht. Camilla Parker Bowles werd zo vaak weggezet als lelijk en oud dat ze de gewoonte aannam haar brieven aan Charles te ondertekenen met 'je toegewijde oude lor'.[10] 'Ik zou dat mijn ergste vijand nog niet toewensen,' zei ze op haar zeventigste verjaardag tegen een interviewer over de talloze scheldpartijen die ze te verwerken had gekregen.[11]

Zelfs de minder belangrijke koninklijke frontsoldaat Sophie Wessex werd meedogenloos door de mangel gehaald omdat ze in het bedrog van de nepsjeik was getrapt; een voormalig lid van het paleispersteam vertelde me dat ze in die tijd 'dagelijks ons kantoor binnenkwam, op de rand van tranen omdat er weer vuiligheid over haar geschreven was. En ze zei: "Mijn familie leest dit! Mijn vrienden lezen dit!"'

II

Het was misschien onvermijdelijk dat dezelfde kwaadaardige scribenten die zo met de afkomst en het uiterlijk van de andere koninklijke vrouwen gespot hadden, Meghan zouden aanpakken op ras. Het moet ze bijkans in de rug geschoten zijn, zo ver bukten ze om nieuwe dieptepunten te bereiken. Toch had Harry de presentatie van zijn biraciale vriendin aan de media kennelijk nauwelijks voorbereid. Hij bleef woedend weigeren om ook maar iemand van de pers te woord te staan, ook al was dat duidelijk in zijn eigen belang geweest. Zo was er geen mogelijkheid om alvast voor royaltycorrespondenten een elegante, zorgvuldig geplande tip van de sluier op te lichten over zijn nieuwe relatie. Door de ongeleide tip aan Camilla Tominey en de *Sunday Express* had Harry de andere kranten niet in de hand en die zinden nu op wraak.

Het ergst was *Daily Mail*. Paul Dacre, die daar al vierentwintig jaar als hoofdredacteur fungeerde, was een duivelse journalistieke minotaurus met een ongeëvenaard vermogen om elke publieke figuur die zijn Midden-Engelse moralistische code overtrad uit het raam te gooien. Hij leidde een team dat de kunst van het afmaken door verbanden te leggen tot in het uiterste had verfijnd. Zoals in: 'Die-en-die, een achter-achterneef van de kannibalistische pedofiel Dennis Nilsen en voormalige assistent van de zwager van het productiehoofd van de veroordeelde verkrachter Harvey Weinstein, zit nu aan de rechterhand van de premier.' Dacres staf noemde zijn dagelijkse redactievergaderingen de 'Vaginamonologen', vanwege zijn gewoonte om iedereen een 'kut' te noemen.[12]

Toen Harry's ster in 2016 rijzende was, bedacht Dacre persoonlijk in een vlaag van royalty-verveling dat prins William het te gemakkelijk had en hij verzon een nieuwe verhaallijn: de troonopvolger was een lui rijkeluiszoontje dat niet genoegd deed om de koningin te ondersteunen. Het werd door anderen opgepikt en heeft William twee jaar lang achtervolgd.

Het stuk in de *Mail* over Meghan op 2 november 2016 was een typisch voorbeeld van 'afmaken via verbanden'. Onder de kop 'Harry's meisje komt (bijna) recht uit Compton' was het zo verfoeilijk (en achteloos) racistisch dat het Bewijsstuk A werd in de kruistocht van Harry en Meghan tegen de pers.

'Geplaagd door misdaad en overlopen door straatbendes,' zo ging het stuk, 'kan de probleemwijk in Los Angeles waar de zestigjarige Doria Ragland woont, niet sterker verschillen van het weelderige Londense Kensington.'[13]

> Harry's letterlijk paleiselijke huizen zouden niet méér kunnen verschillen van de haveloze lage huizen die een groot deel van Crenshaw beslaan. En terwijl er in de onmiddellijke omgeving van Highgrove de afgelopen twaalf maanden in totaal eenentwintig misdaden zijn gepleegd, hebben er alleen al afgelopen week zevenenveertig plaatsgevonden in Crenshaw, waaronder moorden en beroving [...] Tot de plaatselijke bendes behoren de Crenshaw Mafia Gangster, die het gebied al sinds 1991 onveilig maakt, en de aan de Bloods gelieerde Center Park Blood [...] Ondanks die bendes is er in delen van Crenshaw wel verbetering gaande en zo ook in de buurt met de toepasselijke naam Windsor Hills.

Toepasselijk inderdaad, want Windsor Hills was de buurt waarin de comfortabele Spaans-koloniale bungalow van Doria Ragland in werkelijkheid lag. Stadsgidsen noemen dit welvarende zwarte bastion met zijn gemanicuurde gazons, toprestaurants en natuurwandelpaden een van de 'verborgen juwelen' van Los Angeles, waar politici, basketbalsterren en filmacteurs wonen. Ook Crenshaw zelf lijkt in niets op de gewelddadige puinhoop die de *Mail* beschreef, volgens een bron bij de politie van Los Angeles, die duidelijk verbijsterd was dat de wijk werd beschreven als een van bendes vergeven oord van moord en doodslag.

Ondertussen mengde *The Sun* zich in de strijd met de kop 'Zin in een snelle puck?' Het blad beweerde dat Meghans huwelijk was gestrand vanwege een affaire met de Canadese ijshockeyer Michael Del Zotto. Nog walgelijker inventief was een kader op de voorpagina met de kop 'Harry's meisje op Porn Hub', gebaseerd op scènes uit *Suits* die een of andere grijnzende nitwit buiten Meghans medeweten en zonder haar toestemming naar de pornosite had geüpload.

'Meghan werd misselijk toen ze dat zag,' vertelde een vriendin aan biografen Omid Scobie en Carolyn Durand. 'Ze wilde het uitschreeuwen [...] Ze was overstuur en boos.'[14] Daar kwam nog bij dat boven het Pornhub-item over Meghan een totaalportret uittorende van de hertogin van Cambridge in een glanzende witte japon op een bijeenkomst, onder de kreet: 'Kate kreeg het neusje van de zalm'. De tabloids werkten al aan het onweerstaanbare scenario dat er een strijd broeide tussen deugdzame (witte) Kate en de raciaal verwarrende Meghan.

Harry was buiten zichzelf van woede. Hij stormde binnen bij het communicatieteam van Kensington Palace dat hij met prins William deelde, en eiste dat er meteen een woedende verklaring uitgegeven werd. Zijn broer voelde wel met hem mee. Die was zelf niet al te positief gestemd over de pers, want hij had kort daarvoor een boze formele berisping laten uitgaan toen een 'pap' zich, tegen alle fatsoensregels in, in de achterbak van een auto had verstopt om prins George te fotograferen terwijl die in het park speelde. Maar William vroeg zich volgens sommige bronnen ook af of het wel verstandig was als zijn broer zijn romance met Meghan formeel bevestigde. Hij had weinig op met Harry's vecht-of-vlucht-strategie tegenover de media.

Als toekomstig koning had William geleerd zijn eigen weerzin tegen bepaalde verhalen in te slikken, omdat hij, en de monarchie, de betrouwbare luidspreker van de pers ook nodig hadden. Hij vertrouwde op het Paddy Harverson-model: zorgvuldig gecontroleerd toegang bieden en heel af en toe effectief ingrijpen. Het hardst sloeg hij toe nadat een paparazzo voor een Frans blad stiekem een foto had gemaakt van Kate die topless aan het zonnen was tijdens een vakantie in de Provence in 2012. William daagde het blad voor de rechter en beet zich vijf jaar lang in de zaak vast tot zijn vrouw die won en een schadevergoeding van 91.000 pond kreeg toegekend. De boodschap was aangekomen. De zeldzame keer dat William besloot in actie te komen, was dat dodelijk.

Wat Meghan betrof: het paleis had nog nooit al na een verkering van vier maanden een verklaring over een vriendin uitgegeven. De meeste koninklijke vriendinnen die geen ring aan hun vinger hadden, werden aan hun lot overgelaten. Toen William in 2007 de pers scherp terechtwees nadat Kate Middleton bij haar flat was belegerd door nieuwsploegen die een huwelijksaankondiging verwachtten, hadden zij al vijf jaar een vaste relatie.

Meghans komst betekende echter dat persstrategie moest worden bijgesteld. Dat zij gescheiden was, Amerikaanse, vrouw van gemengd ras en actrice leverde de media al te veel mogelijke invalshoeken op om haar te beschadigen. Het nieuwe hoofd communicatie van het paleis, de tweeëndertigjarige Jason Knauf, was voormalig hoofd corporate affairs bij de Royal Bank of Scotland en een van de meer door de wol geverfde reputatiemanagers die de afgelopen jaren het paleis waren binnengekomen. Hij diende Harry van advies bij het opstellen van een stevige verklaring ter verdediging van Meghan.

De verklaring die op 8 november 2016 werd uitgegeven, begon met een opwarmertje: hoeveel geluk Harry had dat hij zo'n bevoorrecht leven mocht leiden en hoe ongemakkelijk hij het vond dat het publiek daar zo veel interesse voor had. Vervolgens veroordeelde de tekst in de krachtigste bewoordingen 'de laster op de voorpagina van een nationale krant; de racistische ondertoon van sommige commentaren en het openlijke seksisme en racisme van social media-trollen en reacties op internet'.[15]

Nadat alle manieren waarop Meghan was beledigd, waren benoemd, eindigde Harry met klassiek spenceriaans wapengekletter:

> Hij weet dat commentatoren zullen zeggen dat dit 'de prijs is die hij moet betalen' en dat 'dit allemaal bij het spel hoort'. Daar is hij het totaal niet mee eens. Dit is geen spel, het is haar leven en het zijne. Hij heeft ons gevraagd deze verklaring uit te geven in de hoop dat degenen van de pers die dit verhaal hebben opgeklopt, even pas op de plaats kunnen maken om na te denken voordat er nog meer schade wordt aangericht.

Enkele weken later sprak William zelf in een verklaring zijn steun uit, volgens bronnen om geruchten over zijn afkeuring te ontzenuwen.

Natuurlijk was Harry's salvo sensationeel nieuws. Helaas trof het prins Charles tijdens zijn rondreis met Camilla door drie Golfstaten (die begon met een zwaarddans in Oman). Het paleisprotocol zorgt er meestal voor dat er geen aankondigingen worden gedaan die een smet kunnen werpen op de parade van een hoge royal, maar Harry was niet tegen te houden. Na maanden van planning in Clarence House had Charles heel even kunnen fantaseren dat zijn staatsmannelijke uitwisselingen met Golfleiders meer dan een formele belangstelling bij de media zouden wekken. Maar in alle berichten over de prins in Bahrein was zijn meest geciteerde uitspraak 'geen commentaar' over Harry en Meghan.

Vanuit de heup schieten was een openbaring voor Harry. Hij had Meghan verdedigd zoals hij nooit zijn moeder had kunnen verdedigen. En hij ondervond iets nieuws: lof van de serieuze media. 'Ik kreeg kippenvel toen ik het las,' schreef een columnist van *The New Statesman*. 'Ik had nooit verwacht dat ik binnen de Britse monarchie nog eens iets met zo veel maatschappelijk belang zou zien gebeuren.'[16] Een woke Huis van Windsor, het was een wonder! De meer prozaïsche royaltyverslaggevers, die vertrouwd waren met de semiotiek van paleisverklaringen, pikten eruit op dat het tijd was om op hun post te gaan staan voor een bruiloft.

Voor Meghan was de verklaring haar grote sprong voorwaarts. Haar status kreeg er een enorme boost door: van tweederangs beroemdheid tot *cause célèlebre*. Ze was nu wereldwijd een verpersoonlijking van diversiteit en stijl en op sociale media was ze zelfs nog iets krachtigers: een slachtoffer – in alle lelijke werkelijkheid natuurlijk, maar ook met het aura van een vrouw die kon getuigen dat haar iets was aangedaan. Ze greep haar nieuwe identiteit gretig aan: als de morele winnaar na een duidelijk afschuwelijke behandeling door de pers was Meghan bijna onoverwinnelijk.

Zeven maanden voor haar huwelijk met Harry ging Meghans hartenwens in vervulling en verscheen ze met blote schouders op de cover van *Vanity Fair*. Nadat ze de interviewer een lunch had bereid van 'biologische groenten, een knapperig brood om in olijfolie te dippen en pasta bestrooid met pepertjes uit een dorpje dat Terroni heet', verbrak ze het koninklijke taboe en besprak nog voor de verloving haar relatie met Harry, alsof 'voor altijd' nu al een voldongen feit was.

'We zijn een stel. We zijn verliefd [...] Ik hoop dat mensen zullen begrijpen dat dit ons moment is. Dit is voor ons. Het is voor een deel wat het zo bijzonder maakt, dat het alleen van ons is [...]' Verleidelijke broodkruimels strooiend die Oprah in de toekomst kon oppeuzelen, vertelde ze de journalist: 'Ik weet zeker dat er een moment komt waarop we naar voren moeten komen en onszelf moeten laten zien en dat we dan heel wat verhalen te vertellen hebben.'[17]

Op 17 november 2017 kondigde het paar de verloving aan in de Sunken Garden bij Kensington Palace, die ter herinnering aan Harry's moeder op haar twintigste sterfdag speciaal opnieuw was ingericht, omdat zij zich op deze plek in de paleistuinen altijd graag had teruggetrokken. Diana was ook aanwezig in de twee diamanten uit haar persoonlijke collectie die Harry voor de ring had gebruikt, samen met zijn edelsteen uit Botswana.

Het was een ijskoude morgen en Meghans slanke taille werd ingesnoerd door de ceintuur van een winterwitte jas met sjaalkraag die ontplofte op internet en een miljoen imitaties kreeg. 'Wanneer ik wist dat zij de ware was? De allereerste keer dat we elkaar ontmoetten,' zei de prins terwijl Meghan een en al aanbidding naar hem opkeek. Er zat meer dan alleen sentiment achter de keus om de Sunken Garden voor de aankondiging te gebruiken. Hier stond het stel enkele meters gescheiden van de persmensen, die hun foto's vanaf de andere kant van een siervijver moesten maken.

III

Nu Meghan een feministische heldin was, vormden spanningen met die hogere koninklijke schoonheid, de hertogin van Cambridge, een onweerstaanbare verhaallijn voor de tabloids, die altijd erg graag de rivaliteit tussen vrouwen opkloppen. Bij hun eerste ontmoeting in januari 2017 gingen de beide schoonheden vlekkeloos, of goed genoeg, met elkaar om.

Meghan heeft later gezegd dat ze Kate nogal koel vond, maar dat is waarschijnlijk omdat Meghan zelf zo'n emotioneel type is dat ze zelfs de wachtposten voor Kensington Palace omhelsde. Kate is geen vrouw die geneigd is tot spontaniteit. Ze heeft sinds haar schooljaren op Marlborough en St. Andrews nooit nieuwe vriendinnen op haar slaapfeestjeslijst toegelaten. De harde kern van haar vriendinnenclub uit de tijd voor haar huwelijk woonde inmiddels met gezin en kinderen in Norfolk en vormde een discrete stalen ring om haar heen. En zelfs zij mogen niet het heilige der heiligen van haar emotionele aangelegenheden betreden. De enige vrouwen met wie ze niet op haar hoede is zijn haar moeder en haar zus. Druk als ze was met twee kleine kinderen en haar publieke taak had Kate geen serieuze reden om de laatste en meest glamoureuze van Harry's reeks vriendinnen als mogelijke bedreiging te zien.

En toch, net als in de tijd dat prinses Diana's nieuwe opgestoken kapsel de koningin overschaduwde bij de opening van het parlementaire jaar, begonnen de toenemende vergelijkingen in de media tussen Meghan en Kate – waarbij Kate altijd als saai en plichtsgetrouw werd neergezet – spanning op te leveren. Vanaf het moment dat in november 2016 *Hello!*, het populairste weekblad van Engeland, met een plof op Kensington Palace aankwam, was duidelijk dat het verhaal veranderde. Op de cover stond een portret van Meghan, een en al uitdagende strapless verleidelijkheid, met daarbij in grote letters: 'De schoonheid die het hart van de prins stal'. Op een tweede foto stond de hertogin van Cambridge in de witte glanzende avondjapon die paginagroot door *Daily Mail* boven het Pornhub-verhaal was gebruikt, maar deze keer verkleind tot een vierkantje in de rechterbovenhoek.

Kate had lang en hard voor haar status als stijlicoon gewerkt, ondanks de remmingen die haar door de spelbrekers van het paleis waren opgelegd. Ze was opgekomen in de tijd van de millennials die elitaire haute couture afwezen en had zich het grootste deel van een decennium in een smaakvolle, betaalbare garderobe vertoond, waarmee ze haar persoonlijke mening liet zien en solidariteit met werkende vrouwen uitstraalde. Na haar huwelijk had het vijf jaar geduurd voor ze op een ongewoon ingehouden cover van de Britse *Vogue* stond, met het soort conservatieve bruin suède Burberry-jas en grote vintage hoed die je kunt tegenkomen bij het publiek van de Cheltenham Horse Show. Zij trok letterlijk en figuurlijk een panty aan, terwijl ze vrolijk en zonder klagen naar de pers lachte. Meghans *Vanity Fair*-cover kreeg binnen in het blad een uitgebreid vervolg, niet alleen zonder panty, maar ook nog op blote voeten in een strapless tulen bustierjurk van Carolina Herrera. Hetzelfde gold voor de overdagfoto's van de verloving. Kate had een eenvoudige crèmekleurige zijden Wistles-blouse van 125 pond gedragen, die ze tien jaar later tot verrukking van haar fans nóg een keer aanhad in een video om het moreel op te peppen tijdens de pandemie. Meghan nestelde zich tegen Harry aan in een zwarte Ralph & Russo couturebaljurk met weelderige rok en schaarse top die de modepers tot groot enthousiasme dreef. Niemand zat er kennelijk mee dat de jurk 75.000 dollar had gekost.

Het was onvermijdelijk dat Meghan als Kate's morele en esthetische tegenhanger zou worden gezien, maar zorgelijker voor het Cambridgekamp was dat Meghan zich duidelijk beter wist te presenteren. Zij was een professionele en ervaren actrice, terwijl Kate altijd terughoudend was geweest als ze in het openbaar sprak. In februari 2018, drie maanden voor het huwelijk, verschenen William, Kate, Harry en Meghan, de 'Fab Four', zoals ze nu niet bijster origineel werden genoemd, voor het eerst gevieren in het openbaar om aan te kondigen dat Meghan de vierde patroon van de Royal Foundation zou worden. 'Ik ben nog maar drie maanden [in het VK],' erkende Meghan, voordat ze in een vloeiende beweging de zendtijd opeiste.[18] Met het grootste gemak, alsof zij hier de hoofdrol speelde, begon ze over iets waar de foundation zich niet eens mee bezighield, de empowerment van vrouwen, een onderwerp dat op dat moment erg hot was als gevolg van de #MeToo-beweging.

'Vrouwen hoeven hun stem niet te zoeken. Ze hebben een stem. Ze moeten zich gesterkt voelen om die te gebruiken,' maande Meghan de verzamelde pers, terwijl Harry vol ontzag toekeek en zijn broer en Kate er in uitdrukkingsloze ergernis bij stonden.[19] Toen Kate aan de beurt was om te spreken was ze opvallend minder uitgesproken en ze hield het kort. Weinig mensen wisten dat zij – na jaren waarin ze emotionele steun had geboden aan jaar jongere broer James terwijl hij met een depressie worstelde – de drijvende kracht was geweest achter de geestelijke-gezondheidcampagne van de foundation. Die was tot stand gekomen na zorgvuldig overleg met professionals uit de geestelijke gezondheidszorg, beleidsdeskundigen en paleisadviseurs. Nu stond Meghan hier een trendy doel te promoten dat door Hollywood was omarmd en dat zeker voor grote koppen in het nieuws zou zorgen. Het was een pijnlijk moment. Later werd besloten dat de Fab Four nooit meer als band zouden optreden.

In het interview had Meghan beloofd dat ze 'hier meteen mee aan de slag' zou gaan, een zinsnede die het paleis, dat instituut van zorgvuldige consensus, vervulde van angst.'[20] De staf van The Firm had al gezien wat dat betekende. Het werd snel duidelijk dat Meghan niet wist of niet wilde weten dat de monarchie een hiërarchie kent. Zelfs al vóór de verloving dacht ze kennelijk dat ze iedereen in het gezamenlijke kantoor van William, Kate en Harry voor zichzelf kon inschakelen.

De Britse arbeidsmoraal is een frustratie voor elke alfa-Amerikaan die vast van plan is 'meteen aan de slag te gaan'. Trans-Atlantische zakenlieden verbazen zich vaak over de hoeveelheid slaperige out of office-e-mails die vanuit het VK terug komen stuiteren. Nadat ik in de jaren tachtig een jaar lang voor *Vanity Fair* in New York had gewerkt, schreef ik in mijn dagboek dat ik bang was voor 'de regen in de stem' van bepaalde journalisten in Engeland, die aankondigde dat ik op het punt stond te horen waarom iets 'gewoonweg niet mogelijk' was.

Er bestaat ongetwijfeld nog steeds een quotum aan lijntrekkers in dienst van het paleis die om 10 uur 's morgens inklokken en om 5 uur 's middags naar huis wandelen. Een voormalige ambtenaar heeft me verteld dat mensen die vanuit de hectische drukte van de politieke wereld of de ambtenarij worden overgeplaatst, hun periode in een paleisbaan gebruiken als een kans om vroeg naar huis te gaan. Een van hen die inmiddels elders werkt, vertelde me: 'In de paleiscultuur wordt een bezoek van twee uur aan een wijkcentrum als een volle werkdag beschouwd, en daarvóór heb je eerst een week om erover te praten.'

Een oudgediende in het paleis legde me het misverstand uit.

> Als je actrice bent in een Amerikaanse serie, heb je een aantal stafleden die letterlijk per uur betaald worden om voor je te werken. Dus je zakelijk manager, je agent, je stylist, misschien je pr-medewerker, enzovoort, zijn er om zonder vragen aan al je eisen tegemoet te komen. Daarom heb je nooit ongelijk en gaat alles precies zoals jij het wilt. Het zijn gewoon declareerbare uren. Maar wanneer je terechtkomt in een situatie waarin je fulltime leden hebt van een staf in dienst van een instituut – het paleis – dan zijn dat werknemers, geen mensen onder contract, zij werken binnen een beleidskader. Er bestaan regels rond het accepteren van geschenken. Er zijn regels rond het accepteren van gastvrijheid. Geen regels die we zomaar verzinnen, maar die bestaan omdat het paleis een publieke instelling is. Je mag aannemen dat die overgang voor Meghan en voor iemand uit de VS niet gemakkelijk was en helemaal niet prettig. En een grote cultuurschok, zo van: 'Kijk mij eens, ik ben veel beroemder geworden dan ik ooit had verwacht.' En in haar ogen is de manier waarop ze bediend wordt daarbij achtergebleven.

Wat de paleisstaf zag als haar opzettelijke blindheid voor de institutionele cultuur, botste frontaal met Meghans kijk op de wereld. In het lijstjessysteem van de entertainmentwereld geldt dat *star power* – wattage – gelijk is aan macht. Zij werd niet lid van de koninklijke familie om, zoals de onbekende actrice die ze in haar vorige leven was, te moeten argumenteren over het formaat van haar aanvullende arbeidsvoorwaardenpakket. Succesvolle film- en tv-acteurs hebben maar één antwoord als iemand probeert hun eisen in te perken: 'Bel mijn agent maar.'

'Ze konden gewoon niet met Meghans niveau van directheid omgaan,' legde een paleis-bron me uit. Met andere woorden: 'Waarom is die uitnodiging niet verstuurd?' in plaats van 'Ik vraag me af of je nog even zou kunnen nagaan of die uitnodiging eigenlijk wel verstuurd is, als je het niet erg vindt, Allegra?'

'Ik denk dat Meghan zichzelf probeerde te zijn en dingen voor elkaar wilde krijgen zoals ze dat in de entertainmentindustrie en in de VS had geleerd,' zei een van de managers bij *Suits* tegen me:

> Of ze begreep niet hoe ze voor elkaar kon krijgen wat ze wilde, of ze dacht dat ze hoger stond dan ze stond. Wat het ook was, ik denk dat ze met alles waar ze naartoe wilde tegen een muur op liep en

simpelweg niet wist hoe ze daarmee om moest gaan. En als je continu de verkeerde kant op gaat, verdwijnt na een tijdje de vriendelijkheid.

Harry, die zich altijd al aan de hiërarchie had geërgerd, was de laatste die haar zou willen vertellen dat ze het rustiger aan moest doen. Ze waren nu allebei dronken van hun fantasie dat zij de instrumenten waren van een wereldwijde transformatie en dat ze, eenmaal getrouwd, zouden opereren in de stratosfeer van beroemdheden waarin ooit prinses Diana had verkeerd. Meghan kon en wilde niet rustig afwachten tot ze daar eenmaal zou zijn. Ze was zesendertig. Dit was haar grote kans. In haar koortsige verlangen om hogerop te stijgen, vergat ze die ene kritische factor die de uitkomst van haar grootse plannen voor de toekomst zou bepalen: het eerstgeboorterecht. Daarvoor zou het niet helpen om haar agent te bellen.

Toch was deze eeuwenoude institutionele waarheid zo duidelijk als zij maar kon zijn. De hertogin van Cambridge was voor de derde keer in verwachting, en daarmee daalde Meghans toekomstige echtgenoot nog verder op de ladder voor de opvolging. Wanneer Kate koningin werd, zou Meghan een reverence voor haar moeten maken. Prins Harry, de tweede zoon van de prins van Wales, broer van de toekomstige koning, die binnenkort drie kinderen zou hebben, was – net zoals Meghan dat in *Suits* was geweest – de koninklijke versie van Nummer Zes op de call sheet.

22

HET BETOVERDE KONINKRIJK

Een bruiloft verandert het Huis van Windsor

19 mei 2018, Windsor Castle. Het was een dag vol betovering die elke twijfel, elke kritiek, elke minachting aan het hof smoorde. De bruiloft van Harry, de pas uitgeroepen hertog van Sussex, met zijn Amerikaanse hertogin van gemengd ras bracht iets opmerkelijks teweeg. Hij veranderde het grauwe, negenhonderd jaar oude fort Windsor Castle in een broedplaats voor culturele transformatie.

Misschien zijn er meer koninklijke sprookjesbruiloften geweest. De voortekenen van het onheil dat boven het huwelijk van prins Charles met de te jonge Lady Diana Spencer dreigde, werden al zichtbaar op het moment dat de sleep van het blozende kindbruidje dat voor St. Paul's Cathedral uit haar pompoenkoets stapte, even verkreukeld bleek als haar sprookjesverwachtingen al snel zouden zijn. En er zijn zeker bruiloften geweest die belangrijker waren. Die van de stralende eenentwintigjarige prinses Elizabeth met de Griekse god Philip in Westminster Abbey was daar een van, een zeldzaam moment waarop de toekomstige koningin haar eigen hart volgde tegen de stoffige adviezen van paleisfunctionarissen in. (En zoals gewoonlijk was haar eigen inzicht verstandiger dan het hunne.)

Maar de bruiloft van Harry en Meghan was magisch in de volle betekenis van het woord, alsof een bepaalde macht de loop der gebeurtenissen beïnvloedde door een beroep te doen op mysterieuze, mogelijk bovennatuurlijke krachten. Deze bruiloft schilderde een plaatje van Engeland in zijn meest gedroomde versie: een gastvrije plek, een plek van inclusiviteit, van vrijheid, van mogelijkheden, van liefde, een plek waar geschiedenis en traditie moeiteloos samenvloeiden met verheffende sociale vooruitgang.

Ik had die dag dienst als verslaggever voor CBS News en stond klem op een piepklein balkonnetje van de Harte and Garter, de oude herberg die uitkijkt op de hekken van Windsor Castle. Ik deelde mijn dienst als presentator met de onbetwiste koningin van de ochtendprogramma's en Oprahs beste vriendin Gayle King, die zichzelf helemaal in de stemming hield door in elke reclameonderbreking een andere wuivende hoofdversiering op te zetten. Ik was vergeten hoe klein Windsor is, met zijn nauwe doorgangetjes en dicht op elkaar staande pubs en cadeauwinkeltjes. Ik hoorde het schitterende galmen van het koor dat in St. George's Chapel oefende, alsof de zangers in de kamer naast me stonden.

Op haar weg naar het altaar zou Meghan over veel dode voorouders van Harry moeten lopen die onder de marmeren vloeren van de kapel begraven liggen, onder wie George III, de koning die door Amerika het land uit was geschopt.

De Great West Door was versierd met dikke slingers van bladeren, rozen en witte pioenen die de bruid en bruidegom omlijstten toen ze de lentezon in stapten. De geur van de bloemen zweefde over de straat heen en versterkte de dromerige sfeer van de dag.

De middag daarvoor waren de prinselijke figuren van William en Harry onverwacht het kasteel uit gekomen om zich in de menigte te begeven en handen te schudden, zo'n dertig meter van de plek waar ik stond; kennelijk hadden ze de onenigheid even opzijgezet. Het was zo'n shakespeariaanse aanblik in al zijn bonte Engelsheid dat ik het gevoel kreeg dat ik mijn mutsje moest afnemen en een reverence moest maken. (Was dat Falstaff die daarbeneden stond te kijken en met zijn bierpul te proosten?) Toen de avond viel, keek ik uit het slaapkamerraam van de herberg naar een violette hemel die donker werd boven de Normandische kantelen van het kasteel.

Om 11.25 uur vingen we de eerste glimp op van Meghan achter haar zijden tulen sluier in de Rolls-Royce Phantom IV die over de majestueuze oprijlaan gleed van Cliveden House, het vroegere huis van de familie Astor, waar ze de avond voor haar bruiloft alleen met haar moeder had gegeten. Naast haar in de auto het gezicht van Doria, vol ontzag en liefde met haar neusringetje en kleine, lichtgroene dophoedje waar haar vlechten onderuit kwamen. Een onberispelijk geklede prins van Wales, bijna zeventig nu, met zilveren haren en een rozig gezicht, was een en al gastvrije charme terwijl hij klaarstond om de bruid in plaats van haar afwezige vader naar het altaar te leiden. Aan het eind van de dienst bood hij galant zijn arm aan Doria om haar naar buiten te escorteren, een gebaar dat hongerig werd ontvangen door een Brits publiek dat zijn minst geliefde koninklijke knar als bij toverslag (ja!) zag veranderen in Chaucers 'verray, parfit gentil knyght'.

De stroom onvergetelijke momenten ging maar door.

Het was onmogelijk om niet geraakt te worden door de hunkerende kwetsbaarheid van Harry's gezicht toen hij zijn bruid naar het altaar toe zag komen.

Opeens was duidelijk wat een wanhopig ongelukkige man hij voor die tijd was geweest. De gebroken jongen die nooit helemaal over het verlies van zijn moeder heen was gekomen, met alle jaren van pijn en schuld daarna, was nu geheeld door de liefde van een sterke vrouw met het hart op de tong, die klaar was om hem te omarmen. Hij kon in haar armen vallen, huilend van opluchting dat hij eindelijk iemand voor zichzelf had met wie hij die vreemde, eenzame staat van het royal-zijn kon delen. 'Je ziet er fantastisch uit,' fluisterde hij, terwijl ze haar plaats naast hem innam in haar boothalsjapon van albasten zijde.[1] Het licht door de ramen van de kapel viel op de drieënvijftig bloemen van het Gemenebest die met de hand in haar vijf meter lange sluier waren genaaid.

Andere memorabele beelden: de uiterste waardigheid in de kaarsrechte rug van de bijna zevenennegentigjarige prins Philip, die het volhield om een uur te blijven staan, nog maar zes weken na een heupoperatie. Naast hem, onveranderd na zes decennia koninklijke bruiloften bijwonen, het altijd onbewogen gezicht van de koningin, omlijst door de limegroene rand van haar hoed. O, o, wat hield de camera van het vrolijke troepje bruidsmeisjes en -pages met de gracieuze gestalte van Kate die zich bukte om hen zacht tot stilte te manen.

De onverwachte triomf van het moment was de muziek. Opzwepende kostschoolliederen – 'Guide Me, O Thou Great Redeemer', een van Diana's lievelingsstukken – werden gevolgd door het gospelkoor van Karen Gibson, dat een rockende versie bracht van 'Stand By Me', een buitengewoon idee, niet van de bruid zelf, zoals iedereen aannam, maar van haar telkens weer verrassende schoonvader. Dit werd alleen overtroffen door de WTF-blik die op aristocratische pokerfaces onder vliegende-schotelhoeden vol veren verscheen, toen de Afro-Amerikaanse bisschop Michael Curry zijn vijftien minuten durende, oorverdovende, theologisch beladen preek uitbrulde: 'Leg mij als een zegel op je hart, als een zegel op je arm; want liefde is even sterk als dood, passie even krachtig als het graf. Flitsen van liefde zijn flitsen van vuur.'[2] Zijn storm van rauwe, spirituele bevlogenheid, waarschijnlijk de ultieme injectie van zwarte vreugde in het Britse traditionalisme, genereerde 40.000 tweets per minuut. De meeste congregatieleden, die de geruststellende, bleke bisschoppelijke neutraliteit van de zieltogende Church of England hadden verwacht, waren te verstomd of verbijsterd om naar zijn boodschap te luisteren: dat liefde (zoals romanschrijfster Tara Isabella Burton over de preek schreef) 'een noodzakelijke, chaotische en politieke kracht is'.[3] Liefde biedt, volgens Curry, 'hoop bij maatschappelijk onrecht, ook als ze een blauwdruk biedt om die omver te werpen'.

Een rijtoer van een koninklijk bruidspaar in een open rijtuig heeft meestal iets pretparkachtigs. William en Kate hadden na hun trouwerij in Westminster Abbey ook een ereronde gemaakt, maar de straten van Londen zijn breed, zodat er minder contact met het publiek is. Maar Windsor is zo'n compact Engels stadje dat de juichende, met vlaggen zwaaiende toeschouwers het rijtuig van Harry en Meghan bijna konden aanraken terwijl het onder de balkons door reed. Op onze wankele richel zagen Gayle King en ik de bruid en bruidegom recht onder onze neus de kasteelhekken uit kletteren en konden we elk detail van de rode cavalerie-uniformen, het fonkelend gepoetste koper, de fiere witte paarden in ons opnemen, dat hele opwindende, opzwepende vertoon van rood en goud, terwijl Meghans sluier opbolde in de wind. Harry's militaire rug was even recht als die van zijn grootvader, terwijl de paarden onder de koningsgezinde toejuichingen over de kinderhoofdjes van de straten klippetieklopten. Er was nog een prachtig, oprecht emotioneel moment toen het paar het eind van de Long Walk naderde, de historische, 2,5 mijl lange avenue ten zuiden van het kasteel, en Meghan te zien was met haar hand tegen haar slanke hals gedrukt, bijna ademloos, alsof ze wilde zeggen: 'O, mijn god, ik kan het niet bevatten.'

Niets had haar hierop voorbereid, zelfs Hollywood niet. En niets had Groot-Brittannië voorbereid op deze liefdevolle, ongeremde plechtigheid, die zo totaal anders was dan alles wat tot nu toe was geassocieerd met de familie Windsor in haar kasteel op de heuvel. In de commentaren werd vaak verwezen naar de nadrukkelijke aanwezigheid van Harry's moeder, van haar favoriete vergeet-mij-nietjes in het bruidsboeket tot de griezelig op de hare lijkende stem van haar oudere zus Jane Fellowes, die op de preekstoel uit het Hooglied las. Maar de krachtigste Diana-echo kwam misschien voort uit de dagen na haar dood, toen vreemden van elk ras, elke afkomst en kleur elkaar in de huilende menigtes bij Buckingham Palace omhelsden. Aan het eind van de dag was ik emotioneel zo uitgeput van al die goede wil die overal hing, dat ik alleen nog maar in mijn Londense hotelkamer kon neerstorten om de herhalingen te bekijken.

II

Voor het paleis was dit saamhorigheidsgevoel zelfs nog opmerkelijker, na alle ellende die eraan vooraf was gegaan. Na bijna twee jaar waarin ze ervaring hadden opgedaan met de aanstaande bruid en met de betovering die ze over Harry uitoefende, stond de paleisstaf op instorten.

Volgens bronnen uit het paleis was, vergeleken met de joviale teaminspanning voor de bruiloft van William en Kate, de voorbereiding voor het Sussex-huwelijk één doorlopend drama. Meghans methode daarbij was volgens hen om Harry op te stoken, wanneer ze het gevoel had dat iets wat zij wilde tegengehouden werd.

De laatste persoon die wie dan ook in het paleis tegen zich in het harnas wil jagen, is de vrouw die de vorstin vier keer per dag in haar panty ziet. Angela Kelly is Hare Majesteits kleedster. Onder haar brede, bepoederde gezicht, zilverblonde knot en twinkelende korenbloemblauwe ogen schuilt een ijzeren vuist waarmee ze aan het hof te werk gaat. Deze zestiger, de dochter van een kraandrijver uit Liverpool, is niet alleen de eerste huisontwerpster ooit van de wisselende garderobe aan kleurige outfits van de koningin, ze is ook de bewaarster van haar onschatbaar waardevolle juwelenverzameling.

Ze draagt de titel Persoonlijk Adviseur en coördineert de medische afspraken en persoonlijke agenda van de monarch. Ze is zo intiem met haar dat ze de schoenen van de koningin voor haar inloopt (al vijftig jaar dezelfde blokhak in zwart, crème of wit) en ze gaat mee met het voorbereidingsteam voor haar publieke optredens om zich ervan te vergewissen dat het kersenrode bouclé-mantelpakje van haar baas niet zal vloeken bij de gordijnen op het podium of dat de veren op Hare Majesteits Ascot-hoed niet het zicht van de camera belemmeren. Ze zit alleen met de koningin achter het privacyscherm in de Robing Room van het House of Lords voor de opening van het parlementaire jaar en drapeert zachtjes de staatsiemantel om haar gewijde schouders voordat de koningin de zaal binnengaat voor het jaarlijkse ritueel van de troonrede. Het zal niemand verbazen dat Kelly's onbelemmerde toegang tot de koningin afgunst opwekt bij bepaalde kringen in het paleis, met name toen ze toestemming kreeg om twee boeken over haar rol in het paleis te schrijven, een privilege dat elke koninklijke dienaar is ontzegd sinds Crawfie in 1950 haar *omertá* verbrak. In het paleis wordt ze AK47 genoemd, en dat is niet altijd positief bedoeld.

Na zo veel tijd samen is er een onwaarschijnlijke vriendschap opgebloeid tussen vorstin en dienares. De koningin houdt van Kelly's bijtende humor en waardeert haar als iemand die de waarheid zegt. Dit is allemaal geen geheim aan het hof, maar Meghan zag niet, of wilde niet zien, dat er een verschil was tussen de persoonlijke assistent van de koningin en een freelancestyliste bij NBC Universal. Dat kwam tot ontploffing toen Kelly met opzet, zoals Meghan en dus ook Harry het zag, weigerde de toekomstige bruid toegang te geven tot de bandeautiara van koningin Mary, die Meghan van de koningin zou lenen om op de bruiloft te dragen. Meghan wilde nú de tiara passen voor wat styling-sessies met haar kapster en haar verloofde schoot er als een raket op af om dat te regelen.

Om een van de historische stukken uit de kluis in Buckingham Palace te halen is een hele rompslomp aan goedkeuringen en procedures nodig, waaronder de persoonlijke handtekening van de vorstin en de aanwezigheid van de hofjuwelier, die al het moois met witte handschoentjes hanteert. Of de koningin zelf Kelly instrueerde om Meghans verzoek af te wijzen bleef een vraag in het duistere paleistheater, net als überhaupt het hele proces om haar sieraden te lenen. Er wordt wel gezegd dat de koningin het leuk vindt om vrouwelijke leden van de familie één of twee 'veelzeggende' sieraden aan te bieden voor grote gelegenheden, maar onderdeel van dat ritueel is dat de ontvangster begrijpt dat een uitnodiging om iets te komen uitkiezen niet echt een keus is. Kelly kreeg in aanwezigheid van de koningin opdracht om Meghan de vijf tiara's te laten zien die de koningin vooraf had uitgekozen. Er werd voorgesteld door de vorstin welke tiara Meghan waarschijnlijk het meest zou bevallen, in dit geval de fijne, slanke halvemaan van de diamanten Queen Mary-bandeau (geschatte waarde 2,7 miljoen dollar), gemaakt voor de grootmoeder van de koningin. 'Perfect, vind je ook niet, Megan?' (En ja, hij was perfect.)

In *Finding Freedom* (in het Nederlands uitgebracht als *Meghan en Harry, op zoek naar vrijheid*), algemeen gezien als de geautoriseerde biografie van Meghan en Harry, schetsen auteurs Omid Scobie en Carolyn Durand een scenario waarin Harry, na herhaalde verzoeken om toegang tot de tiara voor de kappersrepetitie van zijn verloofde, bot door Kelly werd afgepoeierd. Wat in dit verhaal ontbreekt is hoe genoeg de paleismedewerkers inmiddels hadden gekregen van alle eisen die Meghan en Harry stelden. '"Dan zei Meghan: "Ik doe gewoon wat jullie willen," terwijl ze ondertussen de kapel kreeg die zij wilde, de priester die zij wilde, het koor dat zij wilde, de jurk die zij wilde, de tiara die zij wilde, de kaarsen die zij wilde, de locatie voor de afterparty, de chef-kok, het entertainment, de gastenlijst. Niemand heeft ergens nee tegen gezegd,' vertelde een bron me opgewonden.'

Het is niet ongebruikelijk dat een bruid voor haar bruiloft overspannen raakt, maar het komt minder vaak voor dat de bruidegom in *gomzilla* verandert. Harry stond erop dat zijn vrouw alles kreeg waar ze volgens hem recht op had. 'Er was veel woede,' vertelde een paleisbron me. 'Tegen mensen schreeuwen. Agressief, waar andere leden van de staf bij waren, in feite waar te veel mensen bij waren, en daarom kwam het allemaal naar buiten en ontstond de eerste negatieve berichtgeving over het gedrag van het stel.' Meghan kreeg haar tiara, maar Angela Kelly had haar punt gemaakt.

Nu de spanning steeg, was er ook een botsing tussen Kate en Meghan bij het passen van de bruidsmeisjesjurken. De vraag, nu in nevelen gehuld, is deze: wie bracht wie tot tranen? Later werd gezegd dat Meghan erop had gestaan dat de meisjes, onder wie Kate's driejarige dochter prinses Charlotte, geen maillot onder hun ivoorwitte zijden jurkje zouden dragen, en dat dit de koninklijke traditionalist Kate op de rand van een paniekaanval had gebracht. Een andere versie is dat Kate geïrriteerd was omdat de jurken van de bloemenmeisjes niet pasten. En dat de uitgeputte hertogin van Cambridge, die nog maar net van prins Louis was bevallen, er schoon genoeg van had om in de hitte te staan en zich te laten commanderen door de nog-net-niet-helemaal-hertogin van Sussex.

Wie kon het iets schelen? Voornamelijk Meghan, zo lijkt het. Toen geruchten over de ruzie een halfjaar later uitlekten, wat tot een golf 'onmogelijke diva'-koppen leidde, eiste Meghan dat het paleis het verhaal ontkende of corrigeerde. Ze was woedend dat de communicatiemensen niet onmiddellijk iets wilden ontkennen wat in hun ogen helaas waar was, zij het onvolledig. (Wat nog het meest voor de hand ligt is dat ze die dag allebei een meltdown hadden.)

Hoe dan ook, het is de cultuur in de persafdeling van het paleis om vrijwel nooit commentaar te geven op persoonlijke zaken van de familie. Volgens een andere bron in het paleis kreeg Meghan te horen: 'Wij geven geen commentaar op privéaangelegenheden. Niets aan te doen.' Daarna werd ze geobsedeerd door het idee dat het paleis weigerde het verhaal te ontkrachten.

Wat deze onbeduidende controverse de moeite van het vermelden waard maakt, is het eigenaardige vervolg erop. In haar Oprah-interview in maart 2021 greep Meghan de gelegenheid aan om voor een wereldwijd publiek van 49 miljoen kijkers te benadrukken dat zij, niet Kate, degene was die aan het huilen was gemaakt. Drie jaar na dato (op het hoogtepunt van de coronapandemie) maakte ze zich nog steeds druk over de weigering van het paleis om het suffe bruidsmeisjesverhaal te corrigeren, in antwoord op vragen waar ze zich kort van af had kunnen maken. Camilla heeft decennialang de eindeloos gerecyclede leugen moeten lezen dat ze door een boze Diana-fan bij haar plaatselijke supermarkt was bekogeld met broodjes, maar dan glimlachte ze suikerzoet en ging door met waar ze mee bezig was. Kate heeft na het Oprah-interview geen woord gezegd, ook al maakte de Cambridge-persmachine achter de schermen overuren. Katie Nicholl, royaltycorrespondent van *Daily Mail*, kreeg te horen: 'Kate is niet in de positie om te antwoorden en Meghan en Harry weten dat.'[4] De kracht van een koninklijke stilte is het ultieme geheim van de monarchie.

Dus waarom hielp Harry zijn toekomstige vrouw niet om haar weg te zoeken in de paleiscultuur? Omdat hij dat niet wilde. Hun nieuwe verbond vereiste dat Meghan tegen alle normen vocht waar hij zo lang tegenaan had geschopt. Zij was nu zijn wapenbroeder. Een medewerker noemde hun confrontatiezoekende houding tegenover mij een 'wederzijdse verslaving aan drama'.

En er kwam nog veel meer op hen af en zoals zo vaak deels door hun eigen toedoen. Het was een vergissing van Meghan geweest om de onstuimige Piers Morgan nieuws in te fluisteren, zodra ze Harry had leren kennen. Na hun eerste gezellige dirty martini's in de Scarsdale Tavern samen heeft Morgan nooit meer iets van Meghan gehoord. Dat was een klap in zijn gezicht, waarvoor hij later zoete wraak nam door haar onophoudelijk te bespotten, zoals alleen hij dat kan, in zijn ochtendprogramma en in zijn *Daily Mail*-column, twee van de machtigste mediaplatforms van het land. Had ze de man aan wie ze ooit zo gretig DM's had gestuurd om een ontmoeting te regelen, voor de bruiloft uitgenodigd, dan zou dat een geweldige pr-oogst hebben opgeleverd. Hij zei het met zoveel woorden in zijn *Mail*-column die in de tijd van de verloving verscheen onder de vriendelijke kop: 'Gefeliciteerd, Harry, je hebt een echte blijver gekozen.'

'Ik heb niets meer van Meghan gehoord nadat haar koninklijke verbintenis bij het grote publiek bekend werd, wat gezien de omstandigheden totaal begrijpelijk is,' schreef hij. 'Maar alles is vergeven en vergeten als ik een uitnodiging krijg voor de bruiloft van het jaar.'[5]

Die kwam niet en hij heeft haar niet vergeven.

Serena Williams, David en Victoria Beckham, Priyanka Chopra, Elton John en de cast en producers van *Suits* kregen allemaal een goud-op-snee-uitnodiging. ('De Amerikanen waren in vol ornaat, de locals kwamen in een rokkostuum dat in geen twintig jaar gestreken was,' vertelde iemand van het *Suits*-team me.) De celebrity-gasten waren geen afspiegeling van Meghans intieme kring, maar van de vrienden die ze het liefst wilde hebben. Oprah, die Meghan misschien een enkele keer had ontmoet, kreeg een plek in de voorste kerkbank tegenover de koningin. Haar pastelroze Stella McCartney-jurk was van de ene dag op de andere in elkaar gezet ter vervanging van dezelfde jurk in het beige, waarvan ze opeens vreesde dat hij op de foto's wit zou lijken. Mensenrechtenadvocate Amal Clooney, die de trappen op zweefde in een schitterende, soepele gele jurk en breedgerande tea-tray-hoed, kreeg met de joviale George een plaats tegenover de zoon van prinses Margaret, viscount Linley. Rachel Johnson, de zus van Boris, beweerde in een column dat de voormalige flatgenoot van prinses Diana zich tot het sterrenkoppel naast hen in de kerkbank wendde en vroeg waar zij Harry en Meghan van kenden. 'We kennen ze niet,' antwoordden de Clooneys volgens haar 'opgewekt'.[6]

De snelheid waarmee Meghan mensen liet vallen, werd een terugkerend verhaal. Slecht karma kwam op haar neer van haar afgewezen halfzus en -broer. De drieënvijftigjarige Samantha en de eenenvijftigjarige Tom jr. waren, respectievelijk vanuit Florida en Oregon, altijd al om geld verlegen ongeleide projectielen geweest. Samantha had Meghan al in november 2016, nog voor ze waren verloofd, 'narcistisch en zelfzuchtig' genoemd, maar ze werd opnieuw kwaad door Harry's ongevoelige opmerking in de *Today Show* op de BBC-radio dat de leden van het Koninklijk Huis 'de familie zijn die Meghan denk ik nooit heeft gehad'.[7] Dit klinkt nogal overdreven als je bedenkt wat Harry de wereld sindsdien heeft verteld over zijn narigheid als het buitenbeentje in de koninklijke kooi. De over het land verspreide, ruziënde en elkaar allerlei van alles verwijtende Markles waren al nooit het ideale Amerikaanse gezinnetje. Maar als je het over disfunctionele families hebt, dan doen de Windsors waarschijnlijk niet onder voor de Markles.

De Amerikanen zijn meer dan de Britten geneigd moeilijke of gênante familieleden buiten te sluiten, maar wijzere adviseurs zouden Meghan hebben aangeraden haar tanden op elkaar te zetten en Samantha en Tom uit te nodigen, stevig in de pr-tang gehouden. 'We hebben allemaal wel een zwart schaap in de familie, nietwaar?' zei Lady Glenconner tegen mij.

'Maar je weet: je moet ze toch op de een of andere manier zien te vinden en ze laten komen en ze dan ergens neerzetten.'[8] Je kunt je voorstellen hoe Carole Middleton, die ook met lastige familieleden kampte, die hele ruziënde clan eerste klasse liet overvliegen, ze onderbracht bij het 'Boring Goring' en ze tot de grote dag bezighield met vip-rondleidingen bij Londense bezienswaardigheden. Meghan koos niet voor die oplossing. Zij was nu behalve een bruid ook een merk en in de kerkbanken van St. George's Chapel was alleen plaats voor beroemdheden, de schoonheden en de invloedrijken.

Nu zij de rol van Assepoester toebedeeld kregen, kwamen Samantha en Tom met nog meer roddels over Meghan tegenover de gretige boulevardpers. Tom jr. klaagde in een interview met *Daily Mirror* dat Meghans weigering om hen uit te nodigen 'mijn hele familie uiteen heeft gerukt'.[9] Samantha scheidde een stroom aan negatieve tweets af: 'Het is tijd om te laten zien dat je een kerel bent' [...] 'Mooipraterij over humanitaire hulp werkt niet als je Meg de Markles laat negeren.'[10]

In een van de meer groteske momenten van het familie-moddergevecht schreef Tom jr. een open brief aan prins Harry die in *In Touch* verscheen. Het was 'niet te laat,' zei Tom jr., 'om te beseffen dat dit de grootste vergissing in de geschiedenis van de koninklijke huwelijken is', en in een proza dat klonk alsof het met een broodmes was geschreven, verklaarde hij dat Meghan een 'verveelde, oppervlakkige, over het paard getilde vrouw is die jou en het erfgoed van de koninklijke familie belachelijk zal maken. Om er nog maar van te zwijgen dat ze, als toppunt van alles, haar eigen familie niet en wel volkomen vreemden voor de bruiloft uitnodigt. Wie doet dat nou?'[11]

Ziedend belde Meghan haar vader en smeekte hem tegen haar halfzus en -broer te zeggen dat ze op moesten houden met hun aanvallen op haar. 'Ze werd kwaad op mij,' zei hij tegen me in een telefoongesprek vanuit Rosarito. 'Ze bleef maar zeggen dat ik het moest regelen, maar ik ken geen ouders die hun vijftigjarige kinderen in de hand hebben. Ik kan niet verdedigen wat mijn zoon heeft gezegd of waarom hij het heeft gezegd. Eerder zou ik de schuld voor de meeste dingen die zijn afgedrukt aan een stel journalisten geven die naar Oregon zijn gereden en hem elke avond meenamen naar een bar. En dan bedoel ik letterlijk elke avond. Ze legden hem dingen in de mond en maakten daar dan een verhaal van.' Wow, dat is echt smerig,' zei ik.

'Wil je smerige verhalen over journalisten horen?' vroeg Tom Markle. 'Dan kan ik je nog een hele tijd bezighouden.'

III

Op dit moment ziet het grote publiek Meghan Markles vader in het algemeen als een sneue, geldbeluste loser. Hij vond het nog niet genoeg dat hij zijn dochter in verlegenheid had gebracht door foto's waarop hij zich zogenaamd op de bruiloft voorbereidde aan de media te verkopen, maar liet haar op de mooiste dag van haar leven ook nog eens voor het oog van de koninklijke familie en de wereld zitten, nadat hij haar eerst in onzekerheid had gelaten of hij wel of niet zou komen opdagen.

Markle is inderdaad een moeilijk mens, met de koppige, norse trots van een man die blijft graven als hij al in een kuil staat. Nu hij alleen woont en na een freelancecarrière van vijftig jaar bij soapseries heeft gemerkt dat hij met zijn pensioen niet zo veel kan doen als hij had gehoopt, voel je dat hij gewoon verdomme met rust gelaten wil worden.

Maar toch knaagt het tot op de dag van vandaag aan hem dat Harry hem niet het respect heeft betoond om ook maar één keer naar hem toe te komen voor een persoonlijke kennismaking voordat hij per telefoon om de hand van zijn dochter vroeg. Hij geeft liever niet toe dat Meghan zich waarschijnlijk te veel geneerde voor hoe hij eraan toe was om hem persoonlijk aan haar koninklijke vriendje voor te stellen. ('Gêne is een keus die een individu maakt. Die is niet de schuld van de andere persoon,' meende Wendy Riche, Toms vroegere baas als producent van *General Hospital* tegenover mij.[12]) Het kwam Toms humeur niet ten goede dat zijn ex-echtgenote thuis in LA bezoek kreeg van twee vertegenwoordigers van het Britse consulaat die de officiële uitnodiging van het paleis voor het huwelijk kwamen overhandigen, terwijl hij, haar vader, als tweederangsburger werd behandeld.

Toen de wereldpers in Rosarito opdook en aan zijn deur klopte op zoek naar modder, vond Tom die ervaring uiterst enerverend. Hij vond Harry's oproep aan de telefoon om niet met reporters te praten onrealistisch: gemakkelijk gezegd voor een prins die in een paleis woont, niet zo gemakkelijk toen de persmuskieten zich op het slaperige Mexicaanse stadje stortten, waar hij zijn boodschappen deed en in de wasserette zat.

'In de straat waar ik woon huurden ze veranda's aan de linker- en rechterkant van de straat,' vertelde hij me.[13] 'Elke keer als ik mijn huis uit kwam, was er wel iemand die een foto van me maakte. Ik kon niet ongezien mijn auto in- of uitstappen of mijn huis in of uit gaan. Elke keer als ik naar het centrum reed, volgden ze me. Elke keer als ik naar de kapper ga, nemen ze foto's van me. Ik nam de gewoonte aan om alleen midden in de nacht naar buiten te gaan, om 1 uur, om geld op te nemen en wat boodschappen te doen.' Een vernederende vloedgolf aan beelden van Tom die tassen bierblikjes sjouwt en medicijnen tegen winderigheid koopt, verscheen in de roddelbladen en zo werd hij afgebeeld als de een of andere chaotische asociaal en niet zoals hij zichzelf zag: als een voormalige, succesvolle belichtingsman die nu in zijn huisje aan zee van zijn pensioen genoot. 'De hele ploeg van *General Hospital* vond het afschuwelijk zoals Tommy werd neergezet,' vertelde iemand van het productieteam.

Vanuit een verlangen naar een minder slonzig imago viel Tom ten prooi aan de laaghartige streek van een roddelkoopman met een zilveren tong, Jeff Rayner. Deze medeoprichter van een tweederangs foto- en roddelagentschap in LA stelde voor om een fotoshoot te doen waarin Tom zogenaamd werd gevolgd terwijl hij wordt opgemeten voor zijn rokkostuum, aan gewichtheffen doet om in vorm te komen en een exemplaar van het boek *Images of Great Britain* bestudeert. Zijn dochter Samantha, met haar feilloze combinatie van kwade trouw en verkeerde beslissingen, vond het een geweldig idee, zeker toen Rayner haar een percentage van de opbrengst van de foto's aanbood. (Ze hebben er uiteindelijk zo'n 100.000 pond aan verdiend.) Dus drong ze er bij haar vader op aan om het te doen. In een van de pijnlijkste mise-en-scènes zie je Toms uitstulpende rug gebogen over een computerscherm in een internetcafé terwijl hij door verlovingsfoto's van Meghan en Harry scrolt, zonder te beseffen dat hij er op deze manier uitziet als de ultieme sneue sukkel die moet toekijken hoe zijn dochter uit zijn klasse wordt verheven.

Het opzetje kwam uit toen *The Mail on Sunday* privéfilmbeelden publiceerde waarop te zien is dat Tom de zaak had bedrogen; die beelden waren tot een week voor het huwelijk vastgehouden zodat ze maximale impact zouden hebben. De zogenaamde kleermaker – hij ziet eruit als veertien – bleek medewerker van een partywinkel die 15 dollar fooi had gekregen om Markle 'op te meten'. Met de bredere camerahoek wordt duidelijk dat de zogenaamde work-outruimte een braakliggende helling vol afgedankte matrassen en autobanden was.

'Ik dacht dat het goed was wat ik deed, maar dat was duidelijk niet zo,' zei Markle knorrig tegen mij. 'Het was een vergissing.'[14]

Vernederender onthullingen waren nauwelijks denkbaar voor Meghan, die dacht dat ze eindelijk de brug naar haar sprookjestoekomst was overgestoken en nu merkte hoe haar in de ban gedane familieleden haar bij haar enkels grepen en haar de slijmerige diepte in trokken. Na een tip dat *The Mail* de waarheid over de fotoshoot zou onthullen, belde de aanstaande bruid, duidelijk gepijnigd, haar vader om te vragen of hij inderdaad aan het opzetje had meegedaan, voordat ze vroeg of het paleis het verhaal teniet kon doen. Om redenen die alleen hij kent, schuldgevoel of opkomende paniek, ontkende hij het. Later zei Meghan tegen een vriendin over zijn gedrag: 'Mijn pa heeft dit nooit zo gewild. Ik geloof echt dat hij slachtoffer was en nu ben ik verdrietig omdat ik geloof dat hij heel erg beschadigd is.'[15] Markles weigering om Jason Knauf, het communicatiehoofd van Kensington Palace, te bellen en om hulp te vragen, zoals zijn dochter hem dringend aanraadde, valt toe te schrijven aan zijn defensieve weigering om toe te geven hoe kwetsbaar hij zich werkelijk voelde.

Voor het eerst kregen paleisfunctionarissen medelijden met Meghan, terwijl onder de hogere leden van het koningshuis de zorgen over het feit dat zij bij The Firm kwam in een heel nieuw stadium belandden. Vergeet haar autoritaire eisen en haar zorgwekkende greep op Harry: met de kwaadaardige indiscreties en domheid van haar familieleden zouden de tabloids waarschijnlijk nog jaren vooruit kunnen. Het was dubbel zo pijnlijk voor Harry omdat al deze toestanden de voorzichtigheid van de benepen Meghan-tegenstanders en zijn betweterige broer alleen maar rechtvaardigden.

Tekstberichten van Harry aan Tom Markle in deze hectische periode – die later opdoken in de rechtszaak van de Sussexen tegen Associated Newspapers Ltd, de moedermaatschappij van *The Mail on Sunday* – laten zien dat hij doodsbang was toen Tom publiekelijk zijn excuses wilde aanbieden, voor het geval dat die zich nog dieper in de nesten zou werken. 'Tom, Harry weer!' schreef hij. 'Moet je echt spreken. Je hoeft geen excuus te maken, we begrijpen de omstandigheden, maar "publiek gaan" maakt de situatie alleen maar erger.'

Door Harry's media-micromanagement in dit late stadium voelde Tom Markle zich alleen nog maar machtelozer, misschien zelfs wel van zijn mannelijkheid ontdaan. Het was een grote schok voor hem toen hij tot zijn schaamte besefte dat hij nu voor de hele wereld het mikpunt van spot was en dat heeft ongetwijfeld bijgedragen aan wat hem daarna overkwam: een lichte hartaanval.

Meghan ondervond nu háár versie van Harry's *Truman Show*. Haar vader praatte met celebrity-website TMZ en niet met haar. Ze moest inloggen om eerst te horen dat hij zich te erg schaamde om bij het huwelijk te kunnen zijn, en vervolgens dat hij van gedachten was veranderd en toch kwam. Wat volgde was een *opera buffa* die de wereld in zijn greep hield over de vraag of de vader van de bruid wel of niet in het vliegtuig naar Londen zou stappen om zijn dochter in Windsor naar het altaar te leiden.

Toen: niks, stilte, een tweede hartaanval en Tom Markle zag definitief af van de bruiloft. Terwijl de paniekerige tekstberichten van zijn dochter zijn telefoon binnen piepten, verdween de vader van de bruid onder de golven, als een reiziger op de Titanic.

Zelf legde hij tegenover mij de reden uit voor zijn verdwijntruc bij een laatste boos telefoontje van Harry terwijl hij in zijn ziekenhuisbed lag bij te komen, al heeft Meghan dat ontkend. 'Harry zei: "Als je naar mij had geluisterd, zou dit je nooit overkomen zijn." Toen zei ik: "Dat is de verwaandste vent die ik ooit van mijn leven heb gehoord." En ik hing op. Ik zei: "Dat is het, genoeg." Daarna hebben ze me nooit meer gebeld.'[16] Meghan zegt dat ze hem meer dan twintig keer heeft gebeld.

Op verzoek van de bruid was Charles meteen bereid de taak om haar naar het altaar te begeleiden over te nemen. Hoe diep de collectieve zucht van verlichting op Windsor Castle ook mocht zijn, voor de snikkende Meghan was het, zoals ze in augustus 2018 aan haar vader schreef, 'een klap waardoor mijn hart in een miljoen stukjes brak'. Het familiedrama van deze turbulente week had weggestopte vernederingen aan de wereld geopenbaard. Het lelijke geruzie van haar familie en de trotse, eenzame figuur van haar moeder zonder één vriendin of familielid naast zich in de kerkbank, suggereert dat Meghan zich door meer gemeenheid en onenigheid een weg naar boven had gebaand dan ze had laten merken. Hoeveel zal ze tijdens hun laatste moeder-dochteravond samen op Cliveden gehuild hebben over de beledigingen die haar die laatste week waren aangedaan? De discrete familie Middleton vormde een praetoriaanse garde rond Kate voor haar bruiloft. Meghan had alleen de 'lieve ogen' en de kalmte van haar rustige moeder Doria om op te vertrouwen.

Voor Harry was het drama bijna even traumatisch als voor Meghan. Weer hadden de media een manier gevonden om onmetelijke schade toe te brengen aan iemand van wie hij hield, deze keer door haar vader in de val te lokken. Zoals de prins zei, toen het nieuws over hun liefde voor het eerst naar buiten kwam: 'Sommige mensen vinden dat het een spel is. Het is geen spel. Het is haar leven.'[17]

De kwelling van Tom Markle voorafgaand aan de bruiloft was een perswandaad van de meest onvergeeflijke soort, begaan vanuit commercieel cynisme en met een tragische afloop voor een mens. 'De kern hiervan is de zeer grote schade die een klein aantal kranten de familie Markle heeft toegebracht,' zei Paddy Harverson tegen mij. 'Uiteindelijk gaat het erom dat er een enorme, permanente wig tussen Meghan en haar vader is gedreven. Daarbij moet je bedenken dat paleisfunctionarissen in het prille begin van de relatie tussen Meghan en Harry officieel en off the record aan de voltallige pers hadden laten weten dat Thomas Markle alleen woonde in zijn privéomgeving en niet met de media wilde praten. De pers heeft dat genegeerd. Ze hebben hem bewerkt; ze hebben net zo lang druk uitgeoefend tot hij bezweek. Er was geen publiek belang mee gediend. Al die toestanden kwamen voort uit de meedogenloze manier waarop de media inbreuk op zijn leven maakten.[18]

Uiteindelijk bekeek een ontredderde Tom Markle de sprookjesbruiloft van zijn dochter net als iedereen op tv, alleen op de Airbnb-kamer van dertig dollar per nacht in Tijuana die hij had gehuurd om aan de pers te ontsnappen. 'Mijn kleine meisje zag er prachtig uit,' zei hij. 'Ik zal het altijd betreuren dat ik daar niet kon zijn om de hand van mijn dochter vast te houden.'[19]

23

DE HARDE WERKELIJKHEID

De morning after van de monarchie

'Ik zag de auto omslaan en dacht f****cking hell!'[1] Op een vrieskoude januarimorgen in 2019 zag de vijfenzeventigjarige plaatselijke advocaat Roy Warne op de A149 bij Babingley in Norfolk tot zijn schrik een Land Rover kantelen en op zijn zijkant terechtkomen. Hij hoorde de stem van een bejaarde man, die riep: 'Mijn benen, mijn benen!' Het voertuig was in botsing gekomen met een blauw minibusje – waar nu rookwolken van afkwamen – met een vrouw achter het stuur, nog een vrouw op de passagiersstoel en een baby van negen maanden op de achterbank. Warne haalde de krijsende baby uit de auto en haastte zich toen naar de Land Rover om de bestuurder daarvan te bevrijden. Daar kreeg de verbijsterde advocaat de kans om nog een keer f*****ng hell te denken. Geschrokken maar ongedeerd liet de hertog van Edinburgh zich overeind hijsen en kwam hij strompelend de auto uit.

De zevenennegentigjarige prins Philip weigerde al een tijdje in overweging te nemen dat hij te oud was om nog achter het stuur te zitten. Hij was altijd een snelheidsduivel geweest en droeg nooit een veiligheidsgordel wanneer hij over zijn landgoederen scheurde. Zodra hij zijn Land Rover total loss had gereden, bestelde hij een nieuwe. De volgende dag kreeg hij een reprimande van de politie nadat hij was gefotografeerd terwijl hij zonder gordel rondreed. Het incident bereikte de media en veroorzaakte een nationaal debat over de vraag of het bejaarde gevaar van de weg gehaald moest worden. Ongetwijfeld heeft Philip er sardonisch om gegrijnsd dat de populistische tabloids nu opeens uitriepen dat hij zich door een chauffeur moest laten rondrijden.

Voor één keer vond de koningin de koppigheid van haar man niet grappig. Als de twee vrouwen en de baby in het minibusje omgekomen waren, zou dat het Chappaquiddick van de Britse monarchie zijn geweest en dezelfde vragen hebben opgeroepen als het auto-ongeluk van Camilla tweeëntwintig jaar eerder. De hertog weigerde bovendien koppig om de schuld op zich te nemen, en hield vol dat hij de andere auto niet had zien aankomen doordat de zon in zijn ogen scheen. De passagier in het minibusje zei tegen de *Mirror*: 'Ik zou het geweldig vinden als prins Philip zijn spijt betuigde, maar ik heb geen idee of hij wel spijt heeft. Hoe moeilijk kan het voor hem en de koningin zijn om me een kaartje en een bos bloemen te sturen?'[2] Ze voegde eraan toe dat ze via een contactpersoon van de politie alleen maar een korte boodschap had gekregen, waarin stond: 'Ter herinnering aan de koningin en de hertog van Edinburgh.' Nou, de verontwaardigde vrouw herinnerde zich hen zeker, dank u.

Philip liet zich overhalen (of misschien kreeg hij er in dit geval het bevel toe van Hare Majesteit) om haar de volgende dag een excuusbrief te schrijven waarin hij nogal ongeloofwaardig beweerde dat hij nog maar net had gehoord dat ze haar pols gebroken had en erop hamerde wat een uitstekende chauffeur hij gewoonlijk was. De maand daarop ging er een diepe zucht van opluchting door het paleis toen hij eindelijk aan de druk toegaf en zijn rijbewijs inleverde. Het was een vernederende klap voor een man die een leven lang zijn onafhankelijkheid opgeëist en compromisloos bewaakt had.

Het ongeluk was opnieuw een teken voor de koningin dat haar geliefde wederhelft niet meer alles in de hand had. Vier maanden daarvoor was ze blij geweest met zijn besluit om te stoppen met zijn koninklijke verplichtingen. Het was meer dan zes decennia geleden dat de eenendertigjarige Philip Mountbatten, hertog van Edinburgh, zijn trouw had gezworen als haar *liege man of life and limb* (leenman van lijf en leden). Toen hij in augustus 2017 zijn taken neerlegde, had hij de koningin op al haar 251 buitenlandse reizen begeleid ('Dring niet tegen de koningin aan!' blafte hij soms als de pers te dichtbij kwam') en had hij zelf 22.000 koninklijke optredens gedaan. Meer dan 780 organisaties konden hem hun beschermheer, voorzitter of erelid noemen en hij was altijd weer trouw komen opdagen, zelfs voor saaie verplichtingen als een rondleiding door het hoofdkwartier van de Britse tandartsenvereniging in Brighton, waarna een verslaggever schreef: 'Het weer had niet slechter kunnen zijn.'[3] Een beschermheerschap dat hij bijna vijfenzestig jaar met trots bekleedde, als Captain General van de Royal Marines, droeg hij over aan zijn kleinzoon, prins Harry. 'Verknal het niet,' zei Philip tegen hem, een advies dat nu bepaald niet uit de lucht gegrepen klinkt.[4]

Nu hij zich had teruggetrokken, nam Philip zijn intrek in zijn 'man cave' op Wood Farm, de knusse en bescheiden koninklijke bezitting op het landgoed Sandringham, waar hij zijn papieren ordende, aquarellen schilderde en gulzig geschiedenisboeken las. Hij kreeg vaak gezelschap van Penny Romsey. Zij hield net als de hertog van schilderen, een rustige en onschuldige passie voor allebei. Nog steeds werd Philip gefascineerd door technologie en hij bezong vaak de geneugten van zijn Kindle, tot hij, uit woede over alle reclame die daarop verscheen voor boeken die hij niet wilde lezen, het ding in de badkuip smeet.

Op zijn typerende defensieve manier had hij duidelijk gemaakt dat hij niet alleen fysiek vertrok toen hij zijn koninklijke taken opgaf, maar dat hij zich helemaal niet meer met het koninklijk adviseurschap bezig zou houden. De koningin was wel blij dat Philip zijn laatste jaren besteedde zoals hij dat wilde, maar de afwezigheid van zijn altijd weer goede raad liet een leegte bij haar achter. Door zich terug te trekken veroorzaakte hij zonder het te beseffen het verlies van nog een wijs man uit haar meest vertrouwde kring. Haar privésecretaris Sir Christopher Geidt had een voor hem zeldzame ondiplomatieke zet gedaan en dat bood prins Charles en prins Andrew een kans om deze door de wol geverfde hoogste adviseur van de koningin weg te werken.

Andrew had Geidt nooit vergeven dat hij in 2011 op de achtergrond aan politieke touwtjes had getrokken om hem zijn positie als Brits handelsambassadeur te ontnemen vanwege zijn algemene vreselijkheid en twijfelachtige financiële deals. En Charles was woedend geweest toen Geidt de vijfhonderd leden van alle drie de koninklijke huishoudens bijeengeroepen had om het terugtreden van Philip aan te kondigen en hen daarbij had aangespoord om samen te werken ter ondersteuning van de koningin. De reactie van de lichtgeraakte Charles was, netjes uitgedrukt: 'Verdomd schandalig!' Dit had een prins van Wales-moment moeten zijn. Charles zou binnenkort zeventig worden en wilde wanhopig graag laten zien dat zijn ster nu rijzende was en die van zijn moeder aan haar neergaande baan begon.

Charles was altijd jaloers geweest op Geidts macht. De koningin vertrouwde haar indrukwekkende privésecretaris, vooral omdat hij een feilloze antenne had voor de stemming in het land. Een vroegere collega vertelde: 'Geidt houdt een vinger aan de pols van het land zoals niemand anders die ik ken dat kan, ook politici niet.' (Hij werd in 2021 dan ook door premier Boris Johnson ingehuurd als zijn integriteitsadviseur.) Geidt zag het als zijn taak om te zorgen dat het koningschap van een zeer geliefde koningin die langer op de troon heeft gezeten dan welke andere nog levende monarch ook, op een goede manier overging naar haar veel minder populaire zoon. Kennelijk geloofde hij dat de koningin door de brexitkrampen een belangrijk symbool van eenheid en stabiliteit was geworden. Het optimisme van de brexiteers na hun overwinning in het referendum om de Europese Unie te verlaten, sloeg om in de bittere angst dat het uiteindelijk niet zou gebeuren. De conservatieve regering van Theresa May was met zichzelf in oorlog om hoe de brexit voor elkaar te krijgen en er heerste het sterke idee dat de nog steeds protesterende Remainers een manier zouden vinden om er alleen een brexit in naam van te maken. Ook al was het nu Charles die Hare Majesteit naar de opening van het parlementaire jaar escorteerde en nam hij meer ceremonies in het paleis op zich, Geidt was van mening dat het Britse volk te midden van alle politieke beroering gerustgesteld moest worden dat de koningin nergens heen ging – voorlopig. Dit was precies het tegenovergestelde van wat Charles wilde.

Charles ging naar Mummy en eiste Geidts hoofd. In wat zeker niet haar beste moment was, bezweek de koningin voor Charles' boosheid. De zeldzame broederschap van Andrew en Charles was voor de negentigjarige vorstin te indrukwekkend om te weerstaan. Ze toonde haar persoonlijke verdriet om het oneerlijke ontslag van Sir Christopher na tien jaar trouwe dienst door hem op weg naar de uitgang te overladen met eerbewijzen en een afscheidsfeest met meer dan vierhonderd gasten voor hem te geven in Buckingham Palace. Alle hoge leden van de koninklijke familie waren er, behalve Charles en Andrew, die hem de doodsteek hadden gegeven. De gekwetste Geidt vertrok en begroef zich op een schapenboerderij in Orkney. Tweede man Edward Young, die hem verving, was hoofd communicatie bij Barclays geweest voordat hij in 2004 bij de paleisstaf was komen werken, en al had hij haar Ierse reis uitstekend geregeld, hij bezat in geen enkel opzicht de ver reikende tentakels van zijn voorganger. Velen denken dat de koninklijke toestanden die zouden volgen, niet zo uit de hand gelopen zouden zijn als de koningin zich nog op Geidt had kunnen verlaten.

II

Ondertussen bleef Meghan hardnekkig vragen om paleisvergaderingen over hoe 'haar rol in te vullen was', een rol die voor het paleis oogverblindend helder was.[5] Haar rol was om de monarchie te steunen met een uitgewogen agenda van verschillende patronages en publieke optredens in eigen land, afgewisseld met door Buitenlandse Zaken zorgvuldig gekozen buitenlandse reizen. Om Meghan te laten zien hoe je dat deed, nodigde de koningin het nieuwbakken familielid een maand na de bruiloft uit om haar te vergezellen naar de opening van een zesbaans-tolbrug bij de stad Chester, in de buurt van Liverpool. In de keus voor dit optreden zou je Hare Majesteits droge gevoel voor humor kunnen ontwaren. De koningin droeg een feestelijk limegroen hoedje, een bijpassende mantel en witte handschoenen en had zich zelden zo zichtbaar geamuseerd bij een openbaar evenement dat niet om paarden draaide. Toevallig is het zo dat de koningin dol is op alles wat met bruggen en tunnels te maken heeft; vaak vist ze uitnodigingen om die te openen van de stapel 'afwijzen' van haar privésecretarissen. Maar dit speciale tripje naar Merseyside was een goede manier om een glamoureuze nieuwe Amerikaanse schoonkleindochter die probeert te begrijpen hoe het is om de monarchie te dienen, duidelijk te maken hoe dat gaat. Om met de gemaal van koningin Mary, George v, te spreken: 'Wij zijn de koninklijke familie en we houden van infrastructuur.'

Zonder hoed (ooo...!) en met loshangend haar verscheen Meghan in een crèmekleurig Givenchi-kokerjurkje met een geraffineerde schoudercape. Terwijl ze in Cheshire uit de koninklijke trein stapten, hoorde iemand haar aan de vorstin vragen hoe die het instappen in de wachtende Bentley het liefst deed. 'Wat heeft uw voorkeur?' vroeg Meghan. 'Ga jij eerst maar,' antwoordde de koningin met een twinkeling in haar ogen, terwijl ze de vroegere *Suits*-actrice liet voorgaan.[6]

Vervolgens werden Harry en Meghan op een prettig weinig eisende reis naar Ierland gestuurd. De hertogin arriveerde in een nauwsluitende, mosgroene Givenchy-rok en -top, luidde samen met Harry de grote Peace Bell, keek aandachtig toe bij een hurlingwedstrijd in Croke Park en bewonderde de jonge eik die de koningin tijdens haar eigen veelgeroemde bezoek zes jaar daarvoor had geplant. Het was koninklijk huis-tuin-en-keukenwerk, maar uitgevoerd met het elan van een actrice. De Paddy Harverstondoctrine, 'je hoeft alleen maar te lachen en te doen alsof je het leuk vindt', werd beloond met dolenthousiaste commentaren. In 2018 werd Meghan 800.000 keer een 'frisse wind' genoemd.

De hertogin kwam ook nog met twee goed doordachte eigen projecten. Ze maakte een boek met recepten van immigrantenvrouwen die ontheemd waren geraakt bij de helse Grenfell Towers-brand in juni 2017, waarbij tweeënzeventig inwoners waren omgekomen. Het project was op verschillende niveaus een succes. Het was authentiek: Meghan is zelf een culinair talent. Het toonde medeleven door het publiek en de media eraan te herinneren dat de getroffen families nog steeds veel te lijden hadden nadat de camera's zich alweer op iets nieuws hadden gericht. En het had effect. *Together: Our Community Cookbook* bracht 500.000 pond op voor de slachtoffers van de brand en werd meteen een bestseller op Amazon.

In een tijd waarin 37 procent van de inwoners van Londen buiten het VK was geboren en hun status als inwoners in de post-brexitbitterheid werd betwist door luidruchtige Little Englanders, was de aanblik van de hertogin van Sussex die met een schort voor in de Al-Manaar Moskee naast gehoofddoekte moeders in een pan rijst staat te roeren, een stevig pr-succes. Niemand anders binnen de koninklijke familie behalve Meghan kon met recht zeggen: 'Ik ben er persoonlijk trots op dat ik in een stad woon waarin ruimte is voor zo veel diversiteit.'[7]

De tragedie van Grenville Towers had de aandacht gevestigd op het bestaan van een beschamende raciale en economische ongelijkheid in Londen, op een steenworp afstand van een van de duurste wijken van de stad, Notting Hill. Beroemdheden als Adele en Lily Allen vroegen er aandacht voor. Door haar eigen licht op dit typisch Londense onderwerp van de dag te laten schijnen en dat met haar culinaire reputatie te verbinden, schiep de nieuwe hertogin een heel eigen imago: Meghan de feministische, activistische foodie-royal.

Een andere goed ontvangen zet was dat ze een kledinglijn hielp lanceren voor Smart Works, een organisatie die arme vrouwen aan een zakelijke outfit helpt als ze op sollicitatiegesprek gaan. Meghan had twee maanden voor haar bruiloft voor het eerst in het geheim een bezoek aan de organisatie gebracht en was daarna gretig nog vijf keer teruggekomen. Tot de missie van Smart Works behoorde het bieden van coaching op de werkplek en styling-sessies voor hun cliënten, waarvan sommige Meghan zelf uitvoerde. 'Geen handje ophouden, maar hand vasthouden,' postte ze puntig op Instagram.[8] De oprichter van Smart Works, Juliet Hughes-Hallett, zei: 'Zij is een geboren coach. Ze geeft onze cliënten een veilig, prettig en beschermd gevoel. Ze heeft een natuurlijk invoelend vermogen. Er is iets heel krachtigs aan haar.'[9]

Weer een punt voor het Sussex-merk, dat het arbeidsethos van de werkende vrouw promootte tegenover Kate's thuisblijfmoeder-plaatje, en bovendien Meghans *Tig*-stijlgevoel toevoegde aan het vaak zo saaie modebeeld van de tweedehandskledingwinkel. 'Waarom hangen hier zo veel lila jasjes?' overpeinsde ze terwijl ze door de weinig sprankelende rekken van Smart Works zocht.

Het was een uitstekende aanloop naar de zestiendaagse reis van de Sussexen naar Australië, Nieuw-Zeeland en Fiji, die meer inzet zou eisen. Meghans Gemenebestdebuut was een doorslaand succes. Het was bijna onmogelijk om niet aan de eerste verovering van Australië door Diana en Charles terug te denken, gezien de aantallen opgetogen bewonderaars die kwamen opdagen. Meghan werd helemaal à la Diana gefotografeerd, terwijl ze peuters knuffelde die haar bloemen aanboden, in Sidney op haar knieën viel om de handen van een oud vrouwtje in een rolstoel te grijpen en verrukt klapte bij de aanblik van een baby-koala in de Taronga Zoo. Ze hield een solotoespraak in Fiji, waarin ze een lans brak voor onderwijs aan meisjes.

Ook Harry was zo op het oog in prima vorm, terwijl hij halverwege de rondreis zijn vierde Invictus Games opende en afsloot. Het helpt als je verliefd bent op je vrouw en trots op haar bent in plaats van jaloers. Anders dan Charles, die ziedend had moeten aanzien hoe hij naast het charisma van Diana opeens tweede viool speelde, bezat Harry zelf star power. Maar voor het eerst had hij ook een vrouw van wie hij hield om die mee te delen.

The New York Times loofde het stel als 'jong, divers en met een coole uitstraling, het nieuwe gezicht van royalty'.[10] Meghan sloeg zich met verve door zevenenzestig optredens heen en toonde daarmee het veelbelovende uithoudingsvermogen van een waar koninklijk werkpaard, zeker als je bedenkt dat ze inmiddels vier maanden zwanger was. Het stel kondigde op de eerste avond van hun reis hun heuglijke nieuws aan en zei tegen de menigte bij het Sydney Opera House: 'We verheugen ons erop om lid te worden van de [ouder]club!'

Dus Meghan heeft het vast allemaal geweldig gevonden… toch? Nee. Kennelijk heeft ze elke seconde van die reis gehaat. Ze vond al die publieke optredens 'zinloos', vertelde een voormalige paleismedewerker me. 'Ze begreep niet waarom dingen zo werden georganiseerd. In plaats van enthousiast te worden wanneer duizenden mensen bij het operahuis verschenen, was het heel erg van: "Wat is het doel hiervan? Ik begrijp dit niet."' En 'dit' was dan de vertegenwoordigende rol van de Britse monarchie en de traditionele agenda die ze moest volgen, in plaats van zich te kunnen richten op zaken waar zij aandacht voor wilde. Die traditionele optredens zijn ouderwets, ja, maar scheppen wel klassieke koninklijke banden.

Meghans interpretatie van de publieke reacties stond lijnrecht tegenover die van prins Philip toen hij de koningin in 1954 op hun eerste Gemenebestreis door Australië begeleidde. Zoals hij later tegen zijn biograaf Gyles Brandreth zei: 'Meer dan een miljoen mensen kwamen de koningin toejuichen. Meer dan een miljoen! Het ging hun niet om haar. Ze kwamen omdat zij de koningin was. Als je gaat denken dat het om jou draait, ben je verloren.'[11] Maar voor Meghan was het een openbaring: de zoevende colonnes, de brullende motorescortes, de juichende menigtes, die hele santenkraam die een populaire jonge royal meemaakt op een tot en met het laatste theekopje door het paleisapparaat geplande reis. De *Megmania*, zoals de Australische pers het noemde, was duidelijk enthousiaster dan de ontvangst die William en Kate in 2014 op hun Aussie-tour hadden gekregen. Meghan interpreteerde het succes – haar succes – als een teken dat het merk Sussex een hogere positie in de paleishiërarchie hoorde te krijgen.

Haar gekrenkte humeur weerspiegelde dat van Harry. Hij ging tekeer over de vaste aanwezigheid van de roedel royaltyverslaggevers, ook al was de kopij die zij inleverden overweldigend complimenteus. *Times*-correspondent Valentine Low herinnert zich dat hij 'behoorlijk chagrijnig' was.[12] Tijdens een 'lange en ongelooflijk saaie welkomstceremonie in Fiji [...] keek Harry als een donderwolk. Hij was kwaad op de media en bleef de hele welkomstceremonie lang de andere kant op kijken, alleen om woeste blikken op de persmeute te werpen.' Toen het paleisteam hem aanspoorde achter in het vliegtuig te gaan zitten om een babbeltje met de meereizende persmensen te maken, zei hij bepaald niet vriendelijk tegen hen: 'Bedankt voor jullie komst, niet dat iemand jullie heeft uitgenodigd.' Was hij vergeten dat dit een trip op kosten van de belastingbetaler was?

Weer thuis voelde Meghan zich beledigd omdat het paleis geen speciaal blijk van waardering gaf. Een voormalig medewerker erkende tegenover mij dat het vaak een 'enorme anticlimax is als je terugkomt van een koninklijke reis [...] Je komt gewoon terug in je normale leven. De koningin stuurde altijd wel een briefje aan royalty's die de reis hadden gemaakt, maar je krijgt echt geen welkomstparade.' Diana had dezelfde teleurstelling gevoeld na het succes van haar Gemenebestreis in 1983. 'Zij begreep maar niet waarom niemand zei: "Goed gedaan,"' herinnerde de vroegere paleismedewerker zich.[13] 'De reden daarvoor is dat ze allemaal hun plicht doen en zich dan afvragen wat er zo uniek aan die van jou is.' Diana dacht dat het verwaande stilzwijgen betekende dat de andere hoge royals jaloers waren op haar populariteit in het buitenland. Harry geloofde nu dat dat ook bij Meghan gold. '[Mijn familie] was heel hartelijk, tot aan de Australië-reis,' zei hij somber tegen Oprah. 'Het was de eerste keer dat de familie zag hoe ongelooflijk zij in dit werk is en dat deed hen ergens aan denken...'[14]

Maar Diana, die in die tijd eenentwintig was en opgevoed in een familie van hovelingen en hofdames, interpreteerde de betekenis van haar eerste grote koninklijke rondreis duidelijk anders dan Harry's zevenendertigjarige vrouw. De prinses vertelde Martin Bashir na de afmattende, zes weken durende reis (een en al ongelukkigheid achter de schermen over de kille houding van prins Charles): 'Toen we uit Nieuw-Zeeland terugvlogen, was ik een ander mens. Ik dacht na over het plichtsgevoel, de grote intensiteit van de aandacht en de veeleisende rol die ik nu had.'[15] Voor Diana was dat een bijna heilig gevoel. Meghan trok kennelijk een andere conclusie uit haar eerste reis: dat de monarchie haar meer nodig had dan zij de monarchie. Ze wilde niet alleen maar dingen openen. Ze had de hoofdrol gespeeld in het equivalent van een blockbusterfilm en wilde dat haar sterrenstatus in neonlichten werd uitgedrukt.

Voor het paleis was haar status zo duidelijk omschreven als maar mogelijk was. De koningin, die nu privé inzag hoe Diana indertijd in de steek gelaten was, wilde Meghan niet laten vallen en gaf haar de gelegenheid te rade te gaan bij een van haar meest ervaren hofdames, Lady Susan Hussey, die alle ins en outs van het hof kende omdat ze er al sinds 1960 rondliep. Ook vroeg ze Samantha Cohen, een kordate Australische en voormalige, door Hare Majesteit zeer vertrouwde communicatiemedewerker van het paleis, om haar baan in het bedrijfsleven op te geven en het leerproces van de nieuwe hertogin te ondersteunen. Begin 2019 bekleedde de koningin Meghan persoonlijk met twee erefuncties. Hare Majesteit was vijfenveertig jaar lang beschermvrouwe van het Royal Theatre geweest. Deze aantrekkelijke culturele eer schonk ze aan de voormalige actrice. En als teken dat ze het succes van de Australië-reis wel degelijk waardeerde, benoemde ze Meghan tot vicevoorzitter van de Queens Commonwealth Trust (waarvan Harry de voorzitter was) met de speciale taak om jonge mensen, met name vrouwen en meisjes, te steunen. Het was een duidelijk signaal dat de Sussexen hun eigen belangrijke werkterrein zouden hebben als ambassadeurs van de organisatie die voor de koningin een van haar meest gekoesterde onderdelen van haar macht als vorstin is. De koningin heeft het tot een prioriteit gemaakt om een bezoek te brengen aan op twee na alle vierenvijftig landen in het vrijwillige verbond van onafhankelijke en gelijke landen waaruit het Gemenebest bestaat, voornamelijk, maar niet allemaal, voormalige Britse koloniën.

Men zei dat Meghan oprecht in haar nopjes was met dit nieuwe platform. Ze had jaren van VN-goodwillambassadeurschappen gedroomd. Nu had ze iets nog mooiers: het gewichtige stempel van het Gemenebest. Het stoffige imago van de organisatie was rijp om opnieuw opgepoetst te worden. Het meest tot de verbeelding sprekende koninklijke koppel ter wereld zou de organisatie met sterrenstof bestrooien en haar missie van samenwerking en verbinding nieuw leven inblazen en richting geven. Het was soft power met klokgelui, zeker in het post-brexittijdperk, waarin de Britse handelsallianties opnieuw ingevuld werden en het Britse internationalisme enigszins in gevaar was. Alleen, het zou niet alleen zorg en tact vergen om het imago van de Gemenebestmissie te moderniseren, maar ook tijd.

En tijd had Meghan kennelijk niet.

Het lastige probleem was geld. Het koninklijke lot is nu eenmaal allemaal status en geen quo. Het werd Meghan duidelijk dat elke poging om de wereldomspannende droom van de Sussexen te vervullen zonder financiële vrijheid gedoemd was te mislukken. Het delen van een kantoor met de Cambridges betekende dat zij junior partners waren in een operatie met te weinig financiële armslag. Financieel was Harry overgeleverd aan de genade van zijn vader, die voorzichtig was met het toekennen van fondsen; voor een dak boven zijn hoofd was hij afhankelijk van zijn grootmoeders ruimhartigheid; en voor de uitvoering van plannen moest hij zijn broer laten voorgaan bij het claimen van budgetten en had hij de goedkeuring van reiskosten door de Sovereign Grant nodig.

In zijn legertijd had Harry nooit veel uitgegeven. Zijn toelage dekte ruimschoots zijn barrekeningen bij Boujis en hij was volmaakt tevreden met zijn bescheiden onderkomen in Nottingham Cottage. Hij was gewend om met commerciële maatschappijen te vliegen en in de rij te moeten staan om af en toe een van de twee regeringsvliegtuigen voor koninklijk gebruik te mogen nemen. Net als voor elk ander aspect van het paleisbestaan was er ook een pikorde voor wie daarmee mocht vliegen. De koningin had de eerste rechten, daarna de premier, dan prins Charles en wat generaals, gevolgd door prins William en wat hoge regeringsfunctionarissen. Als de minister van Financiën naar Schotland moest vliegen kon hij prins Harry van de passagierslijst stoten, een enigszins vernederend vooruitzicht voor een bruid die de Melinda Gates van het Huis Windsor wilde worden.

In zijn jaren vóór Meghan had Harry altijd aan zijn broer aangegeven dat hij, wanneer hij trouwde, zich op het platteland zou vestigen, zoals de meeste van zijn adellijke vrienden, of uit beeld zou verdwijnen naar een boerderij in Afrika. Maar dat veranderde toen hij Meghan leerde kennen. In hun eerste koortsige dromen over het veroveren van de wereld zal haar sprookjesprins niet veel nadruk op zijn financiële werkelijkheid hebben gelegd. Dankzij de opbrengst van zijn aandeel in de erfenis van zijn moeder en grootmoeder kon de hertog een meer dan comfortabel leven leiden, maar zonder veel liquide middelen. Voor Meghan was het onverteerbaar dat zij op haar zevenendertigste, nadat ze vijftien jaar lang in haar eigen onderhoud had voorzien, financieel afhankelijk zou zijn van een echtgenoot die als een tiener afhankelijk was van de Papabank.

Haar *Suits*-vrienden stelden zich misschien voor dat zij in prinsesselijke pracht door paleizen zweefde, maar het stel woonde nog steeds in het krappe Nottingham Cottage met twee slaapkamers, terwijl er al een baby op komst was. Ze wachtten op de renovatie van het voormalige appartement van de hertog en hertogin van Gloucester met eenentwintig kamers, naast de Cambridges in Kensington Palace. Ondertussen had de koningin hun York Cottage op het landgoed Sandringham aangeboden als buitenhuis voor de weekenden. Daarvoor waren ze haar niet echt dankbaar. 'York Cottage is volkomen ondraaglijk,' zei Ann Glenconner tegen mij. 'Zo krap en donker. Sandringham is toch al zo somber, verschrikkelijk zanderige grond. Je kunt er nog geen rododendron planten.' De Sussexen huurden liever een boerenhuis in de Cotswolds, op een steenworp afstand van het rustieke Soho Farmhouse van de chique Soho House-club, en van het buitenverblijf van David en Victoria Beckham.

Het werd al snel deprimerend duidelijk dat het jaren zou duren voor hun beoogde woonstee in het Kensington Palace-appartement gerenoveerd zou zijn, gezien de asbest- en andere nijpende structurele problemen daar. Ze moesten oma vragen nog eens door haar beschikbare kroondomeinbezittingen te bladeren en met iets anders op de proppen te komen. Hare Majesteit bood hun Frogmore Cottage aan, een witgepleisterde achttiende-eeuwse *Wind in de wilgen*-konijnenburcht, 33 kilometer van Londen op het terrein van Windsor Park. Op dat moment waren daarin vijf appartementen voor medewerkers van het Windsor-landgoed ingericht, maar het had meer dan genoeg potentie en charme, zoals makelaars graag zeggen; het had al een nieuw leien dak gekregen en kon op tijd voor de baby in orde gebracht worden.

Veel Amerikanen waren verbijsterd over de stampij in de Britse media rond de 2,4 miljoen pond uit de Sovereign Grant voor de verbouwing van Frogmore (het stel betaalde zelf voor de decoratie en inrichting).[16] Voor zo'n bedrag kon je nog geen driekamerwoning betalen in de Californische wijk Montecito, waar het stel nu woont. Een *Daily Mirror*-journalist heeft me een keer uitgelegd dat de sensatiebladen wel tuk zijn op negatieve primeurs, maar eigenlijk een nieuwe verhaallijn willen die ze kunnen uitmelken, of dat nu zoetigheid of sensatie is. De tabloids hadden al geen sappig verhaal over buitensporige koninklijke uitgaven meer gehad sinds de jaren negentig, toen de koningin South York aan Andrew en Fergie schonk en het overdreven protserige Bagshot Park aan Edward en Sophie, de graaf en gravin van Wessex. De 'Frogmore Follies' werden een nieuwe aflevering waarover lezers zich vrolijk konden maken. Inventieve redacteuren kwamen met 'Spendarella'-verhalen over Meghans hoogdravende eisen zoals een luxueuze koperen badkuip en een privéyogastudio en telkens weer was de ondertoon: wie-denkt-ze-wel-dat-ze-is?

Ze was Hare Koninklijke Hoogheid de hertogin van Sussex en ze kon nog niet eens een nieuwe keuken inbouwen zonder Imelda Marcos te worden genoemd. Het was om doodziek van te worden. Waar was de glamour? Na jaren sappelen op de lijst van B-acteurs en toezien hoe luxemerken goodiebags vol begerenswaardigheden aan Oscar-presentatoren uitdeelden, mocht zij de blingbling van designers en andere douceurtjes die ze als influencer kreeg, niet eens zelf houden. Haar eigen staf pikte ze in! Sinds de tijd van het Peat Report, waarin paleisgetrouwen als Fawcett the Fence (Michael Fawcett was jarenlang butler van prins Charles, vert.) en andere leden van de hofhouding die de voordeeltjes van hun positie uitbuitten, er hard van langs hadden gekregen, lagen het paleis en ook de koninklijke familie net als politici onder het vergrootglas als het om het aannemen van gunsten ging. Het was een lelijke (maar niet verrassende) schrik toen Meghan diamanten Chopard-oorhangers droeg die een huwelijkscadeau waren van de Saoedische kroonprins Mohammed bin Salman, drie weken na de door het regime gesteunde moord op de dissidente journalist Jamal Khashoggi.

Meghan wilde een baan, een betaalde baan, zei ze tegen het paleisteam. En dat gold ook voor Harry. Er was een precedent. William had vroeger als luchtambulancepiloot gewerkt, maar hij had zijn salaris aan goede doelen gedoneerd.

Het paleis ging na hoe andere Europese koninklijke families de kwestie van royals met een betaalde baan aanpakten. Een stel Scandinavische prinsenkinderen, die geregeld op de redactionele pagina's van het blad *Hello!* te vinden zijn, had allerlei soorten betaalde banen, van bankmedewerker tot model op de catwalk voor Burberry en Dior. Maar die royals hadden geen officiële taken meer en verschenen alleen een paar keer per jaar bij familiegelegenheden. Een uitzondering was koning Willem-Alexander, die twintig jaar lang, ook nadat hij in 2013 koning was geworden, parttimepiloot bij de KLM was geweest.

De Sussexen wilden een hybride model: koninklijke patronages, reizen door het Gemenebest, optredens als koninklijke hoogheden, plus een commerciële tak. Ik heb gehoord dat het stel al in 2018 met Netflix praatte. Elton Johns echtgenoot David Furnish had Meghan aan zijn connecties bij deze entertainmentgigant voorgesteld, om over een animatieserie te praten en daar bleken meer mogelijkheden te liggen. Harry en Meghan zagen lucratieve kansen in de streamingbusiness. Ze kregen van het paleis te horen dat ze zoveel tv-projecten en documentaires mochten maken als ze wilden (zoals beide prinsen hadden gedaan met de documentaires *Prince William's Africa* in 2010 en *Prince Harry in Africa* in 2016). Ze mochten er alleen niet voor betaald worden.

Hier lag een geschiedenis waar de familie nerveus van werd. Edward en Sophie Wessex droegen nog steeds het stigma van hun pogingen om als leden van de binnenste kring een persoonlijk inkomen te verkrijgen en toch hogere royals te blijven. (Zij waren indertijd streng door prins Philip toegesproken: 'Je zit erin of je ligt eruit.') De kans op belangenverstrengeling maakte het onmogelijk om de privileges en verantwoordelijkheden van de monarchie te combineren met commerciële kansen. Basta.

III

Er hing een zure wolk boven het Huis van Sussex. Als jong, gevierd stel dat zijn eerste kind verwacht, hadden ze gelukzaligheid moeten uitstralen. In plaats daarvan maakten ze een opgejaagde indruk. Harry had zo lang op dit persoonlijke geluk gewacht, naar een eigen gezin verlangd terwijl zijn broer van een bevredigend gezinsleven genoot. Maar de grieven van zijn vrouw sloegen op hem over en hij gaf de pers er de schuld van dat zij de moed liet zakken. 'Hij oogde gewoon ongelooflijk ongelukkig, deels omdat zij ongelukkig was,' vertelde een voormalig adviseur me. Bij sociale gelegenheden, zelfs op afscheidsfeestjes voor vertrouwde paleisadviseurs, bleven zij apart in een hoek staan en praatten alleen met elkaar.

Meghan vond Engeland een doodvermoeiend raadsel. De uitspraak van George Bernard Shaw dat Groot-Brittannië en Amerika 'twee landen, gescheiden door een gemeenschappelijke taal' zijn, werd voor haar elke dag opnieuw bevestigd. Zoals veel Amerikanen voelde ze zich buitengesloten of afgewezen door de Britse gereserveerdheid en de typische upper-classontkenning van emotie, die onder leden van de koninklijke familie en in het paleis haar meest extreme vorm aannam. 'Ik heb echt geprobeerd om die typisch Britse overgevoeligheid van de stiff upperlip te begrijpen, ik heb het echt geprobeerd,' zei Meghan later tegen Tom Bradby van ITV.[17] Ze vond het uitputtend om de kloof tussen haar Californische uitbundigheid en het Britse understatement te overbruggen. Het was haar eerlijkheid tegenover hun ironie, haar uitgesprokenheid tegenover hun onuitgesproken woorden. *Daily Mail* beeldde de hertogin af als een olifant in een paleiselijke porseleinkast, die geen idee had van koninklijke traditie of Engelse mores, en gaf haar de bijnaam 'Hurricane Meghan'.

Ze was hopeloos verdwaald in het drogere, meer satirische gevoel voor humor dat met name wordt gewekt door de neiging van veel Amerikanen om altijd een lach op te zetten. In februari 2019 bracht ze met Harry een onaangekondigd (lees 'stunt-') bezoek aan een liefdadigheidsorganisatie voor sekswerkers in Bristol en schreef boodschappen – 'Er wordt van je gehouden!', 'Je bent dapper!' – op bananen die bestemd waren voor de voedselpakketten voor de sekswerkers. Wat in Hollywood waarschijnlijk als een hartverwarmend celebrity-gebaar gezien zou zijn, werd in het VK met gegrinnik en ten hemel geslagen ogen begroet. Tijdens de reis door Afrika in 2019, toen ze tegen de vrouwen in een township van Kaapstad verklaarde 'Ik ben jullie zuster', kwam dat op Britten over als een gênant hooghartig gebaar van iemand die dat nog niet verdiend had. Zij begreep niet waarom dit geen prinses Diana-moment was. In Engeland is het altijd gevaarlijk om te denken dat *share* gelijk is aan *care*.

De koningin toont empathie meestal indirect. Een voormalig lid van haar staf vertelde me hoe Hare Majesteit tijdens een lunch voor belangrijke burgers naast een chirurg zat die aan de frontlinie in Irak operaties had uitgevoerd. Hij kreeg tranen in zijn ogen toen hij beschreef hoe dat was geweest en de koningin zei: 'Volgens mij is dit een goed moment om de honden te voeren, denkt u ook niet?' Ze verzocht iemand de corgi's binnen te laten en zij en haar gast stopten die heimelijk onder de tafel hapjes toe, tot hij zichzelf weer in de hand had. Het was een gebaar dat in Britse ogen een teken van uiterste tact was, maar in Amerikaanse misschien opgevat zou worden als een soort afwijzing. (Soms was het lastig anders op te vatten. 'De hemel zij dank dat hij niet de oren van zijn vader heeft,' was Hare Majesteits commentaar toen ze voor het eerst haar pasgeboren kleinzoon William in de ziekenhuiscouveuse zag.[18])

Meer in het algemeen kiest de koningin ervoor om in het openbaar überhaupt heel weinig emotie te tonen. 'Omdat ze haar hele leven zo'n gesloten boek is geweest, projecteren mensen op haar wat zij willen dat ze is,' vertelde een van haar adviseurs me. 'Ik weet nog dat ik haar bij een orgelconcert in Windsor Chapel zag. Ik zat naar de koningin te kijken en zij was gewoon doodop. Er waren veel mensen die duidelijk van deze muziek hielden en naar haar keken en waarschijnlijk dachten: Kijk eens naar de koningin, ze vindt dit prachtig. En er waren waarschijnlijk ook veel mensen daarbinnen die dachten: Ik wou dat het concert voorbij was. Moet je de koningin nou zien. Ik wed dat ze elke minuut hiervan verschrikkelijk vindt. Maar omdat zij helemaal geen emotie toont, brengt ze geen verdeeldheid in dat publiek. Ze staat niet aan de ene of aan de andere kant. En dat moet heel vermoeiend voor haar zijn.' Hij voegde eraan toe dat ze vaak wel heftig reageert als ze niet aan het werk is. Zoals: 'Wat een afschuwelijk concert. Er kwam gewoon geen eind aan!'

Het onophoudelijke gedrup-drup van de verhalen over een hertogin die niet snapte wat haar rol was, zorgde binnen The Firm voor spanningen. Hoe moesten ze daarmee omgaan? Het stel wilde niets liever doen dan de royaltypers straffen door nieuwsorganisaties die over de schreef gingen de toegang tot fotomomenten te weigeren. Maar dat was schadelijk voor relaties met de media die de andere hogere royals en hun communicatiemensen hadden gekweekt. Zoals iemand het voor mij samenvatte: 'De familie zei: "Luister eens, we snappen dat het verschrikkelijk voor je is dat je een optreden moet doen. En er is inderdaad die verslaggever die dat vreselijke over je geschreven heeft. Daar moet je gewoon tegen kunnen. We zijn publieke figuren." Harry en Meghan weigerden daarin mee te gaan en dat liep echt hoog op.' De Sussexen vonden dat het paleis te bangelijk was tegenover de pers, tenminste waar het om het nieuwste familielid ging. 'Meghan vond hun manier om met de media om te gaan ouderwets,' vertelde een voormalige paleis-insider me. 'Haar manier om ermee om te gaan is klassiek Hollywood: er verschijnt een negatief verhaal over je, dus dan kom jij daartegenin met een positief verhaal. Maar in het paleis spelen we dat spel nooit. Meghan zag dat als gebrek aan fantasie en ook aan creativiteit en energie.'

Meghan wendde zich om hulp tot het Amerikaanse pr-bureau Sunshine Sachs. Al snel verscheen er een overdreven vleierig artikel in het Amerikaanse blad *People*, waarin anonieme 'intieme vrienden' kwijlden over Meghans bescheiden benaderbaarheid.[19] Het had een averechtse uitwerking in het VK, waar de media pr-machinaties roken. En erger nog, het was zout in de wonde van de gekwetste beer Tom Markle, zodat die brullend uit zijn schuilplaats in Rosarito tevoorschijn kwam. Een van de terugkerende riedels in het artikel was dat Meghan verkeerd was voorgesteld als een ongevoelige dochter terwijl ze, zo zei *People*, haar vader een brief 'uit de grond van haar hart' had geschreven in een poging om hun relatie te herstellen.

In werkelijkheid had ze die geschreven om haar schoonfamilie tevreden te stellen: de interviews die Tom Markle nog steeds af en toe aan mensen als Piers Morgan gaf, waren een voortdurende bron van ergernis voor Charles en de koningin. Voor Harry was het niet alleen een bron van ergernis maar ook van spanningen met de familie. Meghan schreef in een e-mail aan hun hoofd communicatie Jason Knauf, die later in een rechtszaak openbaar werd:

> Zelfs na een week met [Harry's] vader, en eindeloos de situatie uitleggen, vergeet deze familie blijkbaar de context en blijven ze maar hameren op "Kan ze er niet gewoon heen gaan om hem te laten ophouden?" Ze begrijpen er totaal niets van, maar als ik die brief schrijf zal Harry tenminste tegen zijn familie kunnen zeggen: "Ze heeft hem geschreven en hij doet het nog steeds" [...] Door deze vorm van actie bescherm ik mijn echtgenoot tegen die voortdurende kritiek en misschien zal het mijn vader even de mond snoeren, hoe onwaarschijnlijk ook.[20]

Daar was weinig kans op. Meghan stelde de brief op, wetend dat die wel eens door haar vader gelekt zou kunnen worden. 'Gezien het feit dat ik hem ooit "pappie" heb genoemd,' legde ze in een bericht aan Knauf haar strategie uit, 'zou het logisch zijn om daarmee te openen, ook al is hij allesbehalve vaderlijk. En mocht de brief onverhoopt uitlekken, dan zou dat op het gevoel van het publiek werken.'[21]

Zoals voorspeld kreeg *Mail on Sunday* Tom zover dat hij hun negen stukken uit de brief gaf, vijf handgeschreven vellen in het mooiste bruilofts-schoonschrift van zijn dochter. In een daarvan schreef ze: 'Ik heb altijd alleen maar van jou gehouden, je beschermd en verdedigd.' Maar vervolgens verweet ze hem bitter: 'Je blijft deze verhalen verzinnen, deze onware geschiedenis fabriceren en raakt steeds verder verstrikt in dit web dat je hebt gesponnen.'

'Er was nog meer, dat ik niet heb vrijgegeven,' vertelde Tom me onheilspellend.[22]

Het is maar goed dat hij dat niet heeft gedaan. Elke professionele uitgever kan je vertellen dat de fysieke brief eigendom is van de ontvanger, maar dat de inhoud van de brief eigendom is van degene die hem heeft geschreven.

De letterlijke publicatie van Meghans smeekbede aan haar vader om niet langer over haar met de pers te praten ging elk redelijk belang te buiten, het was een flagrante inbreuk op het copyright van de hertogin van Sussex.

Inbreuk op copyright is een van de weinige dingen waarvoor de koninklijke familie naar de rechter stapt. Prins Charles won in 2006 een zaak tegen het moederbedrijf van de *Mail*, Associated Newspapers Ltd, wegens het publiceren van een dagboek dat hij aan vrienden stuurde tijdens de Britse overdracht van Hongkong aan China. ('Aan het eind van deze vreselijke vertoning in Sovjetstijl moesten we toezien hoe Chinese soldaten in ganzenpas het podium op kwamen en de Union Jack lieten zakken om vervolgens de ultieme vlag te hijsen.'[23])

In de jaren tachtig had *The Sun* door het stof gemoeten en ter compensatie een donatie aan een goed doel moeten doen wegens de publicatie van een brief geschreven door de koningin en prins Philip over het besluit van prins Edward om de Royal Marines te verlaten. In 1993 schikte de krant een copyrightzaak rond een gelekt exemplaar van de kersttoespraak van de koningin, wat tegen de oude traditie inging dat de pers zich aan een ongeschreven akkoord hield over een embargo op de allesbehalve opzienbarende inhoud daarvan. Harry en Meghan wilden per se naar de rechter stappen, zowel vanwege copyright als wegens inbreuk op de privacy, een grijzer gebied met veel juridische haken en ogen waarin conservatieve paleisjuristen zich liever niet begaven. Met een scepsis die algemeen leefde onder kenners van de media vroeg *The Guardian*-columnist Roy Greenslade: 'Gebruikt Harry een voorhamer om een noot te kraken? Ik denk dat hij er wel eens achter zou kunnen komen dat dit contraproductief is.'[24]

De Sussexen negeerden al die deskundigen. Harry wilde gerechtigheid, niet de institutionele beschermendheid van de mummelende mandarijnen in het paleis. *Mail on Sunday*, die de brief had gepubliceerd, was dezelfde kwelgeest die hun geluk voorafgaand aan het huwelijk had verstoord via de valse fotoshoot met Tom Markle. In plaats van de vaste advocatenfirma Harbottle and Lewis huurde Harry de flitsende celebrity-rechtswinkel Schillings in, die de reputaties bewaakte van cliënten als Lance Armstrong, J.K. Rowling en detailhandel-haai Philip Green. Dat was een goede keus. De hertogin won haar zaak. In februari 2021 behaalde Schillings bij het hooggerechtshof een klinkende overwinning op de vijanden van de Sussexen en in december wonnen ze opnieuw in de beroepszaak die Associated Newspapers had aangespannen.

De overwinning smaakte zoet en dat liet Meghan maar al te duidelijk blijken met haar overwinningsverklaring vol leedvermaak, waarin ze niet alleen de krant aan de schandpaal nagelde omdat die 'de wet had overtreden', maar ook de eigenaar daarvan, Lord Rothermere.[25] Wel waren er in de beroepszaak voor Meghan gênante onthullingen naar boven gekomen waaruit bleek dat zij spaarzaam met de waarheid was omgegaan toen ze herhaaldelijk beweerde dat ze niet met de schrijvers van *Finding Freedom* had samengewerkt. Uit tekstberichten naar en van Knauf werd duidelijk dat ze deze hagiografie helemaal geregisseerd had via een lijst onderwerpen die aan bod moesten komen. Ze moest voor het hof een verontschuldigende verklaring uitgeven dat ze zich haar betrokkenheid 'niet herinnerde'. De kloeke-ridderhouding van Harry verloor ook iets van haar glans. In een e-mail aan Knauf zei Harry, die nu in het bestuur van de Commission for Information Disorder (commissie voor desinformatie) van het Aspen Institute zat: 'Ik ben het er helemaal mee eens dat we moeten kunnen zeggen dat we er niets mee te maken hebben gehad.'[26]

Maar de overwinnaar is eigenaar van het verhaal en Meghan zorgde ervoor dat zij dat was, door de zaak te brengen als een triomf voor al diegenen die 'samen zo dapper zijn verandering te brengen in een roddelbladenindustrie waarin mensen worden geconditioneerd om wreed te zijn en die profiteert van de leugens en de pijn die ze veroorzaakt [...] Morgen kun jij het zijn. Deze schadelijke praktijken komen niet eens in de zoveel tijd voor, ze zijn een dagelijkse narigheid die ons verdeelt en we verdienen allemaal beter.'[27]

De champagne vloeide rijkelijk in Montecito, maar of de hertogin gelijk had met dat 'verandering brengen in de roddelbladenindustrie' is een andere vraag. De pers is zowel machtig brutaal als brutaal machtig. Zoals het conservatieve parlementslid Enoch Powel ooit opmerkte: 'Een politicus die klaagt over de pers is als een scheepskapitein die klaagt over de zee.' Dat geldt ook voor leden van de koninklijke familie.

'Misschien raken de media in het VK iets van hun gif kwijt, maar zij heeft zich in een wespennest gestoken, niet alleen tegenover de Britse media, maar tegenover de media over de hele wereld,' zei Mark Stephens, een vooraanstaande deskundige op het gebied van mediarecht in Londen, tegen mij toen het vonnis op 2 december 2021 bekend werd. 'Zij zijn niet langer werkende royals en leden van de koninklijke familie, ze hebben alleen nog hun reputatie om te gelde te maken. Worden ze in de media belasterd, dan zullen ze niet meer zo waardevol zijn voor Netflix of welke partij ook. Ze mag dan deze ronde gewonnen hebben, in de bredere context van de oorlog tussen de media en de Sussexen denk ik dat de media winnen.'[28]

24

PRIVACY EN VOOROORDEEL

Overleven in de vissenkom van Windsor

Er zat iets theatraals (hysterisch zelfs) in de manier waarop de Sussexen bleven roepen dat ze met rust gelaten wilden worden. Een verlangen naar privacy, dat begrijpen de media (al respecteren ze het niet), een obsessie met geheimzinnigheid niet, zeker niet wanneer de persoon in kwestie tegelijkertijd graag in kringen van andere beroemdheden verkeert. Het is een typisch Hollywoodverschijnsel dat acteurs die eerst alles doen om aandacht van de pers te krijgen, zodra ze beroemd zijn een scène gaan maken wanneer ze in een restaurant door fans worden gespot (wat natuurlijk weer voor aandacht van de pers zorgt).

Als je naar privacy hunkert, is Kensington Palace de ultieme *gated community*. De keus van de Sussexen om af te zien van hun eersteklas Londense verblijf in KP verbijsterde veel paleismedewerkers, ook al moesten ze dan op de restauratie van het appartement wachten. Na haar scheiding van Charles had prinses Diana alles gedaan om appartementen 8 en 9 te kunnen behouden, omdat ze begreep dat dit paleis een onverslaanbaar symbool was voor het lidmaatschap van het koningshuis. (De prins van Wales snapte niet waarom het stel, of wie dan ook, op Frogmore zou willen wonen, onder de aanvliegroute naar Heathrow Airport.)

Het huis had één groot voordeel: het lag binnen de beveiligingszone van Windsor Park. Meghan kon zonder bespioneerd te worden de honden uitlaten en met een nieuwe baby in de weelderige tuinen wandelen of over de 'moerbeienlaan' lopen waar de staf altijd de vruchten voor prins Philips moerbei-gin plukte. Het is vijf minuten de heuvel op joggen voor een kopje thee met oma op zondagmiddag. Maar de hertogin had in de buurt van Windsor weinig vrienden, afgezien van de Clooneys in het nabijgelegen Sonning Eye. (George merkte dat het niet makkelijk was om te proberen een filmster te zijn vanuit Berkshire en wist tijdens de corona-lockdown Amal over te halen met hem naar LA te verhuizen.) En even ertussenuit gaan in een braaf plaatsje als Windsor met zijn cadeauwinkeltjes lijkt niet het soort shoptherapie dat bij Meghans *Tig*-gevoel voor stijl past, en het zou haar ook niet veel anonimiteit bieden.

Harry's vaste wil om zich voor zijn achtervolgers te verbergen was verklaarbaar na de overvallen in het verleden, maar zijn wantrouwen werd nu versterkt door Meghans opgeblazen idee over beroemd zijn en achtervolgd worden. Het was het tegenovergestelde van de dynamiek tussen Kate en William, zei een vriend van beide stellen. Maakte William zich kwaad, dan kalmeerde Kate hem. Werd Kate door de pers neergesabeld, dan praatte William haar erdoorheen. De Sussexen stookten elkaars wantrouwen tegenover iedereen op en Harry's vrouw was even opvliegend en strijdlustig als hij.

De mentaal toch al kwetsbare Harry moest nu ook nog aanzien hoe zijn vrouw buiten zichzelf raakte. Hun geheimzinnigdoenerij grensde aan paranoia. Het stel behandelde de naderende geboorte van hun baby als een staatsgeheim en onthield de pers de gebruikelijke paleisaankondigingen over waar hij zou worden geboren of welke arts hen zou bijstaan. Ook het koninklijke gebruik om de namen van de peetouders bekend te maken gooiden ze overboord; later bleken het Harry's geliefde nanny Tiggy Pettifer (geboren Legge-Bourke), zijn mentor Mark Dyer en zijn jeugdvriend Charlie van Straubenzee te zijn. Toen Meghan in 2019 met twee studievriendinnen de Wimbledonwedstrijd van Serena Williams bijwoonde, ergerden haar beveiligers de toeschouwers in de buurt door hun te vragen haar niet te fotograferen, ook al bevond de hertogin zich in een openbare ruimte. Meghans prima-donnagedoe stak niet gunstig af tegen de houding van Kate, die twee dagen daarvoor vanuit dezelfde viploge naar het tennis had gekeken, rustig en onaangedaan door de mobiele telefooncamera's die van alle kanten op haar gericht werden.

Het is een speciale kunst binnen de koninklijke familie om zelf te zorgen dat je privacy krijgt. Philip had vroeger de gewoonte om voor een bezoek aan vrienden de stad in te rijden achter het stuur van een zwarte taxi die hij speciaal had voor gelegenheden waarbij hij onder de radar wilde blijven. De koningin kon dankzij haar paardenhobby discreet op bezoek gaan bij haar Amerikaanse vrienden William en Sarah Farish op hun paardenfarm in Kentucky, of elk jaar op haar verjaardag spijbelen in de Polhampton-stoeterij bij Sandringham, waar ze zichzelf dan op een persoonlijke kennismaking met de nieuwe veulens trakteerde. Wanneer Philip en Elizabeth een rustig tussendoorweekend met zijn tweeën wilden, verbleven ze in een cottage op hun landgoed Balmoral of Sandringham, waar maar weinig personeel aanwezig was en Hare Majesteit soms liever zelf de afwas deed. Charles en Camilla hebben altijd een uitgebreid netwerk van wederzijdse vrienden gehad die in de jaren van hun geheime verhouding bereid waren die te beschermen. De gelekte Camillagate-tapes, waarop de geliefden een lijst mogelijke gastheren en -vrouwen naliepen, maakten duidelijk dat de helft van de adellijke namen in de diverse graafschappen van het overspel op de hoogte was.

De sleutel om als lid van de koninklijke familie een privéleven te kunnen hebben is dat je dat ook echt wilt, en niet doet alsof. Dat betekent: oude vrienden die loyaal zijn, gezellige samenkomsten in huizen en niet in restaurants, een kring van getrouwen cultiveren die nooit naar de pers zal lekken. Harry had veel van zulke vrienden uit zijn tijd aan Eton en in de landmacht, maar toen hij trouwde was er al een verwijdering met hen ontstaan. Meghans vrienden zaten in de VS of waren beroemd en nog maar kort met haar bevriend. Later zou Meghan tegen Oprah zeggen dat ze haar vrijheid was kwijtgeraakt toen ze met Harry trouwde en wat ze schilderde klonk meer als een leven in het Huis van Saoed dan in het Huis van Windsor: in lockdown nog voor de lockdown, haar sleutels en paspoorten 'ingenomen'. 'Ik herinner me hoe vaak mensen binnen The Firm zeiden: "Tja, je kunt niet zus doen, want dan lijkt het net zus of zo." Dus zelfs als ik vroeg: "Mag ik met mijn vriendinnen gaan lunchen?" dan was het "Nee, nee, je bent al te veel in beeld geweest, je bent overal, het zou het beste zijn als je niet uit lunchen ging met je vriendinnen." En ik: "Maar ik ben niet... ik ben al maanden het huis niet uit geweest."'[1]

Als uit lunchen met je vriendinnen betekent dat je naar Manhattan vliegt voor een vriendinnenmiddag met Serena Williams, Jessica Mulroney et cetera bij een van de duurste hotels van Manhattan, dan ben je inderdaad 'overal'. Zelfs in Londen is het mogelijk om te verdwijnen. Is dat niet juist waar de privé-eetkamers bij Soho House voor zijn? Bij één pijnlijke gelegenheid, nog voor de verloving, tijdens haar verblijf met Harry op

Nottingham Cottage, was Meghan Kate in Kensington Palace tegen het lijf gelopen, die in dezelfde straat wilde gaan winkelen als zij, maar haar niet had uitgenodigd om met haar mee te gaan. De waarheid was echter dat ze elkaar nog maar pas kenden en misschien wilde Kate het perspandemonium vermijden dat ongetwijfeld zou ontstaan wanneer de twee meest besproken vrouwen van Groot-Brittannië samen de rekken afzochten. Zij is gewend om ongemerkt naar binnen en naar buiten te glippen.

II

De hertogin van Cambridge heeft jaren kunnen oefenen. Na meer dan tien jaar als royal heeft ze geleerd met de belastende dubbelheid van een leven dicht bij de kroon om te gaan. Vaak rijdt ze George en Charlotte naar school in haar Range Rover – met haar beveiliger onbewogen naast haar. Haar Spaanse nanny is getraind in defensief rijden en zelfverdediging voor het geval de haar toevertrouwde kinderen ontvoerd dreigen te worden. Bij publieke optredens in de avond moet de tiara van de hertogin in een hoek van vijfenveertig graden op haar hoofd staan, haar nagellak moet even onberispelijk zijn als haar glanzende panty en ze kan geen handtekeningen uitdelen, want dan zou haar ondertekening gekopieerd en vervalst kunnen worden. 'William en Kate hebben een heel goed gevoel voor het belachelijke,' vertelde een vriendin van hen me. 'Ze lachen veel samen over dingen die eigenlijk heel stressvol zijn. Er is veel raars in hun leven.' Het rare van Kate zijn wordt weerspiegeld door het ontzag dat alom klonk toen ze in november 2019 niet met William op het diner van de Tusk Conservation Awards verscheen omdat een van de kinderen zich niet lekker voelde en ze geen oppas hadden. Wat? Geen butler, dienstmeisje of lakei die een avond verstoppertje kon komen spelen? Nee, inderdaad: niemand die voldoende gekwalificeerd was in martial arts en defensief rijden.

Soms gaat Kate om haar innerlijke leven te voeden er stilletjes in haar eentje vandoor naar musea en galeries die dan speciaal voor haar vroeger opengaan. In de koninklijke paleizen wordt ze wel omringd door enkele van de meest onschatbaar waardevolle schilderijen en kunstvoorwerpen ter wereld, maar misschien bezorgen die haar nu meer koninklijke claustrofobie dan dat ze een lust voor het oog zijn. In 2012 was de gerenommeerde advocaat Jeremy Hutchinson, hoogleraar bij de Royal Academy Of Arts, daar om 8 uur 's morgens een David Hockney-tentoonstelling aan het bekijken, toen er een jonge vrouw naast hem op een bank kwam zitten om naar een schilderij te kijken. Hij vroeg haar hoe ze het voor elkaar had gekregen om al zo vroeg binnen te komen en zij antwoordde: 'Ik moest gewoon in mijn eentje komen, dus ik heb gevraagd of er voor mij een uitzondering kon worden gemaakt. Ik mis mijn kunstgeschiedenis zo erg en ik krijg nooit schilderijen te zien... Dus dit doe ik om toch mijn portie kunst te krijgen.'[2] Terwijl Hutchinson een waakzame beveiliger in het oog kreeg, stak de mysterieuze ochtendbezoekster haar hand uit: 'Ik ben Catherine,' zei ze.

In hun parallelle Norfolk-wereld zijn de Cambridges er op ingenieuze wijze in geslaagd om een heel eigen, normaal leven op te bouwen. Als kind van ruziënde ouders is William getrouwd met een vrouw die begrip heeft voor zijn behoefte aan veilige huiselijke stabiliteit. Het stel is vaak te signaleren terwijl ze met hun kinderen zandkastelen bouwen op Holkham Beach, zich tegoed doen aan appelsap en koekjes bij de plaatselijke tearoom, of de kinderen met verf laten spatten bij Mabel's Paint Pot in het oude marktstadje Lings Lynn. 'William en Kate hebben het heel goed gedaan hier,' vertelde een lid van de burgerij in Norfolk me. 'Ze krijgen hun privacy. Mensen hebben echt respect voor hen. Iedereen laat ze met rust. Ze hebben een plek gekozen waar ze betrekkelijk anoniem kunnen zijn.'

Een plaatselijk goed doel dat ze trouw steunen zijn de East Anglia's Children's Hospices, waarvan Kate koninklijk beschermvrouw is. De kasteelvrouwe van het nabijgelegen landgoed Houghton Hall, Lady Rose Cholmondeley, is er ook beschermvrouw van. Op een liefdadigheidsdiner in 2016 om geld op te halen voor de hospices in Houghton was de zaal verdeeld in kleine gezelschappen voor een ontmoeting met de hertog en de hertogin van Cambridge, die met elke gast, allebei op dezelfde vlotte, informele manier, een praatje maakten. 'Het trof me hoe goed William en Kate erin zijn om mensen zich op hun gemak te laten voelen,' vertelde Euan Rellie, een in Groot-Brittannië geboren maar in New York gevestigde investeringsbankier, die er die avond ook bij was.[3] Na het diner was Rellie getuige van een prachtig incident met een William buiten de schijnwerpers.

Een van de gulste donoren aan de hospicesorganisatie, een bejaarde dame van Park Avenue in New York, die voor de gelegenheid vanuit de Verenigde Staten was overgekomen en een enorme William-fan was, bleef op haar kamer omdat ze zich niet goed voelde en kon niet met de andere gasten komen dineren. 'Iemand zei tegen William: "Wat jammer dat onze grootste donor te ziek is om u te ontmoeten,"' vertelde Rellie mij. 'William zei: "Kan iemand misschien een pot thee zetten en wat koekjes op een bordje leggen?" En daarmee ging hij naar boven, klopte op de deur van die dame en zei: "Ik weet dat u te ziek was om aan het diner te komen en daarom wilde ik u een kop thee brengen en u heel hartelijk bedanken voor uw steun aan de hospices." Ze was door het dolle heen.' Natuurlijk. Het was een gebaar waaruit verbeeldingskracht en empathie sprak. 'Het was een klassiek Diana Spencer-gebaar,' zei Rellie. 'Gewoon natuurlijke, zachtaardige vriendelijkheid van mens tot mens en het had veel meer effect dan een groots optreden. Wij dachten allemaal: Wow, hij heeft iets van zijn mama geleerd.'

Af en toe ontsnappen aan het koninklijke keurslijf: William en Kate hadden het tot hogere kunst verheven. Een jaarlijks terugkerend gevaar in pre-coronatijden was het vrolijke vagevuur van Kerstmis, als gasten van de koningin op Sandringham. Op het Sandringham-dagprogramma staat een dodelijk saai black-tie-feestje op kerstavond, wanneer de cadeaus worden opengemaakt. Iedereen die de film *Spencer* heeft gezien, kent inmiddels de 'gak-gak'-traditie waarbij familieleden als Franse ganzen gewogen worden, eerst bij aankomst en dan weer bij vertrek, om precies vast te stellen hoeveel eer zij – en hun lever – het moddervette feestmaal hebben aangedaan. De Cambridges weten hoe ze de belangrijkste hapjes uit deze logeerpartij moeten pikken, zoals de kerkdienst en de lunch op eerste kerstdag (gezegend kort omdat hij op tijd afgelopen moet zijn voor de vooraf opgenomen toespraak van de koningin om drie uur 's middags), en vluchten dan terug naar de eenentwintigste eeuw op Anmer, waar ze doen wat andere Engelse gezinnen ook doen: hun kerstkous openmaken en tv-kijken.

En tv-kijken, dat wil zeggen: tv waarin geen leden van hun eigen familie optreden.

Cambridge-getrouwen zullen je vertellen dat het stel er zo aan gewend is om als de hertog en hertogin van Saai neergezet te worden, dat ze dat predicaat als een soort geuzennaam dragen. Maar omdat Kate zo'n gelijkmatig humeur heeft, wordt wel aangenomen dat de wreedheden van haar publieke positie haar ook niet raken. In maart 2019 sijpelden er in de pers geruchten door dat er een conflict zou zijn tussen de hertogin en haar vriendin van de Houghton-hospices, Lady Cholmondeley (uitgesproken als Tjumlie). De vierendertigjarige markiezin, een langbenig voormalig model dat wel een beetje op Kate lijkt, is misschien ooit in de race geweest om met William te trouwen toen hij nog vrijgezel was. Maar Rose Hanbury, zoals ze vroeger heette, heeft het soort aristocratische wat-kan-het-verdommen-flair waaruit je kunt opmaken dat ze, net als Diana vóór haar, het leven als gemalin van de troonopvolger erg burgerlijk en saai zou hebben gevonden.

Als echtgenote van een Hogerhuislid en met haar eigen adellijke afkomst zou Rose niet gemakkelijk van de sociale gelegenheden van de Cambridges te weren zijn, mocht Kate dat hebben gewild, zoals werd beweerd. De Chomondeleys wonen op een steenworp afstand van Anmer in een van de meest indrukwekkende landhuizen van Engeland, en zijn graag geziene gasten op dezelfde feestelijke gelegenheden waar ook de Cambridges komen. Rose's echtgenoot, de markies, heeft als Lord Great Chamberlain gediend, belast met de taak om bij de jaarlijkse opening van het parlement de Imperial State Crown te dragen. Rose en Kate zijn allebei beschermvrouw – al is alleen Kate een koninklijke beschermvrouw – van de East Angelia Children's Hospices. De tweelingzoons van de Cholmondeleys zijn speelkameraadjes van prins George.

De hertogin van Cambridge heeft nooit een neiging tot sociale vetes gehad. Dus wat zat er achter deze? Op dinertjes in Norfolk klonken speculaties dat William te veel aandacht aan Rose besteedde. Er werd geroddeld dat Kate na de bevalling van haar derde kind en opeens overschaduwd door Meghan niet haar stralendste zelf was en er gespannen uitzag. Wijs mij een vrouw aan die níét de moed zou laten zakken als ze de krant opensloeg, ook al was het *The Sun*, en dan een kop las als deze: 'Kate Middleton is van *fab* naar *drab* gezakt op de koninklijke stijlladder'. De telefoon tussen Anmer en coach Carole in Bucklebury moet roodgloeiend hebben gestaan. Volgens Vassi Chamberlain in *The Telegraph* vertelt een vriendin van Kate hoe Kate's ouders, wanneer er negatief over haar bericht wordt, tegen haar zeggen: 'Denk eraan dat je zelf voor dit leven hebt gekozen; voor je trouwde heb je alle tijd gehad om erover na te denken of je wel lid van de familie wilde worden, nu moet je sterk zijn en ermee leren omgaan.'[4]

Terwijl de roddels in Norfolk aanhielden en de zogenaamde rivaliteit bestempelden als een strijd tussen een schoonheidskoningin en een aankomende koningin, geloofden de Cambridges dat het hele verhaal was verspreid door leden van de oudere generatie in Norfolk, die sinds hun eigen jaren van heimelijke seksuele activiteiten dachten dat geruchten over seksuele affaires meestal waar waren. Beide stellen leden zo onder het geklets over huwelijksproblemen dat *Daily Mail*-journalist Richard Kay zijn best deed het verhaal te ontzenuwen. Deze goedgeïnformeerde koningshuisverslaggever heeft tegenover mij bevestigd dat hij er vast van overtuigd is dat er niets aan de hand was. Hetzelfde viel op te maken uit de waarschuwing die Williams advocaten aan de pers stuurden en waarin zij stelden dat het verhaal onjuist was. (In januari 2020 werden de Cambridges en de Cholmondeleys bij dezelfde kerkdienst gespot.)

Speelde de behoefte om Kate te belonen voor haar geduld tegenover de geruchtenmachine een rol in het besluit van de koningin om haar in april 2019 op haar achtste trouwdag het Grootkruis van de Koninklijke Victoria-orde te verlenen? De onontkoombare waarheid is: in het onwaarschijnlijke geval dat het Cambridge-huwelijk in de problemen komt, zou het hele Windsor-kaartenhuis in elkaar kunnen storten. Kate is een geliefd nationaal icoon van onberispelijk moederschap geworden. De breuk tussen Charles en Diana was al traumatisch genoeg, maar in het tijdperk van de sociale media zou de monarchie een onaangename breuk in het Huis Cambridge waarschijnlijk niet overleven.

Kate is zich bewust van haar macht. Heel af en toe maakt ze er gebruik van, zoals ze in 2020 deed, toen het blad *Tatler* zogenaamd een vleiend coververhaal publiceerde onder de titel 'Catherine the Great', maar gniffelde over haar moeders nouveau riche-smaak die het huis van de Cambridges in Norfolk binnendrong ('als een glanzend vijfsterrenhotel, met dikke kussens en brandende kaarsen... heel erg Buckinghamshire'[5]), en zei dat Pippa zich 'al te vorstelijk' gedroeg, waarbij het blad de snobistische uitdrukking gebruikte waarvan ieders haren recht overeind gaan staan, namelijk dat ze 'te hard haar best' deed. Kate en haar moeder hebben nooit gezegd hoe kwetsend die voortdurende neerbuigendheid over hun afkomst voor hen was, maar dat ze voor elkaar kreeg dat *Tatler* deze milde pesterijen van zijn website moest schrappen na een krachtige verklaring van de Kensington Palace-juristen over onjuistheden, moet voor Kate een bevredigend bewijs van haar stijgende koninklijke macht zijn geweest. Het was ook een teken dat ze eraan gewend was geraakt altijd positieve pers te krijgen.

Stapje voor stapje heeft Kate haar eigen imago en dat van het 'merk' Cambridge vrijwel geheel in eigen hand genomen. Ze was altijd al een goede amateurfotografe en heeft zichzelf tot de chroniqueur van hun gezinnetje gebombardeerd, waarbij al haar foto's onder het Cambridge-copyright vallen. Toestemming om die te gebruiken wordt heel beperkt gegeven. Hun Instagramaccount staat vol met haar zorgvuldig uitgekozen kiekjes van het frisse, aanbiddelijke huiselijk leven bij het gezin: voor Vaderdag het voltallige, uitbundig gillende kroost boven op pappa William; op de nationale vlinderteldag het ontroerende beeld van de zesjarige prinses Charlotte die heel ernstig een atalantavlinder in het kommetje van haar handen houdt; op de derde verjaardag van Louis een foto van hun jongste die schrijlings op zijn leuke rode tweewielertje zit. Prins George in zijn korte-broekenfase die zijn fietsenrek bloot lacht, is zo hartveroverend dat hij het enige kind is, afgezien van mijn eigen, dat ik ooit op sociale media heb gevolgd. De Cambridges zijn 'Wij Vijven', de verpersoonlijking van familiewaarden binnen de monarchie.

William houdt alles zo strak in de hand dat hij zijn vader verbiedt foto's van hemzelf met zijn kleinkinderen vrij te geven zonder expliciete toestemming van huize Cambridge. In 2020 wist Kate een warm William/Charles Instagram-moment te creëren, waarop de jongere prins met tweed pet zijn arm om de schouders van de rood aangelopen Charles slaat, alsof ze twee uit de klei getrokken mannen zijn, op weg naar de dorpskroeg voor een pint bier.

Wanneer de camera's op Kate zelf gericht zijn, toont ze meer uitdrukking dan Elizabeth. Maar wat ze kennelijk van de vorstin heeft geleerd is de kunst om haar werkelijke gedachten en gevoelens voor zich te houden, zodat mensen elke emotie die ze willen zien op haar kunnen projecteren. Een onbewogen gezicht als dat van de koningin zou voor een moderne koninklijke hertogin niet werken. De uitdrukking waar Kate in het openbaar meestal voor kiest is er een van eeuwige blijheid, bij conferenties over klimaatverandering, op luchtmachtbases, in hondentrainingscentra: glimlachen, glimlachen, glimlachen. Tenzij het Remembrance Day is, Dodenherdenking, want dan balanceert haar breedgerande hoed schuin boven een passend plechtige gelaatsuitdrukking.

Na meer dan tien waakzame jaren in het hart van The Firm heeft Aardige Kate heimelijk een complete transformatie doorgemaakt binnen de machtsdynamiek van het paleis. Het publiek mag zich dan bezighouden met haar golvende nieuwe kapsel of met de vraag of haar besluit om niet langer een *clutchbag* in haar hand te klemmen een teken van 'nieuw zelfvertrouwen' is, zij is nu de strateeg van de volgende generatie in de dynastie, die van ganser harte deelneemt aan de missie van de monarchie om haar plicht te vervullen en vooral om zichzelf in stand te houden.

Ik hoorde over een fascinerend gesprekje tussen Kate en een lid van de kring intimi rond het koningshuis, kort na het brexit-referendum. Daarbij peinsde ze over het dalende vertrouwen in de instituties dat volgens veel mensen de kern van de brexit was. Haar zorg gold vooral de monarchie en in hoeverre die bedreigd werd door het grillige nationale sentiment. Dit soort gedachten hoort niet bij een passieve partner of een wandelend fotomoment, maar eerder, net als in het geval van de koningin-moeder, bij de echtgenote als *consigliere* van een toekomstige koning. Zonder dat het werd uitgesproken was duidelijk dat de taak om dat vertrouwen terug te winnen voor een deel op Kates smalle schouders rustte. Ze kon toen natuurlijk nog niet weten dat het opnieuw leden van de koninklijke familie zelf zouden zijn die The Firm zouden ondermijnen, en niet krachten van buitenaf.

III

William en Harry waren altijd wapenbroeders geweest, twee vluchtelingen voor het tumult van hun kindertijd. Velen, ook William zelf, hebben gezien hoe afhankelijk Harry was van Williams beschermende arm om hem heen, maar Harry's onvoorwaardelijke liefde was ook een onmisbare troost voor William in zijn leven vol verantwoordelijkheden. Harry's oneerbiedigheid tegenover zijn oudere broer was een verfrissend tegengif tegen de onvermijdelijke vleierij rond de troonopvolger en de vorst, net zoals die van Philip dat was voor de koningin. Dat hij Harry naast zich moet missen is 'een emotionele zwakte voor William' volgens een paleisingewijde. 'William is niet iemand die de confrontatie aangaat. Hij wil vrede in zijn leven.' Al binnen een paar maanden nadat Harry een relatie met Meghan was begonnen, schijnt William tegen zijn vader te hebben gezegd dat de obsessie van zijn jongere broer voor Meghan 'totaal anders' was 'dan ik ooit eerder heb gezien [...] het is alsof ik mijn beste vriend ben kwijtgeraakt.'[6] Precies het gevoel dat Harry had geuit toen William met Kate een stel had gevormd.

William steunde de Sussexen toen die hun bezigheden van die van de Cambridges wilden scheiden. Hij pleitte bij hun vader voor extra financiën voor hen. Harry wilde een eigen discreet Sussex-kantoorteam inrichten. Het hoofd communicatie daarvan zou iemand uit de wereld van de politieke macht worden: Sarah Latham, voormalig adviseur van Bill en Hillary Clinton. Harry en Meghan kregen een kantoor toegewezen op Buckingham Palace, niet ideaal wat de Sussexen betreft, aangezien ze daar onder de spiedende blik van Donal McCabe zaten, het hoofd van de persafdeling van de koningin. Maar in ieder geval was het hun eigen domein.

William stelde zich ook meer dan positief op bij het verdelen van de stichting. Het was onvermijdelijk dat hun filantropische ondernemingen gescheiden werden. Zij waren niet langer de 'koninklijke jongens'. Ze waren zevenendertig en vijfendertig jaar oud en het werd voor hun medewerkers steeds moeilijker om hun tegengestelde belangen en de complexiteit van de activiteiten van hun echtgenotes tegen elkaar af te wegen.

Maar er waren nog meer redenen waarom de Cambridges opgelucht waren toen de Sussexen hun werkzaamheden elders onderbrachten. William en Kate behandelen hun staf graag als een collegiale, professionele familie. Mensen die voor de Cambridges werken, valt het vaak op hoe die voor alle grote en kleine beslissingen op de adviezen van hun communicatiemensen vertrouwen. Het schijnt dat William en Kate gechoqueerd waren door de manier waarop Meghan hun gedeelde medewerkers behandelde. Een typerend ongemakkelijk incident had plaatsgevonden tijdens de voorbereidingen voor de bruiloft, toen Meghan volgens de verhalen tegen een laaggeplaatste medewerker schreeuwde die een bepaalde aankondiging had tegengehouden omdat die botste met iets wat was gepland met de hofhouding van een andere hoge royal. Een ingewijde die op de hoogte was van dit incident, vertelde me: 'Ik wil niet zeggen dat het echt bullebakgedrag was, maar zeker is dat ik nooit eerder een lid van de koninklijke familie zo tegen een staflid heb horen praten.' Harry zei dat hij er met Meghan over zou praten, die vervolgens haar excuses aanbood. Maar spijt werd steeds zeldzamer.

Beschuldigingen over onbeschoft gedrag van Meghan zouden haar ook buiten het paleis achtervolgen, in de vorm van klachten die aan de vooravond van het Oprah-interview uitlekten en heftig door de hertogin werden ontkend. In november 2021 vaardigde ze haar advocaat Jenny Afia af naar de BBC-documentaire van Amol Rajan, *The Princes and the Press*, om te zeggen dat de beschuldigingen van bullebakgedrag totaal onjuist waren. 'Wat bullebakgedrag eigenlijk betekent is herhaaldelijk en opzettelijk ongepast gebruik van macht om iemand fysiek of emotioneel te kwetsen,' zei Afia, al zou Meghan natuurlijk 'niets aan iemands persoonlijke ervaring willen afdoen'.[7]

Een gevolg van het splitsen van werkzaamheden was dat er nu twee hertogelijke machtscentra waren met concurrerende Instagramaccounts, een bron van vreugde voor de pers, die graag scores bijhoudt. De omvang van de fanbase van de Sussexen werd duidelijk met de lancering van hun inmiddels niet meer functionerende @SussexRoyal-account in april 2019, die in vijf uur en vijfenveertig minuten een miljoen volgers trok, sneller dan welk eerder Instagramaccount tot die tijd ook; ze verdienden er een plek in het *Guiness Book of Records* mee. De altijd digitaal slimme Meghan kocht Instagramtovenaar David Watkins weg bij Burberry's om de content te managen. De Cambridges behielden de naam KensingtonRoyal en wisten, als door digitale tovenarij, altijd een krappe, maar passende voorsprong op @SussexRoyal te houden. De moeite die Team Cambridge deed om hun superieure positie te handhaven was rustig maar vasthoudend. 'Kennelijk is er een verschuiving op het paleis,' zei een bron tegen *Vanity Fair*.[8] 'Men richt zich nu in de eerste plaats op de presentatie van William als toekomstige koning, en van Kate als zijn koningin-gemalin. Dit lijkt een verwijzing naar het belang van de Cambridges in de koninklijke rangorde.'

De kloof werd nog dieper door onderlinge strijd tussen paleisfactotums. Een van de giftigste aspecten van de dynamiek tussen de hooggeplaatste royals is de oude gewoonte om via de privésecretarissen en niet via persoonlijke gesprekken over gevoelige onderwerpen te communiceren. 'Dat maakt de communicatie nog lastiger dan ze toch al is doordat ze elkaar niet al te vaak zien,' vertelde een bron uit het paleis me. 'Dus als de prins van Wales William en Harry een moeilijke boodschap te brengen had, deed hij dat niet zelf. Zo ontstaat er meteen een aparte groep mensen met macht die een eigen interpretatie van de familiedynamiek probeert te vormen en in lijn daarmee handelt. En dat vergroot elk probleem.' In het verleden hadden Harry en William altijd geweigerd op die manier met elkaar om te gaan, maar toen ze ieder een eigen kantoor en stichting kregen, raakten hun open communicatiekanalen verstopt.

Kate werd geeuwend afgedaan als de saaie hertogin, maar Meghan kreeg meer kwaadaardigheid op zich af. Was Kate tijdens haar zwangerschap neergezet als een serene madonna die 'teder de baby in haar buik wiegt', Meghan kreeg de volle laag met een brutale *Daily Mail*-vraag: 'Waarom kan Meghan haar handen niet van haar bolle buik afhouden? Deskundigen buigen zich over de vraag die het land bezighoudt: is het trots? Toneel? Of een newagetechniek om een band te vormen?'[9] Het had voor beide vrouwen een troost kunnen zijn als ze elkaar hadden gesteund tegenover de ongehoord seksistische campagne om hen tegen elkaar op te zetten. Maar het grote verschil in levenservaring tussen hen was sterker dan een mogelijk koninklijk tiara-zusterschap.

In theorie hoorde Kate tot een speciaal regiment van Windsor-echtgenotes (en één ex-echtgenote) die hun eigen verhalen van het slagveld zouden kunnen delen en Meghan een kaart van het moeilijke terrein zouden kunnen aanbieden. Camilla, bijvoorbeeld, die naar het schijnt vriendschappelijk, huiselijk advies heeft aangeboden; Sophie Wessex, die in de jaren negentig onder de voet was gelopen in het fiasco van de nepsjeik; Andrews ex Sarah Ferguson, wiens hele leven na de scheiding één grote excuses-reis was geweest; zelfs de veel bespotte 'Führer', prinses Michael van Kent. Maar afgezien van Kate en de bovennatuurlijk sterke Camilla hebben deze vrouwen waarschijnlijk naar Meghan gekeken als soldaten die zelf op het slagveld waren uitgeschakeld. Allemaal waren zij door het paleis aan de schandpaal genageld nadat ze eerst jarenlang door de pers mishandeld waren.

Het overduidelijke, maar onaangeroerde probleem was dat geen van deze ervaren paleismensen vrouwen van kleur waren. Wat betreft de hofdame die de koningin aan Meghan had aangeboden ter ondersteuning: wat zou de tachtigjarige Lady Susan Hussey in hemelsnaam te bieden kunnen hebben aan een achtendertigjarige biraciale Amerikaanse actrice die haar weg in het verraderlijke paleissysteem probeerde te vinden? Zij kwam uit het dinosauriërstijdperk van de hofetiquette en haar hulp was ooit ook al aan Diana aangeboden (die haar niet kon uitstaan).

Kate, Camilla, Sophie, het waren witte, in Groot-Brittannië geboren vrouwen, opgeleid aan dezelfde elitescholen en met uitgebreide, diepgewortelde sociale netwerken waarop ze konden steunen. Wat prinses Michael betreft: zij had zich in 2017 al eens moeten verontschuldigen omdat ze een racistische 'Blackamoor'-broche droeg bij een kerstlunch op Buckingham Palace waarvan ze had geweten dat Meghan er ook bij zou zijn.[10]

Op dit moment is er één zwart lid van de Britse aristocratie tot wie Meghan zich had kunnen wenden, als ze haar had gekend. Haar directe blik, lange bruine haar en fiere houding springen in het oog tussen de hooghartige bleke gezichten in de galerij van haar voorgangers op Longleat House in Wiltshire, waarvan zij nu de kasteelvrouwe is. De zesendertig jaar oude Emma McQuiston, voormalig model en chef-kok en dochter van een Nigeriaanse vader en een Engelse moeder, werd in 2020 de eerste zwarte markiezin van Engeland, toen haar toen vijfenveertigjarige echtgenoot Ceawlin Thynne de titel van 8ste markies van Bath erfde (en daarmee ook het iconische landhuis met safaripark van Longleath). De oogverblindende Lady Bath heeft een manier gevonden om te gedijen in een leven dat verstikt had kunnen worden door de erfenis van haar echtgenoot en de openlijk geuite vooroordelen in de familie. Anders dan de hertogin van Sussex is zij Brits opgevoed, haar vader is een oliemiljardair en zij heeft op Queensgate gezeten, dezelfde Londense eliteschool als Camilla Parker Bowles. Maar dat was nog steeds niet genoeg voor haar schoonmoeder. De echtgenoot van Lady Bath, een onstuimig Mr Darcy-type, verbood zijn moeder op de bruiloft te komen nadat ze hun had gevraagd: 'Ben je er wel zeker van wat je je vierhonderdjarige bloedlijn aandoet?'[11]

Nu ze zelf twee zoons heeft, praat Emma liever niet over haar monsterschoonmoeder en als kasteelvrouwe van Longleat en moeder van de erfgenaam heeft ze ook al gewonnen (zeker na de huiselijke beroering die Ceawlins hanige vader veroorzaakte omdat hij er een wisselende harem van meer dan zeventig jaar oude 'wifelets', echtgenootjes, zoals hij ze noemde, op na hield). 'Er is geen gedragscode. Er is geen voorbeeld. Hoe zou dat kunnen?' zei Emma tegen mij. 'Onze kinderen, hun generatie, daar gaat het nu om en zij zijn de reden waarom ik zo sterk in positieve verandering geloof. Ik zie dat diversiteit de toekomst is, hier en internationaal.'[12]

Misschien kwam de ervaring van Michelle Obama dichter bij die van Meghan. Ook zij is een Amerikaanse die door de raciale barrière van een machtig instituut brak waar de gangen zijn behangen met olieverfschilderijen van uitsluitend witte voorgangsters en zij kende de 'stille, wrede nuances van er niet bij horen', zoals ze het heeft genoemd, maar al te goed.[13] Nadat haar echtgenoot tot president was gekozen, droeg zij de last om overal waar ze binnenkwam de eerste zwarte First Lady te zijn. Ook toen nog werd zij 'Barack's baby mama' genoemd door Fox News.[14] Haar strategie tegenover dit alles was 'when they go low, we go high': gaan zij laag, dan gaan wij hoog. Later heeft ze uitgelegd: '"Hoog gaan" betekent niet dat je de pijn niet voelt of dat je geen emotie mag hebben. Het betekent dat je antwoord de oplossing moet weerspiegelen [...] ik probeer niet het debat te winnen. Ik probeer erachter te komen hoe ik jou kan begrijpen en hoe ik jou kan helpen mij te begrijpen.'[15]

Michelle, die tijdens de Invictus Games van 2016 een hechte verstandhouding met prins Harry opbouwde, schijnt Meghan in haar worsteling privéadvies te hebben aangeboden over hoe ze overeind kon blijven en haar koninklijke positie ten bate van het grotere belang zou kunnen aanwenden. En in een interview met *Good Housekeeping* in 2018, voor de bruiloft van de Sussexen, werd haar gevraagd welke goede raad ze de toekomstige hertogin zou willen meegeven. 'Mijn belangrijkste raad zou zijn om even de tijd te nemen en geen haast te maken om iets te doen,' antwoordde mevrouw Obama. 'Ik zou zeggen dat er zo veel mogelijkheden zijn om goede dingen te doen als je over zo'n platform beschikt – en ik denk dat Meghan de grootste impact op anderen kan hebben en zelf ook het gelukkigst kan worden, als ze iets doet wat haar persoonlijk raakt.'[16]

Een groot verschil met Meghan is dat mevrouw Obama met een man getrouwd is die acht jaar lang de machtigste leider van de wereld was, maar ook de uitgang van het Witte Huis kon nemen, naar een leven na het presidentschap. Meghan trouwde met de vijfde reserve voor de troon, in de wetenschap dat koninklijke druk geen einddatum heeft.

IV

Het is de moeite waard om je voor te stellen hoe Meghan haar eerste ervaringen met Engeland zou hebben beleefd als ze tijdens de hoogtijdagen van het multiculturele Londen van 2010-2012 was aangekomen of na de raciale afrekening in de nasleep van de moord op George Floyd in mei 2020. In de jaren 2016-2019 direct na het EU-referendum was Engeland geen gezellige plek om te zijn, zelfs niet voor een gevierde, mooie koninklijke hertogin. Het was een tijd waarin negatieve sentimenten het politieke klimaat en het maatschappelijke weefsel aantastten. Het debat, als je het zo kunt noemen, op sociale media raakte steeds verder gepolariseerd, steeds bozer en vrouwvijandiger. Het was vaak antisemitisch bij uiterst links en racistisch bij uiterst rechts. De boze witte middelbare kiezers die een groot deel van de brexiteers uitmaakten, postten kwaadaardige aanvallen op vrouwelijke parlementsleden van het *Remain*-kamp. 'Het werd heel persoonlijk,' zei Nick Lowles, hoofd van de Britse pleitbezorgingsgroep Hope Not Hate, tegen mij.[17] En die haat richtte zich al snel op Meghan. 'Zij was van gemengde afkomst en sprak zich uit tegen Trump en voor vrouwenrechten. Ze paste in dat vakje.' Toen de hertogin van Sussex haar Twitterfeed opende, liep die al snel vol met smerige scheldpartijen. In een onderzoek dat Hope not Hate op haar Twitterfeed uitvoerde, bleek dat van de vijfduizend woedende berichten die daar in januari en februari 2019 waren gepost, 70 procent afkomstig was van dezelfde twintig vijandelijke accounts.

Vóór de crisis vanwege Meghans ongelukkigheid had het paleis nooit reden gezien om na te denken over het schamele niveau van diversiteit binnen zijn gelederen – en de mogelijke gevaren daarvan. Een paleisbron heeft tegenover mij iets toegegeven waarover de royals zelf of het personeel van de verschillende paleizen zich in publieke verklaringen nog steeds niet krachtig hebben uitgesproken. 'Wij namen ras niet serieus genoeg,' zei deze bron. 'Er werkten nauwelijks zwarte mensen in de hofhouding en vrijwel geen in hogere functies.' Alleen al dat treurige feit maakte hen ongevoelig voor negatieve berichtgeving en commentaren wanneer ze door de lens van ras werden bekeken. Ze hadden contacten genoeg om zelf advies van zwarte leiders te vragen, maar kozen ervoor dat niet te doen. De koningin, wier betrokkenheid bij haar onderdanen altijd volmaakt onpartijdig is geweest en die nooit twijfel heeft laten bestaan over haar levenslange toewijding aan het Gemenebest, nam pas in 2017 voor het eerst een zwarte *equerry* aan, Nana Kofi Twumasi-Ankrah, een landmachtofficier die geboren was in Ghana en lid van haar persoonlijke staf werd. En het was zestien jaar geleden dat Colleen Harris hoofd was van het communicatieteam van prins Charles op Clarence House als de eerste (en nog steeds enige) zwarte persvoorlichter. 'We hebben een fout gemaakt als hofhouding,' zei de paleisbron tegen mij, 'niet een fout in de familie.'

De familie was trouwens uitstekend in staat om haar eigen fouten te maken, en deed dat ook. Voor hij verliefd werd op Meghan, was Harry zelf een onverbeterlijke braller in zijn houding tegenover ras. 'Ik was me er om te beginnen niet bewust van [van racisme], maar mijn God, dan ben je je er opeens heel snel wel van bewust,' zei hij tegen Oprah.[18] Hij had alleen maar even hoeven terugdenken aan al die gezichten in de Windsor-fotoalbums.

Er is natuurlijk een wereld van verschil in sociale houding tussen de jongere royals en het ancien régime. De koningin-moeder nam haar koloniale arrogantie mee het graf in. Prins Philip kon een uiterst bot gebrek aan respect vertonen, zoals de keer dat hij een Australische Aboriginal in 2002 vroeg of hij 'nog steeds met speren gooide'.[19] Van Philips beruchte 'flaters' had een ongemakkelijk groot aantal een racistische component, wat doet vermoeden dat het niet echt 'flaters', oftewel onhandige vergissingen, waren, maar dat ze onthulden wat hij echt dacht. In 1999 moest Philip zijn excuses aanbieden na een rondleiding bij een elektronicafabriek in Edinburgh, toen hij opmerkte dat een stoppenkast die uitpuilde van de draden, eruitzag 'alsof hij door een indiaan was aangelegd'. Dit soort opmerkingen maakte hij vaak, maar er waren altijd wel genoeg koninklijke knipmessen in de buurt om toe te schieten en gedrag glad te strijken dat hem ook toen, als hij de CEO van een bedrijf was geweest, zijn baan zou hebben gekost. 'Prins Philip slaat weer eens de plank mis met iets waarvan hij dacht dat het een joviale terzijde was, maar dat meer mensen beledigt dan amuseert,' zei de woordvoerder van de Schotse conservatieve staatssecretaris van Binnenlandse Zaken, Lyndsay McIntosh, en daarmee bracht ze een excuus naar voren dat de belediging alleen maar versterkte.[20] Een 'joviale' terzijde bedoeld om te 'amuseren' betekent dat de enige mensen die beledigd zijn geen gevoel voor humor hebben en waarschijnlijk van het ras zijn dat hij zojuist had beledigd.

Prinses Margaret is tot haar laatste snik een racist van de oude stempel gebleven. Penny Mortimer, de weduwe van toneelschrijver en advocaat Sir John Mortimer, vertelde me dat haar echtgenoot eens naast Margaret zat op een All Souls College-diner in Oxford. 'Ik hoop toch zo dat mijn zuster bij me komt logeren in Mustique,' verzuchtte Margaret. 'Ze is zo moe na die verschrikkelijke conferentie van Gemenebestpremiers. Elke dag een andere *blackamoor* (zwarte) die op haar schouder komt uithuilen, en weet u, zij is zo geweldig. Ze kent ze allemaal bij naam!'[21]

De laatste ruzie tussen prinses Diana en haar moeder in 1997 was een woede-uitbarsting van Frances over haar dochters 'relaties met moslimmannen', toen ze hoorde dat Diana een relatie had met Gulu Lalvani. (Hij is trouwens een sikh uit de Punjab, maar hoe dan ook voor Frances onaanvaardbaar bruin.) Het zal niemand verbazen dat de hertog van York stevig veroordeeld blijft tot het mandje van in ongenade gevallenen. De voormalige Labourminister van Buitenlandse Zaken Jacqui Smith zei in 2019 op LBC-radio dat zij en haar man zich in 2007 tijdens een staatsbanket voor de Saoedische koning op Buckingham Palace erg opgelaten hadden gevoeld toen ze Andrews 'vreselijke grappen' hoorden: 'iets met kamelen'. 'Dat hij dacht dat wij die grappig zouden vinden was een verschrikkelijke situatie om in te zitten,' zei Smith, en ze voegde eraan toe: 'Maar hij is denk ik wel de slechtste kant van de koninklijke familie.'[22]

De verandering van houding bij de nieuwe generatie is niet aan William en Harry voorbijgegaan, maar de kans is klein dat iemand in de familie hen privé aan hun jonge koninklijke mouw zou hebben getrokken om te zeggen dat dit of dat nonchalante gebaar of commentaar racistisch was. Het is maar goed voor William (en voor hen allemaal) dat er op zijn eenentwintigste verjaardag in 2003, gevierd met een Out-Of-Africa-junglefeest op Windsor Castle, nog geen selfies en Twitter waren. De openlijk racistische opvattingen van de jonge troonopvolger worden samengevat in zijn opmerking 'met een brede grijns' tegen de Britse Press Association, voorafgaand aan de party: 'Veel mensen zullen zich afvragen of we echt krokodil gaan eten, maar natuurlijk doen wij dat niet.'[23] Pas toen Harry werd betrapt op een gelekte video uit 2009 waarin hij een medesoldaat plagend 'my little Paki-friend' noemt en een andere 'raghead' (voddenkop, scheldwoord voor mensen met een tulband, vert.), werd hij op de vingers getikt voor zijn onbekommerde racisme. Enkele dagen na dat lek werd onthuld dat prins Charles zijn in de Punjab geboren polovriend Kolin Dhillon liefkozend 'Sooty' (roetmop) noemde. Loyaal en waarschijnlijk zelfs echt gemeend verdedigde Dhillon de prins van Wales door te zeggen dat die een man 'zonder vooroordelen' was.[24] Daar zou Charles het ongetwijfeld mee eens zijn, want net als de meeste leden van zijn klasse is hij blind en doof voor de nuances van de moderne raciale letterlijkheid die opnieuw urgent zijn geworden sinds Black Lives Matter de wereld heeft wakker geschud.

Klasse gaat boven ras in de verheven luchtlagen van het Britse establishment en heeft een verbindend effect. Van Wyndham Lewis is de beroemde uitspraak dat Engelsen geboren worden met een brandmerk op hun tong. Als je zwart maar van adel bent en het juiste accent hebt is de kans klein dat racisme alleen je eronder krijgt.

Romanschrijver Aatish Taseer, zoon van een Pakistaanse vader en een Indiase moeder, had aan het begin van dit millennium drie jaar een relatie met de dochter van prinses Michael, Lady Gabriella Windsor. 'Brits racisme,' zei hij in 2018 in *Vanity Fair*, 'is achtelozer dan zijn Amerikaanse evenknie, maar geniepiger, want het vooroordeel waaruit het voortkomt is klasse.'[25]

In de koninklijke familie, zo legde Taseer mij uit, gaat het gesprek zoals je bij bepaalde negentiende-eeuwse schrijvers leest, over Indiërs die sluw zijn, of Indiërs die nergens echt goed in zijn. Maar wel is er met Indiërs heel wat romantiek en een soort respect... De Windsors zouden zeker geen vergelijkbare vorm hebben in hun manier van denken over iemand die Afro-Amerikaans was... op dat terrein zijn het echt dinosauriërs.'[26]

De hoeveelheid contact die de royals met mensen van kleur hebben gehad, is niet te vergelijken met bijvoorbeeld de ervaring van zelfs de meest achtergebleven Amerikaanse president. Koninklijke kringen worden bepaald door generaties van onderling reproduceren en dezelfde vrijwel uitsluitend witte elitescholen. Het is opmerkenswaardig dat Downing Street de afgelopen tien jaar door twee op Eton opgeleide premiers is bewoond, al is Eton tegenwoordig een veel diversere omgeving dan het in de tijd van Boris Johnson en David Cameron was.

In een column in *Daily Mail* in 2016 waarvan ze nu niets meer wil weten, schreef Rachel Johnson, de zus van Boris Johnson, dat Markles 'exotische DNA' het 'waterig dunne blauwe bloed' van de Windsors zou 'verdikken' en ze kwam ook met haar eigen versie van het spottende 'Straight outta Compton' over Doria Markle als 'een Afro-Amerikaanse dame met dreadlocks, afkomstig van de verkeerde kant van het spoor'.[27] En het was Boris zelf die in 2002, toen hij parlementslid was, in een column in *The Daily Telegraph* de enthousiaste menigtes van het Gemenebest 'flag-waving picaninnies' (vlaggenzwaaiende zwartjes) noemde en het over Afrikanen met watermeloenlach had – en toch tot burgemeester van Londen werd gekozen.[28]

Voor Meghan, die gewend was aan het liberale vertaalfilter dat in de meeste kosmopolitische steden van Amerika de overhand heeft, als het om ras gaat, was niets zo vervreemdend als de gedachteloos gedeelde ideeën van de Britse upper class. Geen wonder dat ze korte metten maakte met zo veel oude vrienden van Harry. Twee keer Kerstmis vieren op Sandringham met die blaffende stemmen en knallende geweren moet hebben gevoeld als *Hell Week* bij de Navy Seals. Volgens Aatish Taseer zijn leden van de koninklijke kring voor een buitenstaander 'echt ontoegankelijk [...] de manieren. De levensstijl. De wereld van de jachtpartijen en buitenhuizen. De generaties van dezelfde vrienden. Het gevoel van superioriteit is ontzagwekkend.'[29] Zelfs Diana, die uit een van de oudste aristocratische families in Engeland kwam, kon niet tegen de verstikkende onveranderlijkheid van dit alles.

En toch moeten we ook die iconische familiefoto niet negeren, het portret waarin zo veel hoop en betekenis lag, gemaakt op 8 mei 2019, toen de brave, zes pond en 300 gram wegende Archie Harrison Mountbatten-Windsor officieel aan de wereld werd voorgesteld. Het nationale verlangen om de pasgeboren zoon van de Sussexen te zien, was uitgegroeid tot een ware koorts. Archie kwam twee weken te laat ter wereld, op 6 mei om 5:26 uur, in het Londense Portland Hospital. Maar om een onopgehelderde reden – die de media opvatten als chagrijnigheid van de Sussexen – kwam Harry pas acht uur later met het blijde nieuws, toen het stel al naar Windsor was teruggekeerd. Wat de verwarring nog groter maakte was dat Buckingham Palace, nog drie kwartier voor Harry's aankondiging, alleen onthulde dat de bevalling van de hertogin die morgen was begonnen.

Door onopgemerkt het ziekenhuis uit te glippen ontnamen deze nieuwbakken ouders de pers en het Britse publiek de traditionele voorpaginafoto van een opgetogen maar uitgeputte jonge royal die, poserend op de ziekenhuistrap, het verkreukelde gezichtje van een pasgeborene laat zien, een verbindende mediatraditie die niet alleen bedoeld is om een nieuw leven te vieren, maar ook om een langverwachte jonge loot aan de oude koninklijke familiestamboom te verwelkomen.

De beelden van William en Kate met hun baby's en van Diana en Charles met hun twee zoontjes bij de Lindo-vleugel van St. Mary's Hospital Paddington werden onderdeel van de koninklijke iconografie. Zoals de gelauwerde tv-maker Sir Trevor Phillips uiteenzette: 'Het werd duidelijk dat zij [Meghan en Harry] niet echt hadden begrepen dat je in ruil voor het sprookje de mensen buiten het kasteel iets moet geven, of misschien besloten ze gewoon dat ze het spel niet mee wilden spelen. En als je dan besluit dat je niet meespeelt, nou, verwacht dan niet dat anderen zich aan de spelregels houden.'[30] Hoe dan ook, het zure gevoel onder de persmensen dat ze waren bedrogen, verdween toen de eerste beelden van Archie en zijn ouders eindelijk te zien waren.

Gewikkeld in een ivoorwitte wollen sjaal lag het eerste kind van de Sussexen behaaglijk in zijn moeders armen met een extatische Harry naast haar op Windsor Castle. In het beeld kijken de koningin, gekleed in het gezellige blauwe vest van elke Britse oma, en de stralende achtennegentigjarige hertog van Edinburgh vertederd naar hun achtste achterkleinkind. Naast hen de zachte, dolblije Doria Ragland. Meteen kwam de bruiloftsmagie terug en herstelde de vervagende belofte van een divers Engeland en een koninklijke familie die eindelijk was geëvolueerd van het ultieme bastion van witte protestantse waarden naar een betere vertegenwoordiging van haar eigen veranderende volk. Patrick Vermont, een vooraanstaande zwarte activist en campagnevoerder, genoot ervan: 'De aanwezigheid van de moeder is heel belangrijk, want die herinnert het publiek en de koninklijke familie eraan dat er zwart zit in de Union Jack.'[31] En *The Sunday Times*-journalist Grant Tucker sprak uit naam van velen met zijn tweet: 'Toen deze koningin de troon besteeg, deden de laatste overblijfselen van het Britse Rijk nog velen op het Afrikaanse continent geweld aan. Vijfenzestig jaar later kijkt diezelfde vrouw neer op haar achterkleinzoon, naast zijn Afro-Amerikaanse grootmoeder.'[32]

Daarom was het voor iedereen die bij deze historische babyfoto was opgesprongen van vreugde, een harde klap om nog geen twee jaar later van Meghan in de Oprah-special te horen dat er verscheidene 'bezorgde' gesprekken binnen de familie waren geweest – niet door de koningin of Philip, zo voegde ze er later haastig aan toe – over de vraag 'hoe donker Archies huid zou worden'. En het was verbijsterend voor de Britten die op de hoogte waren van de koninklijke tradities, om haar te horen beweren dat 'Archie het recht om prins te worden was ontzegd vanwege zijn huidskleur'. Haar echtgenoot wist heel goed dat volgens het door koning George v ingestelde protocol de Sussex-kinderen pas prins en prinses zullen worden genoemd nadat Charles de troon heeft bestegen.

Na een stomverbaasde koninklijke stilte antwoordde de koningin met een zorgvuldig doordachte, eenenzestig woorden lange verklaring. Nadat ze eerst Harry, Meghan en Archie als zeer geliefde familieleden had erkend, kwam ze met de onvergetelijke afsluiter: 'Soms worden dingen verschillend herinnerd.'[33] Nooit is de lijdende vorm zo prachtig dubbelzinnig gebruikt.

Was de raadselachtige verklaring van Hare Majesteit een manier om te zeggen: 'Het hangt ervan af aan wie je het vraagt'? Of was het: 'Je hoort wat je wilt horen, je interpreteert onschuldige opmerkingen als racistisch als je zo bent opgevoed'?

En als het dat laatste is? Hadden de royals er dan niet voor moeten zorgen dat ze minstens voor een tijdje vloeiend de taal van ras en racisme leerden spreken, de taal die Meghan – opgegroeid in de Verenigde Staten met zijn heel andere geschiedenis – 'sprak' als haar eigen taal? Was het werkelijk haar taak lessen te geven over modern gedrag tegenover ras, alleen maar om met haar schoonfamilie te kunnen opschieten?

En had Meghan, aan haar kant van de kloof, moeten begrijpen dat door wit privilege bepaald gedrag in een duizend jaar oude monarchie niet van de ene dag op de andere zou veranderen?

Hoe gevoelig zij worden sinds de Black Lives Matter-beweging, blijkt wel uit de snelheid waarmee William na de finale van het EK Voetbal in juli 2020 de nare online scheldpartijen tegen drie zwarte spelers nadat ze hun penalty's hadden gemist, veroordeelde. 'Ik ben misselijk van de racistische scheldwoorden gericht op spelers voor Engeland na de wedstrijd van gisteravond,' twitterde hij. 'Het is totaal onaanvaardbaar dat spelers dit afschuwelijke gedrag moeten ondergaan. Er moet nu een eind aan komen en iedereen die dit doet moet tot verantwoording worden geroepen. W.'

Harry, hertog van Sussex, en de vrouw van wie hij houdt hebben iets voor elkaar gekregen wat niemand hun meer kan afnemen: Doria Ragland en koningin Elizabeth als grootmoeders in dezelfde familie, een dubbele overwinning op vastgeroeste houdingen tegenover ras en klasse.

Dus hou die foto vast! Twee jaar later was Philip er niet meer, waren de Sussexen gevlucht, voerden de broers oorlog en is het idee van een harmonieus geïntegreerde koninklijke familie een herinnering die stof staat te verzamelen in onze psychische Windsor-souvenirwinkel.

In november 2020 sprak een vroegere medewerker van het paleis, die inmiddels met pensioen was, met de hertog van Cambridge op een fundraisingevenement in Londen. Het schijnt dat William bezorgd tegen hem zei: 'Misschien zouden we het wel fijn vinden als je even terugkwam. Ik ben bang dat het helemaal misgaat met Harry.'

25

VERSCHROEIDE AARDE

Annus horribilis op herhaling

Het besluit van de Sussexen om de plaat te poetsen had veel gemeen met het Amerikaanse vertrek uit Afghanistan: een noodzakelijk einde, uitgevoerd in maximale chaos. Harry wordt woedend om de term Megxit, zoals de aankondiging van het stel in januari 2020 om 'een stap terug te doen' van hun taken als hogere royals al snel werd neergezet. De hertog noemt die term 'seksistisch'.[1]

Onjuist zou een beter woord zijn. Het was Harry's besluit, versneld door Meghan.

Wat het stel wilde was al in het najaar van 2018 duidelijk. De Gemenebest-toevluchtsoorden Canada, waar Meghan zelf wortels had, en Zuid-Afrika, waar Harry altijd van had gedroomd om naartoe te verdwijnen, werden beide verkend als mogelijk nieuw thuis voor de Sussexen. Minstens één voormalige paleismedewerker die op Harry gesteld was, ondersteunde zijn idee om voorgoed te vertrekken. 'Naar mijn idee was een van de beste dingen die Meghan voor Harry kon doen hem uit het koninklijke leven halen, want hij was al zo lang zo ongelukkig,' zei die persoon tegen mij. 'Hij had een echtgenote nodig die zei: "Trouwens, het is het beste voor jou als ik je hieruit haal."'

De familie zag de opsplitsing pas maanden later aankomen, in de zomer van 2019. 'Ik denk dat de koningin er oprecht mee worstelde,' zei dezelfde paleisbron. 'Ze zagen allemaal hoe ongelukkig Meghan en Harry waren. Iedereen steunde hun wens om weg te gaan. Maar ze wilden dat het op een ordelijke manier gebeurde. En ook op een manier die het juiste precedent schiep. William heeft drie kinderen. Het precedent dat ze in deze generatie neerzetten heeft ook invloed op hun kinderen. Daar let hij erg op. Dus ze wilden dat het op gepaste wijze gebeurde.'

'Gepast' heeft een erg koninklijke klank. Maar wat betekent het? Zoals elke scheiding was veel in het conflict terug te voeren op geld, en zoals gebruikelijk in dit verhaal waren er verhitte temperamenten en koude misverstanden.

Het was voor iedereen behalve Meghan en Harry duidelijk dat een onduidelijke parttimerol allerlei belangenconflicten met zich meebracht. Stel bijvoorbeeld dat het paar een paar extra dagen wilde vastknopen aan een door Buitenlandse Zaken betaalde reis door het Gemenebest, om opnamen voor een Netflix-documentaire te maken: het huis zou te klein zijn, net zoals Andrew had gemerkt toen hij eigen zakendealtjes vermengde met zijn reizen als handelsambassadeur. Dit soort ethische kwesties heeft al heel wat veelbelovende politieke carrières in de knop gebroken en vormt een makkelijke prooi voor de media. En zelfs al werden commerciële activiteiten zorgvuldig begrensd, het was altijd de status van de Sussexen die werd gekocht en betaald. Zoals een paleisveteraan het formuleerde is Harry 'een man die zich heel erg betrokken voelt en graag positieve invloed wil uitoefenen. Hij begrijpt niet dat de reden waarom hij dat mag en kan doen, is dat hij een prins is.'

De Sussexen wilden vrij zijn om 'een stem' te hebben die ze konden laten horen over dingen waarin zij geloofden. Maar stel dat het dan om een controversiële kwestie ging? Zouden ze die dan omarmen als koninklijke persoonlijkheden of in deze Andere Status? Die vraag rees in november 2021, het jaar na hun vertrek, toen de Republikeinse senatoren Susan Collins en Shelley Capito op hun mobiele nummer een telefoontje van Meghan kregen; zij lobbyde voor betaald familieverlof, iets waar de GOP tegen was. De beller stelde zich voor als de hertogin van Sussex, wat Collins 'nogal ironisch' vond.[2] Als Meghan in haar hoedanigheid als hertogin lobbyde, verbrak ze dan niet de belofte van de koninklijke familie om apolitiek te zijn?

Ook hun beveiliging was een lastig probleem. Met Harry's nonchalante idee dat hij daar recht op had en Meghans kortzichtige aannames, was de vraag wie de enorme jaarlijkse kosten voor politiebewaking zou gaan betalen, de Sussexen kennelijk ontschoten. Toch wist Harry heel goed dat koninklijke beveiliging niet door de Kroon wordt bepaald of betaald. Als de Sussexen het land eenmaal verlaten hadden en niet langer royals in functie waren, zouden de Britse belastingbetalers daar niet voor willen opdraaien, en de media zouden dat ook niet laten gebeuren. Moesten de beveiligers in de buurt blijven in de periodes dat de Sussexen weer privéburger waren?

De kern van deze kwesties was de vraag of de Sussexen celebrity-royals waren, of koninklijke celebrity's, wat een groot verschil is. Een royal vertegenwoordigt koningin en vaderland. Een celebrity vertegenwoordigt zichzelf. De zomer van 2019 bevestigde voor de media dat de Sussexen de beslissende en dodelijke keus voor het klatergoud hadden gemaakt.

Na alle heftige emoties van de eerste zes maanden van dat jaar had Meghan zichzelf een lang Brits zwangerschapsverlof na de bevalling van haar zoon kunnen gunnen. Eindelijk genesteld in haar nieuwe huis op Frogmore, zou dat een goed moment zijn geweest om terug te kijken op haar eerste jaar als royal en opnieuw te bedenken hoe ze nu verder zou gaan. Zoals supercomputer Joshua in de sciencefictionthriller *WarGames* zegt: 'Soms is de enige winnende zet niet spelen.' De tabloids zouden Meghan heilig hebben verklaard als ze op de uitnodiging van de koningin was ingegaan om met Archie en Harry naar Balmoral te komen en dan het verplichte kiekje van hun zoontje met zijn roze voetjes bungelend over de rand van Loch Muick had gepost. Maar even de tijd nemen kwam niet in Meghans woordenboek voor. Net zomin als gezellig bedoelde picknicks op geruite dekens in de Schotse Hooglanden.

Wel werkte ze gretig elk stuk taart op het celebrity-buffet naar binnen. In de hondsdagen van de zomer zagen de Britse krantenlezers geregeld de hertog en hertogin van Sussexen op luxe tripjes die het wespennest van de boulevardpers wel moesten opporren. Een uitnodiging van Elton John om per privéjet naar zijn villa in Zuid-Frankrijk te komen, na een zonnig uitstapje naar Ibiza om Meghans achtendertigste verjaardag te vieren? Twee grote stukken graag! Hop, terug naar de US Open om haar vriendin Serena Williams de finale tegen Bianca Andreescu te zien spelen? Jummie! Aanbod om gasthoofdredacteur te zijn voor het grote dikke septembernummer van de Britse *Vogue*? Kan er niet afblijven! Wat Harry betreft, hij verscheen in het jaarlijkse Google-zomerkamp op Sicilië om blootsvoets een presentatie over klimaatverandering te geven aan de miljardair-mannenbroeders van Silicon Valley. Samen namen Harry en Meghan in elf dagen vier privéjets.

De media, die nog steeds wrok koesterden over de geheimzinnigheid rond de geboorte van Archie, sloegen terug met spottende verslagen van deze opzichtige zomerreizen. Talloze keren viel daarbij de opmerking dat zij kennelijk elke uitnodiging aannamen, behalve die van de koningin om op Balmoral te verschijnen. Het leek nauwelijks toeval dat er opeens foto's verschenen van William, Kate en hun drie kinderen die aan boord gingen van een goedkope vlucht naar het vliegveld van Aberdeen, dat het dichtst bij het Schotse huis van de koningin ligt.

Het *Vogue*-project, een samenwerking met Edward Enninful, een van de meest invloedrijke smaakpausen van het VK, werd onverwacht Meghans Waterloo. Een gasthoofdredacteurschap is voor een celebrity meestal een veilig, vleiend mediaoptreden. Prins Charles had het drie keer gedaan voor het blad *Country Life*. Harry had in 2017 lovende kritieken gekregen toen hij een aflevering van de prestigieuze *Today Show* van Radio-4 voor zijn rekening nam, in hetzelfde jaar dat Kate's digitale avontuur bij de *Huffington Post UK* lof oogstte omdat daarin aandacht werd gevraagd voor geestelijke gezondheid van kinderen. Meghans *Vogue* over vrouwelijke rolmodellen van het moment had de titel 'Forces for Change' (Krachten voor verandering) en ongetwijfeld verwachtte ze groot applaus voor haar inspanningen als morele millennial-leider met tiara. Om het project geheim te houden werd het Vogue House door Enninful, de eerste mannelijke en eerste zwarte hoofdredacteur van de fashion-bijbel, getransformeerd tot de modeversie van Bletchley Park. Nietsvermoedende redacteuren werkten aan een nepnummer, lay-outs vlogen heen en terug naar de vrouw met de codenaam 'duchess' en de laatste pagina's werden met de witte kant naar boven naar de drukker vervoerd.

Nadat het nummer groots was gepresenteerd, bleek het elk mogelijk mikpunt van bijtende Britse spot in zich te verenigen en bevestigde het de angsten binnen het paleis over een lid van de familie dat zich op politiek terrein begaf. Het meest onder vuur lagen de zonder uitzondering liberale denkbeelden van de vrouwen die de hertogin tot 'veranderingbrengers' uitriep, een *right-on list*, zoals *The New York Times* de lijst noemde, met alom erkende voorbeelden als klimaatactivist Greta Thunberg, de Nieuw-Zeelandse premier Jacinda Arden en trans-actrice Laverne Cox.[3] Slechts vijf van de vijftien iconen waren Brits. (Waar, o, waar was Hare Majesteit koningin Elizabeth II tussen de vrouwen die Meghan bewonderde?) Het glossy pakket werd door de tabloids gezien als een arrogant vod, door de intellectuele columnisten als een vrome wolk dons en de *Vogue*-abonnees, die liever oplossingen hadden gezien voor dringender problemen, zoals waar ze de beste kameelharen jas met strikceintuur konden vinden, vonden het een onbegrijpelijk saai geval. In Harry's vraaggesprek met de gerespecteerde primatoloog Jane Goodall stond zijn komisch-malthusiaanse voorspelling dat Meghan en hij hun behoefte aan voortplanting tot twee kinderen beperkten om de planeet te redden. Dat trof de media als een keiharde methaanscheet, aangezien de hertog zojuist zijn voetafdruk had opgeladen door in een privéjet naar het Google-kamp te vliegen.

Meghan voelde zich tot op het bot gekwetst door de kritische ontvangst van het nummer en dat drong door tot in de kern van haar aspiraties. Weer was ze verslagen door de verraderlijke Britse gevoeligheid en de nationale neiging om zich vrolijk te maken over goede bedoelingen. De controverse rond het nummer was een godsgeschenk voor de naamsbekendheid van *Vogue* en voor de losse verkoop (hoger dan ooit in het 103-jarig bestaan van het blad), maar Meghan wilde een aureool, geen verkoopcijfers. Zoals veel influencers op de wereld hunkerde ze er nog steeds naar om serieus genomen te worden door de oude media. Gevoelens van afgewezen zijn, culturele en maatschappelijke eenzaamheid en wat klinkt als een golf van postnatale depressie overspoelden haar. Ze dacht aan zelfmoord. 'Ik schaamde me toen echt om het te zeggen en om het aan Harry te bekennen, vooral omdat ik weet hoeveel verlies hij al heeft geleden,' zei ze tegen Oprah. 'Maar ik wist dat ik het zou doen als ik het niet zei. En ik wilde gewoon niet meer leven.'[4]

'Het engst was voor haar de helderheid van haar gedachten,' heeft Harry eens gezegd.[5] 'Ze was niet "in de war". Ze was niet gek. Ze gebruikte geen middelen, of dat nu pillen waren of alcohol [...] Ze was volkomen nuchter. Volkomen gezond van geest. En toch, in de stilte van de nacht lag ze wakker van deze gedachten.'

En wat deed haar prinselijke echtgenoot eraan? 'Ik voelde me ook heel somber,' zei hij tegen Oprah. 'Maar ik wilde er voor haar zijn en... ik was doodsbang... Ik denk dat ik me schaamde om het (aan mijn familie) toe te geven... Ik had niemand tot wie ik me kon wenden.'[6]

Die bewering was niet alleen onbevredigend, maar ook zeker onoprecht. Misschien was het een teken van Harry's paniek dat hij, die zelf zeven jaar in therapie was geweest, nu blijkbaar te verlamd was om zich tot de paleisadviseurs te wenden die hem in het verleden ook hadden gesteund. Hoe zat het met de uitstekende MI6-adviseurs, die experts konden vinden om de demonen te verjagen bij patiënten die een aangenomen rol moesten zien te verenigen met een privéleven? Harry had moedig campagne gevoerd tegen het stigma van psychische problemen en was zelfs een van de oprichters van Heads Together, dat ernaar streeft dat 'mensen zich in staat voelen hun vrienden en familie door moeilijke perioden heen te helpen en dat mensen niet langer vanwege het stigma zich ervan laten weerhouden om de hulp te zoeken die ze nodig hebben'.[7] Als hij nu te bang was dat het allemaal te veel werd wanneer hij bevestigde dat Meghan problemen had, zou hij dan niet moeten erkennen dat hij, en niet het paleis of leden van zijn familie, degene was die geen hulp voor zijn vrouw had weten te vinden toen zij die nodig had?

In oktober 2019 koos het stel voor een ander soort gesprekstherapie: met Tom Bradby, het oude media-maatje van de koninklijke broers bij ITV News. De mensen bij de zender hadden niets anders verwacht dan dat Bradby's documentaire *Harry and Meghan: An African Journey*, opgenomen tijdens hun zeer succesvolle tiendaagse rondreis, een weinig opzienbarend koninklijk vehikel zou zijn. Er waren mooie visuele momenten om met de camera vast te leggen: een gesprek met Graça Machel, de weduwe van Nelson Mandela, Archie die zich aanbiddelijk tegen aartsbisschop Desmond Tutu aanvlijt, en Meghans 'Ik ben uw zuster'-uitroep tegenover de vrouwen van het township Nyanga in Kaapstad. Het viel ook te verwachten dat er de nodige pasgetrouwd-bekoring in zou zitten. Maar tot verbazing van het communicatieteam van de Sussexen en van de redacteuren van het programma kaapten Harry en Meghan hun eigen humanitaire boodschap tijdens hun afrondende interview met Bradby na de rondreis, door te vertellen hoe teleurgesteld ze in hun privéleven waren.

Voor Harry was het zijn zoveelste klaagzang over de manier waarop ze door de media werden achtervolgd. Dit na tien dagen juichende verslagen, waaronder een Indiana Jones-foto op de voorpagina van *The Telegraph* als aankondiging van zijn serieuze opinieartikel binnenin over natuurbehoud in Zuid-Afrika, een bijdrage die hoogstwaarschijnlijk de krant niet had gehaald of niet zo'n spetterende voorpaginabehandeling had gekregen zonder de koninklijke naam in de credit. Zou William jaloers zijn op zo veel eersteklas mediawaarde? Dat vroeg ik me bij het kijken naar het interview af, met een vooruitziende blik, zoals zou blijken, want door Harry's opmerking tegen Bradby, 'We bevinden ons op dit moment bepaald op verschillende wegen', barstte er een storm van nieuwskoppen los over een openlijke breuk tussen de broers.[8]

Meghan nam haar kans waar om voort te borduren op haar kwetsbaarheid als kersverse mama, haar pijnlijke worsteling om te kunnen omgaan met de Britse *stiff upperlip* (en met het stijve Britse leven), en haar aansporingen aan Harry over de noodzaak om te 'bloeien' en niet alleen maar te 'overleven'. Toen Bradby vroeg hoe ze het allemaal volhield, was haar antwoord, dat het internet tot ontploffing bracht: 'Dank je, fijn dat je dat vraagt, want er zijn niet veel mensen die me hebben gevraagd of het goed met me gaat.'[9] Er zijn ook niet veel mensen die de vrouwen in de township Nyango vragen of het goed met hen gaat, zo reageerde de pers eensluidend. 'Ik heb nooit gedacht dat dit makkelijk zou zijn, maar ik had wel gedacht dat het [de berichtgeving in de pers] eerlijk zou zijn,' zei ze tegen Bradby, en daarmee ontketende ze nog meer negatieve reacties: een van de meest bevoorrechte vrouwen ter wereld die zich over haar behandeling door de pers beklaagt, nadat ze tien dagen lang getuige is geweest van de intense armoede en problemen in delen van Zuid-Afrika.

Op de avond voor hun vertrek uit Zuid-Afrika plaatste Harry een nieuwsbom op de officiële Sussex-website, waarin hij hun rechtszaak tegen *Mail on Sunday* wegens het publiceren van Meghans brief aan Tom Markle aankondigde. In plaats van de kracht van ingehouden juridische taal voor zichzelf te laten spreken, kondigde de hertog de rechtszaak aan met een spenceriaanse tirade:

> Er komt een moment waarop je alleen nog maar kunt opstaan tegen dit gedrag, omdat het mensen verwoest en levens verwoest. Simpel gezegd is het pestgedrag, dat mensen bang maakt en tot zwijgen brengt. We weten allemaal dat het niet acceptabel is, in geen enkel opzicht. We willen en kunnen niet geloven in een wereld waarin niemand hiervoor verantwoordelijk kan worden gehouden.
> Deze actie is misschien niet de veilige weg, maar wel de goede. Want mijn diepste angst is dat de geschiedenis zich zal herhalen. Ik heb gezien wat er gebeurt als iemand van wie ik hou een product wordt, tot die persoon niet meer gezien of behandeld wordt als een echt mens. Ik ben mijn moeder verloren en nu zie ik hoe mijn vrouw slachtoffer van dezelfde machtige krachten wordt.[10]

Dat hij Diana erbij haalde toonde aan hoezeer Harry in een vrije val was geraakt. Zoals William al had gevreesd waren Harry's wonden door het verlies van zijn moeder nog zo vers dat hij niet kon omgaan met de pijnlijke last om zijn vrouw, die zo in de aandacht stond, te moeten beschermen tegen de furies van de media. Tijdens het Google-kamp had hij tegen een andere gast gezegd dat hij werd verscheurd door de vraag hoe hij aan de ene kant Meghan moest beschermen en aan de andere kant als belangrijk lid van de koninklijke familie moest dienen.

Harry's aankondiging vanuit Johannesburg trof doel bij tweeënzeventig vrouwelijke parlementsleden zowel van conservatieve als van Labourzijde, en zij schreven na drie jaar post-brexit-vrouwenhaat een open brief aan Meghan om hun steun aan haar uit te spreken tegen 'de vaak smakeloze en misleidende aard van de verhalen over u, uw karakter en uw familie [...] Wij kennen allemaal het schelden en de intimidatie die vaak als middel dienen om vrouwen in een publieke functie te kleineren en ons de moed te ontnemen om door te gaan met ons belangrijke werk.'[11] Het is het soort verklaring dat Meghan zo graag van het paleis als instituut had willen krijgen. Stel dat de Windsor-vrouwen, de hertoginnen van Cornwall en Cambridge en de gravin van Wessex, zo'n verklaring van collectieve vrouwelijke woede naar buiten hadden gebracht? Een opwindend maar voorlopig ondenkbaar idee.

Half november kondigden de uitgeputte Meghan en Harry aan dat ze met Archie een sabbatical van zes weken in Canada namen. 'Het kon me onmogelijk ontgaan hoe ongelooflijk moe, zelfs volkomen uitgeput hij [Harry] eruitzag,' vertelde Tom Bradby later.[12]

Kerstmis naderde en de Sussexen zouden nog niet dood gevonden willen worden bij de jaarlijkse weegpartij op Sandringham.

II

De laatste aflevering van de Windsor-problemen was nog maar net begonnen. Terwijl de hertog en hertogin van Sussex vertrokken om te imploderen in een voor 13 miljoen dollar gehuurde villa aan het water op Vancouver Island, besloot prins Andrew in november 2019 een zelfmoordvest om te gorden en te gaan zitten voor een 'je mag me alles vragen'-interview van een uur met Emily Maitlis, een van de meest vasthoudende tv-makers van de BBC. Ongetwijfeld was het toeval dat hij het moment koos waarop Charles net met Camilla aan een zesdaagse reis naar Nieuw-Zeeland was begonnen. Kort nadat de prins van Wales in Auckland was aangekomen, waar niet al te veel mensen kwamen opdagen om hem te zien, lichtte zijn telefoon op met nieuws dat niets te maken had met zijn komende ontmoetingen over duurzaamheid met serieuze Kiwi-leiders. Andrews optreden bij *Newsnight* was een catastrofe. 'Ik had een treinongeluk verwacht,' twitterde bijvoorbeeld Charlie Proctor, beheerder van de royaltywebsite Royal Central. 'Dit was een vliegtuigcrash op een olietanker, die een tsunami veroorzaakte, die een kernexplosie van de zware categorie in gang zette.'[13] En Dickie Arbiter, de voormalige persvoorlichter van de koningin, twitterde: 'Als prins Andrew dacht dat hij hiermee een eind zou maken aan het Epstein-verhaal, dan bevond hij zich in het land der gekken.'[14]

Andrews idee dat hij ongeschonden uit de strijd kon komen na een uur prijsschieten in een interview bij een keihard nieuwsprogramma over de seksuele aanklachten tegen hem, was een klassiek voorbeeld van het Dunning-Kruger-effect. Jason Stein, een gerespecteerde pr-adviseur die onlangs aan Andrews communicatieteam was toegevoegd met de opdracht om de bezoedelde prins weer richting respectabiliteit te sturen, had zich heftig tegen het interview verzet, maar Andrew rekende erop dat hij zich wel zou redden in het gesprek met de tot in de puntjes voorbereide BBC-interviewer Emily Maitlis. Zij achtervolgde hem al vóór de arrestatie van Jeffrey Epstein op 6 juli 2019 met verzoeken om een interview.

Epstein was gearresteerd na een vlucht van Parijs naar New York met zijn zogenaamde Lolita Express, en aangeklaagd voor seksueel misbruik van een minderjarige en samenzwering om seksueel misbruik te begaan. Vier weken later, op de dag dat Andrew op Balmoral aankwam voor zijn jaarlijkse logeerpartij bij zijn ouders, werd zijn vroegere mentor en veelvuldige gastheer dood aangetroffen, opgehangen met een beddenlaken aan het bovenste bed in zijn cel in het Manhattan's Metropolitan Correctional Center. De vraag of Epsteins dood zelfmoord was of moord ter bescherming van de machtige vrienden die hij misschien had kunnen noemen, wekte hernieuwde aandacht voor al degenen die met hem waren omgegaan. Daartoe behoorde ook Andrew. De beschuldiging over seksueel misbruik van Virginia Roberts Giuffre tegen de hertog van York kwam weer naar boven en wat het voor de media nog extra sappig maakte was dat zijn oude vriendin Ghislaine Maxwell nu ook werd gezocht. Hij moest zijn naam zuiveren!

Paleisveteranen wijten het aan de afwezigheid van Sir Christopher Geidt dat het fatale interview überhaupt plaatsvond, laat staan dat het zich afspeelde in de South Drawing Room van Buckingham Palace. Andrew hoopte duidelijk dat de intimiderende koninklijke attributen zijn eigen tot een minimum geslonken gezag zouden opblazen. Een bron in het paleis vertelde me dat Andrew rechtstreeks naar Mummy was gegaan om toestemming te krijgen voor opnamen daar, nadat hij al tegen de BBC had gezegd dat die toestemming er was. Hij stelde de uitzending aan de koningin voor als een gesprek over zijn officiële taken en zijn succes met zijn ondernemersinitiatief Pitch@Palace. En in die verwachting bekeek de koningin de uitzending alleen in haar privézitkamer op Windsor, nadat ze van een dienblad een licht avondmaal had genoten, zo hoorde ik van een paleisbron. Je kunt alleen maar hopen dat ze haar geliefde champagneslaapmutsje niet heeft omgestoten.

Het interview was een oefening in zelfbeschadiging, even episch als Windsor Castle dat in vlammen opging. Kop: 'Verbijsterde natie ziet prins kronkelen' (*Mail on Sunday*). Andrew, die zich gedroeg als een joviale blaaskaak op een herenclub, zei tegen Maitlis dat hij zich niet kon herinneren Giuffre (die toen zeventien jaar was) ooit te hebben ontmoet, laat staan dat hij seks met haar had gehad. Hij zei dat hij die avond niet met haar in het huis van Maxwell had kunnen zijn, omdat hij die middag zijn dochter Beatrice had meegenomen naar een verjaarsfeestje bij een Pizza Express in Surrey, een gelegenheid die hij zich wél levendig herinnerde omdat, nou ja, zo vaak ging hij niet naar een Pizza Express. 'Ik had geen seks. Ik heb een pizza-alibi' (*The Sunday Times*). Wat betrof de bewering van Giuffre dat hij overvloedig had gezweet op de dansvloer van een nachtclub: dat kon niet, beweerde hij, want hij had een medische afwijking waardoor hij niet kon zweten, een aandoening die hij had opgelopen door een overdosis adrenaline uit de tijd dat hij in de Falklandoorlog diende, en die inmiddels was genezen. 'Zijne Koninklijke Droogheid' (*New York Post*). Hij uitte geen woord van sympathie voor de minderjarige meisjes die door Epstein waren verhandeld en geen greintje berouw omdat hij was omgegaan met de smerige man die dat had gedaan. Kop: 'Geen zweet en geen spijt' (*Sunday Mirror*).

Op de vraag waarom hij Epstein persoonlijk thuis had opgezocht om hun banden te verbreken – in plaats van hem gewoon te bellen of te mailen – kwam Andrew met het zogenaamd mannelijke excuus dat het 'laf' was om het hem niet recht in zijn gezicht te zeggen.

Het geval wilde dat Philip ook in deze persoonlijke aanpak geloofde. De achtennegentigjarige gemaal van de koningin had zijn rol als strenge handhaver dan wel opgegeven, dit was nog één laatste familie-interventie die hij graag zelf wilde uitvoeren. Andrew werd naar Wood Farm op Sandringham ontboden voor een vader-zoongesprek om zijn kant van het verhaal te vertellen. 'Er werd niet geschreeuwd of geroepen,' vertelde een ingewijde aan *The Telegraph*.[15] 'Philip zei hem in niet mis te verstane bewoordingen dat hij zich moest terugtrekken in het belang van de monarchie. Philip hield er niet van als de media voor aanklager en rechter speelden, maar hij was realistisch genoeg om te beseffen dat Andrews daden een gevaar voor het bestaan van de koninklijke familie waren.' De man van de discipline zei vol walging tegen zijn negenenvijftigjarige zoon: 'Aanvaard je straf.' En gaf vervolgens via Buckingham Palace een donderende verklaring uit dat de hertog van York 'zich voortaan onthield van publieke optredens'.[16] Kop: 'Eruit geschopt' (*Daily Mail*). Niet vermeld werd hoelang Andrew moest blijven bungelen.

Tot grote frustratie van de krijgsmacht mocht hij voorlopig acht van zijn eretitels houden, waaronder de prestigieuze rang van Colonel of the Grenadier Guards, die onder andere de stoïcijnse wachters bij Buckingham Palace leveren, geliefd bij elke toerist vanwege hun hoge berenmuts en rode tuniek.

Charles, die haastig terugkwam uit de mediaverduistering in Nieuw-Zeeland, vond een manier om de bittere pil voor zichzelf te vergulden. Dit was het moment voor de prins van Wales om rechtstreeks naar Sandringham te gaan om zijn vader op te zoeken en zijn eigen positie als hoofd van de familie te versterken. Weer werd Andrew gesommeerd om de rit van 200 kilometer van Windsor naar Norfolk te maken, zodat Charles de gelegenheid kreeg hem nog een keer te ontslaan. Eindelijk was er een doorslaggevende reden om zijn gênante jongere broer uit de uitdijende 'afgeslankte' monarchie te schoppen.

De Andrew-crisis kwam de Sussexen ook niet slecht uit: eindelijk kwam de stront eens op het hoofd van een andere hoge royal terecht. Andrews ex-vrouw Sarah Ferguson snelde te hulp met een Instagrampost die nog meer spot wekte, omdat ze hem 'een reus van een principiële man' noemde die 'de moed heeft pal te blijven staan in zijn gevoel voor eer en waarheid'.[17]

De val van de hertog van York was snel en hard. Zijn naam werd uit Pitch@Palace geschrapt. (Hij probeerde zich er nog aan vast te klampen, zelfs toen zijn trouwste sponsors het hazenpad kozen.) Hij kreeg te horen dat hij moest aftreden als beschermheer van meer dan tweehonderddertig organisaties, waaronder de Outward Bound Trust, de London Metropolitan University, het English National Ballet en het Royal Philharmonic Orchestra. Bij de jaarlijkse kerstviering van de familie op Sandringham ontbrak Andrew op de foto's van de dienst in de St. Mary's Church, die de rest van de familie wel bijwoonde. De koningin annuleerde het grootse zestigste verjaarsfeest dat ze voor hem in februari 2020 had zullen geven en voor het eerst in Andrews leven wapperden er toen hij die morgen wakker werd geen vlaggen ter ere van hem aan de regeringsgebouwen. Na zijn tijd bij de marine was de enige rol waarin hij werkelijk op succes kon bogen, zijn rol als vader. Tot zijn verdriet werd het verstandig geacht om hem buiten de trouwfoto's te laten die werden vrijgegeven toen Beatrice de zomer daarop met vastgoedontwikkelaar Edoardo Mapelli Mozzi trouwde in de Royal Chapel of All Saints op het terrein van Royal Lodge; ze had haar trouwdag al twee keer uitgesteld om aan de rioollucht van haar vaders schandaal te ontkomen.

Van de ene dag op de andere werd de aanmatigende, bazige, niet-zwetende hertog van York een spookroyal. Al bij zijn geboorte was het zijn lot geweest om steeds verder in belang te dalen, maar nu was hij helemaal in een donker hol van schaamte verdwenen. De enige die nog met hem gezien wilde worden was zijn moeder. Twee dagen na de aankondiging dat hij nu een *dead parrot* was (iemand die glashard ontkent wat voor iedereen zichtbaar is, vert.), zagen mensen de koningin op het terrein van Windsor Castle met Andrew paardrijden. Terwijl Charles en William allebei vonden dat het met Andrew gedaan was, bleven moeder en zoon geloven dat Andrew niet voorgoed verbannen was, maar na verloop van tijd in een minder belangrijke rol weer in de kudde kon terugkeren.

Voor haar hoofdrol in Andrews neergang werd Emily Maitlis van de BBC uitgeroepen tot presentator van het jaar 2020 tijdens het gala dat ironisch genoeg Royal Television Society Awards heette. 'Veel mensen vragen hoe het voelt om een royal te interviewen, een hoge royal midden in Buckingham Palace, en ik denk dat het enige wat ik daarop kan zeggen is dat het niet echt om de royal ging,' zei ze bij het in ontvangst nemen van haar onderscheiding.[18] 'Het was een interview voor vrouwelijke kijkers over de hele wereld die wilden zien of we de juiste vragen stelden, op het juiste moment, over dingen die beantwoord moesten worden.'

Opvallend is wel dat Andrew niet afgestraft werd omdat hij vriendschappelijk met een pedofiel was omgegaan of omdat hij seks had gehad met een geronseld tienermeisje, maar omdat hij erover praatte met de bekwame journaliste Maitlis.

III

De sabbatical van de Sussexen op Vancouver Island werd al snel een werkvakantie. Tussen de wandelingen in het bos met Archie door werkten Harry en Meghan fanatiek aan het verfijnen van hun exitplan. Meghan nam weer contact op met haar vroegere publiciteitsagente Keleigh Thomas Morgan bij Sunshine Sachs om uit te werken wat de nieuwe Sussex Royal Foundation moest gaan inhouden en schakelde de vroegere ontwerper van haar *Tig*-website in om in het geheim het digitale uiterlijk van hun toekomstige werk als parttimeroyals te ontwerpen. Het addertje onder het gras was dat niemand op het paleis er nog mee had ingestemd. Voor het glanzende nieuwe beeldmerk van Sussex Royal was de toestemming van de koningin nodig, die Hare Majesteit nog niet had gegeven, en de officiële verklaring dat ze zouden afzien van hun aandeel van de Sovereign Grant en uiteindelijk 'financieel onafhankelijk' wilden worden, was nog gebaseerd op het twijfelachtige plan om adjunct-royals met lucratieve bijbanen te worden.

Tant pis. Als de Sussexen nog enige twijfels hadden of ze er echt wel uit wilden, dan verdwenen die toen ze in 2019 de kerstboodschap van de koningin op televisie zagen. Met eigen ogen konden ze zien dat ze naar de zijlijn van de monarchie waren geschoven. Dat maakte Hare Majesteit in haar toespraak oorverdovend duidelijk, zonder iets te zeggen. De boodschap zat hem in het groepje familiefoto's op haar schrijfbureau. En mocht iemand denken dat die portretten een toevallig samenraapsel zijn: al sinds 1957, toen de vorstin deze toespraak voor het eerst hield, wordt elk jaar zorgvuldig opnieuw bedacht hoe het arrangement eruit zal zien.

De Kerstmis daarvoor had er bij Hare Majesteits elleboog nog een familieportret van Charles, Camilla, de vijf Cambridges en Harry en Meghan geprijkt. Maar in december 2019 waren de Sussexen verdampt: hun beeltenis was even vaardig weggepoetst als Stalin dat met een in ongenade gevallen apparatsjik zou hebben gedaan. Volgens schrijver Christopher Andersen had de koningin tegen de regisseur van de uitzending gezegd dat alle uitgestalde foto's prima waren, behalve één. Hare Majesteit wees naar een aantrekkelijk portret van Harry, Meghan en baby Archie. 'Die daar,' zei de koningin, 'die hebben we denk ik niet nodig.'[19]

En u ook een vrolijk kerstfeest, oma! Men zegt dat William geschokt was toen hij zag dat de Sussexen geschrapt waren. Hij kende zijn broer goed genoeg om te kunnen voorspellen dat er een woedeaanval van de eerste categorie kwam opzetten.

Het was voor de Sussexen tijd om de trekker over te halen. Harry zegt dat hij zijn familie helemaal niet heeft overvallen, dat hij juist drie keer vanuit Canada met zijn grootmoeder over zijn exitplannen had gesproken en twee keer met zijn vader. Die gesprekken gingen wel zo diep dat Charles, zo zegt Harry, tegen hem zei dat hij hun 'stap terug' op papier moest specificeren, geen onredelijk verzoek gezien de serieuze gevolgen voor de monarchie op het gebied van financiering, belasting betalen, officiële taken, titels en hun positie in het openbare leven, wat allemaal nog extra gevoelig lag sinds het Andrew-debacle. Maar er was inmiddels nog maar zo weinig vertrouwen tussen vader en zoon, dat Harry ervan overtuigd was dat Charles de zaak probeerde te traineren. Er werden verhitte woorden gewisseld, en het ging zelfs zo ver dat Charles, volgens Harry, weigerde zijn telefoontjes nog langer aan te nemen. Toen besloot de Rode Prins, zoals hij nogal mistig tegen Oprah zei, 'de zaken in eigen hand te nemen'.[20]

Dreigende achtergrondmuziek. Op 6 januari 2020 vlogen de Sussexen met Archie terug naar Londen. Harry's laatste wanhopige tactiek was om zijn vader en de poortwachters van het paleis te omzeilen en rechtstreeks met de koningin te praten, omdat hij dacht dat zij genoeg genegenheid voor hem koesterde om zijn vaders ongenoegen te verslaan. Veelbelovend genoeg nodigde Hare Majesteit haar kleinzoon uit om na zijn aankomst op de thee of voor het avondeten te komen. Maar zodra de vlucht uit Vancouver in Londen landde, annuleerde Edward Young de afspraak. De vorstin, zo zei haar privésecretaris, had de rest van die week andere verplichtingen. Er waren stilletjes wat koppen in het zand gestoken sinds de koningin haar vriendelijke uitnodiging had gedaan.

'Er staat iets in mijn agenda waarvan ik niet wist dat ik het had,' hield zijn grootmoeder de boot af, toen Harry haar vanuit Frogmore belde. 'En de rest van de week?' smeekte hij. 'Die zit nu ook vol,' jokte de vorstin.[21]

Tegenwoordig wijt Harry de beslissing van Hare Majesteit om hem niet te ontmoeten het liefst aan 'verkeerde adviezen', maar hij wist heel goed hoe het werkte. Zoals een voormalig staflid van het paleis mij uitlegde: 'Eén ding dat de koningin heel goed kan, is onderscheid maken tussen vorstin zijn en grootmoeder zijn. En de familie weet altijd of ze haar in de ene of in de andere rol zullen treffen.' In dit opzicht is Elizabeth II niet anders dan alle andere hoofden van dynastieën, of dat nu King Lear is of Logan Roy.

Soms is het de taak van haar privésecretarissen om Hare Majesteit te waarschuwen voor familieleden die de grenzen proberen op te rekken om een ongepaste uitkomst te bereiken. In het bedrijfsleven heet dat CEO-*deniability.* In dit geval was heel duidelijk dat Harry's doel was de adviseurs van de koningin met een eindsprint te passeren. 'Zulke gesprekken [zoals de plannen van de Sussexen] zouden met de koningin gevoerd moeten worden in haar hoedanigheid als Elizabeth II de monarch, dus er had een agenda geweest moeten zijn. Er zouden van tevoren gesprekspunten afgesproken zijn tussen de wederzijdse privésecretarissen [...] De Sussexen probeerden dat te omzeilen en rechtstreeks bij haar op bezoek te gaan, want het is bekend dat ze ja zegt als ze in haar eentje is. Dan geeft ze toe,' zei een paleisbron die op de hoogte was van de gebeurtenissen. Stel dat ze dat had gedaan, had ze dan Harry aan het verstand kunnen brengen dat hij zijn plotselinge besluit moest afremmen? Kennelijk zag zij ook wel in dat de kans groter was dat haar charmante kleinzoon haar zou overhalen in te stemmen met iets wat niet in het belang van de kroon was.

Wie de inmiddels al klaarstaande Sussex Royal-website naar *The Sun* lekte, vlak voordat Meghan terug naar Canada ging om weer bij Archie te zijn, is nog steeds onderwerp van verhitte discussie. Vanuit het Sussex-kamp is wel gesuggereerd dat hij via loslippige figuren op het paleis terechtgekomen is, vanwaar hij vervolgens aan *The Sun* is doorgespeeld om de Sussexen in een kwaad daglicht te stellen. Maar het lijkt een onwaarschijnlijke strategie om de koninklijke familie in een communicatiechaos te storten en in het paleis werd dit dan ook unaniem gezien als een opzetje van de Sussexen om hun positie te versterken. 'Wat Harry en Meghan deden was een verschrikkelijke klap,' volgens Dickie Arbiter. 'De koningin voelde zich erg in de steek gelaten, nog teleurgestelder dan na dat verschrikkelijke BBC-interview van Andrew.'[22]

Welke gesprekken er ook volgens Harry hadden plaatsgevonden, de kant-en-klare intentieverklaring van de Sussexen was een klap in het gezicht, alleen al door er te zijn. 'Het was totale waanzin,' was het oordeel van een ingewijde bron in het paleis. Voor één keer waren de vorstin en de prins van Wales het eens in hun woede. De regels van het nieuwe 'werkmodel' zoals die op de website werden uiteengezet, waren een beetje alsof je je arbeidsvoorwaarden openbaar maakt als *fait accompli* voordat je de baan ook echt aangeboden hebt gekregen. In de taal van het manifest klonk wel heel naïef het pr-jargon van Hollywood door. Nadat ze hun rol opnieuw hadden gedefinieerd, zo stond er, zouden de Sussexen blijven 'samenwerken' met Hare Majesteit de koningin, alsof de monarch coproducer van een tv-serie was.

Maar de koningin werkt niet samen. Zij is de baas, zoals haar onstuimige kleinzoon nu zou ontdekken.

De gespannen bijeenkomst die de geschiedenis zou ingaan als The Sandringham Summit (de Sandringham-top), vond plaats op 13 januari 2020 om 14.00 uur in de Long Library van het landhuis. Aanwezig waren de koningin, William, Harry, Charles en hun respectievelijke privésecretarissen, die als menselijk schild fungeerden. In voorbije tijden was de bibliotheek de gezellige, besloten kamer geweest waar de jonge William en Harry met Kerstmis altijd samen met hun nichtjes van York hun high tea hadden genoten. Nu was dit het toneel van een bittere koninklijke scheiding. 'Harry en Meghan hadden hun hand overspeeld,' meende iemand die op de hoogte was van de discussies. 'Ze dachten dat als ze dit lekten [de website], de koninklijke familie zich gedwongen zou voelen om te zeggen: "Oké, Harry en Meghan, wat willen jullie? We gaan jullie geven wat je wilt." Zij dachten dat dit hun kernraket was. En dus vuurden ze die af. Maar de koninklijke familie zei: "Oké, weg met jullie."'

Het is altijd een onverstandig idee om koningin Elizabeth II een ultimatum te stellen. Ik heb gehoord dat de vorstin tijdens dit proces de teugels allesbehalve aan haar adviseurs overliet, maar die zelf stevig in handen hield, en niet in haar oma-gedaante. Niets aan het koppige gedrag van de Sussexen tot nu toe wijst erop dat een 'parttime'-regeling had kunnen werken, toen of nu. Er was voor hen geen 'stap terug'. Er was alleen een stap omlaag.

Megxit was niet zozeer een akkoord als wel een koninklijke proclamatie. Harry en Meghan mochten Zijne en Hare Koninklijke Hoogheid blijven heten, maar die titel niet gebruiken. Ze mochten, hoorden ze later, hun ondernemingen niet Sussex Royal noemen. Ze mochten niet langer de koningin vertegenwoordigen met al hun koninklijke patronages, waaronder hun Gemenebestfuncties. Ze moesten de 2,4 miljoen pond die de renovatie van Frogmore had gekost, terugbetalen. Ze mochten het huis wel houden als hun uitvalsbasis in het VK, maar zouden er een marktconforme huur voor moeten betalen. Prins Charles zou hen een jaar lang financieel ondersteunen vanuit zijn privévermogen, en daarna zou de regeling opnieuw bezien worden. Het ergst voor Harry was dat hij wel zijn persoonlijke organisaties Invictus en Sentebale mocht houden, maar al zijn militaire titels, waaronder zijn zo hooggewaardeerde titel van Captain General van de Royal Marines, moest inleveren. Dat was vooral zuur, en volgens velen onrechtvaardig, omdat de besmette prins Andrew wel zijn militaire titels had mogen houden, tot verontwaardiging van veel leden van de krijgsmacht. 'Vergis je niet,' schreef Camilla Tominey van *The Telegraph*, '[dit was] de hardst mogelijke Megxit voor de hertog en hertogin van Sussex.[23] Terwijl ze volhield dat "Harry, Meghan en Archie altijd zeer geliefde leden van mijn familie blijven", had de drieënnegentigjarige vorstin niet duidelijker kunnen zijn over hun verdere rol in The Firm. Die is voorbij.'

'Harry en Meghan waren echt verbijsterd,' volgens een voormalig adviseur. 'Dit hadden ze niet zien aankomen.' Na de twee uur durende vergadering reden de deelnemers de oprijlaan van Sandringham af om elk huns weegs te gaan. Allemaal waren ze verpletterd door de schok dat het familieverbond zo uiteen had kunnen vallen.

Voor William en Kate had Megxit nog de meeste directe gevolgen. De

Cambridges met hun drie kleine kinderen moesten nu niet alleen het werk van de Sussexen overnemen, maar ook het gemis aan charisma goedmaken dat Harry en Meghan hadden achtergelaten. Dat werd maar al te duidelijk gemaakt in een nu iconisch spontaan kiekje van de Sussexen uit maart 2020 op een laatste koninklijk optreden in Londen. Samen onder een paraplu tegen de glinsterende regendruppels was de star power van het nu bevrijde stel even bruisend en romantisch als de vurige blik waarmee ze elkaar aankeken. Het vertrouwde, conservatieve soort royalty dat William en Kate vertegenwoordigen is ongetwijfeld geschikter om in de toekomst de troon te bezetten. Maar de aandacht van het publiek vasthouden is heel wat moeilijker.

Voor Charles, die zichzelf als een vernieuwer zag, was het verpletterend om de twee leden van de familie kwijt te raken die hadden laten zien dat ze weerklank konden vinden bij een jonger en diverser Brits publiek. De gemiste kans om ruimte te creëren voor een geliefde, feilbare prins – 'die goeie ouwe Harry', zoals Charles hem vol genegenheid noemde – en de enige vrouw van kleur in de monarchie was de zoveelste mislukking die hem aangewreven zou worden. Dit was intens pijnlijk voor een man die op die schitterende meimorgen in 2018 zo galant zijn arm aan de alleen gekomen Doria Ragland had geboden en die haar dochter in St. George's Chapel naar het altaar had geleid.

En wat de koningin betreft, die weer grootmoeder werd zodra de Sandringham-top voorbij was: je kunt alleen maar een vermoeden hebben van het verdriet om het feit dat ze verplicht was geweest, net zoals met prinses Margaret, het geluk van iemand van wie ze zo veel hield, in de weg te staan. Vanuit haar gezichtspunt hadden Harry en Meghan een pad van plicht en dienstbaarheid kunnen kiezen dat hen in wereldlijke zin niet rijk had gemaakt, maar hun op de lange duur de invloed en het belang zou hebben opgeleverd waarmee Philip zijn stempel had weten te drukken, ook al bracht dat wat vervelende beperkingen aan hun vrijheid met zich mee. De prinses van Wales had haar koninklijke rol zeventien jaar vervuld. Meghan vervulde hem twintig maanden. Zelfs in haar donkerste momenten begreep Diana, terwijl ze haar hand uitstak naar een patiënt op een aidsafdeling, dat de krachtigste manier om ergens verandering te brengen van binnenuit is.

Op een privédiner voor Sentebale, zes dagen na de Sandringham-top, vertelde een emotionele Harry aan de verzamelde aanwezigen: 'Het doet me veel verdriet dat het zover is gekomen. Onze hoop was om de koningin, het Gemenebest en mijn militaire banden te blijven dienen, zij het zonder financiering met publiek geld. Helaas was dat niet mogelijk. Ik heb dat geaccepteerd, wetend dat het niets verandert aan wie ik ben en hoe toegewijd ik ben. Maar ik hoop dat u beter zult begrijpen hoever het was gekomen, als u beseft dat ik met mijn gezin afscheid neem van alles wat ik ooit heb gekend om een stap vooruit te zetten naar hopelijk een vrediger toekomstig leven.'[24]

Maar vrede was voor Harry niet weggelegd en zal dat misschien wel nooit zijn. De troosteloze dag waarop hij Engeland verliet om terug te gaan naar Meghan en Archie in Canada was 21 januari, St. Agnes Day. De oude Engelse legende waar die dag aan herinnert, werd verzonnen door John Keats in zijn grote, huiveringwekkende verhalende gedicht 'The Eve of St. Agnes', over een jong, verliefd stel dat de granieten muren van een kasteel ontvlucht nadat ze door een vijandig hof zijn verdreven. De laatste regels blijven me altijd bij:

The chains lie silent on the footworn stones;
The key turns, and the door upon its hinges groans.

And they are gone: ay, ages long ago
These lovers fled away into the storm

(Ketens stil op de gesleten stenen;
De sleutel draait, de deur gaat knarsend open

En ze zijn weg, o, al lang geleden
Zijn de minnaars in de storm gelopen.)

EPILOOG

Wat nog rest

En toen was er opeens een grote plaag en kwam de wereld tot stilstand.

De Britse natie kreeg zo veel verdriet en lijden te verduren, dat van de koningin werd gevraagd haar rol als trooster van het volk te vervullen, zoals haar ouders balsem hadden geboden aan de getraumatiseerde bevolking na de blitzkrieg. Terwijl ziekenhuizen volliepen, overheidsbeleid zwalkte en wij ons uit angst voor ziekte achter de muren van onze afgesloten huizen verschansten, kalmeerde Elizabeth II, die zelf nooit bewegingsvrijheid heeft gekend, de natie vanuit het hare.

Op 5 april 2020 hield de koningin een televisietoespraak die deed denken aan de toespraak van haar en Margaret in Windsor Castle in 1940, gericht aan de kinderen die gescheiden van hun ouders geëvacueerd werden voor de nazibombardementen, net als geliefden nu van elkaar gescheiden zijn door de pandemie. 'Ik wil jullie geruststellen dat we dit zullen overwinnen als we eensgezind en vastberaden blijven,' zei de koningin. 'Ofschoon we vaker voor uitdagingen hebben gestaan, is het nu anders. Deze keer verenigen we ons in een gemeenschappelijk wereldwijd streven van landen om de grote wetenschappelijke vooruitgang en ons vanzelfsprekende mededogen in te zetten voor genezing.' Ze sloot af met de woorden 'We will meet again' uit Vera Lynns beroemde nummer uit de Tweede Wereldoorlog.[1] De uitzending werd door vierentwintig miljoen mensen bekeken; maar liefst drie keer zoveel als naar haar kerstboodschap.

Voor de meesten van ons staat Zoom echt contact in de weg, maar voor het koningshuis werkte het precies andersom. De technologie bracht de royals op nieuwe, persoonlijke manieren onze woonkamer binnen. Een video van prinses Anne die haar moeder leert hoe ze moet inloggen was voor veel Britse huishoudens een herkenbaar tafereel. Charles sprak vanuit Balmoral, met overvolle boekenplanken, familiefoto's en een teddybeer op de achtergrond, over de lockdown als een 'vreemde, frustrerende en vaak verontrustende ervaring'.[2]

'Zou prins Charles oog in oog met een interviewer net zo openhartig over de lockdown-afstand hebben gesproken en hebben gezegd dat hij mensen "een knuffel" wilde geven als vanachter zijn laptop? Misschien wel. Misschien ook niet,' merkte de BBC op.[3] Via digitale platforms zou de betrokkenheid van Clarence House zelfs zijn vertienvoudigd.

Toen elke donderdagavond vanuit deuropeningen in heel Groot-Brittannië gebonk en gekletter van potten en pannen klonk als dank en eerbetoon aan de dappere zorgverleners van de National Health Service, stonden ook de leden van de koninklijke familie in hun deuropeningen. In Anmer Hall stonden de Cambridges, hun drie kinderen aandoenlijker dan ooit, met het land mee te klappen. Net als Charles en Camilla, huiselijk in spijkerbroek, aan hun rustieke voordeur van Birkhall. Sophie Wessex werd gekiekt als vrijwilliger in een Londens vaccinatiecentrum.

De hertogin van Cambridge was steeds een stralende aanwezigheid op Zoom, babbelend over de uitdagingen van thuisonderwijs (haar eigen wiskundevaardigheden gaf ze een -10) en het knippen van het haar van haar kinderen. Ze bracht het boek *Hold Still* uit, een verzameling door het publiek ingezonden portretten van de thuisblijvende Britse bevolking. Prinses Charlotte bezorgde pakketten met zelfgemaakte pasta bij geïsoleerde ouderen in Norfolk. Het had iets vertederend ouderwets dat William niet openbaar besloot te maken dat hij een ernstige vorm van corona had gehad en in Anmer in isolatie was gegaan omdat hij 'niemand ongerust wilde maken'.[4] In een videopraatje als beschermheer van de National Emergencies Trust prees hij de reactie van de bevolking op de pandemie en zei: 'Groot-Brittannië is op zijn best, vreemd genoeg, wanneer we in een crisis verkeren; dan trekken we allemaal samen op.'[5] Volgens hem was de gemeenschapszin helemaal terug. Zelfs het afzien van het traditionele saluut met eenenveertig kanonschoten voor de vierennegentigste verjaardag van de koningin was een verenigend besluit. Haar volk had niets te vieren, en Hare Majesteit evenmin.

Voor de koningin was er wel een geluk bij een ongeluk. Door de pandemie kon ze een jaar lang op Windsor en Balmoral doorbrengen met haar grote liefde. Philip kwam op 19 maart 2020 met een helikopter terug uit zijn toevluchtsoord Wood Farm, en het koninklijk paar leefde in een bubbel samen met een geslonken team bestaande uit Angela Kelly, Paul Whybrew en de persoonlijk secretaris van prins Philips, brigadier Archie Miller-Bakewell. De drieënnegentigjarige vorstin reed elke dag in Windsor Home Park met haar stalmeester en werkte met haar geheime rode koffertje, terwijl de steeds zieker wordende Philip alle pogingen om hem te betrekken bij gesprekken over zijn honderdste verjaardagsfeest in juni 2021 afsloeg. Het was bekend dat hij niet verlangend uitkeek naar zijn honderdste verjaardag. 'Ik kan me niets ergers voorstellen. Er vallen nu al stukjes van me af,' zei hij.[6]

In hun drieënzeventigjarig huwelijk was dit de langste periode die de koningin en prins Philip ooit met z'n tweeën hadden doorgebracht. Hun band had geen voortdurend samenzijn nodig. Al veroorloofden ze zich in het openbaar geen enkel teken van genegenheid, privé hadden ze een 'warme, plagerige intimiteit', vertelde hun vriend Alastair Bruce me. 'Ze troeven elkaar af zoals mensen die van elkaar houden dat kunnen doen, op een manier die van een diepe innerlijke band getuigt.'[7]

Hun laatste jaar met z'n tweeën riep herinneringen op aan hun prille verkering in de oorlogsjaren 1940. Het deed Philip denken aan op zee zijn. In een memo aan het personeel, 'Hare Majesteits koninklijke bubbel', schreef grootmeester van de koningin Tony Johnstone-Burt, een voormalig officier van de marine: 'De uitdagingen waarvoor we ons gesteld zien, ongeacht of we ons alleen, met een kleine staf of ons gezin afzonderen, vertonen parallellen met een zeereis: vele maanden weg van huis zijn, gevoelens van ontwrichting, angst en onzekerheid.'[8]

Vanaf het moment dat de coronapandemie de wereld bij de keel greep, waren de Sussexen, Harry en Meghan, afgesneden van de golf aan patriottische gevoelens in het land dat ze achtergelaten hadden. Nadat ze hun intrek genomen hadden in zo'n malle megagrote villa in Hollywood, eigendom van filmmagnaat Tyler Perry, werden ze geconfronteerd met iets wat ze nooit verwacht hadden: irrelevantie in Groot-Brittannië. In één klap stonden ze haaks op de tijdgeest met hun streven naar een wereldwijd platform. Hun algemene humanitaire missie was in één klap uit de mode toen zich zoiets specifieks als het meedogenloze coronavirus over de wereld verspreidde. Het tweetal kon slechts één lucratieve belangrijke presentatie geven op een J.P. Morgan-top voor alternatieve investeerders in Miami

Beach voordat alles dichtging. In Engeland werden ze door de media aan de schandpaal genageld als Californische hedonisten die de koningin hadden beledigd en hun verdiende loon kregen: algemene maatschappelijke afkeuring van hun luxe leventje.

In de Verenigde Staten werd hun verlangen naar vrijheid niet bespot, integendeel, het werd begrepen en toegejuicht. Ze wisten een reeks deals te sluiten die hen eindelijk financieel onafhankelijk zou maken. Zo zouden ze een contract van naar verluidt 100 miljoen dollar hebben gesloten met Netflix voor films en documentaires, een podcastdeal van 25 miljoen dollar met Spotify, een meerjarige overeenkomst met Procter & Gamble, een kinderboekencontract van ongeveer 700.000 dollar voor Meghan en een chique functie in het bedrijfsleven voor Harry: chief impact officer bij BetterUp, een digitale start-up die mentale gezondheidscoaching aanbiedt. Het verbannen handelsmerk Sussex Royal werd verscheurd en opnieuw gelanceerd onder de naam Archewell. In juni 2020 kocht het paar een landgoed in mediterrane stijl in Montecito, een enclave voor techmiljardairs en beroemdheden in Santa Barbara, tussen de Santa Ynez Mountains en de Stille Oceaan, voor 14,7 miljoen dollar.

Hun interview met Oprah Winfrey was als een vuurpijl die hen rechtstreeks naar een eigen plek aan het firmament van wereldsterren schoot. Na maanden van mislukte pogingen om de schijnwerpers op zich gericht te krijgen was dit hun deal van het jaar. Voor Meghan was het dé bevestiging dat ze een beroemdheid van wereldklasse was. Voor Harry was het een brandbom naar zijn familie, waarmee hij niet meer kon communiceren. Het kwam hard aan bij de Sussexen dat de Britse regering niet van plan was de jaarlijkse kosten van meer dan zeven cijfers voor politiebeveiliging op te hoesten. En nu Harry en Meghan zichzelf aan Netflix hadden verbonden zou de koninklijke familie dat evenmin doen. Harry's explosieve chagrijn kan toegeschreven worden aan het feit dat zijn adellijke titel letterlijk in zijn DNA zat. 'Ik had nooit gedacht dat mijn beveiliging me af kon worden genomen, want ik ben in deze positie geboren,' zei hij tegen Oprah. 'Ik erf het risico. Dus het was een schok voor me. Dit veranderde ons hele plan.'[9]

Eén nieuwe inkomstenbron van de Sussexen veroorzaakte een collectieve huivering in drie koninklijke huishoudens: het contract met Penguin Random House voor vier boeken à raison van 20 miljoen dollar, waaronder een biografie van Harry, die 'voor de allereerste keer definitief verslag doet van de ervaringen en avonturen, van het verlies en de levenslessen die hem hebben helpen vormen'.[10]

Gelukkig, zouden sommigen zeggen, hoefde één lid van de familie die aankondiging niet meer te horen. In januari 2021 was prins Philip door een combinatie van hartproblemen en een infectie in de laatste fase van zijn aftakeling geraakt. Hologig en uitgemergeld liep hij zonder hulp het Londense ziekenhuis King Edward VII binnen. Vanwege de coronamaatregelen kon de koningin hem niet bezoeken, ze wilde geen speciale privileges. Toen er weken voorbijgingen, begreep het hele land dat zijn langdurige verblijf een voorportaal van de dood was. Behalve dat Philip had gezworen niet in het ziekenhuis te sterven. Op 15 maart kreeg het publiek een laatste glimp van de trouwe gemaal van de koningin te zien: kaarsrecht achter in een auto die hem naar Windsor Castle terugreed om zijn laatste weken bij Lilibet door te brengen.[11]

Op de ochtend van 9 april 2021 kreeg de broze leenheer van de koningin een hemelse bevrijding uit zijn leven van dienstbaarheid. Zacht en vol liefde liet ze hem gaan.

II

Prins Harry sliep toen er een telefoontje uit Groot-Brittannië kwam dat zijn grootvader was overleden. Op verzoek van de Britse ambassade werd een agent van de Santa Barbara County Sheriff's Office erop uitgestuurd om 's nachts om drie uur bij hem aan te kloppen, zodat hij het nieuws niet uit de media hoefde te vernemen.

Harry heeft wel eens gezegd dat hij het altijd weer 'lastig' vindt om naar Londen te vliegen.[12] Er zal weinig zwaarder zijn geweest dan zijn terugkeer in quarantaine op Frogmore Cottage, wat slechts korte tijd zijn echtelijke woning met Meghan was geweest en dat als een Pompeï in de as van hun eigen Vesuvius lag, voordat hij de begrafenis van zijn grootvader bijwoonde in St. George's Chapel. Nauwelijks zes weken na het interview met Oprah moest Harry zijn rouwende familie onder ogen komen tijdens de dienst voor Philip in de Church of England, waar vanwege de coronaregels een heilig minimum was gesteld aan het toegestane aantal aanwezigen, wat toevallig precies het aantal mensen was dat Philip gekozen zou hebben. Er waren maar dertig gasten, de ceremonie duurde nog geen uur. Onder de enkele rouwenden van buiten de familie waren de persoonlijk secretaris van de hertog en gravin Mountbatten, Penny Romsey.

Met zijn gebruikelijke obsessie voor details had Philip een aangepaste Land Rover ontworpen die donker bronsgroen was gespoten en aan de achterkant verlengd was zodat zijn kist er precies in paste. Op de kist lag zijn goudomrande marinepet en het zwaard dat hem door zijn schoonvader, koning George VI, was geschonken. Een van de voorgeschreven protocollen, dat de mannelijke familieleden militaire kleding zouden dragen, werd niet nageleefd. Het was té pijnlijk voor Harry dat hij, nu hij geen militaire titels meer had, geen uniform meer mocht dragen. Andrew kreeg een van zijn bekende woedeaanvallen en eiste dat hij de insignes van admiraal mocht dragen, ook al is hij nooit tot die rang bevorderd en hingen de militaire titels die hij wel had toen al aan een zijden draadje. De koningin, als altijd de wijste van het gezelschap, wist de angel eruit te trekken door te verordonneren dat alle mannen van Windsor ochtendkostuum zouden dragen.

Achter Philips kist liep, samen met zijn broers en zus, een ontredderde prins Charles, die een ingewikkelde relatie met veel wederzijdse teleurstellingen had gehad met zijn vader. Hij had de rol van patriarch geërfd juist nu er een schier onblusbare familiebrand woedde. Naast hem liep prinses Anne in een lange zwarte mantel versierd met militaire medailles, de meest krijgshaftige van de vier, niet in de laatste plaats omdat ze met haar bruuske temperament veel meer op haar vader lijkt dan haar drie broers.

Op de derde rij liepen William en Harry. Ooit hadden ze met Philip achter de kist van hun moeder gelopen, zoals zij nu achter de zijne. 'Als ik loop, lopen jullie dan met me mee?' Die tedere vraag aan zijn kleinzoons wordt nu gezien als het wrede koninklijke prerogatief van plichtsbesef. Maar de zichzelf opofferende Philip komt uit een ander tijdperk en droeg een ander karakter.

De media wachtten vol spanning op een mogelijk teken van verzoening tussen de broers. Maar regelaars van het paleis maakten het fotografen onmogelijk een close-up van de broedertwist te maken door hun forse neef Peter Phillips tussen hen in te laten lopen. Getraind om altijd hartelijk te zijn voor de camera's en vastbesloten om de pers geen enkele aanleiding tot drama te geven, lieten de eens onafscheidelijke prinsen niets blijken van enige vervreemding van elkaar. Ondanks een veelbelovend moment toen Kate zich terugtrok om hen met elkaar te laten praten, was er geen bro-knuffel of terugtrekking naar een privéappartement in het kasteel.

In plaats daarvan grifte zich in het geheugen van de hele natie het beeld van de koningin, klein en alleen met haar zwarte masker voor, in een zwarte mantel met een eenvoudige hoed op, treurend aan het eind van een spelonkachtige, bewerkte eikenhouten kerkbank van de kapel. In normale tijden zou ze omringd zijn geweest door troostende familie en hoogwaardigheidsbekleders, maar net als iedereen die in de pandemie een geliefde verloren had, rouwde ze in afzondering.

III

Nu ze in Montecito het leven leidden waarvoor ze gekozen hadden, inmiddels met een baby genaamd Lilibet Diana, ontdekten de Sussexen dat het hard werken is om een royal buiten functie te zijn. Contractafspraken moeten nagekomen worden. Freelanceberoemdheid moet opgepoetst en onderhouden worden. Ballingschap uit de monarchie betekent niet automatisch een gevestigd plekje in de wereldorde, zelfs geen vanzelfsprekend welkom op rode-loperevenementen. Drie dagen nadat Meghan gefotografeerd was terwijl ze met Harry een serieuze lobbyronde maakte langs de hogere echelons van de VN – brochure van de Archewell Foundation in haar hand, gekleed in een zware camel 'neem-mij-serieus'-jas – verscheen Kate op de Londense première van de James Bond-film *No Time to Die* in een oogverblindende gouden, glimmende jurk met een diepe v-hals en hoge hakken. WTF?

Zonder het paleis als platform moet je je voortdurend inspannen om in gesprek te blijven met de wereld of betrokken te worden bij het thema van de dag. Voor Meghans veertigste verjaardag verscheen op de website van Archewell een video van de hertogin aan een enorme tafel waaraan ze veertig bevriende topvrouwen uitnodigde om veertig minuten te besteden aan het begeleiden van een vrouw die weer aan het werk ging. Als komische noot kon buiten het raam een glimp van de kleinzoon van de koningin opgevangen worden.

Toen de wereldleiders in november 2021 in Glasgow bij elkaar kwamen voor de VN Klimaatconferentie met prins Charles, Camilla, prins William en Kate als gastheren/-vrouwen, was de FOMO uit Montecito tussen de regels door te lezen in de brief die de Sussexen naar de deelnemers stuurden met het verzoek om actie te ondernemen in deze 'window of opportunity'. William had net zijn Earthshot Prize gelanceerd, een jaarlijkse prijs voor vijf klimaatinitiatieven, samen met de geliefde Britse natuurdocumentairemaker Sir David Attenborough. Het schijnt dat de Sussexen een videoboodschap aanboden voor de conferentie, maar dat deze werd afgeslagen toen de koningin er ook een opnam.[13] Hare Majesteit sprak over haar 'grote trots dat de leidende rol die mijn man speelde in het aanmoedigen van mensen om onze kwetsbare planeet te beschermen, voortleeft door het werk van onze oudste zoon Charles en zijn oudste zoon William'.[14] Geen woord over Harry's natuurbeschermingswerk. De volgende dag gaven Harry en Meghan een verklaring uit waarin ze beloofden dat hun Archewell Foundation voor 2030 klimaatneutraal zou zijn en wezen op hun 'langdurige inzet voor de planeet'.[15]

De Sussexen waren wel de absolute supersterren voor een juichende menigte van zestigduizend bezoekers van het 'Global Citizen Live'-concert in Central Park in New York tijdens de VN-week 2021 met als thema vaccinatiegelijkheid. Harry en Meghan bestegen het podium hand in hand – Meghan in een mini-jurk van Valentino – voor een scherm met het motto: 'VERDEDIG DE PLANEET. VERSLA ARMOEDE'. Harry zei: 'Mijn vrouw en ik vinden dat hoe je bent geboren niet je vermogen om te overleven mag bepalen.'[16] Het was de vluchtige macht van sterrendom tegenover de institutionele waardigheid van de monarchie.

Die waardigheid kreeg een zware klap toen prins Andrews pogingen van de afgelopen tien jaar om beschuldigingen van Virginia Giuffre van tafel te vegen definitief mislukten. In augustus 2021 spande Giuffre een civiele rechtszaak tegen hem aan, waarin ze haar eerdere beschuldigingen herhaalde: dat hij haar seksueel misbruikt heeft toen ze minderjarig was. Het vuurtje werd verder opgestookt toen vier maanden later Ghislaine Maxwell in een rechtbank in Manhattan schuldig werd bevonden aan vijf federale aanklachten wegens sekshandel nadat ze haar zestigste verjaardag achter tralies had doorgebracht. De mogelijke na-effecten van een proces tegen Andrew en de nevenschade voor de koningin en de hele koninklijke familie tijdens het platina regeringsjubileum van de koningin in 2022 veroorzaakten op voorhand regelrechte nachtmerries. Toen een federale rechter in de VS weigerde de zaak te seponeren, stond de in paniek geraakte hertog voor de keuze tussen twee kwaden: een vernietigend proces in de rechtszaal ondergaan of een buitensporig bedrag ophoesten dat hij zich niet kon veroorloven. In januari 2022 diende Andrew een aanklacht in waarin hij alle beschuldigingen van Giuffre ontkende en om een juryproces vroeg.

Andrews moment van de waarheid maakte, net als dat van Harry, opnieuw duidelijk dat Elizabeths persoonlijke genegenheid voor haar familie en haar vorstelijke belofte om de kroon te beschermen elkaar uitsluiten. Mocht de koningin nog hoop hebben gehad dat Andrew een comeback zou kunnen maken, dan heeft de open brief van meer dan honderdvijftig veteranen die haar smeekten de hertog van York uit zijn militaire erefuncties die hoop weggeslagen. 'Officieren van de Britse strijdkrachten moeten zich houden aan de allerhoogste normen van oprechtheid, eerlijkheid en eerbaar gedrag. Dit zijn normen waaraan prins Andrew duidelijk niet heeft voldaan,' schreven ze. 'We begrijpen dat hij uw zoon is, maar wij schrijven u in uw hoedanigheid als staatshoofd en opperbevelhebber van leger, luchtmacht en marine.'[17]

Op 13 januari, slechts enkele uren na ontvangst van de brief, ontbood Hare Majesteit Andrew op Windsor Castle en ontnam hem de laatste restanten van zijn koninklijke status: zijn titels en militaire beschermheerschappen. Net als Harry behield de hertog van York geen enkele officiële hoedanigheid waarin hij 'Zijne Koninklijke Hoogheid' genoemd kon worden. Het driemanschap van de koningin en haar directe erfgenamen Charles en William trok hun handen van hem af. Zijn rechtszaak in Amerika moest hij maar uitvechten als 'burger'. Hun ingreep om de monarchie te vrijwaren was een zo grote publiekelijke vernedering, dat het bijna leek alsof ze Andrews schuld erkenden. Zo ontbrak in de verklaring van het paleis de vermelding dat de hertog van York een 'zeer geliefd familielid' zou blijven, die er bij Harry in was gezet. Haar eigen zoon cancelen moet een van de zwaarste offers zijn geweest die de koningin heeft moeten brengen om haar plicht te vervullen. Wel wierp ze hem vier weken later een laatste reddingslijn toe, door het geld aan te vullen dat hij nodig had om met Giuffre af te rekenen. Zijn reputatie was hoe dan ook aan flarden geschoten.

De vraag hoe het geteisterde instituut zijn mystieke statuur kan behouden na de dood van de koningin verspreidt zich als een misselijke opkomende koorts door de Britse natie. Hoeveel ontluistering kan de monarchie verdragen? Als het beeld van Elizabeth II verdwijnt uit de pracht en praal van staatsdiners voor bezoekende presidenten, plechtige begrafenissen voor gesneuvelde oorlogshelden en het glorieuze theater rond de opening van het parlement, waar een glimp van haar scharlakenrode fluwelen mantel met hermelijnenbont genoeg is om zelfs de meest ontregelende parlementsleden rechtop te laten schieten, hoe zal iemand dan nog weten hoe je Brits moet zijn? In een tijd waarin iedereen een mening heeft, heeft zij vastgehouden aan haar discipline en die van haar nooit prijsgegeven. Haar heldhaftige stoïcisme is de kern van het uithoudingsvermogen van de natie.

Nu het einde van de Elizabeth-II-periode in zicht is, zouden de woorden waarmee Elizabeth I in 1588 haar troepen bij Tilbury moed insprak tijdens de verzameling tegen de Spaanse Armada evengoed door haar bescheiden maar standvastige naamgenoot uitgesproken kunnen zijn:

> Ik heb me altijd zo gedragen dat ik, onder Gods hoede, mijn grootste kracht en waarborg legde in de trouwe harten en welwillendheid van mijn onderdanen. Daarom begeef ik me, zoals jullie zien, op dit moment onder jullie, niet voor mijn ontspanning en vertier, maar vastbesloten om, tijdens en in de hitte van de strijd, te midden van jullie te leven en te sterven; om voor mijn God, voor mijn koninkrijk en voor mijn volk mijn eer en mijn bloed neer te leggen, zelfs in het stof.[18]

Alom heerst het voorgevoel dat er een nationale identiteitscrisis dreigt. In zijn biografie over koningin Victoria schreef Lytton Strachey over het verbijsterde verdriet dat over het land spoelde toen zij stierf, 'alsof een of andere monsterlijke ommekeer van de loop der natuur dreigde plaats te vinden. De overgrote meerderheid van haar onderdanen had nooit anders meegemaakt dan dat zij over hen regeerde.' Als dit na Victoria, die bijna vierenzestig jaar op de troon zat, al zo gevoeld werd, hoe zal het dan zijn na de huidige koningin? Als we Lodewijk XIV niet meetellen omdat hij de troon besteeg toen hij tien was, heeft Elizabeth II een historisch wereldrecord gevestigd.

Na een reeks kwalen in de herfst van 2021 en haar eerste ziekenhuisopname in jaren moest de koningin haar officiële afspraken van een heel seizoen afzeggen. Geen Dubonnets meer aan het eind van de dag. Geen lange wandelingen meer met haar corgi's in Windsor Park. Het mag nauwelijks een verrassing heten op haar leeftijd, maar het Britse volk lijkt zich niet te kunnen verzoenen – zoals je toch zou mogen verwachten – met de geleidelijke aftakeling van een negentigjarige monarch. Het nieuws in februari 2022 dat de koningin positief testte op corona kwam opnieuw als een kille voorbode van een onafwendbare toekomst.

Als het gevreesde moment daar is, kent elke omroep en elk mediakanaal de procedure. De persoonlijk secretaris van de koningin belt de premier met de noodlottige codeboodschap: *London Bridge is down*. De premier licht de minister van Buitenlandse Zaken in, die de leiders van de veertien landen waarvan ze staatshoofd is en de zesendertig andere landen van het Gemenebest op de hoogte brengt. Een persbericht gaat uit naar media wereldwijd. De website van Buckingham Palace zal op zwart gaan met enkel een bericht over haar overlijden. En dan?

Het zorgvuldig opgebouwde Britse zelfbeeld zal kraken en wankelen, maar toch zal het oude tribale, atavistische geloof in de monarchie, even sterfelijk als majestueus, voortkabbelen.

Dwars door deze alles overspoelende wereldwijde golf van rouw zal de man die al zeventig jaar in de wachtkamer zit, eindelijk naar binnen lopen en zijn lotsbestemming oppakken. In de middeleeuwen zouden we hem Karel de Groene genoemd hebben. Jarenlang zag het ernaar uit dat de prins van Wales niet meer dan een schim in de geschiedenis zou zijn tegen de tijd dat hij eindelijk koning zou worden. Maar door een wonderbaarlijke samenloop van omstandigheden zal hij de troon bestijgen op een moment dat juist op die levenslange passie van hem om de planeet te redden een beroep wordt gedaan. Hoe vertroebeld door schandalen het koningshuis ook is, Charles heeft het koninklijke voorrecht op de kroon en daar zal hij gebruik van maken, ook al zal hij zijn bekende meningen voortaan voor zich moeten houden.

Bij uittredingsceremonies van de steeds verder afkalvende Britse wereldheerschappij heeft Charles meer te bieden aan de onvermijdelijke veranderingsgezinde krachten dan de eeuwige zegeningen van koningin Elizabeth. In november 2021 was hij zo vrij om op het eiland Barbados tijdens het ceremoniële uitspreken van de republiek, waarbij hij merkwaardig genoeg eregast was terwijl zijn moeder in feite werd afgezet als staatshoofd, te spreken over de 'afschuwelijke gruweldaad van de slavernij' die 'voor altijd een smet werpt op onze geschiedenis'.[19] Het waren woorden die de koningin – raar, maar waar – volgens een verbod in de grondwet niet mocht uitspreken, vanwege haar eed om niet-politiek te zijn. Charles sprak ze uit toen hij het nog kon.

Als vorst zal hij niet voldoende tijd hebben om de in het collectieve nationale geheugen gebrande herinneringen aan zijn moeder te overschrijven, maar een monarch die zijn Aston Martin op een bio-ethanolmengsel van bijproducten van kaas en Engelse witte wijn laat rijden zal andere manieren vinden om geliefd te worden. Met zijn almaar roder wordende gelaat, als een pruilende schildknaap op een cartoon van Thomas Rowlandson, groeit hij in zijn rol van grootvader van de natie. Net als zijn voorvader Edward VII, die negenenvijftig jaar moest wachten om de eindeloze keizerlijke heerschappij van zijn moeder, Victoria, op te volgen, zal Charles een grootse kroning nodig hebben om duidelijk te maken dat hij vanaf dat moment op de troon zit. Daarna gaat hij werk maken van zijn lang gekoesterde plannen om de pracht en praal van de monarchie te ontmantelen. Verwacht wordt dat hij een privé-appartement op de bovenste verdieping van Buckingham Palace gaat bewonen waardoor het hele jaar door veel meer ruimten dan nu (er zijn 52 koninklijke en gastenkamers en 188 personeelskamers) opengesteld kunnen worden voor publieksrondleidingen. Balmoral Castle zou weleens het museum van zijn moeders regeerperiode kunnen worden, terwijl zijn geliefde Highgrove en Birkhall de koninklijke toevluchtsoorden blijven.

En wat met Camilla, die heeft laten zien dat ze een standvastige (tweede) echtgenote van Charles is? Eind 2021 kwam ze een stap dichterbij de troon toen de Koningin haar benoemde tot *Royal Lady of the most noble order of the Garter* in de oudste en hoogste ridderorde van Groot-Brittannië, de drievoudige kroon van eerbewijzen, vóór de grote eer die daarna kwam. Aan de vooravond van haar platinajubileum in februari 2022 kondigde de vorstin in een zowel grootmoedige als strategische beslissing aan dat ze wil dat de hertogin van Cornwall koningin-gemalin wordt als Charles de troon bestijgt. Daarmee behoedt ze haar erfgenaam voor een pijnlijke controverse als hij dit besluit zelf had aangekondigd. Het was niet alleen een dynastiek geschenk aan Charles, het erkende ook iets nieuws en opzienbarends: dat plichtsgetrouwheid en loyaliteit aan de monarchie belangrijker criteria voor de koninklijke status zijn dan bloedverwantschap – zoals we ook bij Kate Middleton zagen. Opnieuw heeft de gletsjer van de monarchie zich een stukje verplaatst. Voor Charles was de bevestiging door zijn moeder van zijn toewijding aan Camilla de laatste uitdrijving van de geest van Diana.

De ironie wil dat niet het veelbesproken plichtsbesef, maar de echtelijke liefde het krachtigste overlevingsmechanisme van de monarchie blijkt te zijn. Zonder de zorgzame vastberadenheid van koningin-moeder Elizabeth zou George VI een stotterende introvert zijn geweest die nooit in staat zou zijn geweest het land te leiden in tijden van nood. Zonder de ijzersterke loyaliteit van Philip zou de koningin een eenzame conformist zijn geweest, bestuurd door haar hovelingen. Zonder de uiteindelijke toestemming om met Camilla te trouwen zou Charles een langzame zielendood te wachten hebben gestaan in plaats van zijn late opbloeien tot een ongegeneerd gelukkige man. Zonder de rustige empathie van Kate zou William misschien wel bezweken zijn onder zijn zware jeugd en het gewicht van zijn toekomst. Diana's zoons hebben ieder de bestendige liefde gevonden die haar altijd ontglipte, al moest Harry vertrekken om te voorkomen dat zijn vrouw door de media en de paleismachine kapotgemaakt werd.

Het fascinerende aan de monarchie is dat het steeds weer om dezelfde thema's draait omdat de hoofdrolspelers ook maar mensen zijn. Toen George V de monarchie omdoopte tot Huis van Windsor en er niet zomaar een Britse familie van maakte maar een voorbeeldige versie ervan, had die één grote tekortkoming: hun menselijkheid. Er zullen altijd rebellen, probleemkinderen en onverlaten zijn, want de kroon rust op een familie die even feilbaar is als elke andere. De koningin heeft haar leven gegeven voor het pad dat door haar grootvader en haar vader was uitgezet, een vastgeroest concept, waarbij ze alleen haar unieke karaktereigenschappen kon behouden. Maar haar onverwoestbare rechtschapenheid heeft een prijs. Zullen toekomstige historici de lange duur van haar heerschappij niet als een fatale belemmering voor de ontwikkeling van de dynastie zien, vanwege de opeenstapeling van erfgenamen en onopgeloste problemen van minder belangrijke royals die slachtoffers en verkeersslachtoffers werden?

In november 2021 woonde ik het Salute to Freedom Gala in Manhattan bij aan boord van het oorlogsschip *Intrepid*, waar prins Harry prijzen uitreikte aan veteranen die met onzichtbare oorlogswonden leven. Ik werd getroffen door hoe klein en kwetsbaar Meghan eruitzag in haar gedurfde scharlakenrode baljurk, hoe ze Harry's hand vasthield, en ook door hoe de teint van de prins van dichtbij even blozend en doorzichtig is als die van Diana. Het was onmogelijk niet geraakt te worden door zijn naturelle lieflijkheid, zijn oprechte streven het goede te doen, en om geen pijnscheut te voelen omdat de oorlogswonden waarover hij zo welsprekend sprak ook de zijne waren.

De dagen van strikt koninklijk stilzwijgen zijn voorbij. Dat zie je niet alleen aan Williams Earthshot Prize, die een krachtig statement maakte over de zorgen van een toekomstige koning. Het is ook zijn podcast, *Time to Walk*, waarmee hij het publiek binnenliet om hem als man en vader van drie kinderen te horen peinzen over zijn pijnlijke en vreugdevolle ervaringen van het gezinsleven. Hij heeft een manier gevonden om zowel zijn lot als zijn eigen emotionele complexiteit te aanvaarden. Door dit te doen vindt toekomstig koning William met zijn gemalin koningin Catherine misschien manieren om de monarchie opnieuw uit te vinden op een wijze die niemand van ons kan voorzien. We vieren de machtigheid van Elizabeths trouw aan een leven vol dienstbaarheid, maar moeten ook erkennen dat de monarchie in verouderde staat de geschiedenis ingaat. Het jubileum van haar zeventigjarige koningschap is ook een wereldwijde afscheidsgroet – niet alleen aan de koningin nu ze nog leeft, maar ook aan wat de monarchie onder haar hoede geweest is. 'Ik kan u niet in de strijd leiden,' zei ze tegen de natie in haar eerste op televisie uitgezonden kerstboodschap in 1957. 'Ik geef jullie geen wetten en pas geen recht toe, maar ik kan wel iets anders doen: ik geef mezelf met hart en ziel aan deze oude eilanden en aan alle volkeren van ons broederschap van naties.'[20]

Voorbij.

DANKWOORD

De Palace Papers overspant een periode van twintig jaar Britse monarchie en voor mijn gevoel heeft het schrijven ervan ook twintig jaar in beslag genomen. Net als voor velen van ons in het traumatische tijdperk van een wereldwijde pandemie veranderde voor mij zo'n beetje mijn hele leven op een heerlijke zomerdag in 2019, toen mijn fantastische WME-agent Eric Simonoff belde om me te vertellen dat Gillian Blake, de geweldige nieuwe uitgever en hoofdredacteur van Crown, enthousiast was over mijn boekvoorstel en er graag de uitgever van wilde zijn.

Gillian en ik werkten bij Henry Holt samen aan mijn vorige boek *The Vanity Fair Diaries*. Ik verwachtte dat haar scherpe helderheid bij de redactionele begeleiding en haar tekstoordeel van onschatbare waarde zouden zijn voor dit boek, en ik werd niet teleurgesteld. Een extra geschenk waren de scherpe inzichten vanuit Brits perspectief van Ben Brusey, uitgeefdirecteur van Century, een imprint van Cornerstone, en hun uitstekende teams, die ik hieronder respectievelijk noem.

De steun van mijn redacteur en uitgevers is nog nooit zo belangrijk geweest, want tijdens het schrijven van dit boek verloor ik de briljantste redacteur van allemaal, mijn echtgenoot Sir Harry Evans, die op 23 september 2020 overleed aan congestief hartfalen en mij achterliet in een poel van verdriet en desoriëntatie. Als ik zeg dat ik Harry's heerlijke morele energie, zijn verheven intellect, zijn gulle open hart en zijn onwankelbare optimisme dat alles goed zal komen mis, is dat natuurlijk een hartverscheurend understatement. Tijdens onze magische veertig jaar samen las hij elke avond in sneltreinvaart mijn bladzijden en verdween dan in zijn kantoor met de woorden: 'Ik heb een paar dingetjes,' om terug te keren met een compleet gereorganiseerd hoofdstuk met een nieuwe opening, een standpunt en een griezelig briljante thematische alinea in het midden die het geheel op de een of andere manier samenbond.

Niet in staat een hele winter in mijn eentje te schrijven in het huis in Quogue op Long Island waar we zo veel prettige bedrijvigheid hebben gedeeld, trok ik met mijn twee volwassen kinderen in een huurhuis in Santa Monica, Californië. Daar, met mijn laptop in de tuin, die bezaaid was met citroenen en limoenen van de zwaar hangende takken en met de zon op mijn rug, bracht ik vier helende maanden door in een afgesloten cocon. Tussen de moeizame pogingen om te schrijven door werd ik getroost door zaterdagochtendwandelingen met mijn geweldige vrienden uit de tijd van *Vanity Fair*, *The New Yorker* en *The Daily Beast*: Caroline Graham, Gabé Doppelt, Angela Janklow, Arianna Huffington en WME-partner en mijn nevenrechtenagent Nancy Josephson. Ook vond ik troost in het gezelschap van enkele nieuwe vrienden: de Britse schilder Damian Elwes, zijn vrouw Lewanne en hun levendige gezin, en onze overburen Sally Hibbard en Mike Moody, die op een avond een dienblad met margarita's bij onze deur achterlieten als bedankje voor een mand limoenen – een verbluffend vriendelijk gebaar als je gewend bent aan kort of ontwijkend oogcontact in de lift met je buren zoals wij, flatbewoners in New York.

Mijn schipbreuk lijdende gezin was mijn belangrijkste, meest vreugdevolle steun en toeverlaat: mijn dappere zesendertigjarige zoon Georgie, die zijn vader elke minuut pijnlijk miste, en mijn net zo terneergeslagen eenendertigjarige dochter Izzy, die documentairemaker is, en liet zien dat ze Harry's oog voor slordig taalgebruik geërfd heeft. Ze werd een onvermoeibare lezer en herlezer van mijn weerbarstige proza. Misschien was haar grootste geschenk aan mij en haar broer wel de adoptie op kerstavond van een Engelse-bulldogpup. We raakten ervan overtuigd dat Gimli, zoals Izzy haar naar de wijze dwerg in *Lord of the Rings* vernoemde, door Harry gestuurd was om ons te troosten, want ze heeft zo veel van zijn eigenschappen: een (letterlijk) verbeten vasthoudendheid, onverschrokkenheid bij het worstelen met honden die drie keer zo groot zijn als zij en dolblij als ze haar tanden in een manuscript mag zetten.

Tegen de tijd dat de lente van 2021 aanbrak, keerde ik terug naar New York voor ijskoude gezellige buitenetentjes met mijn fijne vrienden van de oostkust, die ik inmiddels enorm miste. De pientere, altijd eigenzinnige Amanda Foreman, Gillian Tett, Holly Peterson, Edward Jay Epstein, Marie Brenner, Susan Mercandetti, James Wolcott, Vicky Ward en Stephen Schiff waren wonderwel bereid om over nieuwe invalshoeken te babbelen.

De Palace Papers zou beslist zijn vastgelopen op een rots van persoonlijke en logistieke tegenslagen als ik niet zo veel hulp had gekregen van een hele meute onderzoekers en medewerkers: Jacqueline Williams, mijn onvermoeibare researcher in Londen, die zo veel ijverige deskundigheid aan mijn vorige boek over de koninklijke familie, *The Diana Chronicles*, toevoegde en dat opnieuw deed voor deze intensieve onderneming. Brigid Graff, mijn stafchef bij Tina Brown Live Media, die op het hoogtepunt van de pandemie naar Cambridge verhuisde om zich bij haar academische echtgenoot Thomas te voegen en in april 2021 een prachtig dochtertje ter wereld bracht. Ze werkte elke seconde die haar pasgeborene haar toeliet om het onderzoek in goede banen te leiden en de juistheid te verzekeren van een grote hoeveelheid details. Ze riep slim Thomas' hulp in voor een correcte annotatie van de bronnen bij elk hoofdstuk, waardoor ik een briljant redactieduo aan hen had. Cindy Quillinan, de gewaardeerde voormalige directieassistent van mijn echtgenoot, kwam bij het team en werd de beheerder en tracker van elke verandering in het manuscript, waarbij ze kladjes met elkaar in overeenstemming bracht, in de ether verdwaalde alinea's opspoorde en onchristelijke uren aan het halen van de deadline wijdde. Kara Simonetti, voormalig vicepresident van programmering bij Tina Brown Live Media, en Olivia Messer, een nauwgezet voormalig *Daily Beast*-verslaggever, die vragen in ingewikkelde hoofdstukken oplosten met deskundige hulp van Susanna Jennens.

De hele zomer en herfst door leidde de pandemie de wereld nog altijd naar onbekend terrein, net als het verhaal dat ik probeerde te vertellen. Meghan en Harry's interview met Oprah in maart 2021 had een nieuw lek in het koninklijke verhaal geboord, dat om verse verslaggeving en onderzoek vroeg, net als de rel rond prins Andrew, de vetes van William en Harry en de dood van prins Philip. Voor extra energie om *De Palace Papers* op tijd over de eindstreep te krijgen wendde ik me tot de veelzijdige Karen Compton, Emmy Award-winnend tv-scenarioschrijver en producent, wier scherpe neus voor nieuws en intelligente nauwgezetheid een enorme krachtbron waren geweest bij *Women in the World,* het live journalistieke platform dat ik van 2009 tot 2020 leidde, waarvoor ze een van onze meest gewaardeerde senior producers was geweest. In marathontelefoonsessies en zij aan zij tegen de deadlines aan werkend klaarden we de tweede helft van het boek in een heerlijke samenwerking die nog eens in een stroomversnelling kwam in de laatste twee dagen van het jaar, toen we ons door alle juridische vragen heen worstelden terwijl de omikronvariant ons leven opnieuw verlamde. Ik kan Karen en het hele Palace Papers-team niet genoeg bedanken voor hun zorg en inzet.

Er waren al veel redenen om de wijze intelligentie van mijn vriend, schrijver en redacteur Tunku Varadarajan te waarderen, maar nog meer sinds hij ermee instemde een eerste lezer te zijn van alles wat ik schreef en zijn kritische oog (en potlood) in te zetten voordat de tekst op het bureau van mijn uitgever belandde. Zijn vele verbeteringen zitten in elke bladzijde. Ik dank ook Hendrik Hertzberg, voormalig redactiedirecteur bij *The New Yorker*, mijn zeer gewaardeerde zinnendokter in nood als ik pieker over hoe ik een onhandige alinea moet verbeteren.

Dankzij de spot-on aanbeveling van de hoofdredacteur van *Tatler*, de altijd gulle Richard Dennen, was het een enorm genoegen om te doen wat elke voormalige tijdschriftredacteur het liefst doet, namelijk met een eersteklas beeldredacteur – in dit geval Vivien Hamley – samenwerken om de beste, verrassendste beelden voor het boek te vinden. Aan Viviens zeldzame fotografiekennis heb ik de foto te danken van de negentienjarige prins William op het moment dat hij opkijkt naar medestudente Kate Middleton die zinderend over de catwalk loopt tijdens een liefdadigheidsmodeshow op St. Andrew's, gekleed in een doorschijnend jurkje – een eersteklas Henri Cartier-Bresson-moment. Mijn nostalgie naar de tijdschriftredactie werd nog groter toen ik de behendige schrijver-redacteur Louis Cheslaw over wist te halen de bijschriften te maken. Het ontwerpen van de prachtige inlegvellen en schutbladen met Crown-vormgever Barbara Bachman was een regelrechte flashback naar de vele dagen die ik op de vormgevingsafdelingen van tijdschriften doorbracht.

Een boek schrijven over de koninklijke familie is een precaire aangelegenheid – en dan druk ik me nog voorzichtig uit. Er zijn heel veel mensen die me wel geholpen hebben dit verhaal nauwkeuriger, eerlijker en openhartiger te maken, maar die ik omwille van hun huidige of vroegere banden met het paleis niet kan noemen of bedanken. Geen enkele non-fictieauteur neemt graag citaten op zonder bronvermelding, maar bij dit thema zou het alternatief een versie zijn waarin zo veel gaten zouden zijn gevallen dat de waarheid in het geding was gekomen en het perspectief scheefgetrokken zou zijn. Ik ben enorm dankbaar dat zo veel mensen, persoonlijk of via Zoom, soms zelfs meerdere keren, de tijd hebben genomen om mijn vragen te beantwoorden en unieke inkijkjes te geven in de gebeurtenissen van de afgelopen twintig jaar in het Huis van Windsor. Hartelijk dank, jullie allemaal.

Dit boek schetst een breed beeld en dat vereiste een historisch perspectief. Gelukkig heeft mijn voorliefde voor geschiedenis een aantal briljante historici op mijn pad gebracht. Te kunnen brainstormen met mijn dierbare vriend Sir Simon Schama is de ultieme intellectuele luxe. Wat hij tussen neus en lippen door vertelt is nog maar de basis van waar anderen de Pulitzer-prijs voor krijgen. Zoomen met David Starkey over de monarchie is verkwikkend als een wandeling in de heuvels van Balmoral, maar dan veel onderhoudender. Kletsen met Sir David Cannadine over de geïnspireerde saaiheid van George v is een traktatie waar ik grof geld voor zou betalen (wat ik een beetje deed, door tijdens de kerst zijn prachtige korte biografie te lezen). Het downloaden van de deskundigheid van de vooraanstaande Commonwealth-geleerde professor David Dilks betekende voor het eerst de betekenis begrijpen van die tot nu toe voor mij onbegrijpelijke instelling. Geen auteur van een boek over de royals kan zonder de waarnemingen van Hugo Vickers, de opvallend goed geïnformeerde kroniekschrijver van de aristocratie en de monarchie. Op de vraag hoe we de houding van het Huis van Windsor ten opzichte van andere culturen moeten zien, was het van cruciaal belang de inzichten te horen van een oude vriend uit mijn tijd bij *The New Yorker*, professor Henry Louis Gates jr., die Alphonse Fletcher universiteitshoogleraar, directeur van het Hutchins Center for African & African American Research aan Harvard University en maker van de succesvolle tv-show *Finding Your Roots* is. Juliet Nicolson, auteur van sprankelend geschreven boeken over de sociale sfeer in Engeland aan het begin van de twintigste eeuw, stond altijd voor me klaar bij het verkrijgen van toegang tot informatie. Dank ook aan Andrew Marr, een magnifiek brein met een rijke voorraad citeerbare informatie, en aan mijn oude vertrouwde vriend Robert Lacey; niet alleen een van de hoogst aangeschreven koningshuisbiografen, maar ook historisch adviseur van de hitserie *The Crown* op Netflix. Ik kreeg ook een fantastische verhandeling van de legendarische omroeper en auteur Jonathan Dimbleby vanuit de met boeken volgestouwde studeerkamer van zijn buitenverblijf over zijn biografie van prins Charles uit 1994.

Graag vermeld ik de door mij bewonderde auteur Lady Anne Glenconner. In de vele jaren dat ik haar gekend heb gaven haar indringende inzicht, glorieuze gevoel voor humor en opmerkelijke stoïcisme over zo veel verdriet een grote vreugde die alleen door haar vrienden geproefd kon worden. Ze had onmiskenbaar de stem van een schrijver, al bleef het lang onduidelijk of ze ooit iets op papier zou zetten. Toen ze dat eindelijk deed en op zevenentachtigjarige leeftijd haar memoires als hofdame van prinses Margaret publiceerde, herkende de rest van de wereld die stem ook en maakte van *Lady in Waiting* een stormachtige bestseller met 500.000 exemplaren. Ik heb er vaak naar teruggegrepen bij mijn portret van prinses Margaret, net als naar de altijd onderhoudende Craig Brown in zijn *Ninety-Nine Glimpses of Princess Margaret*.

Ik bedank nog vele andere vrienden voor hun hulp op kritieke momenten: Nicholas Coleridge, de vroegere directeur van Condé Nast International, op wie ik kon vertrouwen bij het verbeteren van vergeten nuances in de Engelse toon en stijl. De geweldige criticus van *The New Yorker* Anthony Lane en de gevierde Britse dichter (en lieve oude vriend) Craig Raine waren altijd bereid hun briljante vondsten te delen op knellende momenten in mijn zoektocht naar het *mot juste*. Voormalig Condé Nast-hoofdredacteur James Truman deelde gul zijn observaties van de sociale en culinaire atmosfeer van 'Peak London', net als Andy Beckett van *The Guardian*, die het tijdperk die naam gaf. Een trio vooraanstaande Ieren, voormalig directeuren Mary Robinson en Mary McAleese en voormalig 'taoiseach' (premier van Ierland) Enda Kelly, hielp me het historische staatsbezoek van de koningin aan de Republiek Ierland tot leven te brengen. Voormalig minister van Financiën George Osborne was van onschatbare waarde vanwege zijn politieke en financiële scherpzinnigheid. Een Zoom met de geestige en originele Stephen Fry leverde oneindig veel subtiele inzichten op. Het drankje dat ik met de veelzijdige Gyles Brandreth deed in Dean Street Townhouse leverde gouden weetjes op over prins Philip, en nog zo veel meer. Mijmerend over de vraag of de heldinnen van Charles Dickens of juist die van Anthony Trollope als beste sjabloon voor Kate Middleton dienen, wendde ik me tot het vruchtbare brein van criticus Adam Gopnik van *The New Yorker* voor zijn altijd provocerende visie. Vriendin en redactrice Courtney Hodell wist me voortdurend uit te dagen mijn denken te verheffen. Zeer behulpzaam waren ook het onverbloemde perspectief van de begenadigde romanschrijver en journalist Aatish Taseer en de waarnemingen van hoofdredacteur Edward Enninful van de Britse *Vogue*, die me in contact bracht met de stijlvolle, energieke markiezin Emma Thynn van Bath en haar welkome inzichten.

Voor het snijvlak van royalty, politiek en media ben ik dankbaar voor de scherpzinnige analyse van de communicatiegoeroe David McDonough, die me ook inwijdde in de gastronomische voortreffelijkheid van het fameuze Mayfair-restaurant Wiltons, waar hij regelmatig vertoeft met zijn vermaarde en fantastische partner Lady Mary-Gaye Curzon. Altijd behulpzaam was ook David Muir, voormalig directeur politieke strategie van premier Gordon Brown, die zeer goed op de hoogte is van eb en vloed in complexe politieke stromingen.

Een boek over de monarchie is onvermijdelijk ook een boek over de afhankelijkheid en de oorlogvoering van de koninklijke familie met de pers. De stadse communicatiestrateeg Mark Bolland en zijn partner Lord

Black of Brentwood, fellow bij de Royal Society of Arts, boden onschatbare begeleiding, net als Amol Rajan van de BBC, maker en presentator van de controversiële maar fascinerende tweedelige documentaire *The Princes and the Press*. Ook ben ik dankbaar voor de forensische media-inzichten van twee vrienden met een briljante juridische geest die ook bevriend zijn met elkaar, Geoffrey Robertson en media-advocaat Mark Stephens.

Toen ik prins Harry's pijnlijke ervaringen met de roddelbladen bestudeerde, werd me duidelijk dat ik een bron nodig had die me kon inwijden in de meer duistere technieken van de roddeljournalistiek: hacken, ontfutselen en stalken. Op aanraden van Peter Jukes, eindredacteur bij de *Byline Times*, wiens onbevreesde berichtgeving over de telefoon-afpersingszaak van de Murdoch-kranten ik vaak in *The Daily Beast* heb opgenomen, nodigde ik Graham Johnson uit, de onderzoeksjournalist die korte tijd persoonlijk betrokken was geweest bij de hackcultuur, om mijn gids te zijn in deze wereld en om hem een aantal kritische interviews af te nemen voor het hoofdstuk 'Speurders'.

Een andere wereld die in *De Palace Papers* verkend wordt is de tv-amusementscultuur die Meghan Markle ervoer tijdens de opnamen van de dramaserie *Suits*. Ik ben schatplichtig aan het creatieve team van de serie: uitvoerend producent David Bartis, schrijver en bedenker Aaron Korsh, regisseur Kevin Bray en casting director Bonnie Zane. Ik ben al heel lang fan van de serie, en het was interessant om meer te horen over het moeizame proces dat van *Suits* zo'n groot succes maakte en voor Meghan de doorbraak betekende die haar leven veranderde. Verslag doen van de koninklijke familie is een gevaarlijke en vaak ondankbare bezigheid met veelal ontkennende bronnen. Ik ben dank verschuldigd aan alle biografen en verslaggevers die mij voorgingen op het pad. Gelukkig zijn er velen die voortreffelijk in staat zijn het spinnen te doorgronden: Anthony Holden, de eerste officiële biograaf van prins Charles en een geliefde vriend die altijd bereid was mij bij mijn pogingen te helpen; Clive Irving, auteur van het recente, uitstekende boek *The Last Queen*; nieuwsjournalist en auteur Anna Pasternak; en de controversiële-meningenspuier Piers Morgan. Zijn boek *The Insider: The Private Diaries of a Scandalous Decade* blijft een rauwe klassieker over het werken bij een tabloid, in het hol van de leeuw. Vandaag de dag bereikt hij met zijn televisieoptredens en niet te missen columns in de *Daily Mail* net zo goed een Brits als een Amerikaans publiek.

Een van de beste auteurs van koninklijke memoires uit het Diana-tijdperk, haar vroegere persoonlijk secretaris Patrick Jephson, was altijd bereid zijn scherpe observaties en historische perspectieven te delen, net als documentairemaker Nick Kent, wiens voortreffelijke films *Diana, Our Mother: Her Life and Legacy* en *Prince Philip: The Royal Family* blijk geven van oprecht begrip voor de buitengewone eenzaamheid van de benarde koninklijke positie. Een biograaf van wie elk boek het lezen waard is, is Tom Bower, wiens *Rebel Prince: The Power, Passion and Defiance of Prince Charles* vol staat met tot nu toe ongepubliceerde en vaak komische details van zowel de voor- als de achterkant van de wereld van de Windsors. Ik ben hem vooral dank verschuldigd voor het hoofdstuk 'Problemen met bedienden'.

Er zijn nog meer mensen die ik graag wil vermelden. Ik ben al heel lang fan van Richard Kay van de *Daily Mail*, wiens diepgaande kennis alleen maar is gegroeid sinds hij twintig jaar geleden het Diana-verhaal in handen kreeg en die nog steeds nieuwe inzichten weet te ontvouwen in de koninklijke-familiekronieken. Graham Turner van *The Telegraph* is van onschatbare waarde voor zijn voortreffelijke verslaggeving over de vroegere regeringsjaren van de koningin en haar relatie met de koningin-moeder. Actuele primeurs uit de huizen van Cambridge en Sussex komen van *The Telegraph*-scherpschutter Camilla Tominey, die als eerste de verschijning in Harry's leven van een bepaalde, verbluffende tv-actrice opmerkte. Geen koningshuiscommentator is beter bewapend dan Robert Jobson van de *Evening Standard* als het gaat om inzicht geven in de evolutie van de monarchie. Robert Hardman van *The Telegraph* schrijft voortreffelijk over de koningin als wereldleider. Niemand schrijft leesbaarder dan Penny Junor, wier biografieën ik er zo vaak bij heb gepakt vanwege haar frisse kijk in haar observaties en verslaglegging.

Angela Levin, Duncan Larcombe, Ingrid Seward, Christopher Wilson, Katie Nicholl, Tom Quinn, Lady Colin Campbell, Nigel Cawthorne, Omid Scobie en Carolyn Durand waren onmisbaar vanwege hun inzichten in het koninklijke verhaal. Caroline Graham (geen familie van eerdergenoemde) van *The Mail on Sunday* hielp me toegang te krijgen tot Tom Markle. Elk boek over het Huis Windsor in de laatste twintig jaar is dank verschuldigd aan Andrew Morton, wiens boek *Diana: Her True Story* (vertaald als *Diana, haar eigen verhaal*) de grootste koninklijke primeur aan het eind van de twintigste eeuw was en die tot op de dag van vandaag zijn geheimen blijft prijsgeven. Sarah Bradford en Sally Bedell Smith zijn auteurs van uitstekende, onmisbare boeken over de royals, die zowel voornaam als betrouwbaar zijn.

Er zijn vele anderen aan wie ik mijn dank betuig, hetzij achter de schermen, hetzij op papier, op band of achter mijn snelkiesnummers. Gillian

Blake's Crown-team van de zorgvuldige bureauredacteur Amy Li en het onvermoeibare redactieduo Sally Franklin en Mark Birkey maakten het hele uitgeefproces tot een plezier, net als publiciteits-, marketing- en productiekrachten Penny Simon, Julie Cepler en Linnea Knollmueller. Ook de haarscherpe correctie van Michelle Daniel verdient lof, evenals het Britse Century-team van Ben Brusey, bijgestaan door bureauredacteur Jessica Ballance, en Penguin Random House-redacteur Joanna Taylor en productiemedewerker Anna Cowling. Speciale dank gaat ook uit naar Amy Musgrave, die een schitterend omslagontwerp maakte, en de Britse publiciteits-, serie- en marketinggoeroes Etty Eastwood, Penny Liechti en Claire Bush. Ik ben meer dan dankbaar voor de strenge en geduldige aandacht van de juristen van Penguin Random House: Matthew Martin en Amelia Zaleman in de VS en Tim Bainbridge in het VK. Verder dank ik Martin Soames voor zijn verstandige advies.

Speciale dank ben ik verschuldigd aan vele opmerkelijk aardige mensen die me onderweg met verschillende aspecten van *De Palace Papers* hielpen: John Arlidge, Cherie Blair, David Boies, Graham Boynton, Peter Brown, Chris Bryant, Gerry Byrne, Alastair Campbell, Basil Charles, Martin Childs, Jacqueline de Chollet, Joanna Coles, Chris en Ryan Cuddihy, Stephen Daldry, Danny Danziger, James Danziger, baron Darroch van Kew, Nick Davies, Charles Delevingne, Lord Donoughue, Marty Edel, Ed Felsenthal, Niall Ferguson, Amy Finnerty, Debbie Frank, Stephen Frears, James Fox, Anthony Geffen, Geordie Greig, David Griffin, Lloyd Grove, Barbara Guggenheim, John Guy, Tony Hall, baron Hall van Birkenhead, William Hague, baron Hague van Richmond, James Harding, Nicky Haslam, Marie Helvin, Reinaldo Herrera, Lady Pamela Hicks, Lynn Hirschberg, Lyndall Hobbs, Steven Hoffenberg, Mark Hollingsworth, Francis 'Buster' Howes, Mort Janklow, Sir Simon Jenkins, David Jones, Stuart Karle, Alan Kilkenny, Cynthia Knights, Jesse Kornbluth, Brian Lang, Gulu Lalvani, Magnus Linklater, Shelley Curtis Litvack, Natalie Livingstone, Nick Lowles, Lainey Lui, Thomas Markle, Ivan Schwarz, Catie Marron, Sir Donald McCullin, Dame Helen Mirren, Penny Mortimer, Andrew Neil, Vanessa Neumann, Faye Nurse, Bruce Oldfield, Catherine Ostler, Antony Phillipson, Erin Pizzey, John Preston, Jennifer Pryor, Euan Rellie, Wendy Riche, Andrew Roberts, Antonia Romeo, Conchita Sarnoff, Mark Saunders, Clarissa Sebag-Montefiore, Jonathan Shalit, Lisa Shields, Alexandra Shulman, Dan Snow, Roderick 'Rory' Stewart, Sir Nicholas Soames, Skip Stein, George Stroumboulopoulos, Nona Summers, Ken Sunshine, Ben Tai, Colin Tebbutt, Taki Theodoracopulos, Mark Thompson, Malcolm

Turnbull, Simon Walker, Krista Webster, Sir Peter Westmacott, Anthony 'Burghie' Fane, Ken Wharfe, Ed Williams, Michelle Williams, dr. Rowan Williams, Lynn Wyatt, Peter York.

Een boek schrijven is een eenzame bezigheid, en alle hier genoemde mensen hebben me geholpen die intimiderende witte bladzijden te vullen. Hartelijk dank allemaal.

NOTEN

PROLOOG: EXPLOSIEF

1. *Oprah with Meghan and Harry.* Oprah Winfrey interview met de hertog en hertogin van Sussex, CBS, 7 maart 2021.
2. Jennifer Meierhans. 'Buckingham Palace Reveals 8.5% Ethnic Minority Staff', BBC News, 24 juni 2021.
3. *Oprah with Meghan and Harry.* Oprah Winfrey interview met de hertog en hertogin van Sussex, CBS, 7 maart 2021
4. Sondra Gotlieb. 'Queen Mary Superstar', *The New York Times*, 29 juni 1986.
5. *Oprah with Meghan and Harry.* Oprah Winfrey interview met de hertog en hertogin van Sussex, CBS, 7 maart 2021.

1. DIT NOOIT MEER. DE KONINKLIJKE FAMILIE TREEDT DE WERELD NA DIANA TEGEMOET

1. David Dilks. *Churchill and Company: Allies and Rivals in War and Peace* (Londen: I.B. Tauris, 2012), hfst 1.
2. Elizabeth Longford. *Elizabeth R: A Biography* (Londen: Weidenfeld and Nicolson, 1983).
3. Marion Crawford. *The Little Princesses: The Story of the Queen's Childhood by Her Nanny, Marion Crawford* (New York: St. Martin's Griffin, 1950), hfst 10.
4. Craig Brown. *Ninety-Nine Glimpses of Princess Margaret* (New York: Farrar, Straus and Giroux, 2018), hfst 84.
5. Gyles Brandreth interview met de hertog van Edinburgh, 26 februari 2020.
6. Robert Lacey. *Monarch: The Life and Reign of Elizabeth II* (New York: Free Press, 2003), hfst 15.
7. *Panorama*, 'An Interview with HRH The Princess of Wales'. Martin Bashir interview met Diana, prinses van Wales, BBC, 20 november 1995.
8. Interview met Gulu Lalvani, 11 januari 2021.
9. Interview met Mark Bolland, 13 mei 2005.
10. Graham Turner. 'The Real Elizabeth II', *The Telegraph*, 8 januari 2002.
11. Peter Mandelson. *The Third Man: Life at the Heart of New Labour* (Londen: HarperPress, 2010), hfst 6.

12. Ibid.
13. Ibid.
14. Tony Blair. *A Journey: My Political Life* (New York: Vintage Books, 2010), hfst 5. In het Nederlands verschenen onder de titel *Memoires* (Amsterdam: De Bezige Bij, 2010), vertaald door Bep Fontijn et al.
15. *Diana, 7 Days*. Documentaire onder regie van Henry Singer, BBC, uitgezonden op 27 augustus 2017.
16. *Mind Over Marathon*, tv-programma onder regie van Peter Coventry, aflevering 2, met de hertog van Cambridge, BBC One, uitgezonden op 20 april 2017.
17. Alastair Campbell. 'Alastair Campbell Interviews Prince William About Diana: "She Smothered Harry and Me in Love"', *International Business Times*, 30 augustus 2017.
18. Alastair Campbell. 'Thursday, September 4, 1997', in *The Alastair Campbell Diaries*, deel 2, *Power and the People, 1997-1999* (Londen: Hutchinson, 2011).
19. Interview met Geordie Greig, 16 november 2005.
20. Graaf Spencer. 'Full Text of Earl Spencer's Funeral Oration', BBC News, 6 september 1997.
21. Ibid.
22. Interview met Diana's astroloog Debbie Frank, 14 maart 2006.
23. Robert Crampton. 'Just Marry Camilla Now, Charles', *The Times*, 1 juni 2004.
24. Interview met Hugo Vickers, 28 juli 2005.
25. Glenda Cooper. 'Diana's Calming Waters'. *The Washington Post*, 7 juli 2004.
26. Penny Junor. 'Getting On with the Day', in *Prince William: The Man Who Will Be King* (New York: Pegasus Books, 2012).
27. Anthony Holden. *Based on a True Story* (Londen: Simon and Schuster, 2021), hfst 15.
28. Interview met Stephen Fry, 7 april 2021.
29. Andrew Alderson. *The Sunday Times*, 28 januari 1996.
30. Robert Lacey. *Battle of Brothers: William and Harry; The Inside Story of a Family in Tumult* (Londen: HarperPress, 2020), hfst 23.
31. Interview met Richard Kay, 21 november 2019.

2. SEKS EN SENSIBILITEIT. WAAROM CHARLES GEK WAS OP CAMILLA

1. Tom Quinn. *Mrs. Keppel: Mistress to the King* (Londen: Biteback Publishing, 2016), hfst 8.
2. Diana Souhami. *Mrs. Keppel and Her Daughter: A Biography* (New York: St. Martin's Press, 1996), hfst 1.
3. Ibid.
4. Ibid.
5. Quinn. *Mrs. Keppel*, hfst 10.
6. Anthony Holden. 'Diana's Revenge', *Vanity Fair*, februari 1993.
7. Christopher Wilson. *The Windsor Knot: Charles, Camilla, and the Legacy of Diana* (Los Angeles: Graymalkin Media, 2008), hfst 7.

8. Roy Strong. '2 March 1971', in *Splendours and Miseries: The Roy Strong Diaries, 1967-1987* (Londen: Weidenfeld and Nicolson, 2019).
9. Catherine Mayer. *Born to Be King: Prince Charles on Planet Windsor* (New York: Henry Holt, 2015), hfst 2.
10. Penny Junor. *The Duchess: Camilla Parker Bowles and the Love Affair That Rocked the Crown* (New York: Harper, 2018), hfst 2.
11. Ibid.
12. Gyles Brandreth. *Charles and Camilla: Portrait of a Love Affair* (Londen: Arrow Books, 2006), hfst 2.
13. E-mailcorrespondentie met James Fox, 26 maart 2021.
14. Geordie Greig. 'EXCLUSIVE: Camilla Up Close! Duchess of Cornwall Opens Up as Never Before, Saying: "If You Can't Laugh at Yourself, You May as Well Give Up"', *Mail Online*, 28 mei 2017.
15. Camilla Long. 'One Long Party', *The Times*, 27 april 2014.
16. 'Mark Shand–Obituary', *The Telegraph*, 24 april 2014.
17. Greig. 'EXCLUSIVE: Camilla'.
18. Robert Hardman. *Queen of the World* (New York: Pegasus Books, 2019), hfst 12.
19. Jonathan Dimbleby. *The Prince of Wales: A Biography* (New York: William Morrow, 1994), deel 2.
20. Anthony Holden. *Charles at Fifty* (New York: Random House, 1998), hfst 6.
21. Brandreth. *Charles and Camilla*, hfst 5.
22. Sir John Betjeman. 'A Ballad of the Investiture 1969', Royal Collection Trust, rct.uk.
23. Wilson. *Windsor Knot*, hfst 11.
24. Kitty Kelley. *The Royals* (New York: Grand Central Publishing, 2009), hfst 11. In het Nederlands uitgebracht onder de titel *Het Britse koningshuis* (Amsterdam: Luitingh-Sijthoff, 1997), vertaald door Cherie van Gelder.
25. Interview met Marie Helvin, 27 februari 2020.
26. Greig. 'EXCLUSIVE: Camilla'.
27. Brandreth. *Charles and Camilla*, hfst 4.
28. Theo Aronson. *Princess Margaret: A Biography* (Londen: Michael O'Mara, 1997), hfst 1.
29. Tony Allen-Mills. 'Party Animal Camilla Fired for Being Late', *The Sunday Times*, 30 oktober 2016.
30. Greig. 'EXCLUSIVE: Camilla'.
31. 'Camilla the MAN EATER: She Was Fired from Her Posh Job for Too Much Partying and Revelled in the Fact That Her Great-Grandmother Was Edward VII's Mistress – Her Biographer Reveals How She REALLY Spent the Swinging Sixties', *Daily Mail*, 5 november 2016.
32. Dimbleby. *Prince of Wales*, deel 2.
33. Christopher Wilson. 'The FIRST Her Royal Hotness: New Film Reveals the Startlingly Racy Love Life of the Young Princess Anne', *Daily Mail*, 18 januari 2016.
34. Nigel Dempster en Peter Evans. *Behind Palace Doors* (Londen: Orion, 1993), hfst 7.
35. Ibid.
36. Interview met Marie Helvin, 18 september 2006.

37. James Whitaker en Christopher Wilson. *Diana vs. Charles: Royal Blood Feud* (Los Angeles: Graymalkin Media, 2017), hfst 1. In het Nederlands verschenen onder de titel *Diana versus Charles* (Amsterdam: Luitingh-Sijthoff, 1993), vertaald door Mariëtte van Gelder.
38. Interview met Taki Theodoracopulos, 7 juni 2020.
39. Junor. *Duchess*, hfst 8.
40. Interview met Patrick Anson, graaf van Lichfield, 11 mei 2005.
41. Clare Conway. 'Andrew Parker Bowles on Being Painted by Lucian Freud', *Tatler*, 11 oktober 2019.
42. Lynn Barber. 'Quite Grand, and She Doesn't Tip', *The Telegraph*, 21 oktober 2003.
43. Tina Brown. 'The Wilts Alternative', *Tatler*, juli/augustus 1980.
44. Turner. 'Real Elizabeth II'.
45. Interview met Lyndall Hobbs, 12 mei 2020.
46. Alexis Parr. '"Mummy Was Called Mad. She Committed the Cardinal Sin of Talking About Prince Charles": Lady Kanga Tryon's Daughter on Her Mother's Obsession', *Mail Online*, 7 maart 2011.
47. Wilson. *Windsor Knot*, hfst 5.
48. Interview met Michael Shea, 9 september 2006.
49. Wilson. *Windsor Knot*, hfst 5.
50. Dempster en Evans. *Behind Palace Doors*, hfst 9.
51. Wilson. *Windsor Knot*, hfst 5.
52. Ibid.
53. Dempster en Evans. *Behind Palace Doors*, hfst 3.
54. Andrew Morton. 'In Her Own Words', in *Diana, Her True Story – In Her Own Words* (New York: Simon and Schuster, 2009). Volledig herziene versie in het Nederlands verschenen onder de titel *Diana: haar eigen verhaal* (Alkmaar: Pepper Books, 2017), vertaald door L.C. van Twisk.
55. Lady Colin Campbell. *The Real Diana* (New York: St. Martin's Press, 1998), hfst 6.
56. Kate Nicholson. 'Royal Prediction: How Princess Margaret Knew "Camilla Will Never Give Charles Up"', *Express*, 11 februari 2020.
57. Sarah Bradford. *Elizabeth: A Biography of Her Majesty the Queen* (Londen: Penguin, 2012), hfst 16.
58. Mary Corbett. 'Frances Shand Kydd: The Last Interview with Princess Diana's Enigmatic Mother', *Hello!*, 15 juni 2004.
59. Max Riddington en Gavan Naden. *Frances: The Remarkable Story of Princess Diana's Mother* (Londen: Michael O'Mara, 2003), hfst 1.
60. Interview met Barbara Gilmour, 27 september 2005.
61. Corbett. 'Frances Shand Kydd'.
62. Jack Royston. 'Diana: Her True Voice; We Publish the Full Transcript of the Bombshell Diana Tapes as Her Former Private Secretary Backs Channel 4 Documentary', *The Sun*, 2 augustus 2017.
63. *Dateline*. 'Diana Revealed: Never-Before-Seen Videotapes of Princess Diana', NBC News, 29 november 2004.

3. UIT DE GRATIE. CAMILLA GEEFT NIET OP

1. Morton. *Diana: Her True Story*, voorwoord.
2. *A Current Affair*. Tracy Grimshaw interview met Tom Parker Bowles, Nine Network, 27 juli 2015.
3. Sally Bedell Smith. *Prince Charles: The Passions and Paradoxes of an Improbable Life* (New York: Random House, 2017), hfst 18. In het Nederlands verschenen onder de titel *Prins Charles: een uitzonderlijk leven in de schaduw van de troon* (Amsterdam: Nieuw Amsterdam, 2017), vertaald door Reinier Johannes Charles Smits.
4. Dempster en Evans. *Behind Palace Doors*, hfst 23.
5. Katie Nicholl. *William and Harry: Behind the Palace Walls* (New York: Hachette, 2010), hfst 6.
6. Wilson. *Windsor Knot*, hfst 7.
7. Interview met Michael Shea.
8. Campbell. *Real Diana*, hfst 10.
9. Morton. 'In Her Own Words', in *Diana, Her True Story.*
10. Howard Hodgson. 'It Wasn't Always Bad (1981-86)', in *Charles: The Man Who Will Be King* (Londen: John Blake, 2007).
11. Dempster en Evans. *Behind Palace Doors*, hfst 15.
12. Sarah Bradford. *Diana* (New York: Viking, 2007), hfst 17. In het Nederlands verschenen onder de titel *Diana* (Amsterdam: Balans, 2006), vertaald door Frans van Delft.
13. Andrew Morton. *Diana: In Pursuit of Love* (Londen: Michael O'Mara, 2004), hfst 4. In het Nederlands verschenen onder de titel *Diana: op zoek naar liefde* (Utrecht: Het Spectrum, 2004), vertaald door Ger Boer et al.
14. Bob Colacello. 'Charles and Camilla, Together at Last', *Vanity Fair*, december 2005.
15. Ken Wharfe met Robert Jobson. *Diana: Closely Guarded Secret* (Londen: John Blake, 2015), hfst 16.
16. Greig. 'EXCLUSIVE: Camilla'.
17. Wilson. *Windsor Knot*, hfst 8.
18. Mary Riddell. 'Prince Charles Has Missed His Chance to Marry Camilla', *The Times*, 28 mei 2004.
19. Greig. 'EXCLUSIVE: Camilla'.
20. Woodrow Wyatt. *The Journals of Woodrow Wyatt*, bewerkt door Sarah Curtis, deel 2 (Londen: Pan Macmillan, 2000).
21. 'Charles Is Heckled Over Tapes', *Herald Sun*, 30 januari 1993.
22. Holden. *Charles at Fifty.*
23. James Lees-Milne. 'Saturday, 4th September 1993', in *Diaries, 1984-1997*, bewerkt door Michael Bloch (Londen: John Murray, 2008).
24. Dempster en Evans. *Behind Palace Doors*, hfst 24.
25. Ibid.
26. Brandreth. *Charles and Camilla*, hfst 9.
27. *Charles: The Private Man, the Public Role*, onder regie van Christopher Martin, Dimbleby Martin Productions, uitgezonden op 29 juni 1994.

28. Lees-Milne. 'Tuesday, 28th June 1994', *Diaries, 1984-1997.*
29. Morton. *Diana: In Pursuit of Love*, hfst 5.
30. Kate Ng. 'Teach Young People About Osteoporosis, Says Camilla Duchess of Cornwall', *The Independent*, 24 oktober 2021.
31. Henry Bokin. 'Duchess Recalls "Agonising" Deaths of Mother and Grandmother to Bone Disease', *The Telegraph*, 17 oktober 2017.
32. Chris Byfield. '"Terrible Fights" Prince William "Would Blame" Camilla for "Hurt She Caused"', *Sunday Express*, 14 november 2021.
33. Interview met Tom Parker Bowles.
34. Smith. *Prince Charles*, hfst 22.
35. 'Parker Bowles to Escape Prosecution Over Car Crash', *The Independent*, 11 juli 1997.
36. 'Prince Charles' Lady Leaves Bruised Feelings in Auto Crash', AP News, 12 juni 1997.
37. 'Parker Bowles to Escape Prosecution Over Car Crash'.
38. Christopher Wilson. 'Camilla Loses Her Rock', *Mail Online*, 12 juni 2006

4. MOEDER VAN DE NATIE. DE HOOFDPIJNPUNTEN VAN DE KONINGIN IN DE 21E EEUW

1. Blair. *Journey*, hfst 9.
2. Alastair Campbell. 'Friday, December 31, 1999' in *The Alastair Campbell Diaries*, deel 3, *Power and Responsibility, 1999-2001* (Londen: Hutchinson, 2011).
3. Ibid.
4. Lacey, *Monarch*, hfst 32.
5. Interview met Victoria Mather, 22 mei 2006.
6. Brandreth, Gyles. *Philip and Elizabeth: Portrait of a Marriage* (Londen: Century, 2004), hfst 10.
7. Hare Majesteit de koningin. 'A Speech by the Queen at the Sydney Opera House', 20 maart 2010.
8. Tory Shepherd. 'Republican Malcolm Turnbull on Meeting Queen Elizabeth II, Says He Is an "Elizabethan"', News Corp Australia, 12 juli 2017.
9. Tom Bower. *Rebel Prince: The Power, Passion and Defiance of Prince Charles* (Londen: William Collins, 2018), hfst 4.
10. Robert Hardman. *Her Majesty: Queen Elizabeth II and Her Court* (New York: Pegasus Books, 2012), hfst 1.
11. Ozzy Osbourne. Twitter, 20 januari 2019, 16:04.
12. Sally Bedell Smith. *Elizabeth the Queen: The Life of a Modern Monarch* (New York: Random House, 2012), hfst 18.
13. 'U.K. Reaction: Queen's Portrait Pleaseth Not', *The Washington Post*, 22 december 2001.
14. Conway. 'Andrew Parker Bowles'.
15. Brandreth. *Philip and Elizabeth*, bijlagen.
16. Graham Turner. *Elizabeth: The Woman and the Queen* (Londen: Macmillan, 2002), hfst 8.

17. Rebecca Adams. 'Charles and Camilla Pictured Together for the First Time Was a Sight to Behold', *The Huffington Post*, geüpdatet 7 december 2017.
18. Anthony Holden. *Charles: A Biography* (Londen: Bantam Press, 1998).
19. Turner. 'Real Elizabeth II'.
20. Ibid.
21. Interview met Lady Pamela Hicks, 22 november 2019.
22. Selina Hastings. 'Fluffy and Steely', *The Telegraph*, 20 november 2005.
23. Hugo Vickers. *Elizabeth: The Queen Mother* (Londen: Arrow Books, 2006), hfst 28.
24. 'The Truth Is, He Still Needs Her Terribly', *The Age*, 14 april 2002.
25. Turner. 'Real Elizabeth II'.
26. Ibid.
27. Ryan Parry en Hugo Daniel. 'EXCLUSIVE: Jeffrey Epstein and Ghislaine Maxwell's Place of Honor as Prince Andrew's Special Guests at 2000 Royal "Dance of the Decades" Ball in Windsor Castle Is Revealed in Souvenir Program', *Daily Mail*, 3 december 2020.
28. Bower. *Rebel Prince*, hfst 20.
29. Interview met Peter Brown, 17 juli 2019.
30. Ingrid Seward. 'Why a Footman Gave Andrew a Black Eye and It Was the Queen Who Was Livid with Edward for Quitting the Marines: More Intimate Details from the Royals' 70 Years of Marriage', *Daily Mail*, geüpdatet 10 november 2020.
31. Julie Carpenter. 'Sophie Wessex: The Queen's Favourite', *Express*, 19 december 2007.
32. Ian Katz. 'It Was Me What Spun It', *The Guardian*, 27 oktober 2003.
33. Piers Morgan. 'Thursday, 27 September 2001', in *The Insider: The Private Diaries of a Scandalous Decade* (Londen: Ebury Press, 2005).
34. Gaby Hinsliff en Burhan Wazir. 'Word by Word, Sophie Digs Herself Deeper into Trouble', *The Guardian*, 8 april 2001.
35. Hardman. *Her Majesty*, hfst 1.
36. Morgan. 'Thursday, 12 February 1998', *Insider.*
37. 'The Royal Statements', *The Guardian*, 9 april 2001.
38. 'Queen Pays Edward £1/4m to Quit TV', *The Guardian*, 2 maart 2002.

5. EEN KWESTIE VAN ONAFHANKELIJKHEID. HOE ELIZABETH EN PHILIP HET KLAARSPEELDEN

1. Tina Brown. 'Prince Philip, the Man Who Walked Two Paces Behind the Queen', *The New York Times*, 9 april 2001.
2. Interview met Brandreth.
3. Brown. 'Prince Philip'.
4. Philip Eade. *Prince Philip: The Turbulent Early Life of the Man Who Married Queen Elizabeth II* (New York: Henry Holt, 2011), hfst 20.
5. Ibid, hfst 16.
6. Smith. *Elizabeth the Queen*, hfst 6.
7. Lacey. *Monarch*, hfst 14.

8. Stephanie Linning. 'The Bond Between a Grandmother and Grandson: Touching Personal Letters from the Queen Mother Reveal How She Championed a Young Charles as He Struggled with His "Distant" Mother', *Mail Online*, 29 maart 2017.
9. *Prince Philip: The Royal Family Remembers.* Onder regie van Faye Hamilton en Matthew Hill, BBC One, uitgezonden op 22 september 2021.
10. Helena Horton. '48 of Prince Philip's Greatest Quotes and Funny Moments', *The Telegraph*, 17 april 2021.
11. 'Prince Philip's Gaffes from Decades on Royal Duty', BBC News, 4 mei 2017.
12. Richard Kay en Geoffrey Levy. 'One's Still Got It! As He Flirts Outrageously at 93, Friends Say Philip's Bond with a Blonde Aristocrat Keeps Him Young. But What DOES the Queen Think?', *Mail Online*, 18 mei 2015.
13. Ibid.
14. Interview met Selina Hastings, 14 maart 2006.
15. 'Philip: I Could Never Get Away with Affair', *Sunday Mirror*, 14 januari 1996.
16. Bernard Donoughue. *Westminster Diary*, deel 2, *Farewell to Office* (Londen: I.B. Tauris, 2017).
17. Interview met Lord Donoughue, 31 juli 2020.
18. *The Other Side of the Coin: The Queen, the Dresser, and the Wardrobe* (Londen: HarperCollins, 2019), hfst 1.
19. Smith. *Elizabeth the Queen*, hfst 18.
20. Ibid.
21. Ibid.
22. Hardman. *Queen of the World*, hfst 6.
23. 'Text of the Queen's Message to New York', *The Guardian*, 21 september 2001.

6. ZWANENZANGEN. MARGARET EN DE KONINGIN-MOEDER VERLATEN HET FEEST

1. Smith. *Elizabeth the Queen*, hfst 1.
2. Richard Kay en Geoffrey Levy. 'Mystery of Royal Love Burnt by the Queen's Sister: Princess Margaret Had Chauffeur Destroy Thousands of Romantic Royal Correspondence—Including Those from Diana', *Daily Mail*, 14 maart 2016.
3. Colin Burgess. 'Don't Mention Diana! Charles Was the Queen Mum's Most Cherished Grandchild—Which Is Why, When His Marriage Ended, She Never Allowed Diana's Name to Be Uttered in Her Presence Again ... as Revealed by Her Own Loyal Equerry', *Daily Mail*, 24 april 2017.
4. Sarah Bradford. 'The Woman Who Wasn't Quite Queen', *The Telegraph*, 10 februari 2002.
5. Kay en Levy. 'Mystery of Royal Love'.
6. Anne Glenconner. *Lady in Waiting: My Extraordinary Life in the Shadow of the Crown* (New York: Hachette, 2020), hfst 10.
7. Ibid, hfst 17.
8. William Shawcross. *The Queen Mother: The Official Biography* (New York: Vintage Books, 2010), hfst 16.

9. Vanessa Thorpe. 'Queen Mother Was "Ruthless" to Royal Nanny', *The Guardian*, 25 juni 2000.
10. Tina Brown. 'What Colin Tennant Does for Princess Margaret', *Tatler*, juni 1980.
11. Interview met Penelope Mortimer, 8 januari 2021.
12. Prins van Wales. 'Charles: My Darling Aunt', BBC News, 9 februari 2002.
13. Shawcross. *Queen Mother*, hfst 24.
14. Glenconner. *Lady in Waiting*, hfst 13.
15. Bradford. 'Woman Who Wasn't Queen'.
16. Glenconner. *Lady in Waiting*, hfst 4.
17. Andrew Morton. 'Princess Margaret Accused the Royals of Ignoring Her Mental Anguish—Years Before Diana and Meghan: ANDREW MORTON Reveals How She Took Pills and Whisky, Sobbed on Chauffeur's Shoulder and Threatened to Throw Herself from Window', *The Mail on Sunday*, geüpdatet 21 maart 2021.
18. Brown. *Ninety-Nine Glimpses of Prince Margaret*, hfst 90.
19. Glenconner. *Lady in Waiting*, hfst 17.
20. Interview met David Griffin, 30 augustus 2006.
21. Ibid.
22. Glenconner. *Lady in Waiting*, hfst 10.
23. Ingrid Seward. 'A Brilliant Mother Despite Everything', *Mail Online*, 11 februari 2002.
24. Charles Nevin. 'Princess Margaret', *The Guardian*, 9 februari 2002.
25. Smith. *Elizabeth the Queen*, hfst 18.
26. Lacey. *Monarch*, hfst 21.
27. Ben Pimlott. *The Queen: Elizabeth II and the Monarchy* (Londen: HarperPress, 2012), hfst 11.
28. *Private Lives of the Windsors*. Onder regie van Ben Reid, Renegade Pictures, 2019.
29. Brandreth. *Philip and Elizabeth*, hfst 10.
30. Ibid.
31. Turner. *Elizabeth*, hfst 5.
32. Ibid.
33. Ibid.
34. Shawcross. *Queen Mother*, hfst 17.
35. Interview met Douglas Keay, 15 februari 2007.
36. Brandreth. *Philip and Elizabeth*, hfst 10.
37. Geordie Greig. *The King Maker: The Man Who Saved George VI* (New York: Open Road Integrated Media, 2014), hfst 11.
38. Michael Thornton. 'Revealed for the First Time—the Other Woman in the Queen Mother's Marriage', *Mail Online*, 14 augustus 2009.
39. Shawcross. *Queen Mother*, hfst 17.
40. Richard Kay en Geoffrey Levy. 'The Queen's Power Struggles with the Mother She Adored: They Shared a Mutual Love of Horse Racing, but Her Majesty and Her Mother Were Far from Alike', *Daily Mail*, 16 maart 2016.
41. Shawcross. *Queen Mother*, hfst 17.
42. Vickers. *Elizabeth*, hfst 24.
43. Shawcross. *Queen Mother*, hfst 17.

44. Kay en Levy. 'The Queen's Power Struggles'.
45. Ann Morrow. *Without Equal: H. M. Queen Elizabeth, the Queen Mother* (Thirsk, North Yorkshire: House of Stratus, 2012), hfst 25.
46. Turner. *Elizabeth*, hfst 5.
47. Lacey. *Monarch*, hfst 18.
48. John Arlidge. 'The End of an Aristocratic Era of Style, Opulence . . . and Overdrafts', *The Guardian*, 31 maart 2002.
49. Shawcross. *Queen Mother*, hfst 19.
50. Ibid.
51. Andrew Alderson. 'The Day Great Granny Did Her Ali G Rap at the Dinner Table', *The Telegraph*, 7 april 2002.
52. Tom Quinn. *Backstairs Billy: The Life of William Tallon, the Queen Mother's Most Devoted Servant* (Londen: Robson Press, 2016), hfst 11.
53. Ibid.
54. Elizabeth Longford. *The Queen: The Life of Elizabeth II* (New York: Alfred A. Knopf, 1983), hfst 19.
55. Matt Wells. 'BBC Defends "Respectful" Coverage', *The Guardian*, 1 april 2002.
56. Bower. *Rebel Prince*, hfst 13.
57. Morgan. 'Saturday, 30 March 2002', *Insider.*
58. Prins van Wales. 'A Tribute by HRH The Prince of Wales Following the Death of Her Late Majesty Queen Elizabeth, The Queen Mother on Saturday, 30th March, 2002, London', princeofwales.gov.uk, 4 april 2002.
59. Torin Douglas. 'Public Mood Takes Media by Surprise', BBC News, 9 april 2002.
60. Roy Strong. '8 April 2002', in *Scenes and Apparitions: The Roy Strong Diaries, 1988-2003* (Londen: Weidenfeld and Nicolson, 2016).
61. Bower. *Rebel Prince*, hfst 13.
62. Matt Seaton. 'The Accidental Laureate', *The Guardian*, 16 september 2002.
63. '"Mysterious Origin"' of Funeral Poem', BBC News, 11 april 2002.
64. Strong. '8 April 2002', *Scenes and Apparitions.*

7. VIJFTIG JAAR OP DE TROON. DE TOEGIFT VAN DE KONINGIN

1. 'A Spectacular Jubilee', *The Guardian*, 4 juni 2002.
2. Strong. '4 June 2002', *Scenes and Apparitions.*

8. PROBLEMEN MET BEDIENDEN. WAT DE BUTLER ZAG

1. Dagboeknotitie, maart 2006.
2. Interview met David Griffin, 2006.
3. Interview met David Griffin, 7 oktober 2020.
4. Bower. *Rebel Prince*, hfst 24.
5. Smith. *Prince Charles*, hfst 32.
6. Rebecca English. '"Charles Is the Most Difficult Person in the World to Buy a Present For": Camilla Pays Tribute to "Workaholic" Husband as He Celebrates His 65th Birthday', *Daily Mail*, 4 november 2013.

7. Colin Burgess. *Behind Palace Doors: My Service as the Queen Mother's Equerry* (Londen: John Blake, 2007), hfst 12.
8. 'Michael Fawcett: Trusted Aide', BBC News, 7 november 2003.
9. Burgess en Carter. *Behind Palace Doors*, hfst 12.
10. Bower. *Rebel Prince*, hfst 9.
11. 'Butler "Stole Diana's Belongings"', BBC News, 14 oktober 2002.
12. Bower. *Rebel Prince*, hfst 9.
13. Ibid.
14. Ibid., hfst 11.
15. Ibid.
16. Ibid., hfst 9.
17. Ibid.
18. Riddington en Naden. *Frances*, hfst 17.
19. Interview met David Griffin, 2020.
20. Interview met Colin Tebbutt, 7 oktober 2020.
21. Bower. *Rebel Prince*, hfst 11.
22. Ibid., hfst 9.
23. Morgan. 'Wednesday, 17 January 2001', *Insider.*
24. Ibid.
25. Warren Hoge. 'London Journal; Diana's Faithful Butler: In the End, Was He False?', *The New York Times*, 18 oktober 2002.
26. Paul Vallely. 'Sir Michael Peat: Once Holder of the Purse, Now Keeper of the Royal Honour', *The Independent*, 8 november 2003.
27. Interview met Griffin, 2020.
28. 'Profile: Sir Michael Peat', *The Sunday Times*, 9 maart 2003.
29. Interview met Tebbutt.
30. Bower. *Rebel Prince*, hfst 15.
31. Stephen Bates. 'Queen's Flash of Memory Saved Burrell. But What Took Her So Long?', *The Guardian*, 2 november 2002.
32. Bower. *Rebel Prince*, hfst 11.
33. Bates. 'Queen's Flash of Memory'.
34. Bower. *Rebel Prince*, hfst 15.
35. Stephen Bates. 'What the Butler Said: "The Queen Came Through for Me"', *The Guardian*, 2 november 2002.
36. Bower. *Rebel Prince*, hfst 15.
37. 'Royal Butler Attacks Spencer Family', BBC News, 7 november 2002.
38. Ian Katz. 'Prince Is Very, Very Weak, Says His Former Top Aide', *The Guardian*, 25 oktober 2003.
39. Susan Clarke. 'Tiggy Attacks Fawcett: The £250,000 Fixer for Charles', *The Mail on Sunday*, 4 september 2005.
40. Warren Hoge. 'Prince Charles's Top Aide Quits After Inquiry', *The New York Times*, 14 maart 2003.
41. Clarke. 'Tiggy Attacks Fawcett'.
42. Ann Pukas. 'The Fugitive Butler—Burrell Faces 10 Years in Jail', *Express*, 5 maart 2008.

43. Dipesh Gadher, Roya Nikkhah Gabriel Pogrund. 'Camilla Wants Prince's "Damaging" Aide Pushed Out Over Charity Scandal', *The Sunday Times,* 31 oktober 2021.

9. CAMILLA'S STREEP IN HET ZAND. EEN NIEUWE HERTOGIN IN DE WINNAARSSELECTIE

1. Interview met Mark Bolland, 27 september 2005.
2. Interview met Mark Bolland, 27 september 2005.
3. Tom Bower. *Rebel Prince* (HarperCollins 2018), hfst 21.
4. Tom Bower. *Rebel Prince* (HarperCollins 2018), hfst 21.
5. 'The Queen Gives a Toast at the Prince of Wales' 70th Birthday Party', royal.uk, 14 november 2008.
6. Tom Bawden. 'Prince Charles Discovers 10 Ways to Antagonise Architects with List of "Geometric Principles"', *The Independent,* 12 december 2014.
7. 'Prince Charles – Poundbury', YouTube, 1:50, 24 november 2009.
8. Stephen Bates en Robert Booth. 'You'll Miss Me When I'm Gone, Says Charles as He Flies off to Schmooze US', *The Guardian,* 29 oktober 2005.
9. 'A Speech by HRH the Prince of Wales at the Countryside in 1970 Conference, Steering Committee for Wales, Cardiff', princeofwales.gov.uk, 19 februari 1970.
10. Tony Blair. *A Journey* (Hutchinson, 2010), hfst 5.
11. Sally Bedell Smith. *Prince Charles* (Random House 2017), hfst 29.
12. Interview met Ken Wharfe, 15 maart 2006.
13. Stephen Bates. 'Tribunal Exposes Prince's "Edwardian" Attitudes', *The Guardian,* 18 november 2004.
14. 'A Speech by HRH The Prince of Wales at the Royal Institute of British Architects (RIBA), Royal Gala Evening at Hampton Court Palace', princeofwales.gov.uk, 30 mei 1984.
15. Rob Evans en Robert Booth. 'Prince Charles Faces Fresh Meddling Claim Over Letters to Ministers', *The Guardian,* 19 december 2009.
16. Prins Charles tegen Elliot Morley, 21 oktober 2004.
17. Caroline Davies en Charles Clover. '"Black Spider" Letters Catch Charles in Web of Controversy', *The Telegraph,* 26 september 2002.
18. Prins Charles tegen Elliot Morley, 12 oktober 2004.
19. Ben Webster. 'How Prince Charles Lobbied Tony Blair Over Ban on "Romantic" Fox Hunts', *The Times,* 9 oktober 2017.
20. Tina Brown. *The Vanity Fair Diaries: 1983-1992* (Henry Holt and Company, 2017), hfst 'Wednesday, November 9, 1983'.
21. Tony Blair. *A Journey* (Hutchinson, 2010), hfst 10.
22. 'Camilla Banned from March', *The Times,* 27 augustus 2002.
23. Tom Bower. *Rebel Prince* (HarperCollins 2018), hfst 10.
24. Tom Bower. *Rebel Prince* (HarperCollins 2018), hfst 10.
25. Mark Bolland. 'Windsor Wedding', *The Sunday Times,* 10 april 2005.
26. Penny Junor. *The Duchess* (HarperCollins, 2018), hfst 28.
27. 'People with Andrew Pierce', *The Times,* 2 mei 2004.

28. Andrew Pierce en Alan Hamilton. 'After 30 years, Charles Puts His Affair in Order', *The Times,* 11 februari 2005.
29. Penny Junor. *The Duchess* (HarperCollins, 2018), hfst 28.
30. Roy Strong. *Scenes and Apparitions* (Orion Publishing, 2017), hfst '2 June 2003'.
31. Penny Junor. *The Duchess* (HarperCollins, 2018), hfst 28.
32. Andrew Pierce. 'Prince "Lost Chance" to Wed Camilla', *The Times,* 28 mei 2004.
33. Robert Crampton. 'Just Marry Camilla Now, Charles', *The Times,* 2 juni 2004.
34. 'War of the Wedding', *Mail Online,* 4 november 2004.
35. Penny Junor. *The Duchess* (HarperCollins, 2018), hfst 28.
36. Gyles Brandreth. *Charles & Camilla* (Cornerstone, 2006).
37. Gyles Brandreth. *Charles & Camilla* (Cornerstone, 2006).
38. Robert Jobson. 'Prince Sets Up Trust Funds for Camilla's Son and Daughter', *Evening Standard,* 13 april 2012.
39. Andrew Alderson. 'Charles Ignores Lawyers and Insists There'll Be No Pre-nup with Camilla', *The Telegraph,* 27 maart 2005.
40. Caroline Davies. 'Charles to Marry Camilla', *The Telegraph,* 11 februari 2005.
41. Marriage Act 1994, legislation.gov.uk, hfst 34.
42. Stephen Bates. 'Through Gritted Teeth', *The Guardian,* 1 april 2005.
43. 'I Hate Facing Media, Says Charles', BBC News, 31 maart 2005.
44. Stephen Bates. 'Through Gritted Teeth', *The Guardian,* 1 april 2005.
45. Stephen Bates. 'Royal Couple Must Apologise for Adultery Before Receiving Blessing', *The Guardian,* 28 maart 2005.
46. *The Spectator,* 26 februari 2005.
47. Gyles Brandreth. *Charles & Camilla* (Cornerstone, 2006).
48. Gyles Brandreth. *Charles & Camilla* (Cornerstone, 2006).
49. Andrew Pierce. 'Wedding Overcomes New Hurdle as BBC Puts Back the National', *The Times,* 6 april 2005.
50. Penny Junor. *The Duchess* (HarperCollins, 2018), hfst 29.
51. Penny Junor. *The Duchess* (HarperCollins, 2018), hfst 29.
52. Tom Bower. *Rebel Prince* (HarperCollins 2018), hfst 22.
53. *The Book of Common Prayer* (handboek voor de liturgie in de Anglicaanse Kerk), 1549.
54. Tom Bower. *Rebel Prince* (HarperCollins 2018), hfst 22.
55. Interview met Stephen Fry.
56. Penny Junor. *The Duchess* (HarperCollins, 2018), hfst 29.

10. DE PRINSJES VAN HIERNAAST. DE VERSCHILLENDE WERKELIJKHEDEN VAN WILLIAM EN HARRY

1. Penny Junor. *Prince William: Born to Be King* (Hodder & Stoughton, 2012), hfst 'Partners in Crime'.
2. 'Playful Prince William, Latest Royal Public Speaker', *The Times,* 13 juni 1984.
3. Interview met Ken Wharfe.
4. Robert Lacey. *Battle of Brothers: William, Harry and the Inside Story of a Family in Tumult* (Londen: HarperPress, 2020), hfst 8.

5. Christopher Andersen. *William and Kate: And Baby George; Royal Baby edition* (New York: Gallery Books, 2011), hfst 2.
6. Penny Junor. *Prince William: Born to Be King* (Hodder & Stoughton, 2012), hfst 'His royal naughtiness'.
7. Robert Lacey. *Battle of Brothers: William, Harry and the Inside Story of a Family in Tumult* (Londen: HarperPress, 2020), hfst 9.
8. Lady Colin Campbell. *Meghan and Harry: The Real Story* (New York: Pegasus Books, 2020), hfst 2.
9. Patrick Jephson. *Shadows of a Princess* (Londen: William Collins, 2017), hfst 8.
10. Sally Bedell Smith. *Prince Charles* (Random House 2017), hfst 19.
11. 'Prince William Lends Support for Children's Cancer Centre in Exclusive Interview for CBBC's *Newsround*', BBC, 18 maart 2009.
12. Robert Lacey. *Battle of Brothers: William, Harry and the Inside Story of a Family in Tumult* (Londen: HarperPress, 2020), hfst 9.
13. Chris Hutchins. 'Diana, "Uncle James" Hewitt and the Emotional Wounds That Haunt Harry: Fascinating Psychological Insight into the Forces That Shaped the Playboy Prince', *Mail Online,* geüpdatet 9 april 2013.
14. *Diana, Our Mother: Her Life and Legacy.* Documentaire geregisseerd door Ashley Gething, HBO 2017.
15. Penny Junor. *Prince William: Born to Be King* (Hodder & Stoughton, 2012), hfst 'Partners in Crime'.
16. Angela Levin. *Harry: Conversations with the Prince* (Londen: John Blake, 2019), hfst 2.
17. Christopher Wilson. 'Punched as He Slept, Friends Tortured with Pliers: As It's Revealed the Queen Mother Tried to Stop Charles Going to Gordonstoun, No Wonder He Called It Colditz with Kilts', *Mail Online,* 1 februari 2013.
18. Caroline Frost. 'Prince William: Reticent Royal Icon', BBC News, 19 juni 2003.
19. Interview met Juliet Nicolson, 19 februari 2021.
20. Ken Wharfe en Robert Jobson. *Diana: A Closely Guarded Secret* (John Blake, 2017), hfst 3.
21. Ken Wharfe en Robert Jobson. *Diana: A Closely Guarded Secret* (John Blake, 2017), hfst 17.
22. Caroline Frost. 'Prince William: Reticent Royal Icon', BBC News, 19 juni 2003.
23. Martin Bashir. 'An interview with HRH the Princess of Wales,' *Panorama* BBC 20 november 1995.
24. Sophia Kichou. 'Prince William: "Seeing People Overcome Such Adversity Is Incredibly Moving"', *The Big Issue,* 14 december 2015.
25. Robert Hardman. *Queen of the world* (New York: Pegasus Books, 2019), hfst. 13.
26. *The Me You Can't See,* documentaireserie van Oprah Winfrey en prins Harry, Apple TV+, uitgezonden vanaf 21 mei 2021.
27. Antony Holden, *Based on a True Story: A Writer's Life* (Simon & Schuster, 2021), hfst 14.
28. Simone Simmons. *Diana: The last Word* (Londen: Orion, 2005), hfst 6.
29. Richard Kay. 'Hasnat Khan Wields the Knife: He Was Princess Diana's Lover as She Filmed Her Secret *Panorama* Interview. Now, Inflamed by the Unfolding

Scandal, the Heart Surgeon Gives His First Interview in 12 Years – and It Is Devastating', *Daily Mail*, 8 januari 2021.

30. Piers Morgan, *The Insider: The Private Diaries of a Scandalous Decade* (Random House UK, 2005), hfst 'Thursday, 16 May 1996'.
31. Anne Simpson. 'A Class Act in the Saga of Splitsville', *The Herald*, 7 september 1995.
32. Piers Morgan, *The Insider: The Private Diaries of a Scandalous Decade* (Random House UK, 2005), hfst 'Thursday, 16 May 1996'.
33. Andrew Morton. *William and Catherine: Their Lives, Their Wedding* (Londen: Michael O'Mara, 2011), hfst 'William of Wales: The Path of the Prince'.
34. Angela Levin. *Harry: Conversations with the Prince* (Robert Blake, 2018), hfst 2.
35. Martin Bashir. 'An Interview with HRH the Princess of Wales', *Panorama* BBC 20 november 1995.
36. *Diana, Our Mother: Her Life and Legacy.* Documentaire geregisseerd door Ashley Gething, HBO 2017.
37. Robert Lacey. *Battle of Brothers: William, Harry and the Inside Story of a Family in Tumult* (Londen: HarperPress, 2020), hfst 90.
38. Piers Morgan, *The Insider: The Private Diaries of a Scandalous Decade* (Random House UK, 2005), hfst 'Wednesday, 28 May 1997'.
39. Piers Morgan, *The Insider: The Private Diaries of a Scandalous Decade* (Random House UK, 2005), hfst 'Wednesday, 28 May 1997'.
40. Penny Junor. *Prince William: Born to Be King* (Hodder & Stoughton, 2012), hfst 'Outside the Gilded Cage'.
41. Interview met Patrick Jephson, 4 februari 2021.

11. DE VERLOREN JONGENS. HOE DE PRINSEN HUN JEUGD OVERLEEFDEN

1. *Charles: The Private Man, the Public Role*, documentaire van Jonathan Dimbleby, ITV, 1994.
2. Penny Junor. *Prince William: Born to Be King* (Hodder & Stoughton, 2012), hfst 'A Very Public War'.
3. Mark Saunders en Glenn Harvey. *Dicing with Di: The Amazing Adventures of Britain's Royal Chasers* (Londen: Robert Blake, 1996), hfst 'Mark, April 1994'.
4. Mark Saunders en Glenn Harvey. *Dicing with Di: The Amazing Adventures of Britain's Royal Chasers* (Londen: Robert Blake, 1996), hfst 'Glenn, November 1993'.
5. *The Me You Can't See*, documentaireserie van Oprah Winfrey en prins Harry, Apple TV+, uitgezonden vanaf 21 mei 2021.
6. Andrew Morton. *William and Catherine: Their Lives, Their Wedding* (Londen: Michael O'Mara, 2011), hfst 'William of Wales: The Path of the Prince'.
7. Ken Wharfe en Robert Jobson. *Diana: A Closely Guarded Secret* (John Blake, 2017), hfst 3.
8. Simone Simmons. *Diana: The Last Word* (Londen: Orion, 2005), hfst 6.
9. Mark Saunders en Glenn Harvey. *Dicing with Di: The Amazing Adventures of Britain's Royal Chasers* (Londen: Robert Blake, 1996), hfst 'Mark, November 1995'.

10. Martin Bashir. 'An Interview with HRH the Princess of Wales', *Panorama* BBC 20 november 1995.
11. Penny Junor. *Prince William: Born to Be King* (Hodder & Stoughton, 2012), hfst 'Uneasy Relationship'.
12. Interview met Mark Saunders, 19 augustus 2021.
13. *Diana, Our Mother: Her Life and Legacy.* Documentaire geregisseerd door Ashley Gething, HBO 2017.
14. 'Princes Say Let Diana Rest', BBC News, 2 september 1998.
15. Ian Katz en Stephen Bates. 'Princes Vent Fury at Butler', *The Guardian,* 25 oktober 2003.
16. 'These Photographs Are Redolent with the Tragedy of Diana's Death', *The Guardian,* 5 juni 2007.
17. Nicholas Coleridge. *The Glossy Years: Magazines, Museums and Selective Memoirs* (Londen: Penguin, 2020), hfst 15.
18. Interview met Gulu Lalvani.
19. Simone Simmons. *Diana: The Last Word* (Londen: Orion, 2005), hfst 4.
20. Interview met Mark Stephens, 21 november 2019.
21. 'For the First Time, *Princess in Love* Author Anna Pasternak Tells the Full Story Behind Her 1994 Book about Diana and James Hewitt', *Daily Mail,* 30 juni 2019.
22. David Brown et al. 'Prince William's Statement on Bashir's Diana Interview: "BBC Lies Fuelled My Mother's Paranoia"', *The Times,* 20 mei 2021.
23. Interview met Gulu Lalvani.
24. Interview met Mark Saunders.
25. Mark Saunders en Glenn Harvey. *Dicing with Di: The Amazing Adventures of Britain's Royal Chasers* (Londen: Robert Blake, 1996), hfst 'Mark, November 1995'.

12. EN TOEN KWAM KATE. WILLIAM ONTMOET EEN BUITENGEWOON GEWOON MEISJE

1. Anthony Trollope. *The Duke's Children* (Londen: Penguin, 1995), hfst 28.
2. Jane Fryer. 'Hardly Buck House, Was It Kate? Inside Kate (and Pippa) Middleton's Very Modest Childhood Home', *Daily Mail,* 20 mei 2011.
3. Claudia Joseph. *Kate: The Making of a Princess* (Edinburgh: Mainstream Publishing, 2010), hfst 5.
4. Camilla Tominey. 'Is Gary Goldsmith Really the Black Sheep of the Middleton Family?', *Express,* 24 maart 2013.
5. Robert Lacey. *Battle of Brothers: William, Harry and the Inside Story of a Family in Tumult* (Londen: HarperPress, 2020), hfst 6.
6. Jane Fryer. 'Hardly Buck House, Was It Kate? Inside Kate (and Pippa) Middleton's Very Modest Childhood Home', *Daily Mail,* 20 mei 2011.
7. Giles Hattersley en Francesca Angelini. 'Beauty and the Bullies', *The Sunday Times,* 10 april 2011.
8. 'Kate Middleton "Quit Her First Public School Because She Was Bullied"', *Daily India,* 3 april 2011.

9. Giles Hattersley en Francesca Angelini. 'Beauty and the Bullies', *The Sunday Times,* 10 april 2011.
10. Jo Macfarlane en Simon Trump. 'No Hockey, No Boys and a Hotbed of Oestrogen: Why "Bullied" Kate Quit Her First Public School', *Daily Mail,* geüpdatet 8 april 2011.
11. Matthew Ball. 'Just the Ticket', *The Spectator,* 6 augustus 2005.
12. Rebecca English. 'The Remaking of Kate', *Daily Mail,* 27 augustus 2005.
13. Matthew Ball. 'Just the Ticket', *The Spectator,* 6 augustus 2005.
14. Pippa Middleton. 'My Schoolgirl Sports Confessions', *The Spectator,* 7 september 2013.
15. Emma Cowing. 'The Other Middleton Girl', *The Scotsman,* 3 november 2008.
16. E-mailcorrespondentie met Andrew Neil, 24 februari 2021.
17. Katie Nicholl. *Kate: The Future Queen* (New York: Weinstein Books, 2013), hfst 4.
18. 'Revealed... How Kate Followed William on His Chile Mission', *Evening Standard,* 21 april 2011.
19. Sam Greenhill. 'The Student Prince', *The Telegraph,* 23 september 2001.
20. Ben Summerskill. 'No Disrespec' as Princes Recall a Lifetime of Laughter', *The Guardian,* 17 april 2002.
21. Interview met Brian Lang, 27 maart 2021.
22. Interview met Lord Black van Brentwood, 4 november 2019.
23. 'Student Prince Starts College', BBC News, 22 september 2001.
24. Robert Jobson. *William and Kate: the Love Story; a Celebration of the Wedding of the Century* (Londen: John Blake, 2010), hfst 7.
25. Vanessa Thorpe. 'William: I Can't Have a Serious Girlfriend', *The Guardian,* 22 juni 2013.
26. 'The Queen's Speech', BBC News, 1 juli 1999.
27. Interview met Andrew Neil, 10 december 2021.
28. Katie Nicholl. 'Wills and the Real Girl', *Vanity Fair,* 4 november 2010.
29. Tina Brown. *The Diana Chronicles* (Random House, 2007).
30. Esther Addley. 'The Middletons – Finding Common Ground with the Royal Family', *The Guardian,* 30 april 2011.
31. Vicky Ward. 'Will's Cup of Tea', *Vanity Fair,* 1 oktober 2008.
32. 'Kate Middleton's Parents to Contribute Six-figure Sum to Cost of Wedding', *Vanity Fair,* 14 maart 2011.
33. Lisa Armstrong. 'Exclusive: Carole Middleton's First Interview: "Life Is Really Normal – Most of the Time"', *The Telegraph,* 30 november 2018.
34. Andrew Morton. *William and Catherine: Their Lives, Their Wedding* (Londen: Michael O'Mara, 2011), hfst 'William and Kate: A Street Called Hope'.

13. KONINGIN IN DE DOP. HOE KATE DE DEAL SLOOT

1. Junor. 'Gaining a Sister', *Prince Harry.*
2. 'Kate's Not Precious. She Mucked in at Jigsaw', *The Evening Standard,* 12 juli 2008.
3. Patrick Harverson LVO, interview, 19 november 2019.
4. 'Kate's Not Precious'.
5. Oliver Marre. 'Girl, Interrupted', *The Guardian,* 18 maart 2007.

6. Susie Kellie. 'Kate Middleton's "Invidious Position" as Queen Demanded She "Get a Job"', *Express,* 3 juni 2021.
7. Marre. 'Girl Interrupted'.
8. Nicholl. *Kate: The Future Queen.*
9. Megan C. Hills. 'Kate Middleton Asked for a Part-Time Job Due to Her "Relationship with This Very High Profile Man" According to Royal Expert', *The Evening Standard,* 12 juni 2020.
10. Oliver Burkeman. 'William Passes Muster with Grandma (and Kate)', *The Guardian,* 16 december 2006.
11. Sam Knight en David Byers. 'Paparazzi on Prowl as William's Girlfriend Turns 25', *The Sunday Times,* 9 januari 2007.
12. Nicholl. *Kate: The Future Queen,* hfst 6.
13. Charlie Bradley. 'Kate Middleton's Anger at Prince William over His Lifestyle: "Making Me Look Bad"', *Express,* 5 december 2021.
14. Rebecca English. 'William and His Two Other Women', *The Daily Mail,* bijgewerkt 16 april 2007.
15. 'Prince William and Kate Middleton Split', *The Sunday Times,* 14 april 2007.
16. Lacey. *Battle of Brothers,* hfst 18.
17. Stephanie Marsh. 'Did You See?', *The Sunday Times,* 26 juni 2007.
18. Angela Levin. 'Exclusive: Prince Harry on Chaos After Diana's Death and Why the World Needs "the Magic" of the Royal Family', *Newsweek,* 21 juni 2017.
19. Nicholl. *Kate: The Future Queen,* hfst 8.
20. 'Self-Regulation of the Press', House of Commons, Culture, Media and Sport Committee, 3 juli 2007.
21. Morton. 'William and Catherein: "A Total Shock"', *William and Catherine.*
22. Julie Carpenter. 'Is This Proof That Kate Has Won Back Her Prince?', *The Express,* 8 augustus 2007.
23. 'In Full: William and Kate's 2010 Engagement Interview, ITV News', *YouTube* 1:48, 16 november 2010.
24. Kate Nicholson. 'Kate Middleton "Wanted Loads of Kids and No Royal Obligations"', *Express,* 4 januari 2021.
25. Tamara Davison. 'Queen's Cheeky Joke to Royal Cake Maker Before Prince William and Kate's Wedding', *The Mirror,* 7 april 2021.
26. Carolyn Durand en Gabriel O'Rorke. 'An Insider's View on the Royal Family', ABC News, 19 mei 2018.
27. Robert Hardman. *Our Queen* (Londen: Arrow Books, 2012), hfst 2.
28. Morton. 'Williamd and Catherein: "A Total Shock"', *William and Catherine.*
29. Marre. 'Girl Interrupted'.
30. Interview met Rowan Williams, 29 april 2021.
31. Gordon Rayner. 'Royal Wedding: Prince William Insists on Role for Kate Middleton's Family', *The Telegraph,* 25 november 2010.
32. Camilla Tominey. 'Is Gary Goldsmith Really the Black Sheep of the Middleton Family?', *Express,* 24 maart 2013.
33. Martina Bet. 'Queen's Heartbreaking Words to Prince Philip on Kate and William's Wedding Day', *Express,* 9 april 2021.

14. HARRY DE HELD. DE COMING OF AGE VAN EEN PRINS

1. Carmen Nobel. 'Prince Harry in Afghanistan: Miguel Head Shares the Story of a Historic Media Blackout', *The Journalist's Resource*, 18 april 2019.
2. Duncan Larcombe. *Prince Harry: The Inside Story* (Londen: HarperCollins, 2017), hfst 7.
3. 'Tony Blair's Address', BBC Radio, 4 maart 2003.
4. 'Prince Harry Dismissed "Bullet Magnet" Fears', *The Telegraph*, 28 februari 2008.
5. Stephen Bates. 'Harry at 21 on Camilla, the Media and AIDS Children in Africa', *The Guardian*, 15 september 2005.
6. Interview met Jamie Lowther-Pinkerton LVO, MBE, DL, 11 maart 2021.
7. Junor. 'Thwarted', *Prince Harry*.
8. Levin. *Harry: Conversations*, hfst 6.
9. Charles Spencer. *The Spencer Family* (Londen: Penguin, 2000), hfst 8.
10. Caroline Davies. 'Meghan, Diana, Drugs and Therapy: What Harry Said in Apple TV Series', *The Guardian*, 21 mei 2021.
11. 'Harry in Paparazzi Brawl', *The Evening Standard*, 20 oktober 2004.
12. '£45,000 Damages for Teacher Who Accused Prince Harry of Cheating', *The Guardian*, 14 februari 2006.
13. Levin. 'Exclusive: Prince Harry'.
14. Bates. 'Harry at 21'.
15. Rebecca English. 'About Time, You 'Orrible Little Prince!', *The Daily Mail*, 9 mei 2005.
16. Audrey Gillan. '"I Think This Is as Normal as I'm Ever Going to Get"', *The Guardian*, 29 februari 2008.
17. Interview met majoor-generaal Francis 'Buster' Howes CBE, OBE, 4 maart 2021.
18. Andersen. *William and Kate*, hfst 5.
19. Larcombe. *Prince Harry*, hfst 6.
20. 'Prince Harry—I'm better Than Prince William 2009.mpg', YouTube, 3:18, 23 mei 2011.
21. Junor. 'By Hook or by Crook', *Prince William*.
22. Hardman. *Our Queen*, hfst 9.
23. Larcombe. *Prince Harry*, hfst 6.
24. Nobel. 'Prince Harry in Afghanistan'.
25. Caroline Davies. 'Charles and His Cantankerous Canter', *The Guardian*, 30 december 2007.
26. Matt Drudge. 'Prince Harry Fights on Frontlines in Afghanistan; 3 Month Tour', *Drudge Report*, 28 februari 2008.
27. Nobel. 'Prince Harry in Afghanistan'.
28. Ibid.
29. Michael Smith. '"I'm No Hero," Says Prince Harry', *The Sunday Times*, 2 maart 2008.
30. Nobel. 'Prince Harry in Afghanistan'.

15. SPEURDERS. EEN DUIK IN DE ZWARTE MAGIE

1. Helen Rumbelow. 'Chelsy Davy: "It Was Full-On—Crazy and Scary and Uncomfortable"', *The Times,* 27 juni 2016.
2. Klara Glowczewska. 'Prince Harry Joins a Pioneering Conservation Outfit in the Fight to Save Africa's Wild Animals', *Town & Country,* 28 september 2021.
3. Junor. 'Gap Year', *Prince William.*
4. Chris Tryhorn. 'Clarence House Attacks "Ill-Informed" *Express*', *The Guardian,* 20 februari 2004.
5. Rumbelow. 'Chelsy Davy'.
6. Ibid.
7. Graham Johnson. '*Daily Mail* Dragged into Murdoch's Prince Harry Hacking Scandal', *Byline Investigates,* 27 mei 2020.
8. Interview met Patrick Harverson LVO, 4 november 2019.
9. Tom Bradby. 'The Phone Call to Prince William That Changed All Our Lives', *Express,* 16 juli 2012.
10. Interview met Harverson, 4 november 2019.
11. Ibid.
12. 'Prince Harry', *Armchair Expert with Dax Shepard,* Podcast, 33:30, 13 mei 2021.
13. Graham Johnson. 'Prince Harry Hacking Exclusive: Top *Mirror* Private Investigator Targeted Diana, Princess of Wales', *Byline Investigates,* 29 oktober 2019.
14. Alan Rusbridger. *Breaking News: The Remaking of Journalism and Why It Matters Now* (New York: Picador, 2019), hfst 16.
15. Roy Greenslade. 'Empress of the Sun', *The Guardian,* 14 januari 2003.
16. Graham Johnson. 'Murdoch CEO Brooks Illegally Spied for a Year on Teenage Prince Harry', *Byline Investigates,* 7 april 2020.
17. Ian Katz. 'It Was Me What Spun It', *The Guardian,* 27 oktober 2003.
18. Burrows, gesprek met Graham Johnson.
19. Ibid.
20. Lisa O'Carroll. 'Prince William's Messages for Kate Middleton Were Hacked, Court Told', *The Guardian,* 19 december 2013.
21. Greg Miskiw, gesprek met Graham Johnson.
22. Ibid.
23. Glenn Mulcaire, gesprek met Graham Johnson.
24. Peter Walker. 'Ex-*NoW* Journalist Dan Evans Gets Suspended Sentence Over Hacking', *The Guardian,* 24 juli 2014.
25. 'Rupert Murdoch: "The Most Humble Day of My Life"', BBC News, 19 juli 2011.
26. Andy Davies, 'Revealed: The Rupert Murdoch Tape', *Channel 4 News,* 3 juli 2013.
27. Josh Halliday. 'Scotland Yard Seeks Rupert Murdoch Secret Tape', *The Guardian,* 5 juli 2013.
28. 'News International and Phone-Hacking', House of Commons, Culture, Media and Sport Committee, Eleventh Report of Session 2010-12, vol. 1, 30 april 2012.
29. Lisa O'Carroll. 'Levenson Report: Key Points', *The Guardian,* 29 november 2012.
30. 'Leveson: Where Does It Leave the Internet?', BBC News, 30 november 2012.
31. Gavin Burrows. 'The Princes and the Press', interview door Amol Rajan, BBC Two, 22 november 2021.

16. GLORIEJAREN. DE TRIOMFTOCHT VAN DE WINDSORS

1. 'The Queen's Jubilee: Diamond Is Not Forever', *The Guardian,* 1 juni 2012.
2. Robert Booth and Julian Borger. 'Christopher Geidt: The Suave, Shrewd and Mysterious Royal Insider', *The Guardian,* 31 mei 2013.
3. William Borders. 'Lord Mountbatten Is Killed as His Fishing Boat Explodes; I.R.A. Faction Says It Set Bomb', *The New York Times,* 28 augustus 1979.
4. 'Bloody Sunday Killings, "Unjustified and Unjustifiable"', BBC News, 15 juni 2010.
5. Interview met Andrew Marr, 12 mei 2021.
6. E-mail van Bernard Donoughue, 7 mei 2021.
7. Interview met Mary McAleese, 25 mei 2021.
8. Interview met Enda Kenny, 13 mei 2021.
9. Interview McAleese.
10. 'Full Text of Speech by Queen Elizabeth II', *The Irish Times,* 18 mei 2011.
11. David Cameron. *For the Record* (New York: William Collins, 2019), hfst 23.
12. Ibid.
13. Interview met Marr.
14. Ibid.
15. Interview met Kenny.
16. Cameron. *For the Record,* 459.
17. 'Prince Harry "Such a Gentleman" Says Bash Kazi, Who Was Helped by British Royal After Polo Accident', *The Washington Post,* 18 maart 2012.
18. 'Cheryl Cole: "I Dreamt I Married Prince Harry"', *Marie Claire,* 3 april 2012.
19. Stephen Bates. 'Thames Flotilla to Mark Queen's Diamond Jubilee', *The Guardian,* 5 april 2011.
20. E-mail van Simon Schama, 20 mei 2021.
21. Cameron. *For the Record,* hfst 27.
22. *The Princess Royal at 70,* directed by Ian Denyer, ITV, 2020.
23. Stuart Jeffries. 'How the Royals Became Cool', *The Guardian,* 11 april 2012.
24. Interview met Hugo Vickers, 12 mei 2021.
25. Ross Lydall. 'Camilla Hit by Rioter Through Car Window as Protesters Attack Royals', *The Evening Standard,* 12 april 2012.
26. Seb Coe. *Running My Life: The Autobiography* (Londen: Hodder and Stoughton, 2012), hfst 24.
27. Ibid.
28. *Anne: The Princess Royal at 70,* 13:12.
29. Cameron. *For the Record,* hfst 27.
30. 'Factbox: Memorable Quotes from the 2012 London Olympics', Reuters, 30 juli 2012.
31. Interview met Andy Beckett, 17 mei 2021.
32. Interview Marr.
33. Interview Beckett.
34. Matt Dathan. 'London Riots: Prince Charles Cares More Than Cameron, Miliband and Clegg Says Senior MP', *The Independent,* 18 maart 2015.
35. Interview met Stephen Daldry CBE, 19 mei 2021.
36. Kelly. *Other Side of the Coin,* hfst 3.

37. Amy Raphael en Danny Boyle. 'The Opening Ceremony of the 2012 London Olympics', in *Creating Wonder: In Conversation with Amy Raphael* (Londen: Faber and Faber, 2013).
38. Coe. *Running My Life*, hfst 27.
39. Ibid.
40. Interview met Daldry.

17. HERTOG OP DRIFT. ANDREW OP ZOEK NAAR GELD (EN MEER)

1. Sasha Swire. '2011' in *Diary of an MP's Wife: Inside and Outside Power* (Londen: Little Brown, 2020).
2. 'A Life in Quotes: The Queen Mother on...' *The Guardian*, 31 maart 2002.
3. Andrew Roberts. 'The Bitter Row That Blighted the Queen Mother's Fortune', *The Telegraph*, 12 mei 2002.
4. Peter Brookes. *The Times*, 2012.
5. 'The Queen Net Worth – *Sunday Times* Rich List 2021', *The Sunday Times*, 21 mei 2021.
6. 'Eleanor Steafel. "My Life Up Close with the Queen – the Most Famous Woman in the World"', *The Telegraph*, 12 juni 2021.
7. Jonathan Calvert, George Arbuthnott en Tom Calver. 'Prince Michael of Kent "Selling Access" to Putanistas', *The Sunday Times*, 8 mei 2021.
8. Stephen Castle. 'From Prince Andrew, Critical Words for U.S. on Iraq', *The New York Times*, 4 februari 2008.
9. Stephen Day CMG. 'It's Now Getting Really Bad...', *Royal Musings*, 10 maart 2011.
10. Laura Roberts. 'Duke of York Pleads for Government Support Over Dinner with Tunisian Dictator's Relation', *The Telegraph*, 5 maart 2011.
11. Guy Adams. 'The Truth About Andrew's Lism House Sale', *The Daily Mail*, herzien 23 mei 2016.
12. Tom Sykes. 'Just What Is Prince Andrew's Relationship to a Kazakh Oligarch?', *The Daily Beast*, herzien 13 april 2017.
13. Emily Fairbairn. 'His Royal Rudeness: Prince Andrew's Decades of Unpleasantness Revealed – from His Huge Ego to the Diva-Like Meltdowns', *The Sun*, 21 november 2019.
14. Darren Johnson, Twitter, 30 augustus 2019, 10:49.
15. 'Prince Andrew: Envoy Career Plagued with Controversy', BBC News, 21 juli 2011.
16. Nicholas Watt. 'Prince Andrew Special Trade Role to Be Downgraded', *The Guardian*, 6 maart 2011.
17. Philip Williams. '*Invincible* and Prince Andrew Home from War', UPI, 17 september 1982.
18. Nigel Cawthorne. *Prince Andrew: Epstein, Maxwell and the Palace* (Londen: Gibson Square Books, 2020), hfst 3.
19. Edward Klein. 'The Trouble with Andrew', *Vanity Fair*, augustus 2011.
20. Cawthorne. *Prince Andrew*, hfst 2.
21. Ibid.
22. Ibid.

23. Elton John. *Me* (New York: St. Martin's Griffin, 2019), hfst 14.
24. Sarah Oliver. 'Koo Stark Reveals the Truth About Prince Andrew: After 32 Years' Silence, Prince's Ex-lover Gives Account of Affair to Defend Him from "Sex-Slave" Claims', *The Mail on Sunday*, herzien 15 februari 2015.
25. Phil Dampier. 'Publishing Koo', *The Royal Observer*, 3 juni 2021.
26. Annabel Sampson. 'Prince Andrew's Ex Koo Stark Loses Annual Payment', *Tatler*, 17 februari 2021.
27. Dempster en Evans. *Behind Palace Doors*, hfst 19.
28. Dominic Kennedy. 'Koo Stark Defends Duke Against Sex Allegations', *The Times*, 16 februari 2015.
29. Hilary Rose. 'My Mills and Boon Life – The Duchess of York's Story', *The Sunday Times*, 14 januari 2021.
30. Karen DeYoung. 'Fergie: Bedlam Over the Bride', *The Washington Post*, 22 juli 1986.
31. Brown. *De Dianalegende*, hfst 13.
32. Interview met Kate Waddington, 14 september 2006.
33. Sarah, The Duchess of York, with Jeff Coplon. *My Story* (Londen: Simon and Schuster, 1996), hfst 2.
34. Ibid., hfst 9.
35. Emily Kirkpatrick. 'Prince Andrew's Former Maid Reportedly Had to Be Trained on How to Arrange His Teddy Bear Collection', *Vanity Fair*, 24 januari 2022.
36. Sarah, The Duchess of York, with Jeff Coplon. *My Story* (Londen: Simon and Schuster, 1996), hfst 9.
37. Interview met Waddington.
38. Paul Sims. 'Prince Andrew Kept Fergie's Wedding Dress in His Wardrobe After They Divorced', *The Sun*, 20 januari 2022.
39. Wyatt. '1993', *Journals of Woodrow Wyatt*, deel 3.
40. Interview met Waddington.
41. Richard Kay. 'The Night Diana Told Me "The Readhead's in Trouble" as I Confronted Fergie's Toe Sucking Lover: As We Begin a Spectacular Series on Palace Scandals, Legendary Royal Writer RICHARD KAY Looks Back', *Daily Mail*, 1 november 2014.
42. Sarah, hertogin van York, interview met Oprah Winfrey, *Finding Sarah Ferguson*, OWN: The Oprah Winfrey Network, 2011.
43. Camilla Tominey. 'The Duchess of York: "I Am Proud of My Failings"', *The Telegraph*, 23 juli 2021.
44. Christine Lennon. 'Duchess of York: Diana, the Queen and I', *Bazaar*, 28 februari 2007.
45. Stephen Bates. 'Sarah Ferguson Offered Access to Prince Andrew for Cash, Says Tabloid', *The Guardian*, 23 mei 2010.
46. Frances Hardy. '"I'm Not Divorced from Andrew – I'm Divorced TO Him": In Her First Full Interview for 20 Years, Sarah Ferguson Discusses Her Weight Issues, Complex Personal Life, Eugenie's Wedding... and THAT Remarriage Gossip', *Daily Mail*, herzien 10 november 2018.
47. 'Duchess of York Apologises for "Gigantic Error of Judgment" Over Debt', *Evening Standard*, 12 april 2012.

18. VERKEERDE VRIENDEN. IN DE BAN VAN JEFFREY EPSTEIN

1. Malia Zimmerman. 'Billionaire Sex Offender Epstein Once Claimed He Co-founded Clinton Foundation', *Fox News*, 6 juli 2016.
2. Hannah Gold en Marie Lodi. 'The Décor in Jeffrey Epstein's NYC Townhouse Is the Stuff of Nightmares', *The Cut*, herzien 15 augustus 2019.
3. Interview met Conchita Sarnoff, 8 juni 2021.
4. Philip Weiss. 'The Fantasist', *New York*, 7 december 2007.
5. Interview met Sarnoff.
6. Interview met Steve Hoffenberg, 25 juli 2021.
7. Eleanor Berry. *My Unique Relationship with Robert Maxwell: The Truth at Last* (Market Harborough, Leicestershire: Book Guild, 2019).
8. 'The Strange and Lonely Life of Britain's Would-Be Playboy Prince', *The Times*, 12 maart 2011.
9. Klein. 'The Trouble with Andrew'.
10. Guy Adams. 'Ten Questions Buckingham Palace MUST Answer Over Prince Andrew's "Under-Age Sex Slave" Scandal', *Daily Mail*, 6 januari 2015.
11. Bradley J. Edwards. *Relentless Pursuit: Our Battle with Jeffrey Epstein* (New York: Gallery Books, 2020), hfst 28.
12. Ibid.
13. Ibid.
14. Benjamin Weiser. '"Massage" Was Code for "Sex": New Epstein Abuse Revelations', *The New York Times*, 9 augustus 2019.
15. Vanessa Grigoriadis. '"They're Nothing, These Girls": Unraveling the Mystery of Ghislane Maxwell, Epstein's Enabler', *Vanity Fair*, 12 augustus 2019.
16. Interview met John Preston, 13 juni 2021.
17. Klein. 'Trouble with Andrew'.
18. John Arlidge. 'The Magazine Interview: Prince Andrew on Being the Palace's "Entrepreneur-in-Residence"', *The Sunday Times*, 3 december 2017.

19. NUMMER ZES OP DE CALL SHEET. DE WERELD VAN MEGHAN MARKLE

1. Chris Bradford., 'Megan Markle's Estranged Dad Thomas Reveals She Told Him "Daddy I Want to Be Famous" When She Was on Red Carpet Aged 12', *The Sun*, 23 juni 2021.
2. Collette Reitz. 'Meghan Markle Stood Up for Women as a Young Girl & Is Our New Feminist Icon', *Elite Daily*, 1 december 2017.
3. Interview met Wendy Riche, 16 december 2019.
4. 'Home Video Shows a Day in the Life of Meghan Markle circa 1999', YouTube, 5:11, 8 december 2017.
5. Interview met Thomas Markle, 27 augustus 2021.
6. Meghan Markle. 'I'm More Than an "Other"', *Elle*, 23 december 2016.
7. Samantha Markle. *The Diary of Princess Pushy's Sister: A Memoir, Part 1* (New York: Central Park South Publishing, 2021), hfst 9.
8. Hertogin van Sussex. 'Birthday Suit', *The Tig Archives*, september 2014.

9. Markle. 'I'm More Than an "Other"'.
10. Matt Goulet. 'Meghan Markle Grew Up Around TV Decades Before She Starred on *Suits*', *Esquire*, 14 februari 2018.
11. Emma Duncan en Valentine Low. 'Can Meghan Markle Modernise the Monarchy?', *The Economist*, 23 mei 2018.
12. Hertogin van Sussex. 'Birthday Suit'.
13. Interview met Bonnie Zane, 9 januari 2020.
14. James Walcott. 'Suits Me', *Vanity Fair*, mei 2018.
15. Interview met Kevin Bray, 29 januari 2020.
16. Interview met Zane.
17. Interview met Bray.
18. Hertogin van Sussex. 'A Suitable Beginning', *The Tig Archives*, januari 2015.
19. Interview met Aaron Korsh, 16 december 2019.
20. Erica Gonzales. 'Meghan Markle Opens Up About Her Family's Experience with Racism', *Harper's Bazaar*, 18 januari 2017.
21. Hertogin van Sussex. 'A Love Letter', *The Tig Archives*, mei 2014.
22. Markle. *Diary of Princess Pushy's Sister*, hfst 8.
23. Interview met Riche.
24. Interview met Shelley Curtis Litvack, 12 augustus 2021.
25. Markle. *Diary of Princess Pushy's Sister*, hfst 13.
26. Interview met Thomas Markle.
27. Interview met Bray.
28. Hertogin van Sussex. 'Suitable Beginning'.
29. Lady Colin Campbell. *Meghan and Harry: The Real Story* (New York: Pegasus Books, 2020), hfst 3.
30. Julianne Carell. 'Actress Meghan Markle's Favorite Toronto Beauty Spots', *Glamour*, 21 augustus 2014.
31. Sarah Madaus. 'Meghan Markle's Former Co-Star Gina Torres Says Motherhood Is a "Dream Come True" for the Duchess', *Town & Country*, 28 juli 2019.
32. Salamishah Tillet. 'Meghan Markle Left "Suits". Here's What She Took with Her', *The New York Times*, 25 april 2018.
33. Delap. '*Suits* Star Meghan Markle'.
34. Interview met Bray.
35. Cath Clarke. 'Anti-Social', *Time Out*, 27 april 2015.
36. Interview met Jonathan Shalit, 9 augustus 2021.
37. Katie Hind. 'The Night Meghan Markle Begged Me to Get Her IN the Tabloids: The Duchess of Sussex Spoke Movingly About the Pressures of the Media Spotlight, but as KATIE HIND Reveals, She Wasn't Always So Reticent', *The Mail on Sunday*, herzien 27 oktober 2019.
38. Amy Mackelden. 'Meghan Markle's First Royal Tour Speech Was an Emotional Call for Female Empowerment', *Harper's Bazaar*, 23 oktober 2018.
39. Andrew Morton. *Meghan: A Hollywood Princess* (Londen: Michael O'Mara Books, 2018), hfst 8.
40. 'How These Visionary Women Are Carving the Path for Gender Equality', YouTube, 14:09, 17 oktober 2014.

41. Hertogin van Sussex. 'Meghan Markle for *Elle*: "With Fame Comes Opportunity, but Also a Responsibility"', *Elle*, 8 november 2016.
42. 'Meghan Markle UN Women', YouTube, 8:23, 13 maart 2015.
43. Hertogin van Sussex. 'Meghan Markle for *Elle*'.
44. 'Meghan Markle Was on the Hunt for "Famous British Men" Before Meeting Prince Harry', *The News International*, 12 september 2021.
45. Piers Morgan. 'Hearty Congratulations, Harry, You Picked a Real Keeper (Even If Your Romance Did Destroy My Beautiful Friendship with the Amazing Meghan Markle)', *Mail Online*, 27 november 2017.
46. Kate Mansey. 'It's Meghan and Haz! Royal Bride-to-Be Gave Harry His New Nickname Weeks After Their First Meeting – and It WASN'T a Blind Date, Says Her Friend and Advisor', *The Mail on Sunday*, herzien 8 april 2019.

20. FLASHMAN VALT STIL. HARRY KOMT ZICHZELF TEGEN

1. De hertog en hertogin van Cambridge, Twitter, 29 april 2016, 15:59.
2. 'Prince Harry "Let Down Family" Over Vegas Photos', BBC News, 21 januari 2013.
3. Interview met Jamie Lowther-Pinkerton, 11 maart 2021.
4. Interview met Howes.
5. Tom Sykes. 'Why on Earth Is Prince Harry Single?', *The Daily Beast*, 13 april 2017.
6. 'Everything You Ever Needed to Know About Cressida Bonas', *Tatler*, 9 september 2013.
7. *Diana, Our Mother.*
8. Hannah Furness. 'Prince Harry: I Sought Counselling After 20 Years of Not Thinking About the Death of My Mother, Diana, and Two Years of Total Chaos in My Life', *The Telegraph*, 19 april 2017.
9. Furness, 'Prince Harry'.
10. Ibid.
11. Hertog van Sussex. *The Me You Can't See.*
12. Hertog van Sussex. 'Prince Harry', Bryony Gordon's *Mad World*, 16 april 2017.
13. Alastair Campbell. 'Prince William on Diana, Princess of Wales', *GQ*, 29 mei 2017.
14. Hertog van Cambridge. *Time to Walk*, Apple Fitness+, 2021.
15. 'Battle of the Somme Centenary Commemorations', royal.uk, 1 juli 2016.
16. 'FULL Interview: Prince Harry and Meghan Markle', YouTube, 3:51, 27 november 2017.

21. TOT OVER ZIJN OREN. DE STERREN STAAN GUNSTIG VOOR HARRY EN MEGHAN

1. Morton. *Meghan: A Hollywood Princess*, hfst 9.
2. Omid Scobie en Carolyn Durand. *Finding Freedom: Harry and Meghan* (New York: Dey Street Books, 2020), hfst 3.
3. Ibid.
4. Ibid.
5. Ibid, hfst 4.

6. Ibid, hfst 8.
7. 'Prince Harry and Girlfriend Buy Christmas Tree in London', ITV, 14 december 2016.
8. 'Mail Order Bride? How the Middletons Made Their Millions', *The Times,* 26 november 2010.
9. Hilary Mantel. 'Royal Bodies', *London Review of Books,* 21 februari 2013.
10. Lauren Collins. 'Prince Harry, Meghan Markle, and Royal Romance', *The New Yorker,* 14 mei 2018.
11. Camilla Tominey. '50 Years On: How the Duchess of Cornwall Finally Won Over the Nation', *The Telegraph,* 20 augustus 2021.
12. Lauren Collins. 'Mail Supremacy', *The New Yorker,* 26 maart 2012.
13. Ruth Styles. 'Exclusive: Harry's Girl Is (Almost) Straight Outta Compton: Gang-Scarred Home of Her Mother Revealed – So Will He Be Dropping By for Tea?', *Daily Mail,* update 10 januari 2020.
14. Scobie en Durand. *Finding Freedom,* hfst 5.
15. Gordon Rayner. 'The Duke of Cambridge Approved Prince Harry's Plea to Trolls to Leave Meghan Markle Alone', *The Telegraph,* 26 november 2016.
16. Charlie Brinkhurst-Cuff. 'Prince Harry's Woke Statement Doesn't Mean We Should Start Dreaming of Being Princess', *The New Statesman,* 15 november 2016.
17. Meghan Markle. 'Wild About Harry!', *Vanity Fair,* 6 september 2017.
18. Carolyn Durand en Katie Kindelan. 'Meghan Markle Speaks Out About #MeToo Movement, Calls for Women to Be "Empowered" to Use Their Voice', *Good Morning America,* 28 februari 2018.
19. 'Meghan Markle Wants to "Hit Ground Running" with Royal Charity Work', BBC News, 28 februari 2018.
20. Ibid.

22. HET BETOVERDE KONINKRIJK. EEN BRUILOFT VERANDERT HET HUIS VAN WINDSOR

1. Scobie en Durand. *Finding Freedom,* hfst 14.
2. '"The Power of Love": Address by U.S. Bishop at Harry and Meghan's Wedding', Reuters, 19 mei 2018.
3. Tara Isabella Burton. 'Bishop Michael Curry Just Stole the Show with His Sermon at the Royal Wedding', *Vox,* 19 mei 2018.
4. Chloe Morgan. 'Kate Middleton Is "Mortified" by Claims That She Made Meghan Markle Cry During Row over Bridesmaids Dresses Because She's "Very Careful with How She Treats Others" so as Not to Spark Feud Rumours, Royal Expert Claims', *Mail Online,* update 16 maart 2021.
5. Morgan. 'Hearty Congratulations, Harry'.
6. 'Rachel Johnson, "Sussex Fatigue: Meghan and Harry Are Making the British Yearn for the Queen Mum"', *Air Mail,* 24 oktober 2020.
7. '"It Was Fantastic": Prince Harry Tells *Today* on BBC Radio 4 About Christmas with Meghan Markle and Says Royals Are "the Family I Suppose She 's Never Had"', *The Sun.*
8. Persoonlijk gesprek met Lady Anne Glenconner.

9. Christopher Bucktin. '"Maybe We Embarrass Her": Meghan Markle's Brother Thomas Says Their Family Is Torn Apart over Royal Wedding Snub', *Mirror*, update 19 april 2018.
10. Joseph Curtis. '"It's Time to Man Up, Harry!" Meghan Markle's Sister Blasts the Prince for "Allowing Meg to Ignore" Her Family in Extraordinary Twitter Tirade Right in Middle of Meghan's First Official State Appearance', *Mail Online*, 18 april 2018.
11. 'Meghan Markle's Estranged Brother Writes a Letter to Prince Harry (Exclusive)', *In Touch*, update 19 mei 2018.
12. Interview met Riche.
13. Interview met Thomas Markle.
14. Ibid.
15. Scobie en Durand. *Finding Freedom*, hfst 12.
16. Interview met Thomas Markle.
17. 'A Statement by the Communications Secretary to Prince Harry', royal.uk, 8 november 2016.
18. Interview met Harverson, 4 november 2019.
19. James Beal. 'Dad's £23 Hideout: Meghan Markle's Shamed Dad Thomas Watched Royal Wedding from a £23-a-Night Airbnb in Mexico', *The Sun*, 22 mei 2018.

23. DE HARDE WERKELIJKHEID. DE MORNING AFTER VAN DE MONARCHIE

1. Emily Andrews. 'Iron Duke: Prince Philip, 97, Yelled "My Legs, My Legs" After Car Crash "Caused by Dazzling Sun"', *The Sun*, 18 januari 2019.
2. Haroon Siddique. 'Prince Philip Has Not Said Sorry for Car Crash, Injured Woman Claims', *The Guardian*, 20 januari 2019.
3. Johnny Dymond. 'The Royal Visit – Prince Philip Accepts His Certificate', *British Dental Journal* 230 (mei 2021): p. 546-566; fragmenten oorspronkelijk gepubliceerd in deel 104 (maart 1958).
4. 'Harry and Meghan Not Returning as Working Members of Royal Family', BBC News, 19 februari 2021.
5. Polly Dunbar. 'Getting Up at 5am, Bombarding Aides with Texts and Her Eyebrow-Raising Fashion: Meghan Is Shaking Up the Royals Six Months After the Wedding', *The Mail on Sunday*, update 19 november 2018.
6. Simon Perry. 'How the Queen Avoided an Awkward Car Moment with Meghan Markle: "You Go First"', *People*, 14 juni 2018.
7. Rebecca Mead. 'Meghan Markle's Ever-So-Slightly Radical Cookbook', *The New Yorker*, 25 september 2018.
8. Emily Nash. 'Not a Handout, a Hand Held', Instagram-post, 12 september 2019.
9. Simon Perry. 'Meghan Markle Steps Out in Her First Maternity Dress as She Visits One of Her New Patronages', *People*, 10 januari 2019.
10. Isabella Kwai. 'Harry and Meghan Charm Sometimes Skeptical Subjects in Australia', *The New York Times*,16 oktober 2018.
11. Brandreth, interview.

12. *The Princes and the Press*, gepresenteerd door Amol Rajan, geregisseerd door Grace Hughes-Hallett, BBC Two, 2021.
13. Brown. *Diana Chronicles*, hfst 10.
14. *Oprah with Meghan and Harry.*
15. Princess of Wales, 'An Interview with HRH The Princess of Wales', *Panorama.*
16. Valentine Low. '£2.4m Bill for Renovation of Meghan and Harry's House, Frogmore Cottage', *The Times*, 25 juni 2019.
17. *Harry and Meghan: An African Journey*, geregisseerd door Nathaniel Lippiett, ITN Productions, 2019.
18. Morton. 'Diana, Princess of Wales in Her Own Words', *Diana: Her True Story.*
19. Michelle Tauber. 'Meghan Markle's Best Friends Break Their Silence: "We Want to Speak the Truth"', *People*, 6 februari 2019.
20. Caroline Davies. 'Meghan Chose to Write Letter to Father to Protect Prince Harry, Texts Reveal', *The Guardian*, 12 november 2021.
21. Sean Coughlan. 'Duchess of Sussex Weighed Up Calling Father "Daddy"', BBC News, 1 november 2021.
22. Interview met Thomas Markle.
23. 'Charles' Diary Lays Thoughts Bare', BBC News, 22 februari 2006.
24. 'Meghan Sues *Mail on Sunday* Over Private Letter', BBC News, 2 oktober 2019.
25. Gareth Davies. 'Meghan's Statement in Full: Duchess Says She Is "Reshaping" Tabloid Media Industry as She Takes Swing at "Daily Fail"', *The Telegraph*, 2 december 2021.
26. Nicholas Witchell. 'Meghan Apologises to Court for Forgetting Biography Briefing Notes', BBC News, 11 november 2021.
27. Caroline Davies. 'Meghan Calls for Tabloid Industry Overhaul as *Mail on Sunday* Loses Appeal', *The Guardian*, 2 december 2021.
28. Interview met Mark Stephens, 2 december 2021.

24. PRIVACY EN VOOROORDEEL. OVERLEVEN IN DE VISSENKOM VAN WINDSOR

1. *Oprah with Meghan and Harry.*
2. Interview met Hutchinson.
3. Interview met Euan Rellie, 23 juli 2021.
4. Vassi Chamberlain. 'What the Duchess of Cambridge Is Really Like Behind Closed Doors', *The Telegraph*, 8 januari 2022.
5. '"Very Buckinghamshire": How "Society Bible" *Tatler* Fell Out of Royal Favour', *The Guardian*, 1 juni 2020.
6. Christopher Andersen. *Brothers and Wives* (New York: Gallery Books, 2021), hfst 5.
7. *The Princes and the Press.*
8. Katie Nicholl. 'The Real Meaning of Kate Middleton's Very Personal Honor from the Queen', *Vanity Fair*, 30 april 2019.
9. 'Why Can't Meghan Markle Keep Her Hands Off Her Bump? Experts Tackle the Question That Has Got the Nation Talking: Is It Pride, Vanity, Acting – or a New Age Bonding Technique?', *The Mail on Sunday*, update 28 januari 2019.

10. Patrick Greenfield. 'Princess Michael of Kent Apologises for "Racist Jewellery" Worn at Lunch with Meghan Markle', *The Guardian*, 23 december 2017.
11. Stephen Bates. 'The Marquess of Bath Obituary', *The Guardian*, 5 april 2020.
12. Interview met Emma Thynn, Marchioness of Bath, 29 oktober 2021.
13. Michelle Obama. *Becoming* (New York: Crown, 2018), hfst 6.
14. 'Fox Refers to Michelle Obama as "Baby Mama"', *Today*, 13 juni 2008.
15. Raisa Bruner. 'Michelle Obama Explains What "Going High" Really Means', *Time*, 20 november 2018.
16. Megan Sutton. 'Michelle Obama Reveals the Advice She'd Give to the Duchess of Sussex', *Good Housekeeping*, 12 maart 2018.
17. Interview met Nick Lowles, 21 oktober 2021.
18. Hertog van Sussex. *Oprah with Meghan and Harry.*
19. 'Prince Philip's Gaffes from Decades on Royal Duty', BBC News, 4 mei 2017.
20. Gerard Seenan. 'Prince Apologises as Latest Gaffe Offends Indians', *The Guardian*, 11 augustus 1999.
21. Interview met Penny Mortimer, 8 januari 2021.
22. Talia Shadwell. 'Prince Andrew Made "Unbelievable" Racist Comments About Arabs, Ex-Home Secretary Says', *Mirror*, 19 november 2019.
23. 'African Theme Shows Wild Side of Wills', *Wales Online*, update 1 april 2013.
24. Owen Bowcott. 'Polo Friend of Charles Addressed as "Sooty"', *The Guardian*, 4 januari 2009.
25. Aatish Taseer. 'Race and the Royals: An Outsider's View Inside Kensington Palace', *Vanity Fair*, mei 2018.
26. Interview met Aatish Taseer, 15 maart 2021.
27. Johnson. 'RACHEL JOHNSON: Sorry, Harry'.
28. 'PM's Past Comments About Black People "Deeply Offensive"', BBC News, 12 juni 2020.
29. Interview met Taseer.
30. *The Princes and the Press.*
31. Nadine White. 'Meghan's Mother Doria Ragland's Appearance in Royal Baby Photo Celebrated as Watershed for "Multicultural Britain"', *The Huffington Post*, update 9 mei 2019.
32. Grant Tucker, Twitter, 8 mei 2019, 17:23.
33. David Hughes. 'Buckingham Palace Statement in Full: Read the Royal Family's Succinct Response to Harry and Meghan Interview', *I News*, 10 maart 2021.

25. VERSCHROEIDE AARDE. ANNUS HORRIBILIS OP HERHALING

1. Hannah Furness. 'Prince Harry: I Warned Twitter Boss About a Coup Before the Capitol Riots', *The Telegraph*, 10 november 2021.
2. 'A Major Celebrity Is Pitching Senators from Both Parties on Paid Family and Medical Leave: Meghan Markle', *Politico*, 3 november 2021.
3. Melanie Phillips. 'Meghan's "Woke" *Vogue* Is Shallow and Divisive', *The Times*, 29 juli 2019.
4. *Oprah with Meghan and Harry.*

5. Hertog van Sussex. *The Me You Can't See.*
6. *Oprah with Meghan and Harry.*
7. 'About', Heads Together, headstogether.org.uk.
8. *Harry and Meghan: An African Journey.*
9. Idem.
10. 'Statement by His Royal Highness Prince Harry, Duke of Sussex', sussexofficial.uk, 1 oktober 2019.
11. Brownen Weatherby. 'Female MPs Pen Open Letter to Meghan Markle in Support of Her Stand Against "Distasteful and Misleading" Articles', *Evening Standard,* 29 oktober 2019.
12. Tom Bradby. 'Prince Harry and Meghan: ITV African Journey Documentary Shows They Can Only Take So Much', *The Times,* 20 oktober 2019.
13. Bonnie Christian. 'Prince Andrew Faces Barrage of Criticism Over "Plane Crash" Jeffrey Epstein Scandal Interview', *Evening Standard,* 17 november 2019.
14. Dickie Arbiter LVO, Twitter, 16 november 2019, 22:26.
15. Camilla Tominey. 'Prince Philip Told Prince Andrew to "Take His Punishment" After Summoning His Son to Sandringham', *The Telegraph,* 5 december 2019.
16. Hertog van York, Twitter, 20 november 2019, 18:02.
17. Sarah Ferguson, Instagram, 15 november 2019.
18. Freddy Mayhew. 'Prince Andrew Interview Wins Top Prizes for Cuts-Hit BBC *Newsnight* at Royal Television Society Awards', *Press Gazette,* 27 februari 2020.
19. Andersen. *Brothers and Wives,* hfst 5.
20. *Oprah with Meghan and Harry.*
21. Ibid.
22. Andersen. *Brothers and Wives,* hfst 1.
23. Camilla Tominey. 'Queen Delivers Hardest Possible "Megxit" as Cost of Harry and Meghan's Decision Becomes Clear', *The Telegraph,* 18 januari 2020.
24. Bonnie Christian. 'Harry Breaks Silences on Royal Crisis Saying He and Meghan Markle Had "No Other Option" but to Stand Down', *Evening Standard,* 20 januari 2020.

EPILOOG. WAT NOG REST

1. 'The Queen's Coronavirus Address: "We Will Meet Again"', BBC News, 5 april 2020.
2. 'Coronavirus: Charles Speaks Following Virus Diagnosis', BBC News, 1 april 2020.
3. Sarah Campbell. 'Coronavirus: How the Royal Family Is Changing in Lockdown', BBC News, 1 juli 2020.
4. 'Covid-19: Prince William "Tested Positive in April"', BBC News, 2 november 2020.
5. 'Coronavirus: "Britain Is at Its Best, Weirdly, When We're in a Crisis," Says Prince William', ITV, 12 april 2020.
6. Abbie Llewelyn. 'Prince Philip Said He "Couldn't Imagine Anything Worse" Than Living to 100 Before Death', *Express,* 10 juni 2021.
7. Tina Brown. 'Prince Philip, the Man Who Walked Two Paces Behind the Queen', *The New York Times,* 9 april 2001.

8. Katie Nicholl. 'Inside the Queen's Lockdown "Bubble"', *Vanity Fair,* 1 juni 2020.
9. *Oprah with Meghan and Harry.* Oprah Winfrey interview met de hertog en hertogin van Sussex, CBS, 7 maart 2021.
10. 'Prince Harry to Author Book Reflecting on Lessons Learned Throughout His Life', *Archewell,* 19 juli 2021.
11. Richard Kay. 'The Sun on his Face and a Rug on His Lap', *Daily Mail,* 9 april 2021.
12. *The Me You Can't See,* documentaireserie van Oprah Winfrey en prins Harry, Apple TV+, uitgezonden vanaf 21 mei 2021.
13. Kara Kennedy. 'Meghan Markle and Prince Harry Dropped for COP26 Video Speech after Queen's Message', *Express,* 8 november 2021.
14. Alex Kleiderman. 'COP26: Act Now for Our Children, Queen Urges Climate Summit', BBC News, 1 november 2021.
15. Jack Royston. 'Prince Harry's Carbon Pledge Pressures Royals Day After Queen Omits Him from Speech', *Newsweek,* 3 november 2021.
16. Jaclyn Roth. 'Meghan Markle & Prince Harry Look So in Love at "Global Citizen Live" Event – Details!', *The Royal Observer,* 5 september 2021.
17. Open brief van Britse veteranen aan koningin Elizabeth. 'Prince Andrew's Position in the Armed Forces', 20-22 Wenlock Road, London, 3 januari 2022.
18. 'Elizabeth's Tilbury Speech, July 1588', *Timelines: Sources from History* (British Library, bl.uk).
19. Caroline Davies. 'Praise for Prince Charles After "Historic" Slavery Condemnation', *The Guardian,* 30 november 2021.
20. Koningin Elizabeth. 'Christmas Broadcast 1957', 25 december 1957, royal.uk.

ILLUSTRATIEVERANTWOORDING

KATERN 1

Pagina 1
Boven: Camera Press
Midden: Camera Press/SUS
Onder: Norman Parkinson/Iconic Images

Pagina 2
Boven: James Gray/Daily Mail/Shutterstock
Onder links: David Secombe/Camera Press
Onder rechts: Paul Fievez/Daily Mail/Shutterstock

Pagina 3
Boven: Albanpix/Shutterstock
Onder: Trinity Mirror/Mirrorpix/Alamy

Pagina 4
Boven en onder: Shutterstock

Pagina 5
Boven: PA Images/Alamy Stock Photo
Onder links: Shutterstock
Onder rechts: Private Collection © The Lucian Freud Archive. All Rights Reserved 2021/Bridgeman Images

Pagina 6
Boven links: Tim Rooke/Shutterstock
Boven rechts: John Swannell/Camera Press

Tweede rij links: PA Images/Alamy Stock Photo
Tweede rij rechts: Terry Fincher/Princess Diana Archive/Getty Images
Derde rij midden: Toby Melville/PA Images/Alamy
Onder links: PA Images/Alamy Stock Photo
Onder rechts: Chris Jackson/Getty Images

Pagina 7
Boven: Gareth Cattermole/Getty Images
Tweede rij links: Tim Rooke/Shutterstock
Tweede rij midden: Max Nash/AFP via Getty Images
Tweede rij rechts: Sang Tan/AP/Shutterstock
Onder links: Shutterstock
Onder rechts: Joanne Davidson/Shutterstock

Pagina 8
Boven: Reuters/Alamy Stock Photo
Midden: Ian Jones
Onder: Reuters/Russell Cheyne/Alamy

KATERN 2

Pagina 1
Boven links: Malcolm Clarke/ANL/Shutterstock
Boven rechts: Malcolm Clarke/Daily Mail/Shutterstock
Onder links: PA Images/Alamy Stock Photo

Pagina 2
Boven: Reuters/Dominic Lipinski/Pool/Alamy
Onder: Shutterstock

Pagina 3
Boven: Samir Hussein/WireImage/Getty Images
Onder: Richard Gillard/Camera Press

Pagina 4
Boven: Shutterstock
Tweede rij links: James Breedon/The Sun/News Licensing
Tweede rij midden boven: Canadian Press/Shutterstock

Tweede rij midden onder: Shutterstock
Tweede rij rechts: Owen Humphreys/Pool via Reuters/Alamy

Pagina 5
Samir Hussein/Wireimage/Getty Images

Pagina 6
Boven linksachter: Mirrorpix
Boven linksvoor: News Licensing and Shutterstock
Boven rechts: Max Mumby/Indigo/Getty Images
Midden: Shutterstock
Onder links: Shutterstock
Onder rechts: Alamy and Camera Press/Rota

Pagina 7
Boven: Jonathan Brady/WPA Pool/Shutterstock
Midden: Chris Jackson/WPA Pool/Getty Images
Midden rechts: David Hartley/Pool/Shutterstock
Onder links: Danny Lawson/WPA Pool/Shutterstock
Onder rechts: Ian Vogler/WPA Pool/Shutterstock

Pagina 8
Boven: Max Mumby/Indigo/Getty Images
Boven rechts: Christopher Furlong—WPA Pool/Getty Images
Midden rechts: Panorama/BBC
Onder: Max Mumby/Indigo/Getty Images

SCHUTBLADEN

Voorin
Boven links: Jeff J Mitchell/AP/Shutterstock
Boven rechts: Pictorial Press/Alamy Stock Photo
Tweede rij links: Reginald Davis/Shutterstock
Tweede rij midden: Max Mumby/Indigo/Getty Images
Tweede rij rechts: PA Images/Alamy Stock Photo
Derde rij links: Karwai Tang/WireImage/Getty Images
Derde rij rechts: David Hartley/Shutterstock
Onder links: Andrew McCaren/LNP/Shutterstock

Onder midden: Yousuf Karsh/Camera Press
Onder rechts: Tim Rooke/Shutterstock

Achterin
Boven links: Nils Jorgensen/Shutterstock
Boven midden: Shutterstock
Boven rechts: Dominic Lipinski/PA Archive/PA Images
Tweede rij links: AP/Shutterstock
Tweede rij midden: PA Images/Alamy Stock Photo
Derde rij links: Guy Corbishley/Alamy Stock Photo
Derde rij rechts: Max Mumby/Indigo/Getty Images
Onder links: David Hartley/Shutterstock
Onder midden: BBC
Onder rechts: Hannah McKay/Reuters

REGISTER